AF750586

« CEDANT ARMA TOGAE »

Mélanges en l'honneur du Professeur Jacques ABEN

© L'Harmattan, 2022
5-7, rue de l'Ecole-Polytechnique, 75005 Paris

www.editions-harmattan.fr

ISBN : 978-2-14-027874-7
EAN : 9782140278747

Textes réunis par
Vincent CATTOIR-JONVILLE

« CEDANT ARMA TOGAE »

Mélanges en l'honneur du Professeur Jacques ABEN

L'Harmattan

Du même auteur :

- Vincent CATTOIR-JONVILLE, « Répertoire de jurisprudence fiscale-Recouvrement et contentieux de l'impôt direct et des produits recouvrés comme en matière de Contributions Directes », Tome III, "1976-1986", PARIS, P. DUPONT, 1988, 188 p.,
- Vincent CATTOIR-JONVILLE, Patrick DRANCOURT, Stéphane BRIDOU, « Implanter son entreprise dans la Communauté Economique Européenne - Guide pratique », avec une préface d'Yvon GATTAZ, PARIS, EYROLLES, 1991, 148p.
- Vincent CATTOIR-JONVILLE, « Travaux Dirigés de droit constitutionnel » (direction), PARIS, ELLIPSES, 1ère édition, 2002, 256 p.
- Vincent CATTOIR-JONLLE, « Secrétaire Administratif-SASU » (direction), 1ère édition, PARIS, Sirey, collection Spécial concours, 2005, 1ère édition, 388 p.
- IHEDN, « Comprendre la défense » (rédaction de la refonte et mise à jour de l'ouvrage en vue de sa 3ème édition par Vincent CATTOIR-JONVILLE), PARIS, Economica, 3ème édition, 2006, 335 p.
- Vincent CATTOIR-JONVILLE et Johanne SAISON (éd.), « Les différentes facettes du concept juridique de sécurité - Mélanges en l'honneur du Professeur Pierre-André LECOCQ », CHJ, Lille, 2011, 480p.

ÉGION
GION H
VNEUR

ÉQUIPE DE VOLTIG

LISTE DES AUTEURS

Mustapha ADIB
Professeur des Universités
Ambassadeur du Liban en Allemagne

Philippe AUGE
Professeur à l'Université de Montpellier
Président de l'Université de Montpellier

Louis BALMOND
Professeur à l'Université de Toulon

Renaud BELLAIS
Docteur (HDR) en sciences économiques
Chercheur associé à l'ENSTA Bretagne (SHS) et à l'Université Grenoble Alpes (CESICE)

Kataryna BLAY-GRABARCKZYJ
Maître de conférences, HDR, à la Faculté de droit et de sciences politiques
Université de Montpellier, IDEDH

Patrice BUFFOTOT
Directeur de l'Observatoire européen de sécurité à l'Institut de Politique Internationale et européenne (IPIE) à l'Université de Paris X- Nanterre puis en 1995 au Centre de relations internationales et de Stratégie (CRIS) à l'Université de Paris 1 (Panthéon - Sorbonne)

Vincent CATTOIR-JONVILLE
Professeur à l'Université de Lille
Directeur du Master « Droit public *», parcours «* Droit et politiques de défense et de sécurité nationale *» de l'Université de Lille*
Ancien directeur des études et des enseignements de défense de l'IHEDN (Paris)

Matthieu CHILLAUD
Docteur en science politique (Bordeaux IV – 2007) et docteur en histoire militaire et études de défense (Montpellier III – 2018)

Antoine COPPOLANI
Professeur à l'Université Paul-Valéry de Montpellier, CRISES EA4424
Directeur du Master Études européennes et internationales

Jacques FONTANEL
Professeur émérite, UGA, Université de Grenoble-Alpes

Jean-François GUILHAUDIS
Professeur honoraire, Université Grenoble Alpes

Tewfik HAMEL
Consultant international,
Chercheur en Histoire militaire et études de défense à l'Université Paul Valéry, en France, Chef de la rédaction d'African Journal of Political Science,
Membre du conseil consultatif de Strategia (Madrid)

Hubert HEYRIES
Professeur des Universités en histoire contemporaine
Université Paul Valéry, Montpellier III

Pierre LECOCQ (†)
Professeur honoraire à l'Université de Lille
Directeur honoraire de l'IPAG de Lille

Julien MALIZARD
Titulaire adjoint de la Chaire Economie de défense
Fonds de dotation de l'IHEDN, Ecole militaire

Jean-Pierre MAURY
Professeur émérite à l'Université de Perpignan

Denis MERCIER
Général d'armée aérienne (2ème S)
Ancien chef d'Etat-major de l'Armée de l'Air
Ancien commandant allié Transformation de l'Otan

Michel MIAILLE
Professeur honoraire
Faculté de Droit de l'Université de Montpellier

Jean-Louis MONINO
Professeur HDR, Faculté de sciences économiques de l'Université de Montpellier, EA 7491- Laboratoire TRIS

Benoit MULKAY
Professeur de sciences économiques à l'Université de Montpellier
Directeur de Montpellier Recherche en Economie (EA 7491)

Zsolt G. PATAKI
Head of Service at the Scientific Foresight unit (STOA).

Jean-Marc NEBOUT
Général (2ème S)

Jean-Christophe ROMER
Professeur émérite, Sciences Po Strasbourg

Ron SMITH
Birkbeck, University of London

Wally STRUYS
Professeur émérite à l'École royale militaire (Bruxelles)

Frédéric SUDRE
Professeur émérite à l'Université de Montpellier

Bertrand WARUSFEL
Professeur à l'Université Paris 8
Avocat au barreau de Paris,
Vice-président de l'Association française de droit de la sécurité et de la défense (AFDSD)

CURRICULUM VITAE et BIBLIOGRAPHIE
de Jacques ABEN

1 – Formation

- 1994-1995 - auditeur de la 31e session du Centre des hautes études de l'armement, Paris
- 1988 - diplôme d'habilitation à diriger les recherches, jury : André Tiano, Michel Nègre, Jean-François Guilhaudis, André Martel, université Montpellier 1
- 1982, automne - auditeur de la 67e session régionale de l'Institut des hautes études de défense nationale, Marseille
- 1970-1975 - diplôme de doctorat d'État de sciences économiques, thèse : L'homogénéité du capital, jury : Robert Badouin, Jacques Duvaux, Michel Marchesnay, Michel Chatelus (mention très bien, éloges du jury et prix de la meilleure thèse), université Montpellier 1
- 1969-1970 - diplôme d'études supérieures de sciences économiques, spécialité économétrie (mention bien et prix Hébrard du meilleur mémoire de DES) faculté de droit et sciences économiques de Montpellier
- 1969 : lauréat du concours d'économie régionale de la faculté de droit et sciences économiques de Montpellier
- 1967-1969 - licence de sciences économiques, validée comme maîtrise (mention bien), faculté de droit et sciences économiques de Montpellier
- 1965-1967 - Deug de sciences économiques (mention assez bien), faculté de droit et sciences économiques de Montpellier
- 1965 - baccalauréat mathématiques élémentaires (mention passable), lycée Paul Valéry de Sète
- 1958-1965 - Études secondaires au lycée Paul Valéry de Sète

2 - Vie professionnelle civile

21 – Carrière

- 1er septembre 2016 à ce jour : professeur émérite (après une carrière de 46 années 11 mois)
- 1er septembre 2009 au 31 août 2016 : détaché au ministère de la défense comme directeur général de l'enseignement universitaire de l'École de l'air (Salon-de-Provence)
- 1er janvier 1991 : nommé professeur de sciences économiques à l'université Montpellier 1
- 14 décembre 1990 : lauréat du concours interne d'agrégation de sciences économiques (4ème sur 125 candidats)
- 1er octobre 1986 : nommé chargé de conférences
- 1er septembre 1976 au 31 décembre 1990, maître-assistant puis maître de conférences de sciences économiques
- Janvier 1976, inscrit sur la liste d'aptitude aux fonctions de maître-assistant
- 1er août 1975 au 31 juillet 1976 : service national comme professeur appelé d'économie et de statistique à l'École militaire d'administration de Montpellier
- 1er novembre 1970 au 31 juillet 1975 : assistant de sciences économiques
- 1er octobre 1969 au 31 août 1970 : chargé de travaux dirigés de « Fluctuations et croissance » et de « Statistique descriptive » à la Faculté de droit et des sciences économiques de Montpellier.

22 – Enseignements

- « L'approche globale de la gestion des crise » et « Économie de la défense », collège de défense du G5 Sahel (depuis 2021)
- « Gestion des crises et actions civilo-militaires », conférence annuelle à l'Institut du droit de la paix et du développement, université de Nice (depuis 2017)
- « Gestion des crises et actions civilo-militaires », master Histoire militaire, défense et politiques de sécurité, université Paul-Valéry (Depuis 2017)
- « Défensologie », série annuelle de conférences, université du Tiers Temps (depuis 2017)
- « Politique de défense », en masters 1 et 2 à l'université Montpellier 1 et aux Écoles du commissariat de l'armée de terre (1984-2007).
- « Économie de la défense », en master 2 aux universités Montpellier 1, Montpellier 3 et Nice-Sophia Antipolis, à l'IEP de Toulouse, à

l'École militaire supérieure d'administration et de management et à l'École du commissariat de l'air (1985-2016).
- « Gestion des sorties de crise et action civilo-militaire », en master 2 aux universités Montpellier 3 et Nice-Sophia Antipolis, et à l'École militaire supérieure d'administration et de management (2003-2017).
- « Économie financière locale », en master 2 à l'université Montpellier 1 et à l'université Franco-libanaise de Tripoli (2003-2009).
- « Gestion et financement des collectivités locales », en master 1 et 2 à l'université Montpellier 1 et en master 2 à l'université Montpellier 3 (1988-2009)
- « Économie politique », en première année de droit à l'université Montpellier 1 (1998-2009).
- « Monnaie et politique monétaire », en licence et maîtrise à l'université Montpellier 1, (1976-2009), en licence à l'université de Pristina (2001)
- « International Money and Finance », en DU pour étrangers à l'université Montpellier 2 (2000-2003).
- « Économie financière », en maîtrise et en DEUG à l'université Montpellier 1 (1976-2009).
- « Prospective et prévision à long terme », en maîtrise à l'université Montpellier 1 (1977-1983).

23 - Activités administratives

- Membre du conseil de la vie et des études de l'université Montpellier 1 (2001-2005)
- Membre du conseil d'administration (1977-1980 ; 1993-¬1997 ; 1997-2001)
- Membre du conseil de la documentation université Montpellier 1 (1993 - 1997)
- Membre de 1a commission de discipline de l'université Montpellier 1 (1993-1997)
- Membre du conseil scientifique de la Faculté de droit et des sciences économiques (1991-1994)
- Membre de diverses commissions de spécialistes (1976-2009)
- Membre du conseil de l'UER Sciences économiques (1976-1998)

24 - Activités d'administration et d'animation de la recherche

- Coorganisateur du prix universitaire du Centenaire de la Grande Guerre, membre du jury et éditeur des actes annuels (2014-2018).

- Membre du conseil scientifique de l'Association pour l'étude de la guerre et de la stratégie (AEGES) et membre du jury du prix scientifique Bastien Irondelle pour les mémoires et les thèses (depuis 2017) ; président du jury en 2019 et en 2020.
- Membre de l'équipe CRISES EA4424 (depuis sa création) ; responsable du programme « Crise et institution militaire » (2009-2013).
- Directeur de recherche au Centre d'étude et de recherche de l'enseignement militaire supérieur, CEREMS (2003-2005)
- Rapporteur occasionnel pour diverses revues sur les articles d'économie de la défense : Économie Appliquée ; Revue d'Économie Politique ; Revue d'économie rurale et urbaine
- Membre du comité de rédaction de diverses revues : Revue de l'Économie Méridionale (REM) ; Pax œconomica ; Droit et Défense ; Histoire et Défense
- Membre du Comité national du CNRS, mandatures 1983-86 et 1987-91
- Fondateur et directeur de l'Équipe de recherche et d'étude sur la défense (ERED) (1981-1996)
- Président du Séminaire Charles Gide de l'université Montpellier 1 (1985-1987)

25 - Activités diverses

- Rapporteur externe pour l'index de corruption de Transparency International (2018-2019)
- Membre du conseil départemental des anciens combattants et victimes de guerre (2015-2019 et 2019-2023).
- Expert scientifique auprès du comité de pilotage du trinôme de l'académie de Montpellier (2014-)
- Pilote scientifique du cercle d'étude sur les enseignements de défense de l'académie de Montpellier (2004-2012)
- Membre du jury du concours de recrutement des élèves commissaires des armées (1992-1999)
- Consultant « défense » auprès de la chaîne Sud Radio durant la crise du Kosovo (mars-¬juin 1999)
- Observateur pour l'exercice de défense EXINAT-96 auprès du Préfet du Languedoc--Roussillon (mars 1996)
- Conseiller Défense du Préfet du Languedoc-Roussillon pour la défense économique (1990-1994)
- Membre du Comité national du CNRS (1983-86 et 1987-91).

- Expert en économie de la défense auprès de la délégation officielle française à l'OTAN (1988-1989)
- Chargé de mission auprès du Secrétariat Général de la Défense Nationale (1985-1987).

26 - Bibliographie sélectionnée

261 - Ouvrages écrits, coécrits, traduits ou dirigés (17)

- *Les légionnaires d'honneur de l'Hérault - De la création de la Légion d'honneur à la constitution de sa « cohorte » héraultaise*, préface de Kléber Mesquida, président du conseil départemental de l'Hérault, postface de Danielle Aben, présidente de la section de l'Hérault de la Société des membres de la Légion d'honneur.
- *Servir, obéir, commander*, préface du général Gilles Modéré, inspecteur de l'armée de l'air, Lacour-Ollé, 2019, 174p ; EOAA, Salon-de-Provence, 2013, 128p.
- *Des Étudiants face à la Grande Guerre*, (textes préparés et présentés), préfaces du général d'armée E. Irastorza, postfaces des rectrices A. Le Pellec Muller et B. Gilles, Nîmes, Lacour-Ollé, 2018, 2 vol. 645 p.
- *Dictionnaire des Opérations Extérieures de l'Armée Française, de 1963 à nos jours*, (collectif, sous la direction de Jean-Marc Marill et Philippe Chapleau), Ministère de la Défense et Nouveau Monde, 2018, 451p.
- *Les Écoles d'officiers de l'armée de l'air*, Salon-de-Provence, collectif sous la direction du général Gilles Modéré, préface du général Jean-Paul Paloméros chef d'état-major de l'armée de l'air, Privat, Paris, 2012, 144p.
- *Défense et sécurité au XXIème siècle*, collectif (collectif sous la direction d'Evelyne Farcy-Magdenel et Chantal Tissier-Dauphin), scérén-CNDP-CRDP, Paris, 2011, 226p.
- *Exporter la décentralisation à la française, Essai sur le Liban* (sous la direction de ; avec M. Adib), Paris, L'Harmattan, 2005, 205p.
- *Le Fardeau de la sécurité/ Défense et finances publiques* (sous la direction de ; avec J. Percebois), L'Harmattan, 2004, 450p.
- *Gestion et financement des collectivités locales*, Paris, l'Harmattan, 2003, 232p.
- *L'esprit de défense au quotidien*, (avec Jean-Pierre Marichy et Marie-Dominique Charlier-Dagras) Ministère de la défense, Documents du C2SD, Paris, 2002, 116p.
- *Défense et aménagement du territoire*, (sous la direction de ; avec J. Rouzier), Montpellier, UPV, 2001, 435p.

- *Dictionnaire de finances publiques*, avec J. Percebois et A. Euzéby, Paris, A. Colin, 1995, 208p.
- *Économie politique de la Défense*, préface du contrôleur général Cailleteau, chef du contrôle général des armées, Paris, Cujas, 1992, 150p.
- *Le recrutement militaire en Europe depuis 1945*, (sous la direction de), Montpellier, UPV, 1992, 170 p.
- *Fracture sociale et esprit de défense*, (sous la direction de), IHEDN et université Montpellier 3, Montpellier, 150p.
- *L'Économie de Guerre* (sous la direction de ; avec J. Maurin), Montpellier, UPV 1989, 430 p.
- *Prix et production,* (traduction collective du livre de F. von Hayek), Paris, Calmann-Lévy, 1975, 199p.

262 - Rapports (10)

- NEK - Nouvelles économiques du Kosovo, Fiches d'intelligence économique au profit des entreprises françaises, Représentation militaire de la France au Kosovo, Pristina, 2009, 44p.
- L'effort financier des collectivités locales dans la lutte contre le chômage et pour l'aide à l'emploi, (sous la direction de ; avec P. Alliès), Ministère de l'Emploi et de la Solidarité, DARES, Document d'études n°32 octobre 1999, 311 p.
- Les conséquences d'un choc budgétaire appliqué à l'industrie des composants électroniques, (sous la direction de), Paris, Ministère de la défense (DRET¬-DGA), 226p.
- Du coût au prix des armements, collectif, Centre des Hautes Études de l'Armement, juin 1995.
- Production informatique et sécurité nationale, (sous la direction de), rapport d'étude pour la société Bull, 2 tomes, 1993, 21 p., 1994, 118p.
- Évaluation de la politique d'endettement du département de l'Hérault, (avec J. Percebois), rapport au comité d'évaluation du département, 1992, 75 p.
- Notes sur les industries d'armement en France, rapport au ministre de la Défense (DEG), (sous la direction de), 1989, 73 p.
- Possibilités de création d'une base de données bibliographiques « Défense », rapport au Secrétaire Général de la Défense Nationale, (1) mai 1986, (2) avril 1987
- La défense nationale française face à l'inflation, (dir.), Paris, FEDN, 1986, 130p
- Rapport à M. le Ministre de la Défense, concernant les recherches et enseignements de défense en France, 14 p. non publié, 1982.

263 - Chapitres de livres (22)

- « *Entre revalorisation de la condition militaire et réduction des déficits publics, le difficile cheminement de la politique salariale militaire* », (avec Jean-Pierre Maury) in Mathieu Conan et alii (éd.), **Singularité(s) des finances de la défense et de la sécurité, hier et aujourd'hui**, Paris, Mare et Martin, 2021, pp.99-115.
- « *Le commissaire des armées - A la recherche d'une identité, entre tradition et nécessité* », in P. Drévillon et E. Ebel, **Symbolique, traditions et identités militaires**, Paris, Service historique de la défense, 2020, pp.397-308
- « *Sécurité nationale et décentralisation : les élus locaux et la défense de la France* », (avec Julien Malizard), in Liliane Bensahel (éd.), **Liber amicorum de Jacques Fontanel**, L'Harmattan, Paris, 2013, pp.22-36.
- « *La théorie économique des alliances* », in Vincent Cattoir-Jonville et Johanne Saison (éd.) **Les différentes facettes du concept juridique de sécurité- Mélanges en l'honneur du Professeur Pierre-André LECOCQ**, CHJ, Lille, 2011, pp.47-55.
- « *Sorties de crise et promotion des intérêts nationaux* », in F. Rousseau et J-F. Muracciole (éd.), **Combats, Hommages à Jules Maurin**, Paris, Michel Houdiard, 2010, pp. 449-458.
- « *Les actions civilo-militaires* » et « *Les actions civilo-militaires au Kosovo* », in P.H. Garcia (éd.), **99 questions sur la défense**, 2° édition, CNDP, Paris, 2007.
- « *La méthode de la biographie, exemple : Les vies de John M. Keynes d'Alain Minc* », in A. Coppolani et F. Rousseau (éd.), **La biographie en histoire**, Paris, Michel Houdiard, 2007, pp.131-132.
- « *De la politique au droit : le cas Alfred Dreyfus* » ; « *Les lois de programmation militaire : une incursion de la politique militaire dans la production du droit* », (avec Mustapha Adib), in J.L. Autin et L. Weil, (éd.), **Le droit figure du politique**, Montpellier, UM1, 2008, resp. pp.227-240 et 501-512.
- « *Exporter la décentralisation ?* », avec M. Adib, pp.11-25 ; « *Quels impôts pour les collectivités locales* », pp.149-163, in J. Aben et M. Adib (dir.) **Exporter la décentralisation à la française, Essai sur le Liban**, L'Harmattan, Paris, 2005, 205p
- « *Les études et enseignements d'économie de la défense* » in **Défense et université, 30 ans d'enseignements**, Paris, CEHD, 2004, pp.89-99.
- « *Défense et finances publiques : quelques remarques in limine litis* » ; « *En guise de postface* », in J. Aben et J. Percebois (dir.) resp. pp.9-31 et 423-428

- « *La réserve : de la défense de la Patrie à la défense des intérêts de la nation* », in **Mélanges offerts au Professeur Jean-Pierre Marichy**, IEP de Toulouse, 2003, pp.165-184.
- « *Du financement de la guerre* », in **Guerre et Economie**, sous la direction de J-F Daguzan et P. Lorot, Paris : Ellipses, 2003, pp.55-72.
- « *Défense et territoire : une mise en perspective* », pp. 7-27, in J. Aben et J. Rouzier (dir.) **Défense et aménagement du territoire**, (éd. ; avec J. Rouzier), Montpellier, UPV, 2001 ;
- « *L'effort pour l'emploi des collectivités locales : recherche d'un indicateur* », in J. Aben et P. Alliès (dir.) **L'effort financier des collectivités locales dans la lutte contre le chômage et pour l'aide à l'emploi**, Paris, DARES, 1999, 311 p. ; pp. 18-67 et annexes pp. 104-147.
- « *Vingt ans de discours sur la menace, de la mort du Chêne à la chute du Mur* » (avec J.P. Maury), in **Les Armes et la Toge, Mélanges offerts à André Martel**, Montpellier, UPV, 1997, pp.211-227.
- « *Les appelés dans la comptabilité nationale* » (avec A. Mathieu), in **Economie sans frontière, hommage à A. Tiano**, Montpellier, Université Montpellier 1, 1991, pp.188-195.
- « *Defence Spending in France : the Price of Independence* », (avec C. Schmidt et L. Pilandon), in K. Hartley et T. Sandler (éd.) **The Economics of Defence Spending**, Londres, Routledge, 1990, pp.93-117.
- « *Economie de guerre, économie en guerre : le cas de la France pendant les guerres de décolonisation* », in J. Aben et J. Maurin (dir.) **L'Economie de Guerre**, Montpellier, UPV, 1989, 430 p., pp.345-363,
- « *L'effort de défense des Européens* », in J.P. Maury (édit.), **La sécurité de l'Europe**, UP, Perpignan, 1988, pp.
- « *Désarmement, commerce des armes et développement* », in J. Fontanel et J.F. Guilhaudis (éd.), **Le désarmement pour le développement**, ARES, Grenoble, 1986, pp. 191-201.
- « *L'interventionnisme économique par la dépense militaire* », in **L'interventionnisme économique de la puissance publique**, collectif, Montpellier, CREAM, 1984, pp. 1-13.

264 - Communications dans des colloques avec publication (21)

- « Les dépenses militaires, indicateur de la puissance de l'Etat », communication à la table ronde French Perspectives, Ministère des armées, Centre de documentation de l'École militaire, Paris, 23 janvier 2020, publiée par Arte radio, in « Signal sur bruit ».

dems.defense.gouv.fr/cdem/productions/valorisation/voir-ecouter/signal-bruit/

- « Kosovo 1999-2019, ou comment finir une guerre sans avoir la paix », communication au colloque Faire paix-Make peace, université de Caen, 13-15 novembre 2019, publié in PSEI n°12, http://revel.unice.fr/psei/index.html?id=2005
- « Le commissariat de l'air, le soutien des forces et l'innovation », AMICAA-Université Lille 2, Lille, 5-16 novembre 2018, publié in Jacques Primault (éd) L'administration militaire : l'exemple du commissariat dans l'armée de l'air 1942-2009, Saint-Etienne, AMICAA, 2019, pp. 59-63.
- « Licorne : la guerre, si nécessaire, pour maintenir ou imposer la paix », communication au colloque (Re)penser la guerre. Stratégies, acteurs, outils, AEGES, Paris, 14 et 15 décembre 2016, publié in Etudes polémologiques n°56, 2018.
- « Le 14 juillet ou le cérémonial militaire instrument du discours politique », communication au colloque international Le cérémonial dans les sphères politiques et religieuses à travers les âges, Sousse, 19-21 novembre 2015, publié in Mehdi Jerad (éd.), Même titre, Tunis, Latrach, 2017, pp.349-368 et en version anglaise in Review of the Air Force Academy, n°3 (35) /2017, pp. 15-26.
- « Un musée numismatique pour le XXIème siècle, le point de vue d'un économiste », in Association Numismatique du Roussillon, Corpus des journées d'études numismatiques, VDS, Perpignan, 2016, pp. 19-30
- « The spirit of defence and its determinants, the case of France », conférence invitée, XVIIème conférence internationale AFASES, Brasov (Roumanie), 28-30 mai 2015, publié in Laurian Gherman (éd.), AFASES 2015, HCAFA, Brasov, 2015, vol 1, pp.13-24
- « Le Kosovo en quête de paix – 1945-2013 » ; contribution au colloque international La fabrique de la paix, Montpellier, 2-4 octobre 2013, publié in A. Coppolani, J.-Ph. David et J. Thomas (éd.), La Fabrique de la Paix, Acteurs, Processus, Mémoire, Presses de l'université Laval, Québec, 2015, pp.225-237
- « What realms for defence economics ? », communication au colloque international Defense and its realms, ENSTA-UBO, Brest, 14-15 avril 2011, publié in Renaud Bellais (éd.), The evolving boundaries of defence: An assessment of recent shifts in defence activities, Emerald Group, London, 2014, pp.3-24.
- « Crise et sortie de crise : le Kosovo », communication à la journée d'étude Nouveaux conflits, quelles missions pour les armées ? GRSG, université Toulouse-Capitole, 27 janvier 2011, publié in Michel Martin (éd), Annales de l'université Toulouse 1 Capitole, tome LIII, 2011-2012, pp.257-274.

- « L'évolution du regard des économistes sur la défense », contribution au colloque international De l'histoire militaire aux études de défense et aux politiques de sécurité des années 1960 à nos jours, Béziers, 29 septembre-2 octobre 2010, publié in H. Heyriès (éd.), (Même titre), Economica, Paris, 2012, pp. 259-270.
- « La production de défense entre régie et délégation », communication au colloque de l'IRSEM, 27-28 mars 2008, publié in J-C Romer, L. Henninger (éd.) Armées privées-armées d'Etats, IRSEM, Paris, 2010, pp.357-377.
- « Le réserviste en opération extérieure, une nouvelle forme du volontariat ? », communication au colloque international Le soldat volontaire en Europe au XX° siècle : de l'engagement politique à l'engagement professionnel, Montpellier 2-3-4 avril 2003, publié in H. Heyriès et J-F Muracciole (éd.), (Même titre), PULM, Montpellier, 2008, pp.423-434.
- « D'Alger à Suez : le Front républicain face au financement de la guerre », communication au colloque, Le financement des guerres et des opérations, une perspective historique, CEHD, Paris, 5 mai 2006, publié in Gestion et Finances Publiques-La Revue du Trésor, n°1, 2012, pp.63-70
- « Défense et gouvernance : l'enjeu financier et industriel », contribution au colloque Défense et gouvernance, Secrétariat général de la Défense nationale et Institut des hautes études de défense nationale, Paris 26-27 septembre 1997, publié in Défense et Gouvernement des Nations, Paris, SGDN-IHEDN, 1998, pp. 161-174.
- « Les aspects financiers du réarmement français, 1945-1950 », contribution au colloque La France face aux problèmes d'armement, 1945-1950, Centre d'Etude d'Histoire de la Défense, ministère de la Défense, Paris, 30 mai 1995, in Maurice Vaïsse (éd), Paris, Edition Complexe, 1996, pp.75-96.
- « Intégration économique et sécurité nationale », (avec J.P. Maury), communication au colloque Sécurité collective et crises internationales, IHEDN-SGDN, Toulon, 10-11 septembre 1993, publié in (Même titre), La Documentation française, 1994, pp. 347-386.
- « Propos autour du désarmement en France » contribution au colloque international Economie de paix, économie en paix, Grenoble 6 et 7 mai 1993, publié in Ares 1993 XIV/4, p.33-44.
- « La sécurité des approvisionnements de l'Europe », (avec J.P. Maury), contribution au colloque L'Europe et la mer, Brest 6-8 octobre 1988, publié in J. Lebullenger et D Le Morvan (éd.), La Communauté européenne et la mer, Paris, Economica, 1990, pp.781-798.

- « Defence and employment in the U.K and France : A Comparative Study of the Existing Results » (avec R.S. Smith), contribution au colloque du SIPRI et de l'AISE, Stockholm, octobre 1985, publié in C. Schmidt et F. Blackaby (éd.), Peace Defence and Economic Analysis, Londres, McMillan, 1987, pp.384-398.
- « Ces fous alliés dans leur drôle d'OTAN » (avec J.P. Maury), contribution au colloque L'état de guerre, Société freudienne de Montpellier, décembre 1984, publié in Mi-Dit, février 1985, pp. 33-43.
- « Les socialistes français face au problème des exportations d'armes », contribution au colloque de l'European Consortium for Political Research, Salzburg, avril 1984. Publié in Social-Démocratie et Défense, Portelli et Hanley éd., Paris, 1986, pp. 329-345.

265 - Articles de revues (37)

- « *De defensœ œconomia œconomibusque - De l'économie de défense et de ceux qui la font* », **Revue défense nationale**, n°832, été 2020, pp. 13-17
- « *The Military Expenditure as a Proxy for State's Power* » (avec J. Fontanel), **Defence and Peace Economics**, numéro spécial, 2018, DOI: 10.1080/10242694.2018.1460714.
- « *Les deux âges de la réserve militaire* », **Paix et sécurité européenne et internationale (PSEI)**, n°6, http://revel.unice.fr/psei/index.html?id=1542.
- « *Election présidentielle et défense ou le fantasme des '2% du PIB'* » **Défense et stratégie**, n°41, avril 2017, pp.71-80
- « *Retour sur la mesure de l'effort de défense, variations françaises sur un thème imposé* », **Défense et stratégie**, n°41, avril 2017, pp.29-45.
- « *A ka Kosova shumë pompa benzine ?* » (Existe-t-il trop de stations-services au Kosovo ?), **Zëri, Prishtina**, 4 décembre 2009, p.25.
- « *The New French Military Reserve and the Test of Overseas Operations* », **Defense Analysis**, juin 2008, pp197-202.
- « *De la réserve d'hier à la réserve d'aujourd'hui* », **Défense Nationale et Sécurité Collective**, décembre 2007, pp.103-110.
- « *A propos de l'action civilo-militaire, réflexions sur un retour d'expérience* », **Défense et Sécurité internationale**, n°15 mai 2006, pp26-31
- « *Les leçons du Kosovo* », **Défense et stratégie**, n°9, avril 2004, pp.2-6 ;

- « *Les dilemmes financiers de la décentralisation* », **La Revue du Trésor**, mai 2004, pp.267-269 ; Sociétal, n°44, 2004, pp. 37-39 ; **Revue de l'économie méridionale**, n° 203, 2003, pp.395-402.
- « *Une géographie politique de Mitrovitsa* », **Défense Nationale**, février 2003, pp.99-109.
- « *Les réservistes en opération extérieures* », **Défense Nationale**, mars 2002, pp.81-93.
- « *Vers une reprise générale des dépenses militaires ?* », (avec J.P. Maury), **Sociétal**, n°38/2002, pp.46-48.
- « *Le système de finances publiques du Kosovo à la veille des élections générales* », **Revue du Trésor** n° 11, novembre 2001, pp. 675-690.
- « *La dissémination des armes* », **Agir**, Revue générale de stratégie, n°4, juin 2000, pp.89-100.
- « *Vingt ans de discours sur la menace, de la mort du Chêne à la chute du Mur* » (avec J.P. Maury), in **Les Armes et la Toge, Mélanges offerts à André Martel**, Montpellier, UPV, 1997, pp.211-227.
- « *A la recherche de l'esprit de défense* », **Histoire et Anthropologie**, n°12, juin 1996, pp.24-35.
- « *Adéquation de l'offre à la demande de travail militaire : le cas du concours des commissariats des armées* », (avec J.J. Enrich et S.D. Faucon) **Droit et Défense** n°3/96, 1996, pp.28-38.
- « *Pour en finir avec l'inflation militaire* », (avec J.P. Maury), **Défense Nationale**, août septembre 1987, pp. 111-124.
- « *Les relations entre les universitaires et la défense dans les divers pays d'Europe* », (avec J.P. Maury), **Histoire et Défense**, n°13, 1986, pp. 73-76.
- « *Paix, Défense et analyse économique* », **Histoire et Défense**, n°13, 1986, pp. 71-73.
- « *The French Socialists Confronted with the Problem of Arms Exports* », **Defence Analysis**, n°4, 1986, pp.307-318.
- « L'Europe et sa monnaie », **Revue de l'Economie Méridionale**, n°132, 1986, p.22-23.
- « *Commerce de guerre ou commerce de paix, un dilemme pour les relations entre la France et le Tiers Monde* », **Défense Nationale**, février 1985, pp. 61-75.
- « *L'opinion publique française et la défense* » (avec J.P. Maury) ; **Histoire et Défense**, n°12, pp. 99-105 (L'Indépendant, 21 septembre 1984).
- « *Le prix de la défense au Parlement* », **Projet**, n°187, 1984, pp. 741-754.
- « *Les problèmes du service militaire* » (avec J. Aubry), **Histoire et Défense**, n°7, pp. 65-90.
- « *La Quête du désarmement ou les utilités de la production de défense* », **Économie et Humanisme**, n°272, pp. 48-58.

- « *Désarmement activité et emploi* », **Défense nationale**, mai 1981, pp. 105-124.
- « *Désarmement et conjoncture* », **Histoire et Défense**, n°3, 1981, pp. 39-57.
- « *Défense et activité locale* », **Revue de l'économie méridionale (REM)**, n°116, 1981, pp. 41-52.
- « *Confrontation régionale des offres et des demandes de produits* » (avec M. Rodriguez), **Revue de l'Économie Régionale et Urbaine**, n°3, 1979 pp. 65-79.
- « *Comment assurer au mieux le risque de maladie* » (avec M. Garrabé), **Économie et Humanisme**, n° 233, 1977, pp. 62-73.
- « *Distribution et redistribution du droit de consommation en économie de la santé* » (avec M. Garrabé), **Finances publiques-Public Finance**, n°3, 1975, pp. 366-385.

266 - Communications non publiées (25)

- La « Nouvelle politique de rémunération des militaires » des armées françaises Rationnaliser pour mieux fidéliser ? », communication acceptée à la 9ème Conférence internationale en économie, gestion et commerce international, Hammamet 25-27 mars 2022.
- « A propos d'une politique des frontières », communication à la Journée en hommage à Jean-Daniel Causse, CRISES, université Paul Valéry, 6 mars 2020.
- « Le corps et la guerre : se préparer au combat », rapport de session, colloque Le corps et la guerre, Aeges, Paris 19-20 décembre 2019
- « How to give the French armed forces the servicemen they need: a question of wage policy », communication au 14th annual Defence & Security Economics Workshop, Ottawa, 24-25 October 2019
- « The Wage Policy of the French Ministry of Defence, between Labour Market Competition and Budget Deficit Reduction », 23rd International Conference on Economics and Security, Madrid 27-29 June 2019
- « The resolution n°1244 of the Security Council and the end of the Kosovo war », communication au colloque international Making Peace. Transitions after War from the Antiquity up to the Present, Padoue, 5-9 novembre 2018.
- « After the War, Build a new Kosovo », communication à la 21st Conference on Economics and Security, Bruxelles, 22-23 juin 2017.
- « La formation de l'officier européen de demain : la coopération pédagogique militaire au sein de l'Europe », communication au colloque international L'avenir de l'industrie de défense européenne

en question, CESICE et ENSTA Bretagne, Grenoble, 6 et 7 novembre 2014.

- « 1945 – Les économistes face à la paix », communication au colloque 1945 la construction de la paix, Trinôme académique, Montpellier, 18 mars 2015
- « Evaluation des retombées économiques de la dépense militaire à partir des tableaux entrées-sorties », contribution au séminaire Impact économique des dépenses militaires, Chaire d'économie de défense de l'IHEDN, 26 novembre 2014.
- « L'attentat du « Drakkar », contexte et prolégomènes », communication au colloque national L'attentat du « Drakkar », quels échos ? Quelle résonance ? ONAC-6ème BLB, Nîmes, 10 octobre 2013.
- « The Experience of French Air Force Academy in Training Evaluation », contribution au colloque international Best Practices in Training Evaluation and the Impact of Training on Job, ARADO-EGPA, Marseille, 13-15 mai 2013
- « Quelques conséquences économiques de l'actualisation d'une programmation militaire », contribution au colloque international L'investissement de défense comme levier de croissance, IHEDN, Paris, 11 avril 2012,
- « Propos liminaires sur les OPEX », communication aux colloques Les OPEX, ONAC, Montpellier, 15 décembre 2011 et Nîmes, 20 février 2012.
- « Defence and Democracy, the Case of France » conférence introductive au colloque international Security Sector Reform and Management, Democracy and Human Rights, CESMO et Foundation for the Future, Tripoli (Liban), 21 novembre 2009.
- « Les pratiques de l'Education Nationale en matière d'enseignement de défense », contribution au colloque L'enseignement de défense : bilan et perspectives, IDPD-C2SD, Nice-Sophia Antipolis, 18-19 janvier 2007.
- « Le financement des opérations extérieures de l'Union Européenne », communication à la journée d'étude La politique européenne de sécurité et de défense : le passage à l'opérationnel, Toulouse, 10 novembre 2004.
- « Les études et enseignements d'économie de la défense », communication au colloque Les études et enseignements de défense, Centre d'étude d'histoire de la défense, Paris, 3 et 4 avril 2002.
- « Ndikimi i rregullativës së re tatimore në prodhimtarinë bujqësore - Influence of the new regulation of taxes for agricultural production in Kosovo », contribution au colloque Kahet e Zhvillimit të Bnyqësisë ne Kosovés, Pristina, 28 juin 2001.

- « La révolution des affaires militaires et la course aux armements », contribution aux journées d'étude L'actualité du concept de course aux armements, Grenoble 11-12 décembre 2000.
- « Défense Budget and the Requirements of Transparency : the French National Expérience », contribution au séminaire international Defense Budget and the Requirements of Transparency, Miklos Zrinyi National Defence University, Budapest 24¬-28 novembre 1997.
- « Le facteur travail dans la production de défense », avec N. Daures, contribution au congrès de l'Association Française de Sciences Economiques, Paris, 21-22 septembre 1987.
- « Défense et emploi en France, 1972-82 », avec N. Daures, contribution au congrès de l'Association internationale des économistes de langue française, Nantes, 30 mai-2 juin
- « Les conséquences au niveau mondial de l'économie de guerre », contribution au colloque Economie de Guerre, Economie de Paix, Namur (Belgique), avril 1986.
- « Exportations d'armes et présence extérieure », contribution au colloque La présence extérieure de la France, CEDSI, Grenoble, juin 1985.
- « Etudes de défense et problèmes de carrière », contribution au colloque annuel Défense et Recherche universitaire, SGDN, Paris, 19-20 septembre 1984.
- « L'utilité pour la France des exportations de matériel de guerre vers les pays du Tiers Monde », contribution au congrès de l'Association internationale des économistes de langue française (AIELF), Clermont-Ferrand, mai 1984.

27 - Direction de thèses

- Victor Essimbe : « *Armes légères, groupes armés, gangs et milices : des vecteurs de l'instabilité politique, économique et sociale en Afrique* », Histoire militaire et études de défense, (Montpellier III, soutenue 2021)
- Tewfik Hamel : « *La stratégie d'engagement des États-Unis dans le Sud à l'ère de la mondialisation* », Histoire militaire et études de défense, (Montpellier III, soutenue 2020)
- Fidele Diby-Kouassi : « *Reconstruire la Côte d'Ivoire : le redéploiement de l'administration et le réaménagement du territoire en contexte post conflictuel* », Histoire militaire et études de défense, (Montpellier III, soutenue 2019)

- Matthieu Chillaud : « *Les études stratégiques en France sous la Ve République. La structuration d'un champ disciplinaire au service d'une politique* », Histoire militaire et études de défense, (Montpellier III, soutenue 2019).
- Ladislas Nze Bekale : « *Décentralisation et reconstruction de l'Etat post conflit en Afrique francophone* », Histoire militaire et études de défense, (Montpellier III, soutenue par VAE, 2017)
- Christine Faller : « *L'enseignement de défense globale entre volontés politiques et réalités de terrain* », Histoire militaire et études de défense, (Montpellier III - soutenue 2013)
- Stéphane Taillat : « *L'impuissance de la puissance ? - L'action des militaires américains en Irak (2003-2008)* », Histoire militaire et études de défense, (Montpellier III - soutenue 2013)
- Julien Malizard : « *Effort de défense et croissance* », Sciences économiques, (Montpellier I - soutenue 2011) ; prix 2012 de l'IHEDN.
- Carmen Hassoun ; « *La fondation du ministère des affaires étrangères du Liban* », Science politique (Montpellier I - soutenue 2010)
- Schuong Li : « *La contribution de la France à la construction de la défense européenne* », Histoire militaire et études de défense, (cotutelle Montpellier III et Université des langues de Pékin - soutenue 2008) ;
- Makha Camara : « *Repenser la sécurité : un impératif de développement pour l'Afrique* », Histoire militaire et études de défense, (Montpellier III - soutenue 2007)
- Julien Raffaillac : « *Risques et conséquences économiques du transport des déchets nucléaires* », Sciences économiques (Montpellier I- soutenue 2006)
- Emine Agamaliyev : « *La gestion de l'incertitude sur les revenus futurs par les dépenses d'éducation* », Sciences économiques (Montpellier I - soutenue 2006)
- Chafic Mehri : « *Une approche économique du risque politique* », Sciences économiques (Montpellier I - soutenue 2006)
- Dan Lupan : « *Risques et conséquences économiques du stockage des déchets nucléaires* », Sciences économiques (Montpellier I - soutenue 2005)
- Xavier Lubac : « *La politique de communication sur la professionnalisation dans les armées* », Science politique (Montpellier I - soutenue 2003)
- Régis Morvan : « *Les politiques publiques locales de protection de l'environnement* », Sciences économiques (Montpellier I - soutenue 2003)

- Christophe Sinnassamy : « *Défense nationale et contexte budgétaire : vers la recherche de l'optimisation financière de la politique d'équipement militaire des forces armées* », Droit public (Nice - soutenue 2003) en co-direction avec le Pr. Louis Balmond
- Rachel Lavaux : « *La stratégie d'alliance des industries d'armement terrestre* », Science politique (Montpellier I - soutenue 2002)
- Mustapha Adib : « *Le discours sur l'inexécution des lois de programmation militaires* », Science politique (Montpellier I - soutenue 2000)
- Angèle Postolle : « *La question des minorités romani dans les nouvelles démocraties d'Europe centrale la politique face au défi de l'interculturel* », Science politique (Montpellier I, en cotutelle avec le Pr. Milan Pospisil, université Charles de Prague - soutenue 1999)
- Aziz Benabdelkarim : « *La menace du Sud* », Science politique (Montpellier I - soutenue 1999)

3- Vie professionnelle militaire

- 2015, 26 février, nommé dans la réserve citoyenne du service du commissariat des armées et affecté à l'école des commissaires des armées ;
- 2014, 18 juin, rayé des contrôles de la réserve opérationnelle, après 32 ans 8 mois et 7 jours de carrière militaire, dont 19 mois et 8 jours en opération ;
- 2013, 1er janvier, passe dans le corps des commissaires des armées avec le grade de commissaire en chef de 1ère classe ;
- 2012, 23-25 octobre, participation à l'exercice international AIREX, Vouziers (France) ;
- 2012, 5 mars, affecté au CDAOA (BA117) comme conseiller économique et politique du général commandant ;
- 2011, 25 mai-4 juin, participation à l'exercice « Steadfast Joist » à Stavanger (Norvège) ;
- 2010, 24 avril-8, mai, participation à l'exercice « Austere Challenge » à Ramstein-Einsiedlerhof (Allemagne) et obtention du diplôme de niveau 2 du centre d'analyse et de simulation pour la préparation aux opérations aériennes (CASPOA) ;
- 2009, 1er octobre, promu commissaire colonel ; désigné comme formateur dans le cadre du stage de niveau 3 du Groupement interarmées d'action civilo-militaire (GIACM) ;
- 2009, 19 mai-11 août, détaché comme conseiller économique du représentant militaire de la France au Kosovo ;

- 2008, 21 septembre, affecté au Groupement interarmées des actions civilo-militaires (GIACM)
- 2008, 19 avril-4 août, détaché comme conseiller économique du représentant militaire de la France au Kosovo ;
- 2007, 27 mars-26 juin, détaché comme conseiller économique du représentant militaire de la France au Kosovo
- 2005, février, participation à l'opération « OTAN-Nice-05 » comme adjoint du chef de la cellule « soutien de l'homme » du PC interministériel ;
- 2004, février, mise à disposition du Centre de recherche et d'étude de l'enseignement militaire supérieur (CEREMS), à l'Ecole militaire ;
- 2004, 16 mars-25 juin, détachement au bureau des actions civilo-militaires de l'opération Licorne, en Côte d'Ivoire, comme directeur des services administratif et financier ;
- 2002, 15 mai-17 août, détaché auprès du bureau des actions civilo-militaires à Pristina, comme expert économie-finances ;
- 2001, 1er octobre, promu commissaire lieutenant-colonel ;
- 2001, du 29 mai au 28 août, détaché au bureau des actions civilo-militaires de théâtre à Pristina (Kosovo), et affecté comme conseiller du chef du Bureau de liaison de France ;
- 1998, certificat militaire de langue parlée 2ème degré en anglais (CMLP2) ;
- 1997-2000, intégré à la ressource des spécialistes « actions d'environnement » du commandement des opérations spéciales (COS) ;
- 1996, affecté à la base aérienne 701 de Salon-de-Provence, comme adjoint réserve au chef du soutien du personnel ;
- 1995, 1er octobre, promu commissaire commandant ;
- 1994-2000, formateur pour le cycle de préparation au commandement (CPC) des capitaines de l'armée de l'air ;
- 1993, brevet de qualification militaire des officiers de réserve (décision 21/12/93)
- 1993, nommé commissaire du gouvernement par suppléance, à la commission de réforme des pensions du Ministère des anciens combattants pour la circonscription Montpellier-Nîmes ;
- 1992, certificat militaire de langue écrite du 2ème degré (CMLE2) avec la mention bien
- 1992, 1er mars, affecté à la base aérienne 726 de Nîmes, comme officier de réserve adjoint au commissaire de la base ;
- 1991, diplôme d'études militaires des officiers de réserve (décision 30/08/91)

- 1989, certificat militaire de langue parlée 1er degré (CMLP1) en anglais ;
- 1988, 1er octobre, promu commissaire-capitaine ;
- 1986, 1er janvier, affecté le à la base aérienne 701 de Salon-de-Provence ;
- 1984, 1er octobre, promu commissaire lieutenant ;
- 1983, affecté le 6 juin à la base aérienne 725 de Chambéry ;
- 1982, 1er octobre, engagé dans la réserve de l'armée de l'air comme commissaire sous-lieutenant au titre du recrutement des spécialistes (décret 76-886, article 31-6), versé en volant régional ;
- 1975, 1er août, appelé au service national et affecté au centre d'instruction du service de l'intendance (CISI, à Angoulême) comme grenadier-voltigeur ; 1er septembre, affecté comme professeur appelé d'économie et statistique à l'Ecole militaire d'administration (EMA) de Montpellier ; rendu à la vie civile le 1er août 1976.

4 - Vie associative

41 - Association nationale des participants aux OPEX

- 2022, préparation et défense du projet de réforme des statuts pour mieux ancrer l'association dans le monde combattant
- 2021, préparation et défense du projet de réforme des statuts et du règlement intérieur pour l'approfondissement de la démocratie dans l'association
- 2019, nommé au Conseil départemental pour les anciens combattants, les victimes de guerre, et la mémoire de la nation
- 2018-2019 - co-organisateur du colloque « Le soldat et la mort »
- 2019, administrateur référent régional
- 2018, préparation et défense du projet de réforme des statuts et du règlement intérieur pour l'ouverture à l'intérêt général.
- 2017, élu au conseil d'administration (finances et affaires juridiques)
- 2015, nommé au Conseil départemental pour les anciens combattants, les victimes de guerre, et la mémoire de la nation
- 2013, nommé délégué pour le département de l'Hérault

42 - Société des membres de la Légion d'honneur

- 2019, 5 juillet, élu vice-président de la section de l'Hérault et trésorier adjoint
- 2018, 12 avril, élu vice-président du comité de Montpellier
- 2016, coopté aux conseils d'administration de la section de l'Hérault et du comité de Montpellier
- 2016-2020, responsable du programme d'étude sur « Les Légionnaires d'honneur de l'Hérault »
- 2014-2019, co-organisateur du concours universitaire du Centenaire de la guerre 1914-1918
- 2011 à ce jour, membre de l'équipe d'organisation du prix aux apprentis des métiers manuels
- 2011 à ce jour, membre de l'équipe d'organisation du gala annuel de solidarité ; animateur de l'équipe depuis 2017.

43 - Association des auditeurs de l'Institut des hautes études de défense nationale

- 1985-2013, 26 témoignages de satisfaction du secrétaire général de la défense nationale, puis du directeur de l'IHEDN.
- 2001, novembre, président d'honneur de l'AR12
- 2001, 25 septembre, co-organisation avec le Minéfi d'un colloque « Intelligence économique et stratégique au service du développement économique »
- 2001, 23 au 25 juin, co-organisation d'un voyage d'étude avec le DMD de la Lozère « Problèmes de sécurité et de défense civile : le cas de la Lozère »,
- 2000, 28 août-2 septembre, organisation d'un « séminaire jeunes »
- 2000, 24-25 juin, organisation d'un voyage d'étude « Le Larzac des Templiers »
- 2000, 27 mai, co-organisation d'une journée d'étude avec l'université de Perpignan, « La guerre en Europe »
- 1999, 25 mai, co-organisation avec les Écoles du commissariat de l'armée de terre d'une journée d'étude « La puissance, de la nation à l'Europe »
- 1998, 1-3 mai, organisation d'un voyage d'étude « 25 siècles d'histoire militaire en Roussillon »
- 1998, 27 avril, co-organisation avec les Écoles du commissariat de l'armée de terre d'une journée d'étude « La pertinence et l'actualité du concept d'esprit de défense à l'heure européenne ».

- 1997, 5 avril, organisation, avec le rectorat de l'académie de Montpellier, d'une journée d'étude « La réorganisation de la défense française ».
- 1995, printemps, organisation du soutien de la 125ème session régionale de l'IHEDN et d'une journée d'étude spéciale « Fracture sociale et défense »
- 1995, 11 mars, organisation, avec le rectorat de Montpellier, d'une journée d'étude « La politique de défense de la France, après le Livre blanc et la Loi de programmation militaire ».
- 1994-2001, organisation de 20 conférences ouvertes
- 1994, président
- 1992, vice-président, délégué pour le département de l'Hérault
- 1983-1992, coordinateur des groupes de réflexion départementaux, animateur du groupe de l'Hérault
- 1983, élu membre du conseil d'administration de l'association (AR12)
- 1982, automne, participation à la 67ème session régionale de l'IHEDN à Marseille.

44 - Association pour l'étude de la guerre et de la stratégie (Aeges)

- 2020, président des jurys réunis des prix Bastien-Irondelle et Pierre-Hassner.
- 2019, président du jury du prix Bastien-Irondelle
- 2019, rapporteur d'une session du colloque annuel
- 2018, communication au colloque annuel
- 2017, nommé membre du jury scientifique Bastien-Irondelle pour les mémoires et les thèses
- 2017, nommé membre du conseil scientifique

45 - Association des auditeurs du Centre des hautes études de l'armement

- 1996-2016

46 - Association des officiers de réserve de Montpellier

- 1983-2012

47 - Association nationale des officiers de réserve de l'armée de l'air

- 1984-1998, conférencier régulier pour les secteurs de Montpellier et de Salon-de-Provence

48 - Association nationale des commissaires de l'air et d'ancrage air

- 2017, modérateur d'une session du colloque tenu à l'université de Lille

4 - Distinctions honorifiques

- Officier de la Légion d'Honneur (décret 30 décembre 2016 ; réception 14 juillet 2017)
- Officier de l'Ordre national du Mérite (décret 4 mai 2012 ; réception 17 septembre 2012)
- Officier des Palmes Académiques (décret 14 juillet 2019)
- Croix du combattant volontaire (arrêté 17 avril 2014)
- Croix du combattant (décision 31 octobre 2012)
- Médaille d'Outre-mer, avec agrafe de vermeil « Côte d'Ivoire » (décision 8 février 2005)
- Médaille des Services militaires volontaires, échelon or (arrêté 6 janvier 2004)
- Médaille de Reconnaissance de la Nation avec agrafe « opérations extérieures » (2002)
- Médaille commémorative française avec agrafe « ex-Yougoslavie » (2001)
- Médaille de l'OTAN avec agrafe « Non article 5 » (2007)
- Médaille de l'OTAN avec agrafe « Kosovo » (2001)
- Lettre de félicitations du représentant militaire de la France au Kosovo (og21, 23 juin 2007)
- Lettre de félicitations du représentant militaire de la France au Kosovo (og104 du 15 août 2002)
- Lettre de félicitations du chef d'état-major des armées (og 4461 du 3 janvier 2002)

Avant-propos

Philippe AUGE

« *Honneur et gratitude dans l'Université européenne contemporaine* », c'est ainsi que Françoise Waquet intitule son étude dédiée au rituel des mélanges[1]. Certes, son introduction jette un trouble sur l'image que l'on peut se faire de ce qu'il en reste, passé le moment solennel de la remise, mais il serait malséant, ici et maintenant, de citer ses commentaires.

Effectivement et heureusement, il y a la remise, il y a la preuve par le nombre des participants, par le volume produit, de l'estime des collègues et camarades, du respect des anciens élèves, de la fidélité des disciples, et de l'amitié de tous. Et je n'oublierai pas la considération de l'Alma Mater, qui consent à divertir « des ressources rares à usages alternatifs », pour paraphraser le professeur Raymond Barre, afin d'honorer et exprimer sa gratitude à tel collègue qui laisse sa place, soit qu'il ait mieux à faire de ses vieux jours, soit qu'il soit littéralement « frappé » par la limite d'âge, ce qui est plutôt le cas ici.

L'honorer et lui exprimer sa gratitude par le moyen le plus adéquat, s'agissant d'un universitaire : un condensé de la science particulière à laquelle il a consacré une longue partie de sa vie, en lui faisant des ajouts par ses travaux de recherche, en l'enseignant devant des publics différents et, éventuellement en l'administrant.

Ici et maintenant, c'est au professeur Jacques Aben, professeur de sciences économiques à l'université de Montpellier, et dans bien d'autres institutions et lieux, que sont offerts ces « mélanges » intitulés « Cedant arma togae – Mélanges en l'honneur du Professeur Jacques Aben ». Et c'est ce titre qui m'a naturellement amené au petit texte que je lui dédie.

Jacques Aben, 35 ans 10 mois 4 jours de services militaires et 50 ans 3 mois 16 jours de services civils. Cela fait tout de même 86 ans 1 mois 20 jours au total, décompte arrêté au 16 mars 2020, et qui montre que la retraite n'a pas freiné notre ami dans sa contribution au service de l'État. Mais plus que le total, si impressionnant soit-il, c'est l'opposition apparente entre ces deux décomptes qui m'intéressent. Car derrière ceux-ci, ce sont deux identités qui cohabitent et peut-être s'affrontent : mais qui est donc Jacques Aben ? Est-ce le professeur des universités, qui a enseigné la gestion et le financement des collectivités locales pendant 20 ans et l'économie monétaire et financière

[1] Revue d'histoire moderne & contemporaine 2006/3 (no 53-3), pages 100 à 121.

pendant 30 ans[2] ? Ou bien est-ce le commissaire en chef de 1ère classe des armées, qui a fait de l'administration sur quatre bases aériennes, et de l'intelligence économique au cours de 6 détachements en opération extérieure ?

Est-ce que le président d'université que je suis, doit regretter que l'un de ses collègues ait dépensé autant d'énergie au profit d'un autre employeur ? Ou au contraire, doit-il se féliciter que ce fonctionnaire soit sorti de sa tour d'ivoire et de ses « *chères études* », pour aller au plus près des réalités ?

Il est amusant de constater que l'intéressé s'est posé les mêmes questions à l'issue de sa première mission opérationnelle, et comme il y en a eu cinq autres ensuite, on peut supposer qu'il a plutôt penché pour la dernière proposition. C'est ce que montre cet extrait de l'un de ses articles de 2002[3] :

« Pour revenir une dernière fois au cas particulier, l'université aurait tort de faire la fine bouche, lorsque celui qu'elle a bien voulu laisser partir, revient avec un article à publier dans une revue de renom, une communication pour un colloque, un sujet de séminaire prêt à l'emploi... et qu'il a bien dû s'accoutumer au standard informatique commun, lui qui pensait ne jamais abandonner le confort du standard de la « *firme de Cupertino* » ».

Cette prise de position claire et définitive aurait pu m'inciter à m'en tenir là, et à chercher ailleurs l'inspiration de ma communication. Pourtant il m'a paru plus pertinent de continuer à explorer cette face particulière de Jacques.

Et ici le mot « particulière » doit être pris pour tout son sens : dans l'université de Montpellier, je ne connais que trois colonels. On peut en écarter un immédiatement, mon conseiller sécurité sureté et FSD[4], puisque c'est un ancien militaire d'active et non un universitaire. Restent deux mais l'autre, un colonel de gendarmerie de réserve, n'a pas eu d'expérience en opération extérieure. Jacques est donc le seul des trois à être simultanément professeur, colonel et ancien combattant. On pourra toujours m'objecter que, après tout, je ne connais pas toutes les facettes du personnel placé sous mon autorité, et que des militaires de réserve peuvent se cacher derrière plus d'un enseignant-chercheur. Peut-être, mais alors la particularité de Jacques Aben serait que lui ne cache pas du tout son état, au point que je l'ai vu plus d'une fois en uniforme, par exemple le jour où le conseil d'administration de l'Université Montpellier 1 a élu la présidente Dominique Deville de Périère ou, à plusieurs reprises, pour la rentrée solennelle de la faculté de Droit.

Donc continuons à observer ce commissaire de réserve de l'armée de l'air, puis des armées (depuis le statut du 1er janvier 2013) qui n'a pas pour autant cessé d'être un universitaire à plein temps, assurant son service dans ses trois dimensions : enseignement, recherche, administration.

---

[2] Mais aussi bien d'autres sujets, comme la prospective, la statistique, l'économie financière… et même les mathématiques appliquées à l'économie.

[3] « Les réservistes en opérations extérieures », Défense Nationale, mars 2002, pp.81-93.

[4] Fonctionnaire de sécurité et de défense, pour les non-initiés

La contribution de Jacques à l'administration de l'université et de ses composantes est indiscutable. En lisant son curriculum, on peut constater un nombre de mandats électifs très significatif : conseil d'administration, conseil des études et de la vie universitaire, section disciplinaire, commissions de spécialistes... Toute la gamme y est passée et plutôt deux fois qu'une. Mais cela laisse ouverte la question de savoir s'il a existé des transferts de technologie dans un sens ou dans l'autre, ou des transferts d'énergie, un emploi concurrençant l'autre.

Une unité militaire ne s'administre pas comme une université. En effet, même si un chef militaire ne peut accomplir les missions qui lui sont confiées sans consulter ses subordonnés, et surtout sans obtenir leur adhésion, il n'a pas à se soumettre au bon vouloir de conseils que la loi lui impose. Je suis bien placé pour savoir qu'il n'en va pas de même à l'université et que parfois, avec des majorités réduites, des absences de conseillers et des questions « *clivantes* », on peut avoir quelques soucis lors des sessions de conseils. Et sur ce plan-là, pour qui a suivi en direct ou en différé les séances du conseil d'administration de l'Université Montpellier 1 de la deuxième moitié des années 1990, il est clair que le professeur Aben y a apporté une « *animation* » dont le président de l'époque se serait bien passé. On peine à l'imaginer dans la même posture sous l'uniforme, car alors on peut parier sans grand risque que l'université l'aurait promptement récupéré en entier.

Néanmoins je peux verser au dossier ce témoignage de l'un de ses anciens chefs, qui le décrit comme « *le plus militaire des civils et le plus civil des militaires* ». La première proposition n'est pas de nature à surprendre qui que ce soit parmi ceux qui le connaissent au sein des universités de Montpellier - il n'y a qu'à le regarder marcher pour s'en convaincre, on dirait qu'il s'exerce à « *l'ordre serré* ».

En revanche, la seconde pourrait sous-entendre certaines prises de libertés par rapport à la retenue, pour ne pas écrire « *la réserve* », qui sied dans cette communauté particulière. Ainsi, le professeur Aben n'aurait pas importé la retenue des militaires dans les conseils universitaires, mais peut-être, aurait-il exporté un peu, mais un peu seulement, du franc-parler des universitaires chez les militaires.

En matière de transfert d'énergie, de concurrence d'emploi, les choses sont plus claires, et j'en veux pour preuve ce qui a été indiscutablement un moment particulier de la carrière de Jacques Aben, et qu'il a bien voulu me confier. C'était au printemps 2004 et la faculté de sciences économiques allait changer de doyen, puisque le sortant ne pouvait se représenter. A cette occasion, nombre de collègues sont venus le solliciter, aussi bien chez les maîtres de conférences que chez les professeurs : maintenant c'était son tour. Il a commencé par argüer que, justement, il ne serait pas présent à Montpellier le jour du vote, puisqu'il était à quelques petits jours de son départ en détachement militaire à Abidjan. Le collègue[5] devant qui il a tenu ce raisonnement lui a répondu : « ce n'est pas grave, on t'élira par contumace ». Il n'a plus eu alors, qu'à annoncer qu'en tout état de cause, si les armées devaient le rappeler l'année suivante, il partirait de même, et que cela représenterait trois mois d'absence, certes essentiellement pendant la période estivale, mais trois mois tout de même. La cause était donc entendue, Jacques Aben ne serait pas doyen de sciences économiques, ni cette fois-ci, ni tant qu'il ne serait pas rayé du cadre des officiers de l'armée de l'air - et ce refus a fait que c'est notre regretté collègue Christian Lagarde qui s'est présenté, a été élu, et avec qui j'ai eu le plaisir de travailler pendant dix ans.

En revanche Jacques est allé faire de l'administration, hors de l'université, et dans un contexte de gestion de crise. En d'autres termes il est allé faire son métier d'administrateur militaire, son autre métier.

Mais l'ironie de cette histoire m'est apparue cinq années plus tard, lorsque j'ai moi-même été élu président de l'Université Montpellier 1 et que j'ai eu à suivre sa demande de détachement au ministère de la Défense pour prendre le poste de... doyen des Écoles d'officiers de l'armée de l'air. On peut imaginer - nous sommes à l'université - qu'il a dû se trouver de bonnes âmes pour dire, et peut-être penser, qu'une fois de plus Jacques Aben avait fait passer les armées avant l'université.

Mais, du point de vue du président de ladite université, ce serait sans compter le fait qu'un ressortissant de l'université de Montpellier était allé chasser « *le gros gibier* » sur les terres de l'université d'Aix-Marseille, et avec quelque réussite. Il n'y a pas de petite satisfaction.

Je ne suis pas économiste, mais j'imagine qu'il doit être possible de trouver dans les pratiques militaires de quoi pimenter un cours d'économie : tout le monde a entendu parler des origines militaires de la recherche opérationnelle, et celle-ci semble bien faire partie des « *sciences économiques* ». Or si Jacques s'est acquis une réputation universitaire liée à ses orientations militaires, c'est bien d'abord en tant qu'économiste de la défense, et l'un de ses anciens étudiants, Julien Malizard, le montrera méthodiquement un peu plus loin dans ce volume. Pourtant, à une exception près, en DEA « *Dynamiques structurelles* » entre 1994 et 1997, ce n'est pas la voie qu'il a suivie. Peut-être parce qu'il n'est pas si facile de « loger » un cours d'économie de la défense dans les maquettes proposées par la faculté d'économie.

En fait, ce n'est pas par l'économie de la défense qu'il a commencé d'enseigner « *en militaire* », mais plus naturellement par la politique de défense ou la politique militaire, et ce par l'effet du hasard : la création, mais à la faculté de droit, d'un DEA de science politique dédié aux politiques publiques. Alors, pourquoi pas la politique militaire ? Effectivement le séminaire de politique de défense est créé en 1984, et perdurera jusqu'en 2004.

---

[5] Le regretté Guy Delande, qui a été aussi celui grâce à qui il a fait une incursion de plus de vingt ans dans le domaine de la gestion et du financement des collectivités locales.

Or on l'a vu, 2004, c'est aussi le moment même où Jacques rentre de Côte d'Ivoire et aurait des choses concrètes à raconter sur la politique militaire et un carnet d'adresses de professionnels susceptibles de l'y aider. Le hasard fait parfois mal les choses.

Quoi qu'il en soit, Jacques ne s'en est pas tenu là, et a proposé de créer, en 1989 et dans la même faculté, un autre enseignement traitant lui-aussi de politique militaire, mais sous la forme d'un cours cette fois, et avec les mentions « *à titre bénévole* » et « *ouvert à tous les étudiants* ». On peut aisément imaginer que le doyen de la faculté de droit de l'époque n'a pas dû hésiter beaucoup à accepter l'addition d'un cours d'ouverture - gratuit -, à son offre de formation. Le fait que ce cours ait existé douze ans semble témoigner que les étudiants ne l'ont pas boudé.

Curieusement, c'est par le militaire que l'enseignement d'économie de la défense a été mis sur les rails, et encore une fois par l'effet du hasard : parce que, en 1984, Jacques avait accepté de créer une préparation au concours de commissaire des trois armées à la faculté de droit et de sciences économiques, la direction de la toute nouvelle école du commissariat de l'armée de terre avait pensé à lui en 1985, lors de la mise en place du premier programme de formation. Cette collaboration fructueuse allait durer vingt-et-un-ans.

Et de là, un effet d'essaimage s'est produit vers l'école des commissaires de l'air d'abord, vers l'école de l'air elle-même ensuite, puis vers l'institut d'études politiques de Toulouse, vers l'université Paul Valéry et enfin vers l'institut du droit de la paix et du développement (IDPD) de Nice. Mais dans tous les cas, c'est le professeur Aben qui a donné ces enseignements, à l'exception notable de l'école de l'air où ses interventions ont été organisées dans le cadre de ses périodes de réserve militaire. Mais personne n'est dupe : dans ce contexte, on n'hésite pas à inviter un professeur d'université, si l'on sait qu'il est aussi officier de réserve, et on n'hésite pas à confier un cours de politique de défense à un modeste capitaine de réserve, si l'on sait qu'il est aussi professeur des universités.

Toujours en matière d'enseignement, une fracture notable s'est produite en 2002, même si elle ne s'est vraiment manifestée qu'à partir de 2004 : le commissaire Aben revenait de son premier détachement opérationnel au Kosovo, donc avec un bagage d'informations militaires glanées à la meilleure source. Il a simplement fallu deux ans, au gré d'autres hasards, pour que les responsables de masters professionnels à orientation « *défense* », à Nice et à Montpellier, fassent appel à ce professionnel, qui offrait la garantie d'être aussi un professionnel de l'enseignement. C'est donc un retour d'expérience sur l'action civilo-militaire qui s'est progressivement mis en place, et s'est enrichi, au gré du contenu des missions opérationnelles ultérieures, notamment avec une dimension « *intelligence économique* ».

Et si j'en juge par les parenthèses ouvertes dans le CV de Jacques, ces enseignements continuent d'être délivrés - y compris à l'université du Tiers

Temps - même si on peut imaginer qu'avec un statut de professeur émérite ce doit être plutôt dans le cadre d'un nouveau bénévolat.

Bénévolat aussi dans le domaine de la recherche, puisqu'un professeur émérite ne peut bénéficier d'aucun soutien financier du laboratoire qu'il fait profiter de ses travaux. Mais lorsque l'on en a la passion, comme Jacques, c'est un petit inconvénient vite surmonté : qui ne l'a pas entendu parler de son addiction au « *tourisme scientifique* » par les colloques et autres congrès ? Rien qu'en 2019, ce fut Madrid, Ottawa, Caen et... Montpellier - mais là c'était dans le cadre de la Société française de finances publiques, tout de même.

Cela étant, dans ces fameux colloques, qui est intervenu, le professeur ou le colonel ? Un esprit facétieux répondrait « les deux mon général ! ». En effet, ayant pu consulter certaines des réponses de Jacques à des appels à communication, j'ai pu constater que c'était toujours le professeur qui répondait - d'où l'utilité de l'éméritat -, car un militaire répondant à des universitaires dans le cadre d'une manifestation académique, pourrait être regardé avec suspicion au moment de l'examen de sa proposition par le comité scientifique. En revanche, à plusieurs reprises, l'intéressé a réussi à placer, aussi naturellement que possible, qu'il est aussi colonel ou commissaire en chef (les deux mon général !), afin sans doute, d'accroître sa crédibilité sur des sujets qu'un simple civil pourrait être présumé mal connaître. Les derniers exemples en date concernent une même thématique : « faire paix », évidemment dans la suite de la commémoration de l'armistice de 1918 et du traité de Versailles, et deux destinations, Padoue et Caen. Si, dans un tel contexte, on propose une communication sur les traités de Nimègue, on peut se contenter d'être un historien spécialiste d'histoire moderne. Mais si l'on prétend traiter de « la recherche de la paix au Kosovo », il est certainement utile de pouvoir préciser qu'en plus d'être un universitaire expérimenté, on a été soi-même l'un des acteurs, si modeste soit-il, de cette recherche. Mais, même cette précision peut ne pas suffire lorsque la concurrence est forte, que le colloque est organisé par le ministère des armées, et que le titre est « *Les militaires dans la fabrique de la paix* » : à militaire, militaire et demi !

De cet intérêt marqué pour la recherche - Jacques préfère parler de « production académique » - il reste de très nombreuses traces, justement par les productions qu'il a signées, seul ou en compagnie, et parmi elles, les plus nombreuses ont trait à ce que l'on appelait autrefois « études de défense » et que certains voudraient appeler aujourd'hui « *war studies* ».

Si sa première publication hors littérature grise date de 1972, en histoire de la pensée économique, la suivante de 1975, en économie de la santé, il faut aller à 1981 pour trouver les trois premières études « *défensologiques*[6] ». Le

[6] Ce terme a en réalité été forgé par Jean-Pierre Maury, un autre des contributeurs de ce volume, même si Jacques en est peut-être le seul utilisateur.

résultat, c'est qu'entre cette date et aujourd'hui on compte 185 titres en rapport avec la défense sur un total de 233, soit 80%.

Et le militaire dans tout cela ? La réponse n'est pas aussi évidente qu'il pourrait paraître. 1981 - en réalité sensiblement plus tôt, car une publication cela demande un temps de préparation, n'en déplaise aux grincheux - c'est le lendemain de la présence de Jacques « *sous les drapeaux* », dans l'armée de terre, comme « *grenadier-voltigeur* ». En effet, il a été libéré de la partie « *active* » de ses obligations militaires le 31 juillet 1976, à deux mois de prendre un poste de maître assistant. On peut donc raisonnablement penser qu'après avoir soutenu une thèse d'État intitulée « *L'Homogénéité du capital* », ce soudain intérêt pour « *Défense et activité locale* », ou pour « *Désarmement activité et emploi* » ne peut pas ne pas être lié à une « *illumination* » subie sous l'uniforme. Pourtant, ce n'est que le 1er octobre 1982 qu'il est revenu sous les drapeaux, pour entrer dans le corps des commissaires de l'air[7], grâce à une loi favorisant les titulaires de diplômes d'enseignement supérieur, mais seulement au premier grade.

Ainsi il y a bien eu influences du port de l'uniforme sur l'orientation thématique de l'enseignant-chercheur, et réciproquement de ses choix thématiques sur sa volonté de servir - aussi - sous l'uniforme.

Quoi qu'il en soit, comme il l'a écrit lui-même, l'Université de Montpellier « *aurait tort de faire la fine bouche* » face au choix de vie de l'un de ses collaborateurs qui lui a fourni de la matière d'enseignement, une production scientifique non négligeable et un supplément de visibilité. Et comme ce legs est reproductible, il serait mesquin de lui reprocher d'en avoir fait profiter d'autres universités.

Montpellier, 2021

---

[7] En même temps qu'un autre des contributeurs, et ancien camarade de service national, Frédéric Sudre.

Jacques ABEN : Histoire d'une amitié

Vincent CATTOIR-JONVILLE

Il peut paraître surprenant qu'un professeur des Universités de la Faculté des Sciences Juridiques, Politiques et Sociales de l'Université de Lille soit chargé de réunir et de mettre en forme les contributions à un volume de « *Mélanges* » dédié à un collègue de l'Université de Montpellier, alors qu'il n'a été ni son collègue à l'université de Montpellier, ni son élève. On pourrait inventer des explications rationnelles : tel le fait d'avoir été Directeur des études et des enseignements supérieurs de défense à l'IHEDN à Paris ; ou d'être le directeur du plus ancien master sur les questions de défense en Province (le master lillois a été, en effet, fondé en 1978 (la promotion 2018-2019 - promotion du 40ème anniversaire - avait pris le nom de baptême de « *Promotion Colonel Beltrame* ») par le Pr. Olivier Pirotte, soit près de deux ans après ceux de Paris I [fondé par le Pr. Pierre Dabezies] et de Paris 2 [fondé par le Président Jacques Robert]).

Il y a, pourtant, une raison beaucoup plus simple et beaucoup plus prosaïque : c'est une histoire d'amitié.

Lorsque j'ai effectué mon service militaire (1986-1987) sur la B.A. 107 de Doullens en qualité de Conseiller juridique de la Base Aérienne, j'ai obtenu de mes supérieurs hiérarchiques directs, le Commissaire Capitaine Gilles Caïtucoli puis le Commissaire Capitaine Stéphane Piat[8], le privilège de pouvoir mener de front ce qui s'appelait alors le DEA de droit de la défense européenne qui avait été créé en 1978 par le Pr. Olivier Pirotte, devenu, plus de 40 années après[9], le Master de droit public parcours « *Droit et Politiques*

[8] Lequel est depuis devenu Commissaire Général Hors Classe et directeur du SCA (Service du Commissariat aux Armées), on notera qu'il profita de son poste sur la base aérienne de Doullens pour suivre les cours du DEA de défense européenne de l'université de Lille 2, ce qui me valut, oh paradoxe !, de passer de conseiller juridique de la B.A. 107, placé sous les ordres directs du Commissaire de Base à Secrétaire Général de l'Institut de Recherches Internationales et d'Etudes de Défense (IRIED) de l'université de Lille – poste auquel le professeur Pirotte m'avait nommé à mon retour du service national – en charge plus particulièrement d'encadrer les « *étudiants* » - dont le commissaire Piat faisait alors partie !

[9] Nous avons d'ailleurs accueilli, lors des manifestations du 40ème anniversaire de la fondation du 3ème cycle de défense de Lille 2, le Commissariat des Armées à l'Université de Lille pour un colloque organisé avec l'AMICAA et consacré à « *L'ADMINISTRATION MILITAIRE. L'exemple du commissariat de l'air 1942-2009* », dans lequel Jacques était intervenu. Actes du colloque des 15-16 novembre 2018, publications de l'AMICAA (Amicale des commissaires de l'air et commissaires des armées/air), 2019

de Défense et de Sécurité Nationale », que j'ai l'honneur de diriger depuis 2007.

Nous étions donc durant l'année universitaire 1986-1987 et nous avions eu la chance d'avoir un enseignant d'économie de la défense – le professeur Jean-François Stevens – qui nous conseilla de lire deux articles de son collègue, le professeur Jacques Aben, consacrés à des questions d'économie de la défense, ce qui était fort rare à l'époque[10].

Durant toute la période consacrée à la rédaction de ma thèse de doctorat réalisée sous l'autorité bienveillante du Pr. Pierre-André Lecocq[11], j'ai suivi les travaux et écrits de Jacques Aben sans me douter que nous deviendrons amis quelque temps après.

Après ma réussite au premier concours externe de l'agrégation de droit public en juin 1996 et un passage éclair à l'Université de Metz (1996-1997), je fus élu à l'Université de Lille 2, notamment dans la perspective d'y reprendre la direction de l'IPAG (Institut de Préparation à l'Administration Générale), direction qui sera effective en avril 1998 (le temps d'organiser des élections, tant il est vrai que le « *temps militaire* » et le « *temps universitaire* » ne sont pas synchrones).

Durant le semestre précédent, je reçus la visite du Professeur Lecocq qui était membre du jury du concours externe de recrutement des élèves commissaires de l'armée de Terre, de la Marine et de l'armée de l'Air depuis près de 30 ans (il y avait siégé en même temps qu'un autre enseignant lillois le Pr. François Leroy auquel il avait fini par succéder et à une époque où le concours ne concernait d'abord que le commissariat de la marine, puis fusionna marine et air, avant de devenir commun aux trois commissariats puis

---

[10] « *Pour en finir avec l'inflation militaire* », (avec J.P. Maury), Défense Nationale, août septembre 1987, pp. 111-124 et « *Defence and employment in the U.K and France : A Comparative Study of the Existing Results* » (avec R.S. Smith), contribution au colloque du SIPRI et de l'AISE, Stockholm, octobre 1985, publié in C. Schmidt et F. Blackaby (éd.), Peace Defence and Economic Analysis, Londres, McMillan, 1987, pp.384-398.

[11] Pierre-André Lecocq deviendra directeur du Master défense et de l'Institut de Recherches Internationales, Européenne et de Défense de l'Université de Lille à compter du départ en retraite du Pr Olivier Pirotte et jusqu'en 2007 date à laquelle je lui ai succédé dans ces deux fonctions. Il sera aussi président d'honneur de l'AFUDRIS (Association des Formations Universitaires de Défense, Relations Internationales et de Sécurité) qui fut présidée par le Pr. Jean-Jacques Roche qui me succéda comme directeur des formations et des enseignements de défense à l'IHEDN et qui est toujours présidée par Mme le Pr. Catherine Sarlendie de la Robertie, qui sera rectrice de l'Académie de Caen avant d'être nommée préfet de l'Aveyron puis préfet de l'Ain. Voir, « *Les différentes facettes du concept juridique de sécurité. Mélanges en l'honneur de Pierre-André Lecocq* », Textes réunis par Vincent Cattoir-Jonville et Johanne SAISON, Lille, Imprimerie Centrale du Nord, 2011, 480 p. .

Il s'agissait du Commissaire Général de première classe Jean-Claude Boulet (Marine, président du jury), du Commissaire Général de division Yves Martin (vice-président, Terre) et du Commissaire Général de division aérienne Alain Baillaud (vice-président, Air), voir Décision du 12 février 1998 portant désignation des membres du jury du concours pour le recrutement d'élèves commissaires de l'armée de terre, de la marine et de l'air, JORF, 13 mai 1998

de devenir un concours de recrutement des élèves commissaires des armées lors de la fusion des trois commissariats en 2003) et qui me proposa de lui succéder comme examinateur de droit public. J'ai accepté et j'y fit dès lors la connaissance de collègues d'exception : outre la présence des inspecteurs généraux du commissariat des trois armes, et de deux commissaires en chef de 1ère classe, je fis la connaissance du Recteur Christian Labrousse – examinateur de l'épreuve de culture générale -, Professeur de sciences économiques à l'Université de Paris 2, du Professeur de droit privé à l'Université de Paris 2 Hugues Perrinet-Marquet – examinateur de l'épreuve de droit privé – et année après année des Professeur François Burdeau (Paris 2) ; Hervé Sinvey (Paris 2) ; Patrick Hetzel (Paris 2 qui deviendra directeur des études et des enseignements supérieurs de défense à l'IHEDN et à qui je succéderai dans cette dernière fonction) ; du professeur Robert Redslob (Paris 2)...et du Pr. Jacques Aben - examinateur de l'épreuve de sciences économiques. Nous fîmes un voyage de cohésion comme il est de tradition tous ensembles, puis nous passâmes quinze jours ensemble confinés (déjà à l'époque !) à l'Ecole Militaire pour les oraux d'admissions. C'est de là que naquit une sympathie entre Jacques Aben et moi qui se transforma en une sincère amitiés.

Nous développâmes, depuis lors, des relations universitaires plus étroites et plus intenses. Jacques m'invita à Montpellier pour prononcer une conférence dans le cadre de l'AR IHEDN dont il était alors le Président, il me proposa de participer au comité scientifique en vue de préparer le colloque : « *Le Fardeau de la sécurité : Défense et finances publiques* » qui se déroula à l'Université Montpellier 1 les 8 et 9 juin 2000[12]. Nous participâmes tantôt à Lille, tantôt à Montpellier à des jurys de thèses ensemble.

A l'occasion, justement, d'un jury de thèse tenu à Lille le 15 décembre 2017 où Jacques m'avait, une fois encore, fait l'amitié d'être rapporteur[13], apprenant qu'il était, selon la terminologie académique en vigueur, devenu « *professeur émérite* », je m'enquis de savoir si l'Université de Montpellier avait envisagé de réaliser, pour l'honorer, la rédaction de mélanges comme il est de tradition lorsque l'on souhaite faire porter l'attention sur un collègue

[12] Jacques Aben et Jacques Percebois (éd.) : « *Le Fardeau de la sécurité : Défense et finances publiques* », actes du colloque Défense et finances publiques, ESID et université Montpellier 1, 8 et 9 juin 2000, L'Harmattan, 2004, 450p.

[13] « *Le politique, le guerrier et le journaliste. Les limites de l'éthique et de la raison d'Etat dans les conflits modernes* » (Directeur : Pr. Vincent Cattoir-Jonville), thèse de droit public soutenue et présentée publiquement par Farah Duquesne, Université de Lille 2, 15 décembre 2017.

qui a particulièrement marqué sa discipline[14] et son Université[15]. Dans mon esprit, cela était évident et c'était uniquement pour proposer aux organisateurs de ces mélanges d'y écrire une amicale contribution. Face à une réponse négative de sa part (mais il est vrai que les universitaires qui se spécialisent dans les questions de défense et de sécurité sont peu nombreux), je pris l'initiative d'appeler mon ami (encore une histoire d'amitié !) le Professeur Philippe Augé[16], dans le jury d'Habilitation à Diriger des Recherches de qui j'avais été rapporteur, Président de l'Université de Montpellier, qui m'indiqua qu'à son grand regret il n'en était rien et il ajouta « *mais tu connais la parabole de la mouette qui crache au vent…si cela te tente* ». Sous-entendu si tu veux t'en charger… J'ai donc relevé le défi et ce volume de « *Mélanges* » a ainsi pu, enfin, voir le jour, malgré de nombreuses vicissitudes.

Je tiens à remercier ici chaleureusement l'Université de Montpellier ainsi que sa Faculté des Sciences économiques qui ont accueilli et soutenu ce projet très amicalement et financièrement, Même, mais j'en suis le seul responsable, si cela a pris beaucoup plus de temps qu'initialement prévu, mais, outre des soucis personnels qui m'ont empêché d'aller plus vite, comme le souligne le Président Augé dans son « *Avant-propos* » : « *en réalité sensiblement [cela a commencé] plus tôt, car une publication cela demande un temps de préparation* ».

J'ai donc sollicité, à mon tour, des amis, des collègues, des élèves, voir des disciples du Professeur Aben et c'est avec une grande joie que j'ai vu affluer les propositions de contributions, témoignages de la place humaine et scientifique que Jacques tient, tant dans le milieu universitaire que dans le milieu militaire et qui se traduit par l'importance de ce volume.

Ce volume de mélanges a donc pu enfin voir le jour. Il est organisé autour de deux axes : « *l'homme* » et « *l'universitaire* ».

La partie « *l'homme* » regroupe des contributions en forme de souvenirs. Outre la carrière retracée par le président Augé, on y lira des souvenirs sur le

---

[14] Jacques Aben fait partie de cette génération d'Universitaires qui a grandement contribué au rapprochement entre le monde de la défense et le milieu universitaire qui a permis de faire du milieu de la défense un objet d'étude scientifique : voir les contributions dans ce présent volume de « *Mélanges* » du Pr. Doyen Balmond, du Pr. Lecocq et de Julien Malizard : voir aussi la thèse de Matthieu Chillaud, dirigée par Jacques Aben, « *Les études stratégiques en France sous la Ve République. La structuration d'un champ disciplinaire au service d'une politique* », Histoire militaire et études de défense, (Montpellier III, 2018).

[15] Voir par exemple l'avant-propos du Président Philippe Augé dans le présent volume.

[16] Je connais le Président Augé depuis le milieu des années 1990 où nous avions noués des liens d'amitié à l'occasion d'un colloque dont je faisais partie du comité d'organisation consacré au « *Financement des Parlements* » qui me valut en retour ma première visite à l'Université de Montpellier où Philippe m'avait fait inviter à participer au colloque « *Le cumul des mandats et des fonctions* », La documentation Française, 1998.

Philippe Augé me fit ensuite l'amitié de me solliciter pour que j'officie comme rapporteur à l'occasion de son Habilitation à Diriger des Recherches (HDR) qui sera finalement soutenue le 11 février 2006.

rôle de Jacques Aben au jury du commissariat (Pierre-André Lecocq) ; sur l'économiste (Jacques Malizard) ; et sur le militaire (Général Nebout).

La partie « *l'universitaire* » regroupe des contributions très diverses qui sont autant de témoignages d'amitié sur les questions de l'enseignement de et à la défense et sur la formation militaire ; de relations internationales ; d'histoire ; de droit de la défense ; et bien entendu d'économie de la défense.

Uzès, août 2021

L'HOMME

Une alliance janusienne de la toge et des armes au profit de la Nation

Pierre-André LECOCQ

Tempus fugit. Lorsque se tint à Lille en novembre 2018 un colloque consacré à « *L'administration militaire, l'exemple du Commissariat de l'Armée de l'Air* », j'eus la joie d'y retrouver le Professeur Jacques Aben, devenu Professeur émérite après une longue carrière tout à la fois au service de l'Université de Montpellier et du Ministère de la Défense, ayant en dernier lieu exercé durant sept ans les fonctions de Directeur Général, ou Doyen, de l'enseignement universitaire à l'Ecole de l'Air de Salon de Provence. Je l'avais rencontré au sein du jury du concours de recrutement des Commissaires des armées en 1992, l'année où je siégeais pour la vingtième année dans ce jury. Pendant 7 ans, nous y fûmes de concert interrogateurs et correcteurs lui en sciences économiques, moi en droit public et nous y avons lié des liens d'amitié. Le Professeur Vincent Cattoir-Jonville, qui fut également membre de ce jury, et me succéda à la tête de l'Institut de Recherches Internationales et Européennes de Défense (IRIED de Lille) et à celle du master du droit de la défense et de la sécurité, s'étant chargé du « *Liber amicorum* » en l'honneur de Jacques Aben, j'avais pensé lui dédier en hommage un article sur le Commissariat des Armées, mais cette question ayant été traitée sous toutes ses faces lors du colloque, j'ai choisi un autre thème, inspiré par la richesse du contenu de son curriculum vitae. Sa carrière militaire s'est déroulée sur près d'un tiers de siècle, jusqu'au grade de colonel, et, fait remarquable pour un officier de réserve, il a passé 19 mois et 8 jours en opération, après l'accomplissement de son service militaire.

Compte tenu des mutations opérées au sein des Commissariats, devenus, par fusion le corps du commissariat des armées, il a désormais le grade de Commissaire en chef de première classe honoraire. C'est en raison du caractère dual de sa carrière que j'ai choisi de traiter de « *l'alliance janusienne de la toge et des armes au profit de la nation* », titre qui pourrait comporter un sous-titre : « *l'exemple du Professeur Jacques Aben* ».

Il faut entendre ici le terme d'alliance, non comme « *la constitution d'une armée commune dirigée par une instance interétatique et financée par des contributions des membres* », permettant, sur le plan collectif, « *la production de biens collectifs par l'alliances*[17] », définition donnée par Jacques Aben dans

[17]Dans « *Les différentes facettes du concept juridique de sécurité - Mélanges en l'honneur de Pierre-André Lecocq* », imprimerie centrale du nord, Lille, 2011, 480 pa., p. 49 à 58

un article sur « *la théorie économique des alliances*[18] », mais comme un terme qui, selon la cinquième définition que lui donne le dictionnaire alphabétique et analogique de la langue française de Paul Robert, désigne « *l'union d'éléments plus ou moins dissemblables* » évoquant « *les concepts d'assemblage, d'association, de combinaison, de mélanges, de rapprochement, d'union* ». A cette liste on peut rajouter le terme d'amalgame, en raison de la connotation militaire qu'il a revêtue en 1793. En effet, le décret du 12 aout 1793 « *qui détermine le mode d'amalgame pour l'infanterie* » décide que « *l'infanterie républicaine sera désormais formée en demi-brigades...composées d'un bataillon des ci-devant régiments de ligne et de deux bataillons de volontaires* ». Cette forme d'alliance entre les soldats de carrière de l'ancienne armée royale, et les hommes du peuple, civils appelés à porter les armes pour la défense de la patrie en danger par la « *levée en masse* » rassemblait des éléments dissemblables, mais elle fut pourtant fructueuse au profit de notre jeune nation républicaine. Nos forces armées passèrent de moins de 200.000 début 1793 à plus de 800.000 répartis en 15 armées en 1796, forgeant ainsi l'instrument des victoires de la République, inaugurée par celle de Valmy.

C'est une alliance plus intime qui va se construire en la personne de Jacques Aben, au service de la toge et de l'armée nouvelle, « arche d'alliance » construite par sa volonté d'action.

Pourquoi qualifier cette alliance de « *janusienne* » ? Il ne faut pas offenser la modestie du Professeur Aben en le baptisant du nom de nouveau Janus Bifrons, ce Dieu romain éminent, père de la Cité comme Jupiter et Mars, Dieu de la guerre. Ses deux visages à lui sont ceux de l'universitaire d'un côté, et du militaire, de l'autre. Ses temples principaux ont été l'Université de Montpellier I et l'Ecole Militaire de l'Air de Salon de Provence. Mais il possède les traits de caractère décrits chez Janus par des auteurs romains, créateur et initiateur « *avisé* » et « *astucieux* ». Janus est aussi le maître du choix et des passages, et ses liens avec la Rome militaire sont fondamentaux : toujours selon Ovide, les portes de son temple étaient ouvertes pour que le peuple romain, au retour de la guerre, ne rencontre aucun obstacle. La guerre terminée, son temple était fermé pour que la paix ne trouve aucune issue pour s'enfuir. C'est donc un « *être civil* » pacifique, qui travaille avec les militaires au service de la paix.

Exposé au musée du Vatican, le buste de Janus porte deux têtes dirigées dans deux directions différentes, révélant le dualisme de ses choix et de ses objectifs. Par un raisonnement analogique, on peut examiner les deux visages du Professeur Aben, la face ou « *frons* » militaire, et la face universitaire.

---

[18] Voir « *Les différentes facettes du concept juridique de sécurité - Mélanges en l'honneur de Pierre-André Lecocq* », imprimerie centrale du nord, Lille, 2011, 480 pa., p. 49 à 58

I – La face militaire

A) Lorsque l'on examine la rubrique « *vie professionnelle militaire* » dans le curriculum vitae de Jacques Aben, on en découvre la richesse. Il y est fait état, en qualité d'officier, de multiples exercices militaires internationaux : « *Airex* » à Vouziers, « *Steadfast Jdist* » à Stavanger en Norvège, « *Austère Challenge* » à Ramstein-Einsdlerhof en Allemagne. Puis on y découvre son rôle de conseiller économique et politique du général commandant la base aérienne 117. Viennent ensuite les participations aux OPEX : en 2009 au Kosovo, en qualité de conseiller économique du représentant militaire de la France, fonctions déjà exercées en OPEX en 2007, 2008, sa participation à l'opération Licorne en Côte d'Ivoire en 2004, en qualité de directeur des services administratifs et financiers, sa participation, en 2002 aux actions civilo-militaires à Prishtina, capitale du Kosovo, en qualité d'expert économie-finances, là où il avait déjà accompli une mission au bureau des actions civilo-militaires de théâtre en 2001.

On peut noter en outre sa participation à l'opération « *soutien de l'homme* » du PC international, lors de l'opération OTAN – Nice – 05.

Ainsi, en plus de ses compétences en sciences économiques mises au service de la défense au sein des théâtres d'opérations extérieures, ou dans les administrations de défense à l'intérieur du territoire français, a-t-il exercé de multiples missions de conseils militaires et politiques, de direction administrative, d'expertise et de gestion des ressources humaines, toutes missions normalement confiées à un officier supérieur de carrière. L'originalité de la situation tient à ce que ces missions sont confiées à un officier de réserve, dont le statut principal est celui de professeur d'université. C'est qu'il a la défense dans l'âme et qu'il est appelé et reconnu comme tel par les instances du commandement et les militaires avec lesquels il travaille, en apportant un supplément de réflexion et de compétence résultant de son statut d'universitaire. Dans l'exercice de ses missions, il ne manie pas les armes de guerre, mais les armes de toutes ses compétences civilo-militaires au service de la paix, ou du rétablissement de celle-ci dans des territoires abîmés et épuisés par la guerre, comme le Kosovo ou la Côte d'Ivoire.

B) La confiance dont il jouit s'est forgée également à l'occasion d'autres missions militaires, mettant en œuvre l'adage « Si vis pacem, para bellum ». Il participe non seulement au devoir de mémoire au sein de la société des membres de la Légion d'Honneur, mais il appartient aussi à de nombreuses associations assurant l'entretien de la flamme sacrée, c'est à dire, l'esprit de défense inculquée à ceux qu'il forme, à l'association nationales de OPEX, à l'IHEDN, où il développe des problèmes cruciaux, comme ceux de « la puissance, de la Nation à l'Europe », de la « *pertinence de l'actualité du concept d'esprit de défense à l'heure européenne* », *ou de « la politique de défense en France* ».

Infatigable voyageur au service de la défense, il est pourtant un parfait exemple de l'inamovibilité conférée aux professeurs d'université.

II – Le deuxième front Janusien : La face universitaire

A) Jacques Aben a enseigné durant près de cinq décennies au sein de la même université, celle de Montpellier I, et y a rempli de façon brillante et consciencieuse toute la palette des activités qu'un professeur peut exercer au sein de l'Alma Mater dès lors qu'il a l'esprit de service chevillé au corps : enseignements à tous les niveaux, recherche, administration, direction de mémoires et de thèses.

1 – Ses enseignements sont très variés, à tous les niveaux des diplômes délivrés : l'économie politique en première année de DEUG, l'économie financière en DEUG et en maitrise, pendant plus de 30 ans, la monnaie et la politique monétaire en licence et maitrise, l'économie financière locale en master 2, la gestion et le financement des collectivités locales en master 1 et 2, un cours en anglais destiné aux étudiants étrangers « *International Money and Finance* », et enfin, l'enseignement en maitrise de la prospective et de la vision à long terme. D'autre part, certains de ses cours ont été dispensés au Liban, à Tripoli, et à Prishtina, au Kosovo.

Mais à côté de ces enseignements classiques, la défense s'introduit comme un cheval de Troie dans les enseignements universitaires de Jacques Aben et font de lui le « *Janus Bifrons* », car le visage-enseignement se dédouble, une partie se tourne vers la face militaire, en raison de l'adaptation de ces enseignements à la vie de la Défense et des armées, et les lieux d'enseignement se dédoublent également : ainsi du cours de politique de défense, enseigné aussi bien en master 1 et 2 à l'Université qu'à l'école de Salon, du cours d'économie de la Défense souvent demandé et dispensé en master 2 à Montpellier I, à Montpellier III, à Nice-Sophia-Antipolis, à l'Institut d'Etudes Politiques de Toulouse, à l'Ecole supérieure d'administration et du management, et, bien-sûr, à l'Ecole du Commissariat de l'Air, cours dispensés depuis plus de vingt ans – grande diversité des lieux d'enseignement aussi pour un cours de master 2 portant sur la gestion des sorties de crise et l'action civilo-militaire, cours au sein duquel l'officier a pu développer et conceptualiser son expérience sur les terrains des OPEX, aux profits des étudiants des universités.

2 – Ses activités administratives au sein de l'université sont également multiples : membre de 5 conseils dont celui de son U.F.R., de commissions de spécialistes, il s'est largement mis au service des enseignants et des étudiants. De plus, aux échelons local et national, il a été conseiller défense du Préfet de la Région Languedoc–Roussillon, membre du Conseil National du C.N.R.S., expert en économie auprès de la délégation officielle française à l'OTAN

pendant 10 ans, et chargé de mission auprès du Secrétariat Général de la Défense Nationale.

3 – Dans le domaine de la direction des thèses d'Etat, il a dirigé 20 thèses, 14 portants sur des sujets de défense, les autres sur des thèmes économiques, politiques, diplomatiques ou sociaux.

*

4 – Enfin, dans le domaine de la Recherche, au sein de l'impressionnante bibliographie sélective étudiée, on peut distinguer les ouvrages, livres, articles et communication issues du « *frons oeconomicus* » classique, réflexions économiques sans lien essentiel avec la défense : ils semblent être aux environs d'une douzaine, c'est à dire très minoritaires en nombre.

B) L'immersion de la recherche universitaire dans les multiples aspects de la défense et de la vie militaire

Le « *front militaire* » de la recherche est beaucoup plus développé. Il semble que l'on puisse y recenser 61 ouvrages, articles et communications, alors que la biographie sélective ne les contient pas tous. Il convient en outre d'opérer une sous-distinction entre les œuvres que l'on peut qualifier d'économie de la défense – et celles qui font appel à d'autres disciplines, historique, sociologique, de science politique ou de science administrative, ou liées aux valeurs de la défense.

*

1 – Sur le plan historique, les études suivantes : « *Les étudiants face à la Grande Guerre* », ou « *De la politique au droit : le cas Albert Dreyfus* », « *Le 14 juillet ou le cérémonial militaire instrument du discours politique* », « *D'Alger à Suez, le front républicain face au financement de la guerre* », témoignent d'une grande culture dans le domaine de l'histoire politique, financière et militaire de la France et du monde.

La curiosité pour d'autres sciences se traduit par un article sur « *Un musée numismatique pour le XXIème siècle* ». La réflexion s'élargit aussi aux problèmes diplomatiques et à la protection des droits de l'homme, dans un article en anglais intitulé « *Defence and Democraty – The Case of France* ».

Les réflexions sur la politique imprègnent notamment « *De l'engagement politique, à l'engagement professionnel* », ou « *Election présidentielle et Défense* ». Les réflexions sociétales sont développées dans « *L'effort financier des collectivités locales dans la lutte contre le chômage et le retour à l'emploi* ».

On peut aussi mettre en exergue un ouvrage au titre magnifique édité à l'Ecole de l'Air, « *Servir, Obéir, Commander* ». C'est une devise qui sied aux forces armées, et que les universités gagneraient, dans certaines circonstances à appliquer.

2 – Deux articles ont spécialement retenu mon attention. Le premier est le fruit de préoccupations que je partageais avec Jacques Aben sur le recrutement des officiers au sein des universités. Il s'intitule « *L'adéquation de l'offre à la demande de travail militaire : le cas du concours commun du Commissariat des Armées* ». L'article souligne la volonté des services de la défense de recruter directement des élèves-officiers formés par les Universités et possédant un certain niveau de qualification (maîtrise ou diplôme d'IEP). Pour exercer dans sa carrière militaire ses missions de conseiller administratif, juridique et financier du commandement, de gestion des crédits budgétaires, de paiement de la solde, d'approvisionnement de matériel, de restauration et d'hébergement, et de la surveillance de l'administration, l'élève commissaire va acquérir ces connaissances en Ecole, le Doyen des enseignements académique de l'Ecole de l'Air ayant été longtemps Jacques Aben.

L'article constate que les économistes sont moins nombreux que les juristes à réussir le concours. Entre 1987 et 1995, 21% des inscrits étaient des économistes. Un questionnaire a permis de répondre aux questions posées par le passage d'étudiant « *civil* » à celui d'élève militaire. Seuls 8% des étudiants sont rebutés par la nécessité d'accomplir deux ans d'école. 43% des économistes trouvent légitime de recruter des juristes, et 32% des juristes trouvent légitime de recruter des économistes…Les économistes sont moins attirés par les emplois publics que par ceux du secteur privé. Ils donnent à 78% un avantage au salaire contre 66% chez les juristes. 55% estiment que le secteur public paie moins que le secteur privé, et qu'il favorise moins la dynamique, la capacité d'adaptation et l'efficacité. 8% seulement considèrent le prestige de l'uniforme comme élément déterminant. Les économistes valorisent à 39% le critère de la liberté d'expression, contre 30% des juristes. Compte tenu des servitudes, ils classent la défense au dernier rang pour les emplois publics.

Cette réflexion montre le travail à accomplir pour motiver les étudiants à l'état militaire.

Le second article figure dans les Mélanges qui ont été rédigés à mon intention par des amis parmi lesquels figure Jacques Aben. Il s'agit d'une réflexion sur « *La théorie économique des alliances* ». Homme d'alliance comme on l'a vu précédemment, il démontre avec la sagacité de l'économiste et de fin connaisseur des relations internationales et diplomatiques, comment s'effectue la production de biens collectifs par l'alliance… « *Ainsi les européens ont-ils, depuis le Conseil européen d'Helsinki, décidé de constituer une capacité d'intervention extérieure collective, grâce à une certaine augmentation des moyens individuels* ». De même l'OTAN qu'il connaît de l'intérieur, produit de tels biens collectifs pour la défense de ses membres alliés. Organisation attachée à la résolution pacifique des différends, elle connaît cependant des relations entre les alliés qui ne sont pas toujours pacifiques, notamment par le fait que certains membres du club se comportent en « *resquilleurs* » donnant moins à l'alliance qu'elle ne leur apporte, ce qui suscite notamment aujourd'hui l'ire du Président Trump, récemment exprimée à Bruxelles.

Dans un monde chahuté, devant certaines situations conflictuelles apocalyptiques, on est loin de progresser vers le septième sceau et de voir apparaître le cheval blanc marchant sur le sol d'une terre nouvelle « *où il n'y aura plus de mort, plus de deuil, ni gémissement, ni douleur, car l'Ancien Monde aura disparu* ».

Conclusion

La situation janusienne semble préférable à l'approche manichéenne des carrières, Manès simplifiant à outrance les rapports en transformant toute distinction en opposition.

Lorsque Paul Valery, dont l'Université de Jacques Aben a adopté le nom, écrit « *si l'Etat est fort, il nous écrase, s'il est faible, nous périssons* » une lecture manichéenne de cet aphorisme engendrerait la défiance de l'universitaire à l'encontre du militaire, et réciproquement. Mais si l'on ose une interprétation janusienne de l'adage, l'Etat n'est pas, ou fort, ou faible, mais peut concilier en les amalgamant l'alliance de la force et de la mesure, même s'il détient, selon Max Weber, le monopole de la violence légitime. Les réflexions de Jacques Aben sur les conflits secouant l'Europe, le Moyen-Orient et l'Afrique, sur des terrains auxquels il a militairement et économiquement participé, non pas en toge, mais en tenue d'officier, tendant à démontrer que la France est un état dont la force est suffisante pour que d'autres puissances ne nous écrasent pas, mais qu'elle est suffisamment respectueuse de la démocratie pour garantir ou restaurer les libertés. Ce n'est pas la prééminence de la force sur la démocratie libérale, ou l'inverse qu'il faut instaurer, mais l'alliance des deux.

Peut-être, peut-on lire aussi de la même manière la formule « Cedant arma togæ » est souvent lue comme une soumission du militaire à la toge, symbole de la paix et du calme. Mais Cicéron lui-même, dans le « *Contra Pison* », explique qu'il a voulu faire entendre de manière poétique que la guerre et les troubles doivent s'effacer devant la paix et le calme. Mais si la guerre est conduite comme ultima ratio, après une préparation sérieuse à un éventuel conflit – Si Vis Pacem, Para Bellum - dans le but de garantir, de rétablir ou de consolider la paix, alors, l'alliance de la toge et des armes est utile et même logique, sinon indispensable, dans le cadre notamment de ce qu'on a baptisé du nom « *d'opérations civilo-militaires* », fruit d'alliances efficaces au service de la paix et de la reconstruction des Etats meurtris ou des populations victimes de génocide.

Il est intéressant de constater d'autre part que le professeur Jacques Aben a exercé sa double-compétence en OPEX, mais aussi à l'OTAN, durant 12 ans, comme expert en économie de défense auprès de la délégation officielle française à l'OTAN, qui l'a décoré par deux fois. L'approche économique et l'approche stratégique de cette alliance sont en perpétuelle mutation. L'Institut de Recherches Internationales, Européennes de Défense de Lille, que je dirigeais alors, a publié, en 2006, avec le soutien de l'OTAN un ouvrage consacré à l'OTAN : « *L'OTAN, enjeux et avenir* », sous le haut patronage de Lord Robertson, alors Secrétaire Général de l'Organisation, du ministère de la Défense et du ministère délégué aux affaires européennes. Déjà pouvait-on s'interroger sur « *les ombres et lumières sur l'Europe de la Défense et la défense de l'Europe par l'OTAN* ».

Cette réflexion est aujourd'hui déjà dépassée. Plus que jamais la complémentarité économique, stratégique et militaire des alliés au profit d'un ordre mondial pacifique pose problème et fait penser aux lamentations du prophète Jérémie : « *Pax, Pax, sed non erat pax* » et l'exercice de missions de défense et de sécurité suivent des chemins périlleux.

De nombreux sites informatiques révèlent photographiquement l'attachement de Jacques Aben à sa toge rouge et à son uniforme de colonel. Sur un site en anglais qui précise « *he is not an academic, he's also a military man* », figurent deux photos de face, représentées côte à côte, le professeur en toge à gauche, le colonel en tenue à droite[19]. Une photo le montre en toge d'apparat devant une promotion d'élèves militaires recevant leur diplôme d'IUT d'Ecole de l'Air : ce n'est pas le colonel, mais le Doyen académique qui se trouve ce jour-là aux côtés de ses élèves, de même que sur des photos du jury de Concours des Commissariats, j'avais suggéré qu'au moment de la proclamation des résultats dans un amphithéâtre de l'Ecole militaire, les professeurs d'Université fussent revêtus de leurs toges et de leurs décorations, aux côtés des officiers généraux en grande tenue. Ainsi les lauréats et lauréates, au moment de choisir leur affectation, avaient-ils devant les yeux un exemple concret, solennel et coloré, de l'alliance des toges et des armes. Cette coutume est également pratiquée pour les soutenances de thèses d'impétrants, civils ou militaires, ayant traité d'un sujet concernant la Défense et les forces armées, lorsque le jury intègre des officiers généraux ou supérieurs.

Le professeur Aben fait sans doute partie de cette catégorie de citoyens pour laquelle le terme de « *retraite* » revêt sous certains aspects une connotation péjorative. Nul doute que, ni l'honorariat, ni l'éméritat ne lui impose l'inactivité, le retrait des activités, et qu'il continuera à exercer ses talents au service du pays, comme symbole vivant de l'alliance entre la colombe universitaire (encore que...) et l'épervier militaire, qui ne participe à l'attaque que pour chercher le rétablissement de la paix, par des relations de collaboration équilibrée.

Grâce à lui, les fruits ou bénéfices de l'alliance janusienne entre l'Université et la Défense sont considérables, car l'osmose des missions a

---

[19] Ces photos sont reproduites au début de cet ouvrage.

évité la pluridisciplinarité par simple juxtaposition. Ce sont les qualités et la ténacité de l'homme qui ont permis l'alliance réussie d'une carrière universitaire brillante et vivante et d'une carrière militaire exigeante et éclatante grâce à un esprit à la fois subtil et rigoureux, menant avec méthode des réflexions multiples dans toute leur ampleur et leur complémentarité ; serviteur de l'Etat, il transcende les oppositions entre services publics au profit du service de la Nation. Homme empreint de dignité même quand il sourit ou que son regard pétille d'une malice dont il n'est pas avare, il allie la subtilité et l'ampleur de vue d'un grand intellectuel à l'autorité naturelle qui sied à l'officier supérieur.

Alfred de Vigny, qui arrêta, lui, sa carrière d'officier au grade de capitaine, après avoir rêvé de gloire, et revêtit l'habit d'écrivain, et non des moindres, parfois pour vilipender l'armée comme dans « *Servitude et grandeur militaires* » n'a pas vraiment réussi l'alliance des armes et des arts.

Mais en décrivant Benjamin Constant il écrit : « *il était homme du monde et homme de lettres, alliance rare, assemblage exquis* ». En le paraphrasant on peut conclure en affirmant que Jacques Aben est universitaire et militaire à part entière, que l'alliance est rare, et l'assemblage, non seulement exquis, mais utile à la France.

Lille, 2020

Jacques Aben, l'économiste de la défense

Julien MALIZARD

1. Introduction

Quelle curieuse idée que de faire l'hagiographie de son directeur de thèse ? En l'espèce il s'agit d'un hommage au parcours d'un économiste, réserviste, doté d'une belle plume et un brin iconoclaste par un ancien élève. Et pas n'importe lequel : je suis le seul à avoir soutenu une thèse sous sa direction, en économie et portant sur les sujets de défense, alors même qu'il s'agit de sa discipline d'origine, sur le sujet pour lequel il a été le plus prolifique, à savoir l'impact économique de la défense.

Je commencerai par une anecdote. Afin de boucler les révisions d'un article soumis dans une revue à comité de lecture, mon collègue et ami Josselin Droff et moi-même devions trouver une référence pertinente afin de présenter aux rapporteurs l'importance d'un concept économique appliqué à une question d'impact local. Nous connaissions évidemment la contribution de Jacques, publiée en 2001 sous le titre « *Défense et territoire : une mise en perspective* », mais force est de constater que depuis, aucun travail sérieux sur le sujet n'a été publié. Cet exemple montre à quel point Jacques a pu être un précurseur, puisque c'est la première contribution économique sur la place de la défense dans le territoire, qu'elle contient de nombreux éléments encore pertinents pour les enjeux actuels, mais malheureusement elle reste trop peu connue[20]. Je m'efforcerai de montrer dans ce qui suit que la recherche de Jacques a été pionnière dans de nombreuses branches de l'économie de la défense.

Plus globalement, dans une époque où la bibliométrie permet de mesurer une forme d'influence des chercheurs, je me suis demandé quel l'impact ont eu les publications auprès de la communauté académique. Pour ce faire, une rapide recherche sur Google Scholar conduit à identifier 130 travaux où le nom de « *Jacques Aben* » est référencé, mais cela inclut aussi bien les thèses pour lesquelles il était membre du jury. En retirant les travaux écrits par d'autres, il ne reste qu'une vingtaine de contributions pour lesquelles le nombre de citations plafonne à moins de 100[21]. Son ouvrage « *Economie*

[20] Je précise que, sur le sujet, Jacques avait écrit un article publié en 1981 mais que nous ne l'avons pas inséré dans notre bibliographie.

[21] A titre de comparaison, en à peine 10 ans de carrière, je suis déjà à 102 citations. Où l'on comprend bien les limites de la bibliométrie !

politique de la défense » (1992) est celui qui a le plus de citations (35). Trois articles sont cités à 7 reprises. Un article, portant sur l'impact macroéconomique de la défense, n'a été cité que par moi-même. Un autre, portant sur l'impact économique de la défense à l'échelle locale (ici Sète) territorial, n'a été cité que par mon coauteur Josselin Droff (soit dans sa thèse, soit dans une revue de littérature publiée dans Journal of Economic Surveys) si l'on omet une dernière citation par deux collègues toulonnais.

Force est de constater que les travaux de Jacques n'ont pas eu la reconnaissance académique qu'ils méritaient, car il me semble qu'ils n'ont pas suffisamment circulé auprès des chercheurs intéressés. Dans cette modeste contribution, je me propose de faire le bilan de la « *contribution à la science* » de Jacques.

Se pose alors la question de comment rendre hommage à son directeur de thèse, sans verser ni dans le sentimentalisme ni dans la flagornerie. J'ai donc décidé de faire une recension de ses travaux et montrer leur intérêt ainsi que leur place, en particulier dans la littérature francophone, mais pas seulement. La carrière de Jacques a été riche : enseignant-chercheur, réserviste, « *doyen* » de l'Ecole de l'Air. Il me semble que sa carrière a influencé ses travaux, en particulier les plus récents, comme je le montrerai dans ce qui suit.

A l'instar de Jacques, connu pour sa rigueur, c'est avec la même vertu, ici scientifique, que je vais tenter de mettre en lumière ses publications. Je n'ai malheureusement pas pu appliquer les méthodes et outils les plus modernes de la bibliométrie, car les différents supports de publication sont parfois très anciens et pas toujours référencés. J'ai donc fait un peu de « bricolage », mais je sais que cette démarche exhaustive, quoi qu'iconoclaste, ne gênera pas Jacques !

Le plan de cette contribution est le suivant. Dans la seconde section, je discute de la méthode retenue pour analyser les publications de Jacques. Ensuite, je présente les grandes tendances de son parcours. La quatrième section est l'occasion d'examiner plus longuement trois articles choisis pour leur intérêt dans la littérature en économie de défense et qui sont malheureusement trop peu connus. Enfin, la dernière section conclut l'article par une touche plus personnelle.

2. La méthode

Afin de décortiquer les travaux de Jacques, il m'a fallu mettre la main sur la liste de ses publications. Sous couvert d'un motif spécieux de demande de financement, j'ai obtenu de lui un document à jour, lequel recense 220 éléments bibliographiques. Afin d'illustrer la variété et la richesse des publications, voici quelques points intéressants à souligner :

- Les travaux portent sur la période 1970-2018. Cela suggère l'endurance dans le travail scientifique, mais aussi la rigueur dans la capacité à maintenir à jour sa bibliographie avec des publications datant de près de 50 ans.

- Les supports de publication sont divers. On y trouve des articles publiés dans des revues à comité de lecture, des chapitres d'ouvrage, des ouvrages, des communications dans des colloques nationaux et internationaux.

Afin de simplifier l'analyse, j'ai décidé de faire une catégorisation minimaliste : article, ouvrage (chapitre d'ouvrage, ouvrage dirigé ou ouvrage entier), colloque et autres (qui comprend tous les travaux ne pouvant rentrer dans une catégorie précédemment mentionnée ; on y trouve notamment les travaux les plus anciens).

- Les sujets traités sont extrêmement variés. Bien évidemment, les questions de défense occupent une place centrale dans la bibliographie de Jacques, mais on retrouve également des sujets de macroéconomie ou d'économie publique plus généraux. Des travaux en histoire (essentiellement en histoire militaire) jalonnent la liste des travaux. Dans son ensemble, la défense revêt un caractère central, quelle que soit la discipline (sciences économiques, histoire, sciences politiques, gestion).

Les catégories retenues, avec les disciplines afférentes si possibles entre parenthèses, sont les suivantes :

- Alliance (économie) : étude sur le partage du fardeau entre pays membres d'une alliance.
- Armée : analyse sur la gestion des armées, en particulier le rôle de la réserve.
- Collectivités locales (finances publiques) : gestion et financement des collectivités locales en France ou à l'étranger.
- Commerce international (économie) : commerce international des armes
- Croissance (économie) : théorie économique de la croissance, ses déterminants et sa dynamique dans le temps.
- Dépenses militaires (économie) : évolution, tendance et composition des budgets de défense.
- Economie de défense : travaux de synthèse d'une littérature avec une vision générale, ce qui les rend difficilement catégorisables.
- Enseignement : publications autour des questions d'enseignement de défense, quelle que soit la discipline.
- Histoire : enjeux historiques de certains aspects de l'économie de défense.
- Impact économique (économie) : rôle des dépenses de défense dans l'activité économique.
- Industrie de défense
- Opérations extérieures (OPEX) : étude des opérations extérieures de la France et des relations civilo-militaires

- Travail : analyse du rôle du facteur travail pour la défense, notamment la conscription.

Pour comprendre la trajectoire de recherche de Jacques tout en gardant une certaine lisibilité d'ensemble, j'ai décidé de décomposer les travaux par décennie et par sujet. L'idée est ainsi de croiser les thèmes abordés en fonction de sa trajectoire professionnelle ou d'autres circonstances, en particulier des événements publics nationaux et/ou internationaux. Si jamais il est des sujets qui sont intarissables, d'autres perdent en intensité en fonction des avancées théoriques ou à cause de la moindre portée de politique publique.

La stratégie d'évaluation est double. Tout d'abord, une approche quantitative permet de retracer les grandes tendances des publications de Jacques. Ensuite, par une analyse qualitative, je me propose de montrer quel a été l'impact de ses travaux dans la littérature ; il ne s'agit pas de commenter chaque publication, mais plutôt d'en sélectionner quelques-unes, les plus significatives de mon point de vue, et de les mettre en perspective avec la littérature de l'économie de la défense. Ainsi, je n'évoquerai que très rapidement les travaux n'entrant pas dans le domaine des sciences économiques, quand bien même de nombreux articles sont publiés dans des supports en dehors de la discipline d'origine de Jacques stricto sensu.

3. Les travaux

Dans cette section, j'ai décidé de « passer à la moulinette » les travaux de Jacques afin d'analyser les grandes tendances de son œuvre. Il est néanmoins difficile d'être très précis en peu de mots, tant la carrière académique a été riche, variée et longue ! Je vais donc chercher à répondre à des questions simples.

La première rejoint les éléments détaillés dans la section précédente : quels sont les sujets traités par Jacques ? Le graphique suivant apporte des éléments de réponse, en présentant le nombre de travaux par sujet.

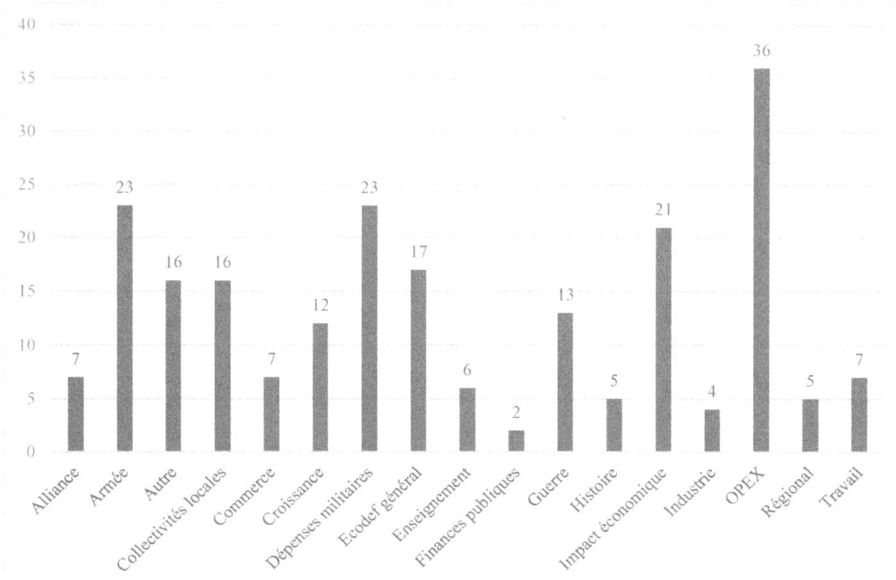

Graphique 1 : Occurrence des sujets de recherche

Parmi les travaux de Jacques, on note une préférence pour des sujets qui ne relèvent pas des sciences économiques à proprement parler : l'organisation des forces armées ou les déploiements en OPEX. Mais ce qui est assez remarquable est sa faculté de pouvoir s'emparer de nombreux sujets, très variés, autour de l'économie de la défense, avec une productivité qui ferait pâlir d'envie bon nombre de chercheurs. Sur ces sujets, Jacques a eu ses marottes : l'impact économique de la défense ou la mesure des dépenses militaires.

La deuxième question est celle des supports de publication. Sur la base de sa notice bibliographique, j'ai répertorié les différentes catégories qui sont présentées dans le graphique suivant.

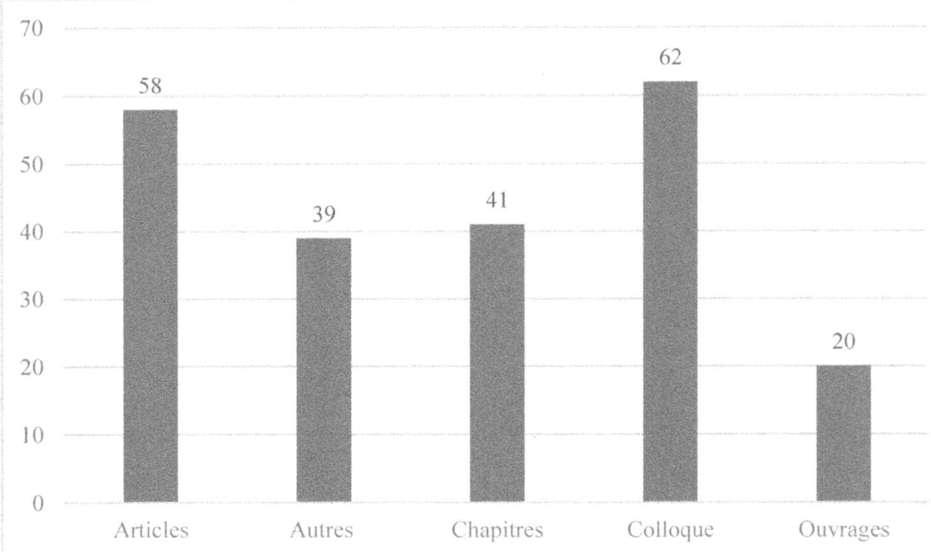

Graphique 2 : Publications par type de support

Sur la base du graphique 2, on peut remarquer que les supports sont relativement bien répartis entre articles, chapitres d'ouvrages et contributions à des colloques. Cependant, la recherche en sciences économiques tend à préférer les articles publiés dans des revues à comité de lecture comme seuls supports acceptables. Cela a pu banaliser l'œuvre de Jacques auprès de la communauté des économistes. Accessoirement, il est important de souligner que seulement 23 travaux ne sont pas écrits en français. Cette faible internationalisation de la recherche peut expliquer le manque d'impact des publications de Jacques dans la communauté académique et ainsi le petit nombre de citations relevées dans l'introduction de cet article. Enfin, à peine 25% des contributions sont coécrites, ce qui est, là aussi, à rebours de la profession.

Enfin, il est possible d'étudier la dynamique de recherche établie par Jacques au fil des années. Pour ce faire, grâce à un tableau croisé dynamique, on peut étudier les différents sujets traités par Jacques par décennie. J'ai choisi de regrouper les publications par décennie afin de simplifier la lecture du graphique. Le « grand portrait » est alors présenté dans le graphique suivant.

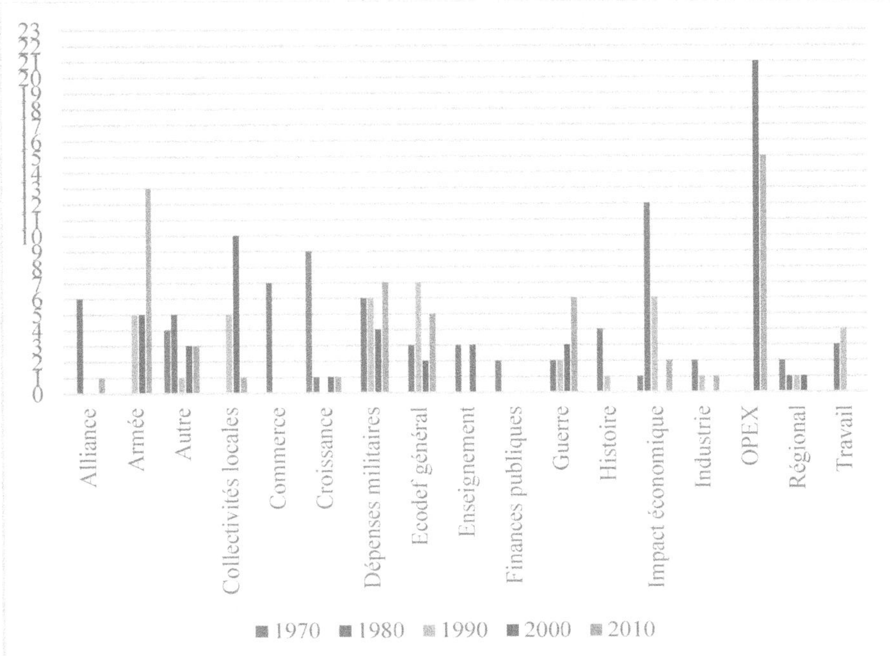

Graphique 3 : « le grand portrait » ou la dynamique de publication de Jacques dans sa carrière

Tout d'abord, il convient de noter l'incroyable constance de Jacques dans sa production : si la décennie des années 1970 est moins prolifique, le rythme de publication est extrêmement élevé (en moyenne 5 contributions par an), en dépit d'un léger creux dans les années 1990. Cela démontre à quel point Jacques n'a jamais eu de creux dans sa carrière académique. L'année moyenne de date de publication des travaux (1998) et la médiane (1999) correspondent presque à la moitié de la période étudiée.

Ensuite, on note l'existence de cycles dans la production académique de Jacques en fonction des sujets. Les premiers travaux ont été publiés dans des champs très traditionnels de l'analyse économique, à savoir la théorie de la croissance et les finances publiques. Il est intéressant de souligner que les premières contributions en économie de la défense ne datent que 1979. Les années 1980 sont marquées par de nombreuses publications sur des sujets très classiques en économie de la défense : le partage du fardeau au sein d'une alliance, l'impact économique de la défense, le commerce des armes ou encore des analyses plus générales sur la mesure de l'effort de défense. Ce sont des sujets qui ont aussi une actualité prégnante puisque c'est à cette époque que l'on s'est interrogé sur les questions de désarmement ou bien la transformation de l'OTAN. C'est à partir des années 1990 que l'éventail des sujets s'élargit davantage avec des travaux sur les collectivités locales, a priori, si j'ai bien compris, grâce à une opportunité de cours sur le sujet. La décennie des années 2000 correspond à de nombreuses missions en OPEX de Jacques et cela est indubitablement le facteur déclenchant de nouvelles thématiques sur les actions civilo-militaires ou encore la place des réservistes en OPEX. Enfin, sur les dix dernières années, Jacques s'est davantage investi dans le champ des études sur la guerre, en partie dans l'optique de la commémoration du centenaire de la Grande Guerre.

Il est des sujets qui n'ont jamais cessé d'être étudié par Jacques, je pense notamment à l'étude, la mesure et les débats de périmètre autour des dépenses militaires. Par ailleurs son expertise étant unanimement reconnue, il a contribué à différentes synthèses de la littérature, notamment pour un lectorat de non spécialiste.

4. Quels impacts dans la littérature ?

On l'aura compris, la bibliographie de Jacques est bien trop foisonnante pour pouvoir la mettre entièrement en perspective par rapport au reste de la littérature en économie de défense. J'ai donc choisi, parmi les 220 publications, trois articles qui sont, à mon sens, particulièrement représentatives de la contribution académique de Jacques, mais malheureusement peu connues de la communauté scientifique. L'impact n'est pas alors de savoir quels sont les supports de publication, les citations, mais bien d'identifier en quoi les résultats apportent une analyse différente par rapport aux analyses antérieures.

J'assume mon choix de ne pas évoquer son ouvrage « ***Economie politique de la défense*** ». Cet ouvrage de synthèse reste, à mon sens, l'œuvre principale de Jacques à l'économie de la défense. Pourtant, malgré son caractère quasi-unique en langue française, il s'agit d'une revue de littérature, issue pour une large part de ses propres travaux et cette contribution me semble être déjà largement reconnue.

4.1. The Military Expenditure as a Proxy for State's Power, avec Jacques Fontanel, Defence and Peace Economics, 2019

Les économistes ont la réputation de vouloir mesurer tous les phénomènes qu'ils analysent. Ils y arrivent relativement facilement lorsqu'il s'agit d'étudier les grandeurs économiques (par exemple le PIB ou le chiffre d'affaires de telle entreprise), qui se matérialisent par une grandeur monétaire. Toutefois, ils buttent sur des difficultés majeures lorsqu'il s'agit de quantifier les phénomènes qui ne sont pas de nature monétaire. Le concept de puissance rentre parfaitement dans cette logique.

La puissance n'existe pas *per se* et donc doit être approchée, sous l'angle économique, comme étant la somme de tous les éléments constitutifs pour lesquels il existe une valorisation monétaire. C'est l'approche choisie par

Jacques en collaboration avec Jacques Fontanel (Professeur émérite à l'université de Grenoble-Alpes) pour un article publié dans le cadre d'un numéro spécial de la revue Defence and Peace Economics que j'ai eu l'honneur de diriger.

Cette contribution est en tout point originale, au moins dans la littérature économique. La mesure n'a jamais donné lieu à une analyse quantitative et donc les auteurs partent de la notion de dépenses militaires[22] qui est ensuite élargie jusqu'à prendre en compte d'autres éléments. Ensuite, le cas français est malheureusement trop peu étudié, pour de trop (mauvaises ?) nombreuses raisons, de sorte que cet article offre un éclairage nouveau sur les fonctions régaliennes de la France. Enfin, d'un point de vue méthodologique, ils discutent de la mesure des dépenses militaires, car elles sont sujettes à de nombreuses définitions dont les contours révèlent les préférences en termes de politique publique.

D'un point de vue empirique, ils font la somme des différentes « briques » qui constituent la puissance de la France, à parti des données publiques de 2016. Les dépenses militaires constituent une part majeure dans les dépenses de puissance (10,4% du budget de l'Etat), près de 25% des dépenses publiques sont assimilables à de la puissance.

La question encore non résolue est de connaître si ces moyens budgétaires sont suffisants pour assurer à la France une place forte dans le concert des nations. Cela renvoie à une question fondamentale en économie, l'allocation des moyens rares à des fins alternatives nombreuses. Comme l'indique Smith (2009), il a été courant dans la littérature économique de séparer les sphères économiques et stratégiques, de sorte que l'intersection entre les deux (comme l'est cet article de Jacques) offre une piste de recherche fructueuse.

4.2. Chalks vs Guns : some economic consequences of a French announced scenario, avec Nicolas Daures, Defence Economics, 1993, 4, pp. 353-364

Parmi les travaux d'économie de la défense, il est une question centrale, à laquelle il n'y a pas de consensus, sur l'impact économique de l'effort de défense (Malizard, 2011). Jacques a donc investi cette question en publiant plusieurs travaux et en acceptant de diriger ma thèse sur le sujet.

J'ai voulu retenir cette publication parmi les nombreuses de Jacques sur ce sujet (plus d'une vingtaine) parce qu'elle me semble intéressante à bien des égards. Elle est ancrée de le « *réel* » : à l'opposé de bon nombre d'économistes accusés de travail hors sol, Jacques a bâti son analyse sur des données issues d'un rapport parlementaire, rédigé par François Hollande, qui vise à projeter les futures dépenses militaires françaises dans la période qui suit la fin de la

22 Par ailleurs, un pays qui dépense beaucoup pour sa défense n'est pas forcément un pays « puissant ». Par exemple l'effort de défense d'Oman est supérieur à 10% et pourtant il reste un Etat marginal au Moyen-Orient.

guerre froide, la fameuse décennie des « *dividendes de la paix* ». Ensuite, cet article offre une perspective de politique économique originale en discutant des arbitrages liés au dilemme « *beurre-canon* » : si la fin de la guerre froide autorise une baisse de l'effort de défense, quel est le meilleur secteur pour affecter les économies réalisées sur le secteur de la défense ? Le choix s'est porté ici sur le secteur de l'éducation. Enfin, comme rappelé plus haut, il n'y a que très peu d'études publiées sur le cas français ; ainsi, la contribution offre une perspective rare dans la littérature de l'économie de la défense.

L'approche retenue par Jacques et son co-auteur Nicolas Daures (Maître de conférences à l'université de Montpellier) consiste à simuler les effets des dépenses militaires en utilisant des données de l'INSEE sur la structure de l'économie française. On parle alors de technique « *input-output* », car elle permet de regarder les effets d'une dépense (input) sur l'économie dans son ensemble (output) en analysant quelles branches de l'économie sont les plus affectées par le choc initial. L'intérêt de cette méthode est de pouvoir différencier les effets des différentes dépenses en fonction de la structure de la demande adressée au reste de l'économie : schématiquement une dépense industrielle sollicitera une demande différente qu'une dépense dans les services. Cependant, deux inconvénients de la méthode sont à mentionner : la mauvaise prise en compte des effets dynamiques sur le temps long (évolution de la technologie, mécanisme d'adaptation des marchés notamment du travail et foncier) et l'absence de théorie économique sous-jacente, qui ne permet pas toujours de vraiment interpréter les effets observés.

L'article présente un ensemble de scénarios possibles de trajectoire de dépenses militaires. Chaque scénario est ensuite analysé par l'approche input-output. Les conclusions sont surprenantes puisqu'il n'y a pas de différences majeures entre les dépenses de fonctionnement et d'équipement liées à la dépense de défense, dans le cas sans compensation. Le cas avec compensation, i.e. si la dépense est affectée à l'éducation, souligne la structure industrielle particulière de la défense qui crée de nombreux emplois.

4.3. Defence Spending in France : the Price of Independance, avec Christian Schmidt et Louis Pilandon, dans The Economics of Defence Spending, K. Hartley et T. Sandler (éditeurs), Routledge, 1990, pp. 93-17

La question de la demande de défense a également été très largement traitée par les économistes : il s'agit d'étudier les déterminants des dépenses de défense afin de mieux comprendre leurs évolutions. De nombreux travaux ont montré le caractère unique de la dépense de défense, en particulier le fait qu'il s'agit d'un bien public qui répond à deux caractéristiques cruciales : la non-rivalité et la non-exclusion. Ces deux propriétés soulignent que seul l'Etat est à même à fournir le service de défense nationale.

Ainsi les économistes ont cherché à comprendre les évolutions de l'effort de défense sur la base d'une séparation entre variables internes et externes (Smith, 1989). Les premières rassemblent les critères économiques et politiques et les secondes les critères « *stratégiques* » que l'on peut approximer par l'engagement dans un conflit, l'appartenance à une alliance et les mécanismes de course à l'armement. De la littérature foisonnante sur le sujet, il est difficile de mettre en évidence de grandes conclusions même si les facteurs économiques apparaissent comme centraux : le besoin de sécurité augmente avec la richesse d'un pays, bien souvent mesurée par le PIB (ou le PIB par tête). Les enjeux de sécurité, plus difficilement mesurables, jouent un rôle plus réduit, même si des différences sont notables entre les pays développés et les pays en développement.

Le travail conduit par Jacques avec Christian Schmitt (université Paris Dauphine) et Louis Pilandon (université de Clermont-Ferrand) s'inscrit pleinement dans ce cadre théorique en l'appliquant au cas de la France, sur une période qui couvre la guerre froide. Ils montrent que le PIB a une place cruciale, conformément à la littérature. Par ailleurs, les contributions françaises aux budgets de pays africains (en particulier la Mauritanie) sont également une variable centrale. L'OTAN influence positivement les dépenses françaises, signifiant alors qu'il n'y a pas de comportement de passager clandestin au sein de l'alliance.

Cette étude est unique, non pas par sa méthode retenue et ses conclusions, car c'est la seule qui traite du cas français. En dépit des bouleversements économiques et stratégiques, il n'y a pas eu de travaux empiriques sérieux publiés dans des revues à comité de lecture. Une nouvelle fois, cela confirme le caractère pionnier des travaux de Jacques.

5.Que retenir ?

En choisissant de ne parler que des travaux en économie de défense, j'occulte une part majeure de l'œuvre de Jacques, que ce soit sur les finances locales ou sur les actions civilo-militaires. C'est évidemment un choix disciplinaire de ma part. Cependant, je pense que la grande majorité des travaux de Jacques, en économie ou dans une autre discipline, relève de la « *défensologie* », ce que l'on appellerait aujourd'hui les « études stratégiques ». Ces dernières ont longtemps été délaissées par la communauté scientifique française, qui privilégie l'approche en termes de discipline. Ce faisant, les travaux sont enfermés dans des silos, ce qui empêche la compréhension pluridisciplinaire d'un champ d'étude, par essence divers, à savoir la défense. Contrairement aux universités anglaises ou américaines, il n'existe pas de discipline à proprement parler d'études stratégiques.

Le grand mérite de Jacques, contrairement à ce mouvement de fond qui consiste à s'enfermer dans sa discipline d'origine, est d'avoir réussi à faire fi des injonctions des autorités et instances d'évaluation et d'avoir alors mené une carrière réellement pluridisciplinaire. C'est donc un atypique dans le monde académique, qui fait de lui qu'il est davantage connu des stratégistes que des économistes. Mon œil d'économiste me permet néanmoins de noter que Jacques fait aussi et surtout parti de la famille des économistes puisque de nombreux travaux s'interrogent sur l'allocation entre « *des fins et des moyens rares susceptibles d'être utilisés différemment* » (Robbins).

L'autre mérite de Jacques est d'avoir tracé des perspectives de recherche qui sont encore fécondes. En d'autres termes, Jacques a été un précurseur sur de nombreuses questions de recherche liées à l'économie de la défense en France. Malheureusement, ces travaux n'ont pas été saisi par la communauté académique, lié par un manque d'intérêt patent des économistes pour la « *chose militaire* ».

Ses carrières académique et militaire ont également joué un rôle prépondérant dans son parcours académique. On note ainsi de nombreux travaux portant sur la formation des officiers, en particulier ceux de l'Armée de l'air, qui font suite à son passage en tant que doyen de l'Ecole de l'air. D'autres publications portent sur les actions civilo-militaires avec des exemples tirés de son expérience de réserviste, notamment au Kosovo. Ses fonctions de commissaire l'ont également à rédiger de nombreuses contributions portant sur le corps des commissaires.

Enfin, je tenais à rappeler l'importance de la transmission dans la carrière de Jacques. Il n'a pas voulu accomplir les missions des enseignants-chercheurs pour lui-même ou sa carrière ; d'ailleurs il est fort probable que sa trajectoire aurait été très différente si jamais il avait voulu « *faire carrière* ». C'est un homme profondément marqué par le service public et par la volonté d'être utile aux autres. Cela passe par les cours qu'il a pu donner à des générations d'étudiants. Cela passe aussi par la formation doctorale. Comme je le rappelais dans l'introduction, je suis le seul étudiant formé par Jacques en économie de la défense et comme j'espère l'avoir souligné, son parcours original m'oblige à reprendre le flambeau, afin de faire vivre le champ. Cette filiation aussi exigeante qu'utile pour le chercheur que je suis devenu, impose une rigueur, vertu d'ailleurs que mon maître a su transmettre au disciple que j'ai eu la chance d'être.

2018

Remerciements

Cet article a bénéficié des relectures attentives et efficaces de Matthieu Chillaud et Josselin Droff. Je les remercie chaleureusement pour leur soutien amical. Je reste seul responsable des insuffisances de ce texte.

Bibliographie

Aben J. et N. Daures (1993), Chalks vs Guns : some economic consequences of a French announced scenario, Defence Economics, 4, pp.353-364.

Aben J. (1992), Economie politique de la défense, Cujas

Aben J. et J. Rouzier (2001), Défense et aménagement du territoire, Université Paul Valéry

Aben J. et J. Fontanel (2018), The Military Expenditure as a Proxy for State's Power, Defence and Peace Economics, disponible en ligne : https://doi.org/10.1080/10242694.2018.1460714

Malizard J. (2011), Dépenses militaires et croissance économique, Thèse de doctorat de l'université de Montpellier, dir : J. Aben

Schmidt C., L. Pilandon et J. Aben (1990), Defence Spending in France : the Price of Independence, dans The Economics of Defence Spending, K. Hartley et T. Sandler éditeurs, Routledge, pp.93-117.

Smith R. (1989), Models of military expenditure, Journal of Applied Econometrics, 4(4), pp. 345-359

Smith R. (2009), Military economics, the interaction of power and money, Palgrave McMillan

Jacques Aben « *Faire autrement* » ou « *la Patrouille* »

Général Jean-Marc NEBOUT

Je tiens Jacques dans une très haute estime tout en le connaissant finalement assez peu. Qu'est ce qui m'a poussé alors à accepter cet exercice inusité du « *mélange* ». Le devoir de dire merci à un ami, citoyen engagé qui sert son pays viscéralement. Les lecteurs extérieurs à notre binôme m'excuseront du caractère parfois ésotérique de mon propos, servi uniquement pour Jacques. Je dois aussi dire qu'en accord avec quelques profondes convictions d'inspiration plutôt orientales, j'ai souhaité m'écarter des chemins de l'ego pour éviter la litanie des hommages usités dans nos sociétés occidentales.

Je n'avais jusqu'à lors pas la moindre idée de ce que sont ces « mélanges » destinés à accompagner un professeur d'université lorsqu'il entre en « deuxième section ». Et je me suis interdit d'emblée toute recherche sur le sujet, afin de livrer une contribution dans sa pureté. En fait, j'ai souhaité qu'au travers de ces quelques mots jetés sur une feuille, Jacques se remémore quelques moments de sa vie de soldat, notamment en opération. Après qu'il ait côtoyé les plus hautes autorités militaires de notre pays et qu'il ait exercé, dans l'institution même, des fonctions émérites car porteuses de sens pour la formation des officiers de l'armée de l'Air, je voulais qu'il pense aux obscurs et aux sans-grades aux côtés desquels nous avons servi au Kosovo. Ou à tous ceux qu'il a eu l'occasion de découvrir dans le sud-ouest lors d'une patrouille dans les forces spéciales. Tous ceux qui constituent « la troupe », qui se dévouent à leur groupe, leur section, leur régiment et qui parfois meurent pour leur pays. J'ai toujours considéré que l'on ne pense pas suffisamment à eux. Et pour un texte de soldat certains mots s'imposent, comme certaines formules « de popote » livrées quasiment dans leur jus.

Et je me suis retrouvé devant ma feuille blanche. Il me fallait d'abord un sujet et un titre, quel titre ?

Pour un officier des forces spéciales astreint au devoir d'atypisme, le parcours de Jacques interpelle. Y a-t-il du David Stirling chez cet homme qui à tout le moins a faite sienne cette devise des forces spéciales françaises, « *faire autrement* ». A la création du Commandement des Opérations Spéciales en 1992 nous cherchions une formule illustrant notre créneau d'emploi opérationnel et synthétisant la formule de popote certes parlante, mais peu exportable, « *piquer le sac de la vieille sans qu'elle s'en rende compte* ». Ce fût le « *faire autrement* ». Et c'est ce que fait Jacques. Je ne pense pas me tromper en affirmant que peu de professeurs d'université intègrent dans leur CV une vie militaire d'une telle richesse, couvrant le spectre du praticien au penseur en passant par l'auteur. Et j'affirme que nombre d'officiers de notre armée n'ont pas l'expérience des opérations qui est la sienne !

Autre titre possible, la « *patrouille* », cette mission de base de l'infanterie qui lorsque l'on s'évade dans les profondeurs de l'histoire militaire relève très rapidement du mythe. Dans les manuels d'infanterie il est stipulé que les itinéraires aller et retour sont différents et que le soin le plus extrême doit être apporté à sa préparation : connaissance de l'ennemi, du terrain, des populations traversées et l'on enfourche rapidement les pas de Marchand dans l'Afrique profonde, inconnue et hostile. C'est typiquement le parcours de Jacques, servir, avec efficacité et curiosité. Tout ce qui est militaire l'intéresse, même le cérémonial qu'il a disséqué dans toutes ses dimensions. Je me souviens de son passage à Pau et du commentaire de mes commandos jaugeant cet allogène avec leurs airs de ruffians. « *Il voit clair* » m'ont-ils dit après que, de nuit, il ait partagé avec eux un entraînement. Au passage Jacques a pu apprécier à cette occasion tant les forces spéciales de l'armée de l'Air que leur profonde communauté avec leurs homologues terrestres. Comme il se doit une telle patrouille s'est achevée par une garbure, dans un trinquet, en devisant de sylviculture.

J'ai rencontré Jacques en opération au Kosovo où j'étrennais beaucoup de choses, un nouveau grade et une opération conventionnelle en multinational. Cela me permettait surtout, comme « *jeune poireau* » (pléonasme sur la verdeur), de remplir une vraie mission avec de vrais hommes autour de moi. Encore une fois, par chance, je retrouvais cette aventure humaine qui m'a toujours passionné dans ce métier. Fautes de grives je m'étais porté volontaire pour plumer ce merle et je m'en félicite encore plusieurs années après. A cette époque, les poireaux ne se pressaient pas au portillon pour aller au Kosovo, théâtre dit « *stabilisé* » où, en plus de parler anglais, la probabilité d'accrocher une belle décoration était largement inférieure à celle de collectionner de sérieux emmerdes.

Lors de notre premier entretien à Film City (car la pièce que nous déroulions avait installé son poste de commandement dans un lieu de production cinématographique), le décor d'une séquence pour le moins inhabituelle était posé : j'avais devant moi un professeur d'université, avec sa volonté de servir en opérations et son insatiable curiosité de la chose militaire. Au passage, je me voyais déjà rendant compte à mes parents instituteurs de cette très belle rencontre, suscitant dans leur regard admiration et déférence pour ce titre.

C'est ainsi qu'est née une amitié de soldat.

Dans ces aventures modernes où l'on livre bataille sans faire guerre, Jacques tenait un poste important dans mon entourage très proche. Avec ses galons de commissaire lieutenant-colonel de l'armée de l'Air, il était mon conseiller pour les affaires économiques. A cette époque les actions civilo-militaires en étaient encore à leurs balbutiements, le domaine était quasiment vierge et passionnant. Jacques ramenait des dossiers fouillés, immédiatement opérationnels et le moins que l'on puisse dire c'est que les acteurs économiques français, eux aussi, ne se pressaient pas au portillon de l'investissement ! Qu'importe, l'essentiel était atteint, Jacques était en opération et j'avais fait sa connaissance. Je n'aurai garde d'oublier de parler de sécurité pour me souvenir qu'il patrouillait le Kosovo avec l'inconscience d'un commissaire et la bénédiction véritablement protectrice de son général, formule gagnante a posteriori. Cela s'appelle le culte de la mission.

Jacques était en patrouille. Il a pris tous les itinéraires et au final il connaissait ce pays par le menu, car il a complété une très solide connaissance livresque par l'activisme d'une fouine en reconnaissance. Jacques connait le Kosovo et surtout ses hommes dont certains n'ont pu résister aux charmes de son accent qui chante la profondeur et l'amitié.

Novembre 2018

L'UNIVERSITAIRE

Le projet *Nord Stream*, entre économie et géopolitique

Mustapha ADIB

> « *Sans renoncer à elle-même, la nation russe ne pouvait renoncer définitivement ni aux rives de la Baltique, ni aux rives de la Mer Noire, ni au cours entier du Dniepr, ni au contact direct avec le monde germano-latin* ».
> Constantin de Grunwald, « *Trois siècles de diplomatie russe* ».

Introduction

Peu de projets auront autant suscité la controverse et généré autant de conflits que le Nord-Stream 2.

Ce pipeline en construction, doublement du Nord-Stream 1, s'étend sur 1 225 km de la baie de Narva, en Russie à la région de Lubmin, en Allemagne et pourra fournir, à terme, 55 milliards de m3 de gaz par an.

Or, ce qui semble de prime abord, un simple projet commercial, cristallise, en fait, les tensions entre les Etats-Unis et l'Europe et divise profondément les pays au sein même de cette dernière, sur fond de guerre commerciale et de tensions géostratégiques.

1. Les importations européennes de gaz : vers une croissance soutenue et un marché diversifié

1.1. L'avenir assuré des importations européennes de gaz

Le gaz représente la troisième source d'énergie dans le monde après le pétrole et le charbon, pour une consommation en croissance constante atteignant 3 670,4 Giga mètres-cube (Gm3) en 2017. Les plus gros producteurs en 2017 étaient les Etats-Unis (20%), la Russie (17,3%), l'Iran (6,1%) le Qatar (4,8%) et le Canada (4,8%)[23].

L'Union Européenne, quant à elle, avec des réserves prouvées qui plafonnaient à 1.5% de la production mondiale fin 2017 - en nette diminution par rapport aux 3.8% de 2007[24] - ne représente que 6,6 % de la production

23 BP Statistical Review 2018.

24 Elle est passée de 287.6 M de m3 en 2007 à 241.5 en 2017.

mondiale. Sa consommation, par contre, atteint 12% de la consommation mondiale, d'où la nécessité vitale d'importations massives.

En outre, les besoins vont aller croissant dans les années à venir, à telle enseigne que les experts tablent sur une augmentation annuelle des importations européennes de 100 milliards de m3 d'ici 2 025 et de 150 milliards de m3 à l'horizon 2 035, soit 20% d'ici à 2040.

En effet, à l'augmentation de la consommation elle-même, s'ajoute la nécessité de compenser la baisse drastique de la production intra-européenne. Aux Pays-Bas, par exemple, premier producteur de l'UE, les tremblements de terre dans la région de Groningen ont conduit les autorités à diminuer fortement les quotas d'extraction[25]. Quant à l'Allemagne, le German Network Development Plan gas (NEP) prévoit une diminution continue de la production, qui passera de 81 Térawatt-heure (TWh) en 2015 à 33 TWh en 2 026. Au Royaume-Uni, la baisse se révèle encore plus drastique, le British Department of Energy and Climate Change indiquant que l'extraction de gaz devrait diminuer de 65% entre 2 015 et 2 035 pour atteindre 144 TWh.

Pourtant, l'Europe s'est engagée à réduire, d'ici à 2 020, sa consommation énergétique globale de 20% par rapport aux niveaux prévus. Et, de fait, celle-ci a bien légèrement diminué sur les 10 dernières années, passant de 2 041,7 milliards de TEP en 2 007 à 1 969,5 milliards de TEP en 2017.

Néanmoins, cela ne concerne pas la consommation de gaz, car ce dernier demeure une énergie d'avenir, et ce, à plusieurs titres. La première raison en est que le gaz naturel est utilisé pour les véhicules. Total, par exemple, ouvre en France 25 stations de ravitaillement pour véhicules roulant au gaz naturel pour véhicule (GNV) par an et prévoit d'atteindre 110 points de ravitaillement en 2 025.

C'est aussi la moins polluante des énergies fossiles, ses émissions de CO_2 représentant 40% de moins que celles du charbon et 20% de moins que celles du pétrole.

En outre, et c'est là l'argument le plus significatif des tenants du gaz naturel, parmi lesquels, récemment, le président de Gazprom, Alexeï Miller, la flexibilité de sa production permet d'en faire une « énergie de repli » pour certaines énergies propres intermittentes telles que le solaire ou l'éolien.

---

[25] Gazoduc Nord Stream II : Quel impact pour la France ? Sia Partners.

1.2. Gaz naturel et gaz naturel liquéfié

1.2.1. Deux énergies loin d'être interchangeables

Le gaz naturel se présente sous deux formes : le gaz naturel et le gaz naturel liquéfié (GNL). Ce constat est loin d'être anodin, car, non seulement ces deux formes ne sont pas interchangeables, mais chacune d'elle implique un éventail complexe de modes de production et de transport, de conséquences sur les prix et - nous le verrons – d'enjeux économiques et géostratégiques majeurs.

Du point de vue technique, le gaz naturel sous forme gazeuse se transporte par gazoduc, de son lieu de production à son lieu de distribution. Les coûts sont alors, pour le vendeur, ceux de la construction et de l'entretien du/des gazoduc(s) ainsi que des droits de passage versés à chaque pays traversé.

Les avantages principaux de cette source d'énergie sont donc son coût plus faible et sa fiabilité. Par contre, il est indéniable que ce même manque de souplesse n'est pas sans présenter

Le gaz naturel liquéfié, par contre requiert un processus autrement plus complexe et demande ce que l'on appelle une « chaîne GNL » : le gaz est d'abord acheminé, à travers des gazoducs, du lieu de production vers des terminaux méthaniers - situés sur une façade maritime, à proximité d'installations portuaires - où le gaz naturel est transformé en GNL grâce à un processus complexe : purification du gaz par élimination du dioxyde de carbone, du sulfure d'hydrogène et des composés soufrés et du mercure, déshydratation, pré refroidissement à -30°C avec isolation des gaz de pétrole liquéfié (propane et butane), et enfin liquéfaction à -160°C dans des colonnes frigorifiques, également appelées pompes à chaleur. A ce stade, le GNL, maintenant composé à près de 99% de méthane, a vu son volume divisé par presque 600. Il est alors stocké dans de grands réservoirs, puis embarqué dans des navires isolés thermiquement prévus à cet effet : les méthaniers, pour être acheminé vers des terminaux de regazéification. Là, le gaz est à nouveau stocké dans des réservoirs cryogéniques, puis, en fonction de la demande, réchauffé sous haute pression (60 et 100 bars). Sa composition chimique est ensuite adaptée aux spécifications du marché d'arrivée avant, qu'enfin, le gaz redevenu gazeux, ne soit acheminé par des gazoducs classiques, vers sa destination finale.

L'avantage principal de cette énergie est la possibilité de transporter le gaz sur de longues distances, par exemple à travers le Pacifique ou l'Atlantique. Cela permet également à l'acheteur de diversifier plus facilement ses sources d'approvisionnement. Néanmoins, on comprend aisément, au vu du processus décrit ci-dessus, que le prix du GNL soit, pour l'heure, nettement supérieur à celui du gaz naturel. En effet, 80% de son coût de transport est absorbé par le processus de liquéfaction (60%) / regazéification (20%). En outre, pour l'acheteur, il faut ajouter à cela la nécessité de faire construire des terminaux de regazéification.

1.2.2. Des flux gaziers en mutation

En conséquence, à l'échelle mondiale, le gaz naturel représente 68% des importations, contre 32% seulement pour le GNL, dont les importations n'ont décollé que dans les années 1990, pour des raisons de sécurité de l'approvisionnement énergétique face au pétrole. Encore est-ce l'Asie qui en absorbe près des trois quarts[26].

L'Europe, quant à elle, a plutôt fait le choix du gaz naturel, lequel représente 86.5% de ses importations, la France et l'Espagne faisant figure d'exceptions. Cette dernière, en effet, qui possède déjà 7 terminaux de regazéification en activité et un en construction, importe du GNL à 54%. Quant à la France, pour qui le GNL représente un tiers de la consommation, elle possède 4 terminaux de regazéification[27]. A titre de comparaison, l'Allemagne n'en possède aucun, les 1% de GNL qu'elle achète arrivant de Zeebrugge. Toutefois, pas plus tard que le 24 octobre 2018, suite à des négociations commerciales globales avec les Etats-Unis[28], la Chancelière Merkel a annoncé que son gouvernement était à la recherche « *d'options pour financer, [vraisemblablement à Brunsbüttel], une partie du projet de terminal méthanier, grâce aux programmes fédéraux existants* ». Mais ce dernier, dont le coût est estimé à 500 millions de dollars, ne sera opérationnel qu'en 2022 au plus tôt. Par ailleurs, le port fluvial de Duisburg s'est vu attribuer 740 000 euros de fonds européens pour le développement d'un complexe de stockage et de recherche sur le GNL, dans le cadre de la protection du climat... Dans le même temps, un autre terminal pourrait voir le jour à Rostock, le but étant, à terme, que le GNL représente 15% de la consommation allemande de gaz. Il n'y a cependant aucune garantie que ces terminaux soient utilisés à pleine capacité : la plupart des terminaux européens ne le sont pas. Néanmoins, malgré une baisse de la consommation de GNL en Europe depuis 2011, il se pourrait que celle-ci reparte à la hausse si la mutation de l'environnement économico- stratégique se poursuit. En effet, d'une part, l'Union Européenne elle-même est très favorable au développement du GNL pour des raisons de diversification des sources et donc de sécurité énergétique, à condition que les prix soient favorables[29] et, d'autre part, on assiste à de fortes pressions américaines à cet égard. Le 31 juillet 2018, lors d'une conférence conjointe avec le premier Ministre italien Giuseppe Conte, Donald Trump avait même annoncé être en négociation avec l'Europe pour que celle-ci construise, à ses

---

[26] Fin 2017, le Japon absorbait 29% des importations mondiales de GNL, contre13.4% pour la Chine, 13% pour la Corée du Sud et 10% pour le reste de l'Asie-Pacifique, selon la BP Statistical Review of World Energy 2018.

[27] Fos-Tonkin, Fos-Cavaou, Montoir-de-Bretagne et Dunkerque.

[28] La Chancelière a accepté le principe de l'importation de GNL américain en échange de la promesse des Etats- Unis de ne pas appliquer de nouvelles taxes aux voitures allemandes et de ne pas s'opposer totalement au Nord- Stream 2.

[29] Cf. Le gaz naturel liquéfié et le stockage du gaz renforceront la sécurité énergétique de l'Europe - http://europa.eu/rapid/press-release_MEMO-16-310_fr.htm.

frais, entre 9 et 11 terminaux pour accueillir le GNL américain. La Pologne, elle, a d'ores et déjà pris ce cap, en construisant à Świnoujście un terminal spécialement destiné au GNL américain. Toutefois, le pari américain de forcer l'Europe à construire des terminaux de regazéification ne sera peut-être pas payant, les Etats-Unis n'étant pas seuls[30] sur ce marché que le Qatar, à lui tout seul, domine avec 30% de la production mondiale. Ils auront entre outre, à faire face à la concurrence du GNL russe, lequel se développe également à grande vitesse, grâce à l'entreprise Gazprom et au nouveau venu, Novitek, dont Total est actionnaire à 19%.

2. La société Gazprom et le projet Nord Stream

2.1 Les exportations de Gazprom vers l'Europe

La Russie exporte 80% de son gaz vers l'Europe, principalement à travers le groupe Gazprom qui, en 2017, représentait, à lui tout seul, 34.7% des importations de cette dernière, soit 194,4 milliards de m3 Turquie incluse, un chiffre qui pourrait atteindre la barre symbolique des 200 milliards en 2018, le premier semestre ayant déjà montré une hausse de 5,7%.

Le plus gros consommateur de gaz russe, l'Allemagne, en a, elle, importé 53.4 millions de m3, en augmentation de 7,2 % par rapport à 2016, contre 23,8 pour l'Italie, 16,3 pour le

Royaume-Uni et 12,3 pour la France, en augmentation de 6.1%. Et la croissance de ces importations touche également l'Autriche (39.3%), la République Tchèque (27.2%), la Slovaquie (23.5%) et les Pays-Bas (7%).

Toutefois, ces chiffres ne sont pas le fait du seul géant russe, puisqu'en Europe, son activité est basée sur des partenariats à long terme avec des entreprises locales qui réceptionnent et distribuent le gaz. C'est le cas de GDF-Suez, pour la France, d'OMV pour l'Autriche ou de BASF et Wintershall pour l'Allemagne.

[30] 17 pays produisent actuellement du GNL.

2.2 Le projet Nord-Stream

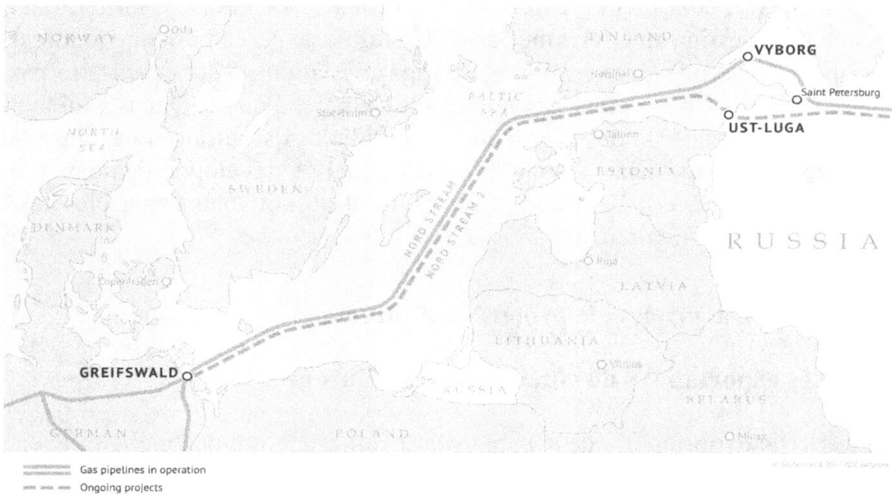

2.2.1 Le projet Nord-Stream 1

Le projet NS1 est géré par un consortium, Nord-Stream AG, dont Gazprom détient 51%, le reste des parts étant réparti entre le français ENGIE, les allemands Wintershall Holding GmbH et PEG Infrastruktur AG et le néerlandais Gasunie.

Inauguré en 2012, il s'étend sur 1.224 km à travers la Baltique, de Wyborg en Russie à Lubmin, en Allemagne, où le gaz est ensuite distribué au réseau européen par les compagnies OPAL (Ostsee-Pipeline-Anbindungsleitung) et NEL (Nordeuropäischen Erdgasleitung). Sa capacité est de 27.5 milliards de m3 de gaz par an.

Le projet Nord Stream 1 constitue la branche nord d'une « *prise en tenaille* » de l'Europe destinée principalement à éviter l'Ukraine, jusqu'à présent pays de transit du gaz russe, et ce, pour deux raisons : une raison économique, la suppression des coûts de transit faisant automatiquement baisser le prix du gaz et, surtout, des raisons politiques, les relations entre la Russie et l'Ukraine étant au plus mal.

La branche sud, elle, sera le futur « Turkstream ». En janvier 2018, Gazprom a d'ailleurs reçu de la part de la Turquie les autorisations nécessaires à la construction de la deuxième ligne du projet dans ses eaux territoriales. A l'heure actuelle, 1 775 km de pipelines sont d'ores et déjà achevés pour 95% de la partie offshore, tandis qu'un terminal est en construction dans la ville turque de Kiyikoy. Le Turkstream devrait donc être opérationnel dès fin 2019. Toutefois, selon la déclaration de Sergueï Lavrov le 17 novembre 2018, le prolongement vers l'Europe[31] ne sera effectué qu'à la condition expresse que les autorités européennes s'engagent de façon ferme à ne pas l'entraver comme cela avait été le cas pour le South-Stream.

Pour l'heure, il vient d'être inauguré[32] par les Présidents Poutine et Erdogan à Istanbul.

2.2.2 Le projet Nord-Stream 2

Le projet Nord Stream 2 correspond au besoin, de l'Allemagne en particulier, d'augmenter ses importations de gaz à haut pouvoir calorifique. Or, le gaz russe, de même que le gaz norvégien, sont des gaz à haut pouvoir calorifique (Gaz-H), ce qui, n'est pas le cas, par exemple, du gaz-L, à bas pouvoir calorifique, en provenance des Pays-Bas.

Le projet Nord Stream 2 a donc été mis en place, selon un trajet, parallèle à celui du NS1 sur la plus grande partie du tracé, qui couvre à peu près 1 225 km à travers la mer Baltique, de la Baie de Narva en Russie à la région de Lubmin en Allemagne. Le Nord Stream 2 pourra fournir 55 millions de m3 de gaz par an[33], soit 27.5 pour chacun des deux pipelines parallèles, une quantité suffisante pour approvisionner, en chauffage et en électricité, 26 millions de foyers chaque année.

Le Nord Stream 2 implique, par ailleurs, la construction de nouveaux pipelines, en Allemagne même, en complément des réseaux existants. Ainsi, le projet EUGAL ajoutera-t-il 480 km de tuyaux de la Baltique, au point d'interconnexion transfrontalier Lubmin-II, jusqu'à la frontière tchèque.

Sur le plan de l'organisation, un plan de financement a été signé par Gazprom et ses partenaires européens : les Allemands Uniper and Wintershall (BASF), l'Autrichien OMV, l'Anglo-Neerlandais Shell et le Français Engie. Toutefois, en raison de l'opposition de la Pologne, ces compagnies n'ont pas pris part au capital du projet.

Peu à peu, après des études en profondeur de l'impact à la fois économique et environnemental du projet, les pays participants ont octroyé à Gazprom AG les permis nécessaires à la construction et à la gestion du Nord-Stream 2.

Le 27 mars 2018, le BSH (Bundesamt für Seeschifffahrt und Hydrographie) allemand donnait l'autorisation de poser 31 km de canalisations dans sa ZEE, ce qui a permis de démarrer les travaux préparatoires dans la Baie de Greifswald dès le 15 mai. Les mêmes permis ont été reçus de la part de la Suède et de la Russie le 07 juin 2018 et de la Finlande le 11 avril.

---

[31] L'un des itinéraires possibles du gazoduc traverserait la Bulgarie, la Serbie et la Hongrie pour atteindre finalement l'Autriche, un autre pourrait inclure l'Italie et la Grèce.

[32] Le 19 novembre 2018.

[33] Selon Gazprom et selon le BSH (Bundesamt für Seeschifffahrt und Hydrographie).

En conséquence, le 5 septembre 2018, le navire poseur de canalisations offshore « *Solitaire* » a commencé à poser un tronçon du NS 2 dans les eaux finlandaises.

A l'heure actuelle, d'après l'annonce du P-DG de Gazprom, Alexeï Miller, le 14 novembre 2018, 200 km de pipelines auraient déjà été posés.

Un pays, toutefois, n'a pas encore octroyé les autorisations nécessaires : Le Danemark, poussé en coulisses par l'Ukraine et les Etats-Unis, a modifié sa législation pour donner plus de pouvoir en la matière au ministre des Affaires Etrangères et s'est réservé la possibilité de demander une modification du tracé « *pour raisons de sécurité nationale* ».

La vice-secrétaire assistante à la diplomatie énergétique américaine Sandra Oudkirk a même demandé au Danemark d'utiliser cette non-autorisation « comme instrument pour empêcher le projet ».

Toutefois, et même si elle était maintenue, l'opposition du Danemark ne devrait pas arrêter le projet, Gazprom disposant d'un itinéraire alternatif, plus long, certes, mais tout à fait réalisable.

3 Le Nord-Stream au cœur d'un bras de fer économico-stratégique

3.1 Gazprom, le « *bras armé du Kremlin* »

25 ans après sa création, le 17 février 1993, le groupe Gazprom est le premier producteur et exportateur de gaz au monde. Assis sur 17% des ressources mondiales de cette énergie[34], il en a livré 447.9 milliards de m3 en 2017, pour un chiffre d'affaires de 106 milliards de dollars.

Il s'agit également du deuxième groupe pétro-gazier au monde en termes de volumes d'hydrocarbures extraits, juste derrière Saudi Aramco.

Par ailleurs, avec ses presque 500 000 employés à travers le monde et le plus important réseau de pipelines sur la planète ,168 900 km en Russie, dans les anciennes républiques satellites de l'URSS et jusqu'en Europe, on peut donc véritablement parler de géant gazier.

Or, Gazprom ne se contente pas de ces remarquables performances, il se développe très fortement, non seulement à l'ouest, avec le Nord-Stream et au sud, avec le Turkstream, mais aussi à l'est, le groupe ayant indiqué, début février 2018, avoir terminé les deux tiers du projet « Force de Sibérie » destiné à acheminer du gaz vers l'Asie et surtout la Chine à travers le futur pipeline « *Altaï* ». Les livraisons à ce dernier pays pourraient atteindre 30 milliards de m3 par an.

Plus encore, le géant pétro-gazier a entrepris, depuis 2012, l'exploitation du gisement de Yamal, au-delà du cercle polaire arctique, un gisement constitué de 32 champs pétrolifères et gaziers assis sur des ressources très

---

[34] Soit 36 147 milliards de m3 prouvés.

importantes, qui assureront, à court terme, une production annuelle de 360 milliards de m3 de gaz.

En outre, le groupe[35] a maintenant étendu ses activités au GNL, avec la construction d'un terminal de liquéfaction dans la région de Léningrad, le « *Baltic GNL* » et la mise sur pied d'une flotte de 10 méthaniers. Les premières livraisons-test vers l'Inde ont, d'ailleurs, été effectuées en juin 2018.

Gazprom s'intéresse également au pétrole, du forage au raffinage, à travers sa filiale Gazprom – Neft.

Or, là où le bât blesse, c'est que, quoiqu'officiellement privatisé, le groupe est en réalité détenu à 50,23% par l'Etat russe et sert donc la politique de ce dernier, ce que corrobore le fait qu'en 2000, juste avant d'en prendre la direction, son P-DG, Alexeï Miller occupait les fonctions de vice-ministre de l'énergie.

De plus, Gazprom est l'une des pierres angulaires de l'économie russe puisqu'il contribue pour 8% à son PIB et pour 20% à ses recettes fiscales.

Pour les autorités russes, néanmoins, comme l'a souligné le Président Poutine lors de la conférence des ambassadeurs qui a eu lieu à Moscou le 19 juillet 2018, « il s'agit d'un projet uniquement commercial, sans aucune stratégie cachée ».

Cependant, beaucoup considèrent que traiter avec Gazprom c'est traiter avec la Russie.

3.2 Le gaz de schiste au cœur d'une stratégie américaine particulièrement agressive

Le gaz : un secteur vital pour l'emploi

En 2017, les Etats-Unis sont devenus exportateurs nets de gaz.

La première explication derrière cette tendance est à rechercher dans le développement du GNL et la construction récente d'infrastructures de liquéfaction. Le terminal de Sabine Pass, par exemple, opérationnel depuis seulement 2016, possède déjà 4 unités de liquéfaction et une en cours de construction. Le terminal de Cove Point, lui, a débuté en 2018, tandis que quatre autres usines sont en cours de construction en Louisiane, au Texas et en Géorgie. Ainsi, la capacité de liquéfaction de 28 milliards de m3 à l'heure actuelle, devrait atteindre 108 milliards de m3 d'ici à 2023.

Mais la raison la plus importante est évidemment, le boom du gaz de schiste. Cette technique, interdite en Europe en raison de très graves risques environnementaux et sanitaires[36], connaît un grand essor outre-Atlantique, à tel point que ce secteur donne actuellement du travail à plus d'un demi-million de personnes de façon directe et à 2,5 millions indirectement.

---

[35] Gazprom, à travers ses filiales, est également impliqué dans des activités très différentes, telles que l'électricité, la banque, les médias, la construction et l'agriculture.

[36] La France possède pourtant des réserves de gaz de schiste qui lui permettraient de couvrir ses besoins pendant plus de 100 ans.

On comprend, dès lors, à quel point ce secteur est important, non seulement pour le pays, mais pour le Président Trump lui-même, dont la stratégie électorale repose très largement sur l'emploi. Lui-même, d'ailleurs, ne fait pas mystère de ses intentions en la matière, annonçant sans ambages, dans un tweet du 18 juillet 2018 : « Nous continuerons à promouvoir la domination énergétique américaine ». Il est difficile d'être plus clair.

Les exportations de GNL américain menacées en Asie

Jusqu'à présent, les Etats-Unis vendaient leur gaz principalement en Asie. Or, le Japon vient d'annoncer[37], au mépris de la promesse du gouvernement de sortir du nucléaire à l'horizon 2040, son intention de redémarrer certains de ses réacteurs nucléaires à l'arrêt depuis la catastrophe de Fukushima. En effet, le coût des importations d'énergies fossiles et la pollution générée par celles-ci s'est révélé très important.

La Chine, quant à elle, qui avait pourtant acquis 15% du GNL américain en 2017, a pris la décision de taxer cette énergie à 10%, ce qui rend automatiquement le gaz russe du futur pipeline « Force de Sibérie » plus compétitif.

Pour ce qui est de l'Inde, enfin, il est possible qu'elle s'oriente vers le gaz et le charbon russes, des livraisons ponctuelles de GNL ayant déjà été effectuées en guise de test pour fournir l'énergie nécessaire au programme « *Make in India* ».

L'Europe comme débouché naturel

Après l'Amérique Latine - le Mexique et le Brésil important maintenant du gaz américain – le marché le plus intéressant est évidemment l'Europe, dans lequel les besoins sont particulièrement importants, tant pour les particuliers que pour l'industrie. Il est donc logique que le secteur américain du gaz en ait fait sa cible privilégiée.

Or, sur ce marché, la Russie, à travers la compagnie Gazprom, est déjà très bien positionnée, tandis que le projet Nord-Stream 2 se pourra qu'accroître ses parts de marché.

La Russie : l'ennemi à abattre

L'Iran une fois écarté, à travers des sanctions extrêmes qui mettent son économie à genoux et limitent ses exportations d'hydrocarbures, les Russes, positionnés sur les mêmes marchés que les Américains et en passe de les supplanter sur leur marché-phare d'Asie, sont donc, de facto, perçus par ces derniers comme l'ennemi à abattre.

Or, dans le cadre de cette guerre commerciale, le projet Nord-Stream 2 cristallise les tensions.

---

[37] Le 03 juillet 2018, le gouvernement japonais a adopté un plan de relance du nucléaire.

Car les Etats-Unis ne font pas mystère de leur opposition, de façon ironique, au nom de la liberté et de la souveraineté de l'Europe, au point que le Président Trump y a fait allusion dans son discours lors de la 73ème session des Nations-Unies[38], n'hésitant pas à déclarer : « *Le fait d'être tributaire d'un seul fournisseur peut rendre un pays vulnérable à l'extorsion et à l'intimidation. L'Allemagne va devenir entièrement dépendante de l'énergie russe si elle ne change pas immédiatement de cap* ».

Dans la même veine, pendant un sommet avec Theresa May, le 13 juillet 2018, le Nord-Stream 2 avait été qualifié par lui de « *terrible erreur de la part de l'Allemagne » et de « chose horrible, très mauvaise pour l'Allemagne, le peuple allemand et l'OTAN* ».

Et durant le sommet de l'OTAN tenu le 11 juillet, il avait été plus virulent encore, déclarant que l'Allemagne était « *prisonnière de la Russie » et qu'elle était « totalement contrôlée par la Russie* », à laquelle elle achetait « *70% de son gaz » (23% selon la réponse des autorités allemandes), tandis que « les Américains payaient pour la protéger de la Russie* ».

Néanmoins, peu d'Européens de l'Ouest, et en particulier d'Allemands, étant réceptifs à cette rhétorique, l'administration américaine met également en avant les risques sécuritaires pour le continent, ainsi que pour l'OTAN. Ainsi, le 21 mars, Heather Nauert, porte-parole du Département d'État américain, déclarait : « *Comme beaucoup de gens le savent, nous nous opposons au projet Nord Stream 2 [...]. Nous estimons que Nord Stream 2 sapera la sécurité et la stabilité énergétique de l'Europe. Cela donnera à la Russie un nouveau moyen de mettre la pression sur les pays européens, et en particulier sur l'Ukraine* ».

De même, les Etats-Unis, par la voix de la vice-secrétaire assistante à la diplomatie énergétique Sandra Oudkirk, ont, exprimé leur inquiétude, au niveau militaire et au niveau du renseignement, de voir les Russes profiter du réseau du Nord-Stream 2 pour « *placer de nouvelles technologies de surveillance et d'écoute dans la Baltique* »[39].

La carotte et le bâton

Et, pour arriver à leurs fins, les Etats-Unis n'hésitent pas à mener la politique de la carotte et du bâton, récompensant les bons élèves et menaçant les récalcitrants.

La Pologne, est, pour le Président Trump, de ceux qui, clairement méritent des éloges.

« *Nous félicitons des pays européens tels que la Pologne, qui dirige la construction d'un oléoduc baltique afin que les pays ne soient pas dépendants*

[38] Le 25 septembre 2018.

[39] Reuters – Russia-Germany gas pipeline raises intelligence concerns : U.S. official - https://www.reuters.com/article/us-usa-germany-russia-pipeline/russia-germany-gas-pipeline-raises-intelligence- concerns-u-s-official-idUSKCN1II0YV.

vis-à-vis de la Russie pour leurs besoins énergétiques » déclarait-il ainsi lors de la dernière assemblée des Nations-Unies, avant d'affirmer aussi : « *En Pologne, un grand peuple défend son indépendance, sa sécurité et sa souveraineté* » (Id.).

De même, le 08 novembre 2018, lors de la signature d'un contrat entre le gazier polonais PGNiG et la compagnie texane Chenière[40], le secrétaire d'Etat américain à l'énergie Rick Perry contrat prévoit la livraison annuelle de 0.7 milliards de m3 de gaz regazéifié entre 2019 et 2022, puis 1.9 entre 2023 et 2042 avait qualifié cet événement de « *signal pour l'Europe* », déclarant : « *C'est un signal envoyé à travers l'Europe : c'est ainsi que peuvent être développés votre avenir énergétique, la sécurité du pays, la diversité des sources d'approvisionnement – c'est un grand jour pour l'Europe* ».

A ceux, qui, en revanche, ne se soumettraient pas, les Américains réservent des menaces très concrètes.

Ainsi, pas plus tard que le 13 novembre, le représentant américain auprès de l'Union Européenne, Gordon Sondland, vient de déclarer, de façon très énergique : « *L'Europe ne doit pas se rendre dépendante du gaz russe. [...]. Si cette philosophie n'est pas adoptée, alors le Président [Trump] dispose de nombreux instruments pour essayer d'endiguer ou de stopper le projet* ». Le 23 mai 2018, le secrétaire d'Etat américain Mike Pompeo s'était, lui aussi, exprimé de façon semblable : « *Les Etats-Unis sont prêts à sauver l'Union Européenne de sa dépendance au gaz russe. [..] Tous les efforts seront faits pour empêcher la mise en place du projet Nord-Stream 2* ».

Plus encore, afin *« d'aider l'Allemagne à se libérer de la domination russe »*, « *la Russie étant connue pour utiliser l'énergie comme arme géopolitique* », le congrès américain, par la voix du sénateur du Wyoming John Barrasso, a, lui aussi, promis des sanctions « *applicables à toute compagnie ou individu investissant plus d'un million de dollars en biens, services ou technologie, information ou assistance à tout projet russe d'exportation d'énergie* ». Cette mesure frapperait, bien entendu, de facto, les 5 entreprises européennes qui participent au financement de la moitié du Nord Stream 2[41].

Cependant, malgré des effets d'annonce particulièrement violents, la position du Président Trump, ne s'est pas, pour autant, révélée constante, puisqu'au sommet d'Helsinki, le 16 juillet 2018, il avait déclaré, après une rencontre avec le Président Poutine, que « *c'était à Berlin de choisir, mais que ce serait difficile pour l'Allemagne étant donnée sa participation à l'OTAN* ». Il avait alors évoqué la possibilité d'établir une concurrence avec le Nord Stream 2. En toute hypothèse, mettre à exécution leurs menaces en ce qui

[40] Le contrat de PGNiG avec Gazprom arrivant à échéance en 2022, le contrat prévoit la livraison annuelle de 0.7 milliards de m3 de gaz regazéifié entre 2019 et 2022, puis 1.9 entre 2023 et 2042.

[41] A savoir Engie, OMV, Wintershall, Uniper et Shell.

concerne le Nord-Stream 2 reviendrait, pour les Etats-Unis à créer, entre eux et leurs alliés européens une fracture irréparable, raison pour laquelle elles sont, pour l'instant, restées lettre morte.

3.2 Une Europe entre deux feux, profondément divisée.

Bien que la consommation de gaz en Europe ait légèrement diminué au cours de la dernière décennie, passant de 550.7 milliards de m3 en 2007 à 531,7 en 2017, tous les analystes s'accordent à dire que ses importations, en augmentation, elles, à cause de la diminution de la production intra-européenne, devraient bondir d'au moins 20% d'ici à 2040.

L'Allemagne, en particulier, dont la consommation même a augmenté pour compenser la sortie progressive du nucléaire[42], importe de plus en plus de gaz russe. Sur le premier semestre 2018, les chiffres montrent une augmentation de 13.1% par rapport à la même période de 2017.

La Pologne, elle aussi, suit le même chemin, passant d'une consommation de 14.4 milliards de m3 en 2007 à 19.1en 2017.

Pourtant, face à cette augmentation générale des besoins en gaz, les réponses ne sont pas les mêmes en fonction des pays d'Europe, certains choisissant la solution du Nord Stream 2, tandis que d'autres préfèrent miser sur le GNL américain. A la tête de l'UE, la Commission reste, elle, très prudente sur le projet. Sans pouvoir s'y opposer, elle veut s'assurer qu'il est bien en ligne avec les règles du marché européen de l'énergie, en matière de concurrence notamment.

3.2.1 La position ouest-européenne

Une décision purement commerciale

Pour l'Allemagne, principal promoteur et principal destinataire du Nord Stream 2, le projet est, avant tout d'ordre commercial, et c'est précisément ce que la chancelière Merkel a déclaré, le 16 février 2018, lors de sa rencontre avec le Premier ministre polonais Mateusz Moravecki, dont le pays s'oppose farouchement à ce gazoduc : « *Nous avons des positions différentes au sujet de Nord Stream, nous considérons ce projet comme étant économique. Nous sommes favorables à la diversification* ». Elle a, d'ailleurs, réitéré cette position le 24 octobre en déclarant que « *toute décision liée à la construction d'un terminal LNG serait indépendante des pressions américaines et basées sur l'intérêt de l'Allemagne et de l'Europe à avoir une infrastructure pour les importations d'énergie diversifiée, sécurisée, concurrentielle et abordable* ».

En cela, l'Allemagne n'est pas isolée. A la suite, en effet, du chancelier autrichien Sebastian Kurz qui, fin février posait clairement que « *l'Autriche* » avait « *une attitude très positive envers ce projet* », le Président fédéral Alexander Van der Bellen, déclarait, lui, le 05 juin : « *Nous nous voyons*

[42] Par comparaison, celle de la France est restée stable à 44.7 milliards de m3.

formuler des reproches par certains de nos partenaires américains qui affirment que la dépendance de l'Union européenne vis-à-vis de la Russie dans ce domaine est trop importante. Mais ils ne prennent pas en considération que le gaz liquéfié américain est deux, voire trois fois plus cher que le gaz russe ». « *Dans ces circonstances, du point de vue purement économique, il n'y a pas de sens à remplacer le gaz russe par le gaz liquéfié américain* ». Il va sans dire que la participation du groupe autrichien OMV au projet Nord Stream 2 n'est pas sans rapport avec ces prises de position.

De même, l'Italie, favorable aux importations de gaz russe et frustrée par le coup d'arrêt porté au projet South-Stream, souhaiterai raccorder ses installations soit au Turkstream, soit au Nord-Stream, ainsi que l'a déclaré le Président du conseil Giuseppe Conte, en visite à Moscou ce 24 octobre dernier et le nouveau Ministère tchèque de l'énergie et du commerce voit là, lui aussi, une opération rentable pour son pays.

Une énergie abordable

En effet, le prix du gaz naturel[43] reste, pour l'heure, nettement concurrentiel[44]. Le Financial Times, lui, estime le prix du gaz de pipeline comme inférieur de 25% au prix du GNL, ce qui explique que, sur l'ensemble de l'Europe, les terminaux de regazéification tournent à peine à 20% de leur capacité.

On voit, dès lors, la logique économique qui conduit aux importations de gaz russe, à moins, bien évidemment que les Etats-Unis ne baissent drastiquement leurs prix le temps de sécuriser leurs nouveaux marchés, une hypothèse qui n'est pas du tout inenvisageable.

Une solution sécurisée

L'Allemagne a clairement établi, dans le NDP[45] 2018-2028, que sa priorité était de garantir un approvisionnement en gaz direct et sécurisé.

Par ailleurs, elle a manifesté son désir de convertir un réseau fait pour le gaz à bas pouvoir calorifique (« *gaz-L* ») en provenance des Pays-Bas et d'Allemagne même, en réseau d'approvisionnement en gaz à haut pouvoir calorifique (« *gaz-H* »), tel que, par exemple, le gaz russe et, à cette fin, envisage d'investir près de 7 milliards d'Euros.

Il est à noter, toutefois, que le nouveau NDP n'a pas été rédigé dans une perspective purement allemande, mais au contraire transnationale et « *paneuropéenne* », comme l'a indiqué le directeur de l'association allemande des opérateurs de systèmes de transmission (FNB-gas), Ralph Bahke. Et les mêmes opérateurs allemands de systèmes de transmission ont, eux aussi,

---

[43] 5,62 USD par million de British Thermal Units (Btu) en 2017 au prix allemand d'importation.
[44] A titre indicatif, la Corée et le Japon déboursent respectivement 7,13 et 8,10 USD par million de Btu.
[45] Plan de développement du réseau gazier (NDP).

pointé la nécessité de répondre aux besoins de « *l'Allemagne et de l'Europe centrale*[46] », un point de vue également partagé par le chancelier Kurz, qui, le 10 octobre dernier, déclarait : « *cette coopération [...] assure une sécurité énergétique non seulement à l'Autriche, mais aussi à l'Europe* ».

Par ailleurs, il va sans dire que, dans la perspective d'un nouveau conflit russo-ukrainien, un approvisionnement direct serait bénéfique à tous les pays de la région. On se souvient, en effet, que lorsqu' au cours de la « *Guerre du gaz* » de 2009, la Russie avait coupé les livraisons à l'Ukraine, cette dernière avait, à son tour, ponctionné les quantités destinées à l'Europe, créant des problèmes dans 18 pays. Or, le conflit entre Gazprom et la compagnie ukrainienne Naftogaz n'est toujours pas réglé, malgré un jugement de la cour d'arbitrage de Stockholm du 1er mars 2018[47].

3.2.2 Une Europe de l'Est profondément opposée au projet

Pour l'Europe de l'est, en revanche, le projet n'a rien de commercial. « *Je connais la position du gouvernement allemand selon laquelle il s'agit d'un projet commercial. Mais à l'est de l'Oder personne n'y croit* » déclarait ainsi, récemment le premier ministre polonais.

La peur d'une dépendance au gaz russe

L'Union Européenne, en premier lieu, s'oppose farouchement à un accroissement des importations de gaz russe, d'une part au nom de la stabilité du marché du gaz et, d'autre part, de la libre concurrence.

Ce dernier argument n'est évidemment pas sans pertinence, l'Europe achetant déjà 34% de son gaz à Gazprom. Or, des tarifs avantageux pour le consommateur final - individu ou entreprise – ne peuvent être obtenus que si le principe de concurrence est respecté. De fait, la plupart des théoriciens de l'économie considèrent que la libre concurrence est menacée dès lors que la part de marché d'un seul fournisseur dépasse 40%, ce qui est déjà le cas dans certains pays d'Europe et le sera certainement en Allemagne après la construction du Nord-Stream 2. En effet, d'après le rapport 2015 de l'ACER[48] le marché du gaz connaîtrait un taux de concentration[49] inquiétant dans plusieurs pays d'Europe tels que, par exemple, la Bulgarie, la Hongrie, la Lettonie ou la Roumanie.

C'est par contre au nom de la politique que les pays Baltes, quant à eux, rejettent le Nord Stream 2, « *incompatible avec les objectifs de la politique énergétique de l'Union européenne* », selon les termes du ministre des affaires

---

46 https://www.fnb-gas.de/en/press-service/press-releases/180212-pr.html.

47 Suite à cette dernière péripétie judiciaire, Gazprom devrait verser à l'Ukrainien Naftogaz la somme de 4,63 milliards de dollars US.

48 Rapport de l'Agence Européenne pour la coopération des régulateurs de l'énergie (ACER).

49 Mesuré par l'indice HHI qui pointe vers une « concentration élevée » s'il est supérieur à 2 500.

étrangères estonien Sven Mikser, le 12 mai 2018 à Palanga. A cette occasion, il avait d'ailleurs reçu l'approbation de ses homologues lituanien et letton.

En ce qui concerne la Pologne, elle aussi vent debout contre le projet, il s'agit surtout de ne pas dépendre du gaz russe et, pour faire simple, de ne pas dépendre de la Russie tout court. C'est la raison pour laquelle le pays mise beaucoup sur le GNL américain et accélère la construction du terminal de regazéification de Świnoujście.

La question de l'Ukraine

Bien évidemment, la question de la dépendance commerciale n'est pas la seule préoccupation des gouvernements d'Europe de l'est, lesquels, comme leurs alliés / mandants américains, mettent en avant la menace stratégique et même militaire représentée par la Russie, en particulier en ce qui concerne l'Ukraine.

Pour cette dernière, en effet, le risque est double. Du point de vue économique, le contrat de l'Ukraine avec Gazprom se termine en 2019. Or, s'il n'était pas renouvelé et que le gaz, auparavant acheminé à travers le pays, se mettait à transiter par le Nord-Stream 2 et le Turkstream, cela représenterait une diminution des flux, estimée à entre 13 et 40 milliards de m3 et[50] des pertes en droits de transit très importantes. A l'heure actuelle, ces derniers représentent 3 milliards de dollars US par an.

Le maintien du transit en direction de l'Italie, qui représente 23 milliards de m3 par an, est donc crucial pour le pays.

Il va sans dire, qu'il y a, derrière la question purement économique, une préoccupation sécuritaire majeure puisque la perte des revenus de transit engendrerait certainement une instabilité en Ukraine, instabilité dont l'Europe ne veut à aucun prix à ses frontières.

C'est la raison pour laquelle la Chancelière Merkel a récemment admis que le Nord Stream 2 n'était pas un projet purement économique et que les considérations politiques devaient également être prises en compte, plaidant alors pour le maintien d'un certain transit à travers l'Ukraine[51]. Le Président allemand quant à lui avait demandé à l'Ukraine, deux mois plus tard, de « *s'abstenir de critiquer la position allemande sur le Nord Stream 2, car l'Allemagne s'efforçait de maintenir un certain transit à travers l'Ukraine* ». Et c'est précisément pour discuter du maintien du transit par l'Ukraine après 2019, que l'Allemagne a organisé le 17 juillet une rencontre tripartite entre le ministre russe de l'énergie Alexander Novak, le ministre ukrainien des affaires étrangères Pavel Klimkin et le vice-président de la commission européenne Maros Sefcovic, en présence du ministre allemand de l'économie Peter Altmaier et des P-DG de Gazprom et de Naftogaz.

---

[50] Le transit annuel actuel est évalué à entre 60 et 80 milliards de m3.

[51] Le 04 avril 2018 lors d'une rencontre avec Petro Porochenko.

Pour l'Ukraine, toutefois, l'affaire va bien plus loin que l'économie. Le Président Petro Porochenko, qui avait déjà accusé la Russie de « *vouloir imposer un blocus économique et énergétique à l'Ukraine*[52] » déclarait à Yalta, le 03 octobre 2016 : « *Je veux croire que les sanctions américaines à l'encontre des compagnies affiliées à Gazprom et celles contractantes impliquées dans la construction dudit « Pont de Poutine » menant en Crimée seront pour l'agresseur un signal de réveil. Réfléchissez : la majeure partie, sinon la totalité des excédents de profit générés pour la Russie par la fourniture de pétrole ou de gaz, par le commerce avec les autres pays occidentaux, a servi, non à la modernisation de son économie et de ses normes sociales, mais à corrompre et à moderniser son armée sur une grande échelle, ce qui constitue une menace pour notre et pour votre sécurité. Nous ne devons pas permettre qu'un euro ou qu'un dollar gagné en commerçant avec l'Occident nous revienne de Russie sous forme d'une balle ou d'un missile* ».

Allant plus loin encore[53], le Premier Ministre polonais Mateusz Morawiecki voyait récemment dans le Nord Stream 2 la possibilité d'une « *escalade de l'agression* » contre l'Ukraine dès que le transit de gaz russe à travers l'Ukraine aura cessé. « *Rien n'empêchera la Russie d'aller à Kiev* », a-t-il ajouté.

3.3 Sécurité énergétique vs. Indépendance énergétique

3.3.1 La souveraineté européenne et le droit à choisir ses sources d'approvisionnement en énergie.

Pour l'ensemble des pays d'Europe, le droit à choisir la source des énergies qu'ils utilisent relève de leur souveraineté. A l'est, cela s'exprime par une coupure avec le gaz russe et une réorientation vers le GNL américain. A l'ouest, au contraire, l'exaspération produite par les tentatives américaines de coercition, produisent l'inverse de l'effet escompté : les gouvernements s'arque-boutent sur leur position et le Nord-Stream 2 devient peu à peu, à tort ou à raison, un symbole d'indépendance énergétique et de résistance à une politique économique très agressive de la part des Etats-Unis.

Ainsi que le disait l'analyste Ania Grigas : « *sanctionner l'Allemagne et les autres pays européens participant à la construction du Nord Stream 2, en ce moment, lorsque les Etats- Unis font face à des tensions avec leurs alliés européens et l'Allemagne même, peut avoir pour résultat involontaire de creuser le fossé entre les Etats-Unis et l'Europe, plutôt que de renforcer une posture commune contre Moscou* ».

Le ministre allemand de l'économie Peter Altmaier Le 18 mai 2018, lors d'une interview avec la chaîne ARD[54] ne dit pas autre chose, lorsqu'il affirme

---

52 Le 09 avril 2018, juste avant une rencontre avec la Chancelière Merkel.

53 Lors d'une visite à Hambourg le 18 novembre 2011.

54 Le 18 mai 2018, lors d'une interview avec la chaîne ARD.

qu' *« en faisant passer « l'Amérique en premier » et en plaçant leurs intérêts économiques avant ceux des autres, les Etats-Unis doivent s'attendre à une réponse de la part de l'Europe »*. De même, et ce, malgré la position réservée de la France, le ministre français de l'Économie et des Finances Bruno Le Maire avait ouvertement désapprouvé, au nom de la France, les sanctions extraterritoriales des USA qui compliquaient les relations avec la Russie.

De même, faisant écho aux propos de la Chancelière Merkel, qui, lors du sommet de l'OTAN à Bruxelles, se disait « *heureuse que les Allemands soient unis, qu'ils mènent une politique indépendante et qu'ils prennent des décisions autonomes* », l'ancien chancelier Gerhard Schröder a, lui aussi déclaré, le 18 mai dernier « *espérer voir l'Europe trouver la force de se battre pour ses propres intérêts et ceux de ses pays membres* ». Quant au ministre des Affaires étrangères allemand de l'époque, Sigmar Gabriel, il avait exhorté en décembre 2017 l'Europe à devenir « un acteur qui compte » face aux États-Unis, y compris en ce qui concerne les sanctions antirusses et la construction de Nord Stream 2.

Cette position trouve un soutien également chez le vice-président de l'Union Européenne Maros Sefcovic, pour qui « *nous sommes aussi une grande économie et nous devons protéger nos intérêts économiques et nos compagnies* ».

3.3.2 Sécurité énergétique et dépendance au gaz russe : un danger réel ?

La sécurisation des approvisionnements représente la clé des politiques énergétiques des pays. Or, la Russie, à travers un vaste réseau de nouveaux gazoducs qui évitent l'Ukraine, offre précisément cette sécurité, ce qui est incontestablement un point positif.

L'autre face de la médaille, néanmoins, serait que Gazprom s'empare d'une trop grande part de marché, mettant ainsi en danger la concurrence. Par ailleurs, une trop importante dépendance au gaz russe mettrait l'Europe en général et l'Allemagne en particulier à la merci d'un chantage de type commercial ou militaire, le Kremlin pouvant décider d'augmenter les tarifs unilatéralement ou de couper les approvisionnements en cas de conflit dur, comme cela, d'ailleurs, a été le cas pour l'Ukraine dans le passé.

Un tel scenario, néanmoins, paraît peu probable, dans la mesure où, même au plus fort de la Guerre Froide, la Russie n'a jamais cessé l'approvisionnement en gaz de l'Allemagne.

Par ailleurs, les revenus de Gazprom étant très importants pour l'ensemble de l'économie de la Russie, cette dernière serait la première victime d'un tel conflit.

3.3.3 Une seule solution : la diversification et le tournant énergétique

Au vu de la position plus qu'inconfortable de l'Europe, prise en étau entre la croissance de sa demande en gaz et les menaces que feraient planer une trop grande dépendance au gaz naturel russe autant qu'au GNL américain, plus que jamais la sagesse des ménagères et des banquiers s'impose : le bon sens commande, en effet, de ne pas mettre tous ses œufs dans le même panier en diversifiant les différentes sources d'approvisionnement.

Par ailleurs, il est important qu'une prise de conscience s'opère afin de résoudre non pas les symptômes, mais les causes de la maladie, à savoir la dépendance aux énergies fossiles importées.

Une seule solution s'impose si l'Europe tient à garder sa souveraineté : le maintien du nucléaire et un véritable tournant énergétique vers les énergies renouvelables, soutenues par une consommation modérée de gaz acquis chez différents fournisseurs.

Conclusion

Le projet Nord-Stream 2, à l'origine simple doublement de pipeline destiné à augmenter les exportations de gaz russe vers l'Europe, s'est transformé en pomme de la discorde entre l'Europe et les Etats-Unis, cristallisant toutes les tensions, aussi bien commerciales que géopolitiques, entre l'Amérique, l'Union Européenne et la Russie.

La politique actuelle des Etats-Unis est tournée vers l'intérieur, vers la résorption du chômage donc la protection des entreprises américaines et l'accroissement des exportations. A cette fin, l'Amérique, qui, entre autres, extrait du gaz de schiste au mépris de toute considération écologique, a décidé de développer ses ventes de GNL à l'étranger, avec, à la clé, d'immenses profits.

En parallèle, cependant, les Etats-Unis ont remplacé leur politique de partenariats stratégiques avec des pays occidentaux, politique toujours à l'avantage de l'Oncle Sam, certes, mais qui préservait l'illusion de l'indépendance, par une stratégie plus basique, faite de menaces et de rétorsion, qui s'apparente étrangement à de l'extorsion pure et simple.

Les concurrents les plus importants une fois éliminés – la Lybie et l'Irak étant en proie au chaos tandis que l'Iran, qui possède les deuxièmes réserves en gaz du monde, ploie sous le poids des sanctions – ou, tels l'Arabie Saoudite et le Qatar, associés si étroitement à la politique américaine qu'ils peuvent difficilement prendre des décisions autonomes, l'Amérique tente de faire plier l'Europe, qui, forte consommatrice de gaz et à la recherche d'énergies moins polluantes, permanentes ou de repli, représente un marché des plus intéressants.

Or, cette politique un peu trop énergique s'est déjà révélée contre-productive, car tous les pays qui en ont les moyens, individuellement, ou en groupe, développent des stratégies alternatives pour s'y soustraire.

L'Europe, quant à elle, moins puissante que les nations du BRICS, et, surtout, profondément divisée, tente de résoudre la quadrature du cercle, c'est-à-dire d'assurer à la fois sa sécurité énergétique en diversifiant ses approvisionnements et sa souveraineté en choisissant le gaz russe. Le projet Nord-Stream 2, en effet, n'est plus seulement le fait d'un choix économique visant à s'approvisionner de façon pérenne en énergie bon-marché, mais également une réaction face à la mainmise que les Etats-Unis tentent de mettre en place sur le Vieux Continent sans qu'il soit, pour l'instant, possible à ce dernier de s'opposer frontalement à l'Amérique.

Au-delà de la logique économique, qui vise à faire baisser les prix par tous les moyens, et principalement en diversifiant les approvisionnements, il est probable que les années à venir verront la poursuite de ce mouvement de balancier entre ces deux considérations fondamentales au fur et à mesure que les divisions iront s'accroissant au sein de l'Union Européenne.

Car, dans le monde actuel et, très probablement, dans un avenir proche, l'énergie a remplacé l'idéologie dans la genèse des relations - et des tensions - internationales.

2018

Bibliographie

CONSTANTIN DE GRUNWALD, Trois siècles de diplomatie russe, Calmann-Levy, Paris 1945.

BP Statistical Review of World Energy 2018 : https://www.bp.com/content/dam/bp/en/corporate/pdf/energy-economics/statistical- review/bp-stats-review-2018-full-report.pdf

Nord Stream 2 as the EU's hot potato : http://www.iris-france.org/98572-nord-stream- 2-as-the-eus-hot-potato/

Gazoduc Nord Stream II : Quel impact pour la France ? Sia Partners http://www.energie.sia-partners.com/20180702/gazoduc-nord-stream-ii-quel-impact- pour-la-france

Plan de développement du réseau gazier (NDP) 2018-2028 (Allemagne) : https://www.fnb-gas.de/files/2018_03_29_entwurf_nep-gas-2018-2028_1.pdf

Carte des installations de GNL en Europe : Revista del sectór marítimo - https://sectormaritimo.es/wp-content/uploads/2017/12/GIE-LNG-map-2018- 2017_12.pdf

« LNG-Projekt gewinnt Klimaschutzwettbewerb » – www.rwe.com

Rapport 2018 – Natural Gas : Energy for today and for the future - https://www.igu.org/sites/default/files/node-play_book-field_file/RGB%20IGU%20Booklet%202017.pdf

Sites internet principaux

Gazprom : www.gazprom.com

Projet Nord-Stream : https://www.nord-stream.com/

http://www.nord-stream2.com/

Observatoire du gaz : https://www.gasinfocus.com/

www.grtgaz.com

Oil and gas IQ : www.oilandgasiq.com

Union Internationale du Gaz : https://www.igu.org

Connaissance des énergies : www.connaissancedesenergies.org

Association allemande des opérateurs de systèmes de transmission (gaz) : www.fnb- gas.de

Le monde de l'énergie : https://www.lemondedelenergie.com/?s=GNL

Brèves remarques sur les relations entre l'Université et les questions de défense et de sécurité

Louis BALMOND

Le Protocole Education nationale-Défense, adopté le 20 mai 2016[55], s'est fixé comme objectif, entre autres, de « *développer les relations entre la défense et l'enseignement supérieur* » Il est vrai que le monde de la Défense et le monde de l'Université se sont longtemps ignorés ou regardés avec méfiance. Chacun se souvient d'une période, pas si lointaine, où les militaires hésitaient fortement à venir en uniforme sur les campus. Jacques Aben aura été l'un de ceux qui auront le plus œuvré à surmonter les clichés pour permettre le rapprochement et la coopération des deux institutions. Professeur d'Université s'intéressant plus particulièrement aux questions d'économie de la défense, mais aussi acteur infatigable des Trinômes académiques, Directeur général de l'Enseignement supérieur et de l'enseignement par la recherche à l'Ecole de l'Air de Salon de Provence et collaborateur privilégié et recherché des Universités dans leurs activités d'enseignement et de recherche notamment dans le domaine de l'action civilo-militaire, il a ainsi acquis une connaissance remarquable des liens unissant les deux mondes.

L'heure est donc, depuis des années maintenant, à une coopération que le dernier Protocole souhaite voir développer. Cette coopération s'est longtemps orientée en priorité vers l'enseignement de défense dans le cycle secondaire et le rôle des Trinômes académiques a été sur ce point décisif pour articuler les trois étapes du parcours de citoyenneté : l'enseignement de défense, le recensement et la participation à la journée défense et citoyenneté. Les Universités, au moins certaines d'entre elles, ont ainsi développé, au nom de leur autonomie et de manière le plus souvent empirique, des activités d'enseignement et de recherche portant sur les domaines de la défense et de la sécurité[56].

Le Protocole de 2016 a incontestablement pour ambition de donner une nouvelle impulsion à cette coopération en approfondissant l'enseignement de défense dans l'enseignement supérieur, mais surtout en faisant toute sa place,

---

[55] Protocole interministériel (il réunit les ministères de l'Education nationale, de la Défense, de l'Enseignement supérieur et de la recherche et de l'Agriculture de l'agro-alimentaire et des forêts) Développer le lien entre la jeunesse, la défense et la sécurité nationale http://www.education.gouv.fr/pid285/bulletin_officiel.html?cid_bo=104124

[56] Les deux termes seront désormais associés dans la suite du propos, ce qui correspond à la vision désormais communément admise de ces questions

ce qui est nouveau, à la recherche. Pour cela quatre objectifs devront être visés : assurer la relève stratégique en entretenant un réseau de jeunes chercheurs se consacrant à l'analyse stratégique et bénéficiant pour cela de financements doctoraux et post doctoraux ; encourager la recherche stratégique sur des thématiques répondant aux préoccupations des décideurs ; renforcer les liens entre les universités, les organismes de recherche et la défense pour faire émerger des pôles universitaires d'excellence pouvant bénéficier d'aides spécifiques ; enfin accroître la diffusion de la réflexion académique, en vue de renforcer une politique d'influence au niveau international.

Si les protocoles successifs ont toujours retenu une perspective large, considérant que « *l'esprit de défense est une attitude civique qui n'est pas limitée aux activités militaires* », le texte de 2016 qui fait suite aux attentats de Paris s'inscrit dans un processus de remobilisation autour des valeurs fondamentales de la République. De ce point de vue, le terrorisme a été un incontestable accélérateur : les questions de défense et de sécurité se sont ancrées dans la réalité quotidienne des français, qui voient désormais des militaires patrouiller en armes dans les rues, qui sont abreuvés, souvent sans trop de discernement, d'informations et qui, malgré le développement de l'arsenal sécuritaire, ont intégré le fait que la sécurité totale de tous est impossible, mais aussi qu'il y avait des « *choses à défendre* ». Le rôle du système éducatif devient alors encore plus décisif dans l'apprentissage, l'information et la réflexion. L'éducation est en effet un acte global qui n'est pas réductible aux activités scolaires, car il renvoie aux notions (idées) de mission, de citoyens responsables, d'esprit de défense, d'attitude civique, d'engagement et notamment militaire. Tous ceux qui ont connu et plus encore entendu Jacques Aben savent que, pour lui, il ne s'agissait pas là de vains mots.

On se proposera, dans ces brèves lignes, de tenter de souligner quelques traits qui caractérisent la place de la défense et de la sécurité dans l'Enseignement supérieur et sur lesquels devraient pouvoir s'appuyer le Protocole. Elles s'inspireront d'une expérience d'une vingtaine d'année acquise aux Universités de Nice et de Toulon, laquelle aura permis de rencontrer Jacques Aben, de travailler avec lui sur ces thématiques et d'apprécier son apport considérable tant dans le domaine de l'enseignement que dans celui de la recherche. Cette démarche connaît cependant deux limites que l'on se doit de souligner. D'une part, elle se concentre sur le domaine des sciences humaines et sociales, ce qui ne veut pas dire naturellement que les autres disciplines ignorent les questions de défense, mais qu'elles sont amenées à les aborder d'une manière tout à fait originale. D'autre part, l'expérience bénéficie d'un contexte privilégié du fait d'une présence militaire particulièrement importante dans le département du Var, avec les bases de défense de Toulon et de Draguignan.

L'enseignement et la recherche sont les missions traditionnellement dévolues aux universitaires et qui s'imposent à eux en vertu des textes. Ces derniers y ajoutent les missions d'administration qui peuvent ou doivent être assurées par des enseignants-chercheurs et que ces derniers recherchent...ou craignent tant ! Elles comportent désormais une dimension en lien avec la défense et la sécurité qui ne saurait être ignorée.

I.-. Le développement de l'enseignement de Sécurité et de Défense à l'Université

La présence au sein des enseignements universitaires des questions de défense et de sécurité est un fait qui n'est plus réellement contesté. Le contraire aurait provoqué une rupture difficilement justifiable avec l'enseignement primaire et secondaire même si les objectifs des différents niveaux d'enseignement seront naturellement spécifiques. Néanmoins, l'autonomie universitaire aidant, il reste difficile de tirer de la pratique des règles générales. Tout au plus peut-on souligner du point de vue du contenu et des modalités des enseignements, la flexibilité des solutions retenues et du point de vue des acteurs l'amalgame recherché et très souvent obtenu.

A. La flexibilité du contenu

L'enseignement universitaire des questions de défense et de sécurité s'efforce d'abord de poursuivre le processus général commencé dans l'enseignement primaire et secondaire et axé principalement sur la sensibilisation. Il doit également, ensuite, ouvrir aux étudiants des perspectives pour une éventuelle professionnalisation ainsi que dans le domaine de la recherche. Les solutions retenues pour remplir ces deux missions sont très différentes. Dans le premier cas, cette mission est perçue avant tout comme une poursuite de la sensibilisation à laquelle il est procédé au collège et au lycée et se déroule durant les années de licence. Dans le second cas, les universités recourent à la mise en place de formations spécialisées et codifiées même si elles s'avèrent très diverses.

1. Poursuivre la sensibilisation

Faire en sorte que ce qui a été dit et montré dans le cycle secondaire ne soit pas progressivement oublié dans l'enseignement supérieur : les formules utilisées à cette fin s'efforcent d'être aussi attractives que possible, ce qui peut malgré tout entraîner leur dénaturation et ne garantit pas nécessairement de parvenir aux résultats escomptés.

Au sein du parcours d'enseignement, la tentative la plus aboutie a consisté sans doute à introduire des enseignements proprement dit sur les questions de défense dans le premier cycle universitaire, celui conduisant à Bac+3.

L'occasion en a été fournie aux universités par le passage au système LMD (pour Licence Master Doctorat) mis en place en 2002, système désignant un ensemble de mesures modifiant le système d'enseignement supérieur français pour l'adapter aux standards européens. La réforme qui s'est étalée sur plusieurs années, a mis en place une architecture basée sur trois grades, licence, master et doctorat ; une organisation des enseignements en semestres et unités d'enseignement et la mise en œuvre des crédits européens. Dans ce cadre, l'arrêté du 1er août 2011 relatif à la licence prévoit dans son article 7[57] des parcours types de formation initiale et continue, constitués d'unités d'enseignement obligatoires, optionnelles et libres. Ces dernières, les UEL, ont ainsi ouvert une opportunité aux universités pour offrir des enseignements de défense aux étudiants. L'ont-t-elles saisie ? On peut en douter alors qu'elles devraient, selon le texte, contribuer « *à permettre aux étudiants d'élaborer progressivement leur projet personnel et professionnel en favorisant leur intégration, leur orientation et leur spécialisation au fur et à mesure de l'avancée dans le cursus* ». On note en effet, d'une part, que rares sont les universités qui ont offert des enseignements portant spécifiquement sur la défense, mais surtout que ces enseignements s'avèrent au niveau global de l'université très peu mobilisateurs. L'Université de Nice par exemple est une des rares universités à avoir mis en place un enseignement de « *Sécurité nationale* » dans l'UEL « *Culture* », consistant en une « *initiation à l'ensemble des questions relevant de la Défense : sécurité intérieure, sécurité civile, piraterie maritime, etc.* » assurée grâce à des interventions de conférenciers : hauts fonctionnaires, officiers supérieurs, militaires, armée et gendarmerie, cadres supérieurs du secteur public. Il reste que cet enseignement se trouve en concurrence avec ceux prévus dans cinq autres UEL[58], soit une cinquantaine d'enseignements parmi lesquels chaque étudiant doit en choisir deux durant ses trois années de licence[59]. Autant dire qu'il aura tendance à se diriger vers les plus ludiques, d'autant que les avantages qu'il peut en attendre (2 ECTS et 0,5 point sur son résultat final) restent modiques. Ce phénomène d'éparpillement se retrouve peu ou prou dans toutes les universités et il a très peu d'impact en termes d'interdisciplinarité comme on serait en droit de l'attendre d'un enseignement de défense : l'étudiant en licence de sciences ne viendra pratiquement jamais suivre un tel enseignement dans une UFR de sciences humaines et d'ailleurs s'il le souhaitait, l'organisation des

---

[57] https://www.legifrance.gouv.fr/eli/arrete/2011/8/1/ESRS1119411A/jo/text

[58] Préprofessionnalisation aux métiers de l'enseignement ; Insertion professionnelle ; Certification ; Sport Prévention ; Santé ;

[59] Si l'on prend par exemple l'Université de Bretagne Occidentale, les domaines des UEL sont : *Activités, culturelles, Activités sportives ; Droit, sciences économique gestion ; Engagement étudiant ; Orientation et insertion ; Lettres, langues et sciences humaines ; Sciences et Techniques*. La seule entrée qui puisse éventuellement être en lien avec les questions de défense et de sécurité est *Problèmes politiques contemporains* parmi 21 entrées dans le domaine droit, sciences économiques gestion ; https://www.univ-brest.fr

enseignements et notamment des emplois du temps le rendrait souvent impossible. Si l'on ajoute la charge financière que représentent les UEL pour les universités du fait du ratio coût/étudiants inscrits, on comprendra que la solution d'un simple cycle de conférences fonctionnant sur la base du bénévolat ait parfois été retenue. Les UEL d'enseignement de défense voire les conférences retrouvent toutefois une pertinence si elles s'inscrivent, même indirectement, dans un parcours débouchant sur un Master spécialisé « *Sécurité-Défense* » comme à l'Université de Nice[1].

A côté de ce régime général, on trouve parfois un mécanisme ad hoc propre à une université voire à une de ses composantes, apparaissant à la suite d'initiatives individuelles, en s'appuyant sur un contexte local favorable du fait d'une forte implantation de la défense. C'est le cas du module « *Sécurité-Défense* » mis en place à la rentrée 2017 à l'Ecole d'ingénieurs *SeaTech* de l'Université de Toulon à la suite d'une convention de partenariat signée entre *SeaTech* et l'IHEDN le 29 mai 2017. Destiné à proposer un nouvel axe de formation autour des thématiques de la protection des informations, de la cybersécurité, des systèmes d'armement, de l'intelligence économique et de l'intelligence embarquée, le module « *Sécurité – Défense* » permet aux élèves de suivre 85 heures d'enseignement sur deux années, assurés par des enseignants de toutes les disciplines et par des professionnels du monde militaire. Complétée éventuellement par des stages et la réalisation de projets de recherche réunissant les différentes parties, cette initiative, mise en œuvre dans le cadre d'une école d'ingénieurs, va bien au-delà de la seule sensibilisation. Elle est susceptible de donner aux élèves de véritables compétences dans le domaine de la défense et de la sécurité, voire de leur offrir la possibilité de poursuivre ensuite dans cette voie dans le cadre des Masters « *Défense et sécurité* ».

• Assurer la formation : les Masters « *Sécurité Défense* »

Dans les disciplines des sciences humaines, l'enseignement des questions de défense et de sécurité s'appuie prioritairement sur les Masters. A partir d'un modèle règlementaire unique, les universités ont néanmoins construit des parcours très divers permettant d'aborder ces questions selon des angles multiples ce que confirme les intitulés des formations[2]. Pour la commodité du du propos, on évoquera désormais la catégorie des masters « *Sécurité Défense* »

[1] L'Université de Nice propose en réalité 2 Master 2 : Sécurité Nationale défense à la Faculté de Droit, Sécurité Internationale Défense Intelligence Economique à l'Institut du Droit de la Paix et du Développement

[2] Quelques exemples : Sécurité internationale et défense (U. Grenoble-Alpes) ; Politique Internationale (IEP Bordeaux) ; Droit et politique de la défense (U. de Lille) ; Géopolitique (U. Paris 1) ; etc…

Issu de la réforme LMD, ces formations se déroulent en deux ans sur quatre semestres, articulés dans un premier temps de manière variable entre la première et la seconde année de Master. La sélection, placée désormais à la fin de la licence, redonne son unité et sa spécialité au parcours de Master d'autant qu'elle s'accompagne d'une spécialisation des enseignements dès sa première année. Il est alors possible de construire une progression pédagogique cohérente et plus lisible pour les étudiants. Le résultat, non négligeable, est donc de bénéficier, dès l'entrée en Master, d'étudiants qui ont fait le choix de cette spécialité, le plus souvent pour des finalités professionnelles, et donc plus motivés[1].

La structure des enseignements tourne toujours autour de trois composantes, selon des proportions variables : enseignements magistraux ; études de cas ; travaux collaboratifs. La réalisation d'un stage et/ou la présentation d'un mémoire est également le plus souvent exigée. Moins systématiques seront les contacts in situ avec le monde de la défense et de la sécurité qui dépendent souvent de la proximité de ce dernier. Ceci est, pour beaucoup d'universités, largement compensé par la participation des étudiants au Cycle « *Défense et sécurité nationale, Master 2* » de l'IHEDN qui vise à permettre à des étudiants spécialisés en défense et en géopolitique, d'approfondir avec des praticiens les questions de défense de géopolitique et de relations internationales, notamment, dans une perspective de professionnalisation. Plusieurs cycles ont lieu annuellement, désormais à Paris et en province[2]. D'une durée de six jours, ils regroupent chacun de 60 à 80 étudiants, inscrits en deuxième année de Master « *Défense et géopolitique* » des universités ayant signé une convention avec l'IHEDN.

La liste des universités partenaires de l'IHEDN sur cette activité révèle bien, par contre, la diversité des disciplines qui concourent à l'enseignement de défense et de sécurité et, à l'intérieur, la multiplicité des approches retenues. Cela ne saurait étonner du fait de la notion très englobante de la sécurité qui est communément retenue aujourd'hui.

Pour les sciences sociales, ce sont avant tout le droit, les sciences politiques et les lettres, et à un degré moindre les sciences économiques qui sont engagés dans cette démarche à travers les UFR et les Instituts d'études politiques. Mais chaque discipline va conférer une orientation spécifique au Master « *Sécurité défense* » qu'elle assure : droit et plus particulièrement droit des conflits armés ; géopolitique ; relations internationales, sécurité internationale, sécurité intérieure etc…Cette diversité, révélée par les intitulés mêmes des Masters, résulte le plus souvent de la spécialité des enseignants investis dans

[1] L'annonce de la mise en place du nouveau régime a eu à l'Université de Toulon, pour effet, bénéfique, d'attirer dès le Master 1 des étudiants d'autres universités soucieux de bénéficier de la cohérence du parcours du Master Sécurité défense

[2] En 2019, deux sessions auront lieu à l'Ecole militaire à Paris, trois en province (Lille, Bordeaux, Nice)

la formation et qui vont lui conférer son orientation. Il ne s'agit néanmoins ici que d'une dominante et les autres thématiques ne seront pas négligées pour autant : il est rare qu'un Master orienté vers la géopolitique ou les relations internationales ne comporte pas un enseignement juridique et inversement les Masters centrés sur le droit font toujours une place à la géopolitique. Il reste cependant que « *Sécurité et Défense* » ne constituant pas une mention de Master, le résultat n'est pas toujours d'une grande lisibilité, car il faudra retrouver cette spécialité dans une mention beaucoup plus large comme « *Politique publique* », « Droit », « *Relations internationales* », « *Géopolitique* » etc[1]...

Cette tendance vers un contenu homogène, si ce n'est identique, est encore renforcée par l'adaptation progressive de toutes les formations à l'étude de thématiques nouvelles dont certaines font l'objet d'un enseignement identifié alors que d'autres, sans que cela soit le cas, n'en sont pas moins omniprésentes. Les questions de défense européenne ont trouvé depuis longtemps toute leur place dans les Master « *Sécurité Défense* ». Désormais, l'intelligence économique aussi bien que la cybersécurité ainsi que toutes les questions qui leurs sont connexes se sont imposées comme des sujets incontournables dont l'étude s'impose naturellement dans ces Masters. De même, les questions touchant au terrorisme international sont-elles aujourd'hui omniprésentes, même si elles ne font pas toujours l'objet d'un enseignement identifié.

Multiplicité, diversité, adaptation : les enseignements de Master assurés dans les universités sur les questions de défense et de sécurité présentent ainsi un certain nombre d'atouts... même s'ils laissent aussi apparaître des lacunes et des handicaps. Il a été relevé à juste titre d'abord[2] le retard pris dans les études de renseignement et leur caractère trop exclusivement « parisien ». Au-delà du frein constitué par la « culture française du renseignement », l'éloignement des centres de décision joint à la difficulté pour les universitaires de prendre en charge ces enseignements[3], il y a là une véritable lacune qu'il est nécessaire de pallier, eu égard en particulier à l'intérêt manifesté par les étudiants pour les voies d'accès aux carrières de la DGSE. Une autre lacune résulte du fait que la transdisciplinarité est le plus souvent incomplète. Circonscrite aux sciences sociales, elle ne touche que très accessoirement les sciences dites « *dures* ». Le phénomène est regrettable, car, sur toute une série de sujets techniques (par exemple, la cybersécurité ; la guerre spatiale, mais aussi les armes chimiques ou la furtivité) un minimum de connaissances relevant tout autant de la sensibilisation que de la formation,

---

[1] Arrêté du 4 février 2014 fixant la nomenclature des mentions du diplôme national de master, JORF n°0035 du 11 février 2014 page 2414

[2] Ph.Hayez, Renseignement en France : quelles particularités ?, Renseignement militaire, Savoir pour vaincre, Défense Sécurité Internationale, Hors série n°63, p.18

[3] Voir infra les éléments d'explication que l'on peut donner

sont indispensables pour que le spécialiste des sciences sociales puisse prétendre raisonner exactement. A l'inverse, il n'est jamais inutile de rappeler, dans les formations scientifiques touchant à la défense et à la sécurité, les exigences, mais aussi les potentialités du droit qui doit être appréhendé non plus comme un instrument de sanction, mais comme un guide pour l'action. Enfin, et on retrouvera avec encore plus d'acuité ce handicap dans le domaine de la recherche, on doit regretter le manque de synergie entre ces formations malgré les efforts de l'IHEDN et l'existence de technologies qui devraient permettre d'y remédier : si l'on ne considère que les enseignements de sécurité et de défense des Facultés de droit, on constate que s'agissant d'enseignements de niches, la coopération est indispensable.

S'interroger sur les enseignements de défense et de sécurité dans l'enseignement supérieur suppose également de s'intéresser aux acteurs que sont les enseignants et les étudiants. De ce point de vue, l'objectif, face à des personnalités de génération, de formation et de préoccupation souvent différentes devrait être de rechercher l'amalgame[1]. Il est souhaitable, tenté et parfois réussi.

B. L'amalgame entre les acteurs

Tous les Masters et notamment les Masters 2 s'efforcent de construire entre les acteurs, enseignants et étudiants, un esprit de groupe et une solidarité que justifient le petit nombre et les perspectives partagées. Les Masters « *Sécurité défense* » n'échappent pas à cette démarche, elle y est même particulièrement présente alors que les deux catégories semblent apparemment hétérogènes. Le témoignage que l'on peut en donner est néanmoins celui d'un véritable amalgame entre ces acteurs.

1. Les acteurs enseignants

Les enseignants appelés à intervenir dans les Masters « *Sécurité Défense* » réunissent des professeurs, maîtres de conférences et vacataires de l'enseignement supérieurs et des enseignants venant de milieux professionnels liés à la défense et à la sécurité, notamment bien sûr des militaires ou des civils de la défense. On distinguera ici, pour les besoins de la présentation les « *universitaires* » et les « *militaires* ».

- **Les « *universitaires* »**

On ne trouve pas un profil particulier de l'enseignant universitaire de défense. Et pour cause, la discipline n'est pas reconnue en tant que telle parmi les sections du Conseil National des Universités, qui sont décisives pour le

[1] Au sens qu'il a été donné à celui-ci dans l'organisation des armées en France, aussi bien en 1792 qu'en 1944

recrutement des enseignants du supérieur. Le jeune enseignant chercheur dans cette discipline devra se rattacher à une section en fonction de l'orientation de son activité de recherche et notamment de son sujet de thèse. Dans les domaines considérés, il aura le choix entre droit public (section 02), sciences politiques (04) et, plus accessoirement, histoire du droit et des institutions (03) sciences économiques (05) histoire et civilisation moderne (22), sciences de l'information et de la communication (71). Les possibilités sont beaucoup plus limitées que dans les sciences dites « *dures* » dans lesquelles les sections, davantage spécialisées, sont plus nombreuses. De plus, les études sur la défense et la sécurité constituent, dans les sections pertinentes, une sous-catégorie, souvent très minoritaire. Ce phénomène entraîne une double conséquence. D'une part, les enseignants ont effectué le plus souvent un parcours indirect les amenant à l'enseignement des questions de défense et de sécurité après avoir transité un temps variable dans les disciplines plus centrales de leur section de rattachement (pour la section 02 par exemple, le droit constitutionnel, le droit administratif et le droit international public). D'autre part, l'accès au corps des maîtres de conférences et des professeurs se trouve de ce fait compliqué, voire entravé, par la situation très minoritaire des études de défense. Certes, le premier constat garantit une diversité des approches bénéfique à l'enseignement et à la recherche, mais le second a un effet incontestablement dissuasif pour les doctorants qui voudraient se lancer directement dans les études de défense. Le phénomène semble toutefois moins sensible dans le domaine des sciences politiques[1]. Il en résulte un corps enseignant relativement peu nombreux, mais clairement spécialisé et présent dans la discipline dans la durée

La seconde catégorie des enseignants est celle dite des « *professionnels* » venant des armées, de la police et de la gendarmerie, mais également de l'administration publique et du secteur privé[2]. Leur présence est obligatoire dans les équipes pédagogiques des Masters et leur apport est indispensable, notamment celui des personnels militaires. Ces derniers sont en activité ou, plus souvent, du cadre de réserve et pour les officiers généraux, en 2eme section. Leur contribution permet de couvrir tout le spectre des enseignements dispensés avec une connaissance pratique des questions et le plus souventune maîtrise des exigences de la formation apprise dans une administration où elle est une constante, Restés proches de l'activité, ils peuvent faire bénéficier les étudiants d'un important réseau de relation et s'avèrent, lorsqu'ils sont cadre de réserve ou en 2eme section, disponibles pour accomplir les tâches administratives afférentes à la formation en général et aux enseignements en particulier. Il faut noter cependant que cette contribution est naturellement inégale du fait de la proximité géographique ou non de personnels militaires

---

[1] Cela est dû pour une bonne part au fait d'un ancrage plus étroit à la recherche ; voir infra.

[2] La présence de cette dernière catégorie s'est légitimement accrue avec l'apparition et le développement de la cyber sécurité et de l'intelligence économique.

susceptibles d'être intéressés[1]. Par ailleurs, la rotation aujourd'hui accélérée des officiers supérieurs et généraux en activité soulève un problème de stabilité qui exige, de la part des responsables de formation, la prise en considération de la nécessité d'une forme de « *tuilage* ».

Plus encore peut être que dans d'autres Masters, la présence, au sein des équipes pédagogiques des Masters « *Sécurité Défense* », d'enseignants ayant des parcours professionnels très divers, loin d'être un handicap s'avère un atout pour la formation des étudiants, mais également pour l'enrichissement de la réflexion des enseignants eux-mêmes. Il n'est pas exagéré d'évoquer sur ce point une forme de fertilisation croisée[2].

2. Les étudiants

Cette fertilisation croisée peut également se manifester chez les auditeurs étudiants parmi lesquels on retrouve également deux catégories : les étudiants « *classiques* » et les étudiants exerçant déjà une activité professionnelle et qui recherchent un complément de formation, soit pour une évolution de carrière soit pour une reconversion. Parmi ces derniers, les militaires occupent une place particulière.

Les étudiants « *classiques* » ont suivi préalablement des parcours universitaires très divers et affichent des perspectives qui le sont tout autant, ce qui permet de constater la multiplicité des métiers offerts par la défense et la sécurité. De plus en plus souvent, leur choix est le résultat d'un engagement, en particulier dans la réserve opérationnelle ou la réserve citoyenne, engagement qu'ils vont poursuivre durant leur formation. On note cependant que les étudiants restent le plus souvent dans leur filière originaire. Dans les Master assurés par les UFR juridiques, les juristes sont nettement majoritaires même si d'autres disciplines sont presque toujours représentées (sciences politiques, histoire, sciences économiques, éventuellement sciences de l'ingénieur). Au contraire, dans les IEP, l'origine des étudiants est généralement plus diversifiée. On peut d'ailleurs se demander si la sélection à l'entrée de la première année de Master est de nature ou non à conforter cette répartition. Par ailleurs, les Masters « *Sécurité Défense* » comportent un contingent variable d'étudiants étrangers, plus important lorsqu'ils sont orientés vers les relations internationales. Lorsqu'ils sont particulièrement centrés sur les questions de défense, on ne saurait ignorer les difficultés rencontrées lorsqu'il s'agit, pour ces étudiants, de trouver un stage dans une institution militaire.

---

[1] Ainsi, l'Université de Toulon est-elle de ce point de vue mieux dotée que d'autres avec la Base navale de Toulon et les Ecoles Militaires (Artillerie et Infanterie) de Draguignan.

[2] Comment pour un universitaire aborder sérieusement la question de la relation entre les règles d'engagement et le droit sans être éclairé par ceux qui ont eu à les mettre en œuvre ?

Les objectifs poursuivis, qui semblent plus clairement définis que dans le cadre d'autres Masters, sont également révélateurs de la diversité des métiers offerts par la défense et la sécurité : les concours sur titre ou sur épreuves (Ecole Spéciale Militaire de Saint Cyr à Bac plus 5 pour le concours sur titre, Bac plus 3 pour les concours d'officier sous contrat, commissariat aux armées, DGSE, gendarmerie, police, mais aussi douanes et affaires maritimes), mais également, plus particulièrement dans les Masters de sciences politiques, les carrières dans les relations internationales ou les organisations internationales, sont recherchés, la formation étant alors souvent complétée par une préparation spécifique aux concours. A un degré moindre, les *think tank* mais aussi le secteur privé, notamment du fait de l'importance prise par l'intelligence économique et la cyber-sécurité, offrent désormais des opportunités professionnelles pour les titulaires de ces Masters.

Les étudiant exerçant une activité professionnelle constituent une deuxième catégorie possible d'étudiants parmi lesquels bien sûr les personnels militaires, de beaucoup les plus nombreux, présentent un intérêt particulier. Plusieurs voies d'accès sont possibles : directe pour les détenteurs d'un M1 ou d'un diplôme équivalent, notamment un diplôme d'ingénieur (cas des officiers issus de Saint Cyr ou de l'Ecole navale) ou par la procédure de validation des acquis, VAE diplômante ou VAE reprise d'études. La première, qui permet d'obtenir tout ou partie d'un diplôme par la reconnaissance de l'expérience professionnelle est moins utilisée que la seconde qui permet à des personnes désirant reprendre un parcours de formation, de faire valoir leur expérience pour recommencer des études à un niveau supérieur à celui auquel elles auraient pu normalement prétendre. Cela permet, ainsi d'accueillir, dans les Masters « *Sécurité Défense* », des militaires d'active, officiers, et même quoique beaucoup plus rarement sous-officiers, si l'expérience professionnelle le justifie. Les objectifs poursuivis sont fondamentalement de deux types : la progression de carrière, par l'intermédiaire, dans certains cas, de la contribution à la préparation de l'Ecole de guerre ; l'aide à la reconversion au terme de leur carrière militaire par l'acquisition d'un diplôme universitaire public à Bac +5. Les perspectives actuelles de carrière devraient renforcer encore cette seconde catégorie, déjà dominante.

L'apport de ces étudiants est considérable pour les formations de Master « *Sécurité Défense* ». Loin de rompre l'unité du public étudiant, il lui confère une consistance supplémentaire, Si les militaires sont prêts à partager leurs connaissances du terrain lorsque cela est possible, la présence d'étudiants classiques leur est utile sur le fond pour maîtriser des codes qui peuvent s'avérer très nouveaux pour eux et pour les aider à supporter des contraintes particulières : une activité à temps plein et éventuellement, des périodes d'absence dues à des missions ou à des exercices. Pour y répondre, les solutions choisies peuvent être l'aménagement des horaires, la visio-conférence et l'enseignement à distance. Ainsi, le choix a-t-il été fait par exemple à l'Université de Toulon, d'assurer les enseignements en présentiel et ou en visio-conférence tous les soirs de 18h à 20h et le samedi matin. Ces contraintes, qui rendent indispensable la collaboration entre étudiants, ne peuvent être surmontées que par un fort investissement personnel en particulier dans les matières qui leur sont peu familières comme les matières juridiques[1]. Un tel investissement est d'ailleurs constant puisqu'à plusieurs reprises c'est un étudiant militaire d'active qui a été le major de la promotion du Master Sécurité Défense à Toulon.

II. La construction de la recherche sur les questions de sécurité et de défense à l'université

Deuxième mission et obligation des enseignants du supérieur, l'activité de recherche s'inscrit dans un paysage beaucoup plus complexe que la mission d'enseignement. Alors que pour cette dernière, l'Université se trouve dans une position dominante, il n'en va pas de même pour la recherche alors même que, paradoxalement, les travaux et études réalisés par les enseignants sur les questions de défense et de sécurité occupent une place importante en nombre et en qualité. Elle souffre en effet de la faiblesse de ses propres structures face à des concurrents beaucoup plus solides. La solution passe alors par un partenariat entre les différents acteurs

A.-. Un environnement concurrentiel défavorable.

Face à des structures d'envergure nationale dédiées à la recherche dans le domaine de la défense et de la sécurité et disposant de moyens financiers et humains non négligeables, les Universités ne peuvent opposer que des unités de recherche aux capacités limitées.

1. La faiblesse relative des structures de recherche universitaire

Le profil des enseignants susceptibles de participer, dans les universités, à la recherche sur les questions de défense et de sécurité constitue le premier handicap pour conférer un réel poids à cette recherche. Dans chaque établissement, ils sont en effet peu nombreux, ce qui interdit de parvenir à une masse critique de chercheurs. De plus, faute d'une discipline « *sécurité-défense* » reconnue, ils sont amenés, notamment les plus jeunes, à orienter prioritairement leurs recherches vers leur discipline principale (par exemple droit international public ou droit constitutionnel). Dans les universités, les structures d'accueil existantes pour ces chercheurs ne permettent pas de pallier ce handicap. Les structures les plus puissantes en la matière, instruments fondamentaux de la recherche en France, sont les Unités Mixtes de Recherche (UMR), entité administrative associant par contrat des laboratoires

[1] Notamment le Droit des conflits armés, le droit de la mer et le droit européen.

universitaires et le Centre national de la recherche scientifique (CNRS). Disposant de lignes budgétaires propres, de personnel affecté par les partenaires, elle définit sa stratégie de recherche de manière largement autonome ses résultats, étant évalués par le Haut Conseil de l'évaluation de la recherche et de l'enseignement supérieur[2]. Pour ces structures, le constat est simple : aucune, sur 837[3], n'approche directement les questions de défense et de sécurité, hormis, le Centre d'Etudes des Relations Internationales (CERI), UMR rattachée à l'Institut d'Etudes Politiques de Paris et à un degré moindre, l'UMR Droit International, Comparé et Européen (DICE), unité multi-sites (Aix-Marseille, Toulon, Pau).

Les équipes d'accueil (EA), restent, pour l'instant[4], la structure de base de la recherche universitaire. Regroupant un nombre de chercheurs sensiblement moins important que les UMR et soumises, de la part de leur établissement, à une incitation au regroupement, elles ont le plus souvent un champ de recherche plus large que les questions de défense et de sécurité (relations internationales ; droit des conflits armés ; géopolitique ; questions européennes) sans pour autant que ce phénomène favorise toujours la transdisciplinarité. Le lien avec la composante (UFR disciplinaire) demeure essentiel. Le travail accompli dans les EA sur les questions de défense et de sécurité est cependant loin d'être négligeable. Bien qu'elles disposent de moyens financiers plus limités, rarement d'un personnel dédié à la recherche, elles parviennent à produire des publications collectives[5] et à organiser des manifestations scientifiques. Presque toujours, cela tient à l'action et à la persévérance d'un enseignant ou d'un petit groupe d'enseignants, apte à organiser et à trouver des financements, à fédérer au-delà de la discipline et au-delà des frontières, tout en contribuant à la production scientifique, ce qui fait que le chercheur universitaire est donc parfois visible et reconnu, mais la recherche universitaire l'est beaucoup moins. Une telle action est naturellement difficile à assurer dans la durée, d'autant que les moyens pour aider les jeunes chercheurs et donc les fidéliser sont limités. Les contrats doctoraux qui devraient jouer ce rôle sont de manière générale peu nombreux et plus encore dans le domaine de la défense et de la sécurité, victime de la puissance limitée des EA dans le cadre d'une répartition opérée au niveau de l'Université. Si d'autres solutions existent, (bourses régionales par exemple), elles ne peuvent compenser ce déficit.

---

[2] Décret no 2014-1365 du 14 novembre 2014 relatif à l'organisation et au fonctionnement du Haut Conseil de l'évaluation de la recherche et de l'enseignement supérieur

[3] Les UMR scientifiques se taillant la part du lion

[4] Leur statut semble devoir être radicalement modifié au nom de l'autonomie des universités

[5] Le CESICE a ainsi publié de 1977 à 2010 l'Annuaire ARES qui a été poursuivi à partir de 2015 par la Revue électronique Paix et Sécurité Européenne et Internationale de l'Institut du Droit de la Paix et du développement de l'Université de Nice

2. Le poids des *think tank* français dans le domaine de la défense et de la sécurité

Si le concept a été popularisé à l'origine pour des organismes anglo-saxons, il est très présent aujourd'hui en France notamment dans le domaine des relations internationales et stratégiques au point d'y être dominant. Si l'on écarte l'Institut Français des Relations Internationales et l'Institut de Recherches Internationales et Stratégiques, poids lourds de la scène géopolitique et stratégique française au champ d'action beaucoup plus large, deux organismes se consacrent particulièrement aux questions de sécurité et de défense, l'Institut de Recherche Stratégique de l'Ecole Militaire (IRSEM) et la Fondation pour la Recherche Stratégique (FRS)[6].

L'IRSEM[7], organisme extérieur de la direction générale des relations internationales et de la stratégie (DGRIS) du ministère de la Défense, dépend directement de celui-ci. Il a notamment pour mission de réaliser les études qui lui sont confiées, de contribuer au renforcement du lien entre la défense et la recherche stratégique et de participer au débat institutionnel, public et académique sur les questions de défense et de sécurité. Dans sa direction, mais également dans ses activités de recherche, militaires et universitaires, français et étrangers sont associés avec une forte présence des spécialistes de sciences politiques. Parmi ses cinq domaines de recherche, deux sont directement consacrés à la défense : *Armement et économie de défense*, qui s'intéresse aux questions économiques liées à la défense et aux questions stratégiques résultant des développements technologiques et *Défense et société*, qui examine le lien armées-nation, l'attitude de l'opinion publique vis-à-vis des questions de défense, et la sociologie de la violence, de la guerre et des forces armées. La production scientifique qui en résulte est considérable[8] et en fait un acteur incontournable de la recherche sur les questions de défense et de sécurité en France.

C'est également le cas de la FRS créée en 1992 avec un statut juridique différent puisqu'il s'agit d'une fondation reconnue d'utilité publique (décret du 26 février 1993) qui, conformément à sa nature juridique, « *exerce ses activités en toute indépendance* »[9]. Ses liens avec les ministères français sont cependant réels puisque cinq d'entre eux siègent à son conseil d'administration, qu'ils assurent une fonction de « *surveillance* » et que la modification des statuts doit être approuvée par le gouvernement[10]. Elle a pour missions, en s'appuyant sur 23 chercheurs permanents, d'analyser les problèmes de stratégie et de sécurité internationale, notamment les questions militaires et de défense, et de contribuer au débat stratégique en France ainsi qu'au rayonnement des idées françaises à l'étranger. Son expertise couvre

---

[6] Ce qui conduira à ne pas évoquer ici l'Institut Français des Relations Internationales et l'Institut des Relations Internationales et Stratégiques

[7] Arrêté du 22 décembre 2015 portant organisation de l'institut de recherche stratégique de l'École militaire

[8] Revue « *Champs de Mars* », études, Lettre d'information ; portail documentaire de la recherche stratégique ARES sur le site www.irsem.fr

[9] Conformément à la présentation de la FRS, www.frstrategie.org/frs/presentation

[10] Statut de la FRS, articles 17 et 20

l'ensemble des questions de sécurité et de défense sur lesquelles elle produit des études, des notes et une revue « *Défense et Industrie* », en libre accès sur son site.

Le poids de ces deux institutions dans le domaine de la recherche sur les questions de défense et de sécurité est donc considérable par rapport aux moyens que les universités, de leur côté, peuvent déployer sur ce terrain du fait de leur éparpillement. La coopération entre les acteurs apparaît alors comme la solution pour conférer à la recherche universitaire la place qu'elle devrait occuper.

B. Le dépassement du fractionnement par la coopération

Pallier la faiblesse relative résultant de l'éparpillement de la recherche universitaire dans le domaine de la défense et de la sécurité peut être obtenu à la fois en organisant l'association des chercheurs dans une structure permettant d'atteindre une masse suffisante, mais également en développant des partenariats avec les institutions spécialisées. Ces deux voies sont aujourd'hui engagées.

1. L'association des chercheurs

Comme il a été suggéré, l'engagement dans la recherche sur les questions de défense et de sécurité relève le plus souvent de parcours individuels que l'on peut tenter de fédérer dans une structure associative. C'est l'objectif poursuivi par l'AEGES, association de la loi de 1901 à but non lucratif, créée en 2015. Le constat qui a justifié sa création est bien celui d'une « *recherche à l'université [...] divisée dans des silos disciplinaires (histoire, science politique, droit, sociologie, etc.) qui pourraient dialoguer davantage* ». Résolument interdisciplinaire, elle a pour objectif de contribuer à développer la recherche scientifique, faire reconnaître et promouvoir ce champ d'études dans le monde universitaire. Elle cherche à approfondir le lien entre le monde académique qui travaille sur la guerre et la stratégie et l'ensemble des acteurs civils et militaires concernés. Les membres de l'association sont des universitaires issus pour la plus grande part des sciences politiques, des sciences économiques, de l'histoire, de la géographie/géopolitique et du droit. La recherche y est organisée autour de 13 groupes thématiques et l'existence du « *Groupe Jeunes de l'AEGES* » permet d'y associer membres de l'association encore étudiants (M1 et M2) et en doctorat pour lesquels sont organisés des ateliers de recherche spécifiques. On notera enfin, l'importance du travail de publication réalisé au sein de l'Association, à travers les travaux individuels de ses membres, mais également l'existence de deux collections : « *Guerre et stratégie* » aux éditions du CNRS et « *Engagements* » aux Editions A. Colin.

Le travail fédérateur de l'AEGES est complété par sa contribution à l'« *Initiative Européenne sur les Etudes de Sécurité* », réseau multidisciplinaire regroupant des chercheurs de quatre-vingt universités, destiné à développer et soutenir les études sur la sécurité et à créer un lieu d'échanges permettant de construire des partenariats dans le domaine de la recherche.

L'Association Française de Droit de la Sécurité et de la Défense (AFDSD) retient la même perspective fédérative avec néanmoins un champ scientifique plus limité puisque concernant avant tout les juristes, de droit public, mais aussi de droit privé, et orienté prioritairement vers la sécurité intérieure. Elle entend ainsi se placer délibérément en dehors du champ des relations internationales et de la géopolitique, ce que l'on peut regretter. Créée en 2012, elle a pour objet de regrouper la connaissance du droit de la sécurité et de la défense grâce notamment aux publications qu'elle assurera ; de favoriser le développement de la recherche et de l'enseignement en droit de la sécurité et de la défense ; enfin de favoriser l'échange d'expériences et d'analyses entre juristes de sécurité et de défense.

Ainsi, les processus d'association n'ont-ils pas complètement pallié le phénomène de fractionnement, mais il n'est pas certain que cela entrave pour autant le développement de partenariats.

2. Le développement de partenariats institutionnels

Les partenariats entre les organismes de recherche dans le domaine de la défense et de la sécurité et les laboratoires universitaires, ou plutôt les universitaires individuellement, existent aujourd'hui, mais un certain nombre d'évolution apparaissent possibles et souhaitables.

Il est ainsi évident, par exemple, que l'IRSEM est fortement impliqué dans la recherche universitaire dans le domaine de la défense et de la sécurité. Outre les enseignants universitaires contribuant aux travaux effectués dans ses cinq domaines de recherche, l'IRSEM a mis en place, depuis 2009, un mécanisme de « *Relève stratégique* » à l'intention d'une centaine de jeunes chercheurs en sciences humaines[11]. Ils peuvent bénéficier d'un dispositif de soutien financier (via le financement au profit des laboratoires universitaires de contrats doctoraux et post-doctoraux) qui permet au chercheur d'être rattaché à un laboratoire de recherche universitaire tout en étant intégré à l'équipe de recherche de l'institut, d'un soutien académique à travers la participation au séminaire doctoral et aux groupes de recherche, et d'un ensemble de mesures d'accompagnement (incitation à la mobilité ; aide à la publication). L'IRSEM a par ailleurs créé le statut de « *Doctorant associé à l'IRSEM* » auquel peuvent prétendre les doctorants bénéficiant du soutien financier et/ou académique de l'institut, mais également tout doctorant qui en fait la demande et dont la candidature est acceptée par le Directeur scientifique. Il s'engage notamment à contribuer aux travaux réalisés par l'IRSEM, en concertation avec le directeur scientifique. Si l'on ajoute à cela l'offre de financements spécifiques (Allocations de thèse en histoire militaire et de la défense ; bourses de thèse en SSH en collaboration avec la DGA), transitant également par les laboratoires universitaires, on constatera que la contribution de l'IRSEM à la recherche universitaire est loin d'être négligeable. L'IHEDN, dont ce n'est pas la fonction première, soutient également la recherche, mais de manière plus ciblée à travers des

---

[11] Voir le dispositif sur https://www.defense.gouv.fr/irsem/jeunes-chercheurs

prix (prix scientifiques de l'Institut pour des chercheurs en Master II « recherche » et en doctorat ; programme de soutien aux doctorants, afin de faciliter leurs séjours de recherche à l'étranger ; prix *Delpech* et *Guillaumat* de l'IHEDN / CEA). Les sommes mobilisées sont toutefois plus modestes et le soutien apporté aux chercheurs est ponctuel, et non calqué sur la démarche doctorale ou post doctorale.

Le panorama rapidement esquissé laisse ainsi apparaître que deux institutions, l'IRSEM et l'AEGES, de par leur importance, semblent avoir vocation à organiser entre elles un partenariat de la recherche sur les questions de défense et de sécurité sous réserve cependant de dépasser un certain nombre de limites. Du côté de l'AEGES, s'il n'est ni envisageable ni souhaitable de remettre en cause la forme associative synonyme de liberté à laquelle les universitaires sont attachés, une plus grande intégration de la structure permettrait de renforcer le lien d'appartenance. Ce dernier doit dépasser le seul paiement d'une cotisation et l'information sur la mise à jour des travaux de recherche pour donner lieu à une véritable implication au service de la structure. Les mérites de la forme associative dissimulent parfois le peu d'engagement de ceux qui y contribuent. Peut-être serait-il alors utile, pour rapprocher la structure de ses membres, d'envisager de lui conférer également une forme régionale permettant de réunir les chercheurs et les laboratoires universitaires relevant d'un périmètre géographique donné[1] : une AEGES régionale dont l'intérêt pourrait aussi se manifester sur le plan des enseignements. Par ailleurs, l'AEGES doit promouvoir la place de ses chercheurs, quelle que soit la discipline à laquelle ils appartiennent en mettant en évidence leur contribution à la transdisciplinarité, auprès des instances nationales (CNU) et locales (Commission de la recherche dans les Universités et écoles doctorales). C'est l'objectif du projet de réseau d'écoles doctorales, piloté par l'IHEDN, sous le label « *défense, sécurité nationale et stratégie* » lancé par l'AEGES en 2015, à l'occasion du colloque consacré à « *la cartographie des études sur la guerre et la stratégie en France* »[2]. Du côté de l'IRSEM, si la contribution à la recherche universitaire est effective et marquée par des réussites notables notamment en sciences politiques[3], on peut penser qu'un intérêt plus soutenu porté à d'autres disciplines comme le droit (international, public et privé) serait souhaitable, tant les questions de défense et de sécurité ont de plus en plus tendance à se juridiciser. Par ailleurs, le soutien aux chercheurs ne saurait remplacer complètement le soutien aux unités de recherche et l'on doit se féliciter de la labellisation « *centre d'excellence* » obtenue par cinq laboratoires universitaires de sciences humaines dans le cadre du *Pacte enseignement supérieur*[4]. Les universités concernées vont bénéficier d'un contrat de cinq ans pour

---

[1] Après tout, et même s'il faut éviter de construire des « *usines à gaz* », c'est bien sur ce modèle que fonctionne l'IHEDN.

[2] On notera ainsi avec intérêt qu'une Ecole doctorale Aix-Marseille Université/IHEDN, associant l'Université de Toulon est en gestation

[3] Avec notamment par exemple en 2017, 10 chercheurs ou chercheurs associés à l''IRSEM qualifiés aux fonctions de Maître de conférences par le CNU (section 04)

[4] Dans les universités Paris I, Panthéon Sorbonne « *Sorbonne War Studies (emploi de la force armée au prisme des nouveaux défis sécuritaires)* » ; Université de Paris 8 – Vincennes – Saint-

pour embaucher un jeune chercheur chargé de mener à bien le projet. En échange, ces établissements doivent « c*ontribuer à la construction d'une filière « études stratégiques »* » afin, selon la DGRIS (dont dépend l'IRSEM), d'institutionnaliser les liens entre ministère de la Défense et monde de la recherche[1].

Les partenariats entre l'IRSEM et l'AEGES constituent donc déjà une réalité qu'il appartient d'entretenir et de conforter sans effacer les différences qui peuvent exister entre une structure purement académique et une institution dépendant du ministère de la défense. Mais c'est bien l'exigence scientifique qui doit présider aux travaux de recherche, se situent-ils sur des questions sensibles comme par exemple la légalité de l'emploi de la force dans les relations internationales ou la légalité des ventes d'armes.

III La contribution de la prise en considération des questions de sécurité et de défense à l'administration de l'université

Les missions administratives sont rarement recherchées par les universitaires tant elles sont chronophages. Le panorama des relations entre l'Université et la défense et la sécurité ne serait pas complet néanmoins s'il n'en faisait pas mention. Elles manifestent en effet l'importance prise par ces considérations à l'université. Des enseignants vont ainsi être conduits à exercer des fonctions liées aux questions de sécurité et de défense en dehors de l'enseignement et de la recherche.

A.-. Le Fonctionnaire Sécurité Défense (FSD)

La déstabilisation de l'administration en mai 1940 a conduit à envisager les structures nécessaires pour préparer, dès le temps de paix, les mesures propres à assurer la continuité de l'Etat et une sécurité optimale en cas de guerre ou d'autres évènements graves. Face à des menaces désormais protéiformes susceptibles de toucher toutes les activités nationales publiques ou privées, il a été répondu par la création de Hauts fonctionnaires de défense et de sécurité[2] auprès de chaque ministre. Le ministère de l'Education nationale, de l'Enseignement supérieur et de la Recherche dispose donc, comme tous les autres ministères, d'un Haut fonctionnaire de défense et de sécurité (H.F.D.S.). Celui-ci anime et coordonne la politique en matière de défense, de vigilance, de prévention de crise et de situation

---

Denis : « *GEODE : Géopolitique de la Datasphère* » ; Université de Bordeaux : « *DPBS : Defense & Peace Bordeaux School* » ; Université de Grenoble Alpes : « *Cybersécurité et sécurité internationale – données, modélisation et visualisation* » ; Université de Lyon 3 – Jean Moulin : « *L'inter-connexion des fonctions stratégiques hautes (puissance aérienne, espace, nucléaire, défense anti-missiles). Conséquences politiques et opérationnelles des couplages capacitaires de haute intensité dans les espaces homogènes et les Contested Commons* ».

[1] Ces cinq projets pourraient être suivis par d'autres. Le budget annuel du Pacte enseignement supérieur, fixé à 2,5 millions d'euros par an « *à plein régime* » prévoit de financer « *à terme* » 40 chercheurs ; voir Bruxelles 2 Etudes stratégiques : la France lance son école de War Studies, 9 décembre 2018

[2] Décret 2010-902 du 3 août 2010, article 2 ; Code de la défense, articles R.1143.1 et suivants

d'urgence et contrôle la préparation des mesures d'application. Pour la mise en œuvre de son action, le H.F.D.S. s'appuie sur un réseau de correspondants, relais fonctionnels (les fonctionnaires de sécurité et de défense, F.S.D.) tant dans les académies que dans l'enseignement supérieur et la recherche. Le F.S.D. est désigné par le chef de service ou d'établissement, en concertation avec le haut fonctionnaire de défense et de sécurité. Ses missions concernent notamment la protection du potentiel scientifique et technique de la Nation, la mise en œuvre des plans de défense et de continuité d'activité, la protection du secret de défense nationale et la protection des secteurs d'activités d'importance vitale. Il instruit les demandes d'accès aux Zones à Régime Restrictif (ZRR) adressées au chef de service et donne son avis, dans les cas prévus par l'article R. 413-5-1 du code pénal, au haut fonctionnaire de défense et de sécurité sur les suites à donner. On mesure l'ampleur des tâches à accomplir, justifiant parfois l'attribution d'une décharge de service, car elles touchent à la fois les exigences de défense et de sécurité dans leur acception la plus classique et d'autres qui le sont moins, tenant à la protection du potentiel scientifique et technique, à l'intelligence économique et à la sécurité des systèmes d'information. Dans un monde de la recherche qui revendique la plus large liberté dans la circulation de l'information, le travail de pédagogie demandé aux F.S.D. est souvent considérable.

B.-. Le « référent défense »

Les « *référents enseignement de défense et de sécurité nationale des établissements d'enseignement supérieur et grandes éco*les » se situent sur un tout autre registre. Ils ont été créés par le Protocole Défense-Education nationale du 31 janvier 2007. Nommés par le président d'université ou le directeur de l'école, ils ont pour mission de promouvoir la culture de défense et de sécurité, de faciliter la création et le développement de l'enseignement de ces matières et d'informer les étudiants sur les possibilités d'engagement en faveur de la défense et de la sécurité qui leur sont offertes. Ces fonctions sont occupées, dans la très grande majorité des cas, par des professeurs ou maîtres de conférences qui, soit sont en lien direct avec les questions de défense et de sécurité du fait de leur responsabilité pédagogique, soit exercent par ailleurs des fonctions administratives (directeur de composantes ou vice-président). Participant à l'équipe présidentielle, ils sont en relation directe avec le chef d'établissement et leur rôle, notamment dans le domaine de la sensibilisation et de la formation est important. De ce point de vue, leurs contacts privilégiés se situent auprès de la Commission de la Formation et de la Vie Universitaire et du service de la formation continue.

Les préoccupations sécuritaires dans la société aidant, ces fonctions sont désormais bien intégrées aux organigrammes des universités tout en ayant acquis une visibilité auprès des enseignants et des chercheurs, mais également des étudiants.

Ainsi, à l'interrogation quant à la capacité de l'université à appréhender les questions de défense et de sécurité, la réponse est assurément désormais positive. Il eut été surprenant qu'il en fût autrement. D'une part en effet, l'université est dans son siècle, ses acteurs sont des citoyens au contact plus que jamais des exigences de la sécurité et non plus seulement observateurs lointains de l'action d'une armée professionnelle. Notamment pour faire face aux nouvelles menaces, elle a su se doter d'outils institutionnels adaptés même si leur efficacité doit naturellement encore être renforcée. D'autre part, et conformément à sa mission, l'université a investi le sujet d'études constitué par les questions de défense et de sécurité. S'il y a eu des précurseurs, on assiste désormais à une montée en puissance significative aussi bien de l'enseignement que des *war studies* à la française, avec une originalité structurelle préservant l'indépendance et l'originalité et dans un contexte de partenariats entre acteurs en plein développement. Mais peut être l'essentiel est-il ailleurs, dans le fait que loin d'être un effet de mode ou l'assouvissement d'une ambition professionnelle égoïste, ce processus traduit en réalité un véritable engagement citoyen, manifeste en particulier chez les étudiants. Jacques Aben peut se réjouir de cette évolution à laquelle il aura particulièrement contribué.

2018

Dépenses militaires et économie de la puissance

Renaud BELLAIS

Depuis l'émergence des recherches en économie de la défense dans les années 1960 et même dès l'origine de la science économique avec Adam Smith, la question du coût des dépenses militaires et de leurs impacts économiques fait débat. Cependant l'approche dominante de ces recherches se focalise principalement sur le niveau de ces dépenses et sur leur caractère improductif (supposé). Nous pouvons nous demander dans quelle mesure l'approche choisie ne néglige pas la possibilité que, dans certaines configurations géostratégiques, les dépenses militaires puissent avoir un impact positif significatif pour le pays concerné.

Jacques Aben posait déjà cette hypothèse, pour le moins polémique, dès les années 1990. Ses travaux mettaient principalement l'accent sur la dimension budgétaire et macroéconomique de la dépense de défense par-delà ses impacts de court terme (Aben, 1992). Nous pourrions pousser plus loin ce questionnement. Les dépenses militaires doivent-elles nécessairement être traitées comme un coût ? Peuvent-elles être aussi considérées comme un investissement et, si oui, sous quelles conditions ? Nous posons ici la question non pas des impacts économiques de ces dépenses, mais bien d'une logique de puissance militaire.

Dans la filiation des recherches de Jacques Aben, cet article propose de définir les questions qui conduisent à envisager une économie de la puissance. Cette approche permettrait de dépasser, au moins pour partie, l'inextricable question de la relation entre dépenses militaires et croissance économique qui taraude les chercheurs depuis des décennies.

Ce débat n'est d'ailleurs pas absent si nous analysons les travaux des tenants d'une économie par essence politique, de Friedrich List à Peter Navarro[1], mais il leur manque un cadre de référence. Plus fondamentalement, ce sont les fondements de l'approche des économistes classiques et néoclassiques qu'il convient de questionner, en ce sens qu'ils nient l'idée même de puissance comme fin en soi.

---

[1] Économiste américain iconoclaste nommé par le président Donald Trump comme conseiller au National Trade Council.

1. Dépenses militaires, croissance… et puissance ?

La question du fardeau que peuvent représenter les dépenses militaires traverse les débats en économie depuis ses origines. Cependant la question doit-elle être posée de la même manière pour une puissance de rang mondial et pour n'importe quel autre pays ? Existe-t-il aussi un risque de militarisation excessive qui conduirait inéluctablement une grande puissance à épuiser son économie nationale ?

1.1. De l'inégalité des nations face aux dépenses militaires

La question de la relation entre les dépenses militaires et la croissance économique traverse toute l'histoire de la science économique. Elle anime des débats féroces entre chercheurs spécialisés en économie de la défense depuis les années 1970, en particulier depuis la publication de l'ouvrage d'Émile Benoît *Defense and Economic Growth in Developing Countries* en 1973[2].

En fait, il est possible de remonter jusqu'à Adam Smith pour comprendre que la question du fardeau des dépenses militaires est consubstantielle à la science économique. En s'imposant face aux Mercantilistes, Adam Smith ne pouvait que dénoncer le caractère belliciste des dépenses militaires. De plus, dans la vision circuitiste de l'économie qui prédominait alors, les dépenses militaires pouvaient être considérées uniquement comme improductives, puisqu'elles sortent du circuit économique des facteurs de production. Ce point de vue prévaut très largement depuis la publication de *La richesses des nations*.

Il n'est donc pas surprenant que les dépenses militaires soient essentiellement abordées dans la littérature économique sous un angle budgétaire et fiscal. La défense de la nation est une condition de l'efficacité des mécanismes de marché. Elle constitue un « mal nécessaire » pour garantir le bon fonctionnement de la société tout comme la sécurité intérieure et la gestion publique des infrastructures, comme l'a souligné Adam Smith dans sa justification du rôle de l'État. Cependant ce dernier doit aussi être efficace économiquement, ce qui revient à utiliser au mieux les deniers publics et in fine à réduire la pression fiscale. De ce fait, le débat sur les dépenses militaires s'est focalisé sur leur coût d'opportunité et la manière de minimiser cet effort au strict minimum requis.

Cette approche budgétaire et macroéconomique est également très présente chez les économistes keynésiens, qui recherchent l'efficacité à court terme de la dépense publique. L'utilisation par Keynes du plan de réarmement britannique à la fin des années 1930 n'a été qu'un choix opportuniste pour convaincre les décideurs politiques de l'impasse que constituait la « *doctrine*

---

[2] Publié chez Lexington Books, cet ouvrage approfondit un article, "Growth Effects of Defense in Developing Countries", paru dans *International Development Review* en 1972 (vol. 14, No. 1).

du Trésor ». En effet, Keynes souligne d'emblée le caractère improductif de ces dépenses et la possibilité de réaliser les mêmes effets, voire avec une efficacité supérieure, en mobilisant les dépenses sociales. Les travaux ultérieurs d'inspiration keynésienne mettent ainsi en avant le coût d'opportunité que représente le choix des dépenses militaires comme outil de relance de l'économie, même si l'effet multiplicateur associé n'est pas nul.

Seuls les économistes marxistes envisagent un rôle positif des dépenses militaires dans le mode de production capitaliste, non seulement par la capacité de répression du prolétariat, mais aussi dans une canalisation d'une partie des richesses au service de la valorisation du capital. Toutefois, leur approche se concentre principalement sur une critique du capitalisme avec une focalisation sur le taux de profit des entreprises d'armement.

Ces différentes approches ont conduit à la recherche d'une modélisation des impacts économiques des dépenses militaires. Cependant les conclusions de ces recherches apparaissent contradictoires ou, tout du moins hétérogènes. Il est difficile de révéler une causalité claire et indubitable entre l'effort de défense et la croissance économique. Cette situation reflète non seulement la diversité des pays analysés, mais aussi la multitude des canaux par lesquels les dépenses militaires peuvent influencer négativement ou positivement la croissance économique (Malizard et Fontanel, 2017).

Que ce soit au travers d'études se concentrant sur un pays ou des analyses de panel, la littérature économique tend à évaluer les impacts dans un cadre par définition national. Toutefois, les bénéfices des efforts de défense ne se limitent pas à ce périmètre géographique politique. La paix peut être considérée comme bien public régional, voire international. Les retombées économiques dépassent donc le cadre purement national, ce qui pose la question de la complétude du domaine couvert par les approches dominantes.

De plus, une vision budgétaire et fiscale conduit à envisager une relation proportionnelle au niveau de dépenses, même si elle prend en considération des dynamiques d'économies d'échelle et de gamme (notamment au travers de la théorie des alliances). Cependant nous pouvons nous interroger sur la démarche consistant à considérer de la même manière tous les pays. N'est-il pas possible de considérer une économie de la puissance qui aboutirait à distinguer les impacts économiques pour la grande majorité des pays de ceux qui concernent le ou les puissances militaires mondiales ?

1.2 Le déclin des grandes puissances en jeu

Pour autant, l'histoire semble montrer que toute puissance ne saura le rester éternellement et donc que le fardeau des dépenses militaires pourrait entraîner un inéluctable déclin économique. L'ouvrage de Paul Kennedy, *Naissance et déclin des grandes puissances*, a marqué les esprits dans les années 1980 à ce propos. Il démontre que le développement économique d'un pays favorise l'augmentation de ses capacités militaires qui, en retour, appuient la domination économique de ce pays. Cependant, la puissance militaire croissante a de fortes chances d'entraîner un déclin économique (relatif) en raison d'une volonté de puissance excessive.

Les ambitions politiques croissantes, que cette augmentation de l'effort de défense suscite, ont une forte probabilité de pousser les dépenses militaires au-delà de ce que l'économie nationale est à même de supporter sans dépérir ou, tout du moins, péricliter. Kennedy (1988 : 495) met en avant le coût d'opportunité croissant lié à une militarisation excessive : « *Des dépenses militaires substantielles peuvent profiter à certaines industries à l'intérieur de l'économie nationale ; mais elles peuvent aussi diminuer la capacité de cette économie à faire face à la concurrence des autres pays.* »

Alors même que l'économie tend à s'affaiblir, les dépenses militaires apparaissent souvent tout de même maintenues à niveau constant. La puissance cherche à contrecarrer son déclin relatif en augmentant ses leviers d'influence militaire, ce qui accentue encore la pression sur l'économie nationale et précipite le déclin de cette dernière. Comme Kennedy (1998 : 26) le souligne : « *Dans un tel contexte, moins paisible, la grande puissance risque fort de consacrer beaucoup plus d'argent à sa défense qu'elle ne le faisait deux générations plus tôt, tout en découvrant que le monde est moins sûr – tout simplement parce que d'autres puissances ont connu une croissance plus rapide et sont en train de devenir plus fortes [...] Face à ce déclin relatif, les grandes puissances répondent instinctivement en augmentant les dépenses de « sécurité » ; ce faisant, elles soustraient des ressources potentielles à l' « investissement », ce qui aggrave leur problème à long terme* ».

L'analogie avec la situation de crise économique que vivaient dans les années 1980 aussi bien l'Union soviétique que les États-Unis a été rapidement établie. La militarisation excessive des deux grandes puissances de la guerre froide a été désignée comme la source de tous leurs maux. Chute du dollar, baisse des valeurs boursières, aggravation du déficit budgétaire, déséquilibre grandissant de la balance du commerce extérieur, etc. Les années 1980 ont constitué une décennie sombre pour l'économie américaine. Kaldor (1986) établit un lien de causalité entre la dégradation structurelle de la compétitivité économique et le poids de la production d'armements dans les principaux pays industriels producteurs d'armes, en particulier dans les industries de haute technologie.

Cependant, si l'effondrement de l'Union soviétique tend à conforter la thèse de Paul Kennedy, il n'en est pas de même pour les États-Unis. Les décennies 1990 et 2000 ont été caractérisées par une renaissance de l'économie américaine, qui se positionne en tête du développement des nouvelles technologies et de l'innovation. Si le déclin des activités manufacturières se poursuit et même s'accélère au début du 21ème siècle, des grands groupes comme Microsoft, Amazon, Google ou Apple apparaissent comme les symboles d'une réussite éclatante.

Cette renaissance de l'économie américaine s'est accomplie en dépit de la forte augmentation des dépenses militaires liées aux guerres en Afghanistan et en Iraq depuis 2001 à des niveaux très élevés en dehors d'une période de guerre. Elle tend donc à invalider la théorie d'un inéluctable déclin des grandes puissances. D'ailleurs, d'Agostino et al. (2011) soulignent qu'il existe peu de preuves suggérant que les dépenses militaires actuelles aient un impact négatif sur la croissance économique des États-Unis.

Nous pouvons donc nous demander si, dans le cas d'une grande puissance militaire, le fardeau des dépenses militaires n'est pas aussi marqué que pour n'importe quel autre pays. De plus, est-il possible de comparer la situation des États-Unis ou de toute autre puissance du 21ème siècle avec les expériences vécues par des puissances des siècles passés, alors que l'économie de marché était moins développée, la technologie embryonnaire et la mondialisation très limitée ?

2. Une analyse économique par-delà les frontières

Ces considérations permettent de mettre en perspective les limites des travaux sur le lien entre dépenses militaires et croissance économique dans le cadre d'une ou de plusieurs puissances de taille mondiale. Non seulement un tel pays ne peut pas être simplement comparé avec d'autres pays réalisant d'importantes dépenses militaires, mais les paramètres à prendre en considération sont indéniablement plus variés et dépassent les seules frontières nationales de cette puissance de rang mondial.

2.1 La Pax Americana et ses bénéfices intangibles

L'analyse des impacts économiques nationaux des dépenses militaires apparaît en fait trop restrictive lorsque nous nous intéressons à une puissance militaire de rang mondial, à la fois d'un point de vue des canaux par lesquels ces retombées se matérialisent et en termes de périmètre géographique à prendre en considération. En effet, une puissance mondiale comme les États-Unis, et peut-être demain la Chine, doit être évaluée d'un point de vue mondial pour des bénéfices globaux.

De plus, une difficulté de l'analyse qui découle de l'approche de Paul Kennedy est qu'elle s'inscrit dans une vision classique d'une puissance hégémonique fondée essentiellement sur la domination militaire. Or la logique de contrôle territorial direct qui y est associée semble avoir atteint son paroxysme avec les conquêtes coloniales du 19ème siècle, comme l'a souligné Lénine dans *L'impérialisme, stade suprême du capitalisme*. Depuis la deuxième guerre mondiale, il est possible de considérer que les puissances militaires – existantes ou émergentes – se sont départies de cette approche.

La puissance américaine est une puissance totalisante qui n'a pas besoin, sauf dans quelques exceptions, d'une empreinte territoriale directe. Lors de la guerre froide, le contrôle indirect s'est imposé avec le recours à des alliés locaux au travers de « *proxy wars* » (Rufin, 1991). C'est encore le cas aujourd'hui au Yémen. D'ailleurs, quand l'occupation est nécessaire, elle apparaît souvent coûteuse et peu efficace dans la durée, voire nettement contreproductive – de l'Afghanistan (Union Soviétique) à l'Afghanistan (États-Unis) en passant par l'Irak.

A l'inverse, les bénéfices des dépenses militaires américaines se trouvent dans la Pax Americana, à savoir l'ordre économique et politique mondial instauré après la deuxième guerre mondiale dans les pays à économie de marché et renforcé par une extension pleinement mondiale après la chute de l'Union soviétique. Comme le soulignent Mazarr et Rhoades (2018), les États-Unis et leurs entreprises bénéficient d'un ordre mondial façonné à l'image de leurs valeurs et de leurs intérêts. L'économie de la puissance se distingue ainsi par le fait que « *la valeur d'une activité conflictuelle en tant qu'option économique ne peut pas être correctement évaluée sur la base des coûts conflictuels sans connaître les bénéfices d'appropriation qui découlent de cette activité* » (Vahabi, 2016 : 2).

De fait, la croissance économique et l'enrichissement formidable des États-Unis n'ont été possibles que grâce à la stabilité et à l'ouverture des marchés permises par cette Pax Americana (Berger et al., 2013). Bien entendu, d'autres pays en ont bénéficié et parfois de manière plus apparente que les États-Unis eux-mêmes si nous prenons par exemple les taux de croissance. Cependant, ce sont les États-Unis qui ont retiré le plus grand avantage de cet ordre mondial construit en fonction de leurs intérêts.

Mazarr et Rhoades (2018) démontrent comment les États-Unis ont structuré l'économie mondiale à leur image. Ainsi, parmi les grands pays, le PIB par habitant des États-Unis est le plus élevé[3]. Ceci n'a été possible non seulement par l'imposition des institutions de Bretton Woods, mais aussi par la diffusion des normes économiques américaines à l'ensemble de l'économie d'abord occidentale puis mondiale.

De ce fait, les bénéfices de la Pax Americana ne peuvent pas être évalués uniquement dans le périmètre géographique des États-Unis. Ce sont leurs intérêts mondiaux dont il faut prendre la mesure. Ainsi la croissance fantastique de l'économie américaine et l'accroissement du niveau de vie n'ont été possible que parce que les marchés internationaux se sont ouverts aux produits américains et que les entreprises américaines ont pu s'y imposer sur la plupart des marchés.

---

[3] En 2017 selon la Banque Mondiale, le PIB par habitant des États-Unis était de 59 532 dollars contre 38 477 pour la France ou 44 470 pour l'Allemagne. Le ratio américain n'était inférieur qu'à celui de six petits pays (Luxembourg, Suisse, Islande, Irlande) ou pétromonarchies (Norvège, Qatar). *Source :* https://data.worldbank.org/indicator/NY.GDP.PCAP.CD?year_high_desc=true (consulté le 28 août 2018).

De même l'effort militaire gigantesque des États-Unis suffit à inciter la grande majorité des pays à faire allégeance à la puissance dominante, certes sous différentes formes, mais néanmoins réelles. Par exemple, « *le royaume [d'Arabie saoudite] a montré son allégeance aux États-Unis en assumant le rôle de fournisseur en dernier ressort lors des crises pétrolières* » (Vahabi, 2016 : 141) par-delà leurs désaccords et les tensions ponctuelles. La politique de production pétrolière de l'Arabie saoudite a fortement réduit la facture énergétique des États-Unis grâce à l'importation des hydrocarbures à faible coût.

De même, il est difficile de cantonner les bénéfices de la Pax Americana pour les entreprises américaines au seul périmètre géographique des États-Unis. La croissance de ces entreprises appuyée la puissance militaire les a incitées à s'implanter dans de nouveaux pays pour conquérir des marchés ou y créer des activités manufacturières. La délocalisation de la production contribue à accroître leurs marges sans forcer pour autant les consommateurs locaux à réduire leur consommation, puisque la puissance peut imposer les règles du commerce, la gestion des flux financiers et le recours à sa monnaie.

En outre, la domination de l'ordre économique permet de structurer la finance internationale au bénéfice des États-Unis. Barry Eichengreen parlait de « *privilège exorbitant* » à propos du dollar[4]. Le dollar est un bien en soi que les Américains échangent contre les biens et services qu'ils achètent au reste du monde, puisque leur consommation surpasse leur création de richesses.

Ce privilège est bien plus grand encore. En effet, l'intérêt d'être cette puissance est de soutenir les activités des entreprises nationales quand bien même elles ne sont pas sur le territoire national. Ces entreprises ne localisent pas nécessairement leurs profits aux États-Unis, comme le montre le développement extraordinaire des paradis fiscaux dont les plus grands bénéficiaires sont les groupes américains[5]. Cependant cette défiscalisation a été soutenue, un temps du moins, par l'État américain pour s'assurer que les groupes américains bénéficieront d'un avantage sur leurs éventuels rivaux.

Ces considérations permettent de mettre en perspective les limites des travaux sur le lien entre dépenses militaires et croissance économique. Non seulement la puissance ne peut pas être comparée aux autres pays réalisant d'importantes dépenses militaires, mais les paramètres considérés traditionnellement n'englobent pas l'ensemble des phénomènes en jeu. Lorsque nous regardons l'évolution des dépenses militaires et de l'économie américaine, il est difficile d'envisager un épuisement de l'économie des États-Unis. Au contraire, si nous nous plaçons dans une perspective de long terme,

---

[4] Reprenant en fait une expression de Valéry Giscard d'Estaing, alors Président de la République.

[5] La financiarisation croissante depuis la fin du 19e siècle accentue grandement cette dynamique. Ainsi les profits de l'Angleterre « usine du monde » ont été réinvestis que partiellement au Royaume-Uni, mais majoritairement à l'étranger et tout particulièrement aux États-Unis et en Amérique latine.

ces derniers dépensent relativement peu, et de moins en moins en part du PIB, pour leurs armées même si les efforts américains représentent à eux seuls plus du tiers des dépenses militaires mondiales.

Graphique 1. Dépenses militaires et économie des États-Unis (échelle logarithmique)

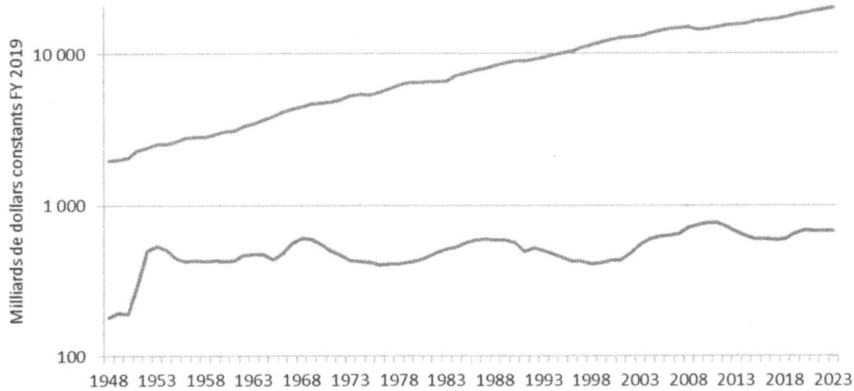

Source: U.S. Under-Secretary of Defense (Comptroller*), Greenbook FY18*, avril 2018.

2.2. La paix comme bien public international

La réussite des États-Unis en tant que puissance hégémonique résulte d'une différence d'approche par rapport aux puissances antérieures, si nous reprenons l'analyse de Paul Kennedy. En effet, les États-Unis peuvent être considérés comme une puissance mondiale post-coloniale même si elle reste une puissance impériale. La différence se trouve dans le caractère limité de la domination territoriale directe et la capacité à générer un ordre mutuellement bénéfique à la majorité des pays de sa sphère d'influence. Comme le soulignent Mazarr et Rhoades (2018 : xiv) : « *Les États-Unis ne sont pas simplement une autre grande puissance : ils sont l'architecte d'un système d'avantage mutuel. Ce simple fait a apporté un avantage géopolitique significatif.* »

Ceci explique les raisons pour lesquelles cet ordre post-deuxième guerre mondiale, vecteur de paix ou tout du moins de maîtrise des conflits internationaux, peut être considéré comme un bien public international. Cette appréciation permet de surmonter le paradoxe de fortes dépenses militaires américaines sans un déclin de son potentiel économique et, in fine, de comprendre sa capacité à maîtriser l'ordre international.

Comme le souligne la littérature sur les biens publics (Cornes et Sandler, 1996), la fourniture des biens publics est presque impossible à l'échelle internationale, car les États se comportent en tant qu'individu et non puissance publique à cette échelle. De de fait, la plupart d'entre eux choisissent de se reposer sur la communauté internationale et se comportent en passagers clandestins (Bellais, 2013).

Cependant la puissance hégémonique américaine s'est exprimée par la prise en charge de la production de la paix ou tout du moins de l'évitement de conflits majeurs. Pour ce faire, les États-Unis ont choisi d'investir massivement dans les dépenses militaires. Ceci aboutit à fournir la paix via la technologie d'agrégation dite du « *meilleur tir* » (*best shot*). Dans cette configuration, le bien public international peut être produit, car l'État qui a le plus d'intérêts est prêt à fournir l'essentiel de l'effort même si les autres États sous-investissent dans la production du bien public international concerné.

Ainsi, le plus gros des efforts parmi les États déterminent à lui seul le niveau de production du bien public. Même s'il est probable que l'effort global soit inférieur au niveau optimal de fourniture du bien, l'effort fourni par les États-Unis suffit à instaurer le niveau minimal d'ordre qui permet à son économie d'atteindre le niveau attendu de développement. Dans l'économie de la puissance, le pays dominant ne cherche pas à atteindre un optimum parétien mais, du fait d'une approche néo-mercantiliste, le meilleur profit pour lui-même dans l'ordre international qu'il instaure.

Qui plus est, la production du bien public peut être inégalement répartie spatialement, puisque le pays concerné aura intérêt à concentrer ses efforts là où sont ses intérêts. C'est tout à fait le cas pour les États-Unis dans la lutte contre la piraterie : première puissance économique mondiale dont les entreprises sont fortement internationalisées, ce pays a tout intérêt à réduire la menace de la piraterie, mais en centrant son effort sur ses intérêts économiques et stratégiques (Bellais, 2013).

Il est certain que les dépenses militaires américaines ne lui permettraient pas de dominer physiquement le monde. Les limites des opérations en Iraq et en Afghanistan sont des démonstrations empiriques qui illustrent bien cette impossibilité. Cependant cette puissance militaire est d'autant plus efficace qu'elle est crédible auprès des autres pays. Comme le souligne Pierre Hassner (2018 : 1-2) : « *La puissance n'est ni une essence ni une possession, mais une relation. Elle consiste à amener l'autre à faire ce qu'il ne ferait pas autrement, ou à l'empêcher de faire ce que nous ne voudrions pas qu'il fasse, et, par ailleurs, à l'empêcher de nous empêcher de faire ce que nous voudrions faire, ou de nous forcer à faire ce que nous ne voudrions pas faire* ».

Dans une réflexion plus globale, Vahabi (2016: 104) exprime la même idée lorsqu'il écrit : « *Le maître prédateur domine sa proie non seulement par la coercition, mais aussi grâce à la persuasion. La servitude volontaire est un prolongement de la domination grâce à la persuasion facilitée par un comportement protecteur du prédateur vis-à-vis de la proie. Cependant la protection n'est pas le but en soi, mais uniquement un moyen pour économiser les coûts pour maintenir la proie en captivité par sa soumission volontaire ou son consentement* ».

La particularité d'une situation de puissance militaire est aussi que, contrairement à la plupart des autres biens publics internationaux, elle peut contraindre les autres pays à prendre en charge une partie des dépenses nécessaires à la production de la paix.

Les États-Unis se plaignent régulièrement d'un partage du fardeau inégal au sein de l'OTAN, considérant que leurs alliés investissent trop peu au regard de leur propre effort. Cependant, nous pouvons considérer que l'existence de l'OTAN et, plus largement, d'un grand nombre d'alliés des États-Unis constitue un partage du fardeau en soi du point de vue de la puissance américaine. En effet, sans les efforts de défense de la France, du Royaume-Uni, de l'Allemagne, de la Corée du Sud, du Japon… les États-Unis seraient contraints de dépenser bien plus pour maintenir l'ordre économique et politique qu'ils ont instauré (Cordesman, 2018 ; Schaub et Jakobsson, 2018).

3. Un équilibre durable de la puissance militaire ?

Si l'économie de la puissance ne doit pas être analysée de la même manière que de simples dépenses militaires, ceci n'exclut des contraintes et donc un possible fardeau pour la puissance dominante. Comment est-il possible d'identifier un excès d'efforts militaires ? De plus, cet équilibre possible pour un État hégémonique est-il tenable lorsque son rôle mondial est concurrencé, voire contesté par l'émergence d'une nouvelle puissance ?

3.1 La soutenabilité de la puissance

La rationalité de la posture américaine ne nous dispense pas de nous interroger sur la soutenabilité de la stratégie américaine de défense. La question posée par l'étude historique de Paul Kennedy reste d'actualité : existe-t-il un niveau d'effort à partir duquel une puissance dépense une trop grande part de sa richesse pour des finalités militaires ? Existe-t-il un risque de dépenses excessives conduisant à l'épuisement ?

La question mérite d'être posée aujourd'hui, sous la présidence de Donald Trump, au moment où les États-Unis s'engagent dans un accroissement significatif de leurs dépenses de défense alors qu'ils sont déjà à un niveau très élevé (hors période de guerre). Or cet effort accru se produit alors que le coût de la mondialisation et les écarts croissants de richesse sont vivement ressentis par la population américaine.

Si l'effort de défense apparaît relativement limité en part du PIB, est-il soutenable dans la durée ? Le coût d'opportunité du *warfare* vs *welfare* peut apparaître intenable au regard des attentes sociales. Pour le dire d'une autre manière, existe-t-il un seuil optimal d'effort de défense pour une puissance mondiale ? Concernant la dette publique, Reinhart et Rogoff (2010) ont montré qu'au-delà de 90% du PIB, les effets négatifs de l'endettement l'emportent sur les bénéfices de l'investissement public. De manière similaire, quel peut être le niveau optimal de dépenses militaires pour la puissance dominante, c'est-à-dire qui lui permette de combiner maîtrise de l'ordre mondial et croissance économique pérenne ? A partir de quel moment ou quel seuil pouvons-nous identifier l'apparition des signes d'un déclin relatif entrainant une militarisation excessive ? Ici les indicateurs simples, comme des montants absolus ou une part du PIB, apparaissent insuffisants pour détecter une nouvelle dynamique.

Ainsi, au regard de ce que nous pouvons qualifier de modèle de puissance, les choix faits par Donald Trump peuvent apparaître paradoxaux. En effet, il semble confondre les moyens et les fins. L'Amérique est-elle vraiment de retour ? Les choix faits par Donald Trump peuvent être analysés de deux manières.

La première approche est de considérer que les gains de la puissance sont de plus en plus inégalement répartis au sein de la société américaine depuis les années 1970 et plus encore depuis le début du 21ème siècle. De fait, l'ordre international façonné par les États-Unis bénéficie surtout aux grands groupes industriels, qui ont délocalisé de manière tout à fait volontaire des pans entiers de la production (Berger, 2005), et à la finance, qui gère les flux financiers et monétaires depuis les États-Unis, car son marché est le plus large, le plus fluide et adossé au dollar dont la force s'adosse aussi à la puissance militaire des États-Unis (Eichengreen et al., 2018).

Or ceci ne bénéficie pas vraiment ou très indirectement et partiellement (via le système de retraites par capitalisation) à la majorité des Américains. Ces derniers ont donc bien plus à gagner qu'à perdre d'une politique protectionniste, voire néo-mercantiliste. L'élection de Donald Trump apparaît alors comme fondamentalement anti-libérale. Ceci explique pourquoi le président Trump est aussi contesté par l'élite républicaine et en premier lieu, les frères Koch (hérauts s'il en est du libéralisme économique le plus radical). Sa politique commerciale internationale pourrait conduire à saper les fondements mêmes de l'ordre économique et donc, in fine, affaiblir progressivement la puissance américaine.

La deuxième approche est de voir dans le côté va-en-guerre du président américain une sorte de chant du cygne. Alors que les États-Unis ont conscience de perdre peu à peu le contrôle du système international, ils tentent de jouer sur les rapports de forces pour regagner l'avantage, que ce soit par une augmentation des dépenses militaires ou par la destruction de l'OMC et de l'Union européenne. L'accroissement de l'effort de défense serait donc, dans ce cas, le reflet d'un déclin de la puissance telle que définie par Hassner (2018) qui conduirait à une tentative de réaffirmation par les moyens militaires de plus en plus présents...

Cette deuxième approche conduit à rejoindre les conclusions de Paul Kennedy. Lorsque la puissance mondiale sent l'émergence d'une puissance concurrente ou simplement l'affaiblissement de son emprise, le choix du rapport de forces militaires ne peut qu'entraîner un accroissement de son effort militaire, ce dernier contribuant à accélérer son déclin (au moins relatif).

3.2. De l'hégémonie à un monde bipolaire ?

L'économie de la puissance apparaît envisageable lorsqu'il existe un seul État exerçant une autorité hégémonique, comme cela a été le cas pour les États-Unis depuis le milieu du 20ème siècle. Dans cette configuration unipolaire, les bénéfices de la puissance permettent de compenser largement les coûts qu'elle requiert ou engendre. Cependant, comme le rappelle Kennedy (1988 : 18), la puissance dominante a rarement l'opportunité de le rester longtemps : « *La puissance relative des grandes nations à l'échelle internationale ne reste jamais constante : elle varie surtout avec les taux de croissance de chaque société et dépend de l'avantage relatif que confèrent les avancées technologiques et structurelles* ».

Quel pays pourrait contester la domination américaine ? Dans les années 1980, les États-Unis ont réussi à stopper l'ascension du Japon qui, grâce à son développement économique fulgurant, pouvait prétendre contester le leadership mondial américain à terme, tout du moins du point de vue économique et technologique (Bellais, 2000). Aujourd'hui, la renaissance militaire de la Russie apparaît bien limitée, puisque ce pays a un PIB équivalent à celui de l'Espagne… mais ce n'est pas le cas pour la Chine.

Tant par son développement économique que par le renforcement de son outil militaire, la Chine apparaît comme le véritable challenger des États-Unis. C'est d'ailleurs ce qu'envisageait déjà Kennedy (1988) en conclusion de son ouvrage… bien avant l'extraordinaire croissance de l'économie chinoise et le non moins extraordinaire développement de sa puissance militaire. Or, dans ce cas, les États-Unis pourraient être confrontés à l'impossibilité de maintenir sa position d'architecte de l'ordre économique et politique mondial.

De fait, la Chine est tentée de proposer un ordre mondial alternatif, la Pax Sinica. Celle-ci s'exprime par une puissance militaire accrue, avec une première démonstration de sa montée en puissance depuis quelques années dans la lutte contre la piraterie maritime au large de la Somalie (Bellais, 2013). Cependant la puissance militaire ne semble pas être une fin en soi pour la Chine, car la conquête territoriale ne semble plus à l'ordre du jour (hormis quelques zones grises comme les îles de mer de Chine du Sud ou les frontières sino-indiennes).

Au contraire, la Chine se positionne comme l'organisateur de la croissance mondiale au travers de son programme d'investissement gigantesque de la Nouvelle Route de la Soie (*Belt and Road Initiative*). Les Américains ne s'y sont pas trompés et perçoivent clairement la menace que représente ce programme pour leur leadership sur l'économie mondiale (cf. Smith, 2018). La Chine se pose indéniablement en fournisseur de biens publics internationaux, là où les États-Unis adoptent plutôt une stratégie de repli, voire d'isolationnisme, et de néomercantilisme par la volonté de rééquilibrer ses comptes extérieurs…

Or la transition d'une puissance hégémonique à une autre pose la question de la stabilité d'un duopole dans une telle transition. En effet, Kennedy (1988) montre bien les risques qu'induit cette période simultanée d'émergence d'une puissance et de déclin de celle qui la précède. L'instabilité géostratégique peut alors atteindre un paroxysme qui diffère grandement de ce qui était envisagé lors de la guerre froide.

Barry Eichengreen a montré que le passage du rôle de monnaie de référence de la livre sterling au dollar américain avait nécessité deux à trois décennies. Le raidissement trumpien par l'accroissement des dépenses militaires n'est-il pas comparable à l'obsession britannique de rétablir l'étalon-or dans les années 1920 ? La question que nous pouvons nous poser est celle de la cohabitation de plusieurs puissances. En d'autres termes, est-il possible de partager les gains de la puissance au niveau international ? Peut-on envisager une cogérance du monde plutôt qu'un inéluctable affrontement ?

De plus, si le système de l'économie de la puissance peut fonctionner efficacement – d'un point de vue économique – avec un pays dominant, il n'en est pas de même avec un duopole. Dans une telle configuration, le coût net de la puissance croît de manière exponentielle, puisque chaque puissance doit égaler l'autre en termes militaires, mais en partageant avec elle les bénéfices de l'ordre international. De ce fait, nous pouvons nous demander si la mise en place d'un duopole n'aboutirait pas retrouver les analyses classiques concernant les relations entre dépenses militaires et croissance économique.

Alternativement, nous pouvons nous demander dans quelle mesure lesdites puissances pourraient s'engager dans un partage géographique du monde (à l'instar de l'équilibre des puissances mis en place par la France et le Royaume-Uni à la fin du 19ème siècle) et, si oui, quelles en seraient les conséquences en termes d'économie de la puissance.

En guise de conclusion

Ces quelques réflexions visent à souligner des lacunes importantes de la littérature économique concernant la capacité à appréhender l'économie de la puissance. Ces lacunes s'expliquent par la construction même de la science économique en opposition avec la logique de puissance, intimement liée aux doctrines mercantilistes.

Cependant il apparaît difficile, voire contreproductif de faire l'impasse sur cette réflexion. La logique de puissance et l'ordre économique qui en découle sont un champ de recherches à défricher. Il est possible de saluer dans ce domaine les travaux précurseurs de Mehrdad Vahabi (notamment Pietri et al., 2017). Il reste donc des champs inexplorés en économie qui méritent que nous nous y attardions.

2018

Bibliographie

Aben, J. (1992). *L'économie politique de la défense*. Paris, Cujas.

Bellais, R. (2000). *Production d'Armes et Puissance des Nations*. Paris, L'Harmattan.

Bellais, R. (2013). Fighting Piracy and International Public Goods: The Atalanta Experiment in the Horn of Africa. *Peace Economics, Peace Science and Public Policy*, 19 (1), 73-101.

Berger, S. (2005). *Made in monde, les nouvelles frontières de l'économie mondiale*. Paris, Le Seuil.

Berger, D., Easterly, W., Nunn, N., Satyanath, S. (2013). Commercial imperialism? Political influence and trade during the cold war. *American Economic Review*, 130(2), 863-896.

Cordesman, A.H. (2018). NATO and the Claim the U.S. Bears 70% of the Burden: A False and Dysfunctional Approach to Burdensharing. https://www.csis.org/analysis/nato-and-claim-us-bears-70-burden-false-and-dysfunctional-approach-burdensharing, 25 juillet (consulté le 27 juillet 2018).

Cornes, R., Sandler, T. (1996). *The Theory of Externalities, Public Goods and Club Goods*. Cambridge, Cambridge University Press.

d'Agostino, G., Dunne, J.P., Pieroni, L. (2011). Optimal military spending in the US: A time series analysis. *Economic Modelling*, 28(3), 1068-1077.

Eichengreen, B., Mehl, A.J., Chitu, L. (2017). Mars or Mercury? The Geopolitics of International Currency Choice. *Working Paper* n°24145, Cambridge (Massachusetts), NBER, décembre.

Schaub, G., Jakobsson A.K. (2018). Denmark in NATO: Paying for Protection, Bleeding for Prestige. https://warontherocks.com/2018/07/denmark-in-nato-paying-for-protection-bleeding-for-prestige, 17 juillet (consulté le 17 juillet 2018).

Hassner, P. (2018). L'Europe et la puissance. *Question d'Europe* n°475, Paris, Fondation Robert Schuman, 28 mai.

Kaldor, M. (1986). Guerre des étoiles et développement économique. *Économie et Humanisme*, n°292, novembre-décembre, 29-36.

Kennedy, P. (1988). *Naissance et déclin des grandes puissances*. Petite Bibliothèque Payot n°63, Paris, Payot (1991).

Malizard, J., Fontanel, J. (2017). Les dépenses militaires, un indicateur polysémique, évolutif et concurrence de la sécurité nationale *in* Centre Thucydide (dir.), *Annuaire français des relations internationales*, vol. 18, Paris, Éditions Panthéon-Assas, 793-809.

Mazarr, M.J., Rhoades, A.L. (2018). *Testing the Value of the Postwar International Order*. Santa Monica, RAND Corporation.

Pietri, A., Tazdaït, T., Vahabi, M. (2017) The Economics of Empire-Building: Predatory and Price Competitions. *Journal of Institutional and Theoretical Economics*. 173(2), 253-278.

Reinhart, C., Rogoff, K. (2010). Debt and growth revisited. *VOX, CEPR Policy Portal*, https://voxeu.org/article/debt-and-growth-revisited, 11 août (consulté le 7 août 2018).
Rufin, J.C. (1991). *L'empire et les nouveaux barbares*. Paris, Lattès.
Smith, J. (2018). China's Belt and Road Initiative: Strategic implications and international opposition. *Backgrounder* n°3331, Washington, Heritage Foundation, 9 août.
Vahabi, M. (2016). *The Political Economy of Predation, Manhunting and the Economics of Escape*. New York, Cambridge University Press.

Les garanties de la Convention européenne des droits de l'homme à l'épreuve des opérations militaires internationales

Katarzyna BLAY-GRABARCZYK

Le professeur Jacques Aben a consacré un nombre important de ses écrits aux questions de la sortie des crises internationales[6]. A défaut de pouvoir présenter une analyse exhaustive, cette contribution propose, en son hommage, un aperçu de la jurisprudence de la Cour européenne des droits de l'homme dans le domaine des conflits armés.

Les rapports entre les textes garantissant la protection des droits de l'homme et le droit des conflits armés sont aujourd'hui clairement établis. Aux yeux de certains États, le droit des conflits armés traite des moyens et méthodes de combat et régit la licéité de l'utilisation de la force, alors que le droit international des droits de l'homme est centré sur la reconnaissance des droits et libertés fondamentales des individus[7]. Le développement du droit international humanitaire autour du concept fondamental de « personne protégée » dans les Conventions de Genève de 1949 a toutefois permis un rapprochement entre ces deux branches du droit. La protection des victimes de la guerre constitue un objectif commun fondamental entre le droit des conflits armés et le droit international des droits de l'homme. Le développement spectaculaire des droits de l'homme tout au long de la deuxième moitié du XXème siècle a également contribué au renforcement du droit international humanitaire. Ainsi, la Cour internationale de justice affirme désormais clairement que les conventions de protection des droits de l'homme sont applicables, y compris en période de conflit armé. A ses yeux, la protection offerte par ces traités ne cesse « *si ce n'est par l'effet de clauses*

---

[6] V. par exemple J. Aben, « *Sortie de crise et promotion des intérêts nationaux* », in F. Rousseau et Fr. Muracciole (dir.), Combats, Hommages à Jules Morin, Michel Houdiard Editeur, Paris 2010, pp. 449-458 ; J. Aben, « *Crise et sortie de crise au Kosovo* », Annales de l'Université Toulouse 1 Capitole, tome LIII, 2011-2012, pp. 257-274 ; J. Aben, « *Les actions civilo-militaires* » et « *Les actions civilo-militaires au Kosovo* », in P.-H. Garcia (éd.), « *99 questions sur la défense* », CNNDP, Paris, 2007, 2ème édition, questions 48 et 49.

[7] Voir l'argumentaire des États devant la CIJ dans son avis consultatif relatif à *Licéité de la menace ou de l'emploi d'armes nucléaires* du 8 juillet 1996. Certains États argumentaient que le Pacte international sur les droits civils et politiques « *vise la protection des droits de l'homme en temps de paix, alors que les questions relatives à la privation illicite de la vie au cours d'hostilités sont régies par le droit international applicable dans les conflits armés* » (§ 24).

dérogatoires », admises par ces instruments en cas de guerre ou autre danger public[8].

En effet, le texte de la Convention européenne des droits de l'homme s'applique principalement en temps de paix. Toutefois, son article 15 prévoit une clause générale de dérogation en cas de circonstances exceptionnelles[9]. Cette disposition permet en effet à un des États parties de prendre des mesures dérogatoires à ses obligations découlant de la Convention[10] en cas de guerre ou autre danger menaçant la vie de la nation, mais dans la stricte mesure où la situation l'exige[11]. Depuis l'arrêt *Lawless*, la Cour européenne précise que cette disposition s'applique aux situations « *de crise ou de danger exceptionnel et imminent qui affecte l'ensemble de la population et constitue une menace pour la vie organisée de la communauté composant l'État* »[12]. La Cour européenne des droits de l'homme a très tôt connu des affaires s'inscrivant dans le cadre d'un conflit international[13]. Le succès que la juridiction européenne des droits de l'homme connaît depuis de nombreuses années et l'élargissement progressif du Conseil de l'Europe, intégrant les pays d'Europe centrale et orientale[14], ont amené le juge européen à se prononcer sur la compatibilité des actions des forces armées étatiques ou internationales avec les obligations conventionnelles. En effet, « *le recours à l'article 15 n'empêche pas la Cour européenne de contrôler le caractère raisonnable des mesures prises dans ce cadre* »[15].

Sans pouvoir prétendre à une étude exhaustive, l'objectif de cette contribution est de dresser un panorama sélectif d'affaires mettant en lumière certains aspects des conflits armés (I). La Cour européenne des droits de

---

[8] CIJ, avis, 8 juillet 1996, *Licéité de la menace ou de l'emploi d'armes nucléaires*, § 25, CIJ, avis, 9 juillet 2004, *Conséquences juridiques de l'édification d'un mur dans le territoire palestinien occupé*, § 106 ou encore CIJ, 19 décembre 2005, *Affaire des activités armées sur le territoire du Congo (Congo c/ Uganda)*, § 216.

[9] Article 15 de la Convention prévoit qu' « *en cas de guerre ou en cas d'autre danger menaçant la vie de la nation, toute Haute Partie contractante peut prendre des mesures dérogeant aux obligations prévues par la présente Convention (...)* ».

V. sur ce point P. Tavernier, « Commentaire de l'article 15 » in L.-E. Pettiti, E. Decaux et P.-H. Imbert (dir.), *Convention européenne des droits de l'homme, commentaire article par article*, Economica, 2ème éd., 1999, p. 489.

[10] Cour EDH, Gr. Ch., 12 sept. 2012, *Nada c/ Suisse*, n° 10593/08, § 224, *JCP G* 2012, 1016, act. H. Surrel.

[11] Cour EDH, 18 janvier 1978, *Irlande c/ Royaume-Uni*, n° 5310/71, § 194, *JDI* 1980, 449, obs. P. Rolland ; Cour EDH, 7 juillet 2011, *Al-Jedda c/ Royaume-Uni*, n° 27021/08, § 99, *RDP* 2012, 801, obs. L. Milano.

[12] Cour EDH, 1er juil. 1961, *Lawless c/ Irlande*, A/3, § 28.

[13] Com. EDH, rapp., 10 juil. 1976, *Chypre c/ Turquie*, n° 6780/74 et 6950/75.

[14] 47 États sont aujourd'hui membres du Conseil de l'Europe et par la même États parties à la Convention européenne des droits de l'homme.

[15] G. Gonzalez, « *L'état d'urgence au sens de l'article 15 de la Convention européenne des droits de l'homme* », *CRDF* n° 6, 2007, p. 98.

l'homme a ainsi été amenée à adapter sa jurisprudence aux spécificités de cette branche du droit (II).

I – Les actions des forces armées soumises au contrôle de la Cour européenne des droits de l'homme

L'apparition des requêtes concernant les violations de la Convention lors des affrontements armés ont amené la Cour de Strasbourg à se prononcer à la fois sur la responsabilité des États parties lors des conflits armés internes (A) et sur leur responsabilité lors des opérations militaires internationales (B).

A.-. L'engagement de la responsabilité des États parties lors des conflits armés internes

La question de la responsabilité des États parties à la Convention européenne des droits de l'homme lors des opérations militaires a donné lieu à une jurisprudence relativement importante, obligeant ainsi le juge européen à adapter sa jurisprudence. Ainsi, il a connu un certain nombre d'affaires, principalement dans le cadre du conflit armé en Tchétchénie[16], concernant les affrontements entre les forces de sécurité turques et le PKK (Parti des travailleurs du Kurdistan)[17] ou encore concernant le conflit armé au moment de la dislocation de l'ex-Yougoslavie.

En examinant les affaires, la Cour de Strasbourg a été confrontée à la question de l'utilisation disproportionnée de la force de la part des forces de sécurité turques dont les actions ont conduit à des incendie de maisons[18], à la destruction[19] ou encore au bombardement de villages[20]. Elle s'est notamment prononcée sur l'usage disproportionné de la force lors de la campagne militaire russe menée en Tchétchénie entre 1999 et 2000, sur les attaques de l'armée russe[21] ou encore sur les exécutions extrajudiciaires qui ont pu être pratiquées[22].

---

[16] Le service de presse de la Cour européenne des droits de l'homme fait état de 250 arrêts concluant à la violation de la Convention par la Russie dans le cadre du conflit dans le Caucase du Nord, dont 60% concernent des disparitions forcées (*cf. infra*).

[17] Le service de presse de la Cour européenne des droits de l'homme fait état de quelques 280 arrêts rendus par la juridiction de Strasbourg dans le contexte de la lutte contre le terrorisme à partir des années 1990.

[18] Cour EDH, Gr. ch., 24 juillet 1998, *Mentes et al. c/ Turquie*, req. n° 23186/94.

[19] Cour EDH, 18 juin 2002, *Orhan c/ Turquie*, req. n° 25656/94.

[20] Cour EDH, 12 novembre 2013, *Benzer et al. c/ Turquie*, req. n° 23502/06.

[21] Cour EDH, 29 mars 2011, *Esmukhambetov et al. c/ Russie*, req. n° 23445/03 (attaque aérien d'un village) ou Cour EDH, 3 octobre 2013, *Abdulkhanov et al. c/ Russie*, req. n° 227821/06 (frappe de l'armée).

[22] Cour EDH, 26 juillet 2007, *Moussaïev et al. c/ Russie*, req. n° 57941/00, 58699/00 ou 60403/00 ou Cour EDH, 25 novembre 2010, *Amuyeva et al. c/ Russie*, req. n° 17321/06.

Le juge européen a également été amené à statuer sur les disparitions forcées de personnes alléguées par leurs proches[23] et plus précisément quant à l'absence d'enquêtes effectives[24] qui auraient dû être menées par les autorités russes sur ce point. Ainsi par exemple, dans l'affaire *Aslakhanova*, la Cour a rappelé qu'elle avait conclu à la violation des articles 2 (droit à la vie), 3 (interdiction de traitements inhumains et dégradants), 5 (droit à la liberté et à la sûreté) ou encore 13 (droit à un recours juridictionnel effectif) dans plus de 120 affaires concernant des disparitions inexpliquées survenues dans le Caucase du Nord. Elle avait notamment suggéré aux autorités russes de prendre des mesures permettant d'alléger les souffrances des proches des victimes en leur fournissant des informations pertinentes, en conduisant des travaux d'expertise menant à la localisation et à l'exhumation des personnes décédées et en créant un organe chargé de résoudre les cas des disparitions dans la région. L'exécution de l'arrêt et le respect des obligations conventionnelles mettaient également à la charge de la Russie l'adoption d'un plan d'action permettant de faire toute la lumière nécessaire sur l'ensemble de ces affaires et sur l'implication supposée d'agents de l'État dans ces enlèvements[25].

Les conflits internes n'ont pas été les seuls à être contestés devant la Cour de Strasbourg. Un certain nombre d'opérations militaires effectuées dans le cadre des conflits armés internationaux lui ont également été soumis.

B.-. L'engagement de la responsabilité des États parties lors d'opérations militaires internationales

La Cour de Strasbourg a été tout d'abord confrontée à des conflits entre deux États parties à la Convention européenne et se déroulant donc sur le territoire couvert par des dispositions conventionnelles. En effet, très rapidement, le juge européen des droits de l'homme a dû se prononcer sur le conflit survenu entre Chypre et la Turquie à la suite d'opérations militaires menées en 1974 et à la suite de la division de l'île qui en a résulté. Les principaux enjeux de ce conflit ont fait l'objet d'une des rares affaires

---

[23] Cour EDH, 15 février 2011, *Palic c/ Bosnie-Herzégovine*, req. n° 4704, § 71 (disparition d'un commandant des forces armées locales alors qu'il devait négocier la reddition de ses forces). Dans cette affaire, la Cour conclut à la non-violation de l'article 2 de la Convention européenne des droits de l'homme.

[24] Cour EDH, *Orhan, préc.*, § 348 (disparition et mort présumé du fils et de deux frères des requérants), Cour EDH, 31 juillet 2002, *Er et al. c/ Turquie*, req. n° 23016/04, § 87 (décès présumé de proches parents des requérants) ; Cour EDH, 16 avril 2013, *Meryen Celik et al. c/ Turquie*, req. n° 3588/03, § 85 (disparition et décès présumé de 12 des proches des requérants) ; Cour EDH, 18 septembre 2014, *Petimat Ismailova et al/ c/ Russie*, req. n° 25088/11, § 396 (disparition des 17 personnes entre 2001 et 2006 après avoir été arrêtées à leur domicile en Tchétchénie) ou encore Cour EDH, 9 octobre 2014, *Sultygov et al. c/ Russie*, req. n° 42575/07, § 445 (disparition de 17 hommes et 1 femme entre 2000 et 2006 après avoir probablement été arrêtés en Tchétchénie par des militaires russes).

[25] Cour EDH, 18 décembre 2012, *Aslakhanova et al. c/ Russie*, req. n° 2944/06, §§ 158-239.

interétatiques[26], soulevant à la fois la question des disparitions des chypriotes grecs[27], le non-respect du domicile et des biens des personnes déplacées ou encore les conditions de vie des chypriotes dans la partie nord de l'île sous l'autorité de l'autoproclamée « République turque de Chypre du Nord »[28]. La Cour européenne a également été appelée à arbitrer les conséquences du conflit relatif au Haut-Karabakh, à la fois concernant le contrôle effectif exercé par l'Arménie[29] et le contrôle effectif exercé par l'Azebaïdjan[30] sur ce territoire.

En outre, le juge européen a été appelé à se prononcer sur des opérations militaires internationales menées par des forces armées des États parties à la Convention dans le cadre de leurs obligations résultant de l'appartenance à l'Organisation des Nations Unies (ONU) ou à l'Organisation du traité de l'Atlantique Nord (OTAN). Dans certains arrêts mettant en cause les opérations de l'ONU dans le cadre du chapitre VII de la Charte des Nations Unies[31] ou les bombardements de l'OTAN en ex-Yougoslavie[32], le juge européen s'est reconnu incompétent *rationae personae*. A ses yeux, les opérations réalisées dans le cadre du chapitre VII et dans l'objectif de maintien de la paix et de la sécurité internationale étaient directement imputables à l'Organisation des Nations Unies et non aux États parties à la Convention[33].

---

26 Cour EDH, Gr. Ch., 10 mai 2001, *Chypre c/ Turquie*, req. n° 25781/94, *JDI* 2002, p. 289, note E. Delaplace.

27 Voir également Cour EDH, Gr. Ch., 18 septembre 2009, *Varnava et al. c/ Turquie*, req. n° 16064/90.

28 V. également Commission EDH, rapp., 10 juillet 1976, *Chypre c/ Turquie*, req. n° 6780/74 et 6950/75.

29 Cour EDH, Gr. ch., 16 juin 2015, *Chiragov et al. c/ Arménie*, req. n° 13216/05, § 186 (exercice d'un contrôle effectif par l'Arménie sur le Haut Karabakh).

30 Cour EDH, Gr. ch., 16 juin 2015, *Sargsyan c/ Azerbaïdjan*, req. n° 40167/06, § 151 (contrôle effectif de l'État défendeur sur le village, objet du litige, se trouvant dans la zone contestée)

31 Cour EDH, déc., 11 juin 2013, *Stichting Mothers of Srebernica et al. c/ Pays-Bas*, req. n° 65542/12 (action engagée contre ONU et question de l'immunité de juridiction devant les tribunaux nationaux) ou Cour EDH, déc., 30 août 2016, *Mustafic-Mujic et al. c/ Pays-Bas*, req. n° 49037/15 (action contre 3 militaires néerlandais à l'époque membres de la force de maintien de la paix de l'ONU).

32 Cour EDH, déc., Gr. ch., 12 décembre 2001, *Bankovic et al. c/ Belgique et 16 autres Etats contractants*, req. n° 52207/99, *JCP G* 2002, n° 3, chron. F. Sudre. ; Cour EDH, Gr. ch., 14 décembre 2006, *Markovic et al. c/ Italie*, req. n° 1398/03.

33 Dans l'affaire *Behrami et Behrami c/ France* et *Saramati c/ France, Allemagne et Norvège*, req. n° 71412/01 et 78166/01 (Cour EDH, Gr. Ch., 2 mai 2007) les actions respectives de la KFOR et de la MINUK au Kosovo ont été considérées comme responsable de l'explosion des bombes non déminées à la suite des bombardements de l'OTAN qui avaient blessé un enfant et tué un autre. Or, aux yeux de la Cour européenne, la KFOR avait exercé des pouvoirs que le Conseil de sécurité lui a légitimement délégués en vertu du chapitre VII (§ 141 de l'arrêt). De même, l'action de la MINUK, organe subsidiaire de l'Organisation des Nations Unies instauré en vertu du chapitre VII, ne peut être imputée aux États parties à la Convention européenne des droits de l'homme mais à l'ONU (§142 de l'arrêt).

Les opérations militaires internationales menées en Irak ont toutefois permis une extension du contrôle de la Cour européenne des droits de l'homme. Plus précisément, en vertu de l'article 1er de la Convention, le juge de Strasbourg est compétent pour connaître des affaires portées devant lui, à condition que les requérants relèvent de la « juridiction » de l'un des États parties. En effet, l'exercice de la « juridiction » est une « *condition sine qua non (...) pour qu'un État contractant puisse être tenu pour responsable des actes ou omissions à lui imputables qui sont à l'origine d'une allégation de violation des droits et libertés énoncés dans la Convention* »[34].

Or, les interventions armées dans le cadre des coalitions internationales ou les actes commis en dehors du territoire de l'État partie à la Convention européenne des droits de l'homme soulevaient la question, débattue par la doctrine, de l'application extraterritoriale du texte conventionnel[35]. Si le principe, posé dans l'affaire *Bankovic*[36], et réaffirmé à plusieurs reprises[37], est celui d'une application « *territoriale* » de la Convention en vertu de l'article 1er de la Convention, la Cour a toutefois étendu l'application du texte conventionnel « *hors* » le territoire des États parties. Elle a par exemple considéré que les forces britanniques[38] ou néerlandaises[39] détenaient un « *contrôle effectif* » sur le territoire irakien qu'elles occupaient et que les États parties engageaient ainsi leur responsabilité puisqu'ils exerçaient leur « *juridiction* » au sens de l'article 1er de la Convention. Ils ont ainsi été considérées comme responsables de l'internement de civils irakiens ou de leurs décès. De même, les autorités britanniques ont violé les dispositions de

---

[34] Cour EDH, Gr. Ch., 7 juillet 2011, *Al-Jedda c/ Royaume-Uni,* req. n° 27021/08, § 74.

[35] V. par exemple : G. Gaja, « Responsabilité des États et/ou des organisations internationales en cas de violation des droits de l'homme : la question de l'attribution », in SFDI, *Journée d'études de Strasbourg, La soumission des organisations internationales aux normes internationales relatives aux droits de l'homme*, Pédone, 2006, pp. 95-103 ; S. Karagiannis, « Le territoire d'application de la Convention européenne des droits de l'homme. *Vaetera et nova, RTDH* 2005, pp. 33-120 ; E. Lagrange, « L'application de la Convention de Rome à des actes accomplis par les États parties en dehors du territoire national », *RGDIP* 2008, pp. 521-564 ; P.-F. Laval, « A propos de la juridiction extraterritoriale de l'Etat. Observations sous l'arrêt *Al-Skeini* de la Cour européenne des droits de l'homme du 7 juillet 2011 », *RGDIP* 2012, pp. 61-88 ou encore L.-A. Sicilianos, « Le Conseil de sécurité, la responsabilité des États et la Cour européenne des droits de l'homme : vers une approche intégrée ? », *RGDIP* 2015, pp. 779-795.

[36] Cour EDH, déc., *Bankovic et al., préc., JCP G* 2002, n° 3, chron. F. Sudre. Dans cette décision, le juge européen précise que « *la compétence juridictionnelle d'un Etat est principalement territoriale* ».

[37] V. par exemple : Cour EDH, Gr. ch., 8 juillet 2004, *Ilascu et al. c/ Moldova et Russie,* req. n° 48787/99, § 312, *GACEDH* n° 70 ; Cour EDH, Gr. ch., 30 juin 2005, *Bosphorus c/ Irlande,* req. n° 45036/98, § 136 ; Cour EDH, Gr. ch., *Markovic et al., préc.*, § 49 ou encore Cour EDH, Gr. ch., 23 février 2016, *Mozer c/ Moldova et Russie,* req. n° 11138/10, § 97

[38] Cour EDH, Gr. ch., *Al-Skeini, préc.*, § 149 (situation des civils irakiens tués par des forces britanniques) ou Cour EDH, *Al-Jedda c/ Royaume-Uni, préc.*, § 86 (détention du requérant dans un centre de Bassora contrôlé par les autorités britanniques).

[39] Cour EDH, Gr. Ch., *Jaloud c/ Pays-Bas, préc.*, § 152.

la Convention en livrant aux autorités irakiennes deux dignitaires du parti Baas alors que cette remise les exposait potentiellement à la peine de mort[40].

L'extension des garanties de la Convention à des opérations militaires internes et internationales a conduit la Cour de Strasbourg à prendre en compte non seulement le droit applicable aux conflits armés, mais également à adapter son contrôle.

II- L'adaptation du contrôle de la Cour européenne des droits de l'homme au droit des conflits armés

Malgré les réticences initiales concernant l'application du droit international humanitaire[41], la Cour européenne des droits de l'homme a intégré les spécificités du droit des conflits armés dans son contrôle (A), tout en veillant en parallèle à préserver le noyau dur des droits de l'homme (B).

A.-. La prise en compte de la spécificité du droit des conflits armés

Initialement, le juge européen semblait faire abstraction du contexte dû aux affrontements militaires et ne se référait pas au droit des conflits armés[42]. Le droit international humanitaire et le droit international des droits de l'homme n'ont en effet pas d'objets identiques. Par conséquent, « *des conflits peuvent ressurgir lorsque l'acte en question, qui est le résultat d'une autorisation prévue par les dispositions du droit international humanitaire, peut être jugé licite à ses termes, mais contraire à la Convention* »[43]. Toutefois, progressivement, « *le droit humanitaire, dont les dispositions s'appliquent sur le territoire soumis au contrôle des États parties au conflit, a exercé une influence indirecte sur la Convention qui s'est vu reconnaître des effets potentiellement extraterritoriaux* »[44]. Dans ses arrêts, la Cour a ainsi affirmé que les dispositions conventionnelles doivent être interprétées, « *dans la mesure du possible à la lumière des principes du droit international, notamment des règles du droit international humanitaire, qui jouent un rôle*

---

[40] Cour EDH, 2 mars 2010, *Al-Saadoon et Mufdhi c/ Royaume-Uni*, req. n° 61498/08, *JCP G* 2010, 327, act. K. Grabarczyk (aucune assurance n'ayant été prise par les autorités britanniques quant à la non-application de la peine capitale, la Cour européenne a conclu à la violation de l'article 3 interdisant la torture et les traitements inhumains et dégradants).

[41] L.-A. Sicilianos « L'articulation des droits de l'homme et du droit international humanitaire dans la jurisprudence de la Cour EDH », Rencontre avec une délégation de la Cour internationale de justice, Strasbourg, 25-26 juin 2015, https://www.echr.coe.int/Documents/Speech_20150626_Juge_Sicilianos.pdf.

[42] *Idem.*

[43] E. Vasalou, *op. cit.*, *RTDH* 2017, p. 959.

[44] E. Vasalou, « *Les rapports normatifs entre le droit international humanitaire et la Convention européenne des droits de l'homme. Le droit international humanitaire, une lex specialis par rapport à la Convention européenne des droits de l'homme ?* », *RTDH* 2017, p. 963.

indispensable et universellement reconnu dans l'atténuation de la sauvagerie et de l'inhumanité des conflits armés »[1].

Sans établir de hiérarchie entre le droit international humanitaire et le droit issu de la Convention, la Cour européenne s'est efforcée de trouver une interprétation la plus harmonieuse possible. Dans l'arrêt *Al-Jedda,* en se fondant sur l'interprétation de la Cour internationale de justice[2], sur l'article 43 du règlement de la Haye[3] et sur la quatrième convention de Genève de 1949, elle a conclu à la violation du droit à la liberté et à la sûreté reconnu à l'article 5 de la Convention en précisant qu'en vertu du « *droit humanitaire international, l'internement doit être considéré non pas comme une mesure que la puissance occupante serait tenue de prendre, mais comme une action de dernier ressort* »[4].

Dans l'arrêt *Hassan*, confrontée à un conflit potentiel entre la troisième[5] et et la quatrième Convention de Genève de 1949[6] d'une part et l'article 5 de la Convention garantissant le droit à la liberté et à la sûreté d'autre part, la Cour a voulu concilier des dispositions divergentes, au point d'introduire des contradictions avec sa propre jurisprudence. Confrontée à la question de l'incarcération et de la détention du frère d'un requérant par les forces britanniques en Irak, la Cour a précisé que « *les motifs de privation de liberté autorisés exposés aux alinéas a) à f) de l'article 5 doivent, dans la mesure du possible, s'accorder avec la capture de prisonniers de guerre et la détention de civils représentant un risque pour la sécurité sur la base des troisième et quatrième Conventions de Genève* »[7]. Ce faisant, le juge européen a introduit de manière prétorienne une nouvelle dérogation à l'interdiction de privation de liberté, énoncée par l'article 5 de la Convention, en s'exposant à des critiques quant à l'abaissement du standard de protection conventionnelle et à la réécriture de la Convention[8]. Or, en vertu de sa propre jurisprudence, les motifs autorisant une privation de liberté énumérés dans les alinéas a) à f) de l'article 5§1 sont exhaustifs[9]. Même si le résultat de l'interprétation est sujet

---

[1] Cour EDH, *Varnava, préc.*, § 185 ou Cour EDH, Gr. Ch., *Hassan, préc.*, § 102.

[2] CIJ, *Affaire des activités armées sur le territoire du Congo, préc.*

[3]En vertu de l'article 43 du Règlement de la Haye « *L'autorité du pouvoir légal ayant passé de fait entre les mains de l'occupant, celui-ci prendra toutes les mesures qui dépendent de lui en vue de rétablir et d'assurer, autant qu'il est possible, l'ordre et la vie publics en respectant, sauf empêchement absolu, les lois en vigueur dans le pays* ».

[4] Cour EDH, Gr. ch., *Al-Jedda*, préc., § 107.

[5] Convention de Genève relative au traitement des prisonniers de guerre du 12 août 1949.

[6] Convention de Genève relative à la protection des personnes civiles en temps de guerre du 12 12 août 1949/

[7] Cour EDH, Gr. ch., *Hassan, préc.*, § 104.

[8] P. Frumer, « Quand droits de l'homme et droit international humanitaire s'emmêlent : un regard critique sur l'arrêt *Hassan c. Royaume-Uni* », *RTDH* 2015, pp. 481-507 ou N. Hervieu, « La jurisprudence européenne sur les opérations militaires à l'épreuve du feu », *Revue des droits de l'homme*, 2014, http://journals.openedition.org/revdh/890.

[9] Cour EDH, 8 juin 1976, *Engel et al. c/ Pays-Bas, GACEDH* n° 4, § 57.

à critiques, l'objectif visé par la Cour européenne des droits de l'homme a été celui d'adapter les dispositions conventionnelles au droit des conflits armés. Par ailleurs, la prise en compte du droit des conflits armés ne l'empêche pas de préserver le noyau dur des droits de l'homme et du maintenir ses exigences jurisprudentielles en la matière.

B.-. La préservation du noyau dur des droits de l'homme

L'existence d'un conflit armé permet à la Cour d'adapter son contrôle et de prendre en compte certaines circonstances particulières. En revanche, il ne constitue nullement un blanc-seing, laissé aux États parties à la Convention. L'article 15 de la Convention autorise, certes, les dérogations au texte conventionnel pendant une période menaçant l'ordre public. Toutefois, son paragraphe 2 insiste explicitement sur le fait que cette disposition « *n'autorise aucune dérogation* » au droit à la vie, sauf en cas de décès résultant d'actes licites de guerre, à l'interdiction de torture ou de traitements inhumains et dégradants, à l'interdiction de l'esclavage ou encore à la règle de la légalité des délits et des peines[1]. Autrement dit, « *matériellement, la dérogation ne saurait exempter l'État de respecter les droits qui ne peuvent en souffrir aucune* » et le contrôle opéré par la Cour concernant ces dispositions « *ne se fera pas moins strictement qu'en situation normale* »[2].

Ainsi, l'article 2, garantissant le droit à la vie, vise non seulement les cas où la mort a été infligée intentionnellement, mais « *aussi les situations dans lesquelles est permis un recours à la force pouvant conduire à donner la mort de façon involontaire* »[3]. Le recours à la force doit cependant être rendu « absolument nécessaire », y compris lors des circonstances exceptionnelles. A plusieurs reprises, la Cour a notamment rappelé que cette disposition impose à la charge des États une obligation d'enquêter de manière effective sur les circonstances qui ont pu conduire au décès d'une personne du fait de l'action d'agents de l'État. Cette obligation procédurale classique continue de s'appliquer « *même si les conditions de sécurité sont difficiles, y compris dans un contexte de conflit armé* »[4]. Elle n'a pas hésité ainsi à condamner des

---

En effet, l'article 5 prévoit que « *nul ne peut être privé de sa liberté, sauf dans les cas suivants* ». L'article dresse ainsi une liste de six cas de privation de liberté reconnus par ce texte[9], à savoir la détention après une condamnation (alinéa a), la détention après une arrestation en vertu d'une ordonnance judiciaire ou d'une obligation légale (alinéa b), la détention provisoire (alinéa c), la détention d'un mineur (alinéa d), la détention de personnes catégorisées (alinéa e) ou encore la détention d'un étranger (alinéa f).

[1] Ces droits conventionnels sont respectivement prévus par les articles 2, 3, 4 et 7 de la Convention EDH.

[2] G. Gonzalez, *op. cit.*, p. 98.

[3] Cour EDH, Gr. ch., *Al-Skeini et al., préc.*, § 162.

[4] Cour EDH, 28 juillet 1998, Ergi c. Turquie, n° req. 23818/94, §§ 79 et 82 ; Cour EDH, 6 avril 2004, Issaïeva c. Russie, req. n° 57950/00, §§ 180 et 210 ; Cour EDH, *Al-Skeini, préc.*, § 164 ou encore Cour EDH, Gr. Ch., *Jaloud c/ Pays-Bas, préc.*, § 186.

exécutions extrajudiciaires[1], des attaques aériennes entrainant la mort de civils[2] ou la conduite d'opérations de sécurité conduisant à des meurtres[3].

De même, l'article 3, prohibant la torture ou d'autres traitements inhumains ou dégradants, interdit également aux États de remettre aux autorités d'un autre État (en l'occurrence irakien) des personnes risquant la peine de mort. Plus précisément, en l'absence de garantie quant à la non-exécution de deux requérants, anciens dignitaires du parti Baas, le Royaume-Uni a emporté la violation de cette disposition[4].

En outre, dans l'affaire *Maktouf et Damjanovic*, le juge européen a été confronté à la question de l'application rétroactive d'une loi pénale dans les affaires de crimes de guerre commis contre des civils pendant la guerre de 1992-1995 en Bosnie-Herzégovine. Le fond du problème concernait la compatibilité de l'article 7 de la Convention, établissant le principe de légalité des délits et des peines, avec l'application rétroactive de la loi pénale, plus sévère, infligée aux requérants reconnus coupables des crimes en question. Face au gouvernement qui arguait que le droit international humanitaire imposait de sanctionner de manière adéquate les crimes de guerre et commandait par la même d'écarter la règle de la non-rétroactivité des délits et des peines, la Cour a observé que la règle inscrite à l'article 7 « *figure aussi dans les Conventions de Genève et leurs Protocoles additionnels* »[5]. Elle a ainsi condamné la Bosnie-Herzégovine pour violation de la Convention.

La jurisprudence de la Cour est beaucoup plus riche sur les points évoqués dans cette contribution. Sans être exempte de critiques, le juge de Strasbourg s'efforce, tout en adaptant sa position aux spécificités et au contexte des opérations militaires internationales, de préserver l'essentiel des droits fondamentaux en faisant prévaloir des droits intangibles en toutes circonstances, y compris en cas de guerre impliquant les États parties à la Convention, mais se déroulant loin de leurs frontières.

2018

V. également sur ce point E. Biotti et J. De Cillia, « L'obligation conventionnelle d'enquête sur les atteintes à la vie dans le contexte des conflits armés », *La Revue des droits de l'homme*, 2014, http://journals.openetidion.orf/revdh/1029.

[1] Cour EDH, 24 février 2005, *Khachiev et Akaïeva c/ Russie*, req. n°57942/00 et 57945/00, § 166 ; Cour EDH, 26 juillet 2007, *Moussaïev et al. c/ Russie*, req. n° 57941/00, 58699/00 et 60403/00, § 165 ou encore Cour EDH, 25 novembre 2010, *Amuyeva et al. c/ Russie*, req. n° 17321/06, § 91.

[2] Cour EDH, *Esmukhambetov et al., préc.*, § 151 ou Cour EDH, *Abdulkhanov et al. préc.*, § 54.

[3] Cour EDH, 27 mars 2012, *Inderbiyeva c/ Russie,* req. n° 56765/08, § 107 ou Cour EDH, 27 mars 2012, *Kadirova et al. c/ Russie*, req. n° 5432/07, § 115.

[4] Cour EDH, *Al-Saadoon et Mufdhi, préc.*, § 171.

[5] Cour EDH, Gr. Ch., 18 juillet 2013, *Maktouf et Damjanovic c/ Bosnie-Herzégovine,* req. n° 2312/08 et 34179/08, §74.

Du service militaire au service national universel : Des obligations militaires aux obligations civiles

Patrice BUFFOTOT

I.-. La France invente le principe du service militaire

Lors de la période révolutionnaire, la France a été à l'origine de la création des obligations militaires pour les citoyens durant le temps de guerre puis dès le temps de paix. L'acceptation du principe de la conscription par la société française n'allait pas de soi. En effet avant 1789, les armées étaient composées de volontaires. La révolution française fait appel dans un premier temps aux volontaires à plusieurs reprises. Mais elle doit pour obtenir plus d'effectifs imposer progressivement des obligations militaires aux citoyens. Elle est dans l'improvisation permanente et ces nouvelles obligations contraignantes provoquent le rejet d'une partie de la population. Il faut attendre le Directoire avec l'adoption de la loi Jourdan du 5 septembre 1798 pour que les principes de la conscription et des obligations miliaires avec un service militaire soient institués. L'Empire va perfectionner le système ce qui permettra à Napoléon d'obtenir des effectifs importants pour mener ses nombreuses campagnes militaires.

Face au rejet du service militaire en 1815, la France revient au modèle d'une armée professionnelle qui sera cependant mixte, car le manque de volontaires nécessite de faire appel malgré tout à une partie d'une classe d'âge par tirage au sort et ce jusqu'en 1872.

C'est la Troisième République qui va rétablir progressivement le service militaire pour arriver en une trentaine d'années au modèle du service militaire obligatoire et universel pour tous avec la loi Maurice Berteaux du 21 mars 1905. Cette loi fera, notamment à l'issue de la Grande Guerre, l'objet d'un consensus politique jusqu'à sa disparition en 1996. On peut dire que le service militaire devient une institution qui n'est plus contestée dans la société française.

La situation politique a profondément changé avec la fin de la guerre froide. Le continent européen n'est plus sous une menace militaire ce qui entraine une réorganisation des systèmes militaires des pays d'Europe occidentale qui se traduit par une professionnalisation des armées. C'est le président J. Chirac qui met fin au service national en 1996. Or il est étonnant de constater qu'avec la « *suspension* » du service national et le passage à une armée professionnelle basée sur le volontariat, on assiste depuis le début des années 2000 à l'éclosion de nombreux projets de services appelés civique ou civile. Le tout dernier projet est le celui d'un service national universel (SNU) qui doit être expérimenté en 2019. On a l'impression que les Français n'ont toujours pas encore «*fait leur deuil*» du service militaire et en sont à proposer des « *ersatz* ». Mais ces projets soulèvent de nombreuses interrogations. Tout d'abord correspondent-ils à des besoins réels de la société ? Apportent-ils une réponse efficace à la crise de la société ? Jusqu'à présent, ces services font appel au volontariat. Est-il possible de le rendre obligatoire ? L'expérimentation du projet de SNU permettra peut-être de répondre à certaines de ces questions.

1.- La Révolution française : Du volontariat à la conscription

L'absence d'obligations militaires avant 1789

Les armées de l'ancien régime sont composées de volontaires. Il existe une milice royale organisée en 1688 par Louvois pour le temps de guerre. En France, la milice est constituée de jeunes hommes célibataires âgés de 16 à 40 ans. Le tirage au sort a été institué en 1694. La milice formait des bataillons dans un cadre régional, qui relevaient les troupes réglées dans les forteresses en temps de guerre. A partir de 1702, ils renforcèrent les bataillons d'active (l'ancêtre du principe de l'amalgame). En 1726, la milice devient permanente. Elles sont constituées en grande majorité de paysans qui refusent de s'éloigner de leur village. Les exemptions sont nombreuses. Ainsi, les hommes mariés, les fils uniques, les domestiques des nobles et de curés, et pour des raisons économiques, les chefs d'entreprises et les contribuables qui payent la capitation en sont dispensés. Certains payent même un volontaire pour les remplacer.

De 1778 à 1782, la milice arrive à mobiliser 60.000 hommes âgés de 20 à23 ans. Cette institution n'est guère populaire dans les campagnes. D'ailleurs les cahiers de doléances de 1789 montrent l'impopularité de la milice. La population n'acceptait pas un service lointain et dangereux et demande sa transformation en un impôt.

La poursuite du volontariat

Le député de l'Assemblée Dubois-Crancée propose à l'Assemblée nationale l'instauration d'un service militaire obligatoire et universel le 12 décembre 1789. Sa proposition est loin de recevoir un écho favorable ; elle est en effet considérée par la majorité des députés comme attentatoire à la liberté. L'obligation militaire est clairement contestée, c'est une forme d'oppression. C'est pour cette raison que l'Assemblée adopte le 16 décembre 1789 un décret sur le principe du recrutement de l'armée par enrôlement volontaire. il existe bien une continuité avec l'ancien régime dans la conception du recrutement des armées.

D'ailleurs les effectifs des armées restent faibles. Le budget de 1789 permet une force de 151.000 hommes (110.000 dans l'infanterie, 9.900 dans l'artillerie et le génie et 31.000 dans la cavalerie)

La milice symbole de l'ancien régime, rejetée par la population, est alors supprimée le 4 mars 1791.

La constitution de l'an II (1791) distingue le citoyen « *actif* » qui doit faire un service dans la garde nationale du citoyen « *passif* ». La garde nationale est une force « *du dedans* », destinée au maintien de l'ordre à l'intérieur des frontières et peut servir de réservoir de volontaires pour les armées. Après la fuite du Roi à Varenne (juin 1791), la garde nationale est mise en activité (décret du 21 juin 1791). Chaque département doit fournir 2.000 hommes minimum sur la base du volontariat, engagement qui dure le temps « *du péril* » et reçoit une rémunération supérieure aux troupes réglées, ce qui aura pour conséquence de « *concurrencer* » les engagements dans les armées dont les effectifs atteindront seulement les 138.000 hommes.

Le soldat est désormais un citoyen qui, par une démarche individuelle, s'enrôle dans les armées. Comme l'explique François Gresle « *L'engagement militaire de celui qui aspire à devenir un citoyen est éminemment souhaitable, mais il reste le fruit d'une décision personnelle, la conséquence logique de son adhésion civique* ».[1].

Les levées de volontaires

La Constituante va faire appel aux volontaires à plusieurs reprises. Elle s'appuie sur l'élan patriotique pour compenser le déficit des effectifs. Il est évident que ces « *volontaires* » seront les hommes les plus favorables à la révolution qui rejoindront les armées.

La première grande levée est celle de l'été 1791 avec 100.000 volontaires pour la durée de la campagne. La seconde grande levée date de 1792, suite à la déclaration de guerre le 20 avril 1792. Le décret du 12 juillet 1792 déclare la patrie en danger et celui du 22 juillet 1792 porte les effectifs de l'armée de 450.000 hommes. Il fixe un contingent par canton. Le décret du 28 juillet 1792 autorise les jeunes gens à s'engager à partir de 16 ans. Dans certains cantons, on assiste à la désignation des volontaires par tirage au sort. Le contingent de volontaires est fixé à 200.000 hommes, mais dans la réalité, il sera inférieur à celui de 1791.

A la bataille de Valmy, le 20 septembre 1792, ce sont essentiellement des troupes réglées qui combattent, les volontaires sont minoritaires.

---

[1] François Gresle, « *Le citoyen soldat garant du pacte républicain ? A propos des origines et de la persistance d'une idée reçue* » in *Retour à l'armée de métier,* (Sous la direction de Jean-Pierre Thomas et François Cailleteau, Paris, Economica, 1998, p.37. (Bibliothèque Stratégique)

A la fin de 1792, l'armée ne compte plus que 220.000 hommes dont 70.000 volontaires. La grande majorité d'entre eux sont rentrés chez eux.

La levée en masse et les premières obligations militaires du citoyen

La révolution doit faire face à une coalition européenne. La victoire des Montagnards va entrainer la prise de mesures autoritaires pour obtenir les effectifs militaires nécessaires ce qui va susciter des troubles dans les campagnes.

Le décret du 21 février 1793 réorganise l'armée en créant la demi-brigade composée de trois bataillons, un de troupes réglées et deux de volontaires. C'est le principe de l'amalgame qui se met en place.

Le décret du 24 février 1793 décide d'une levée de 300.000 hommes en fixant des contingents par départements qui sont réalisés par le volontariat dans un premier temps puis par désignation par les citoyens. Pour plus d'efficacité le décret du 28 mars 1793 prévoit de punir l'insoumission et la désertion des citoyens. Malgré les mesures de contraintes, les résultats sont faibles : ce sont seulement 100.000 hommes qui sont mobilisés trois mois après.

Cette « *levée* » provoque des troubles dans de nombreuses régions, dont la Vendée. Face à cet échec relatif la convention vote le décret de la « *levée en masse* ». C'est le décret du 23 août 1793 de Carnot et Barrère qui décrète la « *réquisition* » des hommes célibataires de 18 à 25 ans, non chargés de famille, sans remplacement possible. Seuls les fonctionnaires et les ouvriers d'armes sont dispensés.

Cette levée est plus efficace que la précédente puisqu'elle mobilise 400.000 hommes en un an portant les effectifs des armées à 750.000 hommes en août 1794.

Les armées françaises connaissent une série de victoires et repoussent les troupes ennemies au-delà du territoire français.

La réquisition impopulaire s'arrête après la chute de Robespierre le 9 thermidor. Les levées seront réduites à 30.000 hommes pour les deux années suivantes 1795 et 1796, pour tomber à 23.000 hommes en 1797. En 1797 les 4/5 des soldats servent depuis 4 ans et plus.

L'instauration de la conscription par le Directoire et l'Empire

Les effectifs des armées françaises atteignent 350.000 hommes au printemps 1798.

La constitution de l'An III prévoit que « *l'armée de terre se forme par enrôlement volontaire et, en cas de besoin, par le mode que la loi détermine* ».

Le Directoire instaure la conscription avec la loi Jourdan du 5 septembre 1798. Son objectif est de fournir des effectifs stables en régularisant le système des levées. L'article 1 stipule que « *Tout Français est soldat, et se doit à la défense de la patrie* ». En cas de guerre « *tous les Français sont appelés à sa défense* » (Article 2) et en temps de paix « *l'armée de terre se forme par des enrôlements volontaires et par voie de conscription militaire* ». (Article 3) Les hommes sont mobilisables de 20 à 25 ans pour 5 ans. La possibilité de se faire remplacer est prévue. (Règlement du 8 mars 1800)

Sur 600.000 jeunes gens soumis à la conscription, 403.000 furent appelés, 248.000 incorporés, et 155.000 désertèrent

Au début de l'Empire les levées sont modérées, environ 40.000 hommes par an. Dans le même temps, l'administration mise en place pour le recrutement passe désormais sous les ordres des préfets et devient de plus en plus efficace.

De 1806 à 1810 les contingents passent à 80.000 hommes puis en 1811 à 120.000 et plus en 1812. La levée extraordinaire de novembre 1813 après la défaite de Leipzig s'élève à 300.000 hommes (par effet rétroactif des classes de 1803 à 1813 et par anticipation de la clase 1814). Il est alors impossible de trouver un remplaçant à cause de son coût élevé, mais surtout par manque de candidats. Les insoumissions et les désertions se multiplient pendant les dernières années de l'empire. Napoléon met en place en 1808 des bataillons spéciaux pour les réfractaires et les déserteurs

Comme le montre Bernard Gainot « *Le service militaire surpasse nettement les niveaux d'impopularité de la milice sous l'Ancien régime, et contribue en priorité à la crise de légitimité du régime bonapartiste* ».[2]

Le nombre de conscrits mobilisés de 1800 à 1814 s'élèverait à plus de 2 millions dont 80% (1,55 millions) provenant des départements de la France de 1789, les autres des territoires annexés. Le taux de désertion qui était au début de 20% tombe à 3,5% en 1806 pour remonter en 1813 à 5%.

Pour François Cailleteau : « *la conscription n'a jamais bénéficié d'un réel soutien populaire comme en témoignent l'extension de l'insoumission et de la désertion à certaines époques et, à toutes, l'importance de l'appareil répressif destiné à l'imposer et l'attrait du remplacement* ».[3]

2.- Le retour au volontariat (1815-1870)

Le rejet du service militaire

La conscription est devenue impopulaire dans toutes les classes de la société après quinze ans de guerres de la Révolution, du Consulat et de

---

[2] in Histoire militaire de la France (Tome 1) (Sous la direction de Hervé Drévillon et Olivier Wieviorka) Paris, éditions Perrin – ministère des Armées, 2018, p 666.
François Cailleteau, « La conscription : une relique barbare ? » in Retour à l'armée de métier (Sous la direction de Jean-Pierre H. Thomas et François Cailleteau), Paris, Economica, 1998, p.54. (Bibliothèque Stratégique)
in Histoire militaire de la France, op cit, p.669.

[3] François Cailleteau, « La conscription : une relique barbare ? » in *Retour à l'armée de métier* (Sous la direction de Jean-Pierre H. Thomas et François Cailleteau), Paris, Economica, 1998, p.54. (Bibliothèque Stratégique)

l'Empire dont les pertes s'élèveraient entre 400 et 500.000 tués pour la révolution et le Consulat (1/3 des effectifs) et sont estimées à 920.000 tués pour la période de l'Empire (soit 40% des effectifs).[4] Les pertes causées par les combats ne représentent que 15,6% des effectifs. Les maladies sont une des causes principales du décès des militaires.

La nécessité d'un service militaire sélectif

La Charte de 1814 de Louis XVIII octroyée aux Français précise dans son article 12 « *La conscription est abolie. Le mode de recrutement de l'armée est fixé par une loi* ».

Pourtant la loi Gouvion-Saint-Cyr du 10 mars 1818 prévoit un service militaire pour compléter le volontariat. En effet malgré les effectifs modestes de l'armée française (240.000 hommes), l'armée a besoin d'une levée de 40.000 hommes chaque année, faute d'un nombre suffisant de volontaires. Le service militaire est sélectif. Les conscrits se voient attribués des numéros et ceux qui tirent un mauvais numéro font un service de six ans. La Loi Suchet du 9 juin 1824, pour faire face à l'augmentation des effectifs de l'armée, doit porter le contingent annuel à 60.000 hommes avec un service de 8 ans ! La loi Soult du 21 mars 1832 ramène la durée du service à 7 ans et prévoit l'organisation d'une réserve, mais qui ne sera pas appliquée. Le système du remplacement est prévu. Un conscrit qui tire un mauvais numéro peut payer un remplaçant qui fera le service à sa place. Des sociétés se créent pour trouver un remplaçant à des jeunes gens fortunés.

Le Second Empire et l'échec de l'armée semi-professionnelle

Napoléon III va s'engager dans des guerres qui impliquent une augmentation des effectifs. Le contingent annuel va alors passer à 100.000 hommes puis à 140.000 hommes lors des campagnes de Crimée et d'Italie.

La loi du 26 avril 1865 supprime le remplacement et créé à la place une exonération. Le conscrit qui a tiré un mauvais numéro peut s'exonérer du service en payant une somme fixée par le ministère. Avec cette somme (une sorte de taxe), le ministère peut recruter des volontaires. On passa de ¼ des appelés pour les remplacements à 1/6 pour les exonérations

La guerre de 1870 est la confrontation de deux modèles d'organisation de la défense : le modèle prussien qui est une imitation du modèle français du Premier Empire et le modèle français, d'une armée semi-professionnelle.

Les Français n'ont pas pris conscience du traumatisme provoqué en Prusse par les défaites subies face à Napoléon 1er. La Prusse veut prendre sa revanche et décide d'imiter le modèle militaire napoléonien pour reconstituer son armée. La victoire prussienne contre l'Autriche à Sadowa en 1866 est celle du modèle prussien permettant d'aligner des effectifs importants grâce à la

[4] in *Histoire militaire de la France*, op cit, p.669.

conscription et à la mobilisation des réserves. Pour Cailleteau, il ne s'agit pas de la transposition des idées de la Révolution française, mais « *de la mise en application des idéaux kantiens parce qu'il faut bien appeler une technocratie : donc une réforme rationnelle conduite par le haut* ».[5] La Prusse, peuplée de 22 millions d'habitants a été capable de mobiliser 500.000 hommes en 1866 contre l'Autriche et de remporter une victoire rapide. La France ne pouvait aligner à la même date que 200.000 hommes. Napoléon III avait bien perçu cette faiblesse en préparant une nouvelle loi qui devait créer des réserves.

La loi du maréchal Niel sur le recrutement de l'armée du 1er février 1868 prévoit un service actif de 5 ans suivi de 4 ans dans la réserve puis 5 ans dans la garde mobile. Celle loi est arrivée trop tard, mais surtout la dimension « *réserve* » n'a pas été appliquée, l'opposition politique s'étant opposée à l'augmentation des effectifs de l'armée.[6] La défaite est celle du modèle français de l'armée semi-professionnelle face au modèle prussien du soldat citoyen et du réserviste.

La France déclare la guerre à la Prusse le 19 juillet 1870. Le rapport de forces est en faveur des Prussiens qui peuvent aligner 518.000 hommes (462.000 fantassins et 48.000 cavaliers) grâce à son système de conscription et de la réserve contre seulement 225.000 hommes pour les Français (200.000 pour l'infanterie et 25.000 cavaliers) qui seront portés à 280.000 fin juillet[7].

La guerre sera courte. En effet une partie de l'armée française est encerclée à Sedan et capitule le 2 septembre avec l'Empereur Napoléon III et 75.000 hommes. Cette défaite provoque la chute de l'Empire. La République est proclamée à Paris le 4 septembre puis un gouvernement de défense nationale s'installe et entend poursuivre la guerre. Le Maréchal Bazaine signe la capitulation à Metz, le 27 octobre 1870 sans avoir combattu, laissant prisonniers 3 maréchaux, 7 généraux et 137.000 hommes. L'armée d'active n'existe quasiment plus puisque 212.000 hommes sont prisonniers en Allemagne.

La seconde guerre (4 septembre 1870- 2 février 1871) est menée par les Républicains. Gambetta appelle à la levée en masse selon le modèle de la révolution. Sur 650.000 hommes levés, il n'obtient en réalité que 250.000 combattants réels avec un encadrement insuffisant en sous-officiers et officiers, la majorité étant prisonniers en Allemagne. Il constitue des armées en province (armées du Nord, de la Loire, de Bourbaki) pour s'opposer aux Allemands et délivrer Paris dont le siège a débuté le 19 septembre 1870. Mais on n'improvise pas une armée efficace en quelques mois face aux 780.000 hommes du général Moltke. Jules Favre signe l'armistice le 28 janvier 1871

---

5 Voir François Cailleteau, « *La conscription : une relique barbare ?* » in *Retour à l'armée de métier*, Paris, Economica, 1998, p.54.

6 Voir, *Retour à l'armée de métier*, op cit., Paris, Economica, 1998, pp 196-204.

7 Voir François Roth. *La guerre de 1870.* Paris, Fayard, 1990, pp 30, 33 –35.

et Thiers engage les négociations le 26 février 1871. Il se trouve confronté à l'insurrection de la Commune de Paris (28 mars – 28 mai 1871) et le 10 mai 1871, la France signe à Francfort le traité de paix. Elle cède l'Alsace et la Lorraine et doit verser une indemnité de 5 milliards de franc-or. Les troupes d'occupation quittent le territoire français le 16 septembre 1873 lorsque la totalité de la somme est versée.

Les conséquences de la guerre de 1870 sont immenses. Elle est à l'origine de la création de l'Empire allemand, proclamé symboliquement à Versailles le 18 janvier 1871 qui constitue un Etat plus puissant que la France. Napoléon III a permis la réunification des Allemands, ce que tous ses prédécesseurs avaient voulu empêcher depuis Richelieu ! C'est l'existence d'une menace militaire allemande qui va peser désormais sur la France et donnera lieu à deux guerres mondiales. Elle ne disparaîtra que le 8 mai 1945, mais persistera dans les esprits jusqu'aux années 70 en France.

3.- Le consensus sur le service militaire obligatoire (1872-1989)

Nous allons assister à un phénomène d'imitation du modèle prussien par les Français par la IIIème République. François Cailleteau explique bien qu'« *En fait, la conscription, au sens que nous donnons à ce mot, a été importée de Prusse en France à la fin de l'Empire et sous la Troisième République, avec de si grandes difficultés qu'il a fallu près de quarante ans pour y parvenir vraiment* ».[8]

Le modèle du service militaire obligatoire avec la loi de 1905

Un débat politique se déroule sur le modèle de défense le plus efficace possible à adopter. Trois écoles s'opposent : les partisans d'une armée professionnelle (la droite), ceux qui veulent un modèle d'armée mixte comprenant des professionnels avec des conscrits (les Républicains) et enfin ceux proposent un modèle de milice comprenant très peu de professionnels (les Socialistes).

Les deux premières lois sur le recrutement de l'armée, la loi de Cissey du 27 juillet 1872 puis la loi Freycinet du 15 juillet 1889 sont des compromis entre les partisans d'une armée de métier et une armée de conscription composée d'appelés et encadrés par des militaires de carrière. La loi Freycinet qui s'inspire du modèle allemand introduit la conscription même si elle n'est pas encore parfaite puisqu'elle utilise toujours le tirage au sort.

Un débat politique se déroule au cours de l'année 1904 lors de l'élaboration de la nouvelle loi sur le recrutement de l'armée. Trois modèles sont en présence : le modèle « *Républicains* » élaboré par le général André qui doit démissionner le 15 novembre 1904 suite à l'affaire des fiches. C'est son

---

[8] François Cailleteau, « *La conscription, une relique barbare ?* », in *Retour à l'armée de métier*, op cit, p.54.

successeur, le ministre Maurice Berteaux, qui défendra le projet de loi devant le parlement. Deux autres projets sont opposés au projet républicain. Il y a le projet de la droite présenté par le comte Cunco D'Ornano qui propose une armée professionnelle de 280.000 hommes. Mais comme ces effectifs sont insuffisants pour faire face à l'armée allemande, il prévoit un service militaire court d'un an qui permettrait d'incorporer 220.000 hommes. L'armée de terre française serait alors forte de 500.000 hommes. Le troisième projet, socialiste est présenté par Edouard Vaillant qui propose de supprimer l'armée professionnelle et de la remplacer par une milice nationale sédentaire. Même si le projet de Vaillant est moins élaboré que le sera celui de Jaurès avec *l'Armée nouvelle* que ce dernier présentera en 1910, les grands thèmes socialistes sont néanmoins en place : le soldat citoyen, l'importance des réserves, un service miliaire court, un nombre réduit de militaires de carrière.[9] Le projet de Vaillant rejeté, les Socialistes se rallient au projet du gouvernement. En effet ce dernier leur donne satisfaction sur plusieurs points : la réduction de la durée du service à 2 ans, l'importance des réserves et le contrôle des militaires de carrière. Le projet républicain est donc voté.

La loi Maurice Berteaux du 21 mars 1905 instaure le service militaire personnel et égalitaire pour tous et supprime toutes les dispenses qui étaient prévues jusqu'alors. Sa durée est de deux ans. La loi prévoit des obligations militaires dans les réserves (11 ans) puis dans l'armée territoriale (6 ans) et enfin dans la réserve de la territoriale (6 ans). Les obligations militaires durent 23 ans après le service militaire proprement dit. A noter que les militaires en activité ne peuvent prendre part aux élections (article 9). L'armée française est devenue « *la grande muette* ».

La victoire de la guerre de 14-18 consacre le modèle Républicain mis en place par la loi de 1905, avec le soldat citoyen, et les réserves. Ce modèle va être interrompu par la défaite de juin 1940, mais le Comité français de libération nationale décide par décret du 24 janvier 1944 de mobiliser les français à l'étranger et c'est par l'ordonnance du 6 janvier 1945 que le Gouvernement provisoire prend les mesures pour le recensement et l'appel des contingents. La base légale reste la loi Painlevé du 31 mars 1928 qui portait la durée du service militaire actif à un an. Il suffit d'en modifier les modalités par décret.

C'est le général de Gaulle, chef du Gouvernement provisoire qui va redonner le droit de vote aux militaires en activité par l'ordonnance du 17 aoû1945.

La IVème République adopte la loi Jules Moch du 30 novembre 1950. Cette loi modifie la loi Painlevé du 31 mars 1928 en portant la durée du service à 18 mois. C'est la situation internationale avec le développement de la guerre

---

[9] Voir de Patrice Buffotot, *Le socialisme français et la guerre. Du soldat-citoyen à l'armée professionnelle (1871-1998)*, Paris-Bruxelles, Editions Bruylant/LGDJ, 1998, pp38-41

froide qui oblige les armées françaises à augmenter ses effectifs pour faire face à la menace du Pacte de Varsovie.

Si la guerre d'Indochine n'a concerné que les soldats professionnels, il n'en est pas de même pour la guerre d'Algérie (1954-1962). C'est le dernier conflit où le contingent est engagé. L'armée française est en effet confrontée à un nouveau type de guerre : la guérilla. Elle doit disposer d'effectifs importants pour contrôler les frontières et l'ensemble du territoire algérien. Les politiques décident de faire appel au contingent, de prolonger la durée du service militaire et de faire appel aux réservistes. Annie Crépin nous rappelle que « *1.179.523 appelés ou rappelés ont participé au conflit qui en huit ans a mis en jeu 2 millions d'hommes portant l'uniforme français entre 1954 et 1962* »[10]. Il est évident que cela a laissé des traces dans l'inconscient collectif du pays.

La fin de la guerre d'Algérie et la réorganisation des armées françaises autour du nucléaire, décidées par le général de Gaulle, allaient réduire les effectifs du contingent, mais aussi ceux des officiers et sous-officiers. Une loi de dégagement des cadres est d'ailleurs adoptée en 1963[11]. La France va connaître une « *révolution* » avec une baisse constante des effectifs militaires de 1962 jusqu'à sa professionnalisation en 1996.

Le service militaire transformé en « *service national* »

Le Service « *national* » a été inventé pour respecter le principe d'égalité des citoyens devant le service militaire. En effet les armées se sont trouvées dans l'incapacité d'absorber la totalité d'une classe d'âge, leurs besoins en conscrits étant inférieurs à l'offre. Le service militaire devint le service national afin de pouvoir incorporer les conscrits en surnombre dans de nouvelles formes de service afin de respecter le principe d'« *égalité* ».

C'est la Loi Pierre Messmer du 9 juillet 1965[12] qui, pour la première fois, utilise le terme de service « *national* ». L'article 2 définit la composition du service national qui se compose désormais en 4 services différents. Un service militaire destiné à répondre aux besoins des armées ; un service de défense destiné à satisfaire les besoins de la défense, et notamment de la protection des populations civiles, en personnel non militaire ; un service de l'aide technique qui contribue au développement des départements et territoires d'outre-mer et enfin un service de la coopération technique en faveur des Etats étrangers qui en font la demande.

---

[10] Voir Annie Crépin, *Histoire de la conscription*, Paris, Gallimard, 2009, p.382. (Coll. Folio Histoire N°169)

[11] Loi N°63-1333 du 30 décembre 1963 édictant diverses mesures de nature à faciliter la réduction des effectifs des officiers par départ volontaire. In *JORF* du 30 décembre 1963, p 11897. Voir aussi la loi N°63-1334 du 30 décembre 1963 relative à l'emploi d'officiers dans les services du ministère de l'éducation nationale in *JORF* du 31 décembre 1963, p 11899.

[12] Loi N°65-550 du 9 juillet 1965 relative au recrutement en vue de l'accomplissement du service national, in *JORF* du 10 juillet 1965, p.5917.

Depuis, les formes civiles et militaires du service national n'ont cessé de se multiplier.

En 1970, la loi Michel Debré[13] cherche à résoudre l'excédent de la ressource apportée par les classes d'âge nombreuses du « *baby boom* » de l'après-guerre. Une première solution consiste à réduire la durée du service à 12 mois. Une seconde est d'élargir les critères de réforme et d'exemptions. Une troisième, que l'on retient, consiste à diversifier le service national. Il est créé deux nouvelles modalités du service national, celui des scientifiques du contingent dans les armées et celui d'un service dans la gendarmerie. Enfin la loi crée, à titre expérimental, un service militaire féminin volontaire.

En1978, est créée la coopération du service national en entreprise (CSNE) suivi en 1986 par la création des volontaires du service national en entreprises (VSNE), extension abusive du régime de la coopération. Il y a eu aussi la possibilité de faire son service dans les ONG à caractère humanitaire

Le service dans la police nationale a été ouvert en 1985 ainsi qu'un service de sécurité civile dans les unités de sapeurs-pompiers comme sapeurs auxiliaires et dans le service des eaux et forêts comme garde forestier.

Il faut aussi mentionner le service d'objection de conscience pour ceux qui refusent de porter les armes. La loi du 21 décembre 1963 a été modifiée par loi du 8 juillet 1983 qui fixe un nouveau régime pour les objecteurs de conscience qui pourront faire un service de 24 mois dans les services de l'administration, les collectivités locales, les organismes à vocation sociale ou humanitaire.

On s'aperçoit que la multiplication de ces différentes formes de service national n'a fait qu'augmenter les « inégalités » que l'on voulait réduire avec la création du « *service national* ». Le remède a accru le mal que l'on voulait soigner.

Le lent processus de « *professionnalisation* » des armées commence à partir de 1981 lors de l'élection présidentielle avec la promesse électorale de François Mitterrand de « *Faire passer la durée du service national à six mois !* » Cette promesse électorale était impossible à mettre en œuvre sans désorganiser complètement les armées françaises. Néanmoins, elle marque les esprits en rendant possible à terme la réduction de la durée du service militaire. Charles Hernu, ministre de la défense par la loi du 8 juillet 1983 met en place un Volontariat pour un service long (VSL) de 4 à 24 mois supplémentaires aux 12 mois du service (soit un total de 16 à 36 mois),[14] premier pas vers une professionnalisation.

---

[13] Loi 70-596 du 9 juillet 1970 relative au service national, in *JORF,* N°159 du 10 juillet 1970, pp 6461-6463.

[14] Loi N°83-605 du 8 juillet 1983 modifiant le code » du service national in *JORF,* N°158 du 9 juillet 1983, pp.2111-2114.

Le service national à dix mois ou la fin du service national

La nouvelle situation internationale rend désormais possible la réduction de la durée du service national. C'est le conseil des ministres du 10 juillet 1991 qui décide d'adopter le projet de loi du service national à dix mois, présentée par Pierre Joxe, alors ministre de la défense. La mesure est effective dès le 1er octobre 1991, trois mois avant la promulgation de la loi, le 4 janvier 1992.[15] Une telle mesure, implique, sans le dire officiellement, que l'on se dirige inéluctablement vers une professionnalisation rampante.

Le Livre Blanc sur la défense (LBD) du 23 février 1994, adopté par le premier Ministre Edouard Balladur et son ministre de la défense François Léotard à la veille des élections présidentielles de 1995, ne prend pas le risque de remettre en cause la question du service national. Il constate l'existence d'une armée mixte et prévoit un accroissement du nombre d'unités professionnalisées. La préoccupation du Livre blanc est celle du respect du principe de l'égalité devant le service. En effet une classe d'âge représente 380.000 hommes jusqu'en 2000. La ressource utile est de 280.000 (soit 100.000 dispenses, exemptions, réformes, et engagements). Les armées ayant besoin de 250.000 appelés, il reste environ 30.000 hommes pour les formes civiles du service national.[16]

La professionnalisation devenait désormais inévitable pour trois raisons. La première est l'intervention militaire au Koweït (janvier - février 1991) dont la France va en tirer les leçons. La seconde est le changement de la situation internationale avec la fin de la guerre froide (dissolution du Pacte de Varsovie le 25 février 1991 et disparition de l'Union soviétique le 26 décembre 1991). Enfin la troisième est le ralliement des Européens à la nouvelle politique d'intervention présentée lors du sommet de l'OTAN à Rome les 7-8 novembre 1991. Cet interventionnisme provoque un changement profond du modèle de défense des pays européens. Ces pays abandonnent leur défense territoriale au profit d'une défense de projection qui implique une professionnalisation de leurs armées. A cela s'ajoute, une quatrième, spécifique à la France, à savoir l'évolution de la société française qui commence à s'ouvrir à la globalisation et à imiter le mode de fonctionnement des sociétés anglo-saxonnes.

4.- Le retour au volontariat et à l'armée professionnelle

Le service militaire n'étant plus justifié puisque désormais, on n'a plus besoin d'une armée de terre nombreuse pour réaliser des interventions extérieures. Dans ces conditions « *Pourquoi continuer à exercer cette*

[15] Loi N°92-9 du 4 janvier 1992 in *JORF*, du 7 janvier 1992, N°5, pp. 324-326.

[16] LBD 1994, Chapitre 6 : Les ressources humaines. Le choix d'une armée mixte, pp.126-132.

contrainte sur nos jeunes compatriotes alors qu'elle n'est plus nécessaire ? » en conclut François Cailleteau.[17]

C'est le président Jacques Chirac élu en juin 1995 qui va prendre la lourde décision de la « professionnalisation » des armées et mettre fin au service national, y compris sa version militaire.

La « *suspension* » du service national (28 octobre 1997)

La conscription étant une institution vieille de plus d'un siècle, il fallait mettre les formes, non pour la supprimer, mais pour la « *suspendre* », d'autant plus que l'on s'était brusquement aperçu, à la lecture des sondages, que les Français restaient toujours attachés au service militaire. On ne parle donc pas de « *suppression* », mais de « *suspension* » en expliquant qu'il est toujours possible de le rétablir dans un très bref délai en cas de besoin. On s'aperçoit 20 ans plus tard que l'on serait dans l'impossibilité d'incorporer la totalité d'une classe d'âge, faute d'infrastructures suffisantes, mais aussi par manque d'encadrement.

La mesure fut annoncée par Jacques Chirac le 22 février 1996, après un conseil de défense tenu la journée même.

Une vaste consultation nationale est lancée avec plus de 10 .000 réunions dans le pays, notamment dans les Mairies, pour faire remonter les opinions des français. Il s'agit de préparer les esprits à la fin du service national.

Jacques Chirac retient dans son discours du 28 mai 1996, la proposition faite par des députés d'un « *Rendez-vous citoyen* » d'une durée d'une semaine. Toutes les autres propositions ont été rejetées à cause de leur coût trop élevé. Adopté en conseil des ministres le 27 novembre 1996, le projet est voté en première lecture par l'Assemblée le 4 février 1997. Mais le président Jacques Chirac décide de dissoudre l'assemblée nationale. Une nouvelle majorité socialiste est alors élue le 1er juin 1997 et une cohabitation s'ouvre alors avec le Président J. Chirac. Le nouveau ministre de la défense, Alain Richard présente un nouveau projet simplifié, dénommé l'« *Appel de préparation à la défense* » (APD) réduit à une seule journée.

Malgré une opposition des députés de droite qui ne peuvent se faire à la disparition complète du principe de la conscription, la loi est finalement adoptée et promulguée le 28 octobre 1997.[18]

L'abandon de la conscription et le passage à la professionnalisation des armées n'est pas propre à la France, mais à l'ensemble des pays européens. Le premier pays à franchir le pas est la Belgique en 1992 suivi par les Pays-Bas en 1993, la France en 1996, l'Espagne le fera en 1998 puis l'Italie et le Portugal en 1999. L'Allemagne sera, pour des raisons historiques, un des

---

[17] François Cailleteau, « *La conscription : une relique barbare ?* » in *Retour à l'armée de métier*, op cit, p.73.

[18] « *Loi portant réforme du service national* » publiée au *JORF*, N°260, du 8 novembre 1997.

derniers pays à passer à la professionnalisation en décembre 2010 qui sera effective le 1er juillet 2011.

La persistance de cet attachement au service national est probablement l'une des raisons qui explique qu'après sa « *suspension* », il réapparait sous des formes diverses jusqu'au dernier projet en date, celui du service national universel.

Le service civil, un « *ersatz* » de service national ?

Depuis le début des années 2000, les politiques font régulièrement des propositions de projets de service national, de service civique ou autres projets impliquant ou non les armées. La proposition d'un service national universel au moment de la campagne électorale présidentielle de 2017 s'inscrit dans ce contexte.

La loi de 1997 avait fixé la fin de la conscription au 31 décembre 2002, mais le recrutement d'engagés en nombre suffisant permet au ministre de la défense Alain Richard d'anticiper la fin des appelés dès le mois d'août 2001.[19]

C'est à partir de ce moment que commencent à fleurir des projets pour l'établissement de services civil ou civique.[20]

On ne dénombre pas moins de 17 projets de service civil pendant la période de 2003 à 2007. Ces projets sont proposés aussi bien par la gauche que par la droite.[21] Leurs caractéristiques communes sont de vouloir développer le civisme, la fraternité, la solidarité, apprendre la vie en communauté, renforcer le lien social et favoriser le brassage social. Comme le souligne le Conseil d'analyse de la société « l'été de la canicule à l'automne 2003 puis la crise des banlieues fin 2005 n'ont pas été pour rien dans ce soudain empressement ».[22]

1- La loi sur le volontariat civil (mars 2000)

Pour répondre aux diverses demandes sociales et en l'absence de textes réglementaires puisque les formes civiles du service national n'existent plus depuis la « *suspension* » du service national, il était nécessaire d'adopter une loi sur le volontariat civil ce qui est fait le 14 mars 2000.[23] Cette loi permet de poursuivre les actions en France, dans les territoires d'Outre-mer et dans le cadre de la coopération internationale, avec des volontaires civils.

---

[19] « *Décret N°2001-550 du 27 juin 2001 relatif à la libération anticipée du service militaire* » in *JORF* du 28 juin 2001, p.10255

[20] On constate que les deux expressions "service civil" et "service civique" sont utilisées. Le "service civique" traduit le lien avec la notion de citoyenneté. L'expression "service civil" est utilisée pour marquer la différence avec l'ancien "service national".

[21] Tableau des projets de service civil (Annexe E), in Luc Ferry, *Pour un service civique*. Rapport au président de la République, Paris, Editions Odile Jacob, 2008, voir pp 190-200.

[22] Luc Ferry, *Pour un Service civique*, op cit, p.47.

[23] Loi N°2000-242 du 14 mars 2000 relative aux volontariats civils institués par l'article L111-2 du code du service national et à diverses mesures relatives à la réforme du service national, In *JORF* N°63 du 15 mars 2000, p 4031

Les Français ou ressortissants des Etats membres de l'UE, âgés de 18 à 28 ans, peuvent être volontaires pour un service civil pour une durée de 6 à 24 mois. L'article 4 en définit les domaines d'activités : la défense civile, l'environnement, la prévention, la cohésion sociale et la solidarité. Dans les territoires d'outre-mer il contribue au développement scientifique économique, administratif, sanitaire et social, éducatif et culturel. Au titre de la coopération internationale, les volontaires participent à l'action de la France dans le monde. Ils contribuent aussi à l'action de la France en faveur du développement de la démocratie et des droits de l'homme. Les volontaires reçoivent une indemnité mensuelle.

2- Un projet de service civique (novembre 2003)

Deux députés socialistes, Daniel Vaillant, ancien ministre de l'Intérieur, et Jean-Marc Ayrault, déposent une proposition de loi tendant à créer un service civique pour tous les jeunes en novembre 2003. Son objectif est politique, car il vise à intégrer les jeunes et, ainsi, à permettre de recréer un lien social.[24] Ce service civique serait obligatoire pour les jeunes gens et les jeunes filles de 18 ans et comporterait deux périodes de 15 jours, sur deux ans. Lors de la première période, ils recevraient une formation théorique sur les valeurs de la République et la seconde serait plus pratique. Le coût est évalué à deux milliards d'euros. Ce projet est rejeté par les députés, le 25 novembre 2003.

3- Un service civil volontaire (juillet 2006)

Ce sont les émeutes dans les banlieues qui vont relancer l'idée d'un service pour encadrer les jeunes. Elles éclatent le 27 octobre 2005 à Clichy sous-bois, à la suite du décès de deux adolescents électrocutés dans un transformateur EDF. Elles s'étendent aux banlieues des grandes villes françaises et durent 20 jours. Le bilan est lourd : ce sont 9.000 véhicules incendiés, des bâtiments publics incendiés (écoles, gymnases, médiathèques, maisons d'associations etc....) L'état d'urgence est institué du 8 au 18 novembre 2005 dans 25 départements et ceux d'Ile-de-France. 2.900 interpellations ont eu lieu et 56 policiers ont été blessés. Le coût des dégâts est évalué à 250 millions d'euros par les assurances.

Ces émeutes suscitent un débat au sein de la société française sur la question du rétablissement d'un service national, qu'il soit civil ou militaire.

La réponse du gouvernement est double. C'est la création, par décret, d'un Service civil[25] en juillet 2006 dont l'objectif est de « *renforcer la cohésion nationale* ». Ce service civique volontaire propose aux jeunes de 16 à 25 ans des stages dans les associations, les collectivités territoriales, les

[24] Daniel Vaillant, « *Pour un service civique et citoyen* » in *Le Figaro* du 28 novembre 2003

[25] Décret n°2006-838 du 12 juillet 2006 relatif au service civil volontaire. In *JORF* n°161 du 13 juillet 2006 page 10444

établissements publics pour une durée fixée entre 6 à 12 mois, indemnisés à 580 euros par mois environ. La durée hebdomadaire de travail est de 24 heures, ce qui permet une formation complémentaire.

Dans le cadre de la campagne présidentielle de 2007 la question est de nouveau abordée. Ainsi Ségolène Royal (Parti socialiste) propose de renforcer le contenu civique des Journées d'appel de préparation de défense. François Bayrou entend développer un service civique universel au sein duquel une défense civile serait à construire.

Le candidat de l'UMP, Nicolas Sarkozy annonce le 29 septembre 2006 dans son discours d'Avignon « Agir pour la Jeunesse », le projet de création d'un service civique pour réinventer la République, où chaque français de 18 à 30 ans pourrait donner six mois de son temps[26]. Ces projets font dire à François Bayrou qu'on lui vole ses idées.

4- La création d'un service civique (13 mai 2010)

Le président Nicolas Sarkozy va créer le service civique par la loi du 10 mars 2010 sous l'impulsion de Martin Hirsch Haut-commissaire aux solidarités actives et à la jeunesse.[27] Ce dernier entame en 2009 des négociations avec les différents acteurs et le sénateur Yvon Collin, dépose le 14 septembre 2009 une proposition de loi portant création d'un service civique[28] qui est adoptée après amendements le 27 octobre 2009. Le texte est transmis à l'Assemblée nationale qui, après discussion d'amendements, l'adopte. La loi entre en vigueur le 13 mai 2010.

Le président François Hollande a eu l'intention de rendre ce service civique obligatoire pour toute une classe d'âge. Mais confronté aux questions juridiques soulevées par un tel projet, il y a renoncé. En effet si la sujétion au service national reposait sur l'article 34 de la constitution,[29] il n'en va pas de même pour un service civique universel. La restriction à la liberté individuelle pour contribuer à la défense de la nation se justifiait. « Mais il n'est pas certain que le même argument vaille pour un service civil imposé à tous : comment s'assurer ici que la restriction de liberté ne soit pas disproportionnée par rapport aux bénéfices que l'exercice de nos droits fondamentaux pourrait en retirer ».[30] Une révision constitutionnelle inscrivant le principe du service

---

[26] C. Bommelaer et C. Gabizon, « *Service civique, une proposition consensuelle mais onéreuse* » in *Le Figaro* du 5 septembre 2006.

[27] Le service civil de 2006 devient le service civique. Loi N°2010-241 du 10 mars 2010 relative au service civique in *JORF* du 11 mars 2010

[28] Sénat, N°612 rectifié. Proposition de loi relative au service civique présentée par M. Yvon Collin, et les membres du groupe RDSE, enregistrée le 14 septembre 2009

[29] Constitution de la République française, Titre V : Des rapports entre le Parlement et le Gouvernement, Article 34 « La loi fixe les règles concernant (...) les sujétions imposées par la Défense nationale aux citoyens en leur personne et leur bien ».

[30] Luc Ferry, *Pour un service civique*. Rapport au président de la République, Paris, éditions Odile Jacob, 2008, p.67

civique dans la Constitution ou bien l'adoption d'une loi justifiant les sujétions imposées permettraient de résoudre la question juridique. Un tel projet doit aussi être conforme à la Convention européenne des droits de l'homme. Luc Ferry pose la question : « Un service civique obligatoire ne risquerait-il pas d'être assimilé à un travail forcé, proscrit aux termes de l'article 4 de cette Convention ? »[31]

L'ancien ministre Luc Ferry qui avait travaillé la question au sein du Conseil d'analyse de la société en 2008, a en effet répondu que si l'on veut un service obligatoire « *il ne pourra être au premier chef que militaire* ».[32] Le nombre des volontaires a atteint le nombre de 100.000 pour l'année 2016. Le budget du SCV est de 390 millions d'euros pour l'année 2017. Certains dénoncent le risque de dévoiements de ce service civique qui « permet trop souvent de compenser des sous financements chroniques au sein des associations ».[33]

5- Le projet de Service national universel (SNU)

Une des promesses électorales du candidat Emmanuel Macron aux élections présidentielles de 2017 a été dans un premier temps l'instauration d'un service national universel. Ce service devait être obligatoire et universel pour une durée d'un mois et s'adresser aux jeunes dans les 3 ans suivant leur 18ème anniversaire. Ce service devait à l'origine assurer « *une formation militaire élémentaire : discipline et autorité, connaissance des priorités stratégiques du pays et des grandes problématiques de sécurité, activités physiques et sportives* ». Il devait aussi permettre de réaliser le bilan de santé et scolaire d'une classe d'âge. Une formation de secouristes pourrait en outre être dispensée. Les auteurs de ces propositions pensent que ce mois de service national devrait aider les jeunes « *à préparer leur entrée dans la vie professionnelle* ». Enfin « *l'accès aux métiers de la défense » en tant que militaire d'active ou dans la garde nationale sera facilité* ». Ce service devait être encadré par les armées et la gendarmerie. Enfin le financement du SNU devait s'inscrire dans l'enveloppe budgétaire de 2% du PIB de l'effort de défense.

Lors de la campagne des élections législatives qui suivent les présidentielles, le mouvement « *En marche* » explique que l'objectif du SNU est de « *renforcer la cohésion républicaine et développer un esprit commun de défense* ». Il doit être l'occasion pour les jeunes d'avoir « une expérience

[31] Luc Ferry, op cit, pp.67-68.
[32] Luc Ferry, « Un service obligatoire ? Impossible ! » in *Le Figaro* du 5 février 2015, p.17. Voir aussi *Pour un service civique. Rapport au président de la République.* Paris, Odile Jacob, 2008. 272 p. (Coll. Penser la société)
[33] Marie-Estelle Pech, "Le bilan en demi-teinte du service civique » in *Le Figaro* du 18 mai 2017, p.14.

de la vie en collectivité, tous milieux sociaux confondus et de fortifier leur engagement citoyen ». [34]

Le Président Macron réaffirme dans son discours du 13 juillet 2017 au ministère des armées, la mise en place de ce projet de « *Service national universel* » qui, selon lui « *permet de sortir de l'individualisme au profit d'un engagement collectif. C'est là le fondement d'une société stable et équilibrée* ».[35] Il annonce à cette occasion la création d'une commission chargée de présenter des propositions. Le samedi 30 septembre 2017, la secrétaire d'Etat auprès de la ministre des armées, Geneviève Darrieussecq, a précisé que cette commission serait nommée par le Premier ministre courant octobre. Elle comprendra des représentants des ministères concernés, des représentants de mouvements de jeunesse, des parlementaires et des personnes qualifiées. Elle devrait remettre ses préconisations au printemps 2018 et les premières expérimentations pourraient se faire dès 2019. Cette commission n'a jamais vu le jour.

Le projet est resté dans un certain flou pendant plus d'une année donnant lieu à des déclarations contradictoires de la part des responsables du projet. Un débat s'instaure dans le pays concernant l'utilité d'un retour à un service militaire et ou civique. De nombreuses contributions viennent nourrir le débat.[36]

Le président de la Commission de la défense de l'Assemblée nationale, Jean-Jacques Bridey a décidé de créer une mission d'information sur « *le service national universel* » composée de dix membres[37]. La Commission de la défense semble s'orienter vers un projet sensiblement différent du projet initial du Président, mais son rapport présenté fin janvier 2018 n'est finalement rendu public que le 14 février 2018, le lendemain de la prise de parole du président Macron qui déclare : « *Je souhaite un service obligatoire, ouvert aux femmes et aux hommes (pour avoir) une ouverture sur la chose militaire (mais) dont la forme pourra être civique* ». Ce service est important « *en termes de cohésion nationale* »[38]. La version « *militaire* » a été abandonnée et un budget spécifique est prévu pour son fonctionnement.

Le gouvernement annonce le 27 juin 2018 une consultation de juillet à octobre 2018 auprès des jeunes pour définir les modalités du SNU.

---

[34] En Marche. « *Un service national obligatoire et universel* ». Propositions, 2 pages.

[35] « *Macron veut revoir Sentinelle et créer une commission sur le service national* », AFP le 14 juillet 2017, 09 :18

[36] Voir notamment *Faut-il recréer un service national ?* (Sous la direction de Pierre Pascallon), Paris, Editions L'Harmattan, 2018, 266 p. (Collection « Défense »)

[37] Les deux rapporteurs sont la secrétaire de la Commission de la défense, Marianne Dubois (Les Républicains) et Emilie Guerel, députée (En Marche)

[38] Sur la chronologie du SNU voir de Jules Pecnard, « *De la campagne au Conseil des ministres, le long chemin du service national universel* », in *Le Figaro* du 12 février 2018, mis à jour le 26 juin 2018.

C'est le secrétaire d'Etat à la jeunesse Gabriel Attal, chargé de mettre en place le projet de SNU, qui dévoile le jeudi 17 janvier 2019 les modalités de ce service ainsi que la chronologie d sa mise en place. Le SNU sera testé à partir de juin 2019 auprès de 3.000 jeunes volontaires âgés de 16 ans dans 13 départements pilotes[39]. Le dispositif devra s'étendre progressivement à l'ensemble d'une classe d'âge, garçons et filles. Il devrait être opérationnel dans 7 ans, en 2026, date à laquelle il deviendrait obligatoire[40]. Son coût est évalué entre 1 et 1,5 milliards d'euros. Le service se décompose en une période d'internat de 15 jours qui sera effectué dans un département différent de celui où réside le domicile du jeune appelé pour imposer un brassage social. Il servira notamment à l'apprentissage des « *valeurs de la République* ». La seconde phase de 15 jours consistera en une mission d'intérêt général auprès d'une association, d'une collectivité locale ou d'un corps en uniforme.

Le ministère de la défense est soulagé, car le budget du SNU ne sera pas pris sur le budget de la défense. Des personnels du ministère de la défense participeront au fonctionnement, mais ce n'est pas la défense qui le pilotera.

La question de la légalité et de l'acceptabilité d'un tel projet

La question de la constitutionnalité de ce projet qui avait été déjà soulevée pour le service civique obligatoire se pose. Est-il légal d'obliger des citoyens à des activités à caractère non militaire ?

Les obligations militaires reposent sur l'Article 34 de la Constitution du 4 octobre 1958 « *La loi fixe les règles concernant : ... les sujétions imposées par la Défense nationale aux citoyens en leurs personnes et en leurs biens* ».

Georges Bernanos avait expliqué en 1945 que l'idée de la conscription obligatoire votée par la Convention reposait sur l'idée du droit absolu de l'Etat qui était, ajoute-t-il déjà celle de Napoléon, comme elle était celle de Richelieu... qui appartenaient tous ensemble à cette tradition romaine si puissante chez nous, particulièrement depuis la Renaissance. Il est un des rares intellectuels à dénoncer cette sujétion imposée aux citoyens par l'Etat. Pour lui en effet « *l'institution du service militaire obligatoire, idée totalitaire, s'il en fut jamais, a marqué un recul immense de la civilisation* ».[41]

Que dire alors des obligations imposées pour des activités uniquement civiles ? Ne peuvent-elles pas être apparentées à un travail forcé ?

Ce projet est-il en conformité avec l'Article 4 intitulé « *Interdiction de l'esclavage et du travail forcé* » de la Convention européenne des droits de

---

[39] Marie-Estelle Pech, « *Le service national universel lancé en juin* », *Le Figaro* du 18 janvier 2019

[40] Rapport relatif à la consultation de la jeunesse sur le service national universel établi par général Daniel Ménaouine, rapporteur du groupe de travail SNU, Paris, le 12 novembre 2018, 28 p.

[41] Georges Bernanos, *La France contre les robots*, Paris, Plon, édition 1999, pp 46 et47 (Coll. LdP Biblio N°3303)

l'Homme du 4 novembre 1950 dont le §3 précise que « *N'est pas considéré comme 'travail forcé ou obligatoire' au sens du présent article :... d) tout travail ou service formant partie des obligations civiques normales* » ? (p.7)

Il est malgré tout étonnant de constater qu'à la différence des pays anglo-saxons qui n'ont établi le service militaire obligatoire qu'en période de guerre, les pays continentaux, notamment la France, ont toujours été tentés de prendre des mesures coercitives pour imposer à leurs citoyens des obligations militaires, mais aussi civiles à plusieurs périodes de leur histoire. Si l'on prend l'exemple en France, c'est l'Etat de Vichy qui a inventé les « *Chantiers de jeunesse* » mis en place le 30 juillet 1940. L'armistice ayant interdit le service militaire, il a été remplacé par un ersatz de service civil consistant à former la jeunesse dans des camps en plein air pendant une durée de six mois (8 mois à partir de janvier 1941) pour pratiquer le sport, apprendre la discipline, travailler (notamment en coupant du bois dans les forêts), et surtout suivre des conférences qui vantaient les mérites du nouveau régime de Vichy. Il y a eu ensuite le Travail obligatoire imposé par Vichy sous la pression de l'Allemagne à partir de juin 1942. On assiste toujours au même processus. Dans un premier temps il est fait appel aux volontaires, mais comme c'est un échec (moins de 60.000 volontaires), Laval impose par la loi du 4 septembre 1942 la conscription obligatoire des hommes de 18 à 50 ans et des femmes célibataires de 21 à 35 ans. Cette loi de coercition devient très vite impopulaire. Le 16 février 1943, Laval instaure le Service du Travail Obligatoire (STO)[42] d'une durée de deux ans pour les jeunes gens, qui se déroule en France, mais aussi en Allemagne. La classe 1922 est immédiatement touchée. Les réfractaires au STO sont estimés à 200.000, dont un quart rejoindra les maquis, d'autres passeront en Espagne et une majorité vivra dans la clandestinité.

Comment expliquer cette nostalgie française à l'égard du service national ?

C'est une institution vieille de plus d'un siècle, conçue dans une société française du XIXème siècle. Pourquoi vouloir forcer l'ensemble de la jeunesse d'un pays, hommes et femmes confondus, à suivre des « *activités civiles* » ? C'est recréer une institution totalement inadaptée à notre société du 21ème siècle, d'autant plus que la France est intégrée dans une organisation régionale, l'Union européenne, qui elle-même est partie prenante de la mondialisation des économies. Non seulement les conceptions du SNU sont éloignées des « *valeurs libérales* » de cette mondialisation, mais en plus la question de son efficacité se pose sur la population concernée par ce service.

L'attachement des Français au service militaire obligatoire peut s'expliquer en partie par l'identification de cette institution aux périodes glorieuses de la puissance française notamment pendant le Premier Empire ou

---

[42] Dans un premier temps il avait été appelé le Service Obligatoire du Travail : le SOT. Il a été transformé en STO face aux plaisanteries dont il faisait l'objet.

lorsque la IIIème République est sortie victorieuse de la Grande Guerre en 1918. Cela montre la persistance de l'histoire dans la mémoire des Français, même si elle ne correspond plus à la réalité de la France en ce début du 21ème siècle.

2018

Une catégorie particulière et originale d'officiers généraux : les officiers généraux de la deuxième section du cadre de réserve

Vincent CATTOIR-JONVILLE

La catégorie des officiers généraux de la deuxième section du cadre de réserve a été récemment mise à l'ordre du jour et à la lumière du grand public, par l'arrestation du général PIQUEMAL lors d'un rassemblement hostile aux migrants présents sur le site de Calais[43]. Plus récemment, encore, la signature d'une tribune « *Pour un retour de l'honneur de nos gouvernants* » publiée le 21avril 2021 sur le site de l'hebdomadaire « *Valeurs actuelles* » par de nombreux officiers généraux pour la plupart appartenant à la deuxième section des officiers généraux pose encore une fois le problème de l'obligation de réserve des officiers généraux de la deuxième section du cadre de réserve[44]. Ces affaires nous invitent à nous interroger sur cette catégorie originale des officiers généraux.

En vertu de l'article L.4141-1 du Code de la défense :

> « *Les officiers généraux sont répartis en deux sections :*
> *1° La première section comprend les officiers généraux en activité, en position de détachement, en non-activité et hors cadres ;*
> *2° La deuxième section comprend les officiers généraux qui, n'appartenant pas à la première section, sont maintenus à la disposition du ministre de la défense. Les officiers généraux de la gendarmerie nationale sont maintenus à la disposition du ministre de la défense et du ministre de l'intérieur, pour les missions qui relèvent de leur autorité. Lorsqu'ils sont employés pour les nécessités de l'encadrement, les officiers généraux visés au présent 2° sont replacés en première section pour une durée déterminée dans les conditions et selon les modalités fixées par décret en Conseil d'Etat.*
> *Les officiers généraux peuvent être radiés des cadres* ».

---

[43] Voir http://www.lexpress.fr/actualité/societe/juge-apres-une-manifestation-anti-migrants-a-calais-qui-est-le-general-piquemal 1761257.html, consulté le 12 décembre 2018. Voir également, Vincent Cattoir-Jonville, « *Etude de la désobéissance militaire à l'aune du statut général des militaires* », dans « *La désobéissance militaire* », Paris, Mare et Martin, à paraître en 2022.

[44] Voir Camille Moisan, « *L'irréductible flou de l'obligation de réserve des fonctionnaires* », dans *RDLF*, 2021, chron. n°17 (www.revuedlf.com) ; et Jean-Christophe Videlin, « *Le devoir de réserve s'applique aux militaires de réserves* », dans *Le Club des Juriste*, 28 avril 2021.

Cette disposition du code de la défense pérennise une catégorie originale et sans autre exemple dans la fonction publique, celle des officiers généraux de la deuxième section du cadre de réserve, tout en n'en donnant qu'une définition négative qui peut se résumer ainsi : « *font partie de la deuxième section des officiers généraux, les officiers généraux qui ne remplissent pas – ou plus - les conditions pour appartenir à la première section* ».

Ces dispositions ont peu fait l'objet d'études juridiques approfondies[1], malgré le fait que ce statut particulier ne va pas sans soulever un certain nombre de problèmes juridiques. En effet, s'ils sont toujours considérés comme en activité, bien que n'exerçant plus de commandement territorial, ni de commandement fonctionnel, ils peuvent être rappelés à tout moment et même être réintégrés dans la première section des officiers généraux (l'exemple le plus célèbre étant celui du Colonel Philippe PETAIN devenu général dans la deuxième section, rappelé immédiatement dans la première section des officiers généraux au début de la première guerre mondiale qui finira cette guerre mondiale avec la distinction de Maréchal de France et... l'avenir politique qu'on lui connaît !) ; ils peuvent ainsi cumuler deux emplois publics (par exemple, exercer les attributions d'officier général et exercer les fonctions de professeur associé à mi-temps dans un établissement public d'enseignement supérieur...), bénéficier d'avantages similaires aux officiers généraux de la première section, etc...

Les officiers généraux de la seconde section du cadre de réserve ont été créés par une ordonnance royale du 15 novembre 1830[2] afin de faire face à l'ampleur des officiers généraux issus de l'Empire et de la Charte. En effet, il fallait résorber le nombre important des officiers généraux désignés durant les campagnes napoléoniennes et durant la Restauration. Cette inflation du nombre des officiers généraux a eu des conséquences drastiques. En effet leur nombre était devenu tel qu'une ordonnance en date du 27 juillet 1835[3] « *relative au cadre de l'état-major général de l'armée* » va remplacer le cadre de réserve des officiers généraux par ce qui sera appelé le « *cadre de vétérance* » comprenant 120 officiers généraux contre 240 officiers généraux d'active. Cette innovation ne va pas durer et dès l'année suivante le cadre de vétérance sera supprimé[4]. Le cadre de réserve sera ensuite rétabli par la loi du du 04 août 1839 relative à « *l'organisation de l'état-major général de*

[1] Pierre Coutant, « *Le statut particulier des officiers généraux* », dans *Rev Adm.*, 1962 pp 640 et ss. ; Jean-Claude Vénézia, « *Le statut des officiers généraux de la deuxième section du cadre de réserve* », dans *Revue Droit et Défense*, 96/1, pp. 4-9 ; Ramu de Bellecize, « *La réforme du statut général des militaires* », dans *R.D.P.*, 206, pp.313-347 et surtout Florent Baude et Fabien Vallé, « *Droit de la défense* », Paris, Ellipses, 2012, n° 820- 832.

[2] *Bull.* 26, n° 469.

[3] *Bull.* 375, n° 5883.

[4] Ordonnance du 28 août 1836 r*elative à la suppression du cadre de vétérance de l'état-major des armées, Bull.*456, n°6478.

l'armée[1] ». La seconde République va, à son tour, supprimer ce cadre de réserve l'estimant contraire au principe d'égalité[2]. Il sera définitivement rétabli par un décret du Second Empire[3] et subsistera jusqu'à nos jours[4].

Si le Code de la défense ne donne qu'une définition négative, comme on l'a vu, de la catégorie des officiers généraux de la deuxième section du cadre de réserve : « *La deuxième section comprend les officiers généraux qui n'appartiennent pas à la première section* », on peut esquisser une définition positive de cette catégorie. Font partie de la deuxième section des officiers généraux du cadre de réserve *les officiers généraux qui n'exercent pas ou plus de commandement territorial (exemple Gouverneur militaire de Lyon) ou fonctionnel (Commandant de la Force Aérienne Stratégique) et qui ne peuvent plus être placés en position de détachement ou en position hors cadre, mais qui sont maintenus en position d'activité*[5].

On notera également que le grade de général de la deuxième section des officiers généraux du cadre de réserve n'est pas accessible aux colonels de la réserve opérationnelle ou citoyenne. En effet, dans la réserve citoyenne, le grade attribué au volontaire n'a qu'un caractère purement honorifique (comme le signale bien la mention *ad honores* qui figure sur leur insigne), et comme l'a rappelé le Conseil d'Etat dans l'affaire *Debord* (C.E., 29 février 1980, req. n° 13857, « *Debord* ») pour les officiers de réserve sous contrat :

« Considérant qu'aux termes de l'article 82 de la loi susvisée n° 72-662 du 13 juillet 1972 portant statut général des militaires, « l'officier de Y...peut être admis sur sa demande et dans la limite des effectifs autorisés, à servir avec son grade en situation d'activité par contrat conclu pour une période déterminée et renouvelable...dans cette situation, il reste soumis au statut des officiers de réserve, et l'avancement à lieu conformément aux prescriptions régissant les officiers de réserve de son corps... ;

Considérant que la circonstance que l'officier Y...en situation d'activité bénéficie, après sa radiation des cadres d'une pension de retraite calculée selon les mêmes règles et fondée sur les mêmes textes que ceux qui régissent les pensions des officiers de carrière n'a pas pour effet de soustraire les officiers de réserve ayant servi en situation d'activité, bénéficiant d'une pension de retraite, au champ d'application de l'article 82 précité de la loi du 13 juillet 1972 ;

---

[1] *Bull.* 667, n°8088.

[2] Décret du 11 avril 1848 portant « *suppression de la deuxième section de l'état-major général de l'armée de terre* », *Bull.* 26, n°226.

[3] Décret des 1ers et 28 décembre 1852 portant « *rétablissement de la deuxième section de l'état-major général de l'armée de terre* », *Bull.* 596, n°4605.

[4] Sur la valse-hésitation de cette catégorie, voir Florent Baude et Fabien Vallé, « *Droit de la défense* », *op. cit.*, Paris, Ellipse, 2012, n°823.

[5] Même si la doctrine diverge sur ce dernier point. Ainsi des auteurs comme Florent Baude et Fabien Valle considèrent qu'ils n'appartiennent ni à des personnels en position d'activité, ni à des personnels en position de retraité. Voir Florent Baude et Fabien Vallé, « *Droit de la défense* », *op. cit.*, n°829.

Considérant que si aux termes du 1er alinéa de l'article 77 de la loi n° 77-662 du 13 juillet 1972, portant statut généra des militaires : « Le général de brigade, le contre-amiral, le colonel ou le capitaine de Z... ayant été jugé apte à tenir un emploi du grade supérieur peut être promu au titre de la deuxième section soit à la date de son passage dans cette section ou de sa mise en retraite, soit dans les six mois qui suivent cette date, soit le temps de guerre... », ***cette disposition, qui fait partie du chapitre V du titre II de la loi, relatif aux « dispositions statutaires concernant les militaires de carrières, officiers et sous-officiers », ne s'applique pas aux officiers de réserve ayant servi en situation d'activité qui demeurent soumis aux dispositions du statut des officiers de réserve ;***

Considérant qu'il résulte de tout ce qui précède que M. X..., colonel de Y... ayant servi en situation d'activité, ne pouvaient bénéficier des dispositions citées précédemment du premier alinéa de l'article 77 de la loi du 13 juillet 1972 ; qu'ainsi, il n'est pas fondé à soutenir que c'est à tort, que par la décision implicite qu'il attaque, le ministre de la défense a rejeté sa demande tendant à être promu général de brigade au titre de la deuxième section ; »

Une analyse juridique un peu plus approfondie de la situation des officiers généraux de la deuxième section du cadre de réserve fait apparaître que, d'une part, leur statut financier est similaire à celui des officiers généraux de la première section et que, d'autre part, leur statut réglementaire présente quelques originalités dont certaines s'avèrent contestables.

I.-. Un statut financier similaire à celui des officiers généraux de la première section :

Depuis la promulgation de la loi du 13 juillet 1972 portant statut général des militaires, l'expression « *cadre de réserve* » pour désigner les officiers généraux de la 2e section n'a plus de fondement législatif qui en justifie l'application aux officiers généraux concernés. Dans le langage courant, comme dans la correspondance privée, il convient, par conséquent, d'utiliser la mention « 2e section » (2S) ou « en retraite » (E.R.) selon la situation de l'officier général[1].

La population des officiers généraux de la deuxième section et les personnels de rang assimilé, et alors que depuis 1997 la France s'est dotée d'une armée de métier, comporte plus de 5600 personnels en 2016, se décomposant selon le tableau suivant :

[1] Voir notamment, Bureau des Officiers Généraux (BOG), « *Notice à l'intention des officiers généraux en congé du personnel navigant ou en 2ème section* », 2017, 43 p.

Département ministériel	Autorité administrative	Organismes	Grades	2ème section
Ministère des armées	Etat-major des armées	Armée de terre	Généraux	1972
		Marine nationale	Amiraux	598
		Armée de l'air	Généraux	738
		Service de santé des armées	Praticiens généraux	457
		Service des essences des armées	Ingénieurs généraux	33
		Service du commissariat des armée	Commissaires généraux	269
Total Etat major des armées				4067
	Secrétariat général de l'administration	Service de l'infrastructure de la défense	Ingénieurs généraux	0
	Direction générale de l'armement		Ingénieurs généraux	843
	Contrôle général des armées		Contrôleurs généraux	320
Total ministère des armées				5230
Ministère de la transition écologique et solidaire	Administration des affaires maritimes		Administrateurs généraux et professeurs généraux de l'enseignement maritime	82
Ministère de l'intérieur	Direction générale de la gendarmerie		Généraux	350
Total général :				**5662**

Source : *Lettre d'information G2S (généraux de deuxième section), mai 2016*

Les officiers généraux en 2ème section perçoivent une solde de réserve. Les officiers généraux, qui quittent leur commandement, sont admis en deuxième section et perçoivent donc une solde qui représente l'équivalent d'une pension de retraite. Pour autant cette solde possède les caractéristiques d'une rémunération d'activité. Dès lors les généraux placés en deuxième section continuent notamment de bénéficier de leur carte de réduction SNCF. Par ailleurs, sur un plan fiscal, ils sont considérés comme étant en activité. En effet, les généraux admis en deuxième section sont considérés fiscalement comme étant toujours en activité. Ils demeurent à la disposition du ministre comme on l'a vu qui peut, en fonction des nécessités d'encadrement, les employer.

Les soldes de réserve peuvent, à certains égards, être considérées comme une survivance du passé.

Le régime fiscal de cette solde de réserve demeure inchangé : elle est imposable à l'impôt sur le revenu selon les règles de droit commun applicables aux traitements et salaires.

Dès lors que cette solde de réserve est juridiquement considérée comme la rémunération d'une activité, la doctrine administrative 5 F 1113 (n°21) prévoit qu'elle est imposable à l'impôt sur le revenu selon les règles applicables aux traitements et salaires. Elle bénéficie notamment de l'abattement de 10 % au titre des frais professionnels applicable aux salariés prévus au 3° de l'article 83 du code général des impôts

Le maintien des soldes de réserve des officiers généraux est toutefois défendu par le ministère de la défense[1] qui fait valoir que « *les officiers généraux se trouvent dans une situation différente de celle des autres militaires, car ils ne sont pas placés en position de retraite, mais admis dans la deuxième section. Cette règle, non remise en cause par le législateur dans le cadre de la réforme des retraites de 2003, a été confirmée dans le statut général des militaires de 2005 et intégrée dans le code de la défense* ».

Il est à noter qu'au-delà des rappels concernant la réglementation, une des motivations du maintien de la solde de réserve dans sa forme actuelle concerne l'avantage fiscal lié à la possibilité de rappel en activité des généraux placés en deuxième section : selon le ministère de la défense, interrogé sur ce point, « *la simplification suggérée par la Cour pourrait avoir comme conséquence le retrait pur et simple de l'avantage fiscal existant pour les bénéficiaires de la solde de réserve au niveau du calcul du revenu imposable qui ont droit à l'abattement de 10 % plafonné, comme pour les rémunérations d'activité. En conclusion, l'avantage tiré de l'intégration dans le processus des retraites militaires, qui consisterait à éliminer une charge de travail pour les services payeurs de la solde pour la confier à la comptabilité publique, pourrait être recherché dès lors qu'aucune remise en cause du régime actuel de la solde de réserve ne sera imposée au ministère de la défense.* »

L'instruction n° 11-016-B3 du 27 juillet 2011 relative à « *la conversion des soldes de réserve des officiers généraux de seconde section âgés de plus*

---

[1] *Réponse du directeur adjoint du cabinet civil et militaire du ministre de la défense du 12 septembre 2007 au relevé d'observations provisoires de la Cour.*

de 67 ans en pension de retraite[2] », va modifier quelque peu le régime fiscal des officiers généraux de deuxième section. Cette réforme est la conséquence de la loi n° 2010-1330 du 9 novembre 2010 portant réforme des retraites qui modifie l'article L.4141-4 du code de la défense. Cet article modifié prévoit désormais qu'un officier général « *perçoit une solde de réserve calculée dans les conditions fixées par le code des pensions civiles et militaires*[3] *de retraite jusqu'à l'âge de 67 ans. A compter de cet âge, il perçoit une pension de retraite* ». Ces dispositions ont pris effet à compter du 1er juillet 2011. Cela signifie que, à compter de cette date, seuls les officiers généraux de la deuxième section atteignant l'âge de 67 ans à partir du 1er juillet 2011 sont concernés par cette réforme législative. Les officiers généraux de la deuxième section qui étaient âgés de plus de 67 ans à la date de la réforme continuent, eux, à percevoir une solde de réserve.

Il faut en déduire que, fiscalement, les officiers généraux de la deuxième section doivent être classés dans trois catégories :

1. Les officiers âgés de plus de 67 ans au 1er juillet 2011 ne sont pas concernés par la réforme et continuent à percevoir une solde de réserve imposable selon les règles de droit commun des traitements et salaires.
2. Les officiers généraux admis en deuxième section et âgés de moins de 67 ans. Ces officiers perçoivent une solde de réserve. Cette solde de réserve est imposable à l'impôt sur le revenu selon les règles de droit commun applicable aux traitements et salaires.
3. Les officiers généraux admis en deuxième section et âgés de 67 ans et plus. Ces officiers généraux perçoivent une pension militaire de retraite imposable à l'impôt sur le revenu selon les règles de droit commun applicables aux pensions et rentes viagères à titre gratuit.

Compte tenu du nombre relativement restreint des bénéficiaires, du caractère artificiel des nominations avec prise d'effet le jour de la radiation et du caractère dérogatoire du dispositif par rapport au régime général des pensions, il ne serait pas anormal que celui-ci cède la place au droit commun des retraites militaires. Cela aurait des incidences sur leur statut et spécialement sur l'existence de sanction en cas de manquement à l'obligation de réserve[4].

---

[2] Instruction n° 11-016-B3 du 27 juillet 2011 relative à « *la conversion des soldes de réserve des officiers généraux de seconde section âgés de plus de 67 ans en pension de retraite* », *Bulletin Officiel de la Comptabilité Publique*, août 2011.

[3] Pierre Amestoy, « « ***Le contentieux du droit à réparation tel que prévu par le code des pensions militaires d'invalidité et des victimes de guerre*** » (Directeur : Pr. Vincent Cattoir-Jonville), thèse de droit public, Lille 2, 2017. Cette thèse a été publiée sous le titre : « Justice et réparation – Histoire du droit à réparation pour les invalides et victimes de guerre », préface Vincent CATTOIR-JONVILLE, éditions Historiens-Conseil, 2022, 256p

[4] Voir paragraphe suivant.

Enfin, une pratique, qui n'est pas spécifiquement réservée aux seuls officiers généraux, mérite d'être rappelée, il s'agit du « *conditionnalat* » : toutes les nominations au grade d'officier général sont conditionnées par une demande de mise à la retraite. Le passage d'un grade d'officier général à l'autre est chaque fois assorti d'un nouveau mandat d'une durée déterminée à l'avance.

Si le « *conditionnalat* » a été remis en cause en 2000, la pratique en persiste sous le terme de « *gestion des fins de carrière* » avec, il est vrai, plus de retenue en raison de la fin de la période de mise en œuvre de la professionnalisation des armées qui a diminué les départs.

Il existe dans ce domaine trois types d'officiers généraux :

- les colonels nommés généraux le jour de la cessation de leur service. Ils portent les étoiles, mais ne reçoivent aucune affectation d'activité. Ils perçoivent une solde de réserve, mais celle-ci est en fait calculée à partir de l'indice du grade de colonel (à ce titre, ils ne sont pas comptabilisés par le SPA dans la catégorie des officiers généraux) ;
- les « *généraux conditionnels 6 mois* » reçoivent une affectation de 6 mois au terme de laquelle ils sont placés en deuxième section ;
- les généraux dont le premier *conditionnalat* est supérieur à 6 mois et qui sont susceptibles de poursuivre leur carrière en recevant éventuellement de nouveaux avancements. Dans le jargon on les appelle parfois les « *généraux zingués* ». Il s'agit officiers qui reçoivent leurs étoiles de général à titre temporaire (ATT)[5].

[5] On peut citer deux exemples célèbres : le colonel de Gaulle qui sera fait général à titre provisoire. Le colonel Charles De Gaulle, qui commandait le 507ème régiment de chars de combat depuis 1937, est désigné pour diriger, par intérim, la 4ème division cuirassée en cours de constitution. Il y lancera la contre-attaque de la bataille de Montcornet le 17 mai, et bien que la bataille s'achève par le retrait des forces françaises à la suite de l'intervention de l'aviation allemande, De Gaulle a pris plusieurs points stratégiques. À la vue de son action vigoureuse, et sachant qu'il exerçait, de fait, une fonction d'officier général, les commandants des trois autres divisions cuirassées ayant ce grade, De Gaulle est nommé général de brigade à titre temporaire, avec effet au 1er juin. Il s'illustre encore à la bataille d'Abbeville (27 mai au 4 juin) sous les ordres du général Maxime Weygand, pendant laquelle son grade de général prend effet. Il sera maintenu général de brigade à titre temporaire lorsqu'il sera nommé sous-secrétaire d'état à la guerre dans le cabinet Paul Reynaud, sous l'autorité encore du général Maxime Weygand qui exerçait à ce moment-là les fonctions de ministre de la guerre. Il ne sera donc jamais élevé au grade de général dans la première section. Autre exemple tout aussi important, celui du colonel de l'air Martial Valin. Fait colonel à titre temporaire le 10 avril 1941, il est nommé général de brigade à titre temporaire le 12 avril 1941. Devenu général de brigade aérienne de 1ère section le 9 octobre 1942 il sera nommé à titre provisoire général de division aérienne le 25 mars 1944. Il sera ensuite nommé général de corps aérien à titre temporaire le 25 janvier 1945 avant de prendre rang de général de corps aérien de 1ère section le 8 avril 1947. Le 6 octobre 1950 il sera enfin nommé général d'armée aérienne en 1ère section. On fera observer qu'il est le seul à avoir un « *morceau* » du « *boulevard des maréchaux* » à Paris à son nom sans avoir jamais reçu la distinction de maréchal de France, comme le général d'armée Jean Simon.

Le circuit est dans un premier temps identique à celui des pensions militaires de retraite. En revanche, le paiement n'incombe pas au service des pensions du ministère de l'économie et des finances mais aux services en charge des rémunérations de chaque armée qui effectue des virements dans les mêmes conditions que celles qui prévalent pour les soldes d'activité. Depuis la mise en œuvre de la LOLF (2006), cette dépense est imputée sur le programme 741 « *Pensions civiles et militaires de retraite et allocation temporaire d'invalidité* » du compte d'affectation spéciale « *Pensions* ».

Il n'en demeure pas moins qu'il existe au niveau des services payeurs de chaque armée une chaîne de traitement spécifique et que chaque région militaire dispose d'une cellule spéciale chargée de suivre et d'assister les généraux en deuxième section.

La solde de réserve versée à un officier général en 2e section est à déclarer en tant que salaire et non au titre d'une pension, jusqu'au 67ème anniversaire de cet officier général. Elle ouvre droit, dès lors, à l'application de la déduction forfaitaire de 10 % pour frais professionnels. Celle-ci étant opérée automatiquement, il n'y a pas lieu de la porter sous la rubrique « charges à déduire – déductions diverses ». A compter de 67 ans, la pension militaire de retraite perçue par l'officier général en 2e section doit être déclarée en tant que revenus de remplacement. Elle ouvre droit à un abattement de 10 % dont le plafond est applicable au montant total des pensions et retraites perçues par l'ensemble des membres du foyer fiscal. Les officiers généraux ayant eu 67 ans avant le 1er juillet 2011 continuent à percevoir une solde de réserve et à déclarer en tant que salaire avec application de la déduction forfaitaire de 10 % pour frais professionnels. Il est précisé que les rentes d'invalidité sont exonérées d'impôt.

II.- Un statut réglementaire parfois différent de celui des officiers généraux de la première section :

Comme l'avait bien démontré le Professeur Vénézia[6], les officiers généraux ne constituent pas un corps militaire spécifique, mais bénéficient de dispositions spécifiques du code de la défense en vertu des responsabilités et de l'importance qui leur sont accordées (articles L.4141-1 à L.4141-7 et R.4141-1 à R4141-7 du code de la défense).

En vertu de l'article 13 de la Constitution du 04 octobre 1958, les officiers généraux constituent la seule catégorie d'officiers (cette règle vaut tant pour les officiers généraux de la 1ère section que pour ceux nommés dans le 2ème section) dont la nomination procède d'un décret pris en conseil des ministre qui suppose un accord entre le Président de la République et le Premier

---

[6] Jean-Claude Vénézia, « *Le statut des officiers généraux de la deuxième section du cadre de réserve* », *op. cit.*.

ministre (ce qui peut avoir une importance politique majeure en période de divergence entre la majorité présidentielle et la majorité parlementaire), alors que les officiers subalternes et les officiers supérieurs (catégories qui n'existent pas dans le statut général des militaires, mais il s'agit d'une distinction qui est issue de la coutume) ne sont nommés que par un décret présidentiel, autrement appelé décret simple du Président. Cela implique deux conséquences, d'une part l'accès au grade de général (pour les généraux de brigade ou de division) ou à la distinction de général (pour les généraux de corps d'armée ou d'armée) ne peut s'opérer qu'au choix ; d'autre part, l'accès au « *généralat* » revêt une dimension politique non négligeable[7].

Il en résulte qu'aucun militaire ne peut prétendre accéder au grade de général par ancienneté Ainsi, le Conseil d'Etat dans l'affaire Ozenne (C.E., 30 décembre 2003, req. n° 234894, « *Ozenne* ») a rejeté un recours introduit par un colonel de la gendarmerie nationale qui demandait l'annulation de la liste d'aptitude à la seconde section des officiers généraux au motif qu'il n'y figurait pas, dans des termes très clairs :

> *« Considérant qu'aux termes de l'article 77 de la loi du 13 juillet 1972 portant statut général des militaires : Le général de brigade, le contre-amiral, le colonel ou le capitaine de vaisseau ayant été jugé apte à tenir un emploi du grade supérieur peut être promu au titre de la deuxième section soit à la date de son passage dans cette section ou de sa mise à la retraite, soit dans les six mois qui suivent cette date, soit en temps de guerre. / Ces promotions sont prononcées dans la limite des besoins de l'encadrement pour le temps de guerre ; qu'aux termes de l'article 15 du décret du 22 décembre 1975 portant statut particulier du corps des officiers de gendarmerie : Les promotions aux grades de lieutenant et de capitaine ont lieu à l'ancienneté ; celles au grade de lieutenant-colonel ont lieu partie au choix, partie à l'ancienneté. Toutes les autres promotions ont lieu au choix ; qu'aux termes du deuxième alinéa de l'article 41 de la loi du 13 juillet 1972 : Nul ne peut être promu au choix à un grade autre que ceux d'officiers généraux s'il n'est inscrit sur un tableau d'avancement, établi au moins une fois par an ; qu'aux termes de l'article 1er, alinéa 3, du décret du 23 août 1995 relatif aux conseils supérieurs de l'armée de terre, de la marine, de l'armée de l'air et de la gendarmerie ; Les conseils supérieurs sont obligatoirement consultés pour l'avancement aux grades d'officiers généraux et, dans les cas où la loi du 13 juillet 1972 susvisée le prévoit, pour l'application aux officiers généraux de certaines mesures individuelles ;*

[7] Il nous souvient qu'un colonel du SIRPA Air, devenu général dans la 1ère section (il s'agit du général Yves Grousset [1932-2000], nommé général de brigade aérienne en 1988), clamait « *urbi et orbi* » devoir ses étoiles au seul fait qu'il était politiquement proche du pouvoir politique en place.

Considérant qu'il résulte de l'ensemble de ces dispositions que les promotions au grade de général de brigade dans la deuxième section des officiers généraux de la gendarmerie nationale ont lieu exclusivement au choix*, après avis du conseil supérieur de la gendarmerie, parmi les officiers répondant aux critères fixés par l'article 77 précité de la loi du 13 juillet 1972, sans que ces promotions aient à être précédées de l'établissement d'un tableau d'avancement ;* ***qu'ainsi, la liste d'aptitude au grade de général de brigade dans la deuxième section des officiers généraux de la gendarmerie nationale, établie par le ministre de la défense après avis du conseil supérieur de la gendarmerie, qui ne saurait lier l'autorité investie du pouvoir de nomination, ne constitue pas un acte faisant grief susceptible de faire l'objet d'un recours pour excès de pouvoir*** *; que, par suite, les conclusions de M. X tendant à l'annulation de cette liste ne sont pas recevables ; »*

Cela signifie juridiquement que le juge administratif se contente dans ce cas d'effectuer un contrôle juridictionnel minimum (contrôle qui s'opère dans les cas où l'administration dispose d'un pouvoir totalement discrétionnaire et ou le juge se limite à l'examen de l'erreur manifeste d'appréciation), comme le montre bien l'arrêt du Conseil d'Etat dans l'affaire *Battini* (C.E., 10 mai 1996, req. n° 144506, « *Battini* ») :

« Considérant qu'il ne ressort pas des pièces du dossier que l'appréciation à laquelle le ministre de la défense s'est livré pour refuser de retenir la candidature de M. X... au grade de général de brigade dans la 2ème section au titre de l'année 1993, soit entachée d'une erreur manifeste, repose sur des faits matériellement inexacts ou soit entachée d'une erreur de droit notamment au regard des dispositions de l'article 77 de la loi du 13 juillet 1972 ; que la circonstance que M. X... ait été promu le 3 juillet 1992 au grade de commandeur dans l'ordre national de la Légion d'Honneur est sans influence sur la légalité de la décision attaquée ;
Considérant, que la circonstance que des officiers auraient par le passé été promus au titre de la deuxième section plus de six mois après la date de leur mise à la retraite, à la supposer établie, reste sans incidence sur la légalité de la décision attaquée ;
Considérant qu'il résulte de ce qui précède que M. X... n'est pas fondé à demander l'annulation de la décision susvisée du ministre de la défense en date du 21 décembre 1992 ;
Article 1er : La requête susvisée de M. X... est rejetée ».

La loi n°2005-270 du 24 mars 2005 *portant statut général de militaires* a également mis fin à ce que l'on appelait le « *conditionnalat* »[8]. Le *conditionnalat* consistait en un engagement pris par un officier supérieur de démissionner avant la limite d'âge de son grade en échange d'une nomination à la 2ème section des officiers généraux. Le « *conditionnalat* » avait d'ailleurs été condamné par le Conseil d'Etat dans les affaires « *Bavoil* » (C.E., 8 novembre 2000, req. n° 209105, « *Bavoil* »[9] ; C.E., 7 février 2001, req. n° 212226, « *Bavoil* » ; C.E., 13 juin 2003, req. n° 222687, « *Bavoil* »), on peut ainsi lire dans la troisième espèce :

> *« Considérant qu'il ressort des pièces du dossier que le tableau d'avancement pour l'année 2000 au grade de commandant des officiers des armes de l'armée de terre, arrêté par la décision attaquée du 17 décembre 1999, qui comprenait 382 noms dont 79 ont été promus par le décret attaqué en date du 4 mai 2000, a été établi après qu'ont été retenues, pour des raisons tenant à la seule gestion du corps dans le cadre de la réduction des effectifs rendue nécessaire par la professionnalisation des armées, des candidatures d'officiers sous la condition qu'ils s'engagent à démissionner dans un délai déterminé après l'obtention de leur promotion avec, pour certains, le bénéfice des dispositions de l'article 5 de la loi du 30 octobre 1975 ; qu'ainsi le tableau d'avancement contesté n'a pas été établi en fonction des seuls mérites des officiers réunissant les conditions d'ancienneté requises ; que, dès lors, M. X est recevable et fondé à demander l'annulation de la décision du 17 décembre 1999 portant inscription au tableau d'avancement des officiers des armes de l'armée de terre pour le grade de commandant pour l'année 2000 et par voie de conséquence du décret du 4 mai 2000 en tant qu'il porte promotion des officiers des armes de l'armée de terre au grade de commandant pris sur le fondement de ce tableau d'avancement ».*

Les officiers généraux de la deuxième section du cadre de réserve se trouvent placés dans une position très particulière : en effet, ces officiers généraux ne sont pas considéré comme étant en retraite (il continuent, comme on l'a vu, de percevoir une solde d'activité), mais ils ne sont pas non plus considéré comme des actifs en ce sens qu'ils n'exercent plus de commandements effectifs, et même s'ils sont considérés comme en position

---

[8] Voir Jean Guisnel, « *L'autogestion des carrières* », dans « Les généraux », Paris, La découverte, 1990, pp. 103-122 et Ramu de Bellescise, « *La réforme du statut général des militaires* », op. cit., p.313.

[9] Voir Catherine Bergeal, « *L'illégalité du conditionnalat dans les armées* », conclusions sous C.E., 8 novembre 2000, req. n° 209105, « *Bavoil* » et note Olivier Févrot, dans Droit et Défense, n° 2001/1, janvier-mars 2001, pp. 39 et suivantes.

d'activité pour les activités non militaires (cumul d'emploi public par exemple).

C'est pour ces raisons qu'ils ne peuvent pas être placés en position hors cadre et qu'ils ne peuvent non plus être placés en position de détachement (C.E., 1er juin 1979, req. n° 10902, « *Piatier* ») :

> *« Considérant qu'aux termes des dispositions de l'article 72 de la loi du 13 juillet 1972 portant statut général des militaires : « Les officiers généraux et assimilés sont répartis en deux sections : - La première comprend les officiers généraux en activités, en service détaché, en non-activité et hors-cadre ; - La deuxième section comprend les officiers généraux qui, n'appartenant pas à la première section, sont maintenus à la disposition du ministre qui peut, en fonction des nécessités de l'encadrement, les employer notamment en temps de guerre » ;* ***qu'il résulte de ces dispositions qu'un officier général de la deuxième section ne peut pas être placé ou maintenu en service détaché*** *;*
>
> *Considérant que M. X..., ingénieur général de l'armement, a été placé en position de détachement auprès de l'Ecole Polytechnique, pour y exercer les fonctions de Directeur général adjoint jusqu'à son admission en deuxième section ; que son admission sur sa demande dans la deuxième section, à compter du 1er décembre 1977, a entrainé nécessairement la fin de son détachement, et sa mise à disposition du ministre de la défense dans les conditions prévues par l'article 72 précité de la loi du 13 juillet 1972 ; que, par suite, le ministre de la défense n'a commis aucune erreur de droit en mettant fin par voie de conséquence aux fonctions exercées par M. X...à l'Ecole Polytechnique ».*

Comme les officiers généraux de la première section, les officiers généraux de la deuxième section bénéficient d'avantages similaires. Les avantages sociaux sont sensiblement identiques : réduction des tarifs S.N.C.F. ; aide du service d'aide social aux armées ; accès aux soins du service de santé des armées et protection juridique accordée aux agents de l'Etat, en vertu de l'article L.4123-10 du code de la défense :

> *« Les militaires sont protégés par le code pénal et les lois spéciales contre les menaces, violences, voies de fait, injures, diffamations ou outrages dont ils peuvent être l'objet.*
>
> *L'Etat est tenu de les protéger contre les menaces et attaques dont ils peuvent être l'objet à l'occasion de l'exercice de leurs fonctions et de réparer, le cas échéant, le préjudice qui en est résulté. Il est subrogé aux droits de la victime pour obtenir des auteurs des menaces ou attaques la restitution des sommes versées aux victimes.*

Il peut exercer, aux mêmes fins, une action directe, au besoin par voie de constitution de partie civile, devant la juridiction pénale.

L'Etat est également tenu d'accorder sa protection au militaire dans le cas où il fait l'objet de poursuites pénales à l'occasion de faits qui n'ont pas le caractère d'une faute personnelle.

En cas de poursuites exercées par un tiers contre des militaires pour faute de service sans que le conflit d'attribution ait été élevé, l'Etat doit, dans la mesure où aucune faute personnelle détachable de l'exercice des fonctions n'a été commise, les couvrir des condamnations civiles prononcées contre eux.

Les conjoints, enfants et ascendants directs des militaires bénéficient de la protection de l'Etat lorsque, du fait des fonctions de ces derniers, ils sont victimes de menaces, violences, voies de fait, injures, diffamations ou outrages ».

On fera également observer que les officiers généraux relevant de la deuxième section du cadre de réserve peuvent se voir confier des missions identiques à celles confiées aux officiers généraux de la première section, selon deux modalités : d'une part, ils peuvent être rappelés par leur ministre de tutelle ; d'autre part, ils peuvent être replacés en première section.

Le ministre de l'intérieur pour les officiers généraux de Gendarmerie et le ministre des armées pour les autres officiers généraux peuvent toujours rappeler un officier général de la deuxième section pour lui confier une mission spécifique. Rien ne change pour lui sinon qu'il continue à appartenir à la deuxième section du cafre de réserve des officiers généraux Cela montre bien, au passage, que les officiers généraux de la deuxième section sont placés dans une situation similaire à celle des officiers d'active

L'article R.4141-4 du code de la défense prévoit également que les officier généraux de la deuxième section du cadre de réserve peuvent être replacés en première section sur décision ministérielle. Cette décision est prise par le ministre de la défense ou des armées, ou par le ministre de l'intérieur selon que l'officier général se voit confier des missions militaires ou de sécurité intérieure. C'est l'arrêté ministériel qui fixe la fonction de l'officier général ainsi que la durée de celle-ci. Seules les nécessités de l'encadrement, notamment au sein d'un commandement opérationnel, d'un commandent organique ou d'un organisme international justifieront un replacement en première section. Encore faudra-t-il que l'officier général n'ait pas atteint la limite d'âge maximal des officiers généraux de la première section. De plus les officiers généraux qu'ils appartiennent à la deuxième ou à la première section (même lorsqu'il s'agit d'officiers généraux de deuxième section rappelés dans la première section) n'ont aucun droit au maintien ou au renouvellement de leur fonction. Le Conseil d'Etat a été très clair en ce domaine comme il l'a démontré dans l'affaire Le Gad (C.E., 15 janvier 2002, req. n° 241256, « *Le Gad* »). Il s'agissait dans cette affaire d'un ingénieur général de l'armement qui avait été nommé contrôleur général des armées en mission extraordinaire par décret, puis qui fut replacé dans le corps de ingénieurs généraux de l'armement et enfin placé en deuxième section des officiers généraux par limite d'âge. Même si ce changement entrainait une perte importante de revenus, le Conseil d'Etat a rejeté sa requête au motif « *que, n'ayant aucun droit au renouvellement de ces fonctions, il devait normalement prévoir son admission en 2ème section au cours de cette même année 2002* ».

La question qui soulève le plus d'interrogations est celle des sujétions qui pèsent sur les officiers généraux de la deuxième section du cadre de réserve.

En effet, les officiers généraux de la deuxième section du cadre de réserve sont soumis à l'obligation de discrétion pour tous les faits ou informations dont ils ont – ou ont eu - connaissance à l'occasion de leurs fonctions anciennes ou actuelle (cas du maintien en position ou de rappel en 1ère section), ce qui ne semble pas soulever de critiques, ainsi qu'à l'obligation de réserve inerrante à tout militaire[1]. C'est sur ce dernier point que l'on peut évoquer des des évolutions possibles voire des critiques. Ainsi, il y a un paradoxe patent dans les propos du chef d'état-major des armées, le Général François Lecointre. Le 17 janvier 2018, dans *Le Figaro*, ce dernier publiait une tribune intitulée : « *Oser écrire pour renouveler la pensée sur l'action militaire* ». On peut y lire cette forte réflexion : « *Or l'écriture, j'en suis convaincu, est une obligation autant qu'une nécessité. Il faut écrire, pour structurer ses réflexions, forger ses propres convictions et mettre de la cohérence dans sa pensée à fin d'action. Il n'y a pas de meilleur moyen pour qui veut développer une pensée personnelle et structurée, une pensée éprouvée sur laquelle construire un raisonnement et asseoir une décision. Faire l'impasse sur l'écriture n'est pas admissible chez ceux qui se disposent à être des chefs militaires* ». En même temps plusieurs officiers généraux ont fait l'objet de sanctions souvent disproportionnées par rapport aux faits incriminés.

On se souvient du Général de brigade aérienne Etienne Copel qui se rendit célèbre en 1984 en démissionnant de son poste de sous-chef d'état-major de l'Armée de l'air, afin de pouvoir exprimer librement sa conception de la politique de défense de la France et publier son premier livre : « *Vaincre la guerre*[2] ». Nous pensons que ce pourrait être une tâche non négligeable attribuée aux généraux de la deuxième section du cadre de réserve et pas seulement envisagée pour les officiers subalternes ou supérieurs de l'armée française[3] tant il est vrai que nombre d'officiers généraux de la deuxième

---

[1] Voir Bertrand Quaglerini, « *Le militaire : entre citoyen, agent public et soldat* », thèse droit public [dir. Pr. Delphine Costa], Université d'Avignon, 2017, pp. 214-222.

[2] Etienne Copel, « *Vaincre la guerre, une autre défense, une autre armée_* », Paris, Lieu commun, 1984. Voir également, Claude Leborgne, « *Vaincre la guerre ou vaincre la bombe ?* », dans Politique Etrangère, n°2-1984, pp. 417-4243.

[3] On se souvient de l'exemple célèbre du Colonel de Gaulle qui publia un essai prémonitoire « *Vers l'armée de métier* », Paris, Berger-Levrault, 1934, 211 p. qui ne fut pas ou peu lu en

section du cadre de réserve maintenus en activité voire replacés en première section est extrêmement limité.

La grande difficulté provient des sanctions applicables en cas de manquement au devoir de réserve. Une question demeure : jusqu'où le devoir d'obéissance doit-il aller, s'applique-t-il aussi – et avec la même intensité – à tous les officiers généraux, y compris ceux de la seconde section ?

C'est ce qu'illustre la très récente affaire « *Général Piquemal* ».

Le général de corps d'armée Christian Piquemal, général de deuxième section, ayant participé à une manifestation contre la politique migratoire à Calais le 6 février 2016 a été radié de la deuxième section des officiers généraux et placé en retraite d'office par décret présidentiel en date du 23 août 2016 malgré qu'il ait été relaxé par le tribunal de Boulogne sur mer par jugement en date du 26 mai 2016[1]. Cette affaire sans grande importance pratique est révélatrice de la chape de plomb qui pèse encore sur l'obligation d'obéissance et de réserve qui s'applique à tous les officiers y compris les officiers généraux et y compris ceux de la deuxième section, comme le révèle l'arrêt rendu par le Conseil d'Etat dans cette affaire[2].

Le problème que soulève cette décision montre bien les limites du respect du devoir d'obéissance de tout militaire puisqu'il s'applique indistinctement quel que soit le grade du militaire : subordonné ou chef ; officier, officier supérieur, ou officier général ; officier général de première section ou officier général de deuxième section, indistinctement.

En effet, les officier généraux de la deuxième section du cadre de l'état-major général (cadre de réserve) sont dans une position très particulière[3], soumis à l'« *état militaire*[4] » et à la discipline militaire. Ils n'assurent plus

---

France mais bien Allemagne et qui fut suivi par le Général Heinz Guderian. Lequel fit application de ses théories sur l'emploi des chars.

[1] Delphine de Mallevoüe, « *Le général Piquemal radié des cadres de l'armée* », dans Le Figaro, 5 octobre 2016.

[2] C.E., 22 septembre 2017, « *M. K.* », conclusions Gilles Pellissier, req. 404921.

[3] Voir André de Laubadère, « *Traité de droit administratif* », tome 3, Paris, L.G.D.J., 3ème édition, 1978, n° 201 qui considère : « *Le statut des officiers généraux présente une particularité très originale par rapport à l'ensemble même de la fonction publique : les officiers généraux sont répartis en deux sections dont la seconde est constituée par les officiers généraux (et fonctionnaires militaires de grade correspondant) qui ont atteint la limite d'âge et forment « le cadre de réserve » ; la singularité de statut des généraux du cadre de réserve est que, quoique ayant atteint la limite d'âge et retraité, ils sont considérés fictivement comme toujours en activité, perçoivent mensuellement une solde, demeurent à la disposition du ministre et continuent à être soumis à l' « état des officiers » et à la discipline militaire* » ; et Jean-Claude Vénézia, « *Le statut des officier généraux de la deuxième section du cadre de réserve* », dans Revue Droit et défense, 1996/1, pp.4-9. Voir également Vincent Cattoir-Jonville, « *Etude de la désobéissance militaire à l'aune du statut général des militaires* », dans « La désobéissance militaire », Paris, Mare et Martin, 2022.

[4] L'*état militaire* est un concept flou dont les contours sont énoncés à l'article L.4111-1 du code de la défense. Le code de la défense précise bien que le statut général des militaires s'applique aux militaires de carrière, aux militaires servant sous contrat, et aux *militaires réservistes pendant leurs périodes d'activités militaires.* Si les officiers généraux placés dans la deuxième

aucun commandement territorial ou fonctionnel, mais demeurent en position d'activité, comme on l'a vu. Mutatis mutandis, c'est un peu le cas similaire des membres du corps préfectoral qui sont placés en position « *hors cadre* ».

A ce titre ils sont placés à la disposition du ministre et peuvent être rappelé au commandement actif à tout moment, comme on l'a vu.

Dans la deuxième section des officier généraux, la seule sanction qui lui est applicable en cas de manquement à l'obligation de réserve est la radiation : « *considérant qu'il résulte de ces dispositions, d'une part, que les officiers généraux placés dans la deuxième section sont soumis à l'obligation de réserve exigée par l'état militaire et, d'autre part, que seule la sanction disciplinaire de radiation des cadres peut leur être appliquée ;* » ! Ce qui laisse donc sous-entendre que si le statut général des militaires avait envisagé une échelle de sanction pour les officiers généraux de la deuxième section la position du Conseil d'Etat eut pu être différente[1]...On ne peut que souhaiter, a minima, qu'une réforme du statut envisage une échelle de sanctions moins radicales. Il serait également utile de se souvenir de cette formule d'Alexis de Tocqueville qui affirmait au XIXème siècle : « *Le naturel du pouvoir absolu, dans les siècles démocratiques, n'est ni cruel ni sauvage, mais il est minutieux et tracassier. Il éteint, il hébète, et il réduit enfin chaque nation à n'être plus qu'un troupeau d'animaux timides et industrieux* ».

Uzès, 2021

---

section font dès lors partie du *cadre de réserve*, ne peut-on pas considérer qu'ils pourraient être traités différemment lorsqu'ils ne sont pas rappelés au service actif au regard du statut général des militaires ? Ainsi, tant que le législateur ou la jurisprudence n'auront précisé et délimité ce concept d'« *état militaire* » en ce qui concerne les officiers généraux de la 2ème section on assistera à des radiations comme celle du Général Desportes. Voir aussi de façon plus générale, Jean Joana, « *La « condition militaire », inventions et réinventions d'une catégorie d'action publique* », dans R.F.S.P., n°2-2002, pp. 449-467.

[1] Sur ces difficultés d'application, on se reportera à Farah Duquesne, « *Le politique, le guerrier et le journaliste. Les limites de l'éthique et de la raison d'Etat dans les conflits modernes* », thèse de doctorat en droit public [dir. Pr. Vincent Cattoir-Jonville], Lille 2, 2017, pp. 218 et ss..

« Peut-on défendre les pays baltes ? ». La France, entre solidarité Euro-atlantique et ambiguïté stratégique

Matthieu CHILLAUD

Alors que les trois pays baltes (Estonie, Lettonie et Lituanie) célèbrent, durant l'année 2018, les cent ans de leur première indépendance[1], ils continuent inlassablement à croiser le fer avec une Russie toujours, et même encore maintenant, considérée comme une menace existentielle. Cette perception du danger a été d'ailleurs exacerbée lors de l'intervention militaire en Ukraine de la Russie et de l'annexion qui en a suivi de la Crimée. Pour les trois pays, seule l'Organisation du traité de l'Atlantique nord (OTAN), alliance qu'ils ont finalement rejointe le 29 mars 2004, est à même de les protéger contre les visées prédatrices de la Russie par le canal de la solidarité atlantique réifiée par l'article 5 du traité de Washington. Or, les circonstances qui pourraient fonder son invocation restent d'autant plus hésitantes que dans le contexte de l'émergence du concept de « *guerre hybride* », une conjugaison de la menace militaire classique et de la déstabilisation de la sécurité intérieure des États. Mis en œuvre par la Russie en Ukraine, mêlant des opérations de guerre électronique, des attaques contre leurs réseaux numériques, des opérations de déstabilisation psychologique et l'utilisation de forces militaires irrégulières, ce concept a montré que la Russie pouvait utiliser des moyens inédits de prédation que l'OTAN n'avait pas forcément anticipés. Qualifier un *casus fœderis* en invoquant l'article 5 du traité de Washington lorsque les seuils de l'OTAN sont menacés par l'hybridité des tactiques s'avère effectivement problématique « *parce que Vladimir Poutine s'efforce de ne jamais les franchir, mais parce que ces seuils sont* [aussi] *qualitativement déficients : comme autant de postes d'observation du Désert des Tartares, orientés là où l'ennemi ne viendra pas* »[2].

En France, la question de la sécurité des pays baltes provoquait chez les responsables politiques, diplomatiques et militaires un intérêt tout aussi courtois que mâtiné d'indifférence. Longtemps vus comme « *la tête*

---

[1] La Lituanie, l'Estonie et la Lettonie proclamèrent leur indépendance respectivement le 16 février 1918, le 24 février et le 18 novembre mais les traités de Paix avec la Russie soviétique ne furent signés que deux ans plus tard, (2 février avec l'Estonie, 12 juillet avec la Lituanie, 11 août avec la Lettonie).

[2] Erwan Lagadec « La solidarité transatlantique à l'épreuve de la crise ukrainienne », *Annuaire français de relations internationales 2015*, vol. XVI, pp. 497-511, ici p. 497.

d'épingle »[3] des intérêts français en matière de sécurité par une diplomatie française obnubilée par la stabilité de ses relations avec la Russie, les pays baltes, trop septentrionaux, trop compliqués, trop mal connus, n'appartenaient donc pas à la zone dans laquelle notre pays entendait manifester dans sa plénitude sa solidarité stratégique. Cette région n'était, pourtant, pas si périphérique aux états-majors français, comme en témoigne notamment l'appui militaire des forces alliées au moment de la (re-)conquête de l'indépendance des nouveaux pays baltiques qu'étaient la Finlande, l'Estonie, la Lettonie, la Lituanie et la Pologne, détachés de l'empire tsariste à la faveur de la Révolution de 1917 et champ de lutte d'influence entre les principaux belligérants de la Première guerre mondiale[4]. Il y eut aussi l'occupation par les troupes militaires françaises de la région de Memel entre 1920 et 1923. Depuis, plus rien ; comme le remarque Bruno Tertrais, vu de Paris, « *Interest in Northern European security issues has been limited so far. Northern Euope is not on the radar screen of the average French strategist* (...) *the North has traditionally been implicitely been considered as an "anglo-saxon territory"* »[5].

En orientant, sa stratégie, dès la décennie 1990, vers l'Alliance atlantique, la France est « *rentrée dans le rang* » sans pour autant certes que cela n'implique un alignement mécanique sur toutes les décisions politico-stratégiques de l'OTAN. Sur la question de l'élargissement de cette dernière, la France était tout aussi réservée que la majorité des pays membres qui, s'ils n'étaient pas forcément hostiles à l'élargissement de l'Alliance à certains des candidats, voyaient dans l'Estonie, la Lettonie et la Lituanie, des pays trop « *indéfendables* » pour qu'ils puissent la rejoindre. Si certains pays membres de l'Alliance, comme le Danemark et la Norvège, s'étaient faits les champions de la cause balte, la quasi-totalité des autres, la France incluse, faisaient preuve d'une véritable circonspection. Dans les capitales occidentales, si personne ne contestait la légitimité de la diplomatie Euro-atlantique des pays baltes, elle ne devait pas aboutir, pour autant, à une crise avec la Russie qui avait clairement indiqué qu'une adhésion de l'Estonie, de la Lettonie et de la Lituanie serait l'amorce d'un *casus belli*. Cette crise tant redoutée n'eut certes pas lieu quand, à l'occasion du Sommet de Prague (2002), il fut finalement décidé de les inviter à rejoindre l'OTAN. Cependant, les pays baltes, d'une part, et, la Russie, d'autre part, continuent depuis à entretenir des relations

---

[3] Expression utilisée de façon très condescendante par un diplomate français qui dirigeait alors un service du ministère de la Défense dans lequel l'auteur de ces lignes avait manifesté son intérêt pour y travailler.

[4] Voir Jean-David Avenel et Pierre Giudicelli, *L'indépendance des pays de la Baltique*, Paris, Economica, 2004, 191 pages.

[5] Bruno Tertrais, « A French Perspective on Security in Northern Europe », dans Gullow Gjeseth (dir.), *The Nordic Countries and European Security*, Oslo, Clausewitz Seminar, Europa-programmet, 2001, pp. 27-31, ici p. 27

conflictuelles, parfois larvées, parfois tonitruantes, qui, si jusque-là ne n'ont pas dégénéré en guerre, ont pu prendre des tournures inquiétantes.

La décision prise par Paris d'affirmer sa solidarité avec l'Estonie, la Lettonie et la Lituanie dans le cadre de sa participation active, dès 2004, à la police du ciel balte, prolongée par celle prise, lors du sommet de l'OTAN de Varsovie (2016), d'engager, dans le cadre des « *mesures de réassurance* », deux déploiements, d'abord en Estonie puis en Lituanie, de militaires français marquent-t-elles une rupture ? Comment analyser la décision de notre pays généralement si soucieux d'assumer sa solidarité par le canal de l'OTAN tout en ménageant les intérêts russes ? En rappelant que les troupes militaires françaises déployées en Estonie en 2017 n'avaient jamais été aussi proches du territoire russe que depuis la campagne napoléonienne de 1812[6], l'ambassadeur de Russie en France avait voulu souligner qu'une telle présence avait, si ce n'est un parfum menaçant, du moins une posture inquiétante, pour un pays, la France, qui avait manifesté jusque-là, forte de sa singularité au sein de l'Alliance, une réelle volonté de ne pas venir, tel un boutefeu, « *chatouiller* » aussi près la Russie à ses frontières.

L'« intrus » balte et l'embarras occidental

Dès le début de la décennie 1990, les pays baltes, fascinés par l'alliance des démocraties occidentales, manifestèrent très vite leur souhait de rejoindre l'OTAN pour les mettre à l'abri, à perpétuelle demeure, de la Russie qui, de son côté, était hostile à un quelconque élargissement. Les raisons qui motivaient leur engagement atlantique étaient exactement les mêmes que ceux qui y faisaient obstacle : la Russie. La question si controversée du « *veto russe* » à l'OTAN concernait d'ailleurs les pays baltes bien plus directement que les autres pays candidats, issus du bloc de l'Est. La résolution des Occidentaux, en effet, de ne pas provoquer la Russie prenait une dimension particulièrement importante dans la mesure où, contrairement aux autres pays anciennement satellites, ces trois pays faisaient partie de l'Union soviétique en qualité de républiques socialistes soviétiques. Se trouvant, de surcroît, sur la côte orientale de la mer Baltique, ils appartenaient à une zone stratégique hautement sensible pour la Russie. Cette situation géographique leur donnait accès à la mer par plusieurs ports, le plus souvent libres de glace, mais signifiait également que leur côte était dangereusement proche de la deuxième ville de Russie, Saint-Pétersbourg. De façon plus générale, la proximité géographique des pays baltes et leur incorporation dans le périmètre d'inclusion de la doctrine de l'étranger proche rendaient leur appartenance à l'Alliance atlantique d'autant plus sensible qu'elle confirmerait la marginalisation et l'éjection de la Russie de l'espace baltique. Une deuxième

[6] AFP, « L'armée française s'exerce en Estonie pour contrer la menace russe », dépêche reprise dans *Le Point*, Publiée le 23/05/2017.

caractéristique des trois pays ne plaidant pas pour leur intégration dans l'OTAN résidait dans la très forte présence de populations russophones dans les trois pays baltes[7] dont la « défense » se devait d'être prise en main par Moscou. La fidélité des allogènes russophones installés dans les trois pays baltes se posait avec d'autant de saillance que chaque fois que les relations se tendaient avec la Russie, **Moscou intensifiait sa propagande en leur direction** en accusant les gouvernements baltes de discrimination à leur égard. Il convient, en outre, de souligner que si certains pays d'Europe centrale revêtent une importance stratégique pour l'Occident dans la mesure où ils constitueraient une zone tampon en cas d'attaque terrestre contre lui, les pays baltes, pays bordures de la masse continentale russe, ne bénéficient pas de cette « *vertu géopolitique* » et seraient, en plus, extrêmement difficiles à défendre contre une agression militaire. Ils sont, en effet, géographiquement exigus et n'offrent aucune profondeur stratégique. La région, topographiquement plate, ne se prête effectivement pas à des opérations militaires permettant de repousser des assaillants en surnombre[8].

Craignant des mesures de rétorsion avec la Russie, mais aussi d'être dépassée par des engagements inexécutables, l'Alliance s'est clairement questionnée, non pas sur la légitimité de la candidature des pays baltes, mais plutôt sur les conséquences d'un processus dangereusement hasardeux. Ainsi, dans leur étude sur les pays baltes et l'OTAN qui allait devenir, par la suite, une référence pour Washington dans sa stratégie balte, Ronald Asmus et Robert Nurick écrivaient ainsi, en 1996, que « *if mishandled, the Baltic issue has the potential to derail NATO enlargment, redraw the security map in North-Eastern Europe and provoke a crisis between the West and Russia* »[9]. Bruno Tertrais, de son côté, rapporte que lors de la ratification américaine du premier élargissement à l'Est

---

[7] Le terme « *populations russophones* » recouvre des réalités aussi diverses que différentes, non seulement au sein des trois pays, mais aussi dans la façon dont les critères ethniques et linguistiques sont retenus. Remarquons, tout d'abord, que la question des « *populations russophones* » a toujours été moins problématique en Lituanie pays dans lequel on a très vite accordé à toute la population, nonobstant le critère ethnique et linguistique, la citoyenneté lituanienne qu'en Estonie et en Lettonie. Si l'on ne retient que le critère linguistique, les populations dont la langue maternelle n'est pas celle vernaculaire mais le russe parce que cette langue était véhiculaire au temps de l'époque soviétique, on estime qu'ils représentent plus de 30 % des populations estonienne et lettonne. Remarquons, de surcroît, qu'avoir la citoyenneté estonienne, lettonne ou lituanienne ne signifie pas pour autant une absence de fidélité patriotique pour la Russie tandis qu'avoir le statut de non-citoyen n'implique pas, non plus, une sensibilité mécanique à la propagande russe.

[8] Sur ce point, nous nous permettons d'inviter le lecteur à se rapporter à notre ouvrage *Les pays baltes en quête de sécurité* (Paris, Economica, 2008), issu de notre thèse en science politique soutenue à Bordeaux en 2007 (https://tel.archives-ouvertes.fr/tel-00282264/document).

[9] Ronald Asmus et Robert Nurick, « NATO Enlargement : the Baltic States », *Survival*, vol. 38, n°2, été 1996, pp. 121-142, ici p. 121.

comme on l'a beaucoup dit outre-Atlantique (...) "la seule manière de défendre les pays baltes, c'est avec des armes nucléaires". Le dilemme serait alors d'en accepter toutes les conséquences et de recréer, de ce fait, un espace stratégique instable avec un risque d'escalade rapide en cas de crise (et donc in fine d'abaisser le seuil nucléaire), soit d'opter pour une dévalorisation ouverte de l'article 5 en faisant résolument de l'Alliance un instrument de coopération et de sécurité collective, c'est-à-dire d'échanger en quelque sorte de "l'intensité pour de l'espace"[10]

Les États-Unis ne pouvaient pas s'engager sur la base de l'article 5 afin de garantir la sécurité des pays baltes, tant les possibilités de les défendre étaient limitées. Solliciter l'OTAN pour sa fonction initiale, d'un autre côté, ne signifie pas lui dénuer sa vertu dissuasive. Produit de la guerre froide et seule organisation de défense collective dotée de tous les moyens militaires, elle est effectivement plus qu'une alliance militaire traditionnelle qui a pour fonction classique seulement d'être centrée sur l'engagement d'assistance au cœur de l'accord conclu entre les États partenaires. Ainsi, lorsque les opposants à l'entrée des pays baltes dans l'Alliance mettaient en avant le fait que la défense de leur pays serait extrêmement difficile, ils rétorquaient que leur situation n'était pas si dissimilaire de celle de Berlin-Ouest pendant la guerre froide. Zbigniew Brzezinski remarquait d'ailleurs qu'il existait une différence fondamentale entre défense et protection :

During the Cold War, Copenhagen and Berlin were not defensible in a strict military sense. But the Alliance maintained a commitment to defend them. The Soviet Union was deterred from any overt military aggression by the knowledge that any military action against Copenhagen or Berlin would prompt a large-scale military response by the West. Thus, whether NATO could defend the Baltic states in a strict military sense may be less important than making clear that any effort by Russia to use force in the Baltics would prompt a strong response by NATO against highly valued Russian assets. This could serve to deter Russia from taking military action against the Baltic states[11].

Pour les avocats de la cause balte, il fallait faire comprendre aux Russes que s'ils pouvaient certes attaquer facilement l'Estonie, la Lettonie et la

---

[10] Bruno Tertrais, « L'OTAN, existera-t-elle encore en 2009 ? », *La Revue internationale et stratégique*, n°32, hiver 1998-1999, pp. 121-129, ici p. 122

[11] Zbigniew Brzezinski (dir.), *U.S Policy toward North-eastern Europe*, New York, Council of Foreign Relations, 1999, 84 pages, ici p. 25.

Lituanie, le jeu n'en valait pas la chandelle, car ils perdraient bien plus qu'ils ne gagneraient[12]. C'est probablement d'ailleurs en se fondant sur cet argument qu'ils eurent gain de cause, le Conseil atlantique de Prague (21 novembre 2002) décidant d'inviter une majorité d'entre eux, dont les trois pays baltes, à venir rejoindre l'OTAN.

Bien que ne pouvant que prendre acte de l'élargissement de l'OTAN à ces derniers sans avoir pu s'y opposer, Moscou n'a de cesse, depuis, d'exploiter la dépendance et les vulnérabilités de ces derniers qui dénoncent fréquemment le discours de la Russie et les intimidations, notamment les exercices militaires Zapad que cette dernière organise régulièrement à sa frontière occidentale ou le déploiement de missiles à capacité nucléaire à Kaliningrad. En réponse, dans les capitales occidentales, si on se refusa à remettre en cause l'Acte Fondateur OTAN-Russie de 1997 en accédant aux demandes répétées de Tallinn, Riga et Vilnius d'installer des bases permanentes, on intégra graduellement les trois pays baltes dans plusieurs dispositifs de l'Alliance. Ainsi, dès leur adhésion en 2004, tous les quatre mois, une nation de l'OTAN se relaie dans le cadre de la mission de police du ciel dans l'espace aérien balte. Notons, de surcroît, que si l'OTAN n'avait pas jugé bon d'intégrer les trois pays baltes, après leur adhésion, dans sa planification stratégique évitant ainsi un sujet de friction probable avec Moscou, le conflit russo-géorgien de l'été 2008, en modifiant profondément la donne, poussa les responsables de l'Alliance à englober l'Estonie, la Lettonie et la Lituanie dans ses plans de défense en cas d'attaque russe[13]. Dans chacune des trois capitales, enfin, un centre d'excellence de l'OTAN a été installé : le centre de cybersécurité (2008) à Tallinn, le centre de sécurité énergétique (2011) à Vilnius et le centre de communication stratégique (2015) à Riga. Il s'agissait, en même temps, de répondre à un certain nombre de menaces russes tout en profitant de l'expérience acquise par les Baltes dans leur niche respective[14].

---

[12] Pour une synthèse des arguments, voir l'article de Robert Dalsjö, « Baltic Self-Defence Capabilities – Achievable and Necessary, or Futile Symbolicism », *Baltic Defence Review*, 1/1999 (http://www.bdcol.ee/files/docs/bdreview/04bdr199.pdf).

[13] Natalie Nougayrède, « WikiLeaks : les plans secrets de l'OTAN pour défendre les pays baltes », *Le Monde*, 6 décembre 2010.

[14] En effet, l'Estonie, pays connu pour être à la pointe des technologies informatiques, avait mis en avant son expertise en la matière auprès de l'OTAN après avoir été victime d'une cyber-attaque massive provenant de Russie en 2007. La Lituanie, de son côté, qui, jusqu'au 31 décembre 2009, avait sur son territoire l'une des dernières centrales nucléaires de confection soviétique encore partiellement en activité sur le sol européen, avait développé une compétence indéniable sur la problématique de l'approvisionnement énergétique. La Lettonie, enfin, a déployé ses moyens politico-stratégiques pour endosser le rôle d'expert de lutte contre la désinformation (russe).

L'accentuation de la menace russe depuis la crise ukrainienne

La crise ukrainienne, amorcée à la fin de l'année 2013 pour culminer, plus d'une année après, avec l'annexion de la Crimée par la Russie, a immanquablement cristallisé l'angoisse latente de l'Estonie, de la Lettonie et de la Lituanie de subir un destin analogue. En effet, dans chacun des trois pays, on y vit une illustration supplémentaire de l'impérialisme russe à l'œuvre contre une volonté d'émancipation nationale pour s'ancrer à l'Ouest, dont l'Ukraine fut alors la victime à l'instar de leur pays, autant celle de 1940 qui le fut de sa variante soviétique que celle qui pourrait l'être maintenant si la Russie se décidait à appliquer une stratégie similaire contre eux.

Une étude de la RAND parue en 2016 a montré que l'OTAN ne serait pas capable de venir défendre les pays baltes si ceux-ci étaient attaqués par la Russie, sans même que cette agression ne prenne d'ailleurs une forme nécessairement armée. Les Russes n'auraient même pas besoin d'envahir les pays baltes. Il leur suffirait de saper le concept de solidarité au travers d'un éventail d'actions hybrides[15] (espionnage, tentatives de corruption des élites, cyberattaques, exploitation des tensions ethniques, exercices militaires aux frontières, provocations dans les espaces aériens etc.) suffisamment « *bas* » pour que l'article 5 ne soit pas enclenché. Depuis, les Baltes sonnent inlassablement le tocsin auprès de leurs alliés pour les alerter de la menace russe afin de mieux légitimer leur conception d'une Alliance atlantique centrée sur le concept de solidarité dans sa plénitude : la menace ruse n'est pas seulement *stricto sensu* militaire, mais elle peut aussi se manifester sous une forme polymorphe.

Dans un contexte où la doctrine de sécurité de l'OTAN misait de moins en moins sur la défense territoriale au profit de la projection des forces, de surcroit, la crise ukrainienne provoqua une prise de conscience de leur faiblesse capacitaire. Dans les pays membres qui avaient jusque-là réduit leurs moyens de défense classique, la problématique des capacités pour protéger les pays les plus exposés se posa ainsi de façon particulièrement saillante. Une autre étude de la RAND, parue en 2017, estima ainsi que, dans les conditions actuelles, la France, la Grande-Bretagne et l'Allemagne disposent de moyens de défense classique relativement limités pour défendre les trois pays baltes en cas d'invasion russe et qui prendraient, de surcroît, du temps pour leur déploiement. Les trois pays, non sans difficulté, pourraient rassembler chacun une brigade déployable entre une semaine et un mois. « *For all three armies, the effort would be a major endeavor that would leave the forces with little spare capacity for any other contingencies, and there are questions about the capabilities that those forces might have at their disposal or their aptitude for*

[15] David A. Shlapak et Michael W. Johnson, *Reinforcing Deterrence on NATO's Eastern Flank, Wargaming the Defense of the Baltics*, RAND Corporation, 2016. (https://www.rand.org/pubs/research_reports/RR1253.html).

the kind of warfare that fighting the Russians might involve »[16]. Ces capacités de mobilisation de forces classiques pour défendre les pays baltes étaient d'autant plus incertaines que celles des Russes concentrées dans les environs des frontières avec les pays baltes s'étaient considérablement accrues et modernisées depuis 2008. D'après le directeur de l'*International Institute for Strategic Studies* (IISS), s'exprimant lors de la présentation du *Military Balance* de 2016, la Russie avait l'équipement militaire pouvant certainement « *impede access to, and constrain freedom of action in, the Baltic region* » d'autant que ses capacités étaient associées à celles que la Russie avait à Kaliningrad, notamment les missiles à courte portée Iskander[17].

Alarmistes plusieurs responsables politiques et militaires craignirent que les pays baltes ne fussent les prochaines victimes de la prédation russe. Le ministre britannique de la Défense Michael Fallon, le premier, fit part de ses craintes : la Russie pourrait utiliser une méthode analogue à celle utilisée avec succès dans la partie orientale de l'Ukraine pour déstabiliser les pays baltes[18]. En écho, le général britannique Adrian Bradshaw, commandant adjoint de l'OTAN, évoqua, lors d'un court discours au groupe de réflexion londonien *Royal United Services Institute* (RUSI), lui aussi l'éventualité d'une attaque russe contre les pays baltes.

> *Sir Adrian told the Royal United Services Institute there was a danger such a campaign of undercover attacks could paralyze Nato decision making, as members disagreed over how much Russia was responsible, and how to respond* (…) *there was also a danger that Russia could use conventional forces and Soviet-era brinkmanship to seize Nato territory*[19].

Pour y répondre, lors du Sommet de l'OTAN à Varsovie (juillet 2016), il fut décidé donc d'une Présence avancée renforcée (*Enhanced Forward Presence*) constituée de quatre bataillons alliés qui devaient régulièrement s'entraîner sur les pays baltes. Ce programme qui devait venir en complément du plan d'action « réactivité » adopté lors du Sommet de l'OTAN de Newport en 2014 lequel contenait un ensemble de mesures de réassurance des pays membres de l'OTAN en Europe centrale et orientale qui visaient à renforcer leur défense fut habillé d'un discours sur la « *défense et la dissuasion* » pour

---

[16] Michael Shurkin, *The Abilities of the British, French, and German Armies to Generate and Sustain Armored Brigades in the Baltics,* RAND Corporation, 2017. (https://www.rand.org/pubs/research_reports/RR1629.html).

[17] « Deployment of Russia's armaments in Kaliningrad region limits NATO's capabilities — expert » http://tass.com/defense/855511

[18] Ben Farmer, « Putin will target the Baltic next, Defence Secretary warns », *The Telegraph*, 18 février 2015.

[19] Ben Farmer, « Russian tensions could escalate into all-out war, says Nato general », *The Telegraph*, 20 février 2015

ne pas provoquer la Russie tout en démontrant à cette dernière que l'OTAN entendait bien remplir sa fonction première de défense collective.

D'après l'OTAN, deux types de dissuasion étaient concevables : la « *dissuasion par punition* » et la « *dissuasion par déni* ». Dans le premier cas, il s'agissait de faire comprendre que si la Russie attaquait et occupait les trois pays baltes, les conséquences d'un tel acte seraient bien moins profitables que les avantages qu'elle en tirerait. Une telle stratégie nécessitait un engagement d'un petit nombre de forces armées classiques, assistées par une résistance de forces locales, et appuyées par des forces aériennes, maritimes et terrestres dépêchées rapidement. Ces actions militaires, combinées à des outils politiques et économiques, isoleraient et puniraient la Russie. Dans le second cas, l'objectif était d'empêcher une invasion en faisant bien comprendre aux Russes qu'ils ne pourraient que perdre. Pour ce faire, l'OTAN devait déployer des forces armées importantes sur le territoire des trois pays baltes.

La décision de l'OTAN de consolider sa présence sur la rivière orientale de la mer Baltique répond indéniablement à une logique de « dissuasion par punition » : ne pas prépositionner, sur le territoire balte, des troupes armées trop nombreuses, et *a fortiori* permanentes – ce qui aurait été d'ailleurs contraire à l'Acte fondateur de 1997 –, tout en y déployant des troupes de façon *ad hoc*. Cette stratégie est basée sur un modèle qui s'appuie sur de forces rapidement mobilisables et spécialisées, aussi numériquement modestes soient-elles, pouvant combattre très rapidement. Si les responsables politiques et les analystes occidentaux estiment certes peu probable que les trois pays baltes soient victimes d'une intervention armée russe. Mais ils sont aussi conscients que cela n'est pas impossible étant donné

> *Moscow's aggressive foreign policy and pattern of military intervention along its borders, combined with the strategic vulnerability of NATO's eastern allies, particularly the Baltic States...* [dont les forces armées] *are small, geographically isolated, and lack mobility, firepower, and air and naval capability*[20].

La décision de l'OTAN, par ailleurs, ne répondait uniquement pas aux demandes répétées de l'Estonie, de la Lettonie et de la Lituanie, mais aussi à une reconnaissance qu'après plus d'une décennie d'opérations extérieures, il était urgemment nécessaire de ne pas négliger sa fonction initiale qu'était celle de la défense territoriale de ses États parties.

---

[20] Kathleen Hicks, Heather Conley, Lisa Sawyer Samp, et Anthony Bell, *Evaluating Future U.S. Army Force Posture in Europe: Phase II Report*, Washington, DC: Center for Strategic and International Studies, June 2016, 48, https://csis-prod.s3.amazonaws.com/s3fs-public/publication/160712_Samp_ArmyForcePostureEurope_Web.pdf.

La « nouvelle » solidarité de la France

Jusqu'au début des années 2000, le débat stratégique sur la sécurité des pays baltes, en France, restait à peine audible[1]. S'il y avait certes quelques publications ici et là, parmi le très petit nombre de ceux intéressés par cette région, personne ne se prononçait avec des arguments stratégiques en faveur ou pas de l'adhésion[2] à l'exception notable de Jacques Beltran, chercheur à

---

[1] D'un autre côté, un rapide coup d'œil sur la littérature stratégique dans chacun des trois pays baltes témoigne d'un intérêt plutôt modeste pour la France comme si elle était vue comme un partenaire si ce n'est ignoré, au moins mésestimé. Nous rangerons, dans cette expression, les publications régulières des instituts de recherche et des académies militaires des trois pays mélangeant pêle-mêle les articles qui traitent de politique étrangère, de relations internationales et d'études stratégiques et même tactiques. En Estonie, l'*Estonian Foreign Policy Institute* qui publiait entre 2003 et 2013 l'*Estonian Foreign Policy Yearbook*, est désormais un centre en orbite autour d'un autre *think tank*, le *International Center for Defence Studies* (ICDS), un institut à vocation *policy-oriented*, qui ne publie pas de revue. A Tartu, la deuxième ville du pays, le *Baltic Defence College*, une académie militaire commune aux trois pays baltes, publie le *Journal on Baltic Security* qui a pris, en 2015, le relais d'une autre revue, mais beaucoup plus artisanale, la *Baltic Security and Defence Review*. En Lettonie, nous n'avons trouvé aucune publication régulière. En Lituanie, la *Lithuanian Foreign Policy Review* (1998-2015) était publiée par l'*Institute of International Relations and Political Science* de l'Université de Vilnius et financée par le ministère lituanien des affaires étrangères. L'Académie militaire lituanienne publie régulièrement depuis 2011 le *Journal of Security and Sustainability Issues* et depuis 2001 le *Lithuanian Annual Strategic Review*. Une recension de tous les articles, non seulement, révèle, certes à des degrés divers, une absence de variété philosophique et doctrinale (atlantisme forcené, diabolisation de la Russie et circonspection pour toutes structures qui pourraient concurrencer l'OTAN) mais, en plus, démontre un intérêt très secondaire pour la France et même lorsque des articles la concernant sont publiés, ils sont, pour beaucoup, pétris de poncifs contribuant ainsi à biaiser l'image de notre pays. L'auteur de ces lignes et un compatriote, spécialiste de la Russie, Arnaud Kalika avaient publié dans l'*Estonian Foreign Policy Review* un article sur l'affaire du Mistral (« Alliance solidarity versus "business as usual" : the sale of French Mistral warships to Russia », *Estonian Foreign Policy Review 2010*, Tallinn, 2010) qui avait pourtant été bien accueilli par les Estoniens, ceci montrant qu'il y a tout de même une certaine demande, dans les pays baltes, pour mieux connaitre la France.

[2] L'auteur de ces lignes fréquente depuis une vingtaine d'années les milieux académiques français qui travaillent sur les pays baltes. Il a ainsi pu répertorier les principaux chercheurs et universitaires (mais aussi les journalistes et les diplomates) en France qui ont publié sur les pays baltes sur des thématiques qui ne concernent certes pas exclusivement les aspects stratégiques *stricto sensu*. Une recension impose de différencier, d'une part, les époques entre l'indépendance acquise, le processus de candidature et finalement l'adhésion à l'OTAN, la période post-adhésion à l'OTAN et la période contemporaine et, d'autre part, la nature soit spécialisée, soit généraliste de la littérature publiée. Travaillant sur cette région depuis longtemps, un certain nombre d'auteurs français, effectivement, ont acquis une expertise en témoigne la régularité, depuis plusieurs années, de leurs publications. Mais les plus nombreux s'y sont intéressés de façon tangentielle ou ponctuelle. Il est intéressant de constater, de surcroît, que beaucoup d'entre eux se sont intéressés aux pays baltes après avoir travaillé sur la Russie, la Pologne ou bien même les pays nordiques. Chronologiquement, la première étude académique est celle entreprise par Nathalie Blanc-Noël (*Changement de cap en mer Baltique*, Paris, FEDN, 1992) consacrée aux problématiques stratégiques en mer Baltique mais qui traite de façon périphérique les pays baltes. Le premier article qui traite des questions stratégiques est celui de Jean-Christophe Romer (« Les États baltes, entre Nord, Centre et Est », *Stratégique*,

l'Institut français de relations internationales (Ifri), l'un des premiers chercheurs français à s'être intéressé à cette question, pour qui défendre les pays baltes signifiait d'abord décrédibiliser dangereusement la dissuasion

---

n°55, 1993) publié alors que les trois pays cherchaient d'abord à affirmer leur indépendance fraîchement acquise, la question de leur candidature à l'OTAN ne se posant pas encore. Hélène Le Deunff (« Le retrait des troupes russes des États baltes », *Arès*, vol. 15, n°1, 1996) s'interroge sur les problématiques liées au retrait des nombreuses troupes soviétiques puis russes des trois pays. Matthieu Chillaud (« Incertitudes stratégiques en Europe septentrionale : les États baltes, l'OTAN et le traité FCE », *Annuaire français de relations internationales 2002*, Bruxelles, Bruylant, 2002) questionne l'articulation entre l'OTAN et le traité sur les Forces conventionnelles en Europe (FCE) dans la démarche de candidature des pays baltes. Franck Tétart, de son côté, s'intéresse tout particulièrement à Kaliningrad (*Géopolitique de Kaliningrad, une « île russe » au cœur de l'Union européenne*, Paris, Presses de l'Université Paris-Sorbonne, 2007). Il faut aussi citer l'ouvrage de Philippe Perchoc (*Les États baltes et le système européen [1985-2004] : Être européens et le devenir*, Bruxelles, Peter Lang, 2014) tiré de sa thèse consacrée à la *politique étrangère* des États *baltes* après 1991 et qui traite de façon tangentielle les problématiques stratégiques des pays baltes. Le seul ouvrage qui, à notre connaissance, traite ces questions est, sans vanité aucune, le nôtre (*Les Pays baltes en quête de sécurité*, Paris, Economica, 2008) certes un peu ancien et qu'il conviendrait d'actualiser. Susanne Nies, universitaire allemande mais en poste à Paris pendant plusieurs années, avait bien publié un livre sur la question (*Stratégies et sécurité en région balte après le retour aux indépendances [1991-2004]*, Paris, L'Harmattan, 2004), ouvrage tiré d'une étude commandée par le ministère français de la Défense. Son contenu, cependant, est très discutable et ce n'est pas le lieu ici d'en faire une critique. Elle publia aussi *Les États baltes, une longue dissidence* (Paris, Armand Colin, 2004). Parmi la littérature plus généraliste consacrée aux pays baltes et qui traite de façon très périphérique les problématiques stratégiques, il faut aussi recenser les travaux séminaux d'Yves Plasseraud (*Les États baltes*, Paris, Montchrestien collection clé politique, 2ème éd., 1996 et *Les États baltiques. Des sociétés gigognes*, Crozon, éditions Armeline, 2003), de Pascal Lorot (*Le réveil balte*, Paris, Hachette, 1991), d'A. Bertricau, (le nom de plume d'un diplomate français en poste à Tallinn, *L'Estonie. Identité et indépendance*, Paris, L'Harmattan, 2001) et du journaliste Antoine Jacob (*Les pays Baltes. Indépendance et intégrations*, Paris, Alvik éditions, 2004), Parmi les très rares spécialistes français qui travaillent continuellement sur les pays baltes, il faut aussi signaler Céline Bayou, analyste à La Documentation française et auteure de plusieurs dizaines d'articles ainsi de quelques ouvrages collectifs sur les pays baltes. Dans un ouvrage collectif qu'elle a codirigé avec l'auteur de ces lignes (*Les États baltes en transition. Le retour en Europe*, Bruxelles, Peter Lang, 2012), certains chapitres traitent directement ou indirectement des problématiques stratégiques. Enfin, mentionnons les travaux de quatre jeunes Baltes installés en France, d'une part, qui ont récemment soutenu, pour l'Estonienne Katerina Kesa (*Pays récepteurs d'assistance étrangère et pays donneurs : la place et le rôle des États baltes entre pays nordiques et États postsoviétiques au prisme de l'action de parrainage [1985-2013])* et la Lettonne Una Bergmane (*La France et les États-Unis face à la désintégration de l'Union soviétique : le cas des pays baltes 1989-1991* à *Sciences po*) et, d'autre part, qui prochainement soutiendront, pour les Lituaniennes Emilija Pundziūtė-Gallois (*"Too big to shun" : les stratégies diplomatiques des États baltes pour construire une relation de bon voisinage avec la Russie contemporaine* à *Sciences po*) et Živilė Kalibataitė (*Les dimensions stratégiques et symboliques des politiques de défense des petits États : la construction du respect international des pays baltes depuis les années 1990* à l'Université Paris Est et à celle de Namur), leur thèse consacrée aux États baltes. Une telle recension, qui n'est pourtant pas exhaustive, peut donner l'impression d'une certaine profusion mais force est d'admettre que dans la thématique qui est la nôtre, elle est plutôt une « niche ».

nucléaire de l'Alliance. Pays bordures de la masse continentale russe, l'Estonie, la Lettonie et la Lituanie pouvaient difficilement bénéficier de

> *la garantie de sécurité offerte par l'OTAN au titre de l'article 5 (...). La garantie de sécurité ne servirait pas à grand-chose si la Russie tentait de déstabiliser les trois républiques en s'appuyant sur les minorités russophones ou sur leur dépendance économique. (...). Quant à une hypothétique invasion des trois républiques par les troupes russes, outre le fait qu'elle semble extrêmement improbable, il est bien difficile d'imaginer quel "allié" occidental serait prêt à mourir pour Tallinn, Riga ou Vilnius. Défendre les États baltes contre Moscou nécessiterait de faire appel à la dissuasion nucléaire, stratégie qui risquerait fort bien de perdre toute sa crédibilité, tant l'écart entre la fin et les moyens serait considérable*[1].

Du côté des responsables politiques, de surcroît, aucune voix hostile à l'élargissement de l'OTAN aux pays baltes ne se fit réellement entendre. La réunification de l'espace européen était traditionnellement un aspect essentiel de la diplomatie française, mais, dans un contexte où Paris exprimait son tropisme stratégique pour la sécurité méditerranéenne, celui-ci devait d'abord se concentrer sur l'adhésion des pays du Sud-Est de l'Europe ; il importait que la Roumanie et la Slovénie fussent ceux qui allaient rejoindre l'OTAN, ce qui n'était pas l'option défendue par d'autres pays de l'Alliance, notamment ceux appartenant à son flanc nord. Ronald Asmus rapporte que lors des négociations qui ont précédé le Sommet de Madrid (juillet 1997), le Premier ministre danois qui plaidait la cause des pays baltes s'opposa à Jacques Chirac. Pour Copenhague, « *naming just Romania and Slovenia would leave the Baltic States vulnerable and subject to Russian pressure. The only way forward (...) was to either name all candidate countries or none at all* »[2]. Or, pour la France, la Russie devait être aussi ménagée. La diplomatie française qui avait porté sur les fonts baptismaux l'Acte fondateur, signé à Paris en mai 1997, ne voulait pas exclure Moscou du processus ; la Russie ne devait être ni isolée, ni humiliée. Signification symbolique – la Russie n'avait aucun pouvoir sur le

---

[1] Jacques Beltran, « Sécurité européenne et sécurité des États baltes : les vertus de l'ambiguïté stratégique », *Politique étrangère*, n°1, hiver 2000, pp. 33-46, ici pp. 39-40. Constatons que l'auteur, à l'époque chercheur à l'Ifri, avait tiré cet article de son mémoire qu'il avait écrit dans le cadre de son stage à la Direction du renseignement militaire (DRM) alors qu'il suivait le DESS « *Défense* » de Paris II. Jacques Beltran, *Faut-il élargir l'OTAN aux États baltes ?* mémoire de DESS « *Défense* », sous la direction de Guillaume Parmentier, Paris, Université Panthéon-Assas, année universitaire 1996-1997, 110 pages. On peut en déduire que la position de l'auteur reflétait, à bien des égards, celle, officieuse, de la DRM.

[2] Ronald Asmus, *Opening NATO's Door. How the Alliance Remade Itself for a New Era*, New York, Columbia University Press, 2005, 415 pages, ici p. 245.

fonctionnement de l'Alliance, mais pouvait s'exprimer et évoquer certains sujets lors de réunions avec l'OTAN – l'Acte fondateur devait « *conférer à la Russie une capacité d'influence dont les effets dépendront de l'utilisation qu'elle en fera* »[1].

Cependant, dans un contexte où la France affichait clairement sa volonté d'« européaniser » l'Alliance atlantique avec l'établissement d'une Identité européenne de sécurité et de défense (IESD), il était clair qu'à Paris, les trois pays baltes ne voulaient entendre parler que d'OTAN. Les pays candidats qui n'avaient « *qu'une idée : se rapprocher de l'OTAN qui est, à leurs yeux, synonyme de modernité et de réinsertion dans la communauté européenne* »[2] voyaient avec méfiance tout ce qui pouvait affaiblir le lien transatlantique.

L'ensemble des pays candidats réunis au sein du Groupe de Vilnius organisèrent une conférence retentissante dans la capitale lituanienne le 19 mai 2000[3]. La Conférence de Vilnius a eu, tout d'abord, une forme symbolique, car elle constitua la première manifestation publique où les neuf États postulants plaidaient ensemble leur candidature. Elle manifesta, en outre, et cela pour la première fois, l'idée d'un élargissement de l'OTAN « *en bloc et en force* » en lieu et place d'un élargissement progressif. Le scénario d'un « Big Bang », largement soutenu à l'occasion par les États candidats, se basait sur l'idée qu'un passage « *en bloc et en force* » permettrait d'économiser autant de crises avec la Russie que de pays candidats dans l'hypothèse où leur admission se ferait de manière fractionnée. Cet appel eut un écho auprès des pays qui soutenaient les États-Unis dans le sillage de la recherche par ces derniers d'appuis politiques dans leur préparation de la guerre en Irak au point même qu'un contrat implicite semblaient carrément se

---

[1] *Ibid.*

[2] Audition du Ministre des Affaires étrangères Hubert Védrine, devant la Commission de la Défense nationale et des Forces armées et la Commission des Affaires étrangères de l'Assemblée nationale, Paris, 10 juillet 1997.

[3] La Conférence de Vilnius doit être replacée dans le contexte des élections présidentielles américaines en 2000. « Téléguidée » par deux personnalités, l'une proche des Démocrates, Ronald Asmus du *Council on Foreign Relations* et l'autre proche des Républicains, Bruce Jackson du *US Committee on NATO*, la Conférence de Vilnius constituait avant tout une opération de « charme » auprès des États-Unis dans un contexte électoral où la question de l'élargissement de l'OTAN était loin d'occuper la place centrale des débats politiques. Ces deux Américains avaient longtemps porté sur les fonts baptismaux l'élargissement de l'OTAN au sein de l'administration américaine, démocrate et républicaine. Très ami de l'ancien ministre estonien des Affaires étrangères et plus tard Président, Toomas Hendrik Ilves, et de l'ancien Président lituanien Vytautas Landsbergis, Bruce Jackson, était considéré comme le principal promoteur du *Project for a New American Century*, l'organisme qui avait inspiré la plate-forme de politique extérieure du candidat Bush. Ronald Asmus, quant à lui, ancien chercheur à la RAND et ancien de l'administration Clinton, était notoirement connu pour ses plaidoiries en faveur de l'élargissement de l'OTAN. Voir Mirel Bran, « Bruce Jackson, lobbyiste dans la "nouvelle Europe" », *Le Monde*, 27 février 2004 et Patrick Jarreau, « L'élargissement renforce le système transatlantique. Selon Bruce Jackson, l'Américain de la "nouvelle Europe", "l'Europe se complète" », *Le Monde*, 3 mai 2004.

dégager entre, d'une part, les pays candidats, soutenant mordicus les États-Unis et, d'autre part, une diplomatie américaine rapide et efficace qui faisait miroiter à ces derniers la perspective d'un élargissement à « seulement » ceux qui la soutenait.

Peu dupe entre l'articulation entre les deux dossiers, la diplomatie française n'était pas, pour autant, hostile au principe même d'un élargissement conséquent à la condition que la Russie ne fût pas oubliée. Jacques Chirac, dès le début de son septennat, avait ainsi manifesté une volonté de rapprochement avec Moscou[1]. Ce jeu d'équilibriste pris une saillance particulière lorsque la France s'opposa avec force à Washington alors que les Américains recherchaient la bénédiction de la communauté internationale pour lancer l'opération « Irak Freedom ». Dans un contexte où les pays candidats manifestèrent leur allégeance, voire leur inféodation, à Washington, la position française était difficilement tenable. En outre, le 17 février 2003 lors de la clôture de la conférence de presse du Conseil européen extraordinaire de Bruxelles sur l'Iraq, Jacques Chirac accusa les anciens satellites de Moscou d'avoir « *été à la fois pas très bien élevés et un peu inconscients du danger que comportait un trop rapide alignement sur la position américaine* »[2], charge perçue comme une étant une véritable avanie d'autant que le président français était vu de plus en plus comme l'allié privilégié de Moscou dans la droite ligne gaulliste. Pour les pays du Groupe de Vilnius, la France continuait à avoir une politique dangereusement complaisante vis-à-vis de la Russie. Cette perception d'une France russophile fut accentuée lorsqu'il fut question qu'elle vendît des navires de type Mistral à Moscou. Plusieurs pays de l'Est, l'Estonie, la Lettonie et la Lituanie en tête, vent debout contre le projet de vente d'un navire ultramoderne à un pays aussi prédateur qu'est la Russie alors même qu'elle venait de bafouer la souveraineté géorgienne lors de la deuxième guerre d'Ossétie du Sud (août 2008), questionnèrent le sens de la conception française de la cohésion atlantique ; cependant que la France était un pays membre de l'OTAN et donc, à ce titre, engagée à manifester sa solidarité stratégique avec les autres pays membres, elle armait, en même temps, le pays considéré comme étant précisément celui qui les menaçait.

Finalement, les incompréhensions entre les capitales baltes et Paris s'estompèrent après qu'il fut décidé, en définitive, d'annuler la vente du Mistral à la Russie. De surcroît, la réaction véhémente de Paris contre Moscou après le déclenchement de la crise ukrainienne à la fin de l'année 2013 rassura les capitales baltes. Ainsi, la France soutint avec force le plan d'action « *réactivité* » adopté par l'OTAN lors de son sommet à Newport, au Pays de Galles, en 2014. Plus important renforcement de la défense collective de

[1] Anne de Tinguy, « Paris-Moscou : vers un partenariat privilégié dans une Europe réconciliée ? », *Relations internationales et stratégiques*, n°25, printemps 1997, pp. 82-92.

[2] Conférence de presse de M. Jacques Chirac, Président de la République, à l'issue de la réunion informelle extraordinaire du Conseil européen. Bruxelles, Belgique, le lundi 17 février 2003.

l'OTAN depuis la fin de la guerre froide, il fut complété, lors du Sommet de Varsovie deux ans plus tard, par d'importantes mesures opérationnelles qualifiées de « *mesures de réassurance* »[1], auxquelles la France souscrivit. En dépit d'une réserve de l'état-major des armées, qui estimait que les troupes, entre Barkhane et Sentinelle, étaient déjà beaucoup sollicitées, il fut ainsi décidé à Paris de déployer en Estonie un contingent de 306 militaires[2]. Baptisée « *Lynx* », cette mission de huit mois fut suivie par celle en Lituanie en 2018 sous commandement allemand. Avec un effectif et des équipements similaires à ceux déployés en Estonie, le détachement français qui reste dans le pays le plus méridional des trois pays baltes, était intégré à un bataillon allemand, formé pour l'essentiel du Jägerbataillon 292 de Donaueschingen, qui appartient à la brigade franco-allemande. Il est prévu, enfin, que les Français reviennent en Estonie à partir d'avril 2019. Parallèlement à cette mission au sol, l'armée de l'air française participe régulièrement (2007, 2010, 2011, 2013, 2016) à la police du ciel dans l'espace aérien des pays baltes, avec des chasseurs déployés à Siauliai, en Lituanie. Cette mission a été même renforcée par l'envoi, pour la première fois, de quatre Mirage 2000-5 français qui ont stationné entre mai et septembre 2018 en Estonie sur la base aérienne d'Ämari. L'Estonie, de son côté, a décidé de soutenir militairement la France dans le cadre de l'Opération Barkhane[3], ceci pour démontrer que la solidarité entre alliés n'allait pas que dans un seul sens.

Conclusion

Lesrelations stratégiques entre la France et les trois pays baltes, à l'heure actuelle, ne semblent jamais avoir été aussi bonnes ce qui n'allait pas forcément de soi aux vues de celles plutôt compliquées que notre pays a entretenues avec eux après qu'ils eurent recouvré leur indépendance. Dans les années 1990, la France occupait clairement une position intermédiaire parmi les pays membres de l'Alliance lorsqu'il était question de se prononcer sur

---

[1] Communiqué du Sommet de Varsovie publié par les chefs d'État et de gouvernement participant à la réunion du Conseil de l'Atlantique Nord tenue à Varsovie les 8 et 9 juillet 2016.

[2] Provenant essentiellement du 2ème Régiment étranger d'infanterie de Nîmes et du 501ème régiment de chars de combat de Mourmelon et accompagnés de 5 chars Leclerc, un dépanneur Leclerc, 13 véhicules de combat, des VAB, des VBL, des PVP, soit au total plus d'une centaine de véhicules de l'armée de terre. Hébergés sur une base militaire de la 1ère brigade d'infanterie mécanisée de l'armée estonienne, au sein d'un *Battle Group* (avec un effectif total de 1168) sous la direction britannique, les militaires français ne passèrent pas inaperçus, les officiels estoniens s'inquiétant publiquement que des légionnaires de nationalité russe pussent faire partie de leur effectif. Voir Priit Luts, « Pool Tapal paiknevast Prantsuse kontingendist koosneb võõrleegionäridest », *ERR*, 16 septembre 2007. (https://www.err.ee/618877/pool-tapal-paiknevast-prantsuse-kontingendist-koosneb-voorleegionaridest).

[3] Communiqué de Florence Parly, *L'Estonie dans l'opération Barkhane* (https://www.defense.gouv.fr/salle-de-presse/communiques/communiques-de-florence-parly/communique-de-florence-parly-l-estonie-dans-l-operation-barkhane).

l'adhésion des pays baltes à l'OTAN ; puissance méditerranéenne avant d'être une puissance baltique, elle profitait confortablement d'une certaine ambiguïté en n'étant ni implicitement hostile, ni explicitement en faveur. Depuis leur adhésion à l'OTAN, la France n'a de cesse d'affirmer sa solidarité auprès des trois pays baltes en dépit des mésaventures du soutien tous azimuths de ces derniers à Washington lors de l'Opération Iraqi Freedom et surtout de l'affaire du Mistral. Mais, l'un des traits marquants de la politique étrangère de notre pays n'a-t-il toujours pas été celui de profiter des moments de répit pour faire entendre sa dissonance et des moments de tension pour affirmer sa solidarité avec ses alliés. Dans le discours français, en outre, l'argument de l'« *indéfensabilité* » des pays baltes s'est, semble-t-il, estompé. Pour autant, l'acception du concept de solidarité chosifiée dans l'article 5 continue, de façon plus discrète, à questionner, dans les trois capitales baltes, la position de la France, une alliée que l'on cerne avec un sentiment diffus autant de confiance que de méfiance. Cette crainte qu'un allié puisse sacrifier, sur l'autel de ses intérêts, leur sécurité réapparait avec saillance à chaque fois que l'administration Trump semble remettre en cause l'OTAN ou bien lorsqu'elle encense Vladimir Poutine. De façon connexe, cette absence d'unanimité dans la perception de la menace a indéniablement un impact sur le débat stratégique concernant la problématique de l'articulation entre l'hybridité des guerres et le déclenchement de l'article 5 du Traité de Washington. « *L'action collective est fonction d'une évaluation unanime de la menace, évaluation que les tactiques hybrides de la Russie visent à empêcher* »[1]. Déjà avant même que les trois pays baltes achèvent avec succès leur diplomatie atlantique, ils voyaient dans l'article 5 une quasi-automaticité de l'assistance de l'OTAN au(x) pays attaqué(s). Une telle interprétation, pourtant, était partielle. Il semble qu'inconsciemment les conditions initiales de rédaction de l'article 5 ont fini par disparaître dans la mémoire de d'aucuns comme si ledit article impliquait une solidarité et une assistance mécaniques. Or, les principaux pays membres de l'Alliance, les États-Unis en tête, n'ont jamais voulu être entraînés dans des conflits étrangers sans pouvoir décider de l'opportunité ou non de s'y investir militairement. Dans ces conditions, la problématique des guerres hybrides ajoute de la confusion à l'ambiguïté : si les pays membres de l'Alliance devaient hésiter à secourir les pays baltes en cas de guerre classique, qu'en serait-il s'ils étaient attaqués aux moyens de tactiques hybrides ? Les Baltes attendent de la France, non seulement, qu'elle soit militairement prête à contribuer à la défense de leur pays pour montrer de la crédibilité à la dissuasion par déni, mais aussi, et surtout, qu'elle consente à se ranger parmi ceux qui plaident pour une acception élargie du *casus foederis* prévu par l'article 5 du traité de Washington. Or, si la France

[1] Lord Jopling, Assemblée parlementaire de l'OTAN, Commission sur la dimension civile de la Sécurité, *Parades aux Menaces hybrides émanant de la Russie : une mise à jour*, 27 mars 2018 (https://www.nato-pa.int).

démontre clairement, par les mesures militaires qu'elle a prises, qu'elle soutient les pays baltes, elle entend toujours et encore prendre ses distances avec une telle conception de la solidarité atlantique.

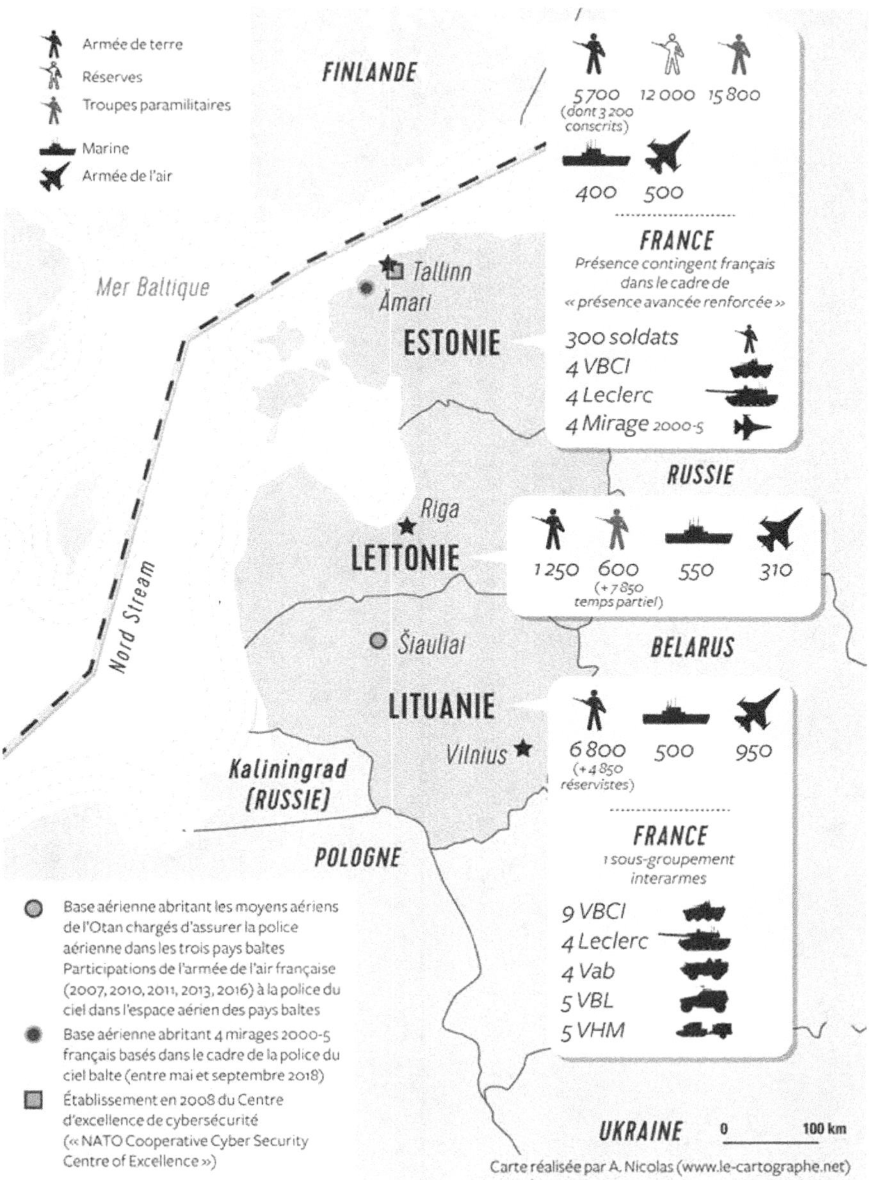

Le 11 Septembre de Nixon et Kissinger

Antoine COPPOLANI

« *Rien d'important ne peut venir du Sud. L'histoire n'a jamais été écrite dans le Sud. L'axe de l'histoire part de Moscou, passe par Bonn, traverse l'Atlantique jusqu'à Washington, et puis rejoint Tokyo* », déclarait Henry Kissinger au ministre des Affaires étrangères chilien, Gabriel Valdes, en juin 1969[1]. Quatre années plus tard, le 11 septembre 1973, Allende était renversé au Chili, non sans que les services américains ne soient impliqués dans sa chute, afin de prévenir l'apparition d'un « *second Cuba* » en Amérique latine et de prévenir, à l'échelle locale, l'expansionnisme soviétique.

Richard Nixon accordait, pour sa part, une importance bien plus grande au continent sud-américain que son Conseiller pour la sécurité nationale. Il le connaissait pour s'y être rendu avec durant la vice-présidence et avait fait l'expérience, de visu, de la menace communiste. Durant ce périple, Nixon s'était lié d'amitié avec Vernon Walters, à ses côtés lorsque, le 13 mai 1958, il avait failli être lapidé à Caracas. Walters fut nommé, en 1972, directeur adjoint de la CIA par Nixon. C'est vers la CIA que le président s'était tourné lorsque, au mois de septembre 1970, il apparut que, pour la première fois, un candidat se réclamant du marxisme était en passe d'être élu président d'un État démocratique, le Chili. La même année, Kissinger avait révisé son point de vue sur l'insignifiance géopolitique de ce petit pays d'une dizaine de millions d'habitants. « *Je ne vois pas pourquoi nous devrions rester les bras croisés et regarder un pays devenir communiste en raison de l'irresponsabilité de son peuple* » avait-il déclaré devant ses conseillers[2]. Ce mépris pour la démocratie dans le cône Sud était partagé par Nixon. Depuis les fâcheux incidents de Caracas, il considérait que la démocratie, en Amérique latine, était synonyme de violence et d'irrationalité[3].

Le présent texte se propose d'examiner les cheminements croisés de Richard M. Nixon et Henry A. Kissinger concernant leur évaluation et appréciation de la situation au Chili. Comment évoluèrent leurs points de vue ? Comment réagirent-ils face à l'Unité populaire ? Quelles sont, au juste, leurs responsabilités avant, pendant et après le 11 Septembre ? La thèse d'un

---

[1] Citation dans Lubna Z. Qureshi, Nixon, Kissinger and Allende, U.S. Involvement in the 1973 Coup in Chile, New York, Rowman & Littlefield, 2009, p. 5.

[2] Citation dans Alistair Horne, Kissinger, *1973. The Crucial Year*, New York, Simon & Schuster, 2009, p. 222.

[3] Citation dans Lubna Z. Qureshi, *op.cit.*, p. 3.

« *suicide assisté* » (Jonathan Haslam) de Salvador Allende et de l'Unité populaire est-elle crédible[4] ? A l'aune des apports les plus récents de l'historiographie et, surtout, de l'ouverture et de la déclassification des archives, cet article a pour ambition de mettre en lumière le 11 Septembre de Richard M. Nixon et Henry A. Kissinger.

Longtemps, dans l'équilibre du monde recherché par Nixon et Kissinger, un pays ne sembla guère poser de problème : le Chili. Un temps durant, Kissinger avait considéré le Chili comme une quantité négligeable. Il avait résumé son manque évident d'importance géopolitique par une formule célèbre. Le Chili n'était, à ses yeux, « *qu'une dague pointée vers le cœur de l'Antarctique* »[5]. Dans ses Mémoires, Richard Helms se souvient qu'avant 1962, pour la plupart des Américains, comme pour lui, le Chili évoquait l'image d'un petit pays démocratique, étendu tout au long de la frontière occidentale de l'Argentine. Il ajoute aussitôt que le Chili est ensuite devenu, pour lui, l'un des pires souvenirs de sa carrière. (Le 1er octobre 1977, Richard Helms devint en effet le premier directeur de la CIA à être inculpé, puis traduit devant les tribunaux, pour avoir menti devant une commission d'enquête du Congrès à propos du rôle de la CIA lors de l'élection de Salvador Allende à la présidence chilienne[6]). Dans les années 1960, et en particulier après la double crise de Cuba, l'échec de la Baie des Cochons en 1961 et la crise des missiles, en 1962, alors que le régime de Castro était dorénavant durablement installé dans l'île, le Chili devint un enjeu important pour les États-Unis. Kennedy considérait que l'élection d'un marxiste dans l'hémisphère sud serait une catastrophe pour les États-Unis, qui remettrait leur crédibilité en cause. Au lendemain de la crise de Berlin, le discours officiel de l'Administration démocrate n'était-il pas que les communistes n'étaient capables de demeurer au pouvoir qu'en construisant des murs[7] ?

Une élection démocratique serait un véritable camouflet et une remise en cause des fondements idéologiques sur lesquels reposait la politique étrangère des États-Unis dans la guerre froide. Or un tel danger existait au Chili, en la personne de Salvador Allende. En 1958, Allende réalisa un score important, 28,5 % des suffrages, et ne manqua son élection à la présidence du pays que de quelques dizaines de milliers de voix[8].

---

[4] Jonathan Haslam, *The Nixon Administration and the Death of Allende's Chile. A Case of Assisted Suicide*, New York, Verso, 2005.

[5] Citation dans Robert Dallek, *Nixon and Kissinger. Partners in Power*, New York, HarperCollins, 2007, p. 229

[6] Peter Kornbluh, *The Pinochet File. A Declassified Dossier on Atrocity and Accountability*, New York, The New Press, 2003, p. 103-104.

[7] Lubna Z. Qureshi, *op. cit.*, p. 30.

[8] « Agency Covert Operations in Chile since 1962, 1975-07-14 », CIA Chile Declassification Project, Tranche III, 1979-1991, http://foia.state.gov/SearchColls/CIA.asp.

C'est à John F. Kennedy qu'il revint d'organiser la riposte américaine. Il choisit une double approche. L'action clandestine, d'une part, et un vaste programme d'aide publique visant à fonder un nouveau partenariat entre les États-Unis et l'Amérique latine : l'Alliance pour le progrès, d'autre part. S'agissant l'action clandestine, en 1962, Kennedy ordonna à la CIA de verser 200 000 dollars pour venir en aide au Parti démocrate-chrétien. Lors de l'élection présidentielle de 1964, Richard Helms et son adjoint, Thomas Karamessines, prirent les affaires en main, toujours en étroite coopération avec l'Administration Kennedy, puis celle de Lyndon Johnson. Trois millions de dollars furent cette fois-ci investis pour barrer la route à Allende. Non sans succès, puisque le démocrate-chrétien Eduardo Frei fut élu avec 56,61 % des voix contre 38,9 % à Allende[9]. Outre ces agissements clandestins, John F. Kennedy avait annoncé, dès son discours inaugural, une Alliance pour le progrès pour renforcer la coopération entre l'Amérique du Nord et l'Amérique du Sud, dynamiser les économies latino-américaines et, *last but not least*, lutter contre la propagation du communisme. Kennedy considérait que l'Amérique latine était « *l'endroit le plus dangereux du monde* » en raison du risque de propagation communiste. Il refusait que l'Alliance pour le progrès soit considérée comme un plan Marshall, soulignant qu'en Europe il s'agissait de reconstruire une économie, alors qu'en Amérique latine il fallait remettre en cause un ordre social pluriséculaire. Sans doute l'ampleur de la tâche à accomplir explique-t-elle en partie, pourquoi l'Alliance pour le progrès est généralement considérée comme un échec[10].

Entre autres signes de cet échec, il y eut non seulement l'incapacité de l'Alliance pour le progrès à réduire l'injustice sociale et la misère en Amérique du Sud, mais aussi une efflorescence de dictatures : dans les années 1960, pas moins d'une douzaine de gouvernements constitutionnels furent remplacés, en Amérique latine, par des régimes militaires autoritaires. Anticommunistes, certes, ces dictateurs avaient un autre point commun : ils étaient opposés au progressisme et aux réformes agraires qui étaient la marque de l'Alliance pour le progrès, alors même que les dirigeants qu'ils avaient évincés partageaient ces idéaux. Bref, dans le contexte de la Guerre froide, la politique américaine en Amérique latine était face à la quadrature du cercle : les régimes autoritaires étaient la garantie d'un endiguement du communisme, mais sonnaient le glas de la justice sociale. Les régimes progressistes étaient les meilleurs promoteurs des objectifs de l'Alliance pour le progrès, mais ils prêtaient le flanc à l'expansionnisme communiste. John F. Kennedy avait lui-même parfaitement résumé ce dilemme au lendemain de l'assassinat du dictateur

---

[9] *Ibid.*

[10] Stephen Rabe, James Giglio, *Debating the Kennedy Presidency*, New York, Rowman & Littelfield, 2003, p. 49 ; William O. Walkher III, « Mixing the Sweet with the Sour : Kennedy, Johnson and Latin America », in Diane Kunz, ed., *The Diplomacy of the Crucial Decade. American Foreign Relations in the 1960s,* New York, Columbia University Press 1994, p. 51.

dominicain, le général Raphaël Trujillo, en 1961 : « Nous sommes face à trois possibilités, par ordre décroissant de préférence. Un régime républicain honorable, une continuation du régime de Trujillo ou un régime castriste. Nous avons pour objectif la première possibilité, mais hélas nous ne pouvons vraiment renoncer à la seconde tant que nous ne serons pas sûr d'avoir éliminé la troisième[11] ».

Dans le domaine économique, la pénétration des intérêts américains s'accentua dans les années 1950 et 1960. Ce phénomène de prise de participation étrangère, général à l'Amérique latine, prit au Chili une ampleur exceptionnelle. Certes, sous la présidence d'Eduardo Frei, le gouvernement entreprit de « *chileniser* » les mines de cuivre, une des principales ressources du pays. (Le Chili disposait alors de pas moins de la moitié des ressources mondiales). Il s'agissait de faire posséder 51 % du capital des mines à l'État chilien. Mais cette acquisition fut négociée avec les grandes compagnies américaines, comme la Kennecott, sur une base avantageuse pour ces dernières : la valeur des mines fut surévaluée et, au terme de ces opérations, Salvador Allende pouvait à bon droit dénoncer le fait que la Kennecott qui ne possédait plus que 49% du capital des mines réalisait en réalité plus de bénéfices qu'auparavant, tout en ayant empoché une somme d'argent importante pour le rachat de ses parts[12].

Nixon, Allende et l'élection de 1970

En 1969, Eduardo Frei s'apprêtait à agir avec l'Anaconda, l'autre compagnie américaine, comme il l'avait fait auparavant avec la Kennecott, lorsque l'Administration Nixon entra en fonction. Le Chili acquit alors la majorité de la compagnie. Cette situation a conduit plusieurs auteurs à estimer que les intérêts économiques furent l'une des raisons cruciales qui conduisirent l'Administration Nixon à intervenir au Chili. Peter Kornbluh estime que plus de dix années d'interventionnisme américain, secret et public, comme d'investissements, au Chili constituaient un héritage qui ne laissaient guère de choix à Nixon, hormis celui de s'ingérer dans les affaires chiliennes dès lors que Allende fut élu. Comme l'écrivait l'ambassadeur américain au Chili, note Kornbluh, la question n'était pas de savoir si ou comment, Nixon interviendrait au Chili, mais quand. Lubna Qureshi va quant à elle plus loin : elle estime que les raisons économiques furent au cœur des choix de Nixon. A ses yeux, ce n'est pas tant l'infiltration communiste en Amérique latine, que redoutait le président, mais les expropriations qui remettaient en cause les intérêts financiers des États-Unis[13].

---

[11] Citation dans Stephen Rabe, James Giglio, *op. cit.*, p. 51.
[12] *Ibid.*, p. 44-45.
[13] Lubna Z. Qureshi, *op. cit.*, p. 15.

C'est, plus vraisemblablement, un faisceau de causes qui explique les décisions que prit Nixon. Dans ce faisceau s'entrelacent les intérêts économiques et financiers, les impératifs de sécurité nationale, réels ou rêvés, le strict respect de la doctrine de Monroe, ou encore la ferme volonté, chez le président, de ne pas échouer en Amérique latine, lui qui avait passé une bonne partie de sa carrière à fustiger la faiblesse des démocrates. Entrant en fonction, Richard Nixon décida de dépêcher l'ancien sous-secrétaire d'État pour l'Amérique latine, Nelson Rockefeller, en tournée dans la région. Mais Rockefeller ne fut guère surpris que ses recommandations demeurent lettre morte : il n'était pas parvenu à intéresser son ancien conseiller, Henry Kissinger, à l'Amérique latine. Un point au moins, lors de la visite de Rockefeller, aurait dû alerter Nixon et Kissinger : au Chili -comme au Pérou voisin- le président Frei avait dû faire annuler la venue de l'émissaire de la Maison Blanche, en raison d'émeutes antiaméricaines qui agitaient le pays. Et c'est bien là ce que reprocha, ensuite, Richard Helms, le directeur de la CIA, à Kissinger et Nixon. Selon lui, les deux hommes négligèrent la situation au Chili. Ils ne réagirent vraiment que lorsqu'il était trop tard, et ils le firent alors avec excès, en surestimant les capacités de la CIA, en espérant à tort que la Centrale pourrait rétablir a posteriori ce qu'ils n'avaient pas pu prévenir à priori[14].

Pour expliquer le retard avec lequel les États-Unis ont réagi à la montée de ce qu'ils vinrent à considérer comme un péril mortel pour eux, Henry Kissinger a avancé plusieurs éléments. Les sondages d'opinion donnaient le candidat conservateur Jorge Alessandri vainqueur, et non pas Allende ; le Département d'État, mais il est vrai ni la CIA, ni l'ambassadeur américain à Santiago, Edward Korry, estimait que la retenue était de rigueur ; enfin Kissinger affirme que la CIA, en dépit de quelques rapports alarmants, n'a pas tiré la sonnette d'alarme assez fort, en insistant sur l'impérieuse nécessité d'avoir recours à des mesures radicales. Un dernier élément, enfin doit être pris en compte. Dans les semaines qui suivirent le premier pour de l'élection présidentielle qui plaça Salvador Allende en tête, le 4 septembre 1970, la politique étrangère américaine entra dans « *l'automne des crises* » : elle dut gérer, outre l'entre-deux tours chilien, la crise de la base de sous-marins soviétiques à Cienfuegos, qui menaçait d'être un remake de la crise d'Octobre 1962 et, enfin, la crise jordanienne de Septembre noir[15].

Selon le souvenir de Richard Helms, il commença pourtant à sonner le tocsin lors d'une réunion du Comité 40, le 15 avril 1969. Il aurait alors prévenu que si la CIA devait se voir ordonner d'influencer le résultat des élections présidentielles chiliennes en 1970, il était grand temps qu'elle se mette à l'œuvre. Le Comité 40 était le groupe chargé de superviser les actions

---

[14] Richard Helms, *A Look Over My Shoulder: A Life in the Central Intelligence Agency*, New York, Presidio Press, 2004, p. 39-400.

[15] Henry Kissinger, *A la Maison Blanche*, Paris, Fayard, 1979, p. 682-688.

clandestines ordonnées par le gouvernement des États-Unis. Présidé par le Conseiller pour la sécurité nationale, il était composé de l'Attorney General, des secrétaires d'État adjoints à la Défense et aux Affaires étrangères, du directeur de la CIA et du chef d'État-major interarmes[1].

Le Comité 40 n'agit qu'en mars 1970, et de façon limitée, en décidant que ni Alessandri, ni Radomiro Tomic, le candidat du Parti démocrate, ne serait soutenu par les États-Unis, mais que des actions de propagande seraient dirigées contre l'Unité populaire[2]. Cette dernière était la coalition rassemblée autour d'Allende. Son programme fut adopté le 17 décembre 1969. L'Unité populaire rassemblait le Parti socialiste, le Parti communiste, le Parti social-démocrate, le Mouvement d'action populaire indépendant (MAPU) et l'Action populaire indépendante. Ces cinq partis de gauche étaient soutenus par la fédération syndicale nationale et la Centrale unique des travailleurs. Le 22 janvier 1970, l'Unité populaire accepta la candidature d'Allende, après que Pablo Neruda, le candidat proposé par le Parti communiste, se fut retiré en sa faveur.

La véritable réaction de la Maison Blanche date du 24 juillet 1970, à peine plus d'un mois avant le premier tour des élections. Ce jour-là, fut commandé un NSSM (National Security Study Memorandum), consacré au Chili dans l'hypothèse d'une victoire d'Allende[3]. Le document fut remis le 18 août. Le NSSM 97 dressait un tableau apocalyptique de la situation, comme en témoignent les premières lignes : « *L'élection de Salvador Allende conduirait au pouvoir des forces politiques dont le but ultime est l'instauration d'un État marxiste autoritaire. Les objectifs à long terme d'un gouvernement Allende seraient ainsi la suppression des élections libres, la mise sous tutelle de l'État de presque toutes les entreprises, la création de fermes d'État et l'instauration d'une discipline de fer dans les relations sociales, sous la férule de la police*[4] ».

Le 4 septembre, Allende obtint 36,3 % des votes, contre 34,8% pour Jorge Alessandri -soit trente-neuf mille voix d'avance sur près de trois millions de suffrages exprimés- et 27,84% pour Radomiro Tomic. Aux termes de la Constitution chilienne, il appartenait désormais au Congrès de désigner le vainqueur, puisque le candidat arrivé en tête n'avait obtenu qu'une majorité

---

[1] Henry Kissinger, *op. cit.*, p. 684. Le Comité 40 était, en réalité, appelé à cette date le Comité 303, du fait de la note de service qui l'avait créé. Il devint Comité 40 le 17 février 1970.

[2] « Agency Covert Operations in Chile since 1962, 1975-07-14 », CIA Chile Declassification Project, Tranche III, 1979-1991, http://foia.state.gov/SearchColls/CIA.asp.

[3] National Security Study Memorandum 97, Henry Kissinger to The Secretary of State, The Secretary of Defense, The Director of Central Intelligence, The Chairman, Joint Chief of Staff, Subject : Chile, July 24, 1970, DNSA, Presidential Directives.

[4] Memorandum to Dr. Henry A Kissinger from Charles A. Meyer, Chairman, Interdepartmental Interdepartmental Group for Inter-American Affairs, subject : Chile – Response to NSSM 97 et NSSM 97, Chile, National Security Council, Staff Secretary, DNSA, Ptesidential Directives, Part II.

relative. La tradition républicaine laissait supposer qu'Allende serait désigné président par la représentation nationale. Cette perspective était intolérable pour Nixon et Kissinger. L'ambassadeur Edward Korry leur envoya un rapport où il écrivait : « *Le Chili a voté calmement pour avoir un État marxiste-léniniste ; c'est la première nation du monde à faire ce choix librement et en connaissance de cause...* ». Après avoir mentionné qu'il n'y avait aucun espoir qu'un coup d'État militaire ou « *un autre miracle* » empêche Allende d'accéder à la magistrature suprême, l'ambassadeur américain à Santiago ajouta cette phrase, que Nixon souligna de sa main en lisant le rapport : « *Cela aura la plus profonde répercussion sur l'Amérique latine et peut-être même dans d'autres pays ; nous avons subi une pénible défaite. Les conséquences en seront à la fois intérieures et internationales*[1] ».

Le cours des choses s'accéléra le 14 septembre 1970. Ce jour-là, Donald Kendall, l'ami de Nixon et président de la Pepsi-Cola, se trouvait à Washington et devait rencontrer le président. Kendall hébergeait à son domicile Augustin Edwards, un de hommes les plus riches du Chili, propriétaire du journal conservateur *El Mercurio*. Edwards, qui occupait aussi des responsabilités dans la Pepsico, venait de quitter précipitamment le Chili pour se réfugier aux États-Unis. Son journal était un des organes de presse subventionnés par les fonds secrets américains, dans le but de manipuler l'opinion publique. Alors que Kissinger le qualifiait de « *quotidien le plus respecté du Chili* », Neruda le traitait de « *Journal de perroquets* »[2].

Le 14 septembre au matin, Kendall déclara à Kissinger, au téléphone, qu'il entendait bien rappeler au président qu'il ne pouvait se permettre de laisser le Chili de venir « *son* » Cuba[3]. Après cette entrevue avec Kendall et Edwards, Nixon convoqua Helms, Mitchell et Kissinger à la Maison Blanche. Se déroula alors l'entretien fatidique où le président des États-Unis, hors de lui, ordonna à la CIA de faire n'importe quoi pour éviter qu'Allende n'accède à la présidence. Même s'il n'y avait qu'une chance sur dix de réussir, cette chance devait être tentée. Dix millions de dollars, si la CIA en avait besoin, pouvaient être débloqués. Par des actions clandestines, Nixon ordonnait en particulier de prendre les Chiliens à la gorge en faisant jouer la puissance économique financière des États-Unis contre eux. Pour couronner le tout, Nixon ordonna le plus grand secret : ni le secrétaire d'État, ni le secrétaire à la Défense, ni l'ambassadeur Korry, ni même le chef de la CIA en poste au Chili ne devaient être mis au courant ! Richard Helms affirme dans ses Mémoires qu'il n'avait jamais été confronté à des mesures de sécurité et de secret aussi restrictives dans toute sa carrière[4].

---

[1] Citations dans Henry Kissinger, *op. cit.*, p. 677.

[2] *Ibid.*, p. 697.

[3] Memorandum of Telephone Conversation, September 14, 1970, 10:20 local time, HAK Telephone Conversation Transcripts (Telcons), Chronological File, box 6, September 12-17, 1970.

[4] Richard Helms, *op. cit.*, p. 404.

De l'entretien du 14 septembre naquit une double stratégie, passée à la postérité sous leurs noms de code, Track I et Track II. La Voie I et la Voie II. Les deux sont désormais bien connues, car elles font l'objet de nombreuses déclassifications d'archives de la part de la CIA. Sur ordre du Congrès (amendement Hinchey), l'Agence a même publié en 2000 un rapport sur les activités au Chili où elle reconnaît, entre autres choses, avoir tenté d'influencer le vote du Congrès chilien en 1970[1]. La Voie I était pour le moins tortueuse. Elle visait à pousser les parlementaires chiliens, qui devaient désigner leur président le 24 octobre, à porter au pouvoir non pas le candidat arrivé en tête de la triangulaire, Allende, mais le second, Jorge Alessandri. Celui-ci démissionnerait alors, ce qui entrainerait une nouvelle élection présidentielle, dans laquelle le président démocrate-chrétien sortant, Eduardo Frei, pourrait cette fois-ci se représenter. Pour tenter d'atteindre cet objectif, le Comité 40 comptait jouer sur des pressions économiques : inquiets devant la dégradation de la conjoncture économique et financière de leur pays, les parlementaires ne prendraient pas le risque de la voir s'accentuer avec l'arrivée d'Allende au pouvoir[2]. Une autre méthode consistait à financer des efforts de propagande pour orienter le vote. Une autre encore consistait purement et simplement en des tentatives de corruption pour acheter les suffrages des élus[3].

Vouée à l'échec, la Voie I laissa la place à la Voie II, entièrement orientée vers un coup d'État militaire. Pour ce faire, la CIA avait contacté plusieurs groupes d'officiers au sein des forces armées. Parmi eux, un consensus s'était formé : un coup d'État nécessiterait, au préalable, que le chef d'Etat-major des forces armées, René Schneider, soit mis hors d'état de nuire ou, plutôt, soit mis hors d'état de protéger la Constitution chilienne, ce qui était la même chose aux yeux des Américains. La CIA jeta son dévolu sur un général en rupture de ban, Roberto Viaux, qui avait déjà été impliqué dans une tentative de coup d'État contre Frei. Les hommes de Viaux tentèrent de kidnapper le général Schneider, le 22 octobre. L'opération tourna à la tragédie. Schneider se défendit et fut criblé de balles lors d'échanges de coup de feu. Il mourut après avoir été transporté à l'hôpital. Viaux fut arrêté. Dans un pays en état de choc, Allende fut investi par les parlementaires le 24 et il entra officiellement en fonction au début du mois de novembre 1970[4].

Les États-Unis avaient donc eu une responsabilité, certes indirecte, mais établie, dans la mort du général Schneider. Leurs tentatives pour influer sur le cours de la vie démocratique chilienne avaient pour l'heure tourné au fiasco,

---

[1] http://foia.state.gov/Reports/HincheyReport.asp

[2] « Agency Covert Operations in Chile since 1962, 1975-07-14 », CIA Chile Declassification Project, Tranche III, 1979-1991, http://foia.state.gov/SearchColls/CIA.asp.

[3] Peter Kornbluh, *op. cit.*, p. 12-13.

[4] Alistair Horne, *op. cit.*, p. 202-203.

un fiasco entaché de sang. Mort, le général Schneider devenait un héros de la patrie chilienne, dûment célébré par Neruda :

> « Tard, déjà
> S'en sont allés les perfides.
> Schneider, blessé à mort, dont le sang se vide,
> est mort. C'est fait, le crime est consommé. [...]
>
> Et l'espionnage nord-américain
> A commandé au traître et ses tueurs.
> Et c'est encore le crime de Caïn[1]. »

« Froide, mais correcte »

Allende au pouvoir, les États-Unis devaient désormais définir une politique vis-à-vis de lui, et attendre pour voir comment son programme socialiste serait appliqué. Le 6 novembre, le Conseil national de sécurité se réunit, sous la présidence de Nixon en personne, pour arrêter une ligne de conduite[2]. Dans son mémorandum adressé le 5 novembre à Richard Nixon, Kissinger estimait que l'élection d'Allende lançait aux Américains un des défis les plus graves qu'ils avaient jamais eu à relever dans leur hémisphère[3]. Ce point de vue était partagé par Richard Nixon. Une des préoccupations principales du président était le slogan qu'Allende avait lui-même utilisé lors de sa campagne électorale : « Cuba dans les Caraïbes et un Chili socialiste dans le Cône sud amèneront la révolution en Amérique latine. » Dans ses Mémoires, Nixon explique qu'un de ses « *amis* » l'avait mis en garde : le Chili et Cuba prendraient « *en sandwich* » l'Amérique latine et, au bout du compte, « *tout le sandwich serait rouge* »[4].

---

[1] Pablo Neruda, « Le grand silence », *Incitation au Nixoncide et éloge de la révolution chilienne*, Paris, Les Editeurs français réunis, 1973, p. 69.

[2] Memorandum of Conversation, NSC Meeting, Chile (NSSM 97), Participants : The President, The Vice President, Secretary of State William Rogers, Secretary of Defense Melvin Laird, Director of Emergency Preparedness George A. Lincoln, Attorney General John N. Mitchell, General William Westmoreland, Acting Chairman, Joint Chief of Staff, Director of Central Intelligence, Richard Helms, Under Secretary of State John N. Irwin II, Deputy assistant Secretary of State Robert A. Hurwitch, Assistant to the President for National Security Affairs Henry A. Kissinger, General Alexander Haig, NSC Staff, Mr. Arnold Nachmanoff, Col. Richard T. Kennedy, NSC Staff, Place : The Cabinet Room, Date & Time Friday, November 6, 1970, 9 :40 a.m., NPMP, NSC Institutional Files, box 109, NSC Minutes Originals 1970, [1 of 3].

[3] Memorandum for the President from Henry A. Kissinger, Subject : NSC Meeting, November 6, Chile, November 5, 1970, National Security Archive Electronic Briefing Book, No. 110, February 3, 2004.

[4] Richard Nixon, *RN*, *op. cit.*, p. 490.

Dans son mémorandum du 5 novembre, Kissinger reconnaissait que la légitimité d'Allende était réelle et incontestable. Certes, les services de renseignement américains soulignaient qu'Allende faisait face, d'emblée, à des problèmes de quatre sortes. Sa coalition politique était hétérogène, traversée par des tensions ; la société chilienne freinerait des quatre fers si ses dirigeants souhaitaient la diriger vers un modèle marxiste ou totalitaire ; les militaires chiliens, pour certains d'entre eux, n'avaient guère confiance en Allende ; enfin, le nouveau président devrait faire face à de sérieuses difficultés et contraintes économiques. Pourtant le pronostic de ces mêmes services de renseignements était unanime : Allende et les siens avaient les compétences les moyens pour se maintenir au pouvoir et pour consolider leurs propositions[1]. Sur la conduite à tenir, Kissinger avait fait son choix : « *Mon sentiment est que les dangers de l'inaction sont plus grands que les risques que nous prendrons en tentant quelque chose, et ce d'autant que nous disposons d'une vaste palette de choix dans nos actions, permettant de minimiser ces risques*[2] ».

Le lendemain, lors de la réunion du NSC, les débats portèrent rapidement sur la principale ressource du Chili : le cuivre, représentant 80% de ses exportations. Les autres grands pays producteurs, la Zambie ou l'Australie étaient, comme le Chili, en train d'accroître leurs productions, ce qui conduirait à une baisse des cours. Nixon ordonna que les États-Unis utilisent leurs réserves stratégiques de cuivre : en inondant le marché, ils feraient s'écrouler les cours. Nixon énonça la politique que suivraient les États-Unis. Les États-Unis adopteraient une attitude officielle et publique « *froide, mais correcte* » face à Allende, mais ils ne manqueraient pas d'agir discrètement et énergiquement contre lui. Il s'agissait de faire du Chili un exemple. Aucun autre peuple, en Amérique latine ne pouvait imaginer porter au pouvoir un ennemi des États-Unis sans s'attirer leurs foudres. Outre les pressions économiques, le président Nixon entendait cultiver les liens avec les militaires américains : « *Je n'accepterai jamais une politique visant à affaiblir les militaires en Amérique latine. Ils sont des centres de pouvoir particulièrement sensibles à notre influence. Les autres (les milieux intellectuels), ne sont pas réceptifs à notre influence.* » Les liens devaient aussi être resserrés avec les militaires brésiliens ou argentins[3].

Si l'hostilité des États-Unis à l'égard du gouvernement d'Allende, en tant que doctrine établie, est un fait avéré, il est fondamental de souligner, d'une part, que les politiques déployées par Allende à partir de son entrée au pouvoir allaient encore exacerber cette animosité et, d'autre part, que la politique

---

[1] Memorandum for the President from Henry A. Kissinger, Subject : NSC Meeting, November 6, Chile, November 5, 1970, National Security Archive Electronic Briefing Book, No. 110, February 3, 2004, p. 1-3.

[2] *Ibid.*, p. 4-8.

[3] *Ibid.*, p. 3-5.

étrangère des États-Unis ne fut qu'un des facteurs qui amena la chute du régime. Celui-ci, en vérité, était habité depuis son arrivée au pouvoir par des contradictions internes qui débouchèrent sur des tensions graves. En outre, les résultats des politiques publiques mises en place, et la surenchère, y compris violente, de l'extrême gauche chilienne, contribuèrent pour beaucoup à créer un état insurrectionnel que les États-Unis, cherchaient par ailleurs à favoriser. A début du mois de janvier 1971, Allende accorda deux longs entretiens à Régis Debray. Ces dialogues étaient destinés à être publiés, et donnèrent donc lieu à la sortie d'un livre, la même année : *Entretiens avec Allende sur la situation au Chili*. Dans l'introduction, Debray décrit le « *bizarre état de trêve* » qui régnait alors sur le pays, plus tout à fait la paix sans être encore la guerre. Entre Chiliens, il estimait que le chemin qui allait de la « *haine courtoise aux hostilités ouvertes* » était plus court que ne le pensaient les deux camps. Avant de conclure : « *Ce pays n'est plus loin d'entrer dans cette zone dangereuse où le peuple est condamné à tout gagner ou à tout perdre [...]. Où aucune demi-mesure, aucun faux-semblant ne pourront le sauver de l'alternative historique : révolution ou contre-révolution*[1] ». Paradoxalement, cette analyse de la situation corrobore celle que livre Henry Kissinger dans ses Mémoires. Il y défend la thèse que la mort violente d'Allende a obscurci la politique que mena le président chilien, une politique radicale visant à dépasser l'État bourgeois[2]

Consolider pour avancer ou avancer pour consolider ?

En prétendant mettre en place une « *voie chilienne du socialisme* », Allende pouvait-il réellement parvenir à établir une révolution pacifique ? En France même, sa prise de pouvoir n'avait-elle pas été qualifiée de « *révolution sans fusils* » ? Ou, au contraire, l'expression même de « *révolution pacifique* » ou de « *révolution sans fusils* » n'est-elle qu'une contradiction dans les termes ? Pour parvenir au pouvoir, l'Unité populaire, qui devait rallier les voix au Congrès du Parti démocrate-chrétien, avait été obligée de signer un Statut des garanties constitutionnelles. Car si la démocratie chrétienne ne doutait pas des qualités de démocrate d'Allende, elle n'étendait pas sa confiance, en revanche, aux autres membres et partis de sa coalition. Le Statut confirmait le droit à l'existence des partis politiques, la liberté de la presse, le droit de réunion, la liberté d'enseignement, de mouvement, du travail, de réunion, etc[3]. Or l'extrême gauche chilienne, en l'occurrence le M.I.R, jugea ce Statut des garanties constitutionnelles à la fois dangereux et inutile. Bientôt, le M.I.R., Mouvement de la Gauche révolutionnaire (*Movimiento de Izquierda*

---

[1] Régis Debray, *Entretiens avec Allende sur la situation au Chili*, Paris, Maspero, 1971, p. 11-12.

[2] Henry Kissinger, *Les années orageuses*, Paris, Fayard, 1982, p. 432-433 ; *A la Maison Blanche*, *op. cit.*, p. 680-681.

[3] *Ibid.*, p. 134 et 167.

Revolicionario), qui certes était resté à l'extérieur de l'Unité populaire, déborderait Allende sur sa gauche en poussant toujours plus avant les feux de la révolution, quitte pour cela, à dépasser les cadres constitutionnels bourgeois[1].

Mais au coeur même de la coalition d'Allende, le M.A.P.U., *Movimiento de Accion Popular Unitario*, alla dans le même sens que le M.I.R. en procédant à des expropriations bien au-delà de ce qui souhaitait Allende. Au sein de l'Unité populaire, les factions s'affrontaient désormais : ceux qui souhaitaient *« avancer pour consolider »* contre ceux qui souhaitaient au contraire « *consolider pour avancer* »[2]. Les tensions politiques s'aggravèrent au cœur même, non seulement de l'Unité populaire, mais du Parti socialiste qu'avait contribué à créer Allende. En janvier 1971, c'est Carlos Altamirano qui devint le secrétaire général du Parti. Or Altamirano était, au sein du Parti, un rival d'Allende, aux options politiques bien plus proches de l'extrême gauche. Il se rapprocha, logiquement, du M.I.R. Sous sa direction, le Parti socialiste chilien déstabilisa sur la gauche son propre président, Salvador Allende, qui en vint à asseoir son pouvoir davantage sur le Parti communiste, plus stable. En juillet 1972, le secrétaire général adjoint du Parti communiste chilien, Victor Diaz, déclarait que le principal problème de l'Unité populaire était désormais le Parti socialiste. Car une partie du Parti socialiste soutenait le gouvernement d'Unité populaire, tandis que l'autre s'était rapproché du M.I.R. Or le M.I.R., soulignait Diaz, dressait les classes moyennes du Chili contre le gouvernement, sapant ainsi les bases de la popularité et de la légitimité d'Allende[3].

Confronté, au fil des mois et des années aux grands écarts et à la surenchère des propres membres de sa coalition, Allende devait, de surcroît, affronter un épineux problème. Comment faire évoluer les cadres légaux de la société chilienne sans disposer d'une majorité à sa main au Congrès ? Le président aurait aimé que la « *légalité socialiste succédât à la légalité capitaliste* ». Neruda, son ami et allié, n'avait-il pas affirmé que « *notre Trujillo à nous, ça a presque toujours été la loi* », façon élégante de formuler le fameux slogan « gauchiste » utilisé en 1968 à Nanterre : « *Le droit bourgeois est la vaseline des enculeurs du prolétariat*[4] ». Dans ses entretiens avec Régis Debray, Allende, conscient qu'il ne pourrait pas aisément obtenir ce changement de la représentation nationale, affirme à plusieurs reprises qu'il comptait s'appuyer sur des « *plébiscites* », sans doute des référendums populaires, à moins que ça ne soit des manifestations et mouvements populaires en faveur de son action gouvernementale. Il entendait même, expression pour le moins curieuse,

---

[1] Lubna Qureshi, *op. cit.*, p. 121.

[2] National Intelligence Estimate No. 342, Chile : The Alternatives Facing Allende, 29 June 1972, CIA Chile Declassification Project Tranche III (1979-1991), http://foia.state.gov/SearchColls/CIA.asp, p. 1 et 8.

[3] Jonathan Haslam, *op. cit.*, p. 90 et 125.

[4] Citation de Neruda dans Régis Debray, *op. cit.*, p. 37.

« *changer la Constitution dans la Constitution* », grâce à ces mêmes « *plébiscites* », dont la nature exacte n'était pas explicitée. En revanche, il réitérait sa volonté de ne pas avoir recours à la violence, en tout cas pas le premier, puisqu'il se déclarait prêt à recourir à la « *violence révolutionnaire contre la violence réactionnaire* »[1]. Les plébiscites dont rêvaient Allende n'eurent pas lieu. Au contraire, comme le remarque justement l'historien Pierre Vayssière : « *Au fil des mois, [...] l'action législative du gouvernement fut peu à peu paralysée par l'opposition, et la Constitution finit par devenir un carcan, une camisole de force pour le président*[2] ».

Dans le domaine économique et social, Allende réforma beaucoup, mais là encore non sans effets pervers, aggravés par la pression que faisaient peser sur lui les États-Unis. Un effort sans précédent fut réalisé dans le domaine de l'éducation, de la santé, de la sécurité sociale, du logement. Au bout d'une année, les résultats étaient somme toute positifs : le Chili attirait, par son modèle original, des hommes politiques européens venus y faire leur « *pèlerinage* ». Les salaires furent réajustés, en fonction du coût de la vie, avec un bonus pour les plus démunis[3]. Le fer de lance des réformes, toutefois, ou du moins leur coup d'envoi, fut la nationalisation du secteur bancaire privé, réalisé à la fin de l'année 1970, par-dessus le Congrès, car le moyen retenu fut le rachat des parts des petits actionnaires. Arrivé au Chili juste à ce moment, Debray consigna l'importance décisive de cette mesure. D'abord, elle coupait à la source les pouvoirs de la « *bourgeoisie monopoliste* » ; ensuite elle signifia la fin de la trêve et le début des hostilités. A partir de cette date, les partis de droite et l'extrême droite se ressoudèrent et les appels à la sédition se multiplièrent[4].

Les réformes se poursuivirent : la réforme agraire visa les propriétés de plus de 80 hectares et les industries du cuivre, métal qu'Allende appelait le « salaire du Chili », furent nationalisées. A la fin de l'année 1971, le bilan d'Allende semblait plutôt bon, du moins si l'on en croit les chiffres avancés par le ministre de l'Agriculture Jacques Chonchol : augmentation du PIB de 8%, croissance industrielle de 16%, de la production agricole de 6%, recul du chômage et même de l'inflation[5]. Les statistiques de Chonchol sont, naturellement, à manier avec précaution. Il est pourtant exact que les premiers mois du gouvernement de l'Unité populaire accélèrent la croissance économique et permirent de juguler l'inflation. Ces bons résultats à court terme masquèrent cependant les contradictions internes de la politique menée. Pire, ils encouragèrent l'Unité populaire à persévérer dans une voie qui se

---

[1] Régis Debray, *op. cit.*, p. 106.

[2] Pierre Vayssière, *Les révolutions d'Amérique latine*, Paris Points Seuil, 2001, p. 226.

[3] Patrick Guillaudat, Pierre Mouterde, *Les mouvements sociaux au Chili, 1973-1993*, Paris l'Harmattan, 1995, p. 48.

[4] Régis Debray, *op. cit.*, p. 49.

[5] Chiffres donnés par Chonchol lors d'une conférence à Montréal, novembre 1990, cités dans Patrick Guillaudat, Pierre Mouterde, *op. cit.*, p. 49.

révéla rapidement dangereuse. Dès le 4 septembre 1970, Allende avait proclamé avec émotion qu'il fallait « mettre à bas l'arrogance de l'argent »[1]. Pour ce faire, il s'appuierait sur Jacques Chonchol à l'agriculture -dont l'historien d'Oxford Alistair Horne écrit « qu'il aimait autant les latifundiaires que Staline appréciait les koulaks- et Pedro Vuskovic, un professeur marxiste, chargé de l'économie[2].

Jonathan Haslam, un autre historien britannique, de Cambridge, a bien montré que le programme économique chilien visait à détruire les bases du capitalisme et que, surtout, l'économie devait, dans l'esprit d'Allende et de ses ministres, être subordonnée aux impératifs politiques : le volontarisme politique l'emportait chez eux sur la compréhension du marché ou de l'économie réelle. Hélas ! Rapidement cette attitude trouva ses limites[3]. Les importations de nourriture du Chili augmentèrent en flèche. La productivité et la croissance s'effondrèrent, en grande partie en raison des nationalisations et autres expropriations. Celles-ci se multipliaient, qu'elles soient légales ou illégales, appliquées de manière anarchique par des groupuscules d'extrême gauche jusque dans les régions les plus reculées du Chili[4]. Les investisseurs préféraient dissimuler leurs biens plutôt que de les injecter dans l'économie, tandis que les personnels qui, à la hâte, devaient être placés aux commandes des entreprises dépendant désormais de l'État étaient parfois dénués des compétences requises. Dès le 9 novembre 1971, le Chili était acculé à suspendre les remboursements de sa dette extérieure ; il est vrai que Frei avait laissé, dans ce domaine, un lourd passif : deux milliards de dollars[5]. Entre 1971 et 1973, le Produit National Brut recula de 5,6 %[6]. L'inflation repartit à la hausse : 163 % en 1972 et un chiffre astronomique compris entre 300% et 500 %, selon les diverses estimations, en 1973[7].

Le gouvernement Allende devait aussi faire face à la multiplication des dépenses publiques, non compensées par une politique fiscale adéquate, car le Congrès se refusait à la ratifier. Le Parti national et la Démocratie chrétienne se refusant à donner au gouvernement les moyens, jugés exorbitants, qu'il demandait, un phénomène classique de ciseaux se mit en place, les dépenses excédant largement les recettes. La Banque centrale se vit obliger de

---

[1] Jonathan Haslam, *op. cit.*, p. 100.

[2] Alistair Horne, *op. cit.* p. 208.

[3] Jonathan Haslam, *op. cit.*, p. 103.

[4] Alistair Horne, *op. cit.* p. 205-212.

[5] Jonathan Haslam, *op. cit.*, p. 111; Olivier Compagnon, « Popular Unity in Chile (1970-1973), http://halshs.archives-ouvertes.fr/halshs-00133348_v1/.

[6] Alistair Horne, *op. cit.*, p. 212 ; Patrick Guillaudat, Pierre Mouterde, *op. cit.*, p. 51.

[7] Sebastian Edwards, « Monetarism in Chile, 1973-1983, Some Economic Puzzles », University of Chicago Press, 1983,
http://www.jstor.org/pss/1154052;
http://intl.econ.cuhk.edu.hk/exchange_rate_regime/index.php?cid=19;
Olivier Compagnon, « Popular Unity in Chile (1970-1973), http://halshs.archives-ouvertes.fr/halshs-00133348_v1/.

compenser les entrées et les sorties de devises, nourrissant la spirale inflationniste[1].

La nationalisation des industries du cuivre intervint en 1971. De tous les pans de l'économie, c'était sans conteste celui qui intéressait ou inquiétait le plus les États-Unis. Cette fois-ci, le Congrès chilien fut unanime : un amendement constitutionnel adopté en juillet 1971 lui donna une base légale pour nationaliser la Kennecott, l'Anaconda et la Cerro, les trois grandes compagnies américaines[2]. En théorie, la valeur des possessions américaines devait être évaluée de façon indépendante par les Chiliens, afin de fixer le montant des compensations. La politique menée par Allende visait toutefois à évaluer aussi, de façon rétroactive les « *profits excessifs* » perçus par ces compagnies depuis 1955. Ainsi, il apparut à l'automne 1971 que les nationalisations équivaudraient à des expropriations sans compensation[3].

Au mois de juin 1971, le secrétaire au Trésor John Connally proposa à Nixon d'adopter une ligne dure en cas d'expropriation sans compensation des compagnies américaines. Connally ne plaisantait pas avec les intérêts économiques des États-Unis. En matière d'économie internationale, il était guidé par une conviction simple : « *Les étrangers cherchent à nous baiser. Notre travail consiste à les baiser en premier*[4] ». En la circonstance, Connally mettait en garde le président contre un effet boule de neige en Amérique latine. Des biens américains avaient déjà été nationalisés au Chili, en Guyane, en Bolivie : si les États-Unis ne répliquaient pas, cette tendance s'accélèrerait. Il fallait donc tirer un coup de semonce. Faire du Chili un exemple. L'amendement Hickenlooper devait être appliqué dans toute sa rigueur ; les aides bilatérales suspendues et, au-delà, les États-Unis devaient chercher à riposter aux nationalisations en usant de leur influence dans les forums multilatéraux pour que les aides internationales soient aussi taries. Au mois d'octobre 1971, Nixon accéda aux requêtes de son secrétaire au Trésor et ordonna que cette ligne dure soit suivie[5].

A partir de cette date, les États-Unis recherchèrent à resserrer encore leur étau financier sur le Chili, en faisant notamment obstacle à la renégociation de sa dette dans le cadre du Club de Rome. En décembre 1972, à la tribune des Nations unies, Allende dénonça le « *blocus financier et économique*

---

[1] Patrick Guillaudat, Pierre Mouterde, *op. cit.*, p. 49.

[2] Chile – Expropriation of U.S. Investments, Secret, Briefing Paper, NSSM 131 Related, c. July 15, 1971, Department of State, Bureau of Intelligence and Research, Office of Economic Research and Analysis, Presidential Directives, Part II, DNSA Item PR00762.

[3] Paul Sigmund, « The "Invisible Blockade" and the Overthrow of Allende », *Foreign Affairs*, January 1974, http://www.foreignaffairs.com/articles/24487/paul-e-sigmund/the-invisible-blockade-and-the-overthrow-of-allende;
National Intelligence Estimate No. 342, Chile, The Alternatives Facing Allende, 29 June 1972, CIA Chile Declassification Project Tranche III (1979-1991),
http://foia.state.gov/SearchColls/CIA.asp., p ; 15.

[4] Citations dans Hal Brands, *op. cit.*, p. 222.

[5] *Ibid.*, p. 222-227.

invisible » que les États-Unis avaient établi autour du Chili. L'expression fit mouche. Elle doit, pourtant, être maniée avec précaution. Comme l'écrivait dès 1974 Paul E. Sigmund, un professeur de Princeton spécialiste de l'Amérique latine, dans un article publié dans *Foreign Affairs* et consacré au « *blocus invisible* », les politiques menées par Allende, tout autant que les pressions économiques qui s'abattirent sur le Chili, conduisirent le pays dans l'impasse et son président à sa chute. Les causes du régime de la chute du régime d'Allende sont éminemment plurifactorielles, et ne peuvent, en rien, être imputées à la seule action des États-Unis. Cette thèse a été remise en lumière par la parution du livre de Jonathan Haslam, en 2005, au sous-titre éloquent : *The Nixon Administration and the Death of Allende's Chile. A Case of Assisted Suicide.* Le cours de la politique économique d'Allende ; les contradictions internes de sa coalition ; la surenchère de l'extrême gauche ; son refus, à l'inverse des Cubains, de supprimer l'opposition par la violence ; la montée en puissance des forces conservatrices et de l'extrême droite militariste : tous ces éléments conduisaient le régime vers une fin tragique, que les États-Unis encourageaient[1].

Les États-Unis d'Amérique étaient d'autant plus résolus à jouer les fossoyeurs du régime chilien que celui-ci avait envoyé de dangereux signaux, corroborant leurs craintes d'une alliance avec Cuba comme de la pénétration soviétique dans le Cône sud. En violation d'une résolution de l'Organisation des États américains, le Chili accorda sa reconnaissance diplomatique à Cuba[2]. A la fin de l'année 1971, Castro séjourna près d'un mois au Chili et, à la veille de son arrivée, le pays avait annoncé qu'il rejoignait le mouvement des pays non-alignés[3].

Au fil des années, les tensions sociales et l'agitation politique augmentèrent au Chili. Les partis d'extrême droite entretenaient l'instabilité et les mieux économiques conservateurs faisaient de même. En particulier, deux grèves des camionneurs, à l'automne 1972 et à l'été 1973, eurent un effet catastrophique sur le Chili. Le pays, en effet, n'était pas doté d'un système ferroviaire susceptible d'alléger la paralysie déclenchée par les grèves. Les grèves, de toute évidence, étaient soutenues par les États-Unis[4].

Au-delà des camionneurs, les grèves, qui se multipliaient (pas moins de 3287 en 1972, contre 977 en 1969), touchèrent de larges pans de la

---

[1] Johnathan Haslam, *op. cit.*, passim ; voir aussi National Intelligence Estimate No. 342, Chile : The Alternatives Facing Allende, 29 June 1972, CIA Chile Declassification Project Tranche III (1979-1991),
http://foia.state.gov/SearchColls/CIA.asp.

[2] Western Hemisphere, Part I – Trends, Internal Paper, NSSM 102 Related, December 14, 1970, p. 12, Presidential Directives, Part II, DNSA Item PR00642.

[3] Jonathan Haslam, *op. cit.*, p. 112.

[4] Luban Qureshi, *op. cit.*, p. 119-120.

population[1]. Nixon fut-il le « banquier » des grévistes ? Dans ses Mémoires, Kissinger reconnaît que la CIA procura 2800 dollars aux camionneurs. Ce seul aveu laisse supposer qu'il y eut bien plus et, en effet, il y eut bien plus, même si les archives de la CIA déclassifiées sur ce sujet sont très souvent largement encore caviardées (des pages entières contiennent la mention « *denied in toto* », ce qui signifie que leur contenu demeure intégralement secret). Le 26 octobre 1972, le Comité 40 approuva à l'unanimité l'octroi de 1 427 666 dollars pour soutenir les partis politiques d'opposition dans la perspective des législatives de mars. Mais cette aide comportait aussi « *une aide limitée au secteur privé* ». Le montant de cette dernière a été caviardé, comme le montant total des fonds débloqués par le Comité 40 à destination du Chili en 1972[2]. Un mémorandum adressé par William Colby, le directeur de la CIA, à Henry Kissinger, le 4 octobre 1973, faisait le point sur les activités clandestines de la CIA au Chili depuis 1970. Bien que lourdement caviardé aussi, il révèle que depuis janvier 1971 le Comité 40 avait alloué 6 476 166 dollars à des « *partis politiques, médias et organisation du secteur privé chiliens opposés au régime d'Allende* ». Le 20 août 1973 encore, le Comité 40 avait débloqué un million de dollars[3]. Certes, un autre mémorandum, en date du 25 août, révèle que l'ambassadeur des États-Unis à Santiago, Nathaniel Davis, avait refusé que certaines sommes soient versées aux organisations du secteur privé, car il considérait qu'un tel niveau de soutien américain aux grèves faisait de facto des États-Unis les instigateurs d'un coup d'État. Ces réticences de l'ambassadeur, devant l'ampleur des fonds mobilisés indiquent clairement que les États-Unis, n'en déplaise à Kissinger, avaient investi bien plus de 2800 dollars dans une entreprise qui visait, purement et simplement, à renverser Allende[4].

---

[1] Statistiques dans Lubna Qureshi, *op. cit.*, p. 120; « Pressure on Striking Truck Owners », Date : 1973-08-05, to : Files, from : CIA, Collection: CIA Chile Declassification Project Tranche I (1973-1978).

[2] « Agency Covert Operations in Chile since 1962, 1975-07-14 », CIA Chile Declassification Project, Tranche III, 1979-1991,
http://foia.state.gov/SearchColls/CIA.asp.

[3] William Colby, Memorandum for Dr. Henry Kissinger, Subject: CIA's Covert Action Program in Chile since 1970, 1973-10-04, Chile Declassification Project, CIA, http://foia.state.gov/SearchColls/CIA.asp.

[4] Central Intelligence Agency, Memorandum for The Assistant to the President for National Security Affairs, Mr. Jack B. Kubisch, Assistant Secretary of State for Inter-American Affairs, via Mr. William J. Jorden, Senior Staff Member, National Security Council, Subject: Proposed Covert Financial Support of Chilean Private Sector, 25 August 1973, Chile Declassification Project, CIA,
http://foia.state.gov/SearchColls/CIA.asp.

Le début de la fin

La grande grève de 1972 eut pour conséquence l'entrée des militaires dans le gouvernement d'Allende, le 2 novembre. Le général Prats, chef d'état-major, devint le ministre de l'Intérieur, tandis qu'un amiral prenait le portefeuille des Travaux publics et un autre général celui des Mines. Allende était très satisfait de ce coup politique[1]. En effet, en faisant entrer les militaires au gouvernement, il les récompensait pour leur impartialité durant les mouvements sociaux et, en outre, la présence des militaires renforçait l'exécutif. C'était pourtant, aussi, faire entrer le loup dans la bergerie. Progressivement, l'armée chilienne devint un véritable État dans l'État. Cette situation était dangereuse. Mais tant que des hommes comme le général Prats, attachés, tout comme le défunt Schneider, au respect des institutions, tenaient les rênes du pouvoir militaire, elle pouvait être contenue, ce qui explique la confiance d'Allende lorsqu'il fit entrer les militaires dans son gouvernement. Or, les mois de juin, juillet et août 1973 virent la tension s'accroître. Au mois de juin, un premier coup d'État militaire, avorté, tint lieu de répétition générale. La tentative avait été appuyée par le groupe paramilitaire d'extrême droite *Patria y Libertad*. Aux mois de juillet et août, de nouvelles grèves paralysèrent le Chili, notamment les mines de cuivre d'El Teniente[2].

La crise économique et sociale se doubla d'une crise constitutionnelle. Le 26 mai, la Cour suprême unanime reprocha au gouvernement d'Allende de bafouer les institutions en empêchant les autorités policières de faire appliquer des décisions de justice contraires à ses décrets. Au mois d'août, la Cour réitéra à nouveau ses doléances. Prats fut acculé à la démission, d'une part en raison d'un incident bizarre durant lequel il aurait perdu son sang-froid et tiré sur une femme, d'autre part parce qu'une faction grandissante de ses officiers supérieurs refusait de le suivre et enfin parce qu'une campagne de presse, orchestrée par *El Mercurio*, l'avait déstabilisé. L'ancien président Eduardo Frei avait publiquement déclaré que le gouvernement avait mené le pays à la catastrophe et qu'il s'efforçait de s'abriter derrière les militaires. Frei appela à donner aux militaires un pouvoir réel, approuvant ainsi la perspective d'une prise de pouvoir par l'armée. Celle-ci était désormais inéluctable. Lorsque le 23 août Prats démissionna, le général Pinochet devint chef d'état-major des armées. La CIA estima que le retrait de Prats faisait tomber le principal obstacle à un coup d'État militaire. Il se produisit, en effet, le 11 septembre 1973[3].

---

[1] Jonathan Haslam, *op. cit.*, p. 146-147.
[2] *Ibid.*, p. 57.
[3] Jonathan Haslam, *op. cit.*, p. 210.

La chute d'Allende

Au matin du 11 septembre, Allende fut informé que la marine s'était mutinée dans le port de Valparaiso. Il quitta son domicile privé pour le palais présidentiel de La Moneda, où il fut contraint de se retrancher. A 9h30, il s'adressa au peuple chilien à la radio, indiquant que c'était la dernière fois qu'il parlait aux citoyens. L'allocution fit suivie, sur ordre de Pinochet, par un raid aérien sur le palais. Allende ordonna alors à ses fidèles de quitter le palais. Son médecin personnel, revenant sur ses pas, le trouva mort, ensanglanté, avec sur les genoux une mitraillette qui lui avait été offerte par Castro. La thèse du suicide semble aujourd'hui établie, en dépit de rumeurs que les Cubains, en particulier, firent courir sur son assassinat. François Mitterrand a témoigné que, lorsqu'il s'était rendu à La Moneda, en 1971, Allende lui avait confié son admiration pour l'un de ses prédécesseurs qui s'était donné la mort, en 1891. Allende avait assuré à Mitterrand que s'il était renversé, il prendrait sa propre vie[1].

Les archives américaines corroborent la thèse du suicide et, en tout cas, établissent que les États-Unis ne commanditèrent pas directement la mort d'Allende. Le 13 septembre, Kissinger réunit le Washington Special Action Group, la cellule de crise de la Maison Blanche. Les minutes de cette réunion secrète révèlent un échange particulièrement cynique. Kenneth Rush, du Département d'État, déclara qu'Allende s'était suicidé pour devenir un martyr. Kissinger répliqua que les minables (*losers*) ne devenaient pas des martyrs en Amérique latine. « Certains le deviennent », affirma alors Rush, et il cita Che Guevara en exemple. Kissinger demanda explicitement à William Colby si Allende avait été assassiné ou s'il s'était suicidé. La réponse du directeur de la CIA fut que les preuves dont il disposait indiquaient un suicide[2].

En 2000, le rapport Hinchey confirma que la CIA savait que les militaires fomentaient un coup d'État, étaient en contact avec les conspirateurs et que, comme elle ne les avait en rien découragé, elle était « *sans doute apparue comme l'approuvant*[3] ». Les minutes de la réunion du WSAG du 14 septembre confirment également que le coup d'État ne fut pas déclenché à l'instigation des États-Unis. Lors de cette réunion secrète, Kissinger demanda à William Colby pour quelles raisons le coup d'État avait éclaté à cette date précise et pourquoi il était subitement devenu nécessaire pour ses auteurs. La réponse du chef de la CIA fut : « *Il n'y a rien eu de particulièrement décisif. Les choses se sont accumulées depuis des mois. Il y*

---

[1] *Ibid.*, p. 131.

[2] Washington Special Action Group Meeting, September 13, 1973, 10:10 a.m.-10:45 a.m., White House Situation Room, Chairman Henry A. Kissinger, State; Kenneth Rush, Jack Kubisch, Defense : V/Adm. Ray Peet, Robert F. Corigan, JCS V/Admiral John Weinel, CIA William Colby, David Phillips, NSC B/Gen. Brent Scowcroft, Lawrence Eagleburger, Richard Kennedy, William Jorden, Jeanne W. Davis, NPMP, *NSC Institutional Files*, box 116, WSAG Minutes Originals 7-27-72 to 9-20-73, p. 4.

[3] Lubna Qureshi, *op. cit.*, p. 132.

a eu une montée générale du mécontentement et je pense que les militaires ont estimé que le chaos s'abattait sur le pays et ont alors décidé de passer à l'action[1] ».

Les États-Unis participèrent indirectement à la chute d'Allende, en menant une politique visant à accroître ses points faibles et à le déstabiliser. En revanche, ils n'eurent pas un rôle direct dans sa chute. Enfin, l'état de crise constitutionnelle et économique qui régnait au Chili en 1973, bien qu'entretenu et aggravé par les États-Unis, plonge aussi ses racines dans les défauts intrinsèques de la politique menée par l'Unité populaire et du manque de cohésion de cette coalition. Dans le secret de leur conversation téléphonique, le 16 septembre, Nixon et Kissinger évoquèrent leur rôle en toute candeur. Après que les deux hommes eurent évoqué un match de football qu'ils entendaient suivre, Nixon demanda à Kissinger s'il avait quelque chose de nouveau ou d'important à lui signaler :

> « Kissinger : Rien de très important. Au Chili la situation est en train de se décanter et, bien sûr, les journaux se répandent lamentations parce qu'un gouvernement procommuniste a été renversé.
> Le Président : N'est-ce pas extraordinaire ? N'est-ce pas extraordinaire ?
> K : Bien sûr. Au lieu de se réjouir ! Du temps d'Eisenhower, nous aurions été des héros.
> P : Bon, nous n'avons pas..., comme vous le savez, cependant, les traces de nos mains n'apparaissent sur cette affaire.
> K : Nous n'avons pas fait le coup. Enfin, nous les avons aidés [incompréhensible] créé les conditions le plus possible [incompréhensible]...
> P : C'est exact. Et c'est comme ça que nous devons agir dans ces domaines. Mais, écoutez, en ce qui concerne l'opinion publique, laissez-moi vous dire que les gens ne vont pas avaler les conneries des libéraux cette fois-ci.
> K : Absolument pas.
> P : Ils savent que c'est un gouvernement procommuniste ; un point c'est tout.
> K : Exactement. Et pro-Castro. [...] Et cette incroyable hypocrisie répugnante.
> P : On la connaît bien.
> K : De la part de ces gens. Lorsqu'il s'agit de l'Afrique du Sud, si nous ne renversons pas le régime ils nous traitent de tous les noms.

---

[1] Washington Special Action Group Meeting, September 14, 1973, 10:10 a.m.-10:45 a.m., White House Situation Room, Chairman Henry A. Kissinger, State : Kenneth Rush, Jack Kubisch, Defense : V/Adm. Ray Peet, Robert F. Corigan, JCS Adm. Thomas H. Moorer, V/Admiral John Weinel, CIA William Colby, David Phillips, Treasury : William Simon, John Hennessy, NSC B/Gen. Brent Scowcroft, Richard Kennedy, William Jorden, James Barnum, NPMP, *NSC Institutional Files*, box 116, WSAG Minutes Originals 7-27-72 to 9-20-73, p. 2.

P : Oui, c'est vrai[1]. »

Selon toute hypothèse, Allende agit avec bravoure, préférant se supprimer plutôt que de déclencher un bain de sang en prenant la tête de la résistance contre l'armée, dans un combat qu'il savait perdu d'avance. Hélas ! La mort d'Allende n'empêcha pas une effroyable répression de s'abattre sur le Chili. La dictature s'installa dans le sang, la mort et la torture. Les nouveaux maîtres du Chili entendaient liquider toute forme d'opposition, voire procéder, dans une optique typique des totalitarismes, à une « *épuration* » violente du corps social. La répression s'étendit dans tout le Chili. Le domicile personnel de Pablo Neruda, alors atteint d'un cancer, fut mis à sac. Le poète aurait alors demandé à ses assaillants « regardez autour de vous, il n'y a rien de menaçant, sauf la poésie[2] ».

Au mois d'octobre, Pinochet déclencha une série de massacres appelés aujourd'hui les « *caravanes de la mort* »[3]. Il envoya le général Sergio Arelano Stark dans les provinces chiliennes débusquer, torturer et exécuter les responsables locaux de l'Unité populaire, des maires, des syndicalistes, voire des membres de la police jugés réfractaires au nouveau régime. La répression frappait tous les segments de la population. En juin 1974, un décret nomma Pinochet « *Chef suprême de la nation* », avant qu'il ne prenne le titre de Président de la République le 18 décembre 1974, titre qu'il conserva jusqu'à la fin de la dictature, en janvier 1990. En juin 1974, un autre décret pris par la Junte créa officiellement le DINA (Directorate of National Intelligence), police politique secrète aux méthodes particulièrement sinistres. Surnommé le « *Monstre* » par les autres services chiliens, le DINA fut décrit par la CIA comme une organisation ressemblant de plus en plus au KGB[4]. La CIA, pourtant, entretenait des liens le DINA et soutenait la Junte. En 1975, dans le cadre de cette politique de bonnes relations, son directeur, Manuel Contreras, fut reçu par Vernon Walters, le directeur adjoint de la CIA, à Washington[5].

La politique de bonnes relations entre les États-Unis et le Chili avait été ordonnée par Nixon et Kissinger. Dès les premières heures qui suivirent le coup d'État, les deux hommes avaient donné des instructions précises. Il fallait soutenir le nouveau régime, juste ne point trop marquer d'empressement. Les États-Unis ne devaient pas être le premier pays à reconnaître la Junte. Dès le 25 septembre, le Département d'État transmettait des instructions très claires à l'ambassadeur. Le gouvernement des États-Unis entendait coopérer avec le nouveau régime et accueillir favorablement la volonté exprimée par la Junte de resserrer les liens entre

---

[1] Memorandum of Telephone Conversation, September 16, 1973, Henry A. Kissinger Telephone Conversation Transcripts (Telcons), *Chronological File*, box 22, September 14-18, 1973.
[2] http://www.cpim.org/marxist/200402_Neruda.doc.
[3] Peter Kornbluh *op. cit.*, p. 155.
[4] *Ibid.*, p. 157-159.
[5] http://foia.state.gov/Reports/HincheyReport.asp.

les États-Unis et le Chili[1]. Pourtant, les archives montrent que, très tôt, très régulièrement et très précisément, les rapports remis par les services de renseignements américains et le Département d'État informèrent Kissinger des effroyables événements qui se déroulaient au Chili. Nixon et lui considéraient que la brutalité du régime était une considération de seconde importance, eu égard aux avantages géopolitiques que la dictature représentait pour les États-Unis. Le 18 juillet 1974, s'entretenant avec Jack Kubisch, le responsable de l'Amérique latine au Département d'État, Kissinger lui affirma sans ambages qu'il préférait les militaires à Allende. Il lui demanda avec une ironie grinçante si le Département d'État pourrait enfin faire comprendre à son ambassadeur américain à Santiago que sa mission n'était pas de réformer le gouvernement du Chili. L'ire de Kissinger provenait du fait que l'ambassadeur avait donné l'impression de subordonner des ventes d'armes américaines au Chili à des progrès dans le domaine du respect des droits de l'homme[2].

Lors de ses célèbres entretiens télévisés avec Richard Nixon, en 1977, le journaliste David Frost cita des rapports de la CIA qui mentionnaient peu avant le coup d'État qu'Allende ne représentait pas une menace pour les institutions démocratiques au Chili. Nixon rétorqua qu'une dictature d'extrême droite, si elle ne cherchait pas à s'ingérer dans les affaires de ses voisins ou à attenter à la sécurité des États-Unis, n'inquiétait pas ceux-ci. Elle posait un problème en matière de droits de l'homme. Une dictature d'extrême gauche, en revanche, cherchait à propager ses idéaux révolutionnaires et était un danger pour la sécurité des États-Unis. Bref, les États-Unis pouvaient s'accommoder de la première, pas de la seconde.

Certes, il faut, en revenant sur les événements du Chili, garder à l'esprit le contexte de Guerre froide de l'époque, et évaluer la politique de Nixon et Kissinger à son aune, en la mettant en perspective[3]. Rien n'oblige, en revanche, l'historien ou son lecteur à souscrire au raisonnement de Nixon. En vertu de ce raisonnement, par réalisme ou par cynisme, l'équilibre du monde devait, parfois, se payer au prix de tragédies comme celles du 11 septembre 1973.

2018

---

[1] Departement of State, Sensitive Cable, « USG Attitude Towards Junta », September 13, 1973, Department of State, Sensitive Cable, « Continuations of Relations with GOC and Request for Flares and Helmets », September 18, 1973, reproduits dans National Security Archive Electronic Briefing Book No. 212.

[2] Telcon Kubish/Sec. Kissinger, July 18, 4 :15 p.m., Henry A. Kissinger Telephone Conversation Transcripts (Telcons), *Chronological File*, box 26, July 17-18, 1974.

[3] Kenneth Maxwell, « The Other 9/11 : The United States and Chile, 1973, *Foreign Affairs*, November/December 2003, http://www.foreignaffairs.com/.

Conflits et guerres économiques
L'économie comme instrument de puissance

Jacques FONTANEL

En 1989, Francis Fukuyama, reprenant une expression aussi brillante qu'erronée, a rendu célèbre l'expression selon laquelle l'effondrement de l'Union soviétique marquait « *la fin de l'histoire* »[1]. Selon lui, la démocratie et le libéralisme devait s'imposer définitivement face aux autres idéologies, aussi bien en pratique qu'en théorie, malgré quelques soubresauts et conflits à venir, mais sans avenir. En 1995, feu le GATT (General Agreement on Tarifs and Trade) laissait sa place à l'OMC (Organisation Mondiale du Commerce) destinée principalement à élargir le fonctionnement du libre-échange à l'ensemble du commerce mondial, à administrer un système globalisé de règles internationales, à répondre aux besoins des pays en développement et à régler les différends commerciaux entre les Etats membres[2]. Dans ce contexte, l'action économique de l'Etat n'est plus revendiquée par ses membres, le principe du libre échange et le marché sont supposés assurer le fonctionnement normal de l'économie internationale, sauf exceptions portant sur la sécurité nationale d'un pays, la question agricole, les espaces économiques intégrés ou le soutien parcimonieux aux pays en développement. La science économique, qui a souvent négligé les conflits et les guerres, semblait alors avoir gagné la partie contre les analystes de l'économie politique de la défense[3]. Cependant, sous des formes diverses, les conflits et les guerres n'ont pas baissé d'intensité, surtout après l'acte terroriste des « *Twin Towers* » de septembre 2001. La science économique appliquée à la défense reste Après un court processus de désarmement marquant la fin de la guerre froide, les dépenses militaires ont de nouveau augmenté globalement, mais de manière hétérogène. Obsédés par le terrorisme et la sécurité de son territoire, les Etats-Unis ont eu l'ambition ou l'obligation de devenir le « *gendarme du monde* » et l'importance de leurs dépenses militaires témoignait de sa puissance. Certes, pour analyser la puissance globale d'un

[1] Fukuyama, F. (1989). The end of history? The national interest, (16), 3-18.

[2] Fontanel, J. (1995), Les Organisations Economiques Internationales, Masson, Paris. Guilhaudis, J-F. (2018), Relations internationales contemporaines, LexisNevis, Paris.

[3] Aben, J. (1992) Economie politique de la défense, Cujas. Paris. Fontanel, J. (1993), Economistes de la paix, Collection Eco+, Presses Universitaires de Grenoble, Grenoble.

Etat, les dépenses et budgets militaires[1] ne sont que des indicateurs imparfaits[2], mais ils donnent une indication sur les objectifs de sécurité ou de domination d'un pays, et de sa capacité à fédérer avec lui les Etats alliés.

Les relations de puissance économique entre la Chine et les Etats-Unis, la modernisation des forces nucléaires russes, les influences parfois contestables des firmes multinationales sur les politiques publiques, mais aussi le développement du terrorisme, les conflits armés en Irak ou en Afghanistan, les guerres civiles en Libye, Egypte, Yémen ou en Syrie, les dissensions latentes de plus en plus violentes au Proche-Orient ont rappelé aux Etats que la démocratie n'était toujours pas indépassable et que les guerres, sous des formes diversifiées, n'avaient pas disparu. Or, les armes nucléaires ont rendu les recours aux guerres entre les grandes puissances, beaucoup moins évidents. En cas de conflits plus ou moins larvés, les Etats puissants appliquent de préférence des stratégies de manœuvre indirecte. Cependant, dans certains théâtres d'opération de pays faiblement armés, les opérations guerrières peuvent réduire les incertitudes violentes latentes pour conduire sur les chemins d'une résolution plus ou moins stable des conflits[3]. Les Etats ont été conduits à réactiver des actions économiques parfois létales contre leurs ennemis ou à développer de nouvelles stratégies pour se protéger contre les « violences éternelles »[4]. Cependant, ces armes ne peuvent pas être utilisées sans stratégies adaptées, sans négociation avec les pays alliés, sans une prise en compte des conséquences humanitaires sur les peuples. L'intensité des actions engagées détermine aussi le choix de l'emploi des mots entre le « *conflit* » ou la « *guerre* » économique, laquelle peut parfois recevoir le soutien des forces armées pour compléter l'opération entreprise et faire respecter « *la loi du plus fort* ».

Lorsque Donald Trump considère que le commerce avec la Chine est déséquilibré au détriment de l'économie américaine, il informe l'opinion publique et il la prépare aux actions qu'il compte entreprendre. Il s'agit d'un conflit économique clairement identifié, sans recours complémentaire à des actions militaires[5]. Pourtant, depuis 1995, dans un monde globalisé volontairement soumis aux règles de l'Organisation Mondiale du Commerce (OMC), sauf exceptions proposées par la charte elle-même, l'application

---

[1] Aben, J., & Malizard, J. (2016). Defence Budgets. The SAGE Encyclopedia of War: A Social Science Perspective, Thousand Oaks, 462-466.

[2] Aben, J., Fontanel, J. (2019), Military Expenditure as a proxy for State's power. Defence and Peace Economics.

[3] Aben, J. (2017). Licorne ou la guerre si nécessaire, pour maintenir ou imposer la paix. Stratégique, (4), 253-283. Aben, J. (2008). The New French Military Reserve and the Test of Overseas Operations. Defense & Security Analysis, 24(2), 197-202.

[4] OCDE (2004), Economie de la sécurité, OCDE. Paris. Fontanel, J. (2010), Economie politique de la sécurité internationale, L'Harmattan, Paris.

[5] La question reste malgré tout posée si l'on retient les dernières évolutions de la colonisation progressive militarisée des archipels Paracels et Spratleys, zone revendiquée par le Vietnam, les Philippines et même l'Indonésie et souvent abordées par les forces maritimes américaines.

d'une action économique internationale ne peut être que collective. Or, Washington dispose d'un leadership politique, économique et militaire qui lui donne un pouvoir de coercition susceptible de remettre en cause les institutions, les lois et les règles internationales. La Maison Blanche sait rappeler aux pays amis qu'ils ont besoin de son soutien pour leur sécurité, mais aussi de l'ouverture de son marché et de ses technologies. C'est donc un appel à une renégociation des règles établies dont il peut être question, l'arme diplomatique de la négociation s'impose alors, sans aucun couplage avec des menaces d'interventions militaires. Les discussions bilatérales sont, au moins provisoirement, privilégiées par les Etats-Unis, comme nouvelle expression des avantages conférés à la « *loi du plus fort* » face à tous ses alliés historiques ou institutionnels.

L'annonce de l'utilisation des armes économiques présente l'avantage d'exprimer publiquement un désaccord politique, stratégique, idéologique ou économique avec un pays ou un groupe de pays et de présenter clairement les griefs et les moyens destinés à en éliminer les effets. Généralement, elles se présentent comme des avertissements, des injonctions coercitives ou des déclarations de punition en cas de non-respect de règles internationalement établies ou non. Parmi les procédures les plus utilisées, l'embargo, le boycott, le blocus commercial, le gel des avoirs à l'étranger, le contrôle des investissements étrangers ou l'arrêt de l'aide au développement constituent des armes économiques et financières au potentiel de nuisance important à court terme, considérable à plus long terme. Cette stratégie de conflit économique peut être couplées ou non avec des menaces ou des interventions militaires. L'utilisation des armes économiques est particulièrement délicate, car elles ne sont pas sans risque pour celui qui les utilise[1]. Il existe cependant des graduations entre les conflits et les guerres économiques, des conflits économiques simples, aux conflits impliquant des considérations de souveraineté et de sécurité nationales, en passant par des guerres économiques violentes qui cherchent à punir, à blesser, à violenter un pays, un peuple dans sa vie quotidienne.

I. Les conflits économiques

Depuis son investiture comme Président des USA, Donald Trump a donné une leçon du pouvoir souverain d'abord en baissant les impôts sur les sociétés en vue d'attirer les entreprises étrangères aux Etats-Unis ou de rapatrier les activités des firmes multinationales américaines, en quittant ensuite l'accord de Paris et les négociations sur les Traités transatlantique et transpacifique,

[1] Coulomb, F., Fontanel, J. (2006), Mondialisation, guerre économique et souveraineté, in « La question politique en économie internationale », La Dévouverte, Paris. Fontanel J. (2005), La Globalisation en « analyse » : Géoéconomie et Stratégie des Acteurs, l'Harmattan, Paris. Smith, R., & Fontanel, J. (2008). International security, defence economics and the powers of nations. In War, peace and security (pp. 37-51). Emerald Group Publishing Limited.

puis en dénonçant le Traité de Vienne avec l'Iran, et en instaurant ensuite, sans négociation préalable, de nouvelles taxes ciblées sur les importations. Décidé à relancer l'économie par la stratégie de la puissance, il applique dans état d'âme la politique dite de « *beggar thy neighbour* », laquelle conduit à s'enrichir au détriment de ses alliés. On peut alors constater l'ampleur et la diversité des différends commerciaux, trop souvent assimilés à des guerres économiques. Ils concernent principalement les négociations pour devenir membre d'un organisme économique international, la guerre des monnaies, les armes de l'endettement et de la fiscalité et le processus de départ d'une entité économique intégrée, comme le Brexit.

1) **L'octroi ou non de la clause de la nation la plus favorisée** proposée par l'Organisation Mondiale du Commerce permet à un pays de ne plus subir de discrimination commerciale dans ses échanges internationaux. Le gouvernement des Etats-Unis a fortement soutenu la candidature de la Chine, membre de l'OMC depuis 2001, alors que la Russie a dû attendre 18 années de tortueuses négociations pour devenir elle-même l'un de ses membres en 2012. Les éléments d'un conflit naissent à la fois dans le choix des membres de l'organisation, mais aussi dans la force accordée à celle-ci. On peut aujourd'hui s'interroger sur le rôle de l'OMC dans le monde, face à la souveraineté économique réclamée par Donald Trump, lequel est désireux de s'engager plutôt dans des traités bilatéraux, plus favorables à son pouvoir de négociation que les accords multilatéraux.

2) **Les différends commerciaux internationaux** sont normalement examinés par l'ORD (Organisation des Règlements des Différends) lorsque les pays sont membres de l'OMC. Cependant, la question de la souveraineté des Etats ne se discute pas, notamment lorsque les références à la sécurité nationale sont émises ou constatées. La Maison Blanche considère que les relations économiques internationales mises en place depuis plus de deux décennies lèsent les intérêts américains. L'objectif n'est pas de fragiliser l'économie des autres pays, il consiste surtout et d'abord à renforcer son économie nationale. Une taxe sur les importations non négociées entre les pays membres peut faire l'objet de plaintes et d'un jugement sur le fond. Cette situation conduit à un différend important pour les pays exportateurs fournisseurs des Etats-Unis et les firmes multinationales[1]. Dès lors, les stratégies se mettent en place pour de nouveaux accords. Donald Trump a fait de la question des taxes sur l'acier et l'aluminium un prérequis au maintien des règles de l'Alena et, après des négociations tumultueuses, il a obtenu gain de cause, avec la signature le 20 septembre 2018 d'un nouvel accord. Il est

---

[1] Notamment les GAFAM (Google, Apple, Facebook, Amazon, Microsoft) sont très opposés à, cette décision. Fontanel, J., Sushcheva, N. (2019), La puissance des GAFAM : Réalités, apports et dangers, Annuaire Français des Relations Internationales, Paris. A paraître.

difficile alors de parler de guerre économique. Washington peut s'engager dans cette voie, car sa force économique interne et externe lui donne la capacité de réagir à court terme à une situation économique qui lui semble défavorable, sans laisser vraiment le choix à ses interlocuteurs. Pour les traités atlantiques et pacifiques, les négociations semblent rompues, mais normalement les règles générales de l'OMC continuent à s'appliquer entre ces zones économiques.

3) **La « *guerre des monnaies* » est souvent évoquée.** En 1971, Nixon a décidé de renier l'engagement pris lors des Accords de Bretton Woods de lier le dollar, monnaie internationale, à l'or, et le système de taux de change de fixe est devenu variable. Cette décision unilatérale a mis en évidence le rapport de puissance monétaire et économique, mais aussi militaire, favorable aux USA. Après avoir constitué des réserves exprimées en dollar/or, les membres du FMI se sont trouvés devant l'obligation de conserver leurs dollars, sans référence à l'or devenu « *démonétisé* ». Même si concrètement la valeur internationale du dollar n'a pas constitué la priorité de la FED et du gouvernement américain avec l'affirmation de la politique du « *benign neglect* »[1], le dollar reste le référent international, sans doute parce que le système politique et économique des Etats-Unis se présente « *in fine* » comme le sanctuaire du capitalisme. Aujourd'hui, le dollar comme monnaie internationale ne répond plus aux critères économiques de cette fonction, au regard de l'importance de l'endettement public et privé des Etats-Unis. En outre, avec la baisse des impôts, l'augmentation de l'endettement public américain devient inquiétante au même titre que celui des ménages, alors même que le système mondial souffre du risque excessif de solvabilité des marchés financiers et de l'absence de rééquilibrage « *automatique* » des balances commerciales.

Les Etats sont soupçonnés de mener parfois une « *guerre des monnaies* », à coup de dévaluations successives, pour améliorer la structure de leur balance des paiements, ce qui favorise l'émergence de nouveaux conflits fondés sur la stratégie de « *l'appauvrissement du voisin* » (beggar thy neighbour). En dévaluant, les Etats exportent leurs tensions rècessionnistes vers leurs voisins, ce qui rend parfois irréversibles leurs pertes de compétitivité. De ces inégalités peuvent naître de nouvelles formes de conflits. Pour Donald Trump, la Chine, le Japon et l'Allemagne (sic) maintiennent un renminbi (yuan), un yen et un euro bas en vue de doper leurs exportations. Pour favoriser le « made in America », il décide d'appliquer de nouveaux droits de douane, tout en insistant auprès du Trésor et de la FED pour faire baisser la valeur du dollar, en vue d'améliorer la compétitivité de l'économie américaine. Il considère que

[1] « *Le dollar est notre monnaie, mais c'est votre problème* » est sa formulation la plus connue. La valeur des créances en dollars n'est pas un sujet de préoccupation pour les Etats-Unis, c'est aux autres pays de défendre ou non leurs parités s'ils le jugent nécessaire.

la finance est un outil et une arme pour la sécurité nationale de son pays. Ce faisant, le rôle prééminent du dollar commence à être légèrement érodé. Ainsi, la Chine propose un contrat à terme pour l'achat de pétrole (Basra) à la Russie et à l'Arabie Saoudite sans passer par le dollar et elle continue à réduire ses achats des bons destinés à financer la dette américaine. La guerre des monnaies se fait « *à fleurets mouchetés* », mais elle est bien présente, avec des effets considérables sur les incertitudes qui pèsent sur la croissance des économies nationales. En revanche, la création de l'euro a marqué l'histoire monétaire. Plusieurs pays ont délibérément abandonné leur souveraineté monétaire au profit d'une institution supranationale[1]. Aujourd'hui, l'euro se présente comme un facteur supplémentaire de réduction des tensions internationales, c'est un instrument de paix, au moins à l'intérieur de la zone considérée. Cependant, l'Allemagne est le principal bénéficiaire des rapports de force économiques et politiques du système mis en place et l'Europe ne peut négliger plus longtemps les politiques « *sociales* » sans prendre le risque d'une perte d'adhésion des peuples aux systèmes monétaires internationaux existants. Le conflit est latent, il est provisoirement maîtrisé, mais il devient un objet d'inquiétude.

4) **Les conflits fiscaux et d'endettement** ont des conséquences importantes sur le partage mondial des richesses. Fin 2018, la dette brute fédérale américaine atteint 22.000 milliards de dollars et le service de la dette publique représente plus de 700 milliards de dollars par an. Normalement, le doute est émis sur la valeur de la monnaie d'un pays aussi fortement endetté. Une crise économique mondiale peut alors être enclenchée soit par les difficultés liées au remboursement de la dette, soit par la perte de confiance dans le dollar, soit encore par le retour à des formes de nationalisme économique exacerbées. La souveraineté des Etats sur la question des finances publiques n'a pas (encore ?) été remise en question au niveau international. La décision de la Maison blanche d'abaisser encore les impôts sur les sociétés aggrave à court terme l'endettement et le déficit publics des Etats-Unis, mais à plus long terme il est attendu l'arrivée de nouvelles implantations d'entreprises multinationales d'origine américaine ou étrangères qui « *boosteront* » l'économie nationale et permettront de nouvelles rentrées fiscales (en référence à la courbe de Laffer). L'OCDE et l'Union européenne s'interrogent aujourd'hui sur le rôle prédateur des « *paradis fiscaux* » qui accordent aux firmes multinationales et aux propriétaires d'actifs financiers la possibilité de se prémunir contre toute forme d'impôt et, parfois, à assécher les revenus publics des pays les plus pauvres. Les Etats développés eux-

[1] Il a fallu greffer un Pacte de stabilité, signé par toutes les Parties prenantes, avec la mise en place d'une discipline économique acceptée par tous les Etats membres, afin de donner des signes forts de confiance mutuelle. **La Banque européenne a pour fonction de** contrôler les tensions inflationnistes de la zone euro.

mêmes ouvrent une palette complète de possibilité de placements à imposition minimale, soit dans des comptes satellites dans des petits pays exotiques, soit même à l'intérieur de leurs territoires, comme la City, Jersey ou l'Irlande[1]. La Russie a annoncé son intention de créer un espace financier peu taxé. Sans accord international, le conflit des hétérogénéités fiscales risque d'être mortifère pour l'ensemble des économies nationales, transformant des ressources publiques en de nouvelles ressources privées, accentuant les inégalités sociales, facteurs d'émeutes et de guerres civiles.

5) **Les ruptures d'intégration économique** constatent l'existence de conflits politiques ou économiques à l'intérieur d'un ensemble économique constitué. Le Royaume-Uni, à la suite d'un referendum, a souhaité quitter l'Union européenne. Il ne s'agit pas d'une guerre politico-économique, il n'y a pas de procédures mettant en cause la sécurité nationale des deux Parties, il s'agit principalement de trouver un accord qui permette à Londres de se débarrasser des contraintes de l'Union européenne et pour celle-ci de réussir ce divorce dans les meilleures conditions[2]. La question critique de l'Irlande du Nord reste politiquement délicate. Les modalités de mise en place du Brexit, entre une solution souple ou une autre plus dure, ne manqueront pas d'avoir sur les années à venir des conséquences politiques considérables sur le « *bon voisinage* » des deux espaces économiques ainsi constitués.

II. Les conflits économico-militaires

Les conflits économico-militaires mettent en évidence des divergences éventuelles sur les stratégies collectives à venir, ce qui conduit ne manque pas d'avoir des conséquences économiques susceptibles de provoquer de nouvelles tensions entre les Etats.

1) **Le partage des contraintes de la sécurité internationale entre Alliés** est invoqué. En Juillet 2018, Donald Trump a demandé aux membres de l'Otan de dépenser d'abord 2% du PIB pour leurs dépenses de défense d'ici 2021, puis au moins 4% en 2024. Aujourd'hui, l'Union européenne est, au moins en théorie, favorable au renforcement de la résilience de l'OTAN, à la conduite collective de la lutte antiterroriste et au partage plus équitable du fardeau de la défense, mais elle reste partagée sur la question de sa défense

[1] Chavagneux, C., Palan, R. (2017), les paradis fiscaux, La Découverte, Paris. Fontanel, J. (2016), Paradis fiscaux, paradis « filous. La fuite organisée des impôts vers les pays complices », L'Harmattan, Paris

[2] Gaudin, H (2018), Crise de l'Union européenne, Eyrolles, Paris. Fontanel, J. (2017), La crise européenne vue par un économiste, AFRI, Annuaire Français des Relations Internationales., Volume XVIII.

commune[1] et de la nature de ses liens avec l'OTAN, entre plus ou moins de dépendance. Cependant, l'augmentation des dépenses militaires dans le cadre de l'OTAN favorise inéluctablement l'achat des matériels américains, ce qui réduit de fait les marges de manœuvre des pays de l'Union européenne en matière de sécurité régionale. Les intérêts économiques rejoignent les contraintes militaires. Avec l'OTAN, l'industrie militaire américaine bénéficie d'une clientèle captive et Washington d'alliés « à son commandement ».

2) **Le contrôle des exportations sur les produits stratégiques et la promotion les « *ventes paupérisantes* »** relèvent de décisions politiques destinées à fragiliser la sécurité et l'économie nationale d'un pays rival. La logique invoquée est de favoriser l'exportation de produits, notamment des produits militaires « autorisés », qui pèsent lourdement sur les finances publiques d'un pays adversaire, tout en constituant de bonnes affaires économiques pour le pays vendeur. Dans ce contexte, un échange inégal est recherché. Pendant la guerre froide, le COCOM (Coordinating Committee) a eu pour fonction de contrôler les exportations occidentales des produits stratégiques duaux vers l'URSS. Aujourd'hui, avec les sanctions contre Moscou relatives à l'annexion de la Crimée, l'interdiction de vente à l'exportation porte toujours sur les biens civils susceptibles de transferts vers des utilisations militaires.

3) **La stratégie de la dépendance économique et militaire** fait souvent référence aux transferts d'armes. L'exportation des armes est un instrument d'influence politique, un outil stratégique de sécurité nationale, mais aussi un facteur de réduction des coûts engendrée par l'essor des économies d'échelle et le partage des coûts de la R&D militaire. Les sanctions unilatérales à l'exportation des armes ne sont pas souvent revendiquées, car elles conduisent à la perte de confiance des acheteurs.

4) **La suspension de l'aide économique aux pays les moins développés** est une action souvent efficace, même sous forme de simple menace. La décision des Etats-Unis de réduire drastiquement son soutien financier à l'UNWA est représentative de la volonté politique de lutter contre les Palestiniens, jugés coupables d'actes terroristes mettant en péril la sécurité d'Israël. La stratégie de l'enserrement consiste à injecter le virus de l'aide

[1] Schmidt, C., Pilandon, L., & Aben, J. (1990). Defence spending in France : the price of independence. The Economics of Defense Spending: An international Survey. London : Routledge. Aben, J. (2017). Retour sur la mesure de l'effort de défense–Variations françaises sur un thème imposé. Défense et Stratégie, (41). Aben, J., and N. Daures. 1988. « La production de défense face à l'inflation." *Journal de la Société de statistique de Paris,* 3: 181-192. Coulomb, F., Fontanel, J. (2005), An economie interpretation of French military expenditure, Defence and Peace Economics,2005, 3nd.

reçue par un pays afin de le rendre soit dépendant des stratégies du donateur, soit de le mettre en difficulté, par la baisse du pouvoir d'achat de ses ressortissants, lorsqu'il ne répond pas aux attentes du donateur. Les liens financiers et commerciaux ont notamment pour buts de modérer les idéologies et de discipliner les pays cibles.

5) **Les accords internationaux pour contrôler les flux et les prix de matières stratégiques** dénotent au regard du libre-échange revendiqué par l'OMC. L'OPEP intervient régulièrement sur les marchés, parfois avec le soutien de la Russie. Les Etats-Unis sont devenus le premier producteur mondial de pétrole, devant la Russie et l'Arabie Saoudite, alors que l'Iran et le Venezuela sont contraints par les sanctions internationales qui pèsent sur leurs productions. Les évolutions des prix sont sinusoïdales, mais avec une certaine tension à la hausse. Les différends commerciaux entre les Etats-Unis, la Chine et l'Union européenne ainsi que les sanctions américaines contre l'Iran créent de nouvelles incertitudes et défis sur les marchés pétroliers. Face à l'importance de cette matière première, les situations de conflit sont potentiellement importantes, avec un choix décisif pour les pays exportateurs de l'OPEP entre les avantages économiques et financiers à court terme de la vente à bon prix de leur pétrole et les inconvénients stratégiques du fait de la faiblesse de leurs bases sécuritaires[1]. L'OPEP exerce un rôle essentiel sur le marché du pétrole, mais les membres de cette organisation d'Etats reste toujours sous la menace d'opérations militaires et de soulèvements civils que seul Washington peut contrôler, comme l'a élégamment rappelé Donald Trump aux dirigeants de l'Arabie Saoudite.

III. La guerre économique

Plusieurs stratégies peuvent être mises en place, de l'appauvrissement par l'effort de préparation à une guerre violente, en passant par les stratégies de la rupture et celles de la domination externe et le contrôle interne. Cela ne veut pas dire que la défense nationale peut se passer d'un effort militaire, mais il n'est plus le seul moyen décisif mis en place pour défendre les intérêts et la sécurité d'un pays[2].

1) **La stratégie de l'appauvrissement par l'effort de préparation à la guerre met en place l'exercice** du fameux dilemme entre le beurre et le

[1] Fontanel, J. (2016), La sécurité économique et sociétale : pour une conceptualisation humaniste multidimensionnelle, PSEI, Politique de Sécurité Européenne et Internationale, n° 3. 2016-http://revel.unice.fr/psei/index.html?id=822.

[2] Aben, Jacques. "What Realms for Defence Economics?." The Evolving Boundaries of Defence: An Assessment of Recent Shifts in Defence Activities. Emerald Group Publishing Limited, 2014. 3-24.

canon[1], même si parfois c'est grâce à l'utilisation ou à la menace des canons que les grandes puissances ont pu « *faire leur beurre* ». Cette stratégie mercantiliste de long terme a pour objectif principal d'appauvrir l'ennemi en l'obligeant à recourir à une course aux armements. Lorsque le pays adversaire augmente son budget militaire, pour garder un équilibre des forces, l'opposant s'empresse de faire de même. Or, ces dépenses sécuritaires supplémentaires réduisent la capacité à financer d'autres consommations ou investissements publics ou privés. Les coûts d'opportunités s'avèrent alors plus élevés proportionnellement pour le pays le moins développé, ce qui, sur une longue période, peut accroître encore la puissance économique relative du pays le plus développé. Cette stratégie se base donc sur *« l'effet de fatigabilité »*. La militarisation excessive de l'économie de l'URSS est une des causes les plus importantes de son effondrement[2]. A l'automne 2018, contre l'avis de Bruxelles, Washington a annoncé son retrait de l'accord nucléaire sur les forces à portée intermédiaire (traité FNI)[3]. Dans ces conditions, le Traité New Start qui devait être renégocié avant 2021 sur les missiles stratégiques est remis en cause, malgré la volonté de Moscou de la prolonger. Il semble que Washington souhaite relancer une forme de course aux armements, concernant la construction d'une arme qui paraît destinée en priorité tournée contre l'Europe, ce qui devrait à la fois obliger celle-ci à augmenter ses propres dépenses militaires et à affaiblir économiquement une Russie jugée et redevenue activement arrogante.

2) **La recherche d'indépendance économique et stratégique à l'égard d'un Etat rival** est parfois revendiquée par un leader à ses Alliés, car il peut faire valoir l'importance de ses investissements de sécurité collective pour exiger ou demander des contreparties. Au sommet de l'OTAN du 11 juillet 2018, Donald Trump a exigé l'arrêt du projet Nord Stream 2 reliant la Russie et l'Allemagne sous la mer Baltique, opérationnel au plus tard début 2020. Il estime que c'est un point de faiblesse conséquent pour la défense du territoire européen que de dépendre aussi fortement d'un pays déjà sanctionné économiquement pour l'annexion de la Crimée et ses opérations dans le Donbass et dont l'histoire démontre sa capacité à utiliser l'arme économique

---

[1] Aben, J. (2000), le fardeau de la sécurité, Défense et finances publiques (actes du colloque international, 8 et 9 Juin 2000, L'Harmattan. Aben, J., & Daures, N. (1993). Chalk vs Guns : Some economic consequences of an announced French scenario. Defence and Peace Economics, 4(4), 353-363.

[2] L'effondrement de l'Union soviétique est dû sans doute à une gouvernance autoritaire excessive, à une économie profondément martyrisée par les guerres mondiales et les effets de la révolution, mais aussi à la place excessive du complexe militaro-industriel dans l'économie du pays (25 à 30 % du PIB réel), avec un coût d'opportunité social considérable.

[3] Dans ces attendus, le traité FNI, signé en 1987 entre Reagan et Gorbatchev, les Etats s'engageaient à détruire leurs missiles balistiques et de croisière ayant une portée comprise entre 500 et 1000 kilomètres lancés à partir du sol et ceux dont la portée était comprise entre 1000 kilomètres et 5000 kilomètres.

pour contraindre ses partenaires[1]. Dans le cadre du Countering America's Adversaries Through Sanctions Act (CAATSA) du 15 juin 2017, qui vise à sanctionner les activités de la Russie dans le domaine énergétique, Washington menace les entreprises européennes qui travailleront sur le projet de Nord Stream de subir un sort équivalent à celui des firmes qui maintiennent des relations économiques et financières avec l'Iran[2]. Il accuse même Nord Stream2 de disposer de nombreux capteurs espions. Les Européens estiment que la question est moins stratégique qu'économique, car les Etats-Unis veulent exporter leur gaz de schiste liquéfié, que nombreux de ses membres ont refusé de produire pour des raisons environnementales. L'Allemagne, soutenu par Bruxelles[3], a considéré que ces dispositions violaient le droit international et elle a saisi la Commission européenne pour mettre en place des contre-mesures. En septembre 2018, le projet a démarré, malgré les tensions qui portent sur les sanctions américaines, mais aussi sur les dangers concernant, à l'avenir, l'utilisation politique du transit ukrainien. Washington regrette ce manque de solidarité des alliés de l'OTAN, qui bénéficient d'une sécurité régionale grâce à l'appui américain.

3) **La stratégie de la punition internationale est appliquée** quand un pays ne respecte pas le droit international. Lorsque l'Afrique du Sud pratiquait une politique d'Apartheid, la communauté internationale a décidé une politique globale d'embargo et de boycott (il n'a pas souvent été fait mention de blocus). En 1986, le « *Comprehensive Anti-Apartheid Act* » a imposé un arrêt des nouveaux investissements en Afrique du Sud et un embargo sur l'importation de plusieurs produits sud-africains, notamment le charbon, le pétrole (en partie), l'uranium, les ordinateurs et les produits agricoles. Cependant, en période de guerre froide, du fait que les pays limitrophes de l'Afrique du Sud étaient gérés par des gouvernements marxisants et que le principal mouvement anti-apartheid était allié au parti communiste, malgré les recommandations de l'ONU, les sanctions n'ont pas été trop durement appliquées, en se référant au fameux proverbe selon lequel « *entre deux maux, il faut choisir le moindre* ». De nombreuses exceptions aux résolutions de boycott et d'embargo des Nations Unies[4] ont été sciemment acceptées, par la

---

[1] Le gaz russe représente au moins 40 % du gaz importé en Europe, notamment par les réseaux passant en transit en Ukraine, pays qui sera ainsi fragilisé économiquement si le Kremlin décidait d'utiliser le nouveau gazoduc prioritairement afin d'affaiblir encore son économie.

[2] Les sanctions ne s'appliquent pas aux accords d'investissement et de prêts décidés avant le 2 août 2017 et donc le montage financier du projet (avril 2017) est exclu des sanctions.

[3] Treize Etats européens (surtout de l'Est) ont protesté contre cette construction auprès de la Commission européenne en invoquant des raisons sécuritaires, économiques et écologiques.

[4] Plusieurs firmes multinationales américaines ont mis en évidence les préjudices d'une telle politique sur l'économie américaine et, sous des formes diverses, elles ont maintenu des liens suffisamment forts avec Pretoria. Elles insistaient sur le fait que l'embargo sur le rhodium et le platine (deux productions dont l'Afrique du Sud était en situation de quasi-monopole dans les économies de marché) obligeait les pays occidentaux à se fournir auprès des pays

contrebande principalement. Il a fallu la fin de la guerre froide, l'effondrement de l'URSS et la libération de Nelson Mandela pour assister au retour à la démocratie et au respect des droits de l'Homme en Afrique du Sud.

4) **La stratégie de la rupture élargie** est manichéenne. L'objectif est d'affaiblir l'adversaire en créant des problèmes économiques suffisamment graves pour faire naître une contestation violente des forces sociales à l'intérieur du pays renégat (« *rogue state* »). Dans ce cadre, la rupture des flux commerciaux ou financiers cherche à déstabiliser un Etat contestée par les pays étrangers. Elle peut être ciblée ou totale. Depuis 1962, Cuba subit une forme de blocus décidé par les Etats-Unis. Le pays s'est appauvri en subissant des sanctions sévères et durables depuis plus d'un demi-siècle. Si pendant la « *guerre froide* », le pays a mis en place d'abord des échanges commerciaux compensatoires avec les pays du Pacte de Varsovie, puis, après l'effondrement de l'URSS, avec le soutien pétrolier du Venezuela pendant la présidence d'Hugo Chavez, ensuite l'économie nationale cubaine s'est paupérisée inéluctablement, faute de matières premières et énergétiques. Pourtant, la guerre économique violente menée par la plus grande puissance économique mondiale n'a pas eu raison de la volonté populaire. De même, en 1979, les sanctions contre l'Iran dans l'affaire des otages américains ont interrompu le commerce international iranien. Les exportations de pétrole de ce pays étaient interdites et le gel de ses avoirs à l'étranger avait pour objectif de rendre la vie sociale de ses citoyens plus difficile. Dans le cas d'espèce, la ferveur religieuse a dépassé, de gré ou de force, les frustrations matérielles. Enfin, la Corée du Nord est elle-même devant un dilemme entre la construction de ses missiles et de son programme nucléaire face aux pénuries alimentaires du peuple, mais faute d'instances démocratiques, même dans une situation d'une gravité extrême, le choix de la sécurité nationale et du maintien du gouvernement au pouvoir reste toujours prioritaire, malgré des négociations en trompe l'œil en cours[1]. Cette stratégie d'autarcie violemment décidée par l'opposant punit non seulement les citoyens d'un pays, mais aussi toutes les firmes ou banques qui collaborent avec lui. Elle n'a pas réellement atteint ses buts à court, moyen et long terme, mais les pays ainsi attaqués ont connu une baisse drastique de leur puissance, de leur pouvoir d'achat, de leurs investissements et de leurs

---

« *communistes* ». Les vastes ressources minières de l'Afrique du Sud ont toujours rendu les sanctions difficilement applicables.

[1] Entre 1993 et 1998, trois à cinq millions de personnes sont mortes de faim en Corée du Nord. Le Programme alimentaire mondial (PAM) a ensuite apporté une aide minimale à la population pour prévenir le renouvellement d'une telle catastrophe. Mais, cette forme d'aide maintient aussi la dictature « sous perfusion ». Selon l'ONU, en 2016, près de 40% de la population nord-coréenne souffrait de sous-alimentation. Face à la volonté de Pyongyang de développer ses programmes balistiques et nucléaires, les livraisons alimentaires, notamment américaines et sud-coréennes, ont diminué. Selon la FAO, avec la sécheresse qui a sévi en 2017 et 2018, due à la dégradation des sols, à la rareté des terres arables et à la pénurie d'engrais, la situation alimentaire redevient pour le moins tendue.

perspectives d'avenir. Le jeu est resté de type « *perdant-perdant* » », mais à des degrés divers, au détriment des pays attaqués.

5) **Les sanctions ciblées sont supposées moins destructrices**, mais elles s'appliquent à des secteurs particulièrement « *stratégiques* » en fonction des faiblesses de l'adversaire ainsi attaqué. Elles interviennent généralement au moment d'une crise politique ou militaire intense. En 1981, au moment de l'instauration de la « *loi martiale* » à Varsovie, le gouvernement des Etats-Unis, sans négociation avec ses alliés, a suspendu toutes les licences d'exportation des produits et technologies du gazoduc euro-sibérien, étendues aussi bien aux entreprises américaines qu'aux sous-traitants européens. Washington décida la suspension des crédits de garantie, mais aussi celle de l'octroi de la nation la plus favorisée des pays membres du GATT pour tous les Etats qui ne respecteraient pas cet accord. L'Union européenne a alors décidé de porter plainte auprès du Tribunal de La Haye. Dans ce contexte, Washington, en accordant à ses sanctions une portée extraterritoriale, interdisait aux utilisateurs des technologies sous brevets américains de les utiliser sur le chantier du gazoduc, ce qui n'était pas une clause retenue par les règles et lois internationales écrites ou non écrites. Un semestre plus tard, Washington est revenu sur cette décision.

A la suite de l'annexion de la Crimée par la Russie, de mars à juillet 2014, puis en 2017 avec Donald Trump, les Etats-Unis et le Canada[1] ont engagés de nombreuses sanctions politiques, financières et commerciales à l'encontre de Moscou[2]. En 2018 à la suite de l'affaire Skipal, de nouvelles sanctions diplomatiques et économiques ont été accompagnées d'expulsions de diplomates. L'Union européenne a aussi protesté a proposé le gel des avoirs et des visas pour des personnalités proches du pouvoir, l'interdiction des importations des marchandises en provenance de Crimée, de sévères restrictions concernant le commerce et les investissements avec la Russie (notamment d'infrastructures), une limitation d'accès aux marchés primaires et secondaires des capitaux de l'Union européennes pour certaines banques et entreprises russes, un embargo sur le commerce des armes, l'interdiction d'importation des produits duaux et un accès limité aux services et technologies sensibles destinés à la production et l'exploration pétrolière. De nombreux programmes de coopération bilatérale ou régionale de l'UE ont été suspendus, ainsi que les opérations engagées avec la Banque européenne d'Investissement (BEI). En représailles, en 2014, Moscou a engagé un

---

[1] Suivis ensuite par l'Union européenne, le Japon, l'Australie, l'Ukraine, l'Islande etc.

[2] Elles concernent le refus d'accès sur leurs territoires des responsables politiques russes, le refus des transactions d'affaires pour des entreprises et officiels russes, un accès limité aux relations de financements avec Rosneft, Novatek et les firmes russes de la finance, de l'armement et de l'énergie ; enfin, les transferts de technologie dans le domaine énergétique ont été suspendus. L'OTAN a suspendu sa coopération militaire avec Moscou

embargo sur les exportations de produits alimentaires (qui a ensuite été adouci) et il a expulsé plus de 300 diplomates occidentaux.

Les boycotts proposés contre le pétrole iranien ou envisagés pour le pétrole vénézuélien ont pour objectif d'étrangler l'économie nationale de ces pays et de les contraindre à modifier leurs politiques, l'un dans le domaine nucléaire, l'autre en vue du respect des valeurs démocratiques. Il faut noter que Moscou, Pékin, Ankara et Cuba sont en mesure d'engager une coopération plus étroite avec Caracas, mais les intérêts politiques à en retirer dans l'immédiat leur semblent aléatoires.

6) La stratégie de la domination politique par la puissance économique cherche à dissuader l'ennemi d'une action jugée dangereuse pour la paix internationale, en attaquant ses intérêts vitaux sans pour autant que celui-ci soit en mesure de réagir par la force militaire. Après la volonté internationale d'exiger de l'Iran l'abandon de son projet de construction de l'arme nucléaire, un accord international a été signé à Vienne en 2015, lequel est aujourd'hui dénoncé par les Etats-Unis, malgré les réticences de ses alliés. Le 26 septembre 2018, Washington a dénoncé l'attitude de l'Iran en matière nucléaire militaire, en considérant que « *l'agression de l'Iran ne faisait qu'augmenter » dans une région de « toutes les violences* ». Même si les pays européens estiment que l'Iran a respecté l'accord de Vienne de 2015, Donald Trump veut contraindre l'Iran à renoncer à la fois à ses ambitions régionales et au nucléaire militaire. Les accords signés par les plus grandes puissances ne peuvent plus alors s'exercer de plein droit, car Washington interdit aux entreprises qui travaillent et commercent avec l'Iran de maintenir leurs activités aux Etats-Unis, sauf à verser d'importantes amendes de dommages et intérêts. La première arme économique est la dépendance des pays ou des firmes multinationales à l'économie d'un pays leader[1]. Les sanctions appliquées à l'Iran depuis près de quatre décennies ont donc été réinstaurées. Depuis novembre 2018, après les mesures prises concernant les transactions financières, les importations de matières premières, l'automobile et l'aviation commerciale, les sanctions américaines concernent aussi le pétrole. Les entreprises européennes quittent le pays, les grandes entreprises fuient (Peugeot, Renault, Total, British Airways, Air France, etc.), le pétrole iranien n'est plus commandé par la communauté internationale (sauf les 8 pays qui disposent d'une exception temporaire) pour ne pas subir des rétorsions de

[1] La plupart des grandes firmes sont implantées aux Etats-Unis et aucune d'entre elles ne souhaite entrer dans un conflit économique et judiciaire avec Washington. C'est pourquoi, elles ont toujours accepté des amendes qui leur avaient été judiciairement demandées lorsqu'elles avaient enfreint aux règles internationales restrictives que Washington avait imposé à ces fameux « rogue states ».

Washington. L'économie iranienne accuse le coup, le rial a chuté[1]. C'est un étranglement économique et social en règle. La Cour Internationale de Justice est sollicitée, mais Donald Trump n'imagine pas un instant se rendre aux conclusions d'une Cour qui aurait l'ambition de contester la souveraineté des Etats-Unis. C'est l'expression de la loi du plus fort, laquelle a existé en tout temps et en tous lieux. En rétorsion, Khameni se propose de fermer le détroit d'Ormuz ; dans ces conditions, aucun pays de la région ne pourra exporter son pétrole (soit 19 millions de barils par jour), ce qui pourrait conduire à une escalade des tensions interétatiques particulièrement dangereuse et provoquerait une augmentation considérable du prix du pétrole. L'option d'un nouveau conflit armé n'est pas à négliger[2].

7) La stratégie de la violence économique vise à contrôler l'appareil étatique, les syndicats et les couches sociales dominantes du pays que l'on souhaite contraindre. Il s'agit de réduire drastiquement les échanges commerciaux et financiers pour créer un mécontentement de la population suffisant pour conduire à la destitution du gouvernement. De 1977 à 1979, le Président américain Jimmy Carter a lié l'obtention des crédits militaires américains en faveur des pays alliés au respect des droits de l'Homme. Il a engagé cette politique au Nicaragua contre la dictature du très corrompu Somoza, en espérant que cette décision conduise à la mise en place d'élections libres au Nicaragua. Sans réaction du gouvernement, Washington a retiré l'aide économique, alimentaire et militaire des Etats-Unis, laissant ainsi le groupe sandiniste marxiste prendre le pouvoir. Après une tentative de collaboration avec le nouveau régime, Washington a suspendu nouveau son aide financière et, ensuite, il a décidé d'un embargo afin d'éviter un nouveau Cuba. Les sources financières américaines furent remplacées par des fonds soviétiques, européens et Japonais, ce qui a rendu a limité l'effet de l'embargo américain.

Aujourd'hui, les sanctions de Washington et de Bruxelles à l'encontre du Venezuela ont des conséquences politiques, économiques et humaines d'une violence inouïe, avec un effondrement de l'économie nationale, une forte émigration et une souffrance humaine considérable[3], alors même que les forces politiques au pouvoir n'ont pas été renversées. La raison principale de cette action

---

[1] L'inflation en Iran augmente rapidement, les dollars « gouvernementaux » sont réservés aux produits de première nécessité, ce qui attise souvent les opérations de corruption. Le pouvoir d'achat des ouvriers s'est effondré (de l'ordre de 50 à 70 %).

[2] La région devient de moins en moins sécurisée. L'Arabie Saoudite suspend ses exportations par le détroit stratégique de Bab Al-Manbdab (entre le Yemen et Djibouti), jusqu'à ce que le trafic maritime dans la zone soit mieux sécurisé face aux attaques des Houthistes (rebelles yéménites pro-iraniens).

[3] Le Venezuela dispose des plus grandes réserves de pétrole du monde ; l'économie nationale est fortement dépendante de cette production qui représente 95 % des exportations et près de 50% du budget de l'Etat. La situation économique, sociale et humanitaire est catastrophique, avec un taux d'inflation de plus de 20.000% par an, des salaires en forte baisse relative et l'immigration de près de deux millions de personnes.

concerne le respect de la démocratie du gouvernement « socialisant » de Nicolas Maduro, lequel parle d'un lynchage politique et financier et de crime contre l'humanité. Le rapport du Bureau du Haut-Commissaire des Nations Unies aux Droits de l'Homme (ACNUDH) affirme que les problèmes humanitaires actuels fondamentaux du Venezuela proviennent de la guerre économique conduite par les Etats-Unis et l'Union européenne, il s'agit d'une situation comparable aux « sièges des villes mis en place au Moyen-Age dans l'intention de les obliger à se rendre ». Il considère, de manière catégorique, qu'il n'y a pas de crise humanitaire et alimentaire en soi[1]. Les sanctions économiques qui touchent des populations innocentes contreviennent à l'esprit et à la lettre de la Charte des Nations Unies concernant les principes de non-ingérence dans les affaires intérieures des Etats souverains. Pourtant, il est encore question d'instaurer un embargo américain sur le pétrole vénézuélien, soit entre un tiers et la moitié du brut exporté par Caracas, ce qui aggraverait la crise humanitaire et donnerait un prétexte à une intervention militaire.

Les cyberattaques contre un pays ont pour objectifs de corrompre le fonctionnement normal des économies nationales, mais aussi de se procurer des secrets stratégiques militaires de la plus haute importance. Les questions relatives à l'intervention de Moscou dans les élections présidentielles américaines ont rappelé l'importance de cette nouvelle arme[2]. Les cyberattaques peuvent désorganiser les services publics, s'approprier des informations « *secret défense* », perturber les décisions et les comptes des entreprises, fournir de fausses informations conduisant à des comportements collectifs inappropriés, rançonner les firmes multinationales, s'infiltrer secrètement ou non dans les programmes informatiques normalement protégés et introduire des « *malware* » dans les systèmes d'information militaires et civils. Les pirates utilisent les défauts de sécurité des appareils électroniques pour menacer la sécurité et l'activité économique des Etats-Unis, notamment par le canal des commutateurs sociaux. Les attaques se développent rapidement sur les réseaux et, avant qu'une solution soit trouvée, elles perturbent les services publics et les activités des firmes et des banques. Les attaques sont surprenantes, les auteurs signent parfois, mais leur

---

[1] Mision Verdad (20128), Exclusive report : Summary of the Report by Alfred de Zayas, independent expert of the UN, on Venezuela, http://misionverdad.com/mv-in-english/exclusive-report-summary-of-the-report-by-alfred-de-zayas-independent-expert-of-the-un

[2] Le Parti démocrate américain a été piraté en 2016, pendant la campagne électorale présidentielle. Par ailleurs, la justice américaine a inculpé plusieurs personnes accusées d'avoir fourni à la Russie des informations spécialisées en vue de peser sur l'élection présidentielle américaine. Le 26 Septembre 2018, Donald Trump a accusé la Chine d'ingérence dans les élections du 6 novembre, auprès des Américains originaires de Chine. Un décret annonce d'ailleurs que ces actions seront sanctionnées contre les coupables. Evidemment, la Chine a réfuté cette accusation.

représentation n'est pas toujours bien éclaircie[1]. Washington dispose d'un potentiel considérable de moyens de surveillance et de réseaux de géolocalisation, en vue de se préparer à l'éventualité d'une cyberguerre.

En juin 2017, malgré le démenti de Moscou, les gouvernements des États-Unis et de la Grande-Bretagne ont accusé la Russie d'avoir lancé une cyberattaque mondiale de grande ampleur et ils ont alors menacé Moscou de représailles. Le 15 février 2018, les deux pays ont officiellement accusé Moscou d'être à la source du NotPetya, un logiciel malveillant et criminel destiné à détruire les infrastructures économiques. Cette attaque, selon la Maison Blanche, a coûté plusieurs milliards de dollars à l'économie mondiale. Parti d'Ukraine, il s'est propagé dans le monde, d'Europe aux Etats-Unis en passant par l'Asie. Le virus, considéré au départ comme un rançongiciel[2], avait été conçu pour détruire les fichiers des ordinateurs infectés appartenant aux firmes multinationales et aux infrastructures publiques ou privées, comme les ports, les gares ou les réseaux sociaux. L'attaque n'était pas très précise, elle a touché de manière aléatoire certaines victimes. Si les structures gouvernementales de l'Ukraine ont été les principales victimes de cette attaque les ports de Bombay et d'Amsterdam ont été concernés, tout comme Tchernobyl, Fedex (300 millions de dollars de perte), le laboratoire pharmaceutique Merck (300 millions de dollars de perte), ou Saint-Gobain (200 millions d'euros de perte). En fait, les coûts totaux sont difficiles à estimer, car les effets ne sont pas toujours perçus, au moins à court terme. Au regard des difficultés techniques pour connaître la source de ce virus, les accusations d'attaques informatiques de Moscou peuvent cacher une opération politique visant à décourager le Kremlin de s'engager directement dans ce type d'opération[3]. Vladimir Poutine nie ces accusations, estimant qu'il s'agit en l'occurrence d'une attaque politique illégitime. En réponse, pour mieux se protéger collectivement, Washington a indiqué que les Etats-Unis mettraient ses

---

[1] Les groupes d'hacker « *Fancy Bear* », Tsar Team, Sofacy et APT 28 sont supposés être commandités par l'IRA[1](Internet Research Agency), une agence basée à Saint-Petersbourg et engagée dans des opérations d'influence en facveur du gouvernement russe. Ils ont attaqué, avec plus ou moins de succès le Bundestag, la Chancellerie allemande, le groupe politique français LRM, la Maison Blanche et même l'OTAN. Plusieurs autres groupes de hackers ont été identifiés appartenant aux services de renseignement russes, comme Strontium (qui, en 2018, a agi contre Microsoft et le parti républicains), CyberCaliphate (qui semblait à l'origine une émanation de l'Etat islamique) ou BlackEnergy ou GreyEnergy (fonctionnant sur le principe bien connu du cheval de Troie), même quand l'action apparaît comme un rançongiel, à payer en bitcoins.

[2] Un rançongiel est un programme pernicieux qui a pour objectif de verrouiller ou d'infecter un ordinateur, en vue de réclamer le versement d'une rançon pour récupérer les données dérobées

[3] Il faut constater que le malware a eu des effets directs négatifs sur la compagnie pétrolière russe Rosneft et sur la société sidérurgique Evraz, ce qui n'était certainement pas un des objectifs attendus par les services secrets affiliés au Kremlin. Le danger de cette opération se situe aussi dans les installations directement touchées. Westinghouse, qui fournit du combustible nucléaire aux centrales d'Ukraine, a fait aussi l'objet d'une attaque très dangereuse qui, semble-t-il, a pu être parée

capacités de cyberdéfense à la disposition de l'OTAN, à charge de réciprocité pour ses alliés.

Les Etats se préoccupent surtout de protéger les infrastructures critiques. En avril 2018, le Département de la sécurité intérieure (Department Homeland Security, DHS), le FBI et le Centre britannique de Cyber Sécurité Nationale (National Cyber Security Centre, NCSC) ont accusé de nouveau la Russie d'une nouvelle cyberattaque concernant cette fois des millions de matériels connectés dans les entreprises, les organismes publics et les fournisseurs d'accès à Internet, par le canal des routeurs, commutateurs réseau et pare-feu. Une prise de contrôle de ces matériels permet l'accès aux données, mais aussi leur suppression ou leur modification à des fins politiques, stratégiques ou simplement criminelles. L'attaque ne porte pas sur des systèmes hautement sécurisés, mais sur de très nombreux appareils mal sécurisés, indispensables au bon fonctionnement des services publics et privés. Il a été difficile pour les gouvernements occidentaux de mesurer l'importance réelle de l'attaque et d'attribuer avec certitude son origine, au regard du puzzle de ramifications concernées. Lorsque les matériels sont infectés, ils peuvent être utilisés pour l'espionnage ou la mise en place d'attaques futures.

En septembre 2018, Londres, puis Sydney, accusent à nouveau le GRU (La Direction générale des renseignements de l'état-major des forces armées russes), associé à des groupes de hackers (pirates), de mener de nouvelles attaques malveillantes, « *au hasard et sans foi ni loi* » selon Jeremy Hunt (Foreign Office), sans aucun respect pour le droit international, les institutions politiques, les entreprises, les médias et les fédérations sportives[1]. La Russie est accusée d'être à l'origine de ces cyberattaques de grande envergure, déstabilisantes pour l'ordre international.

Les conflits entre les Etats ont des motifs économiques, politiques, idéologiques, militaires ou stratégiques, voire religieux. Les armes économiques sont devenues très importantes dans les stratégies de sécurité nationale et de gestion de l'espace international. Aujourd'hui, les Etats doivent lutter contre les « malware ». La sécurité nationale ne dépend plus seulement des stratégies militaires, de la force d'une économie, mais aussi de sa capacité à concevoir et à se protéger des cyberattaques. Le monde numérique propose de nouveaux conflits dont les experts mesurent mal encore la force destructrice.

2018

[1] Les autorités néerlandaises ont dénoncé une cyberattaque contre l'Organisation pour l'interdiction des armes chimiques (OIAC), basée à La Haye et impliquée dans les enquêtes sur les attaques chimiques en Syrie et l'empoisonnement de Sergueï Skripal. Elles ont identifié des agents russes qui opéraient à des opérations d'espionnage et de piratage informatique près de l'Etat-Major de l'OIAC.

Bibliographie

Aben, J., and N. Daures. 1988. « La production de défense face à l'inflation », Journal de la Société de statistique de Paris, 3 : 181-192.

Aben, J. (1992) Economie politique de la défense, Cujas. Paris.

Aben, J., & Daures, N. (1993). Chalk vs Guns : Some economic consequences of an announced French scenario. Defence and Peace Economics, 4(4), 353-363.

Aben, J. (2000), le fardeau de la sécurité, Défense et finances publiques (actes du colloque international, 8 et 9 Juin 2000, L'Harmattan.

Aben, J. (2008). The New French Military Reserve and the Test of Overseas Operations. Defense & Security Analysis, 24(2), 197-202.

Aben, Jacques (2014) "What Realms for Defence Economics?." The Evolving Boundaries of Defence: An Assessment of Recent Shifts in Defence Activities. Emerald Group Publishing Limited, 2014. 3-24.

Aben, J., & Malizard, J. (2016). Defence Budgets. The SAGE Encyclopedia of War: A Social Science Perspective, Thousand Oaks, 462-466.

Aben, J. (2017). Retour sur la mesure de l'effort de défense–Variations françaises sur un thème imposé. Défense et Stratégie, (41).

Aben, J. (2017). Licorne ou la guerre si nécessaire, pour maintenir ou imposer la paix. Stratégique, (4), 253-283.

Aben, J., Fontanel, J. (2019), Military Expenditure as a proxy for State's power. Defence and Peace Economics.

Chavagneux, C., Palan, R. (2017), les paradis fiscaux, La Découverte, Paris.

Coulomb, F., Fontanel, J. (2005), An economic interpretation of French military expenditure, Defence and Peace Economics, 2005, 3nd.

Coulomb, F., Fontanel, J. (2006), Mondialisation, guerre économique et souveraineté, in « La question politique en économie internationale », La Dévouverte, Paris.

Fontanel, J. (1993), Economistes de la paix, Collection Eco+, Presses Universitaires de Grenoble, Grenoble.

Fontanel, J. (1995), Les Organisations Economiques Internationales, Masson, Paris.

Fontanel J. (2005), La Globalisation en « analyse » : Géoéconomie et Stratégie des Acteurs, l'Harmattan, Paris, chap.9, p.474

Fontanel, J. (2010), Economie politique de la sécurité internationale, L'Harmattan, Paris.

Fontanel, J. (2016), La sécurité économique et sociétale : pour une conceptualisation humaniste multidimensionnelle, PSEI, Politique de Sécurité Européenne et Internationale, n° 3. 2016- http://revel.unice.fr/psei/index.html?id=822

Fontanel, J. (2016), Paradis fiscaux, Etats filous, Collection "Les idées et les théories à l'épreuve des faits", L'Harmattan, Paris.

Fontanel, J. (2017), La crise européenne vue par un économiste, AFRI, Annuaire Français des Relations Internationales., Volume XVIII.

Fontanel, J., Sushcheva, N. (2019), La puissance des GAFAM : Réalités, apports et dangers, Annuaire Français des Relations Internationales, Paris. A paraître.

Fukuyama, F. (1989). The end of history?. The national interest, (16), 3-18.

Gaudin, H (2018), Crise de l'Union européenne, Eyrolles, Paris

Guilhaudis, J-F. (2018), Relations internationales contemporaines, LexisNevis, Paris.,

Mision Verdad (20128), Exclusive report : Summary of the Report by Alfred de Zayas, independent expert of the UN, on Venezuela, http://misionverdad.com/mv-in-english/exclusive-report-summary-of-the-report-by-alfred-de-zayas-independent-expert-of-the-un

OCDE (2004), Economie de la sécurité, OCDE, Paris.

Schmidt, C., Pilandon, L., & Aben, J. (1990). Defence spending in France : the price of independence. The Economics of Defense Spending: An international Survey. London : Routledge.

Smith, R., & Fontanel, J. (2008). International security, defence economics and the powers of nations. In War, peace and security (pp. 37-51). Emerald Group Publishing Limited.

Crise de désarmement et usage de la force. Observations sur les frappes des Occidentaux en Syrie.

Jean-François GUILHAUDIS

La crise, en matière de désarmement, passe d'un épisode à un autre, presque sans répit. Elle tend à devenir plus un état, qu'un moment ou un temps fort, ce qu'elle est en principe. Rétrospectivement, on est incité à penser que la période de la guerre froide, *a priori* peu favorable, était beaucoup plus positive que la suite ne l'a été. Après quelques années d'embellie, de 1990 à 1996 environ, le désarmement et l'*Arms Control* sont entrés dans une phase plus négative, qui n'est toujours pas terminée et semble même s'aggraver fortement. Depuis 1996/1997, coexistent des crises du désarmement, à propos d'un accord - par exemple la fin du traité sur les antimissiles en 2001 ou l'échec de la conférence d'examen du TNP en 2015, ou au sujet de la politique d'un Etat, comme l'Irak de Saddam Hussein -, et la crise du désarmement dans son ensemble. Celui-ci ne progresse plus sinon de manière marginale, avec la conclusion de conventions reliant le désarmement et l'humanitaire comme la convention sur les mines anti-personnel. Son instrument de négociation, la Conférence du désarmement, est bloqué, aucune nouvelle convention importante ne voit donc le jour - le TIAN n'est pas issu de la Conférence du désarmement et ne peut pas être considéré comme une convention négociée[1] - alors que la demande, sur l'espace ou le nucléaire notamment, reste forte. Les accords, voire les régimes établis, commencent à s'éroder, par exemple l'accord sur les forces classiques en Europe et le régime de non- prolifération nucléaire. La crise atteint maintenant l'accord INF, dont les Etats Unis ont décidé de se retirer.

Parmi les crises du désarmement, certaines posent la question de l'emploi de la force. Le tabou du non-emploi a été brisé depuis longtemps, en 1981, avec le raid israélien visant à détruire le réacteur nucléaire irakien de Tamuz, toutefois il n'a pas disparu. Si la menace de l'emploi de la force a pris une place grandissante dans la diplomatie du désarmement, elle se réalise rarement. Mais il lui arrive de le faire, comme on a pu le constater en Syrie, en 2017 et, à nouveau, en 2018. Cette menace est donc crédible, réaliste. La grande interrogation est de savoir si elle favorise le désarmement, comme l'affirment ceux qui la brandissent et la réalisent ou si, au contraire, elle est contre-productive. Ce dossier est très complexe. Sa problématique comporte,

[1] Voir JF Guilhaudis, Traité d'interdiction des armes nucléaires, US Nuclear Posture Review 2018… Observations sur les développements récents du dossier nucléaire, *PSEI*, n° 9, 2018.

outre l'emploi de la force lui-même, plusieurs questions redoutables, concernant ses effets et les protagonistes de la crise.

Après les épisodes du réacteur de Tamuz et de la guerre d'Irak, l'emploi de la force contre le régime syrien, en 2017 et, à nouveau, en avril 2018, offre l'occasion de revenir sur ces questions. Tamuz et la guerre d'Irak ne peuvent être tenus comme de véritables précédents – ils intéressent en effet le nucléaire et non le chimique –, mais ils sont proches, voisins. Il en va de même des cas de l'Iran et de la Corée du Nord, où le risque d'usage la force a été souvent présent, au cours des dernières années et ne peut toujours pas être écarté. Sans faire partie, à proprement parler, de l'objet de notre étude, ces crises doivent être gardées à l'esprit, pour entretenir la réflexion.

Dans le cas syrien, les frappes qui ont eu lieu, d'abord en avril 2017 puis, à nouveau, en avril 2018, faisaient suite à une abstention en 2013, alors même que la menace de frapper avait été clairement brandie - elle avait même été soulignée, au moyen d'une « *ligne rouge* ». Cette abstention avait donné lieu à bien de commentaires, le plus souvent critiques à l'égard du président Obama. Ce type d'appréciation est en lui-même intéressant, puisqu'il tient pour acquises l'utilité, voire la nécessité, des frappes. Si on se reporte à l'époque, on constate que cette opinion n'était cependant pas généralement partagée. La Chambre des communes s'était prononcée contre les frappes. Aux Etats-Unis, et en France également, les responsables politiques étaient d'avis divergents. Le président Obama qui avait pu éprouver à quel point le concept de « *ligne rouge* » est dangereux et difficile à manipuler, avait commencé par gagner du temps, puis entrepris de consulter le Congrès avant de s'engouffrer dans la porte de sortie qu'ouvrit la Russie en proposant de placer l'arsenal syrien sous contrôle international. Donald Trump, à l'époque opposé aux frappes, adepte de l' « *Amérique d'abord* » et décidé à mettre fin aux aventures extérieures, semblait libéré des contraintes de la « *ligne rouge* ». Sa décision de frapper en avril 2017 a donc constitué une surprise, ce qui n'a pas été le cas des frappes d'avril 2018, effectuées, en outre, avec la France et le Royaume-Uni.

Bonnes décisions, favorables au droit, à la paix et la sécurité et au désarmement ? Décisions, contreproductives et dangereuses ? L'examen du dossier syrien est très instructif à cet égard. Il permet de percevoir, à côté des éléments classiques d'évaluation, qui résident surtout dans les effets des frappes, que ces frappes sont, aussi, le fait de décisions très contraintes et qu'elles donnent lieu à un jeu complexe entre les principaux protagonistes.

I - Des décisions de frapper très contraintes

L'emploi de la force, en Syrie, pour réagir à l'utilisation des armes chimiques par Damas, s'est produit, à 2 reprises. Ce sont d'abord les Etats-Unis seuls qui, après l'attaque au gaz sarin de Khan Cheikhoun, le 4 avril 2017, ont effectué, le 6 avril, des frappes de missiles de croisière sur la base aérienne d'où était partie l'attaque[2]. Un an après, en avril 2018, des frappes ont suivi les bombardements au chlore, intervenus le 4 février, près d'Idlib, à Saraqeb et à Douma, puis à nouveau le 7 avril à Douma. Cette fois, elles ont eu lieu dans la nuit du 13 au 14 avril, trois Etats y procédant, les Etats- Unis à nouveau, la France et le Royaume-Uni[3]. On a, naturellement, souligné le contraste avec la période Obama. Attendues à l'époque, les frappes ne s'étaient pas produites. Elles intervinrent, quand on ne les attendait pas. C'est Donald Trump qui faisait respecter la « *ligne rouge* » de Barak Obama ! On a souvent pensé à un revirement brutal, résultat de la nature impulsive, d'un nouveau président peu réfléchi et imprévisible. Cette interprétation résiste mal à l'examen. En considérant la séquence inaction en 2013, action en 2017 et 2018, puis les grands paramètres de cette décision - sa licéité, sa légitimité et l'évaluation de son rapport coûts/ bénéfices -, on aperçoit qu'en réalité la décision de frapper est très fortement contrainte et inscrite dans un véritable engrenage.

A La séquence inaction en 2013, action en 2017 et 2018

On considère volontiers que B. Obama a commis une très grave erreur, le 31 août 2013, en renonçant aux frappes qui devaient logiquement suivre le franchissement, par le régime syrien, de la « *ligne rouge* » qu'il avait tracée en 2012. Il n'aurait pas fait ce qu'il fallait faire, aurait été indécis, incapable d'une décision ferme et courageuse.... C'est oublier que, si Washington, Londres et Paris n'ont pas frappé, la menace de le faire n'a pas été dénuée

---

[2] Une « *volée* » de 58 missiles de croisière Tomahawk sur l'aéroport militaire d'Al -Chaayrate, dont D Trump a affirmé qu'elle avait détruit 20% de l'armée de l'air syrienne.

[3] Les frappes d'avril 2018 (105 missiles) ont visé 3 objectifs. 76 missiles, tous américains (des Tomahawk et 19 missiles air-sol AGM- 158 JASSM-ER à partir des B1-B) ont visé le Centre d'études et de recherches scientifiques (CERS) situé à Barezh, au nord est de Damas. 22 missiles lancés par les 3 alliés (9 missiles américains tirés de navires, 8 missiles britanniques tirés par les Tornados et 5 missiles français (3 MDCN et 2 SCALP) ont frappé une base militaire à Al-Dimas près de la frontière libanaise. La troisième cible, un bunker proche du second a été touchée par 7 missiles SCALP français. Les frappes ont été effectuées selon différents axes et depuis des plateformes différentes - des avions venant d'Europe, de France et de Chypre, et du Golfe et des navires, dont un sous-marin, déployés en Mer rouge, en Méditerrané et dans le golfe arabo-persique -, pour saturer les défenses aériennes syriennes. Le Royaume Uni a utilisé, 4 Tornado GR4 de la RAF qui sont partis de Chypre. Les frappes françaises ont été exécutées par 5 Rafale, au moyen de missiles SCALP, à partir de la base de Saint Dizier (Haute Marne). Ils étaient accompagnés de 4 Mirage 2000-5, de 6 ravitailleurs C-135 et de 2 E-3F Awacs Les Rafale ont tiré 9 missiles. Sont intervenus aussi, un sous-marin nucléaire d'attaque et 3 frégates multi-missions, au large de la Syrie, dont une a tiré 3 missiles de croisière navals, dont c'était le premier emploi, d'environ 1000 kms de portée. L'ensemble de l'opération a été jugé remarquable, du point de vue de la planification et de coordination entre les alliés. Sur les frappes françaises, voir : R Girard, Un bilan coût-avantages du bombardement français en Syrie, *Le Figaro* 16 avril 2018. Des informations sur l'opération ont été fournies, via la presse, voir notamment outre Le Monde, Le Figaro et La Croix, Guerric Poncet, Syrie, les secrets de l'opération Hamilton, *Le Point* 3 mai 2018 et surtout *Air et Cosmos* Raid Sur la Syrie, n° 2591, 20 avril 2018.

d'effet. Bachar el Assad a, sous la pression américaine et russe, accepté de renoncer à ses armes chimiques. Cela a permis d'aboutir à un accord et à l'adoption, le 27 septembre 2013, à l'unanimité du Conseil de sécurité, de la résolution 2118, organisant le démantèlement de l'arsenal syrien. En ce qui concerne le volet du chimique, la menace a donc bien fait bouger les choses, en 2013, sans être exécutée. Nul ne sait ce qui serait advenu si elle avait été mise en œuvre ; on ne peut pas présumer que cela aurait abouti à une situation meilleure. Mais peu importe, l'image qui est restée dans la grande majorité des esprits est celle de l'indécision d'un président américain, s'étant piégé lui-même en fixant, de manière très maladroite, une « *ligne rouge* ». La suite des événements doit être examinée en tenant compte de cette donnée.

La poursuite des attaques chimiques indiquant que le dirigeant syrien ne respectait pas ses engagements, ne pas frapper devenait très difficile. Bachar el-Assad a échappé aux frappes prévues en 2013, en prenant des engagements qu'il ne tient pas, il paraît difficile de lui donner une seconde chance. A supposer que l'on accepte l'idée de l'absence de preuve - ce que soutiennent les Russes -, cela ne donnerait, au moins du côté occidental, qu'une faible marge de manœuvre ; au plus un temps de répit. L'action devient, même si on n'y était pas favorable en 2013, inéluctable, en 2017 et, plus encore, en 2018. On ne peut pas dire que D. Trump fait volte-face et qu'il est en contradiction avec le souci qu'il exprimait peu de temps avant, de cesser les « *aventures extérieures* ». Son souci d'« *America first* » ne lui laisse pas le choix de laisser faire. Agir lui permet de se démarquer par rapport à son prédécesseur, dont il exploite le déficit d'image. Ne pas le faire aurait, en revanche, construit une image de lui, bien pire que celle de son prédécesseur. Le Président américain n'avait, en réalité, pas le choix[4].

Ce sont là des points que les protagonistes pouvaient difficilement ignorer. En persistant à employer l'arme chimique, Bachar el Assad, obligeait - il le savait - les Occidentaux et d'abord les Américains, à agir ou à perdre la face. Il est important d'ajouter qu'ils allaient devoir le faire dans un contexte très différent de celui de 2013. En 2017 et 2018, la situation en Syrie a beaucoup changé : l'intervention russe a rétabli Bachar el Assad, qui reprend peu à peu le contrôle du pays et l'Etat islamique est en très net recul, comme en Irak. Frapper trop durement le régime syrien, serait prendre le risque d'interrompre une évolution qui, tout en n'étant pas le meilleur choix de l'Ouest, est positive. De plus, facteur de premier rang, les Russes sont sur place. Il leur suffirait de livrer aux Syriens leurs meilleurs systèmes défensifs pour compliquer très

---

[4] On peut en dire autant de ses partenaires français et britannique. La France, très interventionniste sous F Hollande et qui avait été privée d'action par la reculade de B. Obama, est prise de court en 2017 par les frappes américaines. Elle revient dans le jeu, en affichant sa résolution à agir, s'il le faut, de manière autonome, ce qu'elle sait qu'elle n'aura pas à faire, puisqu'ayant agi une fois, D. Trump sera contraint de suivre. Du côté britannique, il est clair que les Etats-Unis et la France agissant, Londres doit rentrer dans le jeu de l'intervention sous peine de déclassement, comme allié et comme puissance.

fortement l'action des alliés occidentaux. Ils pourraient aussi, en se mêlant aux Syriens, hausser énormément le niveau de l'enjeu des frappes et pratiquement les interdire ! Mais cela équivaudrait à forcer les Occidentaux à perdre la face. Ici aussi, les pas à franchir sont trop grands. La prudence prévaudra d'un côté comme de l'autre. La « *riposte* » occidentale aura lieu, mais elle sera très limitée, on peut dire symbolique[5]. Elle marque le coup, mais n'affaiblit pas vraiment le régime et ses soutiens et surtout ne touche en rien, aux Russes.

B Licéité, légitimité, calcul risques bénéfices.

L'usage de la force dans les relations internationales n'est plus, depuis longtemps, discrétionnaire. Le droit international ne l'autorise clairement que dans 2 hypothèses : la légitime défense et la demande ou l'autorisation du Conseil de sécurité. La pratique des Etats montre qu'ils avancent aussi d'autres justifications, dont la validité est toutefois beaucoup plus incertaine. Surtout quand ils ne bénéficient pas d'un fondement juridique sûr, les Etats intervenants se préoccupent de légitimer leur action, d'expliquer qu'elle est juste et nécessaire. Dans tous les cas elle correspond, en principe, à une évaluation positive de son rapport coût/ bénéfice. L'expérience, en particulier celle de la guerre d'Irak, montre cependant que cette évaluation est parfois erronée.

Lors de l'action israélienne sur Tamuz, on avait assisté, à la fois, à un réel effort de justification juridique - Israël développant une intéressante doctrine de légitime défense préventive adaptée à la menace nucléaire – et à une forte réaction de rejet de la part de la communauté internationale. Le raid israélien avait en effet été condamné, à l'unanimité, par le Conseil de sécurité dans sa résolution 487 du 19 juin 1981. Le Conseil y « *condamne énergiquement l'attaque militaire menée par Israël en violation flagrante de la Charte des Nations unies et des normes de conduite internationale* » (§ 1). Dans sa résolution 36/27 du 13 novembre, l'Assemblée générale n'avait, pour sa part, pas hésité à l'époque, à employer le terme le plus fort, que le Conseil s'était gardé de prononcer, en parlant d' « *agression* ». Vingt ans après, lorsque les Etats-Unis entreprirent de libérer l'Irak de Saddam Hussein, ils savaient qu'ils n'obtiendraient pas d'autorisation de Conseil de sécurité pour ce faire, plusieurs membres permanents, dont la France, y étant opposés. Ils ont tenté d'obtenir une résolution légitimant leur action – c'est à dire une résolution bloquée par un ou plusieurs veto(s), mais obtenant la majorité des voix – avant d'y renoncer, quand ils eurent constaté qu'ils n'obtiendraient que 4 voix sur 15. On voit qu'en une vingtaine d'années, le sentiment général avait passablement évolué, puisque Washington et Londres, s'engageant dans une

---

[5] Qualificatif utilisé par *La Croix*, 16 avril 2018. L'efficacité des frappes fait évidemment l'objet d'évaluations très différentes. Selon le Pentagone, la défense aérienne syrienne a tiré dans le vide, après que les missiles aient touché leurs cibles. Dans l'autre camp, on a prétendu que 70% des missiles occidentaux avaient été interceptés. Ces frappes n'auraient pas fait de victimes.

guerre qui n'était, ni licite ni reconnue comme légitime, furent tout de même suivis par une coalition importante.

En 2017 et 2018 l'évolution des opinions en matière de licéité et de légitimité s'est poursuivie. On ne se pose guère la question de savoir si ce type de riposte est licite ou pas. L'argumentation se place davantage au plan de la légitimité, mais celle-ci n'est pas importante au point de rechercher au Conseil de sécurité une résolution légitimante, qui aurait certainement obtenu plus de voix, cette fois[6]. C'est la Russie qui a présenté un projet condamnant l'agression contre la Syrie. Voté par la Chine, la Bolivie et son auteur, ce projet a été rejeté, par 8 voix contre. Les pays favorables à l'action sont les plus nombreux, mais ils n'ont donc pas obtenu, à la différence de ce qui s'est passé au sujet du Kosovo en 1999, la majorité légitimante, qui suppose 9 voix sur 15- et 4 abstentions[7]. Du côté occidental, l'action est fondée, du point de vue du droit et de la légitimité sur des considérations humanitaires. La chute relative des considérations juridique accroît la place du calcul coûts/bénéfices. Ici ces derniers l'emportent nettement. Aux avantages en termes de politique intérieure, s'ajoutent, au plan international, ceux de l'humanitaire, du retour au premier plan des Etats Unis dans le dossier syrien, où la Russie leur avait damé le pion, et même du désarmement. D. Trump a évoqué « *le rétablissement d'une puissante dissuasion contre la production, la dissémination et l'utilisation de substances chimiques* », ajoutant « *C'est d'un intérêt vital pour la sécurité nationale des Etats-Unis* »[8]. On a insisté aussi, côté américain, sur le caractère proportionné et limité des frappes, sur leur précision. Les risques, jamais nuls – des représailles pouvaient être envisagées notamment sur les forces spéciales américaines présentes dans le nord de la Syrie – semblaient en revanche peu élevés, si on savait « *calibrer* » et exécuter correctement, l'opération, ce qui fut le cas.

C Un effet d'engrenage

Si on y retrouve les ingrédients habituels du jeu diplomatique, avec un dosage différent, le cas syrien montre surtout qu'il existe désormais, du côté des intervenants Occidentaux, un sérieux effet d'engrenage. Même s'il veut se dégager des aventures lointaines qui, selon lui, « *plombent* » les Etats-Unis,

---

[6] Le projet de résolution S/2017/315 présenté par les 3 Occidentaux le 12 avril, qui a été bloqué par un veto russe mais a obtenu 10 voix en sa faveur, donc la majorité, ne demande aucune autorisation d'utiliser la force. Il condamne fermement le comportement des autorités syriennes, rappelle leurs obligations selon 2118 (2013) et réaffirme la décision prise d'imposer des mesures en vertu du chapitre VII, en cas de violation de 2118 (2013). Toutefois, cela n'oblige ni à décider l'emploi de la force ni à l'autoriser.

[7] Le projet de même type présenté par la Russie au sujet de l'action de l'OTAN au Kosovo n'avait obtenu, le 26 mars 1999, que 3 voix, contre 12. Cette fois là l'intervention était nettement plus légitime. On voit que, même se sachant en minorité, Moscou, marque chaque fois sa position.

[8] Cité par *Le Monde*, 15-16 avril 2018.

D. Trump est prisonnier de son propre discours et des comportements de ses prédécesseurs. Il ne peut pas ne pas répondre présent, là où B Obama s'est « *dégonflé* », ni -malgré le coût des erreurs de GW Bush – ne pas marquer que les Etats-Unis sont toujours là et restent « ***la*** » puissance du moment. La contrainte des actions et inactions passées pèse, surtout à l'époque des réseaux sociaux rois. Plus que celle du choix, la question devient : que faire quand on ne sait plus que faire - les condamnations et parfois les sanctions[9] s'étant multipliées sans donner le résultat espéré - et que le sentiment domine qu'il faut faire quelque chose, agir ? Bien plus qu'une véritable décision politique, réfléchie, prise en fonction de considérations de légalité et de légitimité et dont le rapport coûts/bénéfices a été soigneusement pesé, les frappes américaines de 2017 et 2018 sont de faux choix, des actions contraintes. On peut en dire autant pour les partenaires, français et britannique, de D. Trump. La France, très interventionniste sous F. Hollande, qui avait été privée d'action par la « *reculade* » de B. Obama, est prise de court en 2017 par les frappes américaines. Comment imaginer que son nouveau président, jeune et dynamique, se montre moins allant sur le dossier syrien que son prédécesseur, réputé pour sa pusillanimité, mais audacieux sur la Syrie ? Elle revient donc dans le jeu, en mai 2017, en affichant sa résolution à agir, s'il le faut, de manière autonome - ce qu'elle sait qu'elle n'aura pas à faire, puisqu'ayant agi une fois, D. Trump sera contraint de suivre, si le problème se pose à nouveau. Du côté britannique, il est clair également, que les Etats-Unis et la France agissant, Londres doit rentrer dans le jeu de l'intervention, sous peine de déclassement, comme allié et comme puissance.

Même si les capacités des Etats-Unis et de leurs alliés sont considérables, l'intervention militaire en Syrie, en forme d'engrenage, est risquée. Le risque ne peut être contenu que si, au-delà du discours justicier, l'action est bien calibrée et à condition, aussi, que les acteurs susceptibles de la perturber, dans le cas syrien il s'agit principalement de la Russie, jouent le jeu. Il deviendrait beaucoup plus grand si, adoptant l'idée que les frappes en Syrie, envoient aussi un message à la Corée du nord et à l'Iran, on entreprenait de les reproduire, dans des contextes bien différents[10].

---

[9] Ce n'est pas le cas en Syrie, la Russie s'y étant toujours opposé. En revanche les sanctions sont nombreuses et lourdes pour la Corée du Nord et l'Iran.

[10] On ne retrouve pas dans ces deux cas, la contrainte de la présence russe, mais les facilités permettant de jouer sont bien moindres ou absentes. Le cas nord-coréen est particulièrement intéressant parce que la victime potentielle des frappes est désormais un Etat qui a franchi le Rubicon nucléaire et dispose d'une certaine capacité de dissuasion. Cela exclut en principe qu'on le frappe, puisqu'il a une capacité de riposter, d'infliger à l'auteur de la frappe et/ou à ses alliés, des dommages très importants. L'Iran n'a pas de capacité de riposte nucléaire mais n'est pas dépourvu d'autres moyens de répondre. De plus, en ce cas, se dresse l'obstacle, de l'accord de 2015, que sauf les Etats-Unis, toutes les autres parties continuent d'appliquer, y compris l'Iran, ce qui est de plus certifié par l'AIEA. Tant que cet obstacle demeure, une frappe américaine au titre du désarmement demeure exclue.

II - Le « *jeu* » des frappes.

Ce « *jeu* » est particulièrement bien visible en 2018. On a presque, l'impression de regarder une pièce de théâtre ou d'assister à la projection d'un film, dont les rôles, le déroulement et la fin, le décor, ont pour l'essentiel été bien préparés et qui a donné lieu à répétition. La pièce jouée en 2018 est le résultat d'une longue élaboration. Elle correspond à la seconde version d'un texte initial, écrit entre 2012 et 2016, et passablement modifié à la suite d'une répétition, en 2017.

A L'écriture de la pièce, sa première version.

Elle commence en 2012, quand les Etats-Unis tracent une « *ligne rouge* », posant l'interdiction de l'emploi d'armes chimiques dans le cadre du conflit syrien. Ils se donnent d'emblée le rôle du justicier, celui qui va punir - le sheriff- et fixent le moment clef, déclencheur de la tragédie. C'est celui de l'emploi. La tragédie va commencer quand il se produira, désignant du même coup le/les coupables, ceux qui joueront le rôle des méchants, portant au premier plan le justicier, et mettant en route le mécanisme de la punition. A ce stade, on voit bien l'interdit ainsi construit et l'enchaînement qui doit en découler, s'il est violé.

Début 2013, l'emploi a lieu, sans provoquer immédiatement de réaction. Le sheriff n'est pas pressé d'agir. A l'action, se substitue une séquence où la question centrale est celle des preuves, de l'identification du/des auteurs de la violation de l'interdit. Qui sont-ils ? S'agit-il du régime syrien ? Y a-t-il une manipulation de la part des rebelles ? Cela renvoie à d'autres rôles, celui du juge et de l'expert. La pièce devient plus complexe. On voit aussi, en 2013, que d'autres veulent participer à l'écriture de la pièce. Paris et Londres, veulent partager le rôle du justicier.

En 2013, la pièce s'écrit et se joue en même temps. Cela manifestement ne convient plus guère à celui qui l'a commencée. B. Obama pris dans l'engrenage qu'il a créé, dans une dynamique qu'il ne contrôle plus, voit approcher le moment où il n'aura plus la possibilité d'éviter des frappes que, manifestement, il ne souhaite pas effectuer, mais va probablement devoir ordonner. Surgit alors un autre personnage central de la pièce, qui n'est pas apparu au premier plan jusques là, la Russie. Elle offre une solution pour sortir de l'impasse, en proposant, que les armes chimiques syriennes soient placées sous contrôle international et en obtenant l'accord de la Syrie sur cette idée.

Cela conduit à l'accord russo-américain de Genève, le 9 septembre 2013, suivi de l'adoption de la résolution 2118, par le Conseil de sécurité unanime, le 27. Cette résolution lance et organise le démantèlement de l'arsenal syrien, qui va impliquer aussi l'OIAC. En même temps, elle fait de Bachar el Assad – le « *méchant* » des Occidentaux -, un partenaire dans les négociations et lui donne du répit. La menace des frappes s'est éloignée et, point important, la résolution ne prévoit pas de sanctions automatiques contre Damas. Elle n'est pas placée sous le Chapitre VII de la Charte. Le Conseil prévoit seulement « *qu'en cas de non-respect de la présente résolution, y compris de transfert non autorisé ou d'emploi d'armes chimiques par quiconque en République arabe syrienne, il imposera des mesures en vertu du Chapitre VII* » (§ 21). Aucun Etat ne pourra donc, au motif qu'elle n'est pas respectée, agir sur le fondement de cette résolution, comme le firent auparavant les Anglo-Saxons sur la base de 687 (1991), avec l'Irak. Il faudra, pour agir, une nouvelle résolution du Conseil. De plus, « *mesures* » n'implique pas forcément l'emploi de la force armée. On se plait à rêver qu'un consensus existe, entre les Cinq, pour revenir aux Nations unies. Et que les défenseurs de la « *ligne rouge* » ont renoncé à un usage unilatéral de la force, pour faire respecter la résolution 2118.

Le désarmement chimique de la Syrie (retrait des armes et précurseurs du territoire syrien et destruction, destruction des installations de production, vérification de la déclaration initiale de Damas) est ensuite passé à un plan technique, en 2014, avant de revenir au niveau politique en 2015. Cette année-là l'emploi très vraisemblable de chlore, a relancé l'activité de l'OIAC et du Conseil de sécurité. Ce dernier, pour identifier les auteurs, a créé un Mécanisme d'enquête conjoint OIAC-ONU (résolution 2235 §§ 6, 13 et 14), avec lequel toutes les parties, tous les Etats et la Mission d'établissement des faits de l'OACI, doivent coopérer. Déclaré opérationnel le 13 novembre 2015, le Mécanisme est parvenu, en 2016, à relever 9 cas d'emploi des armes chimiques et à identifier leurs auteurs dans 4 de ces 9 cas. Il s'agissait de l'Etat islamique (1 cas) et de l'armée syrienne (3 cas), ce que le gouvernement syrien a nié. Le Conseil de sécurité avait réaffirmé et reconduit le mandat du Mécanisme jusqu'en novembre 2017 (résolutions 2314 et 2319 (2016)). Il était prévu de persévérer.

On peut avoir le sentiment, fin 2016, que l'on est parvenu à construire une pièce en trois actes et que l'on va pouvoir la jouer. L'acte I est celui de l'interdit. Il est énoncé et l'on sait que sa violation expose le coupable à l'usage de la force. L'acte 2 est celui de la recherche du coupable. Il est admis, en principe, que le coupable n'est pas désigné d'emblée, mais doit être recherché. Cette recherche est organisée et on a désigné le Conseil de sécurité, pour dire - sur la base des éléments fournis par le Mécanisme conjoint d'enquête – qui est le coupable.

A l'acte III, celui de la punition, c'est aussi le Conseil de sécurité, qui doit fixer ce qu'elle sera. Et l'on sait, si elle doit passer par l'emploi de la force, qui s'est proposé pour le mettre en œuvre.

La pièce paraît donc écrite et largement acceptée, mais on va rapidement voir que son texte est loin d'être au point.

B La répétition : les frappes américaines d'avril 2017.

Bien que l'attaque chimique de Khan Cheikhoun, importante et médiatisée, ait provoqué une réunion d'urgence du Conseil de Sécurité, présidé alors par les Etats-Unis, et que leur représentante y ait évoqué cette possibilité, on ne s'attendait pas, à ce moment, aux frappes américaines, qui ont constitué une surprise. La facteur D Trump a joué, à la fois, en faveur des frappes et de prévisions erronées de la part des autres protagonistes. On sait que les alliés français et britanniques et les Russes ont été avertis. Mais le délai de réaction a été extrêmement court. L'emploi a eu lieu le 4, les frappes le 6, sans enquête, sans qu'ait été présenté et discuté un projet de résolution au Conseil de sécurité et alors que plusieurs de ses membres demandaient que l'auteur des frappes soit identifié, ce qui était prévu dans le texte provisoire de la pièce et que la Russie présentait une thèse autre que celle des Etats Unis et de leurs proches[11]. On est donc sorti du cadre prévu, passé en dehors du jeu géré en commun. Heureusement, les conseillers du président américain ont veillé à « *calibrer* » l'action. Les dégâts du côté syrien ont été très limités, aucun militaire russe n'a été touché et il semble qu'il en ait été de même pour les miliciens iraniens et le Hezbollah. En définitive, l'opinion selon laquelle « *C'est de la politique intérieure américaine* », correspond à une grande part de validité. Mais les considérations internationales sont incontournables : Washington est réengagé en Syrie ; peut-être était-ce un objectif recherché. Les frappes américaines d'avril 2017 feront toutefois une victime : le Mécanisme conjoint mis en place en 2015 ne sera pas renouvelé, le moment venu, en novembre 2017. Cela affecte la capacité d'identifier les auteurs de l'emploi d'armes chimiques. Les Occidentaux vont se plaindre, accuser la Russie, alors qu'ils ont complètement court circuité ce mécanisme en avril. Moscou a donc marqué le coup. L'absence du mécanisme rendra en principe la preuve plus difficile plus longue à fournir. On peut le regretter, mais ce peut-être aussi un moyen de gagner du temps pour la négociation, pour éviter le recours à la force, si on le veut.

De nombreux « *messages* » ont dû passer à l'occasion de cette répétition, très décalée par rapport au texte travaillé antérieurement, où un des acteurs, le shérif, occupe toute la scène et joue un texte personnel. L'année suivante marquera un net retour au jeu en commun, et le texte - qui s'écrit en même temps que l'on joue - est plus équilibré, tout en restant loin de la première version de la pièce.

C La pièce, jouée en 2018

En 2018, il n'y a plus de surprise, la force armée sera employée si de nouvelles frappes ont lieu, chacun des protagonistes le sait et peut s'organiser

[11] Voir la séance du 5 avril 2017, S/PV.7915.

en conséquence. On prend davantage de précautions. Dès lors le « *jeu* » est beaucoup plus évident.

Dès le début février, de nouveaux emplois étant signalés, la question est de savoir quand des frappes auront lieu. Il faut que l'emploi des armes chimiques soit tel qu'il les justifie. Ce sont donc l'Etat islamique, et plus encore le gouvernement syrien, qui ont l'initiative, qui vont tirer les premiers. Du côté occidental, on fait monter la pression, pour rendre les frappes inévitables et dégrader l'image de la cible. La France prend l'initiative, fin janvier, d'organiser une réunion des ministres des affaires étrangères sur le thème d'un Partenariat international contre l'impunité de l'emploi des armes chimiques et les Etats Unis sont particulièrement critiques à l'égard de la Russie, complice du gouvernement syrien et entrave au bon fonctionnement du Conseil de sécurité. La menace de l'emploi de la force revient début mars, au premier plan, il est question de l'utiliser- « *si on n'a pas le choix* ». Mais aucun des trois Occidentaux, en particulier les Etats-Unis, n'ignore les limites encadrant une éventuelle action, qui se sont durcies depuis avril 2017. Une surprise relative a joué une fois, cela ne peut être renouvelé.

Il s'est créé une situation complexe. Le régime syrien peut employer l'arme chimique - il semble qu'elle a pour lui une utilité militaire -, mais seulement jusqu'à un certain point. Au-delà de ce point imprécis, l'action des Occidentaux sera enclenchée. Ce point sera atteint le 6 avril, quand l'ampleur de l'attaque et le nombre de victimes - 48 sont dénombrées à Douma, dans la Ghouta - soulèvera une forte réprobation internationale. L'opération des alliés s'organise. Cela prend du temps, pour des raisons techniques et politiques - il faut montrer que rien ne peut être obtenu des Syriens de Bachar el Assad, des Russes et du Conseil de sécurité parce qu'ils le bloquent. Une équipe de l'OIAC se prépare dès le 10 avril pour aller en Syrie. L'organisation a demandé à Damas de l'accueillir. De leur côté les autorités syriennes ont sollicité son intervention, soutenue aussi par la Russie[12]. Au Conseil de sécurité, la Russie oppose son veto à un projet de résolution relançant un mécanisme d'enquête visant à désigner des coupables et dénonce un vote organisé pour créer une impasse et justifier les frappes. Du côté français, on précise que les frappes – il est question d'*« une réponse forte et commune »* avec les Etats-Unis - vont viser les « *capacités chimiques détenues par le régime* » et pas ses alliés ou qui que ce soit et que l'on ne souhaite aucune escalade dans la région[13]. On donne ainsi une idée du projet. Du côté russe, on balise fermement - « *les missiles seront abattus et même les sources d'où proviennent ces missiles seront prises pour cibles* » - et construit un interdit,

---

[12] Point important, une enquête de l'OIAC a pour objectif de dire s'il y a eu ou non emploi d'armes chimiques mais pas de désigner un coupable, ce que permettait le Mécanisme conjoint qui a pris fin en novembre 2017.

[13] Conférence de presse du président Macron citée par Marie Bourreau et al., Moscou met en garde…, *Le Monde*, 12 avril 2018).

avec les moyens russes de défense anti-aérienne (S300FM, S 400, BUK-M2E), non seulement autour des bases russes, mais aussi des zones les plus sensibles du régime syrien, notamment le palais présidentiel[14]. Le temps passe - on dit que l'on attend d'avoir « *vérifié toutes les informations* ». Cela laisse le temps, sur place, pour que les uns et les autres se disposent de sorte que les frappes qui auront lieu - il ne peut en aller autrement - soient significatives du point de vue symbolique et puissent être présentées comme un succès, mais ne fassent aucun dégât sérieux au régime syrien et ne touchent pas ses alliés, à commencer par les Russes. Ceux-ci, la veille de l'intervention, nient toujours la réalité de toute attaque chimique à Douma et soutiennent qu'il s'agit d'une mise en scène organisée par les rebelles.

Les frappes exécutées dans la nuit du 13 au 14 avril ont, selon leurs auteurs, détruit les stocks chimiques syriens, leurs outils de production et de recherche, mais elles n'ont pas réellement affaibli Bachar el Assad, pas affecté le rapport de forces, qui était en sa faveur, et n'ont fait aucune victime russe, iranienne, ou parmi les membres du Hezbollah. Les Russes avaient été avertis des frappes – et peut-être de leurs cibles – et aucun des missiles tirés n'est passé dans les zones couvertes par leurs défenses anti-aériennes. Moscou n'aura donc qu'à dénoncer un *« acte d'agression contre un pays souverain »*[15].

Tout cela fait penser à la mise en scène d'un film à fin heureuse. L'escalade que l'on pouvait redouter n'a pas eu lieu. Personne n'en voulait, chacun a même fait ce qu'il fallait pour l'éviter. Après les frappes, on est donc revenu à l'ordinaire de la guerre en Syrie. Indépendamment du souci d'éviter toute escalade, il faut tenir compte parmi les explications de cette pièce, sans perdant, du fait que les membres permanents impliqués ont tous intérêt à éviter la prolifération et l'emploi des armes chimiques. Cet objectif commun fait qu'ils ne peuvent pas être totalement dans une position antagoniste, mais une action réellement efficace contre la prolifération et l'emploi, exigerait de leur part un niveau de cohésion plus élevé. Il paraît difficile de dire que les frappes contre le régime syrien ont été efficaces à cet égard. Elles ne semblent pas modifier le cours des choses. Cette constatation est valable en général, pour les effets de ces frappes, qui sont toutefois contrastés.

---

[14] G Malbrunot, Moscou protège Assad face à des frappes, *Le Figaro,* 12 avril 2018.

[15] Le Pentagone a expliqué que les autorités russes n'avaient pas été averties des frappes (*Air et Cosmos*, art cit, p 13). La Ministre de la défense française a affirmé l'inverse (M. Bourreau, G. Paris, M. Semo, Washington, Paris et Londres frappent… *Le Monde* 15-16 avril 2018). La logique et le déroulement de l'opération incitent à retenir la seconde thèse comme la plus probable. Les Russes n'ont pas utilisé leur système de défense antiaérien. Ils ont eu « *une attitude de simple observation de ce qui se passait et de protection de leurs moyens* » (propos du général Lecointre rapportés par N. Guibert, Une démonstration de puissance, *Le Monde* 17 avril 2018). Un A-50 Mainstay (Awacs russe) est resté sur zone pendant toute la durée de l'opération, transmettant le message de leur présence et de leur capacité, s'ils l'avaient voulu, de perturber l'opération alliée.

III - Des frappes avec des effets contrastés.

Les effets des frappes occidentales sont à apprécier de trois points de vue : celui de l'objectif qui leur était assigné, celui du système international et celui du droit international. L'objectif assigné – dissuader quiconque d'employer des armes chimiques – n'a pas été atteint. Pour le reste, cet échec est un jalon dans le sens de l'évolution en cours du système international et un nouveau revers pour le droit international.

A L'objectif de dissuasion n'a pas été atteint.

La séquence à laquelle on a assisté depuis 2012 montre cet échec. Certes, dans un premier temps - en 2012 - la menace a paru faire effet, puisqu'elle a enclenché, ce que l'on peut considérer comme un progrès du désarmement, mais cela n'a pas duré. Ni le régime syrien, ni l'Etat islamique n'ont hésité à franchir la ligne et à employer des armes chimiques. Cela est très compréhensible dans le cas de l'Etat islamique. On lui fait déjà une guerre sans merci. Que risque-t-il de plus ? L'usage des armes chimiques ne peut qu'accroître sa crédibilité, la perception de sa dangerosité. Capable de mener une guerre, il est aussi parvenu à disposer d'une des armes, dites de destruction massive. Pourquoi ne disposerait-il pas, un jour, de l'arme nucléaire ? Il montre qu'il n'hésiterait probablement pas à s'en servir[16]. Dans le cas du régime syrien, comment ne pas apercevoir, également, que le fait de le diaboliser et de tenter de l'exclure des partenaires admis à négocier le futur de la Syrie est une incitation forte à franchir les lignes, pour s'imposer comme un interlocuteur incontournable, dès lors qu'il se sait soutenu par un acteur majeur comme la Russie. A partir du moment où Moscou participe au jeu et protège Bachar el Assad, les frappes contre celui-ci ne peuvent être que limitées, réglées, en quelque sorte, sur le niveau que les Russes jugent acceptable. Elles ne sont plus un moyen de chasser Bachar el Assad. En restant dans le jeu des frappes, les Occidentaux jouent à terme contre leur image ; ils sont dans un engrenage risqué et, pour eux, contreproductif.

Au-delà de l'Etat islamique et du régime syrien, les frappes n'ont certainement pas non plus rétabli, comme le voulait D. Trump, « *une puissante dissuasion contre la production, la dissémination et l'utilisation de substances chimiques* ». Comment imaginer un instant qu'elles aient cet effet sur la Corée du Nord, celle-ci ayant désormais l'arme nucléaire, ou même sur l'Egypte, sans parler d'Israël. Non suivi des effets annoncés, l'emploi de la force armée réalisé ne renforce pas, mais au contraire détériore la dissuasion, alors que l'emploi possible, lui conserve son mystère et sa crédibilité. Indéniable succès du point de vue technique, ces frappes sont un incontestable échec politique,

---

16 On remarquera que l'usage d'armes chimiques par l'Etat islamique n'est pas du tout stigmatisé, ni même souligné par les Occidentaux, à la différence de la Russie.

puisqu'elles n'ont pas atteint, et plus encore, ne pouvaient pas atteindre leur objectif.

B Un jalon dans l'évolution du système international politico-militaire de l'après-guerre froide.

Le système international de l'après-guerre froide est, du point de vue politico-militaire, caractérisé par la prédominance des Etats-Unis et des Occidentaux. C'est elle qui explique leurs guerres, en Afghanistan, en Irak, en ex-Yougoslavie, en Libye, effectuées en constituant autour d'eux des coalitions, plus ou moins nombreuses et cohérentes. Les frappes en Syrie participent de cette démarche, où l'on frappe parce qu'il n'y a pas de retour à craindre, où l'emploi de la force est fondamentalement « *autolimité* » et où les effets négatifs de l'action apparaissent plus tard, bien après l'action. La grande question est évidemment celle de savoir quand, cette supériorité, que va inévitablement contester la montée de nouvelles puissances, prendra fin.

A cet égard, l'épisode syrien est très instructif. Il montre que cette supériorité, cette capacité de frapper sans subir de riposte, subsiste. Les Etats-Unis peuvent toujours envoyer des « *volées* » de missiles. La France démontre qu'elle est également, dans une mesure moindre, capable de le faire, par la voie aérienne à longue distance et, désormais, grâce à des missiles de croisière tirés depuis la mer. On voit aussi que la Chine reste, pour l'essentiel en dehors du jeu ; elle n'y participe qu'en tant que membre permanent du Conseil de sécurité. En revanche - c'est le point le plus intéressant – on note que le retour de la Russie se confirme. Après la guerre de Géorgie et la crise en Ukraine, la Russie a montré en Syrie qu'elle a, sur ce théâtre où elle s'est fortement engagée, la capacité de constituer un contrepoids aux Occidentaux et de « *cadrer* » leurs frappes, au point de les priver d'effets concrets significatifs. Moscou a su reconstituer une capacité militaire réelle et s'en sert avec détermination, habileté et efficacité. Si cette analyse est correcte, on peut considérer que les frappes en Syrie constituent un moment dans l'évolution des rapports de force entre les puissances après la guerre froide. Le système politico-militaire international est moins unipolaire et, dans certaines régions, il est redevenu bipolaire.

C Un nouveau revers pour le droit international.

C'est naturellement le régime d'interdiction des armes chimiques, qui vient d'abord à l'examen. Est-il, et comment, affecté par les frappes en Syrie ?

Comme on l'a signalé déjà, des développements intéressants se sont produits à cet égard en 2013. On a assisté à un effort de coopération, entre la Russie et les Etats Unis, pour trouver une issue autre que les frappes annoncées, à l'emploi d'armes chimiques qui s'était produit en Syrie. La « *ligne rouge* » tracée maladroitement en 2012 et l'activation de la menace ont donc produit finalement un effet positif. Cela s'est fait en passant par le système de sécurité collective – le dispositif de désarmement de la Syrie a été adopté par le Conseil de sécurité – qui est venu renforcer la convention et l'OIAC. Une nouvelle avancée a été accomplie en 2015, avec la mise en place du Mécanisme conjoint d'enquête OIAC/ONU, pour la Syrie. Sans doute est-il exact de dire que « *la norme d'interdiction de l'arme chimique est à ce jour la plus complète, la plus universelle, la plus consensuelle* » parmi l'ensemble des instruments du désarmement[17]. Il reste que la convention sur les armes chimiques n'était pas - et n'est toujours pas – universelle, l'Egypte, Israël et la Corée du Nord ne l'ayant pas ratifiée. La Syrie, malgré tout, a persisté dans l'emploi d'armes chimiques et le Mécanisme n'a pas été renouvelé. Les frappes sont aussi un signe d'échec. On peut douter que l'autorité, la force de norme d'interdiction, se soit renforcée. L'inverse paraît plus plausible.

Il faut également percevoir ce qu'a d'anormal, du point de vue du droit international, le fait de tracer une « *ligne rouge* » et de prétendre la faire respecter, au moyen de l'usage de la force. En 2012 et 2013, la convention d'interdiction des armes chimiques ne s'imposait pas à la Syrie, qui n'y était pas partie. La construction, par B. Obama et les Occidentaux, d'une « *ligne rouge* » était certainement peu conforme aux règles fondamentales du droit international. Il n'existait pas de tabou en ce qui concerne l'emploi des armes chimiques. Des efforts pour établir une interdiction la plus générale et la plus complète possible, avaient abouti à un résultat remarquable, une convention d'interdiction assortie d'une organisation, mais pas à une interdiction permettant de tracer une « *ligne rouge* » et de menacer de l'usage de la force un éventuel contrevenant, de plus non partie. La Convention de 1992, comporte un article XII « *Mesures propres à redresser une situation et à garantir le respect de la présente convention, y compris les sanctions* », où il est simplement prévu, en cas d'activités interdites « *risquant de porter un préjudice grave à l'objet et au but de la convention* », la possibilité, pour la Conférence des Etats parties, *« de recommander aux Etats parties des mesures collectives, conformément au droit international* » (art XII § 3) et, « *si la situation est particulièrement grave », qu'elle porte la question à l'attention de l'Assemblée générale et du Cons*eil de sécurité (art XII, § 4). Vouloir dans ces conditions établir une « *ligne rouge* », ce qui relève de la transgression d'un tabou, à l'égard d'un Etat non partie, relève nettement de l'excès. Cela revient aussi à confisquer l'exercice des compétences d'un organe collectif et à porter un coup grave à la convention. Le prétendu justicier est donc lui-même, hors la loi de la convention.

Croire en leur capacité de faire respecter cette ligne rouge était, de la part de ses auteurs, un pari risqué. Il n'est pas anormal qu'ils n'y soient pas

[17] Cette phrase est de B. Hautecouverture, L'interdiction des armes chimiques en question, *Note FRS*, n° 2, 2018, p 5. Celui-ci l'applique à « *l'ensemble des instruments qui composent l'architecture multilatérale de sécurité collective bâtie au cours des 50 dernières années* », ce qui paraît exagéré.

parvenus et qu'ils aient dû revenir, en 2013, dans le cadre collectif, pour tenter d'atteindre autrement leur but. Mais ce cadre collectif a été lui-même quelque peu gauchi, Damas ayant été obligé d'accepter, comme le fut Saddam Hussein en 1991, son désarmement. La transgression qui suivra, en 2016 et 2017, de la part du régime syrien, peut par conséquent, être vue comme « *une forme de provocation visant la norme elle-même dont l'obligation de respect par la Syrie n'a pas résulté d'une décision souveraine en 2013* »[18]. Le cadre collectif qui venait d'être établi ad hoc, n'a d'ailleurs pas non plus été respecté par ses initiateurs. Ce sont les Etats-Unis qui ont été à l'origine, en 2015, de la résolution 2235 (2015) établissant le Mécanisme conjoint d'enquête OIAC/ONU, destiné à identifier les auteurs de l'emploi éventuel d'armes chimiques en Syrie. Pourtant, les frappes américaines d'avril 2017 ignorent totalement ce mécanisme[19]. En 2018, le délai, plus long entre l'emploi et les frappes, laissera à l'OIAC le temps de se mettre en action, mais les frappes auront lieu, bien avant qu'elle ait abouti à une conclusion. L'instrument de contrôle ne sert donc, pour Washington et ses alliés, que s'il donne, en temps voulu, le résultat attendu.

Si la Syrie a violé l'interdiction de la CAC, les soi-disant défenseurs du droit, ont eux-mêmes accumulé des violations, dont la gravité n'est pas moindre, mais pire. Elles concernent effet, non seulement la CAC, mais également la Charte des Nations unies et le droit international général. Après la guerre du Golfe en 1991, celle du Kosovo, celle d'Afghanistan, celle d'Irak, celle de Libye, les frappes en Syrie représentent sans doute, le point le plus avancé de la démarche unilatéraliste dans l'emploi de la force. Il se produit, sans autorisation du Conseil de sécurité et sans majorité lui donnant une légitimité suffisante, à nouveau sans preuves suffisantes et avec de moins en moins de débat sur sa licéité, sa légitimité et son opportunité, alors que tous les épisodes qui l'ont précédé ont été des échecs, le plus souvent très coûteux !

Sous la présidence de B. Obama, les Etats-Unis, tentaient – maladroitement et avec difficulté on l'a vu dans le cas syrien - de sortir de cette dérive interventionniste et unilatéraliste. Il est dans la logique du « *Trumpisme* », qu'ils y replongent. Le traumatisme du Brexit et les difficultés de ce dossier, permettent de comprendre, qu'après le refus de se joindre à l'action en 2013, Londres ait également « *replongé* » en 2018, dans sa démarche ordinaire de suivisme. Mais la position interventionniste de la France, surtout après les suites catastrophiques de la campagne de Libye, est plus difficile à admettre. Paris dilapide depuis une décennie la célèbre spécificité de sa politique étrangère, construite par le général de Gaulle et entretenue après lui, jusqu'au refus de participer à la guerre d'Irak opposé par M. Chirac en 2003. Cela est

[18] B. Hautecouverture, art cit, p 5.

[19] Celui-ci confirmera il est vrai, mais à l'automne 2017, la responsabilité du régime syrien s'agissant du largage de gaz sarin à Khan-Cheikhoun.

fait, presque sans explication et sans débat[20], à rebours de ce qu'impose manifestement l'évolution américaine - une prise de distance des alliés. Pro-européen affiché, le nouveau président français s'est engagé, en 2017 et en 2018, sur une voie – celle de l'alignement ou de la coïncidence des politiques – à partir de laquelle la poursuite de la construction politique internationale de l'Union européenne et, à plus forte raison, celle d'une armée européenne sont, par définition, impossibles.

Sur la délicate question de l'emploi de la force, le droit international n'a donc plus comme défenseurs, parmi les membres permanents, que la Russie et la Chine. Les Non-alignés ont abandonné cette cause. L'épisode syrien atteste que le droit international traverse une bien mauvaise passe.

2018

[20] En France, le Gouvernement doit simplement informer le Parlement. Cette information a donné lieu à un débat le 16 avril, peu relayé par les médias. Ce débat a montré que si l'exécutif était suivi par sa majorité, il était loin de faire « *l'union sacrée* » sur les frappes en Syrie, v. Manon Rescan, *le Monde* 17 avril 2017 et Mathilde Siraud, l'exécutif justifie… *Le Figaro 17* avril 2018.

Les dilemmes de la pensée et du récit de la doctrine de contre-insurrection américaine : L'exemple du FM 3-24

Tewfik HAMEL

« *Le manuel de terrain de la contre-insurrectionnelle défie tout ce qui est sacré dans le modèle de guerre américain. Cela exige des changements et des sacrifices importants pour combattre honorablement les ennemis d'aujourd'hui. Il est donc à la fois important et controversé. Ceux qui ne voient pas le manuel comme radical ne le comprennent pas probablement pas [...] La contre-insurrection étant essentiellement politique, la doctrine militaire devrait découler d'un cadre stratégique plus large. Mais les dirigeants politiques ont échoué à en fournir un cadre convaincant* ».
Sarah Sewall[21].

Résumé : L'article se focalise sur le *Fiel Manual 3-24 Counterinsurgency* (FM 3-24 COIN), la première publication de ce type sur la contre-insurrection depuis l'ère de Vietnam. Il a fallu deux ans pour rédiger ce manuel et sa parution en décembre 2006 marque un tournant dans le débat stratégique américain. Au cours du premier mois suivant sa publication, ce document non classifié a été téléchargée plus de 1,5 million de fois sur les sites Web de l'Armée et des Marines, puis sur des sites Web salafistes. Ce Manuel, dit aussi la « *doctrine Petraeus* », est devenu l'un des piliers de la politique américaine dans ce qui était la *Global War On Terrorism* (GWOT), et qui a été rebaptisée « *The Long War* » depuis la publication de la *Quadrennial Defense Review* (QDR) de 2006. Mettant en évidence l'évolution profonde de la pensée stratégique et la doctrine militaire américains, le FM 3-24 constitue un moment clé dans l'institutionnalisation de la guerre irrégulière, car en dehors des forces spéciales et quelques colonels dissidents, depuis des décennies il n'y a pas eu une forte circonscription profondément ancrée au sein du Pentagone ou ailleurs pour institutionnaliser les capacités nécessaires pour mener un conflit asymétrique. L'armée américaine, animée par la tradition de la croisade, n'a jamais été l'aise avec les missions irrégulières.

---

[21] Sarah Sewall, "Introduction to the University of Chicago Press Edition", Dans *The U.S. Army/Marine Corps Counterinsurgency Field Manual*, University of Chicago Press, Chicago, 2007, p. xxii et xl.

Le vingtième siècle a vu un changement significatif dans la conduite de la guerre y compris dans les objectifs, les stratégies et les structures des organisations militaires occidentales. Ce changement militaire - dû principalement à des facteurs stratégiques, technologiques et sociétaux - constituent un défi au « *modèle de guerre américain* » et ont réduit la capacité des armées occidentales à mettre un terme aux conflits de manière rapide et décisive. Les facteurs sociétaux tels que les normes changeantes et une couverture médiatique accrue ont eu un impact majeur sur les militaires. Historiquement, les sociétés occidentales ont joué un rôle central au cours des guerres industrielles à grande échelle de la première moitié du XXe siècle. Mais la culture contemporaine a érodé l'ethos guerrier et la place de la population dans la guerre a beaucoup changé. La majorité du public américain, par exemple, n'a pas d'expérience militaire ni de contact avec le personnel militaire en service actif. Un segment important du public n'a aucun intérêt pour les affaires étrangères et ne comprend pas bien le rôle de l'armée dans la politique américaine[22]. Le soldat passe beaucoup de son temps dans la sphère militaire et « *sa profession est presque unique* ». Elle est non seulement la plus difficile de toutes les professions en termes d'exigences physiques, mais aussi en termes intellectuels[23].

L'institution militaire elle aussi a connu d'importants changements au cours des dernières décennies : les guerres sont devenues de plus en plus irrégulières ; la perception de la menace a évolué et les missions des militaires s'orientent vers les opérations autres que la guerre ; et les armées sont réduites en petites forces professionnelles avec le soutien du personnel civil. En s'éloignant des armées de citoyens-soldats de la période moderne, et à mesure que les États-nations relâchent leur emprise sur l'imaginaire des citoyens, les attitudes du public deviennent de plus en plus apathiques[24]. Avec la tendance à la démocratisation, le défi de la réforme n'est pas une question de l'intégration des nouvelles technologies, mais d'adapter l'armée aux réalités politiques. En résumé, les organisations et forces militaires font face à une série de tensions ; elles doivent ; 1) assurer l'efficacité militaire pour répondre aux changements dans le contexte stratégique ; et 2) être sensibles aux valeurs sociales plus larges et donc à la société dans laquelle elles sont implantées et qui les paie. Les tensions qui découlent de ce double cadre de référence ont été mises en lumière depuis la fin de la guerre froide et surtout après le « *11/9* ». Paradoxalement, la réforme militaire est guidée par les théories historiques de la guerre et de la bataille. En d'autres termes, il y a un déficit de théories ou de principes directeurs sur comment gérer le rôle de l'armée

---

[22] Peter D. Feaver & Richard H. Kohn (dir.), *Soldiers and Civilians: The Civil-Military Gap and American National Security*, MIT Press, Cambridge, 2001.

[23] Williamson Murray, *Military Adaptation in War*, Cambridge University Pres, Cambridge, 2011, p. 35.

[24] Charles C. Moskos & John Allen Williams & David R. Segal, *The Postmodern Military : Armed Forces after the Cold War*, Oxford University Press, New York, 2000.

dans l'évolution des sociétés démocratiques d'aujourd'hui[1]. Evidemment comment les changements dans la société affectent la profession militaire le travail du soldat a suscité ont l'intérêt des sociologues.

La Stratégie de sécurité nationale des Etats-Unis de 1999 ne faisait aucune mention de la contre-insurrection (COIN), car le Vietnam leur a appris « *plus jamais ça* ». Ce document a principalement discuté de la façon dont leurs forces pourraient décourager l'agression et promouvoir la coopération avec d'autres nations. Le segment le plus important de l'armée était axé sur la guerre conventionnelle. L'occupation toutefois de l'Afghanistan et de l'Irak a fait de la COIN le défi le plus important auquel l'Amérique est confrontée. La COIN est devenue une industrie florissante, attirant l'attention et l'argent des industries de la défense, instituts de recherche militaires et *think tank* privés. Le résultat a été un déluge d'études dont la plupart émanent de politologues et d'officiers militaires. Sa vulgarisation par un groupe d'intellectuels militaires vient à un moment où les historiens se posent la question si les stratégies « *gagner les cœurs et les esprits* » sont aussi efficaces que leurs partisans le prétendaient. La communauté de COIN a pris de l'importance en 2007 lorsque l'ampleur du fiasco irakien ne pouvait plus être masquée. Selon le récit de la COIN, dès qu'une armée industrielle se voit confier une mission d'occupation, elle se trouve confrontée à la « *guerre parmi la population* ». Et si elle ne transforme ses méthodes et ses outils, elle ira à l'échec. Les capacités révolutionnaires associées à la RAM (Révolution dans les affaires militaires) ne sont pas pertinentes pour tous les types de guerre.

1.-. La « *cabale* » : Pourquoi le recours de l'armée aux sciences sociales

C'est dans ce contexte qu'une communauté de COIN a commencé à émerger et fondée autour de figures telles le David Petraeus, HR McMaster, David Kilkullen, John Nagl, Janine Davidson, Dave Dilegge, Andrew Exum, Stephen Biddle, Andrew Krepinevich, Kalev "Gunner" Sepp, Gian Gentile, etc. La docrtine de COIN — souvent associée au *Center for a New American Security*, un *thinks tank* crée en février 2007 — est une façon de penser la guerre irrégulière. En raison de l'influence croissante de cette « *cabale* » d' « *édificateurs de la nation* », *les* « *opérations autres que la guerre* » occupaient une place centrale dans la vision des forces américaines[2]. Ces

---

[1] Michael Hardt & Antonio Negri, *Multitude*, Penguin, New York, 2004, p. 47.

[2] « *C'est l'histoire d'un petit groupe d'officiers intellectuels, la plupart d'entre eux du Département des sciences sociales de West Point, qui a conspiré (ils s'appelaient eux-mêmes une 'cabale' ou une 'mafia') à révolutionner l'armée de l'intérieur* ». Toutefois, « *comme la plupart des révolutions, les idées se durcissent en dogme, et l'histoire se transforme en tragédie –ou, pour le dire autrement, Afghanistan* ». Fred Kaplan, *The Insurgents*, Simon & Schuster, New York, 2013; Thomas Ricks, *The Gamble*, Pengui Press, New York, 2009; Greg Jaffe & David Cloud, *The Fourth Star*, Crown, New York, 2009; Bradley Gericke, *David Petraeus*, Greenwood, Oxford, 2011; Mark Thompson, « The Pied Piper of the Insurgency », *The Time*,

théoriciens ont prétendu avoir développé une formule qui, si elle était appliquée avec suffisamment de détermination, de ressources, de patience et de volonté finira par vaincre l'insurrection n'importe où. Pour David Galula, l'approche centrée sur la population est toujours correcte. Le FM 3-24 adopte une position similaire, mais moins catégorique. Beaucoup de choses se sont passées depuis sa publication le 15 décembre 2006 et la réflexion sur la COIN a continué à se développer. Ce qui est évident, car aucune déclaration écrite n'est parfaite et l'armée américaine a explicitement reconnu que sa doctrine est simplement un guide pour les « *meilleures pratiques* », et que l'exécution réelle des opérations peut différer de l'orientation doctrinale. L'armée réactualise sa doctrine officielle sur une base régulière. Dans un sens, nous avons affaire à une pensée en constante évolution. Certains penseurs ont évolué dans un effort visant à conceptualiser la guerre irrégulière comme hybride. D'autres ont cherché un lien plus étroit entre l'analyse de la COIN et de l'Etat, par l'intermédiaire des concepts tels que les États défaillants et construction de l'État.

La *Quadrennial Defense Review* de 2006 était une tentative de recentrer l'approche de la conduite de la guerre du Pentagone en préconisant une réorientation à partir des opérations conventionnelles pour se focaliser sur les multiples opérations irrégulières asymétriques[1]. Les unités déployées en Irak et en Afghanistan entreposaient leurs chars et artilleries et se préparaient à la guerre en se concentrant sur les tâches de conseil et de « *renforcement des capacités du pays hôte* ». Selon ses théoriciens, vaincre les insurgés consiste à comprendre la nature de l'insurrection et concevoir des méthodes adaptées, militaires et non militaires, pour priver les insurgés du soutien de la population. La COIN est basée sur certains principes impliquant l'ensemble du gouvernement dans une approche guidée par les « *3 D* » : Défense, Diplomatie et Développement. D'abord, vaincre une insurrection exige une stratégie globale pour remédier aux causes sociales, économiques et politiques des troubles. Ensuite, le recours à la force devrait être limitée et concentrée pour cibler les insurgés sans aliéner la population au sein de laquelle ils opèrent. Enfin, le gouvernement menacé doit élaborer un système de coordination des activités des forces de sécurité (militaires et policières) et des autorités civiles impliquées dans la campagne de COIN. Idéalement, ces trois principes permettent de produire une stratégie synergique : aborder les causes des troubles et fournir une coopération induite par la sécurité, qui fournit de l'intelligence aux forces contre-insurrectionnelles conduisant à l'utilisation ciblée de la force militaire pour les neutraliser. Les forces armées vont comprendre des sociétés et cultures étrangères et posséder la capacité de

2 juin 2013 ; Thanassis Cambanisjan, « How We Fight Fred Kaplan's 'Insurgents,' on David Petraeus », *New York Times*, 24, 2013.

[1] Department of Defense, *Quadrennial Defense Review Report*, Washington, 6 février 2006, 11, 86

former, encadrer et conseiller les forces de sécurité étrangères et mener des campagnes de COIN.

L'étendue des besoins dans le domaine des connaissances culturelles a été reconnue et activement défendue par le général David H. Petraeus. L'administration Bush a fini par placer ses espoirs en lui et ses conseillers pour juguler le fiasco en Irak. De nouvelles missions non traditionnelles sont assignées aux forces militaires de manière à passer les « *opérations irrégulières* » en doctrine et les soulever au même pied d'égalité que les opérations offensives et défensives. Pour la « *cabale* », l'armée doit tirer des leçons des expériences précédentes et changer son approche de la guerre. Car les conflits en Irak et en Afghanistan allaient devenir la norme pour l'avenir. L'armée doit se focaliser sur la résolution de problèmes fondés sur la *nation-building* plutôt que sur la destruction de l'armée ennemie. Cette approche a été détaillée dans le Manuel de COIN, mettant l'accent sur les connaissances culturelles et l'intelligence ethnographique en tant que composantes majeures de sa doctrine de COIN. Le FM 3-24 a en effet reconnu l'importance de telles connaissances, et les passages sur la culture dans ce manuel ont été écrits par des anthropologues. Ce « *virage culturel* » souligne les efforts déployés pour comprendre les sociétés adverses et recruter des « *praticiens* » de la culture notamment anthropologues, sociologues et les linguistes pour contribuer à l'effort de guerre et dans l'espoir de revitaliser les théories et pratiques de la COIN par l'acquisition et la production de « *la connaissance de terrain culturel* »[1].

Cet effort est justifié par le fait que les chefs militaires (de niveau tactique, opérationnel et stratégique) ont besoin d'un nouvel ensemble de formations, d'éducations et de compétences, car les soldats opèrent comme des diplomates-guerriers qui pensent en termes de PMESII - Politique, Militaire, Economique, Social, Infrastructure et Information. Tous ces éléments sont intégrés dans les cultures locales et en tant que tel il est impossible de poursuivre une approche des opérations de manière intégrée et holistique sans une compréhension des dynamiques culturelles locales[2]. Cela signifie que les conflits, la culture et les opérations militaires sont étroitement liés et, par conséquent, avoir des anthropologues qui comprennent les processus sociaux et leur nature fluide est essentielle pour limiter les impacts négatifs potentiels des opérations militaires. Comme « *la connaissance de son ennemi et de sa culture et de sa société peut être plus importante que la connaissance de son*

---

[1] « *La connaissance du terrain culturel peut être aussi importante et parfois même plus importante que celle du terrain géographique. Cette observation reconnaît que les populations sont, à bien des égards, le terrain décisif, et nous devons étudier ce terrain de la même manière que nous étudions le terrain géographique.* » David Petraeus, « Learning Counterinsurgency: Observations From Soldiering in Iraq », *Military Review*, Octobre 2006, p. 51.

[2] « Le champ de bataille dans la contre-insurrection mondiale est intimement local ». George Packer, "Knowing the Enemy: Can Social Scientist's Redefine the 'War on Terror,'", *New Yorker*, 18 décembre 2006.

ordre de bataille »[1], l'attitude de l'armée a considérablement changé et n'hésite pas à enrôler l'anthropologie dans les zones de guerre que les militaires considèrent comme la nouvelle arme cruciale. Dès 2005, le DoD a développé un programme de formation expérimental - « *human terrain teams* » (HTS), la « *smart culture cards* », « *Ethnographic Intelligence* » - pour développer rapidement des capacités culturelles locales, améliorer la compréhension des commandants de leurs champs de bataille et conférer la compétence interculturelle à ses membres. Le Pentagone a mis en place une équipe composée d'anthropologues et d'autres spécialistes en sciences sociales au service permanent des unités de combat des troupes d'occupation en Afghanistan et en Irak, un programme qui participent à l'effort de guerre[2].

Théoriquement, ce tournant culturel dans les opérations de COIN est l'incarnation de la rationalité de l'armée - une forme d'adaptation rationnelle. Ce recours aux sciences sociales n'est pas nouveau historiquement. Ces initiatives ont leurs détracteurs bien sûr. Beaucoup de spécialistes des sciences sociales radicaux ne veulent pas être entachés par association avec les militaires. L'utilisation d'anthropologues en tant que composante des efforts des « *guerres de choix* » est éthiquement discutable. La mobilisation des valeurs ethnocentriques et d'une anthropologie militarisée pour soutenir les programmes de la COIN a été soulignée par de nombreuses études. Les réactions critiques sont venues d'un large secteur des universités américaines, qui n'hésitent pas à qualifier ces pratiques d' « *anthropologie mercenaire* » et comparent ces faits aux événements des années soixante, lorsque des anthropologues ont été utilisés pour des campagnes de contre-insurrection au Vietnam et en Amérique Latine (Plan Camelot). Aux États-Unis, les relations entre les militaires, les anthropologues individuels et l'anthropologie en tant que discipline sont anciennes et complexes. Parfois, ces relations ont été caractérisées par la coopération, à d'autres moments par la résistance[3]. Historiquement, les connaissances culturelles n'ont pas été une priorité pour le DoD, mais l'insurrection irakienne a servi d' « alarme » aux militaires que la culture de l'adversaire est importante[4]. Ce recours des soldats aux sciences sociales découle du fait qu'ils n'ont pas une vision claire de la définition sociopolitique de leur mission.

---

[1] Arthur Cebrowski, directeur de l'*Office of Force Transformation*, en 2004. Megan Scully, « Social Intel' New Tool For U.S. Military », *Defense News*, 26 avril 2004. « Au XXIe siècle, la force militaire sera mesurée non seulement par les armes que portent nos troupes, mais aussi par les langues qu'ils parlent et par les cultures qu'ils comprennent », déclarait le President Barack Obama, « Address to the Veterans of Foreign Wars », 17 août 2009

[2] David Rohde, « Army Enlists Anthropology in War Zones », New York Times, 5 octobre 2007 ; Peter Edidin, « How to Shake Hands or Share a Meal With an Iraqi », *New York Times*, 6 mars 2005.

[3] John Kelly & Beatrice Jauregui & Sean Mitchell & Jeremy Walton, *Anthropology and Global Counterinsurgency*, University of Chagaco Press, Chicago, 2010, p. 1.

[4] Montgomery McFate, « The Military Utility of Understand Adversary Culture », JFQ, no. 38, 2005, p. 43

La « *guerre contre le terrorisme* » impliquait la redécouverte des vieux usages militarisés de la culture et de revigorer les nouveaux rêves modernistes en exploitant l'anthropologie pour dominer les autres. L'anthropologie - « *le beau-fils du colonialisme* » - et l'impérialisme s'entrelaçaient dès le début. Les guerres et les questions de la sécurité nationale ont longtemps influencé le développement des théories et pratiques anthropologiques. Cela est évident dans le cas des « *anthropologues du développement* » qui se sont engagés à « *vendre les promesses de la modernisation* » à ceux qui seraient lésés par « *le 'progrès' à venir* »[1]. En outre, l'influence d'anthropologues et d'ethnologues - comme Lewis Henry Morgan et Arthur de Gobineau - était manifeste sur le développement du droit international. En 1883, James Lorimer a proclamé qu'« *aucune contribution moderne à la science ne semble destinée à influencer la politique et la jurisprudence internationales dans une mesure aussi grande que celle connue sous le nom d'ethnologie ou science des races* ». L'influence de l'ethnologie l'a amené deviser l'humanité, en tant que phénomène politique, « *en trois zones ou sphères concentriques: celle de l'humanité civilisée, celle de l'humanité barbare et celle de l'humanité sauvage* »[2]. Evidemment cela entraine la « *racialisation du droit* » selon laquelle « *la différence culturelle se traduit par une différence juridique* » A ce titre, « *toute tendance à considérer le XIXe siècle comme n'ayant qu'un intérêt historique doit être traitée avec prudence* », écrit A. Anghie, car « *il semble exister un réflexe inhérent au droit international qui cache le passé colonial sur lequel repose toute sa structure* »[3].

Le livre Guerre, technologie et Anthropologie, par exemple, « *non seulement fait référence à la technologie de guerre comme un objet de recherche anthropologique, mais reconnaît aussi que l'anthropologie elle-même peut être une technologie de guerre* »[4]. La participation par ailleurs des anthropologues à des entreprises militaires « *légitimise* » l'occupation invasion de l'Irak et d'autres guerres dans le Sud[5]. En quête d'une réponse professionnelle et scientifique, les militaires recourent aux spécialistes des sciences sociales pour élargir leur compréhension de la guerre, de la puissance américaine et des structures et des logiques de sécurité aux niveaux national et international. Ils cherchent dans les sciences sociales des réponses pratiques globales aux récents déploiements de l'armée américaine. Dans un sens, l'initiative des militaires de s'approprier les sciences sociales est révélatrice

---

[1] David H. Price, *Weaponizing Anthropology*, AK Press, California, 2011, p. 1, 11 et 14.

[2] Brett Bowden, *The Empire of Civilization*, University of Chicago Press, Chicago & London, 2009, p. 122

[3] Antony Anghie, *Imperialism, Sovereignty and the Making of International Law*, Cambridge University Press, Cambridge, 2005, p. 55-56.

[4] Koen Stroeken, *War, Technology, Anthropology*, Berghahn Books, New York, 2012, p. 1.

[5] Laurie Rush, « Archaeological Ethics and Working for the Military », Dans Robert A. Rubinstein & Kerry Fosher & Clementine Fujumura (dir.), *Practicing Military Anthropology*, Kumarian Press, Sterling, 2013, p. 16

de la rationalité de l'armée si l'on tient compte que l'action est rationnelle lorsqu'elle obéit à un but prédéfini - c'est-à-dire l'acteur conçoit clairement le but et combine les moyens pour l'atteindre (réaliser le maximum de résultats avec le minimum d'efforts). En d'autres termes, ce virage culturel est l'incarnation de la rationalité de l'armée. Il s'agit d'une reconnaissance par les militaires que les anciennes façons d'opérer et faire choses ne sont plus pertinentes et le « *Modèle de guerre américain* » n'est pas adapté : un aveu que les connaissances professionnelles des cultures étrangères sont indispensables, et les sociologues, anthropologues et linguistes possèdent ces connaissances[1]. Ce qui nous conduit à aborder la définition de la rationalité.

2.-. Définition de la rationalité de l'armée

Il y a une tendance à dépeindre les adversaires qui sont prêts à sacrifier leur propre vie ou qui ne veulent pas abandonner leurs objectifs comme extrémistes, fanatiques et donc irrationnels. Un comportement similaire des Américains provoque un ensemble distinct d'adjectifs : héros, patriotique, dévoué, sacrifice, etc. Cela pour dire que les Etats-Unis travaillent régulièrement avec un double standard culturel. Leurs propres prismes culturels les entraînent à caractériser des « *Autres* » comme « *irrationnels* ». Et malgré les appels et efforts fréquents à comprendre les comportements de l'adversaire, le discours de la guerre mondiale contre le terrorisme y compris le FM 3-24 n'est pas à l'abri de la tendance idéologique de conceptualiser les adversaires comme irrationnels. Globalement, le discours politique et stratégique est plein d'adjectifs comme fanatiques, barbares, etc. Il existe deux types de questions liées à la rationalité. La première porte sur la façon dont l'armée conceptualise ses adversaires et les populations civiles parmi lesquelles elle opère. L'armée se considère-t-elle comme rationnelle ? Et est-ce que l'armée traite ces acteurs comme rationnels ? La seconde concerne la rationalité (ou pas) de la doctrine militaire elle-même. A ce titre, de nombreux penseurs militaires ont tenté de codifier la transformation de la nature de la guerre à travers des siècles. Clausewitz en particulier a tenté de définir le noyau rationnel de la guerre dans la politique et la subordination de l'action militaire aux fins politiques. Les éléments de l'irrationalité résidaient dans la « *population* » et les émotions suscitées par la lutte, le jeu du hasard.

Les penseurs militaires sont ambivalents sur la relation entre la population et la guerre. Dans sa conception trinitaire, le peuple est considéré comme animé par la passion, alors que le lieu de la raison dans la guerre est le commandant, le stratège, l'homme d'Etat. Parce que les passions peuvent être

[1] « La transformation a été interprétée comme exclusivement technologique, mais contre un ennemi qui se bat de manière non conventionnelle [...] il est plus important de comprendre la motivation, l'intention, la méthode et la culture que d'avoir quelques mètres de précision, des nœuds de vitesse [...] ». Robert H. Scales, Jr., "Culture-Centric Warfare," *Proceedings*, U.S.N.I, Vol. 130, N°. 10, Octobre 2004, p. 32.

tempérées selon le niveau de sophistication de la société[1], la réalisation de l'État souverain est considérée comme le sommet de la civilisation. Historiquement, l'Etat européen moderne incarne l'existence civilisée[2]. Dans un sens, l'armée était l'incarnation de la raison dans la sphère de la guerre et le but de l'activité militaire au niveau supérieur était de soumettre les éléments irrationnels de la guerre à la raison. Ces tensions ont été exprimées comme une explosion incontrôlable de la violence irrationnelle et la nécessité de subordonner les opérations de guerre à la volonté politique rationnelle. Le souverain et le commandant devaient s'élever au-dessus de cela et s'assurer que la guerre avait un but rationnel, c'est-à-dire politique. Ce point de vue admet la rationalité de l'État moderne, et de ses dirigeants et politiques. Bien que problématiques, ces hypothèses présupposent néanmoins que l'une des principales tâches des soldats consiste à imposer un ordre rationnel à l'entreprise chaotique des combats armés. Les militaires deviennent ainsi les courroies de transmission de la politique et les techniciens de la violence qui imposent l'ordre au chaos. Ces distinctions entre les royaumes de l'ordre, la raison et la politique d'une part, et de la passion, la population et l'irrationalité de l'autre, sont au cœur du paradigme de la guerre moderne[3].

L'obsession toutefois du « *Modèle de guerre américain* » de la vitesse, la puissance de feu et la décision montre les contradictions inhérentes à une telle

---

[1] « *Les peuples sauvages sont gouvernés par la passion, les peuples civilisés par l'esprit* ». Clausewitz, op.cit, p. 76, 87-89.

[2] « *Nous appelons une nation barbare* », écrit philosophe et juriste allemand Christian Wolff dans *Jus Gentium Method Scientifica Pertactatum* (1749), « *qui se soucie peu des vertus intellectuelles, néglige par conséquent le perfectionnement de l'intellect. Par conséquent, puisque les nations barbares ne développent pas leur esprit en s'entraînant, elles déterminent leurs actions en suivant leurs penchants et aversions naturels* ». En revanche, une « *nation cultivée et civilisée* » est celle qui « *cultive les vertus intellectuelles* » et « *désire perfectionner l'intellect* » et développer « *l'esprit par la formation. Et cela s'appelle une nation civilisée qui a des usages civilisés ou des usages qui se conforment à la norme de la raison et de la politesse* ». Après avoir établi une distinction entre les deux, Wolff positionne les nations barbares et civilisées comme diamétralement opposées, ajoutant que « *comme les nations barbares ont des usages non civilisés, une nation barbare s'oppose donc à une nation cultivée et civilisée* ». Des deux, les nations civilisées sont supérieures et « *une nation devrait être cultivé [...] et devrait donc développer l'esprit par la formation* » et, par conséquent, « *ne devrait pas suivre la direction de ses inclinations et aversions naturelles, mais plutôt celle de la raison* ». Wolff conclut que « *parce que les nations doivent être civilisées* » et « *puisque la perfection d'une nation consiste en son aptitude à atteindre le but de l'État, et puisque la forme de gouvernement d'une nation est parfaite si rien ne manque de ce dont il a besoin pour atteindre ce but ; les nations qui perfectionnent leur intelligence doivent toujours tenir compte du but de l'État et des éléments dont elles ont besoin pour atteindre ce but. Elles doivent par conséquent orienter tous leurs efforts dans ce sens* ». Brett Bowden, *The Empire of Civilization*, op.cit, p. 117

[3] Ian Roxborough, « Learning the lessons of counterinsurgency », Dans Steven Carlton-Ford & Morten G. Ender (dir.), *The Routledge Handbook of War and Society: Iraq and Afghanistan*, Routledge, New York, 2011, pp. 32-43; Ian Roxborough, « *Counterinsurgency* », *Contexts*, Vol, 6, N°. 2, printemps 2007, pp. 15-21.

approche de la guerre. Derrière la plupart des échecs de planification américains, il y eu un échec systématique de l'analyse sociologique du régime irakien et des conditions sociales préalables à l'établissement de la démocratie en Irak. Rien ne semble avoir été appris depuis le Vietnam. Cette guerre a été perdue parce que des méthodes inappropriées ont été appliquées à des objectifs stratégiques, en tout état de cause, mal définis et irréalistes. La solution à la « *politisation* » de la conduite des opérations militaires par les dirigeants civils consiste à accepter que la guerre soit une politique. Mais ce n'est pas la leçon que l'armée américaine tire du Vietnam. La leçon était : « *plus jamais ça* », c'est-à-dire le refus de se battre de nouveau dans une guerre limitée. Un corollaire était la thèse du poignard dans le dos selon laquelle l'ingérence des civils et la contrainte imposée à la conduite de la guerre provoquaient la défaite. Tous deux se sont unis dans une séparation moltkéenne des opérations politiques et militaires. Cela a conduit l'armée américaine à développer un nouveau modèle de guerre axé sur les attaques de précision à distance, qui exploite la haute technologie pour produire une victoire rapide et décisive dans un combat conventionnel. La guerre du Golfe était l'exemple le plus évident. La focalisation sur la bataille peut être appropriée dans la guerre régulière, mai dans les guerres de la périphérie, elle conduit à un divorce des opérations militaires des buts politiques. La guerre est politique, mais la relation entre les objectifs politiques et les moyens militaires ne sont pas correctement synchronisés. « *Cela signifie que les Etats-Unis peuvent renverser un régime, mais il n'est pas facile de créer le genre de paix qui rendrait ses exploits militaires significative* »[1]. Lorsque l'occupation de l'Irak s'est avéré n'est pas une tâche difficile, l'armée américaine s'est trouvée engagée dans une guerre pour laquelle elle n'était pas préparée.

Dans l'histoire militaire, il est crucial de comprendre « *les cultures institutionnelles à travers lesquelles les corps des officiers viennent à appréhender les problèmes dynamiques et ambigus de la guerre et de la paix* ». Non seulement « *la culture institutionnelle façonne la compréhension des choix stratégiques, opérationnels et tactiques* » des soldats, elle implante aussi les hypothèses plus générales sur le cadre historique dans lequel ces choix trouvent leur sens[2]. Pour un militaire, dire que « *capturer ou tuer* » n'est pas la « *voie à la victoire* » défie la logique stratégique à de multiples niveaux. Si les États-Unis ne pouvaient pas utiliser la force pour atteindre un objectif politique, l'objectif politique lui-même aurait dû être remis en cause. Les forces armées existent principalement pour combattre et gagner les guerres de la nation. Au lieu de réexaminer l'objectif politique, les États-Unis

---

[1] Ian Roxborough, « Iraq, Afghanistan, the Global War on Terrorism, and the Owl of Minerva », Political Power and Social Theory, vol. 16, n°. 16, 2004, pp. 195-211.

[2] Williamson Murray, « Clausewitz Out, Computer In », *National Interest*, Vol. XLVIII, été 1997, pp. 57-64

poursuivraient le même but irréalisable. Summers estimait que les raisons de la défaite au Vietnam pourraient être mieux comprises et corrigées grâce à une compréhension plus approfondie de Clausewitz et du rôle des forces armées. Parmi ses principales conclusions figurait l'idée 1) l'armée américaine ne devrait être engagée que dans des opérations de combat traditionnelles et seulement en nombre suffisant pour bien accomplir sa tâche ; 2) les forces militaires avaient été mal utilisées dans la guerre du Vietnam parce que la vraie nature des forces militaires n'avait pas été comprise[1]. En ce sens, la pensée militaire ne peut pas être décrite comme rationnelle. L'aversion traditionnelle de l'armée à tout ce qui est non-conventionnel et irrégulier constitue la base de nombreux obstacles à la formulation de forces efficaces dans la guerre asymétrique.

Les pensées et les actions des gens sont un mélange complexe de la raison, l'intuition, la routine et l'émotion. Bien qu'il puisse parfois être utile de supposer, aux fins de la construction de modèles, que les acteurs sont « rationnels », ce n'est pas en général une description empirique précise de la réalité sociale. Par la rationalité nous voulons dire : calculs moyens-fins, avec des conditions supplémentaires : 1) la compatibilité de la logique des moyens relatifs aux fins avec ce qui est connu sur les relations causales pertinentes. Par exemple, traquer un terroriste avec un F-16 ou lutter contre les moustiques avec une kalachnikov semble irrationnel et, 2) toutes les informations pertinentes devraient être recherchées, et la prise en compte des contraintes des facteurs-temps et des ressources[2]. L'intérêt en effet des bureaucraties gouvernementales n'est pas seulement analytique, mais aussi pratique. En d'autres termes, les acteurs du monde réel sont soumis aux facteurs-temps et facteurs-ressources qui sont différents aux contraintes auxquelles sont confrontés les scientifiques. Plus important encore, les bureaucraties gouvernementales, contrairement au secteur privé, ne peuvent pas allouer librement les facteurs de production ou définir leurs propres objectifs. « *Le contrôle sur les revenus, les facteurs de production et les objectifs de l'agence est entièrement conféré à des entités extérieures à l'organisation - législatures, tribunaux, politiciens et groupes d'intérêt* ». La constitution ou la législation qui crée des organismes publics de longue durée leur attribue délibérément des objectifs vagues, énumérant seulement des préoccupations très larges et laissant la détermination de leur signification précise pour les

[1] « *Nous devons également comprendre la nature des forces militaires elles-mêmes. Elles sont conçues, équipées et entraînées pour une tâche spécifique : se battre et gagner sur le champ de bataille. Elles sont, en effet, une hache de guerre. Dans le passé, nous avons essayé de les utiliser pour accomplir des tâches pour lesquelles elles n'étaient pas conçues - la construction de la nation au Vietnam étant le cas le plus récent* ». Harry G. Summers, *On Strategy. A Critical Analysis of the Vietnam War*, Random House, New York, 1995, p. 184.

[2] « Tewfik Hamel: We don't fight against mosquitoes with a Kalashnikov, but in "cleaning the swamp" that support them », *American Herald Tribune*, 21 juillet 2016 https://ahtribune.com/politics/1082-tewfik-hamel.html

forums politiques ultérieurs. Le Congrès en particulier y exerce une influence considérable à travers sa capacité à établir le budget de la bureaucratie (et même à l'éliminer)[1].

Des efforts constants sont déployés pour réformer la bureaucratie et changer ses objectifs. Apporter des changements s'avère souvent difficile. Car les organisations gouvernementales opèrent dans un domaine de contraintes particulier qui affecte leur capacité à exécuter les politiques et amorcer les changements. Contrairement à « *la gestion des affaires [qui] se concentre sur la 'ligne de fond' (c'est-à-dire les profits), la gestion gouvernementale se concentre sur la 'ligne supérieure' (c'est-à-dire les contraintes)* ». Et cela a un impact sur la capacité d'action de l'Etat. En effet, l'une des difficultés inhérentes au développement d'une grande stratégie découle du fait que les priorités doivent être établies parmi les menaces et les remèdes parce que le nombre de menaces est immense et les ressources sont rares. Le manque de contrôle sur les ressources peut rendre les changements institutionnels plus difficiles et met en évidence un autre facteur ; l'importance du soutien politique. L'entretien d'un organisme gouvernemental « *nécessite non seulement l'obtention de capitaux (crédits) et de main-d'œuvre (personnel), mais aussi un soutien politique* ». C'est ce dernier qui fournit aux bureaucraties et dirigeants publics l'autonomie nécessaire pour appliquer les politiques et mettre en œuvre les changements qu'ils perçoivent appropriés. Ce qui n'est pas évident parce que « *le soutien politique est à son plus haut niveau lorsque les objectifs de l'agence sont populaires, ses tâches simples, ses rivaux inexistants et les contraintes minimes* »[2]. Ces conditions s'appliquent rarement aux bureaucraties (gouvernementales de manière générales) militaires surtout en absence un danger clair et immédiat.

3.-. Limites professionnelles et organisationnelles de la rationalité

Stratégie et politique de défense relèvent de l'action et de la décision, non des généralisations abstraites. « *Surtout, la théorie stratégique est une théorie de l'action* »[3] et le changement militaire semble naturel et résulte d'un environnement mouvant dans lequel les organisations doivent accepter le changement pour rester opérationnelles. Les organisations militaires sont toutefois résistantes au changement en raison de leur nature bureaucratique et culture organisationnelle. L'innovation est influencée par des facteurs internes et externes y compris les problèmes particuliers auxquels sont confrontés les dirigeants dans les bureaucraties gouvernementales en raison de la nécessité d'un soutien politique qui interagit avec un manque de contrôle sur les

[1] James Q. Wilson, *Bureaucracy*, Basic Books, New York, 1989, p. 115.

[2] Ibid., p. 115, 181

[3] Après tout, à quoi pourrait servir la théorie stratégique « si elle n'était pas censée être transférable au monde de l'action ? ». Bernard Brodie, *War and Politics*, MacMillan & Sons, New York, 1973, p. 452.

ressources. Les incertitudes sur la performance et les coûts élevés d'un éventuel échec, spécialement associés aux forces armées, constituent un frein à l'adaptation. Bien que certaines réformes rencontrent plus de résistance que d'autres, tout changement est difficile, ce qui explique pourquoi les organisations militaires s'améliorent progressivement. Dans l'ensemble, l'existence d'une grande stratégie cohérente, la difficulté de changer les méthodes standards de fonctionnement des grandes organisations, les obstacles posés par la culture organisationnelle et les intérêts bureaucratiques, la nécessité de gérer l'incertitude générée par l'adaptation, l'environnement stratégique, la quantité et le type de la participation civile, la technologie, la disponibilité des ressources financières sont autant de facteurs qui influent sur l'adaptation militaire. Ces facteurs entravent l'élaboration d'une stratégie rationnelle. Dans une large mesure, l'armée est limitée par les décisions prises par les dirigeants politiques. La pensée et l'action militaires sont en partie autonomes du, en partie en prise avec, et en partie subordonnée à la société plus large dans lequel elles s'inscrivent.

3-1 L'armée comme une institution totale :

Il y a une tendance à penser l'armée comme une institution plutôt homogène et largement « *totale* », utilisant des techniques ayant pour conséquences et objectifs de priver le soldat de sa personnalité intérieure parce que les valeurs et procédures martiales se heurtent à la liberté individuelle. Les dirigeants militaires conçoivent les camps d'entrainement avec l'intention explicite de dépouiller chaque nouvelle recrue de son identité civile. Parce que conçues pour la coercition et la violence, les forces armées ont développé les structures organisationnelles, les procédures opérationnelles et les valeurs martiales nécessaires pour réussir en guerre. En effet, de nombreuses organisations et professions développent des savoirs ésotériques et rien de surprenant que les organisations militaires (avec leurs mécanismes d'assimilation) développent des cultures fortes et durables. Généralement, les hypothèses et les logiques de fonctionnement d'une profession ne sont pas partagées par le reste de la société. Ses membres définissent les problèmes dans leurs propres façons spécifiques et sont fermement liés à un ensemble de procédures normalisées[1]. Cela est vrai à un niveau inhabituel pour les militaires qui épousent sans réserve la philosophie du corps bien que la culture de toute organisation militaire est complexe, contenant une grande variété d'aspects à la fois se renfonçant mutuellement et contradictoires. La culture organisationnelle militaire comprend les identités, les normes et les valeurs (englobant les hypothèses, les idées et les croyances) qui sont profondément

[1] « *Une profession est plus qu'un groupe de compétences spécialisées acquises grâce à une formation intensive* », écrit Janowitz. « *Un groupe professionnel développe un sentiment d'identité de groupe et un système d'administration interne* ». Morris Janowitz, *The Professional Soldier*, 2 éd, Free Press, New York, 1971, pp. 5-6.

intériorisées par l'organisation et simultanément encadrent la manière dont l'organisation perçoit le monde, son rôle et ses fonctions. Les membres des organisations et professions socialisés dans leur domaine finissent par accepter des cadres cognitifs, symboliques et émotionnels comme naturel, et finalement, par développer « *l'habitus* ».

La cohésion du groupe est essentielle à l'efficacité militaire. Il existe en effet une relation positive entre cohésion et performance, et la culture d'une organisation militaire est largement fonctionnelle. Les efforts d'adaptation, en réaction à la fin de la guerre froide et l'avènement d' « *ère mondiale* », pour modifier la mentalité des forces armées en faveur de campagnes interarmées et expéditionnaires pour faire face au chaos dans le littoral étaient confrontée à une résistance des services. Plusieurs hypothèses ont été avancées sur l'origine de la doctrine, et le débat continue à propos de l'influence des différentes variables sur le développement doctrinal. Une série de théories ont comme un socle commun l'idée que les organisations résistent à des changements coûteux et les historiens identifient l'aversion à l'adaptation comme une cause de l'inefficacité dans les conflits. Les organisations ont des cultures professionnelles et le changement majeur vient rarement de l'intérieur. Peu d'institutions humaines se revitalisent sans énormes pressions extérieures, car elles constituent en elle-même un obstacle à une adaptation efficace ; Elles existent pour créer la stabilité et la continuité que pour s'adapter à un monde changeant, et affichent des « *routines défensives* » ou des « *troubles d'apprentissage* ». Cette routinisation entrave le type d'apprentissage dont la société ou l'organisation peut en avoir besoin[1]. Le changement crée l'incertitude et les organisations visent à imposer l'ordre. Elles existent pour servir de freins à des changements majeurs qui perturbent les comportements existants. La plupart des bureaucratisons s'opposent au changement comme il représente une menace directe à leur position.

Après la fin de la guerre froide, les forces américaines ont eu du mal à s'adapter aux exigences du nouvel paysage stratégique en partie à cause de leur culture organisationnelle. Parce que son état d'esprit est principalement axé sur la préparation aux campagnes conventionnelles majeures qu'aux ennemis asymétriques[2], l'armée américaine a eu des difficultés d'adaptation comme elle était appelée à se redéfinir de nouveaux rôles pour rester un outil essentiel de la politique étrangère américaine dans le « *Nouvel Ordre Mondial* ». L'idée principale est que les adversaires et les missions pour lesquels les forces armées doivent être préparées sont plus ambigus et diversifiés que « *gagner les guerres de la nation* ». Pour les forces armées, cela signifie étendre leurs capacités pour inclure les opérations dans des

---

[1] Edgar H. Schein, « Culture: The missing concept in organizational studies », *Administrative Science Quarterly*, Vol. 41, N°. 2, Juin 1996, pp. 229-240.

[2] Robert Cassidy, *Counterinsurgency and the Global War on Terror*, Stanford Security Studies, 2008, p. 21-35.

environnements irréguliers. Mais l'armée américaine n'a jamais été très heureuse avec la contre-insurrection et les « *petites guerres* ». Le diagnostic du « chaos mondial » selon lequel d'Amérique est confrontée au « *côté sombre de la mondialisation* » et à un ensemble de structures amorphes irrationnelles et fanatiques constitue un cauchemar pour les planificateurs militaires, en conflit direct avec le « *modèle de guerre américain* ». C'est qui explique qu'à la fin de l'administration Clinton, la vision du courant dominant au sein de la communauté militaire est stato-centrée axée sur la préparation aux conflits interétatiques.

Pour les critiques, les militaires ne tiennent pas compte de l'histoire. Ils acquirent des systèmes d'armes basés principalement sur leurs capacités mécaniques, puis improvisent un système de commandement et de contrôle qui répond à peine aux exigences du champ de bataille. L'armée s'adapte généralement aux opérations irrégulières dans l'exercice, mais une fois le conflit est terminé, elle abandonne les leçons apprises et met l'accent sur les conflits de haute intensité. Trois raisons au moins entravent l'institutionnalisation de la doctrine de la COIN : 1) le manque de clarté conceptuelle sur les caractéristiques uniques des opérations de COIN ; 2) l'engagement préalable avec des hypothèses sur l'utilisation de la force; et 3) une culture axée sur les infractions et les conventions au sein de l'armée américaine. La résistance aux opérations de stabilité est davantage un défi culturel et intellectuel qu'organisationnel. Le sentiment « *nous ne nettoyons pas de fenêtres* » ou « *nous n'accompagnons pas les enfants à l'école* » reflète l'attitude de la profession à l'égard de ces opérations dites « *périphériques* ». Habituellement seule une petite poignée d'officiers des forces spéciales conservent un intérêt pour la COIN. Pour surmonter cette tendance, les intellectuels de la défense appellent l'armée américaine à définir clairement la contre-insurrection, hiérarchiser ces opérations parmi les missions et développer la capacité de mener ces opérations par des changements doctrinaux, des structures organisationnelles et des initiatives d'investissement[1].

3-2 Dialectique politico-militaire

Le politique, le stratège et le tacticien opèrent directement dans le monde réel et sont soumis aux contraintes du facteurs-temps et des ressources. Leur approche est normative, prescriptive et prospective. Elle n'est pas simplement empirique et ne vise pas seulement à décrire et à expliquer les phénomènes et à envisager le futur. Leur analyse évalue les choix politiques et stratégiques auxquels l'Etat est confronté, et recommande souvent un plan d'action. L'homme politique est impliqué dans un processus de dialogue et d'échange avec d'autres dirigeants internationaux et le public. Le soldat rencontre

[1] David Ucko, *The New Counterinsurgency Era*, Georgetown University Press, Washington, D.C., 2009.

l'ennemi sur le champ de bataille. Les quartiers généraux des opérations au niveau stratégique (lieu d'interaction entre les dimensions politique-stratégique et militaire-opérationnelle) traitent avec les interprétations de la politique et des engagements au niveau tactique avec le monde réel. Le but principal de la recherche scientifique dans la communauté universitaire est de contribuer à la recherche de la vérité et d'améliorer la compréhension du monde. Les analyses des politiques et des fonctionnaires gouvernementaux partagent cet engagement, mais sous un angle différent. En ce qui concerne le rôle fonctionnel, leur but ultime est d'aider le gouvernement à mener sa politique de manière plus judicieuse et à utiliser plus efficacement ses ressources. « *La pensée [ou la théorie] stratégique* » est en effet « *pragmatique. La stratégie est l'étude de 'comment faire', un guide pour accomplir quelque chose et le faire efficacement. Comme dans de nombreuses autres branches de la politique, la question qui intéresse la stratégie est : l'idée fonctionnera-t-elle ? Plus important encore, pourrait-elle fonctionner dans les circonstances particulières dans lesquelles elle sera prochainement testée ?* »[1].

La nature complexe de la politique, la guerre et la stratégie ne peut pas être simplement traduite dans les slogans et mots à la mode. Les mots comptent, mais le contexte est roi. Le plus important n'est pas de trouver langage commun, mais plutôt comment ils l'utilisent pour décrire clairement l'interaction complexe entre la politique, la stratégie et la guerre. Sans une compréhension de ce qui se passe, pourquoi se produit-il (y compris le contexte historique), comment s'est-il produit, et ce qu'un acteur cherche à atteindre, il n'y a pas de stratégie. En d'autres termes, ceux qui élaborent la stratégie doivent connaître le contexte dans lequel ils agissent et comment il peut être canalisé pour atteindre l'état final recherché. Comme la chaîne du commandement militaire est chapeautée par l'autorité politique civile, il devrait être tout à fait clair que l'effet stratégique doit être dominé par les calculs politiques. En ce sens, la pensée militaire est loin d'être rationnelle. La friction entre les mondes civil et militaire introduit des éléments d'irrationalité dans la pensée et les pratiques militaires. La pensée militaire est très techniciste. Elle a l'apparence d'un calcul rationnelle de fins-moyens, mais à cause de certaines hypothèses sur les divisions entre la sphère de la guerre et la sphère politique, le résultat est un échec d'aligner correctement les opérations militaires avec les objectifs politiques[2]. La capacité de l'armée de

[1] Bernard Brodie, « Why Were We So (Strategically) Wrong », Foreign Policy, N°.5, hier 1971-72, p. 151

[2] Les sources de la cohésion militaire se trouvent dans deux facteurs : 1) la capacité de l'armée de former ses troupes librement de toute ingérence politique ; et 2) la force de persuasion de l'idéologie et les pouvoirs de coercition du régime (la combinaison d'une idéologie qui exige une « loyauté inconditionnelle » comme le nationalisme, ou le fascisme, etc. et du pouvoir de contraindre les individus récalcitrants. Jasen J. Castillo, *Endurance and War: The National Sources of Military Cohesion*, Stanford University Press, Stanford, 2014.

former ses troupes librement de toute ingérence politique est l'une des sources de l'efficacité militaire.

Le problème n'est pas exclusivement militaire, mais est partagée par les hauts décideurs. Les officiers militaires demandent constamment des objectifs clairs. Les politiciens en revanche évitent souvent les déclarations claires et définitives y compris sur les questions de la guerre et la paix. Tout au long *De la guerre*, Clausewitz a soutenu une vision dialectique des tensions politico-militaires et stratégico-tactiques auxquelles sont confrontés les dirigeants politiques et militaires. En effet, les questions de la stratégie ne peuvent pas être réduites à des questions techniques (comment mener une campagne réussie, etc.) ou à « *la continuation des relations politiques avec l'appoint d'autres moyens* ». Les questions militaires constituent une pratique en soi et une sphère à part qui ne peut pas être réduite à l'objectif politique pour lequel la force armée est déployée. Bien que la guerre ait sa propre « *grammaire* », les considérations politiques ont toujours conditionné les opérations militaires. Clausewitz en a fait un thème central de sa théorie de la guerre, insistant à plusieurs reprises sur la subordination de la guerre à la politique, contrairement à d'autres théoriciens militaires comme Antoine Henri Jomini qui n'a pas mis l'accent sur les objectifs politiques[1]. Cette interdépendance entre les niveaux (politique, stratégie, opérations, tactiques) de l'action de l'État est une caractérisation qui masque le degré de dépendance des niveaux supérieurs en particuliers civils.

Cela implique que la guerre ne peut pas être considérée indépendamment des raisons politiques de la stratégie nationale dont les forces armées font partie et sont chargées d'exécuter. Prises ensembles ou individuellement, politique, posture militaires, tactiques d'emploi, acquisitions, formation, etc. ne pourraient en aucun cas être séparées les unes des autres de façon pratique ou conceptuelle. Toutefois, les organisations militaires avec leurs propres « *personnalités institutionnelles* » ont certaines tendances génériques communes comme la préférence pour les guerres conventionnelles et opérations offensives. La doctrine est formulée pour traduire ces désirs. Mais l'intervention des civils, qui accordent une attention à la grande stratégie et l'équilibre international, peut jouer un rôle important dans la formation de la doctrine. En d'autres termes, le modèle des relations civilo-militaires et sa réalisation dans l'éducation militaire professionnelle et la prise de décision favorisent une division entre l'art de gouverner (politique) et l'art de guerre (militaire). Cela conduit à une séparation dans les processus où les politiciens fixent des objectifs que la victoire pourrait assurer. Dans un sens, la professionnalisation (développement d'un système d'expertise et construction

---

[1] Voir John Shy, « Jomini », pp. 143-185 et Peter Paret, « Clausewitz », pp. 186-213, Dans Peter Paret (dir.), *Makers of Modern Strategy: from Machiavelli to the Nuclear Age*, Princeton University Press, Princeton, 1986.

d'une identité professionnelle)[1] génère des valeurs, normes et codes de conduite qui augmente cette distance. Cette ligne de démarcation entre leadership civil et opérations militaires garantit à l'armée une sphère de compétence professionnelle exclusive, et résout la relation civilo-militaire d'une manière plus ou moins acceptable. Liée à cette notion que la guerre est une activité technique distincte avec sa propre « *grammaire* » est l'idée qu'il existe une distinction entre l'« *art de gouverner* » et l'« *art de guerre* ».

Ce conflit est dû au fait que la stratégie en tant que « *processus doctrinal* » est le produit de négociations et compromis - un processus non linaire et irrationnel directement en contraste avec la pensée militaire. Dans le cas du Vietnam, des officiers américains ont fini par croire que la guerre était perdue à cause de contraintes imposées par les civils quant au bon usage de la force militaire. Selon cette opinion, la guerre du Vietnam était avant tout un conflit militaire classique avec le Nord-Vietnam. L'application d'une force écrasante aurait permis de gagner la guerre. Au lieu de cela, les dirigeants politiques ont poursuivi une politique de progressivité et d'envoi de « *messages* ». Pour les militaires, la guerre a été perdue parce que les civils ne leur permettaient pas de faire leur travail. Les contraintes inutiles et contre-productives imposées par les politiciens à la stratégie américaine -renforcement progressif des troupes dans le sud et l'escalade progressive et mesurée du bombardement du Nord-Vietnam- ont empêché de lancer un coup de grâce contre l'ennemi au début de la guerre. Les restrictions des politiques lient les mains des soldats sur le champ de bataille en les privant de la capacité d'expliquer si les objectifs des décideurs sont réellement réalisables. Dans le cas de l'Afghanistan, les soldats ne croient pas que les objectifs américains « *étaient réellement réalisables* ».[2] Lorsqu'un général a dit à « *ses maîtres politiques* » qu'ils devaient être patients parce qu'ils étaient là pour une longue période, « *une telle pensée de la part des chefs militaires produit une situation dans laquelle les méthodes tactiques de l'armée éclipsent la stratégie et même la politique* »[3]. Une évaluation interne du DoD admet que la campagne en Afghanistan est une guerre « *impossible à gagner militairement* »[4].

Les échanges entre les dirigeants politiques et responsables de la conduite des opérations militaires pour forger une stratégie nationale ont toujours impliqué des tensions, parce que leurs perspectives du monde diffèrent. L'institution militaire semble accepter le principe du contrôle civil, mais s'attend en même temps pouvoir, une fois sa tâche lui a été confiée, déterminer ses propres actions sans ingérence politique. En plus de chercher l'autonomie

---

[1] Richard Wittorski, *Professionnalisation et développement professionnel*, L'Harmattan, Paris, 2007.

[2] Emile Simpson, *War From the Ground Up*, Oxford University Press, Oxford, 2016.

[3] Gian Gentile, *Wrong Turn*, p. 33, 60, 83, 118, 134

[4] Cette évaluation a été obtenu en vertu de la *Freedom of Information Act*, Richard Cookson, « MoD admits campaign in Afghanistan is 'an unwinnable war' », The Independent, 14 mars 2013

et la liberté d'action vis-à-vis des civils en temps de guerre, l'armée veut aussi une indépendance en temps de paix dans sa manière de se façonner pour de futures guerres. Le « *modèle de guerre américain* » et la théorie dominante des relations civilo-militaires prétendent que la manière la plus efficace de contrôle civil est celle qui isole le soldat de la politique, mais lui donne une main libre dans les affaires militaires. Les civils doivent s'abstenir de poser trop de questions (et encore moins donner des consignes) sur les tactiques ou les opérations militaires, les mesures de succès ou l'utilisation de la force. Le rôle des civils se limite à définir des objectifs stratégiques clairs, mais généraux, puis ils laissent à l'armée la plus grande liberté possible pour les atteindre[1]. Cela semble difficilement tenable. La combinaison de normes éthiques modifiées et d'une grande couverture médiatique provoque l'indignation du public lorsque les coûts du conflit deviennent trop élevés ou/et trop visibles. Cette liberté a été altérée par l'Age de l'information qui entraine plus de contrôle civil.

Le chevauchement de la guerre et de la politique dans les conflits irréguliers, qui se sont révélés être un risque électoral plus important- est beaucoup plus omniprésent que dans un conflit conventionnel. En raison de la sensibilité politique des opérations militaires et des risques électoraux, les dirigeants politiques s'associent plus étroitement au processus décisionnel des opérations militaires. La différence c'est que dans le passé le politique était principalement un facteur au niveau stratégique, où l'art de gouverner guidait l'application de la puissance militaire. Historiquement, chaque niveau de guerre a été séparé et distinct dans ses missions et objectifs principaux tout en reconnaissant le niveau hiérarchique et la primauté du commandant supérieur. Mais le Web-système permet de fournir une compréhension qui permet de « *comprimer les échelons stratégiques, opérationnels et tactiques. L'espace de bataille élargi et la portée des unités tactiques, grâce à la capacité de voir et de comprendre l'ennemi dans un sens holistique, permettent aux échelons tactiques d'utiliser des actifs stratégiques et opérationnels avec des effets décisifs. Cette réalité augmente l'importance du niveau tactique de la guerre pour les résultats stratégiques* »[2]. Dans la « *guerre parmi les populations* », la politique se répand à tous les niveaux de la guerre y compris tactique, surtout lorsque les mesures purement militaires seules ne peuvent assurer la victoire étant la solution du conflit réside vraisemblablement dans le contexte économique, politique ou social.

---

[1] « *Les commandants ont accepté en principe la souveraineté des objectifs politiques, tout en cherchant à préserver un domaine de prise de décision purement militaire exempt de l'intrusion des considérations politiques* », Benjamin Buley, *The New American Way of War*, Routledge, New York, 2008, p. 11.

[2] Department of the Army, *Concepts for the Objective Force*, White Paper, Washington, novembre 2001, p. 4.

3-3 La tendance libérale

La société confère à certaines professions des codes d'éthique différenciés. Les professions juridiques et médicales, par exemple, se voient conférer des libertés et des devoirs qui ne sont pas confiés à des personnes extérieures à la profession. Cela sert un bien social, et est donc admissible. L'armée, de la même manière, suit un code éthique différencié dans le but de protéger la société. L'éthique militaire - telle exprimée dans divers codes des services et lois de la guerre - établit des limites de ce qui est admissible. Plus restrictives sont les limites fixées par les valeurs fondamentales de la société. Le soldat a le devoir moral de tuer et de détruire - mais seulement dans certaines circonstances. La mission devrait être achevée - mais pas à tout prix. L'armée n'est pas totalement hermétique. Elle est à l'image de la société dont elle est issue. Par conséquent, il n'est pas possible de discuter des systèmes de croyances militaires en dehors du contexte politique et culturel plus large dans lequel ces systèmes sont développés et dans lequel les forces armées opèrent. En effet, la théorie, la doctrine et la stratégie militaires font parties intégrantes des « *imaginaires sécuritaires* »[1] et le contexte dans lequel les stratèges exposent leur travail est aussi important que le langage qu'ils utilisent. A ce titre, le libéralisme, l'un des « *aspects politiques* » importants de la culture occidentale, contient un certain nombre de tensions qui affectent le débat interne à propos de l'utilité et la légitimité des opérations militaires. Le contexte politique des « *nouvelles guerres* » nécessite que le but et la pratique des forces militaires soient régis par les valeurs libérales, mais la conduite de la guerre rend l'application des valeurs libérales difficile[2]. Les sociétés occidentales modernes ont déménagé dans une phase libérale d'après-guerre, ce qui augmente certains aspects de la distance militaire du reste de la société. Les façons dont les forces armées traitent les questions de la guerre et de la paix sont largement influencées par les influences politiques, culturelles et ethniques émanant de la société en général.

La culture contemporaine a érodé l'ethos guerrier. Selon cette perspective, les forces armées peuvent servir une démocratie seulement si elles sont le reflet de cette société et sont influencées par les mêmes tendances sociales. Mais « *les valeurs nécessaires pour défendre la société sont souvent en contradiction avec les valeurs de la société elle-même. Pour être un serviteur efficace du peuple, l'armée doit se concentrer non pas sur les valeurs de notre société libérale, mais sur les valeurs hard du champ de bataille. Ces valeurs sont simples : vivre ou mourir - Gagner ou perdre* »[3]. Ce qui entraîne l'échec

---

[1] Jolien Pretorius, « The Security Imaginary », *Security Dialogue*, Vol. 39, N°. 1, 2008, p. 97-118.

[2] Lawrence Freedman, *Transformation in Strategic Affairs*, Adelphi Paper, n°. 379, IISS, avril 2006, p. 8, 27.

[3] le Général Walter Dutch. Cité par Ralph Puckett, *Words for Warriors*, Wheatmark, Arizona, 2007, p. 328.

des démocraties dans les « *petites guerres* » est l'interaction de la sensibilité aux victimes, la répugnance pour le comportement militaire brutal et l'engagement à la vie démocratique. Ce sont ces tensions qui fournissent la substance d'un débat interne à propos de l'utilité et la légitimité des mesures coercitives[1]. Ce qui complique la tâche de formuler une stratégie efficace et une structure de force adaptée. « *Dans les démocraties populaires modernes, même un conflit armé limité nécessite une base importante de soutien public. Ce soutien peut s'éroder ou même être renverser rapidement, peu importe la valeur de l'objectif politique, si les populations croient que la guerre se déroule de manière injuste, inhumaine ou inique* »[2]. En d'autres termes, les présidents sont confrontés à des contextes politiques qui peuvent les rendre plus ou moins sensibles aux citoyens. Historiquement, le rôle de la population a évolué. Avant 1945, l'influence du public sur le processus décisionnel était plutôt limitée. Mais au fur et à mesure que le siècle avançait, les opérations militaires devinrent plus expéditionnaires et éloignées (menées dans la périphérie). En même temps, le sentiment du public de la guerre changea, tandis que son influence sur la prise de décision a augmenté surtout avec les nouveaux médias et « *web-système* ».

Bien que « *les armes de précision aient vraiment donné un nouveau sens au terme 'masse'* »[3], la tâche des militaires est devenue plus compliquée, car le contexte de l'utilisation de la force a évolué. Avec les nouvelles technologies d'information, et des normes culturelles et juridiques changeantes, même une action militaire ciblée pourrait être décrite comme une atrocité par des médias désormais mondialisés. Les dirigeants auront à tenir compte de deux aspects dans le développement de la politique de défense du 21ème siècle. Le premier est l'aversion croissante dans l'électorat et les rangs en uniforme aux pertes amicale ; et le second, inhabituel dans l'histoire, l'est impératif de gagner les guerres avec un nombre minimum de pertes infligées à l'ennemi. L'action militaire suscite l'aversion parce que l' « *imaginaire morale a été transformé depuis 1945 par la croissance d'un langage et d'une pratique de l'universalisme moral, exprimé dans une culture partagée des droits de l'homme. La télévision à son tour rend plus difficile le maintien de l'indifférence ou de l'ignorance* »[4]. Le problème de l'écart entre la culture militaire et la société américaine est devenu plus visible et il y aura toujours une divergence entre la discipline requise d'une force de combat et l'individualisme de la société dont elle est chargée de défendre. Une armée efficace a sa propre culture distincte, qui met l'accent sur l'honneur, le courage

---

[1] Gil Merom, *How Democracies Lose Small Wars*, Cambridge University Press, Cambridge, 2003, p. 230-231

[2] Charles Dunlap, *Technology and the 21st Century Battlefield*, U.S. Army War College, 15 janvier 1999, p. 4.

[3] David Mets, *The Long Search for a Surgical Strike*, Air University Press, Maxwell Air Force Base, 2001, p. 36

[4] Michael Ignatieff, *The Warrior's Honor*, Chatto and Windus, London, 1998, p. 8.

et le sacrifice sous une structure de commandement. Pour l'armée, les tentatives visant à effacer cette division en « *civilisant* » l'armée, ou en faisant du service l'objet d'expériences sociales, nuisent à l'efficacité et au moral des soldats.

4.-. Le tournant culturel du FM 3-24

La perception des Etats-Unis de l'ennemi a beaucoup évolué depuis le « *11/9* » et la parution du FM 3-24 a mis en évidence l'évolution de leur pensée militaire. Sur le plan organisationnel et intellectuel, les forces américaines étaient mal-préparées au chaos irakien. Mais sous l'influence de la « *cabale* », une transformation a été amorcée pour s'adapter à la « *guerre au sein des populations* » en minimisant l'importance des opérations cinétiques axées sur l'ennemi, de la force écrasante et du tout-technologique. La pensé de la COIN et le FM 3-24 suscitent de nombreuses interrogations y compris la définition et le cadrage du problème, la motivation des insurgés, et l'utilisation de la culture et du récit au détriment d'un examen de la structure sociale et du changement historique. Le récit de COIN est une recette pour la guerre perpétuelle. Au Vietnam, l'armée n'a pas poursuivi la pacification, mais une approche centrée sur l'ennemi axée sur « *tuer ou capturer* ». La guerre était impossible à gagner à un coût moral ou matériel que la plupart des Américains jugeaient acceptable. Il était donc difficile de critiquer le peuple américain lorsque les responsables n'avaient rien à lui proposer à part une période indéterminée d'engagement sans la garantie d'un succès éventuel. La guerre pouvait être gagnée seulement si les États-Unis acceptent de rester au Vietnam pendant des générations pour une construction de la nation. L'Afghanistan, l'Irak et nombreux autres pays dans le Sud posent des problèmes similaires où les Etats-Unis se distinguent par une incapacité à développer une stratégie cohérente pour atteindre l'objectif politique. Il y a donc peu de chance que la COIN réussisse à construire un gouvernement et une économie afghans qui auraient le consentement de la population parce que le problème en Afghanistan, en Irak, etc. est celui de la stratégie, pas de la tactique.

Cette construction de la nation est un « *pur fantasme* » à cause de l'absence de la volonté politique de s'engager dans une entreprise qui pourrait prendre des générations. Aucune combinaison d'ajustements n'est en mesure de changer cet environnement. Le mythe de la COIN - la formule magique de la victoire des « *défenseurs de l'interventionnisme américain à l'étranger* » est l'une des raisons expliquant pourquoi Washington pense qu'elle est en mesure de transformer l'Afghanistan en une nation stable en quelques années seulement. En effet, le culte de la COIN promet des solutions techniques faciles aux problèmes difficiles de la guerre et le danger cette doctrine est qu'elle promet le succès dans un monde complexe, peu importe la stratégie. La persistance du mythe selon lequel la bonne gouvernance entraîne le succès de la COIN peut être attribuée à de nombreux facteurs notamment le recours de manière abusive et sélective à des exemples historiques douteux, et à la croyance interventionniste libérale dans l'efficacité de la force militaire pour effectuer des changements sociaux et politiques dans d'autres États et sociétés. C'est la politique et la stratégie qui déterminent le résultat d'un conflit, et non pas les tactiques. Ses partisans imputent la faute à des généraux conventionnels, des politiciens opportunistes et un public civil impatient, et non pas aux limites intellectuelles et stratégiques de leur approche. Le récit COIN a toujours été un outil de marketing pour soutenir des projets impérialistes. Les porte-parole des petites guerres ont promu les avant-postes éloignés comme des positions stratégiques vitales convoités par d'autres puissances[1]. Ce récit, rarement basé sur des faits, mais ancré dans une histoire fictive, incite les Américains à se lancer dans des aventures étrangères dangereuses à la sécurité internationale.

Les pratiques de la COIN sont anciennes, mais réactualisées à un monde postcolonial et de l'ère de l'information, où les populations manifestent une aversion aux massacres. Les dirigeants et les experts qui prétendent que « *la guerre est à propos de la puissance douce* » soutiennent implicitement ou explicitement la transformation de l'armée américaine en une force de police mondiale chargée de la gestion impériale. Il est difficile, à ce titre, de soutenir que l'approche des conflits irréguliers dans le tiers monde à travers le prisme de la contre-insurrection mondiale est le moyen le plus utile pour comprendre la dynamique de ces conflits. Peut-on vraiment dans le cas Irak, par exemple, soutenir qu'il y avait une rébellion contre un État constituée, ou s'agissait-il plutôt une guerre civile ethnique ? Ou simplement d'une guerre de décolonisation où la coalition internationale mène une guerre impériale et les insurgés mène une guerre de libération ? C'est l'un des nombreux endroits où la notion de la COIN montre ses limites. Selon le scénario classique de COIN, un gouvernement ami est attaqué par une « minorité » d'insurgés fanatiques. Une intervention militaire américaine est nécessaire pour soutenir ce gouvernement jusqu'à ce qu'il puisse gagner la légitimité populaire et ses forces de sécurité soient en en meure de « *protéger* » la population. Mais en Irak, « *nous n'étions pas confrontés à un simple problème d'insurrection, mais au milieu d'une guerre civile sectaire irakienne complexe* », prévient le colonel Gentil[2]. Certes, toutes les insurrections contiennent des aspects d'une guerre civile. Mais la distinction est essentielle.

La terminologie influence sans aucun doute notre capacité à penser clairement. La définition d'un conflit comme une « *guerre civile* » entraine en elle une implication importante selon laquelle les Américains ne doivent pas

[1] Gian Gentile, *Wrong Turn*, p. 116, 133, 139 ; Douglas Porch, *Counterinsurgency*, p. 44, 332, 341.
[2] Gian Gentile, *Wrong Turn*, p. xiv-xvii

s'impliquer dans les affaires intérieures des autres peuples[3]. L'admission d'une situation de « *guerre civile* » remettrait en cause les fondements de la politique américaine en Irak, et exige beaucoup plus de ressources. Une guerre impériale ou pour les ressources n'est pas non plus acceptable, car l'Amérique est censée être une puissance anti-impérialiste et anticoloniale. Une contre-insurrection, par contre, consiste à apporter une aide à un gouvernement légitime à repousser une menace extrémiste. Le conflit est considéré entre un gouvernement légitime légalement constitué (largement par la coalition) et les insurgés, un conflit pour gagner l'allégeance du « *peuple* ». C'est une conceptualisation superficielle de la guerre irrégulière[4], mais qui a le mérite de constituer une base d'un récit stratégique libéral bien que les racines de la COIN se trouvent dans les théories des « petites guerres » du XIXe siècle. La « police impériale » était une entreprise coercitive, visant à soumettre la population par la violence afin d'établir le contrôle. Les résultats étaient profondément destructeurs politiquement, socialement et économiquement. Ses partisans continuent à offrir des versions mythologiques et séduisantes du passé comme « *une grande formule stratégique pour l'avenir* ». Des lectures altérées du passé comme la « *base d'impératifs professionnels et institutionnels peut conduire des gens se faire tuer* »[5]. Les insurgés contre la domination impériale ont été délégitimés en les dépouillant de leur pouvoir politique et qualifiés de « *bandits, de voyous, de seigneurs de la guerre ou de fanatiques* ». Un tel récit a également trouvé son chemin dans le FM 3-24, où les insurgés ont été décrits comme « *caractérisés par la violence, l'immoralité, la méfiance et la tromperie* ».

4-1 Centrée sur la population :

Selon la « *cabale* », vaincre les insurgés consiste à comprendre la nature de l'insurrection et concevoir des méthodes adaptées, militaires et non militaires, pour priver les insurgés du soutien de la population dont les opinions sont le principal déterminant du résultat de la guerre. L'avantage des insurgés est leur capacité à se déplacer librement parmi les populations locales comme « *un poisson dans l'eau* », ce qui rend difficile leur identification. Dans ce cas, « *sécher la mer, ou drainer le marais, à travers une campagne de gagner les cœurs et les esprits et le poisson meurt* »[6]. Cela suggère le

---

[3] Récemment, le colonel Douglas Macgregor a clairement dit que « la mission des forces armées américaines n'est pas de combattre les guerres civiles menées par d'autres peuples ». Hunter DeRensis, Will the ISIS Attack Accelerate Trump's Syria Pullout?, *The National Interest*, 16 janvier 2019

[4] Ian Roxborough, « Building other Peoples' States », Comparative Sociology, Vol. 11, N°. 2, 2012, pp. 179 – 201 ; Ian Roxborough, « Counterinsurgency », Context, Vol 6, N°. 2, 2007, pp. 15-21 ;

[5] Douglas Porch, *Counterinsurgency*, Cambridge University Press, New York, 2013, p. 338

[6] Paul Dixon. "Hearts and Minds?", *Journal of Strategic Studies*, Vol. 32, N°. 3, 2009, pp. 353-381 (362)

contrôle de l'information[7], la mise en place de réformes politiques, économiques et sociales pour redresser les griefs qui poussent les populations à soutenir les insurgés, la création de partenariats avec des alliés locaux et la conception de mesures adaptées localement pour cibler les sources du conflit. Selon ses défenseurs, la COIN *« vise à gagner les cœurs et les esprits des populations locales en assurant la sécurité ainsi que l'aide économique, la construction des ponts, des écoles, des routes et d'autres infrastructure, et enfin la bonne gouvernance »*. Le but de fournir des biens publics est de gagner le soutien de la population, «*forçant ainsi les insurgés à se battre en plein air, où ils seront traqués et tués ou capturés* »[8]. La FM 3-24 inverse la réponse militaire et cherche à modérer l'utilisation cinétique des soldats. Au lieu de voir la défaite de l'ennemi comme la principale tâche militaire, il affirme que la protection de la population civile est la tâche principale « *en mettant le bien-être des civils non-combattants avant toute autre considération, même - en fait, surtout - avant de tuer l'ennemi* »[9]. Car l'existence d'une insurrection implique une base de soutien populaire qui aide activement ou au moins tolère les insurgés. Au centre de tous les conflits existe une population avec un sentiment qui peut être soit pour, contre ou neutre envers les actions des entités concurrentes. Les différents segments de la population peuvent présenter divers niveaux de soutien actif, passif ou de résistance.

La COIN centrée sur la population est devenue le « *nouveau modèle de guerre américain* ». Les idées et principes de FM 3-24 sont devenus transcendants et s'étend bien au-delà de l'armée américaine. Le manuel va au-delà d'une simple doctrine pour contrer les insurrections pour devenir la caractéristique déterminante du nouvel modèle de guerre de l'armée. Ce tournant est important au regard, d'une part, du paradigme de la guerre moderne et, d'autre part, de la tradition militaire américaine. Les soldats sont entraînés à tuer, et l'armée américaine est une adepte de l'utilisation de la puissance de feu massive. Un descripteur commun de l'approche américaine de la guerre est que l'Amérique ne saisit pas la relation entre la guerre et la paix. « *Le modèle de guerre américaine* » tend en effet « *à distinguer nettement entre les états de paix et de guerre et, une fois cette dernière est engagée, à mobiliser les ressources abondantes de la république derrière une offensive de la plus haute intensité possible* »[10]. La RAM a simplement exacerbé cet instinct guerrier, entrainant ainsi une annihilation flexible. La

---

[7] « *Le contrôle de l'information est stratégiquement décisif dans la contre-insurrection. C'est l'arme principale de l'insurgé, tandis que la population civile est sa cible principale et également le champ de bataille sur lequel la guerre est livrée. Le terrain clé dans une insurrection n'est pas un espace physique, mais la loyauté politique des populations* », écrit John Nagl. David Galula, *Counterinsurgency Warfare*, Praeger, Westport, 2006, p. ix

[8] Gian Gentile, op.cit, p. 2

[9] David J. Kilcullen, *Counterinsurgency*, Oxford University Press, New York, 2010, p. 3-4.

[10] Buley, p. 2.

tendance à rechercher une victoire décisive par l'utilisation écrasante de la force est en contraste avec les exigences de réussite dans les guerres irrégulières. Cette tendance à recourir à des « *opérations décisives rapides* » est un thème commun parmi les historiens militaires qui décrivent l'aversion des Américains aux longues guerres d'usure, tout en préférant les opérations offensives, agressives et à grande échelle. Cela été inversé par la doctrine de COIN au sens où les soldats sont appelés à éviter les opérations cinétiques comme première réponse.

4-2 « *Moins de cinétique* » :

Le manuel souligne l'efficacité limitée de la puissance de feu et l'importance des tactiques des petites unités en mettant l'accent un nouveau modèle de bases plus petites et dispersées, des patrouilles à pied, et la fourniture directe de la sécurité aux civils irakiens menacés. Le FM 3-24 appelle à mettre l'accent sur la protection de la population que sur les opérations cinétiques. Ce qui signifie que les activités « *tuer ou capturer* » sont strictement secondaire et non décisives. Dans l'environnement de sécurité émergeant, les forces armées ont besoin d'embrasser le concept de la *nation-building*. La capacité d'appliquer les éléments non-cinétiques de la puissance nationale est aussi importante pour la victoire que l'application de la puissance de feu. Une orientation différente est nécessaire, dans laquelle « *la machine à ronéotyper peut s'avérer plus utile qu'une mitraillette, un soldat formé comme un pédiatre plus important qu'un expert en mortier, le ciment est plus recherché que le fil de fer barbelé* »[11]. Le Manuel plaide dans un discours libéral pour la transformation de l'armée pour être en mesure de mener les « *guerres impériales* » dans le Sud. Il s'agit de renforcer le gouvernement client-vassal tout en affaiblissant les insurgés afin de parvenir à un état final dans lequel il peut vaincre les menaces internes à sa sécurité avec une aide américaine minimale.

Boot fournit une vue de ce que devrait être le rôle d'une « *armée impériale* » dans ce type de missions ; « *Le contrôle de la population civile requiert l'utilisation de soldats pour patrouiller dans les rues comme des flics* » même si au risque de leur vie. Car « *personne ne s'attend qu'un service de police d'une grande ville gagne la 'guerre contre le crime'. La police est considérée comme a réussie si elle arrive à réduire le désordre, garder l'élément criminel aux abois, et permettre aux gens décents une chance de vivre leurs vies en paix. Dans le processus, quelques flics vont mourir, et tout cela est une tragédie pour faire le deuil, mais personne ne suggère par conséquence que la police doit rentrer à la maison et laisser les gangsters courir dans la rue* »[12]. La sécurité est la première chose que la population demande après la guerre et il est cruciale que puissance occupante domine

---

[11] Ecrit J. Nagl dans dans l'Avant-propos de David Galula, op.cit, p. ix

[12] Ibid, p. 327.

l'espace de sécurité. Bien que les opérations cinétiques de « *tuer ou capturer* » restent un aspect important, elles ne servent qu'une solution à court terme. Dans la « *guerre parmi les populations* » fortement politisées, la retenue et la légitimité sont des éléments clés du succès et les forces gouvernementales devraient utiliser le moins de force possible parce que l'usage de la force tend à aliéner la population. Les forces de sécurité ne devraient pas être utilisées pour rechercher et détruire les insurgées, mais pour protéger la population contre ces derniers. Surtout avec le « *web-système* », toute utilisation inappropriée de la force sera mise à profit contre les forces occupantes, et pourrait saper le soutien populaire, changer les perceptions et aliéner la population locale.

Pour être décisif dans le champ de bataille très complexe, politisé et interconnecté de « *la guerre parmi les populations* », il faut veiller à ce que l'application de la force soit façonnée par des forces militaires professionnelles de sorte qu'elles puissent s'adapter aux changements politiques rapides et aux objectifs opérationnels et stratégiques flexibles. Le manuel évoque une série de « *paradoxes* » notant ; « *parfois plus la force est utilisée, moins elle est efficace », « parfois les meilleures armes ne tirent pas* », etc. Tout chercheur des sciences sociales reconnaîtra l'évidence de ces déclarations. Mais le bon sens pour une profession ne l'est pas nécessairement pour une autre. Pour les militaires, le sens commun inhérent au paradigme de la guerre est l'application de la force écrasante pour détruire l'ennemi. Dire que « *capturer ou tuer* » n'est pas la « *voie à la victoire* » défie la logique stratégique à de multiples niveaux. Les forces armées existent principalement pour combattre et gagner les guerres de la nation et la monté de la « *cabale* » n'a pas mis fin à l'obsession des grandes guerres. Pour les militaires, la COIN est trop académique et ne tient pas compte des exigences opérationnelles. L'affirmation que la « *contre-insurrection est seulement 20% militaire et 80% politique* » est dépourvue de sens. La caractéristique fondamentale de l'approche américaine en 2004-2005 était les opérations « *cinétiques* » - un raccourci pour noter sa focalisation sur les opérations offensives et la destruction des insurgés comme la clé de la réussite de la mission. Même après l'adoption du FM 3-24, de nombreux officiers étaient persuadés que la doctrine « *des cœurs et des esprits* » qu'ils étaient censés appliquer en 2007 étaient « *idéaliste, quand elle n'était pas naïve, impraticable, irréalisable et peut-être institutionnellement frauduleuse* »[13].

Au sein des forces armées américaines, il y a un énorme décalage en termes de capacitaires. La grande majorité des capacités de défense est orientée vers les guerres régulières, tandis que même au sein des forces spéciales l'accent est mis sur l'action directe (« *tuer ou capturer* ») plutôt que sur les capacités

[13] Douglas Porch, *Counterinsurgency*, New York, 2013, p. XI ; Nigel Alywin-Foster, "Changing the Army for Counterinsurgency Operations", *Military Review*, Novembre-Décembre 2005, pp. 2-15

qui soutiennent une approche d'assistance militaire indirecte. Les capacités nécessaires à un conflit irrégulier sont beaucoup moins chères à acquérir que celles d'un conflit conventionnel. En effet, les travailleurs humanitaires, les linguistes et les forces spéciales coutent beaucoup moins et ne nécessitent pas la même base industrielle. A vrai dire, le récit de la COIN est similaire à celui véhiculé par les Britanniques pour masquer les atrocités commises par leurs forces armées. De nombreuses études rejettent l'idée que la campagne du Kenya a montré un souci de « *gagner les cœurs et les esprits* ». La colonie avait mobilisé toutes ses ressources pour contenir l'insurrection. L'utilisation disproportionnée de la force, y compris les bombardements aériens, ne constituait qu'un chapitre de l'histoire. L'autre moitié est celle des tactiques non conventionnelles où le concept vanté d'une force limitée signifie incendies de villages et punitions collectives, menaces des femmes et des enfants, viol, empoisonnement de puits et destruction de stocks de nourriture et de bétail, mouvement forcé des populations, etc. Les pertes humaines sont estimées à 300 000 d'Africains personnes, presque trente fois plus que le chiffre général de 11 000. Les insurgés avaient tué environ dix-huit loyalistes ainsi que trente-deux colons[14].

4-3 La COIN comme « *guerre parmi les populations* »

Le FM 3-24 décrit la COIN comme la « *guerre parmi les populations* ». En d'autres termes, l'avenir n'est pas celui de grandes batailles et des engagements battus par les armées sur les champs de bataille dépourvus de la population. Au lieu de cela, le cours du conflit sera décidé par les forces opérationnelles parmi les populations du monde. En tant que tel, la victoire sera mesurée dans des termes bien différents que les guerres passées. Au lieu de voir la défaite de l'ennemi comme la principale tâche militaire, le Manuel soutient que la protection de la population civile est la tâche principale. L'allégeance des populations sera le critère déterminant de la victoire. Il est difficile d'exagérer l'importance de cette orientation. Les soldats sont entraînés pour « *tuer* », et l'armée américaine est un adepte de la puissance écrasante. L'avènement de la RAM a simplement exacerbé cet instinct. Il est difficile de comprendre la nature contre-intuitive et paradoxale de cette déclaration si l'on ne tient pas compte du « *sens commun* » des militaires. Malgré les références à formule « *la guerre est la continuation de la politique* » de Clausewitz, l'armée américaine est en réalité animée par l'esprit de Jomini. Pour le courant dominant dans l'armée américaine, la doctrine de COIN est un mauvais tournant, car elle signifie que les ressources limitées de l'armée sont détournées, ce qui implique que l'armée est détournée

---

[14] Voir Caroline Elkins, *Imperial Reckoning: The Untold Story of Britain's Gulag in Kenya*, Henry Holt and Company, New York, 2005, p. xv-xvi, 67, 85-86, 175, 222, 227, 366 ; voir aussi David Anderson, *Histories of the Hanged: Britain's Dirty War in Kenya and the End of Empire*, Weidenfeld & Nicolson, London, 2005.

de sa mission principale de combattre et gagner les guerres de la nation face à des ennemis bien équipés. Le problème avec conflits asymétriques est qu'ils diminuent sérieusement l'efficacité de la force militaire.

La doctrine de COIN souscrit à la métaphore d'un concours triangulaire entre deux forces armées rivales (insurgés et forces gouvernementales) pour gagner le soutien de la population. Pour les organisations militaires familières avec le modèle occidental de la guerre, la « *population* » doit être contournée dans la mesure du possible : Les militaires sont des techniciens de la violence et la guerre, comme une activité technique, est un affrontement entre des forces armées rivales. Cela a pour effet de définir un champ d'expertise technique et de tracer une frontière entre gestion technique (art de guerre) et gestion politique (art de gouverner) de la violence organisée. Ce qui explique en partie pourquoi la pensée américaine de la COIN a d'énormes difficultés à percer la dynamique des mouvements de résistance et de masse en dehors que l'idée que qu'ils sont des fanatiques irrationnels. Les tenants de ce point de vue s'appuient parfois sur les sciences sociales pour servir de support autorité à leurs déclarations. Souvent ils se tournent vers la pensée et théories des années 1950-1960 sur le comportement collectif qui ont façonné la réflexion sur les mouvements sociaux au cours du XXe siècle. Souvent les élites n'admettent qu'il pourrait exister des raisons légitimes poussant la population à se rebeller contre leurs codes et règles. « *Le Vrai Croyant : Réflexions sur la Nature des Mouvements de Masse* » d'Eric Hoffer (1951) et « *L'Anatomie de la révolution* » de Crane Brinton (1938) font partie de ces sources les plus citées. Ce type d'analyse des mouvements populaires a marqué la pensée des élites durant des siècles. De manière générale, elles affichent constamment une profonde ambiguïté et ambivalence au sujet des mouvements de masse, dépeints généralement comme une menace[15].

Les élites présentent les formes de comportement collectif comme spontanées, émotionnelles et socialement pathologiques. Par conséquent, si ces « *vagues de fanatisme de masse* »[16] sont laissées sans contrôle et surveillance, cette forme potentiellement dangereuse d'activité non institutionnalisée pourrait menacer un mode de vie apparemment sain, stable

---

[15] Ian Roxborough, « *Learning and Diffusing the Lessons of Counterinsurgency: The U.S. Military* from *Vietnam to Iraq* », *Sociological focus*, N°. 4, Novembre 2006, pp. 319-346; Ian Roxborough, « Iraq, Afghanistan, the global war on terrorism, and the Owl of Minerva », *Political Power and Social Theory*, Vol. 16, pp. 185-211; *Ian Roxborough*, « Learning the Lessons of Counterinsurgency », Dans Steven Carlton-Ford & Morten Ender (Dir.), *The Routledge Handbook of War and Society*, Routledge, New York, 2011, pp. 32-43 ; *Ian Roxborough,* « Counterinsurgency », *Contexts*, Vol. 6, mai 2007, pp 15-21; *Ian Roxborough*, « Building other Peoples' States: The Sociology of State-Building », *Comparative Sociology*, Vol. 11, N°. 2, 2012, pp. 179–201.

[16] Michael J. Birmingham, "Operationalizing Eric Hoffer's Theory of Mass Movements », U.S. Army War College, Carlisle, avril 2017, p. 1.

et bien établi[17]. Les élites se révèlent en effet incapables d'accepter qu'il pourrait exister des raisons légitimes qui poussent les populations à se rebeller contre leurs codes et règles. Ces mouvements sont décrits comme non démocratiques et « *l'expression irrationnelle des griefs partagés, découlant de la privation ou des conditions aliénantes de la 'société de masse'* »[18]. Les élites supposent que ces mouvements surgissent en réponse aux griefs de personnes souffrant des dislocations et aliénations qui accompagnent le changement social, économique et politique rapide. Ce qui donne lieu à un comportement collectif *« irrationnel, impulsif et déviant »*[19]. Les élites gèrent cette tension en attribuant toute efficacité causale à une « *avant-garde* » d'extrémistes sinistres qui manipulent les masses. Cette lecture surgit tout au long des discussions de la mondialisation et la guerre mondiale contre le terrorisme. En d'autres termes, le paradigme de la guerre moderne ne peut être compris qu'en termes de préoccupations généralisées d'un retrait des civils du sentier de la guerre et champ de bataille, et de lamentation et regret à chaque fois que ce n'était pas possible. Toutefois la réalité de la guerre n'est jamais conforme à ce discours comme le montrent la « *guerre totale* », la « *guerre de partisans* », etc. A vrai dire, le récit de la COIN est très évasif. Ses prémisses et conseils semblent irréalistes.

La notion de protection pose la question de qui doit-elle être protégée[20]. Outre que « *protéger les populations* » implique souvent des méthodes brutales, ce discours et paradigme de la guerre moderne ne sont pas tenables intellectuellement. La tradition de la croisade et l'usage d'une force excessive sont unique aux Etats-Unis, qui n'hésitent pas à cibler les civils à l'appui de leurs objectifs de politique étrangère autant que c'est nécessaire[21]. « *Il n'y avait rien de particulièrement 'petit' au sujet des petites guerres - la plupart se sont avérées être des assauts prolongés, illimités, meurtriers, coûteux, d'envergeure totale contre les sociétés indigènes* »[22]. Des euphémismes comme « *protéger la population* » sont utilisés pour blanchir des violations graves des droits de l'homme dans les campagnes COIN. Les pertes civiles irakiennes ont triplé en 2007, alors que la COIN, censée être plus humaine, a

---

[17] Comme pour la maladie, les symptômes d'une révolution sont généralement présents avant que la maladie ne soit diagnostiquée. Ces « *symptômes* » sont souvent présents pendant des générations. Comme une maladie avec une forte fièvre, les révolutions commencent souvent avec modération [Règles des Modérés] et se terminent par « une crise [...] un délire [avec] la domination des révolutionnaires les plus violents [Règles des radicaux], le règne de la terreur ». Crane Brinton, *The Anatomy of Revolution*, Vintage Books, New York, 1965 (1938), p. 17.

[18] Gemma Edwards, *Social Movements and Protest*, Cambridge University Press, Cambridge, 2014, p. 1

[19] Joel Blau & Mimi Abramovitz, *The Dynamics of Social Welfare Policy*, 3e éd., Oxford University Press, Oxford, 2010, p. 198-199

[20] Matthew Green, "War in Afghanistan: From necessity to atrocity", *Financial Times*, 14 mars 2012.

[21] Dominic Tierney, *How We Fight*, Little, Brown and Company, New York, 2010, p. 18.

[22] Douglas Porch, *Counterinsurgency*, p. 50

été appliqué. La méthodologie de l'armée américaine pour mesurer la violence suscite de nombreuses critiques. Plus important, « *la protection et l'isolement de la population des insurgés ont habituellement abouti à des campagnes de contre-terreur qui comprenait internement sans procès, torture, déportation, création de tsunamis de réfugiés, ou couvre-feu et camps de concentration verrouillés complétées par le contrôle des calories* ». Ces utilisations de la force comprennent « *assassinat, viol, misère, internement, et intimidation dans le but de priver les résistants de leur base de soutien et même de toute raison de continuer à vivre* ». Des mesures qui ne répondent pas aux besoins des populations[23]. La COIN pratique par les Etats-Unis n'est pas la « la puissance douce » ou une approche indirecte de la guerre visant à gagner « *les cœurs et les esprits* ». Puissance de feu, chasse et tuer est ce que la COIN est vraiment[24].

4-4 La COIN comme « *politique* »

Le manuel affirme que la COIN est « *politique* » et une forme spécialisée et plus sophistiquée de la guerre. Ce qui pourrait sembler être une surprise au regard de la maxime que « *la guerre est la continuation de la politique* ». Dans la version rééditée par l'*University de Chicago Press*, Sarah Sewell, un ancien fonctionnaire du DoD a noté dans l'introduction : « *Parce que la contre-insurrection est principalement politique, la doctrine militaire doit provenir d'un cadre stratégique plus large. Mais nos dirigeants politiques n'ont pas encore été en mesure de fournir une solution convaincante* »[25]. L'idée que la guerre est politique est une évidence, mais pas pour l'armée américaine. Malgré la référence formelle à Clausewitz, l'armée américaine est en réalité animée par l'esprit de Jomini et gouverné par la déclaration de von Moltke qui stipule que lorsque les combats commencent, la politique s'arrête c'est-à-dire les politiciens devraient laisser la conduite de la guerre aux professionnels. Cette conception est à l'origine de la distinction entre objectifs politiques et moyens techniques. Ce point de vue repose sur la notion selon laquelle le rôle des dirigeants civils est de décider s'il faut ou non faire la guerre. Une fois celle-ci est déclarée, les militaires (en tant que spécialistes techniques de la violence) devraient mener la guerre librement à leur façon. Cette vision des relations civilo-militaires (supposant que la politique et les opérations militaires sont des sphères distinctes et séparées) permet aux soldats de devenir des « *experts techniques* » et des « *non-politiciens* », et de savoir où

[23] Douglas Porch, *Counterinsurgency*, p. 21, 303, 328.

[24]Jacqueline Hazelton, "The 'Hearts and Minds' Fallacy: Violence, Coercion, and Success in Counterinsurgency Warfare", *International Security*, Vol. 42, N°. 1, 2017, pp. 80-113. Comme toute guerre, la COIN est sure « *la mort et la destruction. La guerre anti-insurrectionnelle n'est pas différente et ses résultats sur le terrain peuvent être aussi destructeurs que la guerre conventionnelle* ». Gian Gentile, *Wrong Turn*, p. 7-8, 46, 62

[25] Sarah Sewell, « Introduction to the University of Chicago Press Edition : A Radical Field Manual », Counterinsurgency Field Manuel, Chicago : University of Chicago, 2007, p. xi

leurs responsabilités commencent et finissent. Cela implique aussi que les dirigeants civils doivent aussi être conscients des limites de leurs responsabilités[26]. Une telle vision de la paix et de la guerre tend à produire des revendications de la victoire totale.

Dans un sens, les Etats-Unis appréhendent la guerre comme une « *croisade* » - « *une grande campagne pour renverser les tyrans et débarrasser le monde du mal* ». La croisade (guerres interétatiques pour une victoire totale qui infligent de grandes pertes et destructions) fait partie des éléments durables du modèle de guerre américain. L'examen en effet de la façon dont les Américains appréhendent la nature de la guerre en termes de compréhension et de politique publiques suggère l'existence de deux types de conflits militaires : 1) guerre interétatique associée la « *tradition de la croisade* » versus 2) construction de la nation associée la « *tradition du bourbier* ». Les « *croyances publiques plus larges et les origines culturelles* » du modèle de guerre américain traduisent une confiance des Américains à renverser l'adversaire dans une guerre régulière, mais ont rarement le même enthousiasme lorsqu'ils combattent les insurgés. En d'autres termes, *« les Américains sont accros au changement de régime et allergiques à la construction de la nation* » étant ses coûts humains et financiers prohibitifs. La tradition des croisades et l'usage d'une force excessive sont uniques aux Américains. Dans les guerres régulières, « *les contraintes sur l'usage de la force ont tendance à disparaître* »[27].

Le FM 3-24 créé une distinction entre la COIN (politique) et la guerre régulière (technique), profondément enracinée dans la culture occidentale, mais intellectuellement insoutenable. La guerre, définie comme une guerre industrielle interétatique entre des armées, où le choc des armes décide du résultat, n'existe plus, laissant la place une ère de « *guerre parmi les populations* » où l'utilité militaire les forces dépend de leur capacité à s'adapter à des contextes politiques complexes et à engager des opposants non étatiques sous le regard critique de l'opinion publique mondiale. Parce que l'insurrection et la COIN sont des luttes politiques sur les conditions d'incorporation de divers groupes dans la politique et sur la nature de l'État, la solution à une insurrection est finalement une affaire politique. Dire que la COIN est « *politique* » n'implique pas nécessairement que la guerre régulière ne l'est pas. Historiquement, une série de préoccupations politiques ont conduit les officiers militaires à promouvoir les petites guerres comme un domaine spécialisé. Le paradigme de la guerre moderne et la professionnalisation de l'armée ont cherché à séparer les sphères militaire et

---

[26] Ian Roxborough, « The Ghost of Vietnam », Dans Diane Davis & Anthony Pereira, *Irregular Armed Forces and Their Role in Politics and State Formation*, Cambridge University Press, New York, 2003, pp. 346-384

[27] Dominic Tierney, *How We Fight*, Little, Brown and Company, New York, 2010, p. 7, 11, 15, 249.

politique. Les hommes en uniforme devaient recevoir les objectifs de la guerre de leurs supérieurs civils, mais en tant que techniciens de violence ils devaient avoir l'autonomie professionnelle dans la façon dont la force armée est appliquée. La notion de la guerre comme une sphère distincte est liée à l'idée qu'elle a sa propre « *grammaire* », qu'elle constitue une sphère de l'action humaine qui nécessite un corps distinct de compétences et de connaissances. Elle s'incarne dans l'idée que les militaires sont des techniciens de la violence. La guerre conventionnelle ne concerne pas seulement les capacités employées, mais suppose aussi des équipements de hautes technologies, déployés par des organisations militaires identifiables. Elle est le moyen de combats d'une société qui englobe réflexion doctrinale, structures organisationnelles, règles d'engagement, et même des objectifs appropriés. Elle suppose aussi : centrée sur l'Etat, puissance de feu écrasante, axée sur les forces armées ennemies comme le centre de gravité, régularisée et réglementée[28].

Le récit du COIN est un outil de marketing utilisé pour confondre les intérêts nationaux, les projets impérialistes et les ambitions militaires. Une partie de cet effort de vulgarisation consiste à rebaptiser les « *méthodes grossières* » de conquête, domination et cupidité comme *« une extension de la 'puissance douce' qui a bénéficié aux gouvernés (et a flatté l'hubris culturel de l'Occident)* ». Les officiers français et britanniques du XIXe et du début du XXe siècle avaient besoin de rallier le soutien politique et populaire à leurs projets politiques à l'étranger alors que les inquiétudes augmentaient « *à propos de la barbarie des tactiques et des opérations des petites guerres et des questions sur les risques et l'utilité de l'expansion impériale* ». Dans cet effort, « *les résistances indigènes à ces ministères civilisateurs furent délégitimées comme voyous, bandits, tribus criminelles, amères ou fanatiques* ». De cette façon, la COIN promet d'opérationnaliser l'humanitarisme. La projection de la démocratie en tant que solution aux problèmes de gouvernance dépend essentiellement de l'hypothèse selon laquelle l'Amérique a surmonté les récits d'esclavage et de conquête qui font parties intégrantes de son expérience. La FM 3-24 est « *une réplique de la justice des impérialistes du XIXe siècle quand il décrit les ennemis de la coalition de l'occupation de l'Irak et de l'Afghanistan comme des 'ennemis insaisissables, non éthiques et aveugles' organisés dans une insurrection 'caractérisée par la violence, l'immoralité, la méfiance et la tromperie'* »[29]. Et voilà l'histoire des fondements de la COIN contemporaine. C'est un processus évolutif.

L'un des fondements contemporains de la COIN, il y a « *l'idée que de contre-insurrection est liée à la démocratie, et que la notion de la légitimité*

---

[28]Robert Epstein, *Napoleon's Last Victory and the Emergence of Modern War*, University Press of Kansas, 1994

[29] Douglas Porch, *Counterinsurgency*, p. 1-2, 341

d'un gouvernement est ancrée dans le consentement des gouvernés ». Avant la montée des idéaux démocratiques, la terreur servait de moyen préféré contre le soulèvement colonial. La terreur reste une tactique séduisante, mais à l'époque moderne « *le massacre occasionnel ne semblait plus compatible avec l'humanisme démocratique. Par conséquent, il fallait concevoir un ensemble de tactiques qui associaient la force, persuasion et clémence* ». La raison pour laquelle les spécialistes des sciences sociales sont enrôlés dans l'armée semble pour favoriser des approches qui impliquent *moins de violence* par les forces d'occupation américaines. Paradoxalement, les théoriciens de la COIN ne répondant pas à des questions fondamentales sur la façon d'établir la légitimité, sur la façon dont la population doit être contrôlée et à quelles fins, et quels types de réformes sont nécessaires pour saper l'insurrection. Selon ce récit qui ne s'oppose pas à l'occupation, une connaissance anthropologique approfondies et une force minimale conduisent à une occupation plus efficace, la cooptation et l'élimination des ennemis. Grace à cette esthétique, la brutalité et les massacres inhérents aux projets expansionnistes « *pourraient désormais être expliqués comme des anomalies infligées par des conscrits stressés, par des soldats conventionnels qui ignorent les fondements de la guerre parmi les populations, ou comme un produit secondaire regrettable des raids nocturnes ou des attaques par drones plutôt que des modèles de violence racialisés endémiques aux petites guerres* »[30].

La doctrine de COIN, vue comme la solution à chaque problème, est basée sur un récit euro centrique, plein de clichés et de stéréotypes. Ses affirmations sur la réussite dans les petites guerres - au moins à un coût stratégique, financier et moral raisonnable - s'appuient sur des versions mythologues du passé, appuyées par des recherches de mauvaise qualité et une analyse imparfaite et sélective de cas. Porch caractérise l'orthodoxie de la COIN sous la forme de doctrine militaire comme « *une conséquence de la croyance, commune dans la France du XIXe siècle et en Grande-Bretagne, que l'action militaire a fourni le mécanisme pour la diffusion des valeurs et des attitudes occidentales modernes comme le fondement de la gouvernance indigène et de la transformation sociale, politique et économique des régions pivots* ». Comme par le passé, les préoccupations politiques conduisent les officiers militaires à promouvoir les « *petites guerres* » comme un royaume spécialisé. Il y a eu, en effet, un énorme effort de marketing national pour vendre la COIN au public à travers des campagnes de propagande nationales remarquablement bien organisés grâce à des dizaines d'articles non critiques célébrant la COIN

[30] « *L'insurrection populaire contre l'autorité et l'occupation est un phénomène séculaire. Comme l'a noté le stratège et historien américain Edward Luttwak, les Romains, les Ottomans, les Russes et les Allemands de la Seconde Guerre mondiale contrôlaient de vastes empires sans recourir à une catégorie spécialisée de soldats possédant une intelligence asymétrique. La contre-terreur, plutôt que la contre-insurrection, était leur dissuasion préférée – 'Un massacre de temps en temps est resté un avertissement efficace durant des décennies'* ». Ibid, p. 3

comme un moyen de pacification et de parvenir à la victoire[1]. Presque tous les les éléments de la stratégie actuelle de COIN en Afghanistan, depuis les tactiques « *claires et fermes* » jusqu'à l'armement des « *milices tribales* », trouvent leur origine dans les activités des administrateurs coloniaux britanniques[2].

La théorie COIN moderne 1) repose en grande partie sur une poignée de livres écrits par des praticiens comme Galula, Lawrence, Callwell, Kitson, Trinquier, etc. et 2) sa portée est limitée à un petit nombre de pays ou régions ; Vietnam, Algérie, Philippines, etc. Presque tous les exemples de COIN les plus connus se limitent aux cas où un gouvernement colonial se battait sur le territoire de ses (anciennes) colonies. Cette restriction qui limite la compréhension de l'insurrection à ces quelques cas semble très difficile à justifier. Pourquoi ne pas inclure tous les exemples de guerre irrégulière du XXe siècle pour être rigoureuse intellectuellement. Une telle liste doit inclure tous les conflits que les théoriciens de la COIN évoquent rarement -la guerre des Boers, la révolution hongroise de 1956, guerre des Partisans en Europe durant la Seconde Guerre mondiale. Une telle liste comporterait près de 50 conflits au lieu de 15 et élargit le champ de données pouvant être examiné par les stratèges et théoriciens de la contre-insurrection. L'histoire cuisinée comme un folklore a entrainé (pourrait conduire) des conséquences néfastes parce qu'il ne parvient pas à transmettre que chaque insurrection est un événement contingent dans lequel la doctrine, les opérations et les tactiques doivent soutenir une politique viable et la stratégie, et non l'inverse[3].

5.-. Perspectives différentes : les limites d'une initiative de rationalisation

Les commandants militaires, les autorités civiles et les décideurs politiques insistent sur le besoin de développer une compréhension de la dynamique socioculturelle en jeu dans leur géographie de préoccupation stratégique. La Transformation a été réajustée de manière à intégrer de nouvelles compétences nécessaires à « *La Longue guerre* ». Le bourbier irakien a suscité un grand intérêt à comprendre les cultures locales et le besoin de les intégrer à leur formation, doctrine et préparatif de bataille. Les militaires ont réalisé dès fin 2003 que la culture est une source de « *friction* » et se sont précipités à embaucher des spécialistes des sciences sociales aux vues similaires. A l'opposé de la position dominante dans l'armée selon laquelle le succès de la guerre est mieux réalisé par un avantage technologique, l'ex-major-général

---

[1] Douglas Porch, *Counterinsurgency*, p. 1-2, 303.

[2] Benjamin D. Hopkins & Magnus Marsdenoct, « Ten Years In, Afghan Myths Live On », *New York Times*, 7 ocobre 2011

[3] Douglas Porch, « The dangerous myths and dubious promise of COIN », *Small Wars and Insurgencies*, Vol. 22, N°. 2, 2011, pp. 239-257 ; Michael Few, « A Conversation with Dr. Douglas Porch: Relooking French Encounters in Irregular Warfare in the 19th Century », *Small Wars Journal*, 14 décembre 2010.

Scales a soutenu que l'Irak exige « *une capacité exceptionnelle à comprendre les gens, leur culture et leur motivation* »[1]. Cette implication des sciences sociales dans l'effort de la guerre était initialement un programme expérimental, mais son succès et la forte recommandation des commandants de théâtre ont conduit le Secrétaire à la Défense, Robert Gates, a autorisé en février 2007 une rallonge de 40 millions de dollars pour assigner des équipes similaires à chacune des 26 brigades de combat dans les deux pays mentionnés. Par la suite le Pentagone a activement soutenu la recherche en sciences sociales sur les questions fondamentales pour l'armée. En 5 ans, le concept initial de HTS s'est étendu de quelques petites équipes à un système massif de 700 millions de dollars[2]. Comme les besoins dans ce domaine ont été reconnus et soutenus par les hauts dirigeants, les formations culturelles et linguistiques sont passées de la compétence de quelques spécialistes à un outil central dans l'arsenal des différents services ; L'Armée de terre et le Corps d'Armée ont créé des centres de formation culturelle en 2005, l'Armée de l'Air en 2006, et la Marine en 2007.

L'utilisation de l'anthropologie dans l'armée mérite une analyse plus complète, incluant l'exploration de la mesure dans laquelle les anthropologues qui écrivent des manuels de terrain militaires (par opposition aux textes

---

[1] Robert H. Scales, Jr., "Culture-Centric Warfare," Proceedings , Octobre 2004, p. 2. Dans une lettre adressée le 21 octobre 2003 au secrétaire à la Défense, Ike Skelton prévient que « *si nous avions mieux compris la culture et la mentalité irakiennes, nos plans de guerre auraient été encore meilleurs que ce qu'ils étaient ». Cette année, le commandant de la 3ème Division d'infanterie a noté qu'il avait « une parfaite connaissance de la situation. Ce qui me manquait, c'était la sensibilisation culturelle* ». Il savait où se trouvait chaque char ennemi. « *Le seul problème était que mes soldats devaient combattre des fanatiques chargés à pied ou en pick-up et tirant AK47s et RPGs* ». William D. Wunderle, *Through the Lens of Cultural Awareness*, CSI Press, Fort Leavenworth, 2006, p. 2-3; « *La mauvaise compréhension de la culture au niveau stratégique peut produire des politiques qui exacerbent une insurrection; Un manque de connaissances culturelles au niveau opérationnel peut conduire à une opinion publique négative; Et l'ignorance de la culture au niveau tactique met en danger aussi bien les civils que les troupes* », écrit l'anthropologue et responsable de la politique de défense à l'*Office of Naval Research*, Montgomery McFate, « The Military Utility of Understand Adversary Culture », *JFQ*, no. 38, 2005, p. 43; McFate Montgomery & Andrea Jackson, « An Organizational Solution for DODs Cultural Knowledge Needs », *Military Review*, juillet-aout 2005, pp. 18–21; « *Opérer dans un pays étranger peut être un champ de mines. Peu de membres des forces armées seront familiarisés avec les traditions culturelles des pays dans lesquelles ils opèrent. Pourtant, la violation des normes et des croyances locales peut transformer une population accueillante en une foule hostile ... L'armée a assez à s'inquiéter de ne pas aliéner la population locale [...] Il est clair que les Forces armées manquent de connaissance approfondie des pays étrangers* », écrivent Ike Skelton & Jim Cooper, « You're Not From Around Here, Are You? », *JFQ*, no. 36, 2004

[2] Ben Connable, « Human Terrain System is Dead, Long Live ... What? », *Military Review*, janvier-Février 2018, p. 25; Christopher J. Lamb & James Douglas Orton & Michael C. Davies & Theodore T. Pikulsky, "The Way Ahead for Human Terrain Teams", *JFQ*, N°. 70, 3e trimestre 2013, p. 22.

universitaires) ont adhéré aux normes professionnelles[1]. Car certains anthropologues comme McFate sont de fervents partisans qui cherchent à mobiliser l'anthropologie au service des militaires. Habituée à travailler pour l'armée, elle est le principal promoteur du programme HTS et co-auteur du FM 3-24. L'auteur nie vouloir militariser l'anthropologie, mais cherchait à « *anthropologiser* » les militaires[2]. Peu importe ses intentions. D'une part, l'anthropologie est devenue une nouvelle arme cruciale dans les opérations de contre-insurrection. D'autre part, les militaires, comme toutes les « *communautés épistémiques* », se penchent sur les questions qui les intéressent de manières différentes de celles des autres communautés, en l'occurrence les universitaires des sciences sociales. Les individus et les groupes « *opérationnalisent* » la culture dont ils ont besoin. La culture est en effet un ensemble de normes et comportements que les gens adoptent, ou activent, en fonction du groupe et contexte dans lesquels ils se trouvent. Cela un impact important dans le domaine militaire. Car « *la culture pour les militaires n'est utile que si nous pouvons la rendre pertinente sur le plan opérationnel* »[3]. Cette perspective suggère également que les travaux universitaires ne sont utiles pour l'armée que s'ils posent des questions militairement intéressantes et le savoir académique est étroitement intégré aux activités de la politiques et de la planification militaires. Il ne suffit pas en effet de produire des recherches et les remettre pour être utilisées par les organisations militaires.

Donc, lorsque certains experts s'alarment que les militaires américains et leurs homologues civils manquent des connaissances culturelles[4], ils exagèrent. Le problème n'est pas nécessairement un manque de compétence, mais plutôt le fait que les spécialistes ayant ces compétences sont en désaccord avec les projets du gouvernement américain. Ce dernier attend généralement deux choses de la part des analystes de la sécurité : légitimation de la politique du gouvernement et soutien à sa conduite. Ces demandes encouragent les analystes à étudier la meilleure façon d'atteindre les objectifs, et non pas analyser s'ils valent la peine d'être poursuivis. L'expérience de Charles Tripp, un professeur à l'École des études orientales et africaines de l'Université de Londres et auteur de *A History of Iraq* (2000), est un bon exemple. Tripp et

---

[1] Un rapport groupe des droits de l'homme a affirmé en 2015 que l'*American Psychological Association* avait aidé la CIA à élaborer des politiques de torture qui résisteraient à un examen juridique. James Risen, « American Psychological Association Bolstered CIA Torture Program, Report Says », *New York Times*, 30 avril 2015

[2] Montgomery McFate, « Burning bridges or burning heretics? », *Anthropology Today*, Vol. 23, N°. 3, 2007, p. 21 ; Montgomery McFate, « Anthropology and Counterinsurgency », *Military Rview*, mars-avril 2005, pp. 24-38 ; Montgomery McFate, *Social science goes to war*, Oxford University Press, Oxford, 2015.

[3] Barak A. Salmoni & Paula Holmes-Eber, *Operational Culture for the Warfighter*, Marine Corps University Press, Quantico, Virginia, 2008, p. 7 https://www.clausewitz.com/bibl/MCU-OpCultureForTheWarfighter.pdf

[4] Max Boot, « More Small Wars », *Foreign Affairs*, Vol. 93, N°. 6, Nov-Dec 2014, p. 10.

quelques collègues ont été invités à conseiller le Premier ministre britannique Tony Blair et le ministre des Affaires étrangères, Jack Straw. Ils les ont prévenus qu'une invasion de l'Irak ne serait pas bien accueillie. Leurs conseils ont bien sûr été ignorés. Il en va de même pour les conseils de nombreux spécialistes qui ont travaillé sur Irak et l'Afghanistan aux États-Unis et à l'étranger. Au lieu d'en tenir compte, les forces américaines ont massivement investi dans la création de compétences institutionnelles adaptées à leurs besoins opérationnels. Le DoD a engagé des anthropologues, sociologues, linguistes, etc. aux vues similaires comme des conseillers personnels dans les collèges de guerres et des conseillers opérationnels des commandants de bataillons. Les situations en Irak et en Afghanistan ne sont pas le résultat d'une bonne politique entravée par le manque de capacités. C'est plutôt l'inverse. Elle est résultat d'une mauvaise politique basée sur l'ignorance de l'expertise établie. Les analyses des sciences sociales tendent à attirer l'attention des hauts dirigeants lorsque les conclusions flottent avec des vues officielles préexistantes et pourraient être utilisées pour renforcer la position de l'administration face au public ou attaquer les arguments des critiques.

Les stratèges et planificateurs militaires sont des spécialistes des sciences sociales à leur façon. Le langage qui décrit le plus clairement et exactement les sujets importants pour les stratèges n'est pas le langage excessivement scientifique figurant dans d'autres disciplines. Par conséquent, il n'est pas étonnant que les notions faciles impartiales de la culture soient préférées par les soldats et les chercheurs travaillant pour les agences gouvernementales. Elle semble leur fournir des justifications idéologiques pour l'occupation militaire en faisant appel à des stéréotypes orientalistes. Par ailleurs, la doctrine militaire ne reflète pas les sciences sociales. Elle intègre des aspects de celles-ci de manière qu'elles jouent institutionnellement le rôle de médiation - une fonction intermédiaire -médiatrice. Les militaires pensent inévitablement les travaux et analyses des sciences sociales d'une manière techniciste : comme des outils spécifiques de résolution de problèmes qu'ils peuvent appliquer aux problèmes qu'ils ont, eux-mêmes, définis. Les projets du Pentagone comme l'HTS, l'Initiative de recherche Minerva et le CKC participent à l'effort de guerre qui va au-delà du théâtre irakien et Afghan. Ces projets se focalisent sur les domaines d'importance stratégique pour la politique nationale et répondent aux besoins opérationnels et tactiques des commandants combattants[1]. Cette médiation institutionnelle introduit des

[1] Selon un guide de ressources du Pentagone, l'Armée a initié le CKC (*Cultural Knowledge Consortium*) dans le but de mettre en place un « *réseau d'expertise opérationnalisée* » et « *pour soutenir la disponibilité, l'analyse et le stockage de données socioculturelles pour satisfaire les besoins d'information des COCOM et de l'entreprise de renseignement de la défense* ». Le guide de ressources décrivait une liste impressionnante d'objectifs poursuivis par le CKC. Department of Defense, « *2011 Social Science Resources for Academics and Policymakers* », 2nd Annual Minerva Conference, Washington, 15-16 séptembre 2011, p. 4-5 ; Dylan Schmorrow, « *Sociocultural Behavior Research and Engineering in the Department of Defense Context* »,

éléments d'irrationalité dans la pensée et l'action des militaires, car leur but « *est de réduire la réalité chaotique de la guerre à quelques données essentielles, suffisamment peu nombreuses pour qu'un esprit ordonné puisse les plier à ses fins* »[1]. Par exemple, les différentes versions vulgarisées du diagnostic de la mondialisation - largement répandue dans le cercle de la sécurité nationale- étaient basées sur « *une version simplifiée de la théorie durkheimienne* »[2].

6.-. Motivations des insurgé, rationalité et le FM 3-24

Une hypothèse clé du FM 3-24 est que l'Amérique a le droit et le devoir d'intervenir dans le monde entier, en dépit des principes de l'ONU et du droit international. Le Manuel soutient que la doctrine de COIN est par définition large et contient des principes, tactiques et procédures applicables dans le monde entier. La Manuel a pour but d'aider les dirigeants américains à mener des compagnes de COIN au niveau mondial. Pour justifier cette extraterritorialité militaire, les stratèges utilisent la notion de « *nation invitée* » - le gouvernement est invité à soutenir des alliés qu'ils décrivent comme « *force de la liberté* ». Le rôle de l'Amérique et de ses forces est de soutenir des gouvernements « *légitimes* » en proie à des insurrections internes manipulées par des fanatiques ou soutenus par des « *Etats voyous* ». Sans être passive, « *une campagne de contre-insurrection est une combinaison d'opérations offensives, défensives et de stabilité, menées sur plusieurs lignes d'opérations* ». La réussite de ces activités « *requière une compréhension de la société, la culture et l'environnement opérationnel* »[3]. Cela exige une transformation des forces armées, car les soldats sont formés à tirer d'abord et à poser des questions plus tard. Le plus souvent dans l'armée « *la première question porte sur ce qui devrait être fait plutôt que sur la nature du problème* »[4].

Théoriquement, ce tournant est une forme d'adaptation rationnelle. Mais pas tant que ça. Malgré en effet les appels et efforts fréquents à comprendre les cultures de l'adversaire, le discours de la guerre contre le terrorisme est resté perméable à la tendance idéologique à conceptualiser les adversaires comme des extrémistes irrationnels. Cela semble aller de soi étant donné que les racines de la doctrine militaire sont en partie idéologiques. Le discours

---

Office of the Assistant Secretary of Defense for Research and Engineering, Office of the Secretary of Defense, septembre 2011.

[1] « *Les sciences sociales se considérément comme des disciplines bienfaisantes, dont l'un des objectifs est d'éliminer, par raisonnement, les causes de conflit* » John Keegan, *L'Art du commandement*, Perrin, Paris, 2010, p. 11

[2] Tewfik Hamel, "The *Fight Against Terrorism* and *Crime* : A *Paradigm Shift ?*", *International Journal of Criminology*, Vol. 4, N°. 1, printemps 2016, pp. 3-31.

[3] FM 3-24, p. 5-16 et 5-17, préface.

[4] Michael B. Siegl, "Clarity and Culture in Stability Operations," *Military Review*, vol. 87, n°. 6, novembre-décembre 2007, p. 102.

politique et stratégique de la COIN est plein d'adjectifs comme irrationnels, fanatiques, barbares, etc.[1] Ses hypothèse sont basées sur la rationalité de la COIN alors que les insurgés présentent un mélange de rationalité et d'irrationalité. Dans sa caractérisation des insurgés, et dans une certaine mesure de leurs partisans, la doctrine de COIN les considère parfois irrationnels, ce qui conduit à l'hypothèse que tous les insurgés et leurs partisans sont irrationnels dans le sens où ils ne peuvent pas être raisonnés et par conséquent seule la force déterminera le résultat. Toute efficacité causale est attribuée à une « *avant-garde* » d'extrémistes qui manipulent les masses et « *aucun changement de politique étrangère par le gouvernement américain n'aurait pu apaiser un ben ladeniste radical* »[2]. Cette lecture surgit tout au long des discussions de la mondialisation et la guerre mondiale contre le terrorisme. Le FM 3-24 traduit une pensée similaire en notant que les « *situations révolutionnaires peuvent résulter de [...] griefs soigneusement entretenus et manipulés par les dirigeants sans scrupules [...] immoraux et souvent barbares* »[3]. David Kilcullen, par exemple, désigne les « *djihadistes néo-salafistes* » qui manipulent la « *guérilla accidentelle* » et alimentent l'insurrection mondiale.

Presque toutes les théories de COIN souscrivent à la métaphore d'un concours « *triangulaire* » entre deux forces rivales (forces contre-insurrectionnelles et insurgés) pour obtenir le soutien de la population. Cette notion triangulaire suppose une population complice ou passive ayant besoin d'être protégée. Dans cette perspective, le terme « *population* » est employée avec les métaphores d'infection et de manipulation ; c'est-à-dire un corps extérieur est censé infecter un corps politique apparemment sain sinon, au moins, le corps extérieur rend la récupération difficile. Dans la vision de Kilcullen, la majorité des populations s'implique dans une insurrection pour diverses raisons locales. Cette « *guérilla accidentelle* » se fait toutefois manipulée par les agitateurs extérieurs, des insurgés professionnels avec une idéologie mondiale. Ces « *terroristes hypermodernes à vocation internationale* » recourent à tous les outils de la mondialisation et appliquent une stratégie de guérilla transnationale, « *tout en cherchant à organiser, agréger et exploiter les griefs locaux, notamment les divers groupes sociaux - mais en général tribaux ou traditionnels - musulmans* »[4]. En ce sens, la

---

[1] « *La connaissance de la culture est essentielle à la réussite d'une contre-insurrection. Les idées américaines de ce qui est 'normal' et 'rationnel' ne sont pas universelles. Au contraire, les membres d'autres sociétés ont souvent des notions différentes de la rationalité, du comportement approprié, du niveau de dévotion religieuse et de normes concernant le genre.* » FM 3-24, p. 1-15

[2] Matthew Morgan, « The Origins of the New Terrorism », *Parameters*, Vol. 34, N°. 1, Printemps 2004, p. 34.

[3] FM 3-24, op.cit, p. 1-28.

[4] David Kilcullen, « Countering Global Insurgency », *Journal of Strategic Studies*, 28, 4 aout 2005, p. 597–617.

campagne de COIN est susceptible de réussir si la force anti-insurrectionnelle est en mesure supprimer ou détruire le corps extérieur (l'approche basée sur l'ennemi) ou isoler la population de ses effets néfastes (l'approche basée sur la population). Lorsqu'existe une entité extérieure comme Al-Qaïda en Irak, il y a souvent dans ce cas une discussion sur les sanctuaires et diverses formes de soutien aux insurgés y compris d'autres Etats. La métaphore triangulaire fonctionne avec *The Long War* : les insurgés sont des fanatiques irrationnels, les forces contre-insurrectionnelles sont les porteurs de la rationalité, la loi, la sécurité, l'ordre, la démocratie, la modernisation, etc. et les populations sont les victimes ou les bénéficiaires de la lutte[1].

Les organisations militaires auront toujours du mal à absorber les connaissances des sciences sociales. Car il y a la façon dont ces recherches d'autres disciplines sont appréhendées, affectées et retravaillées par une organisation comme l'armée - une énorme bureaucratie étatique qui a une orientation pratique et techniciste au monde. Sous cet angle, il apparait clairement que le recours aux sciences sociales ne résout pas le problème de la rationalité en partie parce que la façon dont les sociologues encadrent leurs sujets n'est pas identique à celle dont l'armée aborde ces questions. Le prisme à travers lequel les militaires s'approprient les sciences sociales est porteur d'éléments d'irrationalité. Ce qui explique en partie pourquoi les contributions anthropologiques à ce manuel ne sont pas innovantes du point de vue de la théorie anthropologique. La FM 3-24, qui ne contient pas une analyse sociologique sérieuse, est plutôt « *un manuel d'introduction à l'anthropologie simplifiée, quoiqu'avec des exemples rares et sans illustrations* »[2]. Cela s'explique par le fait que la doctrine militaire ne reflète pas les sciences sociales. Elle intègre des aspects de celles-ci de manière qu'elle joue un rôle de médiation institutionnellement c'est-à-dire une fonction intermédiaire-médiatrice. Cette médiation institutionnelle, qui résulte de la tendance de l'armée à codifier les connaissances des autres disciplines, introduit des éléments d'irrationalité dans la pensée et les actions militaires. Au lieu de conduire à la politisation des opérations militaires dans les « *petites guerres* », cette tendance a entrainé l' « *arsenalisation* » de la culture.

Dans l'armée, il y a une forte tendance à codifier (y compris à modéliser formellement) les connaissances anthropologiques. Elles sont traitées comme un ensemble de « *faits* » (tribus pachtounes fonctionnent selon un tel ou tel code d'honneur, etc.) qui peuvent être collectées, organisées, puis diffusés[3]. La culture devient une sorte de guide - le « *Saint Graal* » - pour le DoD.

---

[1] FM 3-24, p. 3-13, préface.

[2] Roberto J. González, « Towards mercenary anthropology? The new US Army counterinsurgency manual FM 3-24 and the military-anthropology complex », *Anthropology Today*, Vol. 23, N°. 3, juin 2007

[3] Voir Office of the Deupty Chief of Staff of Intelligence, *Arab Cultural Awareness: 58 Factsheets*, TRADOC DCSINT Handbook N°. 2, TRADOC, Kansas, janvier 2006 https://fas.org/irp/agency/army/arabculture.pdf

L'approche pratique et techniciste de ce dernier tend à simplifier ces connaissances. A la question, par exemple, « *pourquoi ils font de telles choses étranges (ou stupides) ?* » La réponse ; parce que leur culture les conditionne à faire ça, etc. Par ailleurs les auteurs de la torture à Abou Ghraib —qui n'est pas le fait un isolé, mais a été planifiée au plus haut niveau par le Pentagone[1] - se sont inspirés du travail d'un anthropologue suivant l'idée que « *les hommes arabes humiliés sexuellement deviendraient des informateurs volontaires* ». Des témoignages confirment que *The Arab Mind* (1973) de Raphael Patai, un livre qui dresse un portrait stéréotypé de la « *personnalité arabe* », était cité par les instructeurs américains[2]. Sans fournir une distinction entre la « *culture adversaire* », les sociétés arabes, l'islam dans ses diverses connotations, le Wahaabisme et l'idéologie d'Al-Qaïda, McFate a noté que les membres d'Al-Qaïda et les insurgés irakiens pensent et agissent différemment. « *Leur forme de guerre, leur structure organisationnelle et leurs motivations sont déterminées par la société et la culture dont ils sont issus* »[3]. McFate reste toutefois muet sur la question quelle société et quelle culture, étant donné que les membres d'Al-Qaïda proviennent d'environ 60 pays y compris occidentaux.

Dans une certaine mesure, la culture est parfois utilisée de manière neutre pour signifier et reconnaitre la différence. Mais souvent, elle devient un substitut pour la notion de la défaillance de la rationalité. La rationalité est ce que nous faisons et pensons, la culture est pourquoi ils pensent et font les choses différemment. La culture devient une façon de parler sérieusement des pensées et actions des personnes étrangères qui sont par ailleurs considérés comme « *irrationnel* ». Dans le manuel de COIN, les sociétés sont supposées être composées de réseaux et de récits. Il n'existe pas de structures sociales. La dichotomie tradition-modernité, un élément central de la théorie de la modernisation, est au cœur de cette pensée. L'Islam, par exemple, est décrit comme une culture unitaire, un système fermé dont le modèle essentiel doit être reproduit dans l'espace et temps ; il est présenté comme une force monolithique cohérente et transnationale engagé dans une relation de confrontation avec l'Occident à travers l'histoire. En d'autres termes, il n'y a pas de différence entre l'islam classique et l'islam médiéval ou simplement l'islam. « *L'islam modéré* » est une chimère, a fait valoir le lieutenant-colonel Matthew Dooley lors d'une présentation d'un cours au *Joint Forces Staff College*. Par conséquent, l'Amérique doit *« rendre claires nos véritables intentions. Cette idéologie barbare ne sera plus tolérée. L'islam doit changer*

---

[1] Seymour M. Hersh, « The Gray Zone. How a secret Pentagon program came to Abu Ghraib », *The New Yorker*, 24 mai 2004.

[2] Roberto J. González, « Patai and Abu Ghraib », *Anthropology Today*, Vol. 23, N°. 5, 2007, p. 23; Matthew B. Stannard, « Montgomery McFate's Mission », *The San Francisco Chronicle*, 29 avril 2007.

[3] Montgomery McFate, « The military utility of understanding adversary culture », JFQ, 38, 2005, p. 43.

ou nous allons faciliter son autodestruction ». Par nature, les musulmans sont dangereux et « *violents* » et, dans cette entreprise, les lois internationales protégeant les civils « *ne sont plus pertinentes* », et prévoyait une attaque nucléaire sur la Mecque et la Médine. C'est surprenant que tous ces commandants, capitaines et colonels qui ont assisté au cours n'aient pas ressenti le besoin de dire que quelque chose d'assez bizarre se passait, conclut le *WIRED*, qui a révélé l'affaire[1].

Globalement, il y a un seul Islam : un Islam qui mute en lui-même lorsque la tradition prend forme à partir d'une période classique reconstruite. La succession effective des faits est illusoire et les exemples peuvent être tirés de n'importe quelle période ou source. Le terrorisme et l'islam sont utilisés de manière interchangeable alors que porter le voile et porter une ceinture explosive n'est pas la même chose. A un moment, le discours populaire est passé d'une fixation sur l'islam pris comme une totalité (une culture unitaire et un système fermé)[2], à une distinction entre les « *bons* » musulmans et les « *mauvais* » musulmans. La façon dont les limites sont tracées entre « *bons* » et « *mauvais* » dépend de l'interlocuteur. Les points de vue des « *anthropologues autochtones* » ne sont jamais intégrés. Cette marginalisation reflète en partie le scepticisme généralisé de l'anthropologie « *autochtone* » considérée moins authentique que le « *voyage dans l'altérité* »[3]. Et lorsque les limites sont tracées, il y a peu d'analyses sociologiques sérieuses des causes de cet activisme religieux. Quelques références à la mondialisation, à l'« esprit arabe », à la « *mentalité terroriste* », à une jeunesse désorientée par la modernité, au *jihad*, au *Califat*, etc. mélangées à quelques exégèses des textes sacrés, et la boucle est bouclée. Cette ambivalence imprègne le manuel de COIN.

La notion de « *population* » continue de dominer la pensée de la COIN. Les officiers sont encouragés à comprendre la « *culture* », mais pas la structure sociale. La « *culture* » semble fournir des justifications idéologiques pour l'occupation militaire en faisant appel aux stéréotypes orientalistes. Le concept « culture » a été utilisé de manière abusive par les stratèges militaires occidentaux. Le FM 3-24 mentionne le mot « *culture* » quatre-vingt-huit fois et « *culturel* » quatre-vingt-dix fois en 282 pages. Le discours orientaliste a une actualité continue, qui trouve des formes d'expression différentes selon sa

---

1 Noah Shachtman & Spencer Ackerman, « U.S. Military Taught Officers : Use 'Hiroshima' Tactics for 'Total War' on Islam », *Wired*, 10 mai 2012 ; Spencer Ackerman, « FBI Teaches Agents: 'Mainstream' Muslims Are 'Violent, Radical' », *Wired*, 14 septembre 2011; « Pentagon condemns 'war on Islam' US training class », *BBC New*, 11 mai 2012.

2 Zachary Lockman, *Contending Visions of the Middle East*, Cambridge University Press, 2004, p. 168

3 Sur le concept d' « *anthropologie autochtone* », voir Kuwayama Takami, « Natives as dialogic partners », *Anthropology Today*, Vol. 19, 1, 2003, pp. 8–13; Bunzl Matti, « Boas, Focault, and the "Native Anthropologist": Notes towards a neo-Boasian anthropology », *American Anthropologist*, Vol. 106, N°. 3, 2004, pp. 435–442.

localisation. Les indigènes sont généralement considérés, dans un sens ou dans un autre, comme irrationnels, mais le lieu de l'irrationalité a été déplacé de l'individu (Ben Laden) à la société (l'Islam) ou une partie de celle-ci (mauvais musulmans) ou aux « djihadistes néo-salafistes » dans la vision de Kilcullen. Le « *néo-orientalisme* »[1] est resté persistant à mesure que ses traits communs sont transférés à travers le temps, les lieux et l'histoire. Dans la pratique, les cultures de guerre contiennent des récits rivaux - « *un répertoire ambigu d'idées concurrentes qui peuvent être sélectionnées, instrumentalisée, manipulées* » - et les forces armées ont simplement besoin d'actualiser les anciens manuels de guerre irrégulière pour améliorer leurs campagnes anti-insurrectionnelles dans l' « *arc d'instabilité* » avec l'aide des anthropologues, qui aideront les soldats à « *saisir* » les cultures des « *Indiens* » qui se rebellent contre l'ordre établi. Cela ne présume pas l'homogénéité. Même « *l'orientalisme n'est ni uniforme ni nécessairement cohérent, mais tire sa force de son ambivalence, sa capacité à soutenir des idées et des images contradictoires* »[2]. Bien que le discours se réinvente constamment selon les circonstances, le scénario est toujours le même : les indigènes se comportent comme des « *animaux irrationnels* », la terre n'a produit que des épines, et Dieu abhorre ces « *laides et horribles abominations* ». Dans ce contexte, la « *vertu lutte contre les vices* », et le monde comme « *théâtre d'épines horribles* » sera transformé par les Américains, - comme ils l'ont fait avec le nouveau monde - en « *un jardin divin* » cultivé avec la grâce de Dieu[3].

Se focaliser sur la culture et la religion « *peut fausser la réalité sociale plus grande* »[4]. Mais cela permet au moins la possibilité que les connaissances techniques de l'anthropologie et de la sociologie puissent être utilisées pour gérer la situation. En d'autres termes, le tournant culturel traduit une approche réifiée et trop homogénéisée. Le contexte historique est négligé alors qu'il est crucial pour développer la compréhension locale. Souvent l'importance et l'influence de l'histoire locale s'éclipsent alors qu'elle contient les courants de fond les plus importants en ce qui concerne les sentiments de légitimité politique. Kilcullen présente une lecture plus aboutie, mais sans pour autant résoudre le problème de la rationalité. Dans sa vision, il distingue entre « *guérilla accidentelle* » et « *djihadistes néo-salafistes* ». L'auteur appelle à démilitariser et dé-mondialiser la guerre contre le terrorisme à travers une « *une stratégie désagrégation* » qui cherche à démanteler ou briser les liens

---

[1] Voir le numéro spécial intitulé « *Neo-Orientalism and Islamophobia: Post-9/11* » paru dans *The American Journal of Islamic Social Sciences*, Vol. 21, N°. 3, été 2004.

[2] Patrick Porter, *Military Orientalism*, Columbia University Press, New York, 2009.

[3] Frank Graziano, *Wounds of Love : The Mystical Marriage of Saint Rose of Lima*, Oxford university Press, Oxford, 2004, p. 75 ; Edwin Hutchins, *Culture and Inference*, Havard University Press, Cambridge, 1980, p. 46

[4] Christopher Varhola, « Ethnicity and Shifting Identities », Dans Robert A. Rubinstein & KerryFosher & Clementine Fujumura (dir.), *Practicing Military Anthropology*, Kumarian Press, Sterling, VA, 2013, p. 107

dans le « *jihad* mondial ». Cela signifie qu'il est possible de conclure des accords avec la guérilla accidentelle, répondre à leurs griefs légitimes, leur fournir la sécurité, et donc les séparer des *jihadistes* mondiaux. Une telle lecture ne fait que déplacer le lieu de l'irrationalité de la population en général (susceptibles de soutenir une insurrection pour des raisons locales et instrumentales) au noyau des professionnels mondiaux appelés les « *djihadistes néo-salafistes* »[1]. Cela ne résout pas le problème de la rationalité étant son prime dichotomique et la tendance à voir les extrémistes comme « *mystérieux, effrayants et irrationnels* »[2].

L'idée d'une « *modèle oriental de guerre* » est extrêmement problématique. Une grande partie des analyses des « *nouvelles guerres* » puise dans l'« orientalisme militaire ». De fausses idées découlent des efforts des stratèges occidentaux de définir l' « *Orient* » en termes d'un ensemble orientalisé et *exotisé* de stéréotypes. La guerre en Afghanistan a exposé la compréhension limitée que l'Occident a eue sur de cette région de l' « *Orient* ». Pour la plupart des Américains, les Afghans n'étaient que des membres de tribus violentes, incapables de progrès ou de sophistication. Les médias occidentaux ont renforcé, et contribué à façonner, ce point de vue, les représentants comme des hommes de montagne avec des armes primitives, motivés par la vengeance et la soif de sang, qui ne veulent rien d'autres que la destruction du mode de vie américain. Dans le cas des Talibans, *« le comportement en temps de guerre des Afghans suggère que leurs croyances et tabous enracinés dans la culture ne sont pas d'une importance décisive »*. Alors que leurs codes tribaux et idées religieuses peuvent commander une grande autorité, « *sous la pression de la guerre les talibans ont constamment choisi parmi et entre les tabous, la survie, la loyauté et le succès* ». En d'autres termes, « *ils se sont révélés être pragmatiques et innovants. Lorsqu'ils sont forcés de choisir entre un compromis efficace et un dogme de la ligne dure, les chefs talibans choisissent le premier* ». En effet, la perspective à partir de laquelle l'Occident considère ses ennemis orientaux est l'une des raisons principales pour lesquelles les conflits sont souvent inévitables et ont des implications directes sur la façon dont les Etats-Unis exécutent la politique étrangère[3].

---

[1] David Kilcullen, « Countering Global… », op.cit; David Kilcullen, *The Accidental Guerrilla*, op.cit, p. xiv.

[2] *« Les extrémistes comme Oussama ben Laden sont différents de nous : ils sont tordus, déviants, fanatiques ou simplement le 'mal'. Une raison, bien sûr, est la destruction extraordinaire dont ils sont parfois capables […]. Une autre raison est la passion apparemment simple de leurs dirigeants. Et tandis que les leaders de ces mouvements semblent souvent dogmatiques, la loyauté fanatique souvent observée de leurs disciples est peut-être encore plus effrayante »*. Ronald Wintrobe, *Rational Extremism*, Cambridge University Press, 2006, p. 3.

[3] Patrick Porter, *Military Orientalism*, Columbia University Press, New York, 2009.

Conclusion

Après que les efforts de la RAM ont échoué en Irak et en Afghanistan, il y a eu des tentatives d'apporter un nouvel souffle aux « *Règles de Washington* ». Tant que le consensus interventionniste n'est pas remis en cause, tout type de changements est possible. Personne n'avait jamais vraiment vendu aux Américains l'idée d'une guerre longue. En 2006, il y a eu plusieurs développements ; les Etats-Unis étaient à la dérive et l'activité militaire semblait sans but. Pour masquer cela, l'idée de « *cœur et esprit* » a été prise pour remplacer « *Choc et effroi* ». Bien que peu probable de pouvoir résoudre le problème apparent du *jihad*, la COIN a créé l'« *apparence de détermination* » et a résolu un problème très réel de la pertinence. Les « *Règles de Washington* » ont survécu de nouveau malgré l'absence de buts de guerre. Petraeus, qui a écrit sa thèse de doctorat sur le Vietnam, estime que la COIN était une mauvaise idée parce que la perception du public d'une longue implication était négative. Mais il a aussi tiré de cette guerre l'idée corollaire que l'on pourrait et devrait gérer les perceptions publiques. Changer la perception signifiait une réalité changeante. Pour résoudre le problème, la réalisation clé de Petraeus a été de gérer les perceptions du public de sorte que le long engagement ne soit pas considéré comme un échec. La COIN est devenu la manière dont l'Amérique montre de leadership et aide d'autres pays. Cela implique la démolition de l'idée de l'armée comme quelque chose qui combat et gagne la guerre. Mais l'objectif de Petraeus dans la révision de la doctrine de contre-insurrectionnelle des Etats-Unis n'était pas d'évaluer la COIN, mais de la vendre. La COIN (« *le travail social avec des fusils* »), colportée grâce à un travail de marketing, est une imposture (« *beaucoup de mousse, mais pas beaucoup de bière* ») conçue pour donner aux dirigeants l'illusion du contrôle sur la guerre. Petraeus semble avoir atteint le soutien public et le financement nécessaires pour la guerre perpétuelle. La doctrine de la COIN est une forme de reconditionnement des « *Règles de Washington* »[1].

2018

[1] Andrew J Bacevich, *Washington Rules: America's Path to Permanent War*, op.cit, p. 9, 20, 83-86, 193-197 Andrew J. Bacevich, *The New American Militarism*, Oxford University Press, New York, 2005, p. 1

L'expédition piémontaise en Crimée (1855-1856) : une OPEX au XIXe siècle

Hubert HEYRIES

La convention militaire signée par le royaume du Piémont-Sardaigne avec la France et le Royaume-Uni le 26 janvier 1855 puis avec l'empire ottoman quelques mois plus tard, le 15 mars, imposa à Turin l'envoi en Crimée d'un corps expéditionnaire de 15 000 hommes minimum pour se battre contre les Russes. Pour la première fois de son histoire le royaume sarde fut confronté aux difficultés inhérentes à des opérations extérieures modernes (OPEX) : une coalition sur un théâtre éloigné, hostile et difficile posant des problèmes de transport, de logistique, de santé et de ravitaillement ; la défense des intérêts stratégiques nationaux et de ceux des partenaires alliés ; le principe de mutualisation des capacités opérationnelles selon le principe de modularité accrue de forces interarmes ; une doctrine opérationnelle fondée sur une diplomatie d'influence, y associant le militaire et le politique. En d'autres termes, cette expédition, tout en restant marquée évidemment par le contexte du XIXe siècle (marine à voile et à vapeur, primauté de l'infanterie, diplomatie fondée sur le concert des nations et sur le principe des nationalités) présente des caractères d'une OPEX du XXIe siècle au moins sur trois plans : la projection, la coalition et la transfiguration[1]. C'est dire la modernité de ce qui resta dans l'historiographie une étape secondaire, voire marginale, du processus risorgimental italien[2]. Et pourtant, les souvenirs, les documents

[1] Livre blanc. Défense et sécurité nationale, 2013, Paris, Direction de l'information légale et administrative, 2013, pp. 82-83, 92 et 99 ; Jacques Gautier, Daniel Reiner, Jean-Marie Bockel, Jeanny Lorgeoux, Cédric Perrin, Gilbert Roger, Interventions extérieures de la France : renforcer l'efficacité militaire par une approche globale coordonnée, Paris, La documentation française, 2016, 278 p.

[2] Pour avoir une idée du débat historiographique voir Umberto Levra, « Premessa », Ettore Bertolè Viale, *Lettere dalla Crimea 1855-1856*, Turin, Comitato di Torino dell'Istituto per la storia del Risorgimento italiano, 2006, pp. 9-23. Pour la guerre de Crimée voir entre autres Alain Gouttman, *La guerre de Crimée 1853-1856*, Paris, S. P. M., 1995, 540 p. ; Cristoforo Manfredi, *La spedizione sarda in Crimea nel 1855-1856*, Rome, Voghera, 1896, 314 p., 311 p. ; Franco Valsechi, *L'alleanza di Crimea. Il Risorgimento e l'Europa*, Milan, Mondadori, 1948, 504 p. ; Pierre Renouvin, *Histoire des relations internationales*, vol. V : « Le XIXe siècle », t. 1 : « De 1815 à 1871. L'Europe des nationalités et l'éveil de nouveaux mondes », Paris, Hachette, 1954, pp. 285-296 et pp. 318-319 et 321 ; Piero Pieri, *Storia militare del Risorgimento. Guerre e insurrezioni*, Turin, Einaudi, 1962, pp. 585-588 ; Ferruccio Botti, *La logistica dell'esercito italiano (1831-1981)*, vol. 1 : « I servizi logistici dell'esercito piemontese

médiatiques et iconographiques, la correspondance militaire, conservés à l'archivio di Stato de Turin (AST), à l'archivio de l'Ufficio storico dello Stato Maggiore dell'Esercito (AUSSME) et à l'archivio centrale dello Stato (ACS) à Rome, permettent d'opérer une relecture au carrefour de l'histoire militaire, politique, diplomatique et socio-culturelle, de cette campagne, qui dura plus d'une année, du 31 mars 1855 au 20 juin 1856, de la création à la dissolution du corps expéditionnaire piémontais.

Projection

Comme pour une OPEX moderne, le Piémont constitua un petit corps expéditionnaire doté de moyens modulaires permettant d'assurer les fonctions de commandement, de renseignement et de logistique en projection[1]. L'effort fut toutefois considérable pour le petit royaume alpin, avec plus de 20 000 hommes envoyés en Crimée (18 058 hommes et 3496 chevaux en avril-mai 1855 puis un renfort de 3453 hommes et 100 quadrupèdes) soit la moitié des effectifs de l'armée. Mais sur le terrain, pour s'en tenir au seul siège de Sébastopol, ce petit corps prit l'allure d'une force d'appoint non négligeable, l'équivalent d'un groupement tactique interarme avant l'heure engagé aux côtés des troupes combattantes (90 000 Français, 20 000 Anglais et 12 à 13 000 Turcs)[2]. Conformément au décret du 31 mars 1855, placé sous le commandement du général Alfonso Ferrero della Marmora, alors ministre de la Guerre, il comprit en effet un quartier général principal ainsi que des unités toutes provisoires, deux divisions, cinq brigades dont une de réserve, cinq régiments d'infanterie (de quatre bataillons) et cinq bataillons de bersagliers, un régiment de chevau-légers (de cinq escadrons) et des batteries d'artillerie, ainsi qu'un bataillon de sapeurs et les services (subsistances, santé, justice militaire, service postal). Toutes ces unités ne devaient exister que le temps de l'expédition, formées en empruntant des bataillons (de 500 hommes à peine, de manière à accroître la mobilité opérationnelle) à tous les régiments de l'armée sarde, et elles devaient réintégrer leurs unités d'origine après la dissolution du corps, comme s'il s'agissait de modules. Le choix des hommes ne fut pas non plus anodin. Les militaires qui composaient le corps expéditionnaire, provenaient du Piémont (sauf 245 étrangers originaires du reste de la péninsule) et étaient des appelés du contingent expérimentés avec deux à quatre ans de service pour près de la moitié d'entre eux –44 %–, le

(1831-1861), Rome, USSME, 1991, pp. 357-585 ; Hubert Heyriès, « Les problèmes de santé du corps expéditionnaire piémontais en Crimée », *RHA*, n° 1, 1999, pp. 55-64.

[1] *Livre blanc, op. cit.*, pp. 83, 90 et 92.

[2] Rapporto a S. M. sul corpo di spedizione in Oriente, generale La Marmora, 28 novembre 1858, AUSSME, G1-61/11. *Giornale militare*, 1855, pp. 519-562. Pieri, *op. cit.*, p. 586.

service actif étant de cinq ans[1]. Les officiers étaient également tous piémontais ou piémontisés (comme les deux généraux émiliens, Enrico Cialdini et Manfredo Fanti), animés d'un solide esprit de corps, vétérans de la 1re guerre d'indépendance et profondément marqués par les désastres de Custoza en 1848 et de Novare en 1849 contre l'Autriche, désastres qu'ils rêvaient de venger.

De toutes les manières, il fallait transporter ce corps expéditionnaire en Crimée, à des milliers de kilomètres du Piémont. La concentration de presque toutes les unités (celles en poste à Nice partirent de Villafranca et celles en Sardaigne de Cagliari) se fit en deux étapes par chemin de fer, d'abord à Alexandrie, puis à Gênes, port d'embarquement. Le transport de la troupe et des chevaux fut assuré par la Navy à près de 90 %, conformément à la convention militaire, mais la marine piémontaise, quoiqu'avec des moyens inférieurs, assura-t-elle aussi une part non négligeable du transport de 12 % des hommes et de 7 % des quadrupèdes. Le désir d'affirmer l'autonomie du commandement était assurément à l'origine de cette décision[2]. Mais si les brigades partirent en échelon du 25 avril au 20 mai 1855, elles utilisèrent indifféremment des navires anglais et sardes, des bâtiments d'État et privés, en mélangeant hommes, bêtes et matériels[3]. Pour autant les vaisseaux anglais fascinaient. Le lieutenant de cavalerie Charles Goybet se montra enthousiaste écrivant à son père en français le 18 mai 1855 : « je suis allé visiter un magnifique bâtiment anglais à vapeur, le *Jason* [...] Si tu voyais ce bâtiment, quand l'on est dedans il semble d'être dans une ville »[4]. La croisière de dix à douze jours, resta un agréable souvenir longeant le littoral toscan, romain et napolitain, tranversant le détroit de Messine, faisant parfois halte à Malte, croisant le cap Matapan, au sud du Péloponnèse avant de remonter vers le Nord, en direction des Détroits. Le site de Troie suscita une légère admiration chez le sous-lieutenant Ceresa, mais Constantinople fascina le plus[5]. Toutefois l'arrivée en Crimée provoqua de cruelles désillusions. Le port de Balaklava était étroit, déjà encombré par les navires anglais avec les quais surchargés de

---

[1] Rapporto a S. M., *op. cit.*, Specchio n° 2, AUSSME, G1-61/11. Giovanni Aiassa, « Relazione a Sua Maestà sul Personale del Corpo di Spedizione in Oriente (28 novembre 1858) », AST, progetti di schedatura, bersaglieri in Crimea on line, tabelle 7 à 10, pp. 8-9.

[2] Rapporto a S. M., *op. cit.*, AUSSME, G1-61/11. Journaux d'embarquement pour l'Orient, AUSSME, G1-1, f°° 669-687. Registro per la corrispondenza coll'ammiragliato e con i regni legni, ACS, ministero marina. Direzione generale personale e servizio militare. Div. 1 : personale militare e movimento del naviglio, b. 1, fasc. 1 e 2.

[3] Voir en particulier le rapport des bataillons des 13e et 14e régiments d'infanterie du 3e régiment provisoire, 26 mai 1855, AUSSME, G1-1, f°° 669-687.

[4] Charles Goybet, *De Chambéry à Sebastopol, lettres de 1855-1856*, sous la direction de Henri Putz, s. l., CRDP, 1975, Alexandrie le 18 mai 1855, p. 15. Bertolè Viale, Lettre n° 1, Gênes 30 avril 1855, *op. cit.*, p. 105.

[5] Giuseppe Francesco Ceresa di Bonvillaret, *Diario della campagna di Crimea, dal 1° aprile 1855 al 16 giugno 1856*, Turin-Rome, L. Roux et C., 1894, p. 18-19 et 122 et lettre n° 3, Constantinople 15 mai 1855, *op. cit.*, p. 155.

matériels. L'odeur était pestilentielle et il fallut attendre des jours entiers à bord, au milieu d'une eau couverte de détritus[1]. Mais une fois débarqué, les ennuis commencèrent, car rien ou presque n'était opérationnel. La logistique faisait défaut malgré des magasins militaires implantés à Gênes, base de départ, à Jéni-Koy sur le Bosphore, à Balaklava puis à Kamara en Crimée et en dépit de la prévision de convois réguliers de manière à garantir trois mois de vivre et vingt jours de fourrage.

La mauvaise volonté des Turcs, des Français et des Anglais, l'absence de structure centralisée (l'intendant général d'armée De Cravero, resta à Constantinople tandis que le commandant en chef rejoignit la Crimée), le manque de moyens de transport de Gênes au Bosphore, du Bosphore à la Crimée et de Balaklava au camp sarde, l'obligation de recharger du charbon après les navires anglais et français prioritaires (car ils payaient bien plus cher), la disparition du *Crœsus*, navire anglais qui pouvait charger 450 000 rations et beaucoup de matériel, le 24 avril 1855, tout concourut à faire éclater une disette. Le général Alfonso La Marmora avoua son impuissance le 12 juin : « *Ici, les soldats souffrent de la faim* »[2]. Les Sardes manquaient en effet de tout, de bois pour se chauffer, de nourriture pour s'alimenter (la viande salée sentait tellement mauvais que les hommes préféraient la jeter par peur de s'empoisonner et le vin avait le goût de vinaigre), de chaussures en bon état, de tentes pour s'abriter (les tentes coniques provenant de Turin, abritant quatre personnes, étaient faites d'une seule toile de coton, et se déchiraient facilement laissant passer le vent et la pluie)[3]. L'eau pour boire et se laver devint un luxe. En outre, les uniformes de laine, les chemises de flanelle, étaient inadaptés à la chaleur de la journée dépassant les 30°c à l'extérieur et les 36°c sous la tente.

Toutefois la perspective d'hiverner en Crimée inquiéta au plus haut point le commandement piémontais, qui connaissait les souffrances endurées par les Français et les Anglais au cours de l'hiver 1854[4]. Aussi la situation s'améliora-t-elle. Le 1er août 1855, le major d'artillerie Alessandro Della Rovere prit la place du général De Cravero, et transféra le siège de son commandement du Bosphore en Crimée, proche des hommes. Un bataillon de 500 hommes fut en permanence affecté à Balaklava, par roulement, pour assurer le déchargement des navires de ravitaillement sardes. Les hommes du train d'Armée, nés de

---

[1] Manfredi, *op. cit.*, p. 61. Ceresa di Bonvillaret, *op. cit.*, p. 19.

[2] Manfredi, *op. cit.*, pp. 110 et 147-148.

[3] Voir en particulier la correspondance de la 5e brigade provisoire, AUSSME, G1-55, f° 669, 687, 697, 721, 841 et de la 4e brigade provisoire, AUSSME, G1-53, f°° 279, 351, 389, 413, 463, 575, 681.

[4] Manfredi, *op. cit.*, pp. 155-156 et 223. Ceresa di Bonvillaret, *op. cit.*, p. 35 et lettres n° 14, Balaklava 3 août 1855 et 17, Kamara 28 août 1855, *op. cit.*, p. 190 et 197. Pier Luigi Perdomo, *La guerra della Crimea degli anni 1854-1855-1856 : reminiscenze del cav. Pier Luigi Perdomo*, Brescia, stab. tip. Istituto Pavoni, 1883, p. 413. Goybet, Kamara, 31 août, 7 septembre et 22 septembre 1855, *op. cit.*, pp. 58, 61 et 70. Bertolè Viale, lettres n° 36 et 46, Kamara 19 octobre et 14 décembre 1855, *op. cit.*, pp. 161 et 177-178.

1824 à 1830 furent tous mobilisés pour renforcer le personnel d'intendance[1]. Fin juin, un grand convoi partit de Gênes avec vivres, bétail pour fournir la viande fraîche, fourrage, fours de campagne pour faire du pain, charriots, un autre partit en novembre pour fournir des vêtements chauds tandis qu'un énorme élan de solidarité nationale permit de recueillir des fonds pour venir en aide aux hommes en Crimée. De leurs côtés les familles envoyèrent des colis pour améliorer l'ordinaire. Cavour fit aussi voter un emprunt extraordinaire de 30 millions de lires. Quant aux soldats, ils s'enterrèrent dans des « *gourbis* » isolés du froid et de l'humidité, en attendant les baraques anglaises et françaises.

Le résultat fut spectaculaire. Le 3 juillet 1855, La Marmora écrivit au ministre de la Guerre : « *L'alimentation du soldat est bonne : il a du pain frais chaque jour* » et le 14 novembre il se montrait optimiste : « *J'espère que [...] nos troupes pourront hiverner sans les souffrances incroyables qu'en raison de circonstances qui empêchèrent de semblables précautions, les troupes alliées connurent au cours de l'hiver 1854* »[2]. Ses vœux furent exaucés. L'hiver fut certes rigoureux avec des froids polaires (-18°c le 19 décembre 1855, -15°c du 12 au 17 janvier 1856), mais le moral du soldat devint excellent grâce à une nourriture abondante et grâce à la distribution de vêtements chauds (des paires de gants, des vestes molletonnées) et surtout des sabots[3] même si des unités réclamaient encore des tricots de laine, des couvertures et des pantalons de laine en février 1856[4].

Tout n'était pas parfait en effet. Les bêtes souffrirent considérablement du climat et du manque de foin, d'avoine et d'orge. Les hommes n'eurent jamais assez d'argent. La solde du soldat (2 lires tous les cinq jours) et de l'officier (entre 40 et 70 lires tous les quinze jours en comptant les retenues diverses) ne suffisait pas pour acheter des produits hors de prix vendus par des marchands grecs et maltais peu scrupuleux (30 lires pour une paire de bottes, 2 lires pour un litre de vin) alors que la monnaie piémontaise valait deux fois moins que la monnaie turque employée sur place ! La poste fonctionna toujours mal à cause de la mauvaise volonté des vaguemestres, de la distance entre Gênes et Balaklava (il fallait deux à trois semaines pour recevoir une lettre). La nostalgie fit alors son apparition comme l'exprima Charles Goybet le 22 septembre 1855 dans une lettre adressée à son père : « *Donne-moi de vos nouvelles, voilà déjà deux semaines que je n'en ai point reçu. [...] Ici c'est*

---

[1] Rapporto a S. M.., *op. cit.*, Specchio n° 2, AUSSME, G1-61/11. Aiassa, « Relazione a Sua Maestà... », art. cit., tabelle 7 à 10, pp. 8-9.
[2] Manfredi, *op. cit.*, pp. 150 et 232.
[3] Bertolè Viale, lettres n° 52 et 56, Kamara 28 décembre 1855 et 21 janvier 1856, *op. cit.*, p. 185 et 191. Manfredi, *op. cit.*, p. 241.
[4] L'intendant général au commandant de la brigade de réserve, 16 février 1856, AUSSME, G1-59, f° 187.

vraiment un désert et quand on reçoit des nouvelles de sa famille, cela vous fait beaucoup de biens »[1].

Et surtout, le désastre sanitaire auquel fut confronté le corps sarde (comme du reste les troupes françaises et anglaises) fut sans doute « *la période la plus triste de tous mes souvenirs* », avoua l'officier piémontais Pier Luigi Perdomo[2].

Les autorités avaient pourtant anticipé. Au début de la campagne, des hôpitaux militaires avaient été construits à Jeni-Koi sur le Bosphore, à Balaklava et à Kamara en Crimée. Chaque unité fut dotée de sa propre ambulance avec charriots et cacolets (double siège à dossier ou litière fixé sur le dos d'un mulet). Un corps de 150 médecins, 21 pharmaciens, 286 infirmiers, 40 sœurs de charité et 6 aumôniers partit en Crimée. Mais l'épidémie de choléra qui éclata dès le mois de mai révéla au grand jour les carences du service de santé non seulement insuffisant (même si les infirmiers militaires des classes de 1824 à 1830 furent mobilisés), mais encore formé aux opérations chirurgicales et orthopédiques[3]. Le manque de nourriture qui affaiblissait les organismes, l'emplacement des camps dans les endroits insalubres laissés par les Français et les Britanniques aux Piémontais (d'abord à Karani ou Kadikoy près de Balaklava puis à Kamara fin mai sur la Cernaia)[4], le manque d'hygiène constant (à l'hôpital de Jéni-Koy, les draps pourtant lavés présentaient encore des traces de vomi et de diarrhée[5] ; à proximité des camps, les hommes versaient les excréments dans une fosse à l'air libre, sans les recouvrir de terre[6] ; fin juin 1855, certains officiers n'avaient pas pu se déshabiller une seule fois depuis leur arrivée en Crimée mi-mai[7]), créèrent les conditions idéale pour que le choléra fît des ravages. À l'heure du bilan, le 31 août 1855, après le pic d'intensité atteint début juin, 57 officiers et 1296 hommes étaient morts dans les hôpitaux soit 45 % des malades[8]. Certaines compagnies ne dépassaient pas 70 hommes sur 120[9]. La maladie avait été foudroyante (un homme malade à 18h mourrait à 20h) et n'avait épargné

---

[1] Goybet, Kamara, 7 et 22 septembre 1855, *op. cit.*, pp. 61 et 71. Bertolè Viale, lettres n° 2, 9 et 39, à bord du Quenn of the South, 11 mai 1855, à Kamara le 8 juin et le 7 novembre 1855, *op. cit.*, p. 105, 117 et 166. Ceresa di Bonvillaret, *op. cit.*, pp. 80-81.

[2] Perdomo, *op. cit.*, p. 210.

[3] Botti, *op. cit.*, p. 468. Rapporto a S. M..., *op. cit.*, Specchio n° 2, AUSSME, G1-61/11. Aiassa, « Relazione a Sua Maestà… », art. cit., tabelle 7 à 10, pp. 8-9.

[4] Giovanni Antonio Comissetti, *Sulle malattie che hanno dominato in Oriente fra le truppe del Corpo di Spedizione sardo*, Turin, 1857, pp. 11-12.

[5] Le directeur de l'hôpital militaire de Jéni-Koy à l'intendant militaire d'Armée, Jeni-Koy, 30 août et 9 septembre 1855, AST, Ministero Guerra, Intendenza generale d'Armata, 1855-1856, mazzo 32, fac. 2.

[6] Lettre du commandant supérieur du génie à l'intendant général, Kadikoi, 14 février 1856, AST, Ministero Guerra, Intendenza generale d'Armata, 1855-1856, AST, mazzo 34, fasc. 1, Affari generali, segreteria.

[7] Bertolè Viale, lettre n° 13, Kamara, 22 juin 1855, *op. cit.*, p. 126.

[8] AUSSME, G1-33, Specchi numerici. Perdite, f° 127. Manfredi, *op. cit.*, p. 108, n. 1.

[9] Ceresa di Bonvillaret, lettre n° 14, Balaklava 3 août 1855, *op. cit.*, p. 189.

même pas le général français de Saint-Arnaud le 29 septembre 1854, le général piémontais Alessandro La Marmora, commandant la 2e division, le 7 juin 1855, le commandant en chef anglais, lord Raglan le 28 juin suivant. Les soins restaient impuissants : repos, distribution de vin et de café, eau de riz, goutes de laudanum, rhum et cognac. Le plus grave était que les soldats se méfiaient des hôpitaux et préféraient les fuir quitte à mourir dans la nature. Mais alors que l'épidémie du choléra baissait, d'autres maladies firent des ravages comme le typhus, les gastriques, les fièvres, les insolations, tant les organismes étaient affaiblis. Puis si avec le froid, les fièvres disparurent, le scorbut fit son apparition, ainsi que les rhumes en raison de l'humidité, de l'abus de viande salée et du manque de vitamines C. Certes, les autorités sanitaires réagirent. Fin août 1855, elles obtinrent des Turcs la permission d'agrandir l'hôpital de Jeni-Koy à 1600 lits dont les draps furent lavés correctement[1]. En outre, le commandement permit le rapatriement des malades en Piémont, plus de 3000 hommes du 1er juillet 1855 au 10 janvier 1856[2]. La situation n'en resta pas moins dramatique et ce alors que le Piémont devait assumer les devoirs d'une puissance alliée au sein d'une coalition internationale.

Coalition

Au début des années 1850, le Piémont se lança dans une diplomatie de rapprochement avec des puissances européennes dans le but de défendre ses intérêts nationaux italiens et d'assumer des responsabilités internationales aux côtés de puissances alliées comme pour une OPEX moderne[3]. Le mot d'ordre de Charles-Albert « *Italia farà da se* », « *l'Italie se fera elle-même* », qui avait conduit au désastre en 1848-1849 fut définitivement abandonné. Le Piémont cherchait en effet à sortir de son isolement. La guerre de Crimée servit de prétexte.

Depuis le 4 octobre 1853, dans l'espoir de contrôler les Détroits et de s'étendre dans les Balkans, la Russie avait attaqué l'empire ottoman que les Anglais et les Français décidèrent de soutenir en signant une alliance le 12 mars 1854 (les premiers soucieux de maintenir son intégrité en Méditerranée, les seconds en quête de grandeur nationale et internationale). L'Autriche, de son côté, choisissait la neutralité, à la grande déception des Alliés. Mais le conflit d'abord dans les Balkans s'était transporté dans la presqu'île de Crimée et la base navale russe de Sébastopol faisait l'objet d'un siège meurtrier depuis septembre 1854. La guerre s'enlisait et devenait impopulaire. La quête d'un allié piémontais qui fournirait des réserves (ce qui intéressait les Anglais), qui

[1] Le directeur de l'hôpital militaire de Jéni-Koy à l'intendant militaire d'Armée, Jeni-Koy, 19 septembre, 5 et 12 octobre, 28 novembre 1855 et 26 janvier 1856, AST, Ministero Guerra, Intendenza generale d'Armata, 1855-1856, mazzo 32, fac. 2, 3 et 4.

[2] Rapporto a S. M..., *op. cit.*, AUSSME, G1-61/11.

[3] *Livre blanc, op. cit.*, p. 82.

incarnait le principe des nationalités (ce qui séduisait Napoléon III) et qui pourrait faire pression sur l'Autriche indirectement en posant la question italienne sur la scène internationale (ce qui plaisait à Paris et à Londres) sembla un choix judicieux aux Alliés[1].

Turin cherchait en effet le moyen de sublimer les défaites de Custoza et de Novare tout en réalisant ses objectifs politiques unitaires comme le proclama Victor-Emmanuel II à ses troupes le 14 avril 1855, à l'heure de l'entrée en guerre[2]. Depuis 1849, le Piémont avait amorcé une politique de modernisation dans tous les domaines (politique, économique, social et surtout militaire avec la loi du 20 mars 1854 qui imposait un service actif de cinq ans à la partie du contingent qui avait tiré un mauvais numéro au moment de l'incorporation). Le libéral Camille Benso di Cavour, président du Conseil depuis 1852, avait d'ailleurs pris soin d'envoyer des officiers d'observation dans les Balkans, en Crimée[3] et même en France pour suivre les mesures prises concernant la logistique et la santé militaire. Dès lors la convention militaire signée avec Paris, Londres puis La Porte (les 26 janvier et 15 mars 1855) combla les vœux des autorités politiques et militaires sardes. Turin obtenait non seulement la protection franco-britannique, mais aussi les mêmes garanties turques concédées aux Alliés, plaçant ainsi le Piémont sur le même plan, sans oublier l'autonomie du commandement, bien que placées sous l'autorité anglaise.

L'engagement des sardes s'inscrivit en effet dans le contexte d'une opération à la fois nationale et internationale. Tout en restant dans une position secondaire, astreints à des corvées (corvées d'eau, de bois, de vivres), à des travaux de défense (sur la Cernaia) ou à des reconnaissances infructueuses (les 25 mai, 3 et 17 juin, 6 et 16 juillet 1855), les Piémontais se montrèrent prêts lorsque la battaille tant attendue arriva le 16 août 1855. Le 16 août à l'aube, en effet, les Russes attaquèrent en masse la rive gauche de la Cernaia pour tenter de desserer l'étau du siège, là où les Sardes à gauche (une division) et les Français à droite (quatre divisions) les attendaient de pied ferme à proximité du pont de Traktir[4]. Ces derniers subirent le choc principal, mais les Piémontais ne restèrent pas inactifs. Après avoir repoussé un assaut russe, ils soutinrent l'aile droite de leurs alliés en concentrant les feux de leur artillerie sur le flanc gauche des Russes. Puis deux compagnies de bersagliers, deux bataillons d'infanterie et une section de batterie, sous le commandement du général savoyard Philibert Mollard, participèrent à la contre-offensive

---

[1] Gouttman, *op. cit.*, pp. 189-270, 274-275 et 295-332.

[2] Manfredi, *op. cit.*, pp. 30-31.

[3] Marco Scardigli, *Lo scrittoio del generale. La romanzesca epopea risorgimentale del generale Govone*, Turin, UTET, 2006, pp. 183-236.

[4] Ceresa di Bonvillaret, *op. cit.*, pp. 84, 88 et 92-99 et lettre n° 15, Kamara le 17 août 1855, *op. cit.*, p. 192. Perdomo, *op. cit.*, p. 283. Manfredi, *op. cit.*, pp. 170-178. Bertolè Viale, lettre n° 25, Kamara 17 août 1855, *op. cit.*, p. 146. Comptes-rendus des commandants d'unité, AUSSME, G1-12, f°° 737-963.

victorieuse sous les vivats des Français[1]. Dans le camp piémontais, même si les pertes furent minimes (14 morts contre 181 Français, 170 blessés contre 1224 Français tandis que les Russes déplorèrent 8370 morts, blessés et disparus[2]), le soulagement et la fierté furent immenses. Le sous-lieutenant Ceresa écrivit à son frère le 17 août 1855 : « Enfin, on peut prouver que nous sommes des hommes nous aussi, *et démontrer qu'on vaut quelque chose* »[3]. Le lieutenant de cavalerie Charles Goybet était enthousiaste : « *Je ne suis pas venu en Crimée pour rien finalement* »[4]. Dès lors, la bataille de la Cernaia prouva la valeur des forces piémontaises et lors de la prise de Sébastopol le 8 septembre, les Français acceptèrent de placer sous le commandement du Ier Corps d'armée, la 3e brigade (celle du général Cialdini) face au bastion du Mât[5]. Certes l'unité sarde resta toute la journée l'arme au pied, mais elle subit sans broncher le feu de l'artillerie ennemie au prix de 38 pertes dont 4 soldats morts[6]. L'essentiel était de participer réellement à la prise de Sébastopol, même passivement, au sein d'une opération alliée.

En effet, même si l'autonomie des forces demeurait, les Piémontais faisaient bel et bien partie d'une coalition internationale qui existait sur le terrain. Des officiers de liaison servaient de relais entre les différentes armées. Les officiers français, anglais, piémontais, avaient l'habitude de se rencontrer à la messe du dimanche (même les Anglicans, selon La Marmora), lors de revues militaires, lors de cérémonies funèbres, en visitant les camps respectifs, en s'entraidant contre le choléra. Sardes et Anglais construisirent aussi de septembre 1855 à mars 1856, une ligne de chemin de fer de Balaklava à Kamara pour faciliter l'acheminement du ravitaillement[7]. Mais la coalition fonctionna mal.

Lord Raglan se méfiait des Sardes qu'il avait sous ses ordres. Comme son gouvernement, il craignait de les engager pour ne pas donner à Cavour trop de poids sur la scène internationale. Une bataille suffirait pour réveiller la question italienne et créer des problèmes avec l'Autriche. Aussi, le commandement anglais entendait-il maintenir le corps sarde dans une position secondaire, voire auxiliaire, (d'autant que les tensions entre Écossais souvent ivres et soldats piémontais étaient fréquentes[8]) au grand mécontentement de La Marmora qui fit son possible pour se dégager de cette tutelle en s'appuyant sur les Français.

---

1 Rapport du général Mollard, 17 août 1855, AUSSME, G1-55, f° 445. Manfredi, *op. cit.*, p. 176.

2 Manfredi, *op. cit.*, pp. 179-180.

3 Ceresa di Bonvillaret, lettre n° 15, Kamara 17 août 1855, *op. cit.*, p. 190.

4 Goybet, Kamara, 17 août 1856, *op. cit.*, pp. 44-47.

5 Perdomo, *op. cit.*, pp. 329-330 et 348. Ceresa di Bonvillaret, *op. cit.*, p. 107.

6 Manfredi, *op. cit.*, p. 201.

7 Voir entre autre, AUSSME, G1-4, Quartier Generale, rub. 4 : magazzini e ferrovia, f°° 217-325.

8 Chef d'EM du corps sarde au général commandant la brigade de réserve, Kadikoy 24 septembre 1855, AUSSME, G1-58, f° 875.

Les relations entre Sardes et Français étaient en effet plus faciles. L'obstacle de la langue n'existait pas, car le français était pratiqué à la cour de Savoie, les officiers le parlaient sans difficulté[1] et les Savoyards, francophones (un millier d'hommes) pouvaient servir d'interprètes le cas échéant. Le commandant en chef des forces françaises à partir de mai 1855, le général Aimable Pélissier, correspondait d'ailleurs directement avec le général La Marmora sans passer par le QG anglais, et La Marmora le considérait comme le véritable chef de la coalition. Sur le terrain, officiers français et sardes avaient aussi l'habitude de collaborer pour mener des opérations de reconnaissances ensemble en échangeant les mots de passe de leurs camps respectifs, même si les Piémontais se montraient jaloux de leur autonomie contre toute tentative d'empiètement français[2]. Le sous-lieutenant Ceresa di Bonvillaret ne se montra pas tendre : « *Les Français, vifs, loquaces, querelleurs, un peu indisciplinés, envahissent tout et il n'est pas toujours agréable de les rencontrer. Ils sont autoritaires et arrogants* »[3].

Quant aux Turcs, les Sardes les méprisaient ouvertement. Le capitaine Bertolè Viale écrivit à un parent : « *Tu ne peux pas te faire une idée de leur saleté, déchirés, puants, et mal disciplinés* »[4]. De son côté, le général Omer Pacha rêvait de prendre la place des Piémontais à Kamara, face aux Russes. Il faillit réussir début juillet 1855 en obtenant le soutien des Anglais. Mais La Marmora s'y opposa fermement (en s'appuyant sur les Français) et finit par l'emporter, ce qui créa un ressentiment durable entre les deux armées[5].

Des tensions existaient ainsi entre les Piémontais et leurs alliés, au point que les autorités militaires punirent toute déclaration à la presse pour ne pas heurter la susceptibilité des Français, des Britanniques et des Turcs[6]. La propagande apparaissait en effet vitale et notamment la transfiguration de la campagne d'Orient.

Transfiguration

Dans le processus de transfiguration, le rôle de l'opinion publique devint un enjeu décisif.

En Piémont, jusqu'à la bataille de la Cernaia, la campagne d'Orient suscita au mieux du désintérêt ou pire de l'hostilité. Les journaux faisaient des

---

[1] Bertolè Viale, lettre n° 5, Camp près de Karani 21 mai 1855, *op. cit.*, p. 107.

[2] Le commandant de la 1re division au général de la brigade de réserve, Kamara, 6 juin 1855, AUSSME, G1-58, f° 301. L'intendant général au Comando supremo, Kamara 16 octobre 1855, et le général commandant la brigade de réserve au chef d'EM, Kamara 1er mars 1856, AUSSME, G1-57, f° 278 et 330.

[3] Ceresa di Bonvillaret, lettre n° 3, Constantinople 15 mai 1855, *op. cit.*, pp. 157-158.

[4] Bertolè Viale, lettre n° 3, Balaklava 16 mai 1855, *op. cit.*, p. 107. Manfredi, *op. cit.*, p. 90. Ceresa di Bonvillaret, *op. cit.*, p. 44.

[5] Manfredi, *op. cit.*, pp. 137-140.

[6] Manfredi, *op. cit.*, p. 212-213.

« *descriptions lugubres* »[1]. Le ministère de la Guerre ne se souciait pas de la carrière des officiers envoyés en Crimée au point que l'un d'entre eux nota dans une lettre adressée à un parent : « *Ici, on meurt, on vit dans la gêne, et les promotions, ce sont ceux qui sont dans les garnisons dans la Patrie qui en profitent* » et un autre ajouta : « *Voilà comment les choses vont, et nous qui sommes ici exposés aux maladies et aux balles russes, on ne sait pas même si nous existons* »[2]. Plus la guerre durait, plus l'opposition grandissait. Certes, le jour du départ, à Gênes, une fête populaire salua les troupes, mais dans nombre de familles, la Crimée faisait peur. Les parents de Charles Goybet ne furent pas heureux de son départ, car ils connaissaient les ravages des épidémies de choléra et de typhus dont les Français et les Britanniques étaient les victimes depuis des mois. Et le 7 juillet 1855, un ancien député et juge à Gênes écrivit à des amis : « *Généralement ici on a toujours réprouvé notre intervention en Crimée ; on croît que c'est une faute grave sous tous les rapports et surtout impardonnable [...]. Si malheureusement les Alliés venaient à éprouver un revers sérieux, vous verriez la démagogie relever la tête plus que jamais et nous n'aurions rien à lui opposer, sauf l'invasion de l'Autriche* »[3]. Certains officiers piémontais aristocrates conservateurs, comme Eugène de Roussy de Sales, critiquaient aussi la politique jugée couteuse, hasardeuse et dangereuse du libéral Cavour[4]. Il devenait urgent d'obtenir une victoire.

La bataille de la Cernaia constitua indubitablement un tournant. Dès lors, en Piémont, l'opinion publique, le Roi et le gouvernement y virent la vengeance par les armes des désastres de Custoza et de Novare. Pier Luigi Perdomo se souvint : « *En Piémont, à l'arrivée de la nouvelle, on ne se demanda pas d'abord combien il y avait de morts ni combien de blessés, mais on cria : "Vive l'armée, espoir de la patrie"* »[5]. La presse nationale s'empressa de publier tout ce qui exaltait la victoire piémontaise[6] : les ordres du jour honorifiques français et anglais, le rapport glorieux du général Trotti, commandant la division qui avait pris part au combat, l'ordre du jour de La Marmora du 17 août avec ces mots : « *Le roi en sera satisfait ; la Nation pleine de joie* », mais sans insister sur le faible nombre des pertes. Le comportement des Sardes lors de la prise de Sébastopol fit aussi l'objet d'une transfiguration d'autant plus nécessaire qu'il fallait masquer l'inactivité de la troupe : « *La brigade sarde du général Cialdini, pouvait-on lire dans la presse, [...] a*

[1] Ceresa di Bonvillaret, lettre n° 14, Balaklava 3 août 1855, *op. cit.*, p. 190. Bertolè Viale, lettre n° 44, Kamara 3 décembre 1855, *op. cit.*, p. 175.

[2] Ceresa di Bonvillaret, lettre n° 12, Kamara 27 juillet 1855, *op. cit.*, p. 184. Goybet, Kamara, 25 et 31 août 1855, *op. cit.*, p. 53 et 57.

[3] Henri Putz, « De chambéry à Sébastopol », in Charles Goybet, *op. cit.*, pp. 7-9.

[4] Luigi Mondini, *Un immagine insolita del Risorgimento. Dalle memorie del Conte Eugenio de Roussy de Sales*, Rome, USSME, 1977, pp. 265-266.

[5] Perdomo, *op. cit.*, p. 307.

[6] Manfredi, *op. cit.*, pp. 180, 183, 187-188 et 207-208. Ceresa di Bonvillaret, *op. cit.*, p. 90-91.

supporté le terrible feu qui s'entrecroisait dans nos retranchements, avec le caractère imperturbable des vieilles troupes. Les Piémontais brûlaient d'envie d'en venir aux mains, mais [...] il ne fut pas possible de satisfaire l'ardeur de ces valeureuses troupes »[1]. Tout était ainsi fait pour assure le retour triomphal des troupes à l'heure de la victoire finale.

Depuis la prise de Sébastopol, tout le monde attendait la fin du conflit, mais la guerre n'en finissait pas de finir dans un hiver éprouvant. La visite en novembre 1855 à Paris du roi Victor-Emmanuel II, accompagné de Cavour, répondant à l'invitation de Napoléon III, débloqua la situation. Vienne, inquiète de voir le Piémont jouer un rôle décisif en Italie avec le soutien des Alliés, accepta de faire pression sur la Russie qui ouvrit des négociations ! Mais il fallut attendre le 30 mars 1856 pour qu'à Paris une paix fût signée. Lorsque les Piémontais apprirent la nouvelle en Crimée le 5 avril[2], ils se réjouirent de revoir bientôt la patrie, la famille et les amis. Mais le retour en Piémont s'avéra plus difficile que prévu et ne commença qu'à la mi avril, en raison du manque de moyens de transport, de la mauvaise volonté des Britanniques qui donnaient la priorité à leurs troupes, en raison aussi de l'encombrement des ports de Balaklava et de Constantinople. Turin fit toutefois un gros effort en alignant 15 gros navires capables de transporter plus de 5000 hommes (30 % des effectifs), bien plus qu'à l'aller, même si la Navy assura l'essentiel de l'opération (la quasi-totalité des bêtes et 12 000 hommes)[3]. Au bout de dix jours de traversée, les Piémontais arrivaient à La Spezia pour une semaine de quarantaine avant de débarquer à Gênes et de partir pour Turin. Fin mai, le corps sarde était rapatrié, sauf quelques services qui restèrent en Crimée et sur le Bosphore pour achever la destruction ou la vente du matériel laissé sur place, avant de rentrer en janvier 1857.

Alfonso La Marmora, parti de Crimée le 19 mai et arrivé à La Spezia le 29, connut son heure de gloire. Son navire fut entouré d'embarcations pleines de gens qui applaudissaient. Sur les quais du port, la foule exultait. À Gênes, l'enthousiasme fut immense et il en fut ainsi dans toutes les villes jusqu'à Turin. Dans la capitale, le retour des vétérans de Crimée fut triomphal. Partout les fenêtres étaient illuminées. La foule envahissait les rues et se jetait sur le passage des soldats pour leur serrer la main, voir leurs visages bronzés par le soleil d'Orient. Les fleurs ornaient les canons des fusils ou pleuvaient sur les soldats qui défilaient[4]. L'hommage fut aussi national. La Chambre des députés, dès le 9 mai, déclara à l'unanimité que les militaires et les marins de

---

[1] Manfredi, *op. cit.*, pp. 207-208.

[2] Ceresa di Bonvillaret, lettre n° 32, Jeni-Koy 18 décembre 1855, *op. cit.*, p. 236. Bertolè Viale, lettres n° 58, n° 62, n° 65, n° 70, Kamara 28 janvier, 18 février, 3 mars et 4 avril 1856, *op. cit.*, pp. 193, 198, 202 et 209. Manfredi, *op. cit.*, p. 248.

[3] Rapporto a S. M...., *op. cit.*, AUSSME, G1-61/11. Giornale d'imbarco (maggio 1856), AUSSME, G1-39, f°° 917-1038 et G1-1, f°° 931-937 et 937-1297, journaux de bord.

[4] Perdomo, *op. cit.*, p. 478-479.

Crimée « *avaient bien mérité de la patrie* » [1]. Le 15 juin 1856 devint la grande journée de célébration de la victoire[2]. Ce jour-là, les milliers de vétérans furent réunis à Turin, place d'Armes, pour rendre les drapeaux et recevoir les médailles commémoratives anglaises (près de 20 000). Le Roi, accompagné des ambassadeurs français, britannique et ottoman, après une messe et un Te Deum, salua la troupe avec solennité : « *Officiers, sous-officiers, soldats ! [...] Vous avez bien mérité de la Patrie. Vous avez répondu dignement à mes attentes, aux espérances du pays, à la confiance de nos puissants alliés [...]. Fermes dans les calamités qui ont affecté une partie d'entre vous, impavides dans les épreuves de la guerre, toujours disciplinés, vous avez fait monter en puissance et en renommée [le Piémont] cette partie forte et préférée de l'Italie* »[3]. Les mots du roi transfiguraient les militaires de Crimée en de nouveaux héros de la cause nationale italienne et en dignes héritiers du passé glorieux de la maison de Savoie, en plaçant le Piémont sur le même plan que la France et que l'Angleterre. C'était la fin victorieuse d'une campagne lointaine. Cinq jours plus tard, le 20 juin, le corps d'Orient était définitivement dissous et ses différentes composantes rejoignaient les unités respectives dont elles avaient été détachées le temps de l'expédition[4]. Les dernières classes furent démobilisées en juillet. Le temps du RETEX arrivait.

Les leçons de la campagne d'Orient furent diplomatiques, nationales, militaires et mémorielles.

Cavour sut exploiter avec habileté la pression morale et médiatique que suscita l'importance des pertes pour un si petit royaume (2 296 morts, soit 11 % des effectifs engagés)[5]. Certes en valeur absolue, ces morts n'avaient rien à voir avec celles des autres belligérants (95 615 Français par exemple[6]). Mais au congrès de Paris, Cavour put en toute légitimité prendre part aux négociations au même titre que les grandes puissances européennes, défendant par exemple l'indépendance et l'unification roumaine (prémice de ce qui pourrait arriver en Italie). Dès lors, le Piémont entrait dans le cercle fermé du concert des nations (les médailles militaires échangées entre Paris, Londres, La Porte et Turin devinrent les preuves tangibles et visibles de la fin de l'isolement[7]). En outre, la fraternité d'arme qui naquit en Crimée, entre Français et Piémontais, contribua, aux côtés d'autres facteurs politiques et

---

[1] Ceresa di Bonvillaret, *op. cit.*, p. 143. Manfredi, *op. cit.*, p. 264.

[2] AUSSME, G1-12, f° 485. Ceresa di Bonvillaret, *op. cit.*, pp. 143-148. Perdomo, *op. cit.*, pp. 480-482.

[3] Manfredi, *op. cit.*, p. 265.

[4] Circolare n° 54, Gabinetto ministero della Guerra, Turin 18 juin 1856, *Giornale militare*, 1856, pp. 829-831.

[5] Rapporto a S. M., *op. cit.*, AUSSME, G1-61/11.

[6] Gouttman, *op. cit.*, pp. 392-393. André Corvisier (sous la direction), *Histoire militaire de la France*, t. 2 : « De 1715 à 1871 », sous la direction de Jean Delmas, Paris, PUF, 1992, p. 514.

[7] Décorations accordées par les Alliés, voir AUSSME, G1-12, f°° 1165-1255. Rapporto a S. M., *op. cit.*, AUSSME, G1-61/11.

diplomatiques, au rapprochement de 1858 à Plombières et à l'alliance victorieuse de 1859 en Lombardie contre l'Autriche.

Grâce à la Crimé, la question italienne connut aussi un regain d'intérêt lorsqu'au Congrès de Paris, Cavour la posa le 8 avril 1856 face au représentant autrichien avec le soutien des Français, des Britanniques et des Russes (heureux de contrer Vienne). À l'époque, dans la péninsule, les résistances étaient particulièrement fortes. Le royaume des Deux Siciles, par exemple, avait fait preuve de grande prudence. Lorsque le 16 mars 1856, un bâtiment de transport de troupes sardes dut faire relâche à Messine pour cause d'avarie, les autorités bourboniennes ordonnèrent pour le temps des réparations, l'encasernement des soldats sardes dans la forteresse de la ville, confisquèrent les armes, autorisèrent les sorties par deux seulement, interdirent de parler de politique et de faire du désordre, sous peine d'arrestation immédiate[1]. Mais dans la victoire, le Piémont devenait plus que jamais le porte flambeau des espérances patriotiques et nationales.

Sur le plan militaire, l'utilisation du chemin de fer entre Turin-Alexandrie-Gênes fut une grande première (les Français sauront s'en souvenir en 1859 en effectuant le mouvement tactique majeur de Montebello à Magenta prenant à revers tout le dispositif autrichien). Le général La Marmora redevenu ministre de la Guerre de retour en Piémont, en profita aussi pour alourdir le poids du recrutement militaire par la loi du 13 juillet 1857, car les renforts avaient manqué[2]. Désormais les « *bons numéros* », ceux qui avaient eu la chance de tirer au sort un numéro qui les exemptait du service actif, seraient versés dans une IIe catégorie astreinte à des périodes d'instruction militaire, formant ainsi une réserve. C'était le principe d'un service militaire universel et obligatoire qui serait étendu à l'ensemble de la péninsule à partir de l'unification de l'Italie proclamée en 1861.

Enfin, l'historicisation et l'instrumentalisation mémorielle de la campagne d'Orient prirent place dans le continuum des *guerre patrie*[3]. Représentation iconographique (album de photos, lithographies, gravures, dessins bon marchés, peintures de Stanislao Grimaldi, Gerolamo Induno, Felice Cerutti Bauduc, Giacomo Mantegazza et Edoardo Matania), chants patriotiques, publications de souvenirs à vocation pédagogique nationale, commémorations (le trentenaire de 1885), permirent d'entretenir la flamme du souvenir au moins jusqu'à la Grande Guerre. Les vétérans de Crimée, organisés en « fraternités militaires » puis en société d'anciens combattants à Turin, à Gênes et à Milan en 1878, firent leur possible pour populariser la campagne d'Orient par des expositions et des conférences, pour entretenir les cimetières aménagés en 1856-1857 à Jeni-Koy et à Kamara et pour en aménager un autre

---

[1] Ceresa di Bonvillaret, *op. cit.*, p. 139.

[2] *Giornale militare*, 1857, pp. 379-380.

[3] Levra, « Premessa », Bertolè Viale, *op. cit.*, p. 12. Rapporto a S. M...., *op. cit.*, AUSSME, G1-61/11.

en 1879[1] et pour ériger un monument sur le mont Hasfort en Crimée. Ce dernier fut inauguré le 28 août 1882 en présence de délégations italienne, russe et turque, aux côtés de membres de la société des ossuaires de San Martino et de Solferino, évoquant les victoires de 1859 contre l'Autriche[2]. La guerre de Crimée prenait ainsi place dans le panthéon des guerres risogimentales de 1848-1849 et de 1859.

Au fond, cette campagne d'Orient, cette OPEX avant l'heure, fut bien plus importante qu'il n'y parait. Elle constitua en effet une étape décisive dans le processus italien de *nation building.* Elle devint un moment fondamental dans la stratégie diplomatique nationale et internationale de Turin. Elle présenta des caractères d'une grande modernité en termes de projection modulaire, de transfiguration emphatique et empathique dans la Patrie et de médiatisation de l'événement. Elle contribua enfin à sublimer les désastres de Custoza et de Novare et à préparer la guerre victorieuse franco-sarde de 1859 contre l'Autriche. Jamais une opération extérieure n'eut autant d'influence sur la politique intérieure du petit royaume de Piémont appelé à de si grandes destinées.

2018

[1] Sulla costruzione di un cimitero per raccogliere i resti mortali dei militari italiani caduti nella guerra di Crimea, AUSSME, G1-63.
[2] Perdomo, *op. cit.*, pp. 491, note 1 pp. 491-492, 495-501 et note 1 p. 496.

Artémon, mort pour la France

Jean-Pierre MAURY

Je partage avec Jacques une amitié de quarante ans. J'ai été sollicité il y a quelques mois pour participer au traditionnel livre d'hommages que souhaitaient lui offrir ses amis : Que faire ?

J'ai pensé à une contribution « *scientifique* », dans les champs que j'ai péniblement labourés, plusieurs fois à son instigation et à son côté, au cours de ces quarante années : l'Europe ; la défense ; le droit constitutionnel, en étudiant le projet de révision constitutionnelle du nouveau président de la République, projet auquel l'actualité vient d'offrir un gilet jaune ?

À quoi bon ? L'été passait… la procrastination l'emportait. Mais, tout de même l'amitié a ses exigences et je ne pouvais risquer de la rompre en me défaussant de manière aussi triviale.

Alors ? Parler de soi, de son passé, remplir un devoir de mémoire ! Ego ! J'espère que le destinataire de cette contribution et le lecteur qui parcourra ces lignes, me le pardonneront.

Une occasion m'en fut alors donnée par l'initiative d'André Vincens, conseiller municipal de mon village d'origine - Saint-André de Sangonis, dans l'Hérault - qui se proposait de rendre hommage aux enfants de la commune morts pour la France durant la Grande Guerre. Parmi eux, mon grand-père paternel, Artémon, dont le nom figure sur le monument aux morts au centre du vieux village.

Il s'agissait de rassembler souvenirs, lettres, cartes ou photos que les familles des victimes avaient conservés, afin d'organiser une exposition et une cérémonie du souvenir en commémoration de l'armistice du 11 novembre 1918.

J'ai passé toute mon enfance sous le regard de ce grand-père dont la photo était omniprésente dans la maison, encadrée en grand format au mur de la salle à manger et au mur de la chambre, en petit format sur la table de nuit de ma grand-mère, Marguerite (mais je l'appelais Lalille, pourquoi ?), avec un vase empli de fleurs régulièrement renouvelées, et dont elle entretenait le pieux souvenir, le parant de toutes les vertus, les théologales et les autres.

Outre ces photos, je savais que ma grand-mère avait conservé d'autres souvenirs qu'elle étalait sur son lit, de temps à autre, et parcourait en pleurant. Où étaient-ils ? J'ai dû fouiller partout, de la cave au grenier, pour finalement dénicher, au fond d'une armoire qui n'avait plus été ouverte depuis son décès, une vieille boite à biscuits contenant le trésor : plusieurs dizaines de cartes et de lettres, mais je n'ai pu retrouver l'album, à la couverture de carton gris (du moins dans mon souvenir), dont elle commentait parfois les photos en le feuilletant avec moi.

Un siècle plus tard, que nous apporte le témoignage du simple soldat qu'était Artémon ?

Le témoin

Artémon, Paul, Henri, Élie, est né le 15 juillet 1889, à Saint-Thibéry (à 35 km environ de Saint-André), près de Pézenas, de Jean Maury et de Marie Banide, son épouse. Il était le troisième enfant du couple. La naissance avait eu lieu à la campagne de la Solancière, un peu à l'écart du village, où Jean était ramonet, c'est-à-dire qu'en principe il dirigeait, pour le compte des maîtres du domaine, le travail des simples ouvriers agricoles, tandis que son épouse était chargée de les nourrir et de tenir la maison.

Bientôt, la famille s'installe à Nébian, puisque c'est là qu'Artémon fait sa première communion le 20 mai 1900, avant d'obtenir son certificat d'études primaires le 22 juillet 1901 à Clermont-l'Hérault. Son père, Jean, avait pu acheter quelques pièces de terre, ce qui ne suffisait pas à faire vivre la famille ; Artémon doit rapidement se mettre au travail, louer ses bras. En 1909, il est appelé au service militaire dans le 96e régiment d'infanterie. C'est à cette époque qu'il fait la connaissance de Marguerite, sa future épouse. Nous possédons les cartes postales qu'il lui adresse trois au quatre fois par semaine, jusqu'à leur mariage. Elles témoignent, par les illustrations et les cachets de la poste, de son itinérance laborieuse d'ouvrier agricole dans tout l'ouest du département de l'Hérault, avec quelques incursions dans le Tarn ou le sud de l'Aveyron. Une photo témoigne aussi de son engagement dans la jeunesse socialiste de Nébian, il y figure dans un groupe d'une vingtaine de jeunes hommes, ce qui paraît important pour un village qui comptait alors moins de 1000 habitants.

Marguerite était la fille unique de François Coulet, un petit propriétaire, viticulteur à Saint-André, et de Marie Amélie Sagné, couturière, dont je possède encore la machine à coudre et la table à broder, ainsi que quelques autres souvenirs. Le mariage a lieu le 19 novembre 1912 ; il permet à Artémon d'abandonner sa vie itinérante et de s'installer dans sa belle-famille. Le jeune couple vit en effet dans la maison des parents de Marguerite, selon l'usage de l'époque, et Artémon va aider son beau-père à cultiver ses vignes. Le père Coulet, prévoyant que l'exploitation devait désormais faire vivre les deux couples, venait d'ailleurs d'acheter un terrain dans la même rue, non loin de la maison d'habitation, trop exiguë, afin d'y faire construire une cave - on disait ici une remise -, c'est-à-dire un bâtiment qui devait permettre de conserver le matériel nécessaire à l'exploitation avec un pressoir, la futaille, cinq foudres et l'emplacement pour un sixième. Un an plus tard, la famille s'agrandit avec la naissance du petit Henri, mon père, le 28 décembre 1913.

C'est ce bonheur paisible que la Grande Guerre vient briser peu après. Artémon doit rejoindre le 96e régiment d'infanterie, à Béziers, puis à Agde, où il est affecté comme brancardier à la 9e compagnie, avant d'entamer le périple fatal qui le conduira à Ypres à la fin du mois d'octobre. C'est là qu'il est blessé, laissé sur le terrain, et fait prisonnier par les Allemands. Il meurt le 14 décembre 1914 au lazaret d'Elberfeld (aujourd'hui Wuppertal). Inhumé provisoirement à Elberfeld, son corps n'a été rapatrié à Saint-André que le 15 décembre 1925.

Sa veuve et son enfant ont vécu à la charge du père Coulet jusqu'à l'attribution d'une pension de veuve à Marguerite par décret du 7 septembre 1920. Elle reçoit alors une somme de 800 F, soit un peu moins de 800 € d'aujourd'hui[1]. Une première demande d'attribution avait été refusée le 29 août 1917, car « *les enquêtes auxquelles j'ai fait procéder n'ont pas permis jusqu'à ce jour de déterminer les circonstances du décès* »[2].

Le corpus

Durant les trois premiers mois de la guerre, Artémon écrit tous les jours à son épouse : 69 lettres et 34 cartes postales ont ainsi été conservées. Mais il adresse aussi souvent des cartes postales à ses beaux-parents (à la même adresse), ainsi qu'à ses propres parents à Nébian, à son frère aîné Justin, et à d'autres membres de la famille. Les lettres à Marguerite font parfois écho à ces correspondances particulières, qui n'ont pas été conservées. La première lettre à Marguerite est datée du 2 août et il se plaint déjà d'avoir épuisé le papier qu'il avait emporté. Il est probable que plusieurs lettres antérieures ne sont pas parvenues jusqu'à moi. Sa dernière lettre est datée du 28 octobre et suivie par une carte du 29 représentant une fête dans les rues d'Ypres. Lorsqu'il est blessé et en captivité, jusqu'à son décès, nous n'avons plus de courrier. Voici donc le corpus qu'il faut étudier. Il convient de noter qu'il est unilatéral : je ne dispose pas des lettres de Marguerite. Artémon les avait probablement conservées, mais elles ont été perdues. Certaines remarques permettent de reconstituer une partie du dialogue, mais nous ne connaitrons jamais les réponses à certaines questions.

La plupart des lettres sont écrites au crayon sur des feuilles de papier à lettres quadrillées, au format 13 sur 21, un ou deux feuillets, parfois sur une feuille arrachée à un cahier d'écolier. Le temps les a jaunies, avec parfois des tâches brunes, plus foncées, ce qui rend la lecture assez difficile, d'autant que, par exemple dans une lettre du 20 août, Artémon se plaint d'être obligé d'écrire sur son genou et il est permis de penser que souvent il écrivait dans des conditions difficiles. Ainsi, le 6 octobre : « *Je suis dans une tranchée, à la*

[1] Résultat donné par le simulateur à https://www.insee.fr/fr/information/2417794.
[2] Lettre du ministère de la guerre, 29 août 1917.

lisière d'un bois... j'ai les doigts gelés et j'écris difficilement ». Mais un passage au scanner aide à les déchiffrer. Quelquefois, une lettre est mieux écrite, et plus longue, sur une grande feuille de papier, c'est qu'il écrit d'un café, pendant un quartier libre, ainsi à Agde, sur papier à en-tête du Grand café, ou à Nancy ; mais ces sorties sont rares.

Les cartes ont surtout une fonction de souvenir. Il le précise lui-même (lettre de Nancy, le 20/9), bien que les illustrations, les photos soient peu informatives. Cependant certaines sont écrites, au recto comme au verso ; probablement, ce jour-là, le papier manquait. Ces lettres et ces cartes, grâce aux dates et lieux qui y figurent nous permettront de reconstituer le périple d'Artémon et de son régiment.

Artémon sait que ses lettres seront lues par toute la famille, ainsi l'appellation est presque toujours la même : « *Ma chère Marguerite, Bien chers parents* ». La conclusion aussi est répétitive ; c'est toujours : « *Je vous embrasse tous bien fort* », et il n'oublie jamais son fils : « *Embrassez le petit Henri pour moi* ». Souvent, il ajoute : « *Le bonjour à tous les parents et amis* ».

Une précision s'impose concernant la signature : c'est toujours Artémon, alors que pour l'armée, il est curieusement devenu Arthémon, et c'est cette dernière orthographe, utilisée dans les documents officiels du ministère de la guerre, qui a été retenue pour le monument aux morts du village, ainsi que dans la base *Mémoire des hommes*[3].

Le premier thème de cette correspondance, c'est la santé. D'emblée, Artémon veut rassurer son épouse : « *Je vais bien* ». « *Je me porte à merveille* ». « *Je ne suis nullement fatigué* ». Ces expressions reviennent régulièrement. Puis, il s'inquiète de la santé de Marguerite, de l'enfant, des parents de Marguerite, de ses propres parents à Nébian. Il demande aussi des nouvelles d'amis ou connaissances qui sont sous les drapeaux ou qui vont partir. Il s'inquiète de la santé de ceux qui ont été blessés ou dont on n'a pas de nouvelles. Ainsi, à plusieurs reprises de Georges, un proche voisin, blessé lors des combats de Lunéville, selon un témoignage qu'il a recueilli lui-même. Il se veut rassurant : « *Il doit être prisonnier... que sa famille ne s'inquiète pas* ». D'Achille, le mari d'une grande amie de Marguerite, très présente encore durant ma jeunesse. Malheureusement, ni l'un ni l'autre ne reviendront vivants. Il rencontre parfois des connaissances du village ou d'un village voisin, et il apprend que certains ont été tués : Pierre Imbert, Soulanes, dont on retrouvera les noms sur le monument du village. Plusieurs fois, il indique qu'il a rencontré Léon Bousquet ou Mercadier, un autre voisin, qui lui ont donné des nouvelles de plusieurs jeunes de Saint-André. Ils échangent des informations concernant les voisins, les amis de Saint-André, de Nébian, de Gignac. Artémon s'étonne du grand nombre de blessés parmi ces jeunes gens.

---

[3] Correspondances du ministère de la guerre, et voir à http://www.memoiredeshommes.sga.defense.gouv.fr/fr/arkotheque/client/mdh/base_morts_pour_la_france_premiere_guerre/detail_fiche.php?ref=882373&debut=0

Les difficultés de la vie en campagne, l'inconfort, les insuffisances du ravitaillement et de la poste occupent une place importante dans le corpus, et suscitent de nombreuses demandes pour tenter d'y remédier ou de les atténuer. Pour Artémon, à l'en croire, du moins jusqu'au début septembre, tout va bien. La guerre, dont il ne peut parler, paraît presque lointaine. Mais, les difficultés apparaissent discrètement : « *Je me soigne tant que je peux... C'est assez difficile de se soigner, car on ne trouve pas toujours ce que l'on veut* ». Car la nourriture est insuffisante et, plus surprenant, les vêtements manquent. Il demande le 5 septembre qu'on lui envoie une chemise en colis postal recommandé, car depuis qu'il est parti *« il ne nous a pas été possible de les laver, vous pouvez penser si elles sont propres* » ; « *et deux mouchoirs, des grands, en couleur, car les blancs sont trop salissants* ». Et aussi « *dans le colis, si vous pouvez mettre un paquet de tabac, vous me ferez plaisir, car il est impossible de nous en procurer* ». Fort heureusement, le 7 septembre, il peut faire une petite lessive : « *J'ai lavé une chemise, une flanelle, un caleçon* ». Plus tard, il indiquera qu'il a donné du linge à laver à une femme dans un village, car comment laver, « *à l'eau froide et sans savon* » (19/10).

A maintes reprises, il se plaint du froid et de la pluie : « *La nuit il fait froid (6-9)... suivi le matin d'un joli brouillard* ». Et le froid ne va évidemment pas cesser. « *Nous avons toujours un sale temps, nous ne passons pas une journée sans avoir de la pluie et je vous assure qu'il ne fait pas chaud* » (22/9). « *Nous avons toujours un sale temps* » (5/10). C'est pourquoi il demande qu'on lui envoie d'autres vêtements pour se protéger : un tricot et deux paires de chaussettes, car « *je marchais sans bas jusqu'ici, mais avec le froid...* » A Lunéville, il peut s'acheter une paire de molletières. Le 3 octobre, il demande encore deux paires de chaussettes et deux caleçons. Les colis prennent une place de plus en plus importante. Artémon demande plusieurs fois du chocolat. Heureusement, sa mère lui en envoie régulièrement. Et même un copain de Balaruc lui a donné deux paires de chaussettes. Artémon était resté quelque temps sans en mettre, mais avec le froid il ne peut plus s'en passer (5/10). A Ypres, le 25 octobre, il achète un cache-nez pour 40 sous.

L'organisation militaire est défaillante. Ainsi, lorsque les souliers qu'on lui a fournis au régiment sont usés, à la mi-octobre, il doit les jeter et il « *étrenne* » les souliers neufs qu'il avait pris en partant de Saint-André. Il n'a pas de couverture pour se protéger la nuit, enfin à la mi-octobre, il reçoit une couverture du régiment. Et le confort... A Compiègne, le 17 octobre, pour la première fois, il peut dormir dans un lit chez l'habitant. Quelquefois, il a pu s'abriter dans une grange avec ses camarades.

Il se plaint aussi de la nourriture, qui semble réduite à la soupe. « *Nous sommes depuis deux jours dans un village* [sans précision], *nous en profitons pour nous remonter un peu. Nous avons acheté quelques poulets et nous nous régalons bien* ». Mais les gens ne sont pas accueillants ; ils rechignent même à donner un bidon d'eau. La malpropreté des lieux le surprend, il y a du fumier partout, « *les cochons se baladent jusque dans les cuisines* » ; « *On ne sait pas si l'on est dans les cuisines ou bien dans l'écurie. Quelle différence avec notre cher pays* ». Les villageois profitent de la situation, ils proposent du mauvais vin à 3 francs le litre ! Mais le lait est bon et à 4 sous le litre. Artémon en boit un litre au petit déjeuner.

La camaraderie est importante pour ces hommes privés de leur famille. La nourriture, le tabac sont partagés avec les autres. « *Voici les noms de mes camarades : Louis Vidal de Balaruc, Henri Naud de Cette* » [Sète]. Ces amis font leur cuisine eux-mêmes. Tout va bien pour le moment. Le 9 octobre, les trois amis achètent un cochon de lait. « *Nous avons mis toute la matinée pour le préparer, mais nous avons à manger pour deux ou trois jours* ». Le 22 octobre, ils achètent un lapin, qu'une bonne femme leur cuisine avec des pommes de terre et des oignons. Cependant, la nourriture est très chère et le vin n'est pas encore fourni aux soldats : « *Nous payons le vin 16 sous le litre... ça fait honte en pensant que vous le vendez 5 ou 6 F l'hecto* ». Les œufs sont à 2 sous la pièce (20/10). Mais le régiment est généralement consigné, et les soldats ont recours à des enfants pour se procurer du tabac ou de la nourriture. Conclusion d'Artémon : « *Quand je reviendrai, je crois que j'aimerai la soupe !* ».

A Ypres finalement, l'accueil de la population belge est chaleureux. On apporte aux soldats du café, du chocolat, des tartines de beurre. Ici, les prix sont bas : Le tabac est à dix sous la livre et le cigare qui coûte 20 sous en France est à deux sous.

Autre thème important, le courrier. Artémon en parle dans chaque lettre. Nous avons vu que, dès le 2 août, il demandait qu'on lui envoie du papier. Cette demande est souvent réitérée. « *Je ne peux pas écrire à mes parents à Nébian aussi souvent qu'à vous, car le papier nous fait complètement défaut* ». Parfois, il demande aussi des enveloppes. Et une fois, début octobre, un crayon. Celui qu'il avait emporté est usé.

Le passage du vaguemestre est manifestement très important, le lien avec la famille est capital. Or, les lettres n'arrivent pas régulièrement, ni à Marguerite, ni à Artémon. Celui-ci s'en plaint régulièrement. Parfois, il s'irrite : « *Ma chère Marguerite, j'espère que tu m'écriras tous les jours* ». « *Ne te contente pas de m'envoyer quelques mots sur une carte* ». « *Fais-moi une longue lettre* ».

Et dans l'autre sens, manifestement Marguerite se plaint aussi, puisque Artémon lui répond : « *Je suis étonné que vous soyez restés quelques jours sans nouvelles, je vous écris tous les jours* ». Au mieux, le courrier est lent. Ainsi, il reçoit le 3 octobre une lettre datée du 19 septembre ; le 8 octobre une lettre du 30 septembre ; le 19 octobre une lettre du 8, etc. Il pense que des lettres ont été perdues et dans l'autre sens que certaines de ses propres lettres ont été retenues par la censure. Pour les colis, il en va de même avec en outre le risque de vol, un colis arrive ouvert. Il doit réitérer ses demandes concernant les vêtements, le tabac ou le chocolat.

Le thème de la famille et de la vie locale est relativement peu présent. On peut penser que les lettres de Marguerite ou des parents d'Artémon lui apportaient les informations qu'il voulait obtenir. Il y a le souhait réitéré : « *J'espère que vous allez tous très bien* ». Puis à plusieurs reprises, l'injonction à Marguerite de se « *soigner bien* ». Il convient de préciser que Marguerite avait été atteinte par la fièvre puerpérale à la suite de la naissance de son fils et n'avait pu le nourrir. D'ou la nécessité de recourir à une nourrice. Mais trois se succèdent en quelques semaines. Aussi, « *parle-moi de la nouvelle nourrice* » demande le père inquiet pour la santé du petit Henri, dont il voudrait une photo pour la placer sur son cœur avec celle de son épouse. Il se réjouit des bonnes relations entre celle-ci et ses propres parents : « *J'ai été très heureux de savoir que tu [étais] allée passer huit jours à Nébian* ». Il s'inquiète aussi pour la santé du « *papé* », n'est-il pas trop fatigué après les vendanges ?

Plusieurs fois durant le mois de septembre, il demande des informations sur la récolte ou le prix du vin : « *Tu ne parles pas des chasselas* » (5-9). « *Je pense que vous allez bientôt commencer de vendanger* ». Plus tard, le 12 octobre, il s'étonne de la manière dont on fait la vendange, dans la région de Toul, où il se trouve, en récoltant le raisin dans des hottes, et « *les raisins sont tout petits... il y a dix grains au plus* ». Il se réjouit des informations de son frère Justin, resté à Nébian : « *On a vendu des raisins, à Béziers, 30 F les 100 kilos* ». Il s'inquiète aussi : « *Dis-moi si l'on a pris le cheval* ». Je ne connais pas la réponse !

Et la guerre ?

Artémon s'indigne des remarques de son frère qui lui a reproché de ne jamais rien en dire. Si nous en parlons, « *c'est le conseil de guerre* ». Plusieurs fois, il écrit qu'il y aurait bien des choses à dire, mais qu'il n'a pas le droit d'en parler. A Marguerite, il répond : « *Tu me demandes si je pense que ça finira bientôt, je crois que personne n'en sait rien, à plus forte raison nous qui ne voyons pas de journaux... Il y en a qui pensent que ce sera long* » (lettre du 14/9).

S'il ne peut donner d'information sur les opérations auxquelles il participe, Artémon nous donne quelques indications sur les difficultés de la vie en campagne et la vie du régiment. Et de toute manière, les dates et les lieux mentionnés dans les courriers nous permettent d'en savoir davantage et notamment de retracer son itinéraire.

Le 5 août, il indique que le régiment va quitter Agde le lendemain matin, en direction de Macon, selon la rumeur. Le 6 août, il écrit du Teil. Le régiment traverse rapidement la Côte-d'Or, Is-s/ Tille, Til-Châtel ; il est à Mirecourt (Vosges) le 8, puis Poussay le 9, enfin Bayon (Meurthe-et-Moselle), au sud de Nancy, où il va rester quelques jours. Ensuite, le régiment s'enfonce dans les bois. Entre la mi-août et la mi-septembre, les lettres donnent l'impression d'une vie paisible au grand air, mais : « *Nous sommes dans les bois comme des renards* ».

Le 14 septembre, il arrive à Lunéville après la reprise de la ville que les Allemands avaient brièvement occupée. Il y prend connaissance des exactions commises par les Allemands, en ville et dans les villages. La ville a été saccagée, des villages incendiés, « *ce sont des gens qui ne respectent rien* ». Les blessés, même les plus gravement atteints ont été emmenés prisonniers, mais les infirmiers ont été laissés à l'hôpital. Ils fournissent des témoignages, des renseignements sur des amis ou des connaissances. Le régiment est brièvement cantonné dans l'usine Dietrich. Mais, les marches deviennent plus dures : 20 km le lendemain, 45 km le jour suivant sous une pluie battante. Les villages ont été évacués par la population et on ne trouve rien à acheter.

S'il a participé certainement aux combats, il ne peut en parler. Cependant, nous apprenons que le « *régiment a été très éprouvé. Nous avons perdu plus de deux mille hommes et presque tous les officiers* ». Plus loin, il ajoute : « *J'en ai vu ma part. Il faut espérer que tout ça passera et que nous sortirons victorieux de cette guerre... Je vous assure que nous avons fait notre part* ». Et discrètement : « *J'ai eu beaucoup de chance* » (20/9). Quelques jours plus tard, il signale que le régiment vient de recevoir des hommes du dépôt pour remplacer les morts et les blessés.

Le 20, il a quartier libre à Nancy. Il peut se promener brièvement. Il apprécie la ville, qu'il trouve très jolie : « *Il y a de bien belles choses* », l'Hôtel de ville, la place Stanislas, œuvre de l'architecte Emmanuel Héré, pour le roi de Pologne. Il indique qu'il a envoyé plus de vingt cartes postales à tous les membres de la famille et écrit plusieurs lettres. Mais, ce repos est bref.

Depuis le 22 septembre, « *nous sommes toujours dans les bois, au même endroit* » écrit-il le 10 octobre. Le 11 octobre : « *Nous sommes toujours terrés dans des tranchées ou dans des bois* ». Le 12 octobre, le régiment a une journée de repos, « *un peu en arrière* » : « *On entend le canon au loin, et de temps en temps on aperçoit un aéroplane* ». Il s'agit en fait de remplacer morts et blessés, de reconstituer le régiment avec des hommes venus du dépôt. La marche reprend le lendemain toute la journée. Ensuite, transfert de Toul à Château Thierry, 15 heures par chemin de fer (15/10), puis la marche reprend vers Compiègne (17/10). La ville a été occupée, mais n'a pas trop souffert. Les habitants sont accueillants, mais les prix exorbitants. Le régiment se repose, logé dans les haras, où on dort sur le ciment, puis dans une caserne où il peut se reposer après sa reconstitution. Là, il y a de la paille.

Mais il est envoyé à Montdidier dès le 22 et il repart en campagne dans les environs. Le 25 octobre, le régiment est transporté par chemin de fer de Montdidier à Ypres, en passant par Amiens et Boulogne. La, il rencontre des Anglais, des Irlandais et même des Hindous. Mais dans les environs, « *les villages sont démolis et les habitants sont partis* » (27/10).

Le 28 octobre, Artémon profite d'un « *moment de loisir* » pour écrire ce qui sera sa dernière lettre. Il va très bien. Dans la région d'Ypres : « *les villages sont complètement abandonnés par les civils* ». Ici, il témoigne des combats, un bataillon de son régiment a fait 180 prisonniers : « *Vous voyez que nous faisons du bon travail* ». Mais il se plaint, une dernière fois, de ne pas recevoir de courrier : « *Nous attendons tous les jours et toujours rien* ».

Le 29 ou le 30 octobre, au cours de durs combats, Artémon est blessé. Selon un courrier adressé plus tard à ma grand-mère par l'un de ses camarades, et dont il ne reste qu'un fragment, il est abrité dans un trou d'obus et il demande que l'on vienne le récupérer, mais la bataille fait rage. Pardon ! pour le stéréotype. C'est trop dangereux ! Le régiment doit se retirer. Artémon reste blessé sur le champ de bataille où il est fait prisonnier par les Allemands. A partir de cette date, aucune nouvelle. Tout se termine pour lui à Elberfeld, le 14 décembre 1914.

Son dernier souhait n'a pas été exaucé : « *Combien il me tarde de revoir le petit Henri. Il faut espérer que ça finira bientôt* ».

2018

Artémon Maury, 1889-1914

Marguerite Coulet,
épouse Maury, 1889-1981

Quelle formation pour l'officier du 21e siècle ?

Général d'Armée Aérienne (2S) Denis MERCIER

La formation de l'officier a un double objectif : elle le prépare aux premiers emplois opérationnels et aux futurs postes de direction qu'il occupera dans de hautes sphères décisionnelles en deuxième partie de carrière[4]. Cette formation débute avec l'entrée dans les écoles d'officiers et se poursuit au travers de la formation continue.

La formation de l'officier est orientée vers l'acquisition des compétences qui le préparent à ses futurs emplois. Les compétences de combattant et de chef militaire sont acquises principalement durant la phase de formation initiale. Elles développent les capacités de l'officier à faire face aux engagements durs et variés qui l'attendent durant son premier emploi et à ses premières responsabilités de commandement, d'autant plus importantes qu'elles s'exerceront au combat.

La formation initiale, effectuée dans les grandes écoles militaires, est donc avant tout fondée sur une formation de combattant et au commandement. Tous les objectifs de formation contribuent à cet objectif, ce qui différentie les grandes écoles militaires des grandes écoles civiles.

Les compétences de « *décideur* » se développent aussi durant la formation initiale, mais s'affirment au long d'une formation continue menée en parallèle au parcours opérationnel de l'officier. Elles anticipent la deuxième partie de carrière et sont orientées par le long terme.

L'histoire de la France, notamment dans ses engagements les plus récents, démontre la qualité de ses chefs militaires dont les compétences au combat, dans le commandement des opérations et dans différents postes relevant des sphères de direction civiles et militaires, ne sont plus à prouver.

Cependant, une remise en cause est toujours nécessaire : les formations dispensées aujourd'hui sont-elles adaptées à la complexité de l'environnement du 21ème siècle ?

Pour répondre à cette question il convient d'abord de caractériser la complexité de l'environnement stratégique. Le leader militaire dans sa fonction de « *décideur* » ne diverge pas du leader civil. La finalité des décisions qu'il aura à prendre peut-être différente, notamment quand elles

---

[4] Le deuxième volet s'adresse plus particulièrement aux officiers de carrière. Cependant, les objectifs de formation de l'officier et les problématiques exposées dans cette fiche sont communes à toutes les populations d'officiers, de carrière ou sous contrat.

s'exercent en opérations, mais l'environnement est le même. Si les militaires ont longtemps cru être la référence en matière de leadership, la complexité du monde conduit à analyser les principes qui étayent l'adaptation des grandes sociétés qui réussissent au 21ème siècle et les méthodes de management qui distinguent leurs leaders. Comment, sous une apparente décontraction, ces leaders ont-ils construit des empires considérables ? Quels sont les principes de management qui leur permettent de diriger leurs sociétés dans un environnement en permanente mutation et d'attirer les meilleurs « *milleniums* » alors que la compétition pour les talents est plus forte que jamais ? Le débat sur la différence entre commandement et management continuera de nourrir les discussions, mais les armées ont intérêt à s'inspirer d'une sphère civile qui les a dépassés depuis longtemps quand il s'agit d'innover pour s'adapter à la complexité. Il ne s'agit pas de renier les spécificités du commandement militaire, mais bien d'en déduire les inflexions indispensables pour que la formation prépare nos officiers à acquérir les compétences indispensables pour tenir toute leur place, à la fois dans les opérations et dans les sphères de décision nationales ou internationales dans un contexte caractérisé par des ruptures fortes et l'incertitude.

L'environnement stratégique aujourd'hui est caractérisé par son imprévisibilité, sa volatilité, la rapidité de ses évolutions et l'interrelation des problèmes, des acteurs, et des menaces potentielles. En un mot, le début du 21ème siècle nous a vus basculer d'un monde compliqué à un monde complexe.

Un monde compliqué était un monde régi par des systèmes et des équilibres qu'il était possible d'analyser et de mettre en équation, afin de pouvoir anticiper les évènements avec un degré raisonnable de certitude.

Un monde complexe est un monde dans lequel les variables sont si nombreuses, et surtout si interdépendantes, qu'il est impossible de prévoir l'évolution et les conséquences d'un événement ou d'une décision. La conséquence première d'un tel environnement, notamment d'un point de vue du leadership, est que la surprise devient désormais une certitude, l'échec toujours une option et la résilience, une nécessité.

Nous avons pu observer, au cours des dernières années, que certaines entreprises notamment du monde numérique, se sont adaptées à la complexité de l'environnement pour la transformer en opportunités. Ces entreprises ont des objectifs qui leurs sont propres, mais elles partagent le même environnement. Et elles ont développé un certain nombre de principes qui leur permettent non seulement d'évoluer dans un environnement complexe, mais d'y prospérer :

- la veille stratégique est essentielle pour la compréhension des évolutions du monde et elle doit être globale ;
- aucune organisation ne dispose seule de l'ensemble des outils pour garantir sa réussite. La réussite repose sur un réseau de partenariats

étendu, un écosystème au sein duquel l'échange d'informations est clé et, souvent, la contractualisation des relations secondaire ;

- la surprise est inévitable. La résilience des organisations et des processus est essentielle pour absorber les chocs voire les transformer en opportunités ;
- les organisations doivent être flexibles par construction et adaptables ;
- les grandes évolutions technologiques (*big data, cloud, cognitive computing,* intelligence artificielle, etc.) modifient profondément les organisations y compris opérationnelles. La donnée est désormais une ressource stratégique majeure, car elle structure les organisations ;
- même avec un quotidien très exigeant, les efforts doivent porter à la fois sur la conduite des opérations courantes et sur la préparation de l'avenir. L'innovation et l'investissement sur le futur doivent guider les organisations de façon à rester synchrone avec les évolutions du monde ;
- paradoxalement, dans un monde de plus en plus dépendant des automations et des réseaux, l'autre ressource stratégique majeure est le capital humain ;
- enfin, la vitesse devient un paramètre clé du changement dans un contexte en perpétuelle rupture.

Ces principes ne sont pas exhaustifs. Mais ils permettent de tracer le cadre des organisations qui réussissent aujourd'hui et de définir les principes qui doivent guider la formation des leaders du 21ème siècle pour mieux les préparer aux défis qui les attendent.

La veille stratégique est essentielle pour la compréhension des évolutions du monde et elle doit être globale.

Le leader d'aujourd'hui doit être ouvert et s'intéresser à ces évolutions, bien au-delà de sa sphère d'expertise. L'imbrication des situations et des acteurs étatiques ou non étatiques, l'imprévisibilité des crises, l'absence d'ennemi bien identifié, l'éloignement géographique des théâtres d'opération, la versatilité des engagements au sein d'une même situation, sont quelques facteurs caractéristiques des crises qui attendent l'officier de demain et qui créent la complexité. La multitude des paramètres et la capacité à apprécier les facteurs exogènes qui influencent les situations, relevant parfois de domaines en apparence très éloignés de l'environnement dans lequel opère l'officier, demandent une culture générale large, pour mieux comprendre les tendances au niveau mondial. Pour cela l'officier doit apprendre à construire sa propre veille stratégique sur des sujets aussi variés que la politique, l'économie, l'environnement, la sociologie, la technologie ou bien d'autres.

Sa formation doit lui permettre d'acquérir les bases de la compréhension de ses domaines et éveiller sa curiosité en le sortant de sa seule zone d'expertise. Alors que les armées françaises sont plus orientées sur les zones euro-atlantique et nord-africaine, la culture de l'officier doit être globale et démontrer l'importance des signaux faibles et de la corrélation de paramètres structurés différemment, qui ne présentent pas d'analogie évidente. Sa formation doit encourager la curiosité et l'esprit critique et lui donner les clés pour chercher l'information en variant les sources et en sortant de son domaine de confort. C'est une priorité qui n'est pas limitée à sa formation initiale et doit au contraire se renforcer tout au long de la carrière. Les nombreuses publications accessibles dans la formation continue des officiers de l'armée de l'air sont illustratives de cet effort, mais présentent l'inconvénient d'être déjà synthétisées, donc structurées toujours de la même façon. Elles sont aussi la plupart du temps développées par un écosystème trop réduit et associé au monde de la défense. L'ouverture de l'officier à la sphère civile, comme le projet de « *réserve inversée* » permettant l'insertion dans des entreprises, en priorité hors domaine défense, s'inscrit dans cette démarche tout comme la recherche de stages et de séjours à l'étranger, éléments indispensables à toute formation de futurs cadres.

Aucune organisation ne dispose seule de l'ensemble des outils pour garantir sa réussite. La réussite repose sur un réseau de partenariats étendu, un écosystème au sein duquel l'échange d'informations est clé et, souvent, la contractualisation des relations secondaire.

Un écosystème est la combinaison de trois piliers : les structures, les personnes et le lien social créé entre les deux. Le leader doit impérativement casser les structures en silo et créer les conditions de la mise en relation des organisations et des personnes, même lorsqu'il peut paraître que leur domaine d'action respectif est très éloigné de ses priorités. Dans la réalité il ne l'est jamais. Pour la formation, ce point rejoint le précédent. La formation doit encourager le travail en équipes hétérogènes et multidisciplinaires. Elle doit faire la part belle à la diversité. La formation doit permettre à l'officier d'apprécier la gestion de risques entre la plus-value du partage d'information et la compromission de données sensibles. Elle doit encourager les relations inter-organisationnelles ou interpersonnelles et la construction de partenariats larges. Chaque officier doit être incité à créer son propre écosystème en fonction de ses projets avec un impératif d'ouverture. La fusion des différentes écoles de l'armée de l'air, l'ouverture à des compétences différentes, autres que purement scientifiques comme les cursus de sciences politiques ou les universités et grandes écoles civiles ou les projets sociaux tels que l'engagement dans l'encadrement du brevet d'initiation aéronautique au profit de jeunes défavorisés, s'inscrivent dans cette priorité pour des officiers qui devront ensuite inscrire leur action sous de multiples subordinations et appréhender leurs responsabilités dans des réseaux différents et imbriqués qu'ils soient nationaux ou internationaux.

La surprise est inévitable. La résilience des organisations et des processus est essentielle pour absorber les chocs voire les transformer en opportunités.

La formation doit générer la surprise pour sortir les futurs officiers de la position de confort qui s'installe rapidement après les premiers mois en école. Elle doit permettre de construire un cadre pour tester les limites de l'officier en l'accompagnant pour construire sa propre résilience. Cette démarche est à encourager individuellement, mais aussi en groupe et en position de leadership. Le futur officier doit être capable de reconnaître ses erreurs, les partager et en tirer les enseignements pour apprendre sur la base du retour d'expérience. L'objectif est d'inciter l'officier à prendre des risques, les assumer, échouer, apprendre et recommencer. Une formation sans risque et sans échec ne donne pas au futur décideur les compétences nécessaires à la complexité du monde qui l'attend. Cet apprentissage, qui permet une meilleure appréciation de soi, requiert un accompagnement psychologique indispensable au leader appelé à prendre d'importantes responsabilités pour apprendre à positiver les erreurs. De nombreuses méthodes permettent aujourd'hui d'appréhender les qualités intrinsèques de chacun et de les confronter aux autres. Elles doivent être présentées dès la formation initiale et les cadres des écoles sont invités à eux-mêmes prendre des risques et partager leurs erreurs avec ceux qu'ils forment.

Les organisations doivent être flexibles et adaptables.

Les organisations fortement hiérarchisées et très verticales ne résisteront pas au 21ème siècle. Cette flexibilité se construit en encourageant la déconcentration des responsabilités. La flexibilité d'une organisation s'obtient par une claire compréhension de la gouvernance et du management. La gouvernance fixe le cadre. C'est le commandement centralisé pour les structures militaires. Le niveau de management est celui des projets qui doivent encourager la prise d'initiatives avec un niveau de tolérance fixé par la gouvernance. La pédagogie par projet dans la formation s'inscrit dans cet objectif. La recherche de projets personnalisés et conduits en variant les groupes doit être encouragée et permettre de sortir du cadre « promotion » qui structure les écoles d'officiers dans des organisations trop verticales et peu flexibles. Le jeune officier doit savoir exprimer les besoins qui lui sont nécessaires pour accomplir un projet et s'organiser non pas en fonction de modèles éprouvés, mais de la tâche qui lui est confiée. Il doit pouvoir proposer à ses chefs des organisations mieux adaptées à ses objectifs, même si les structures propres aux écoles de formation ne permettent pas forcément d'y répondre toujours favorablement. Sa formation au leadership doit aussi inciter l'officier à encourager l'initiative de ceux qu'il encadre pour l'atteinte des objectifs qui lui sont fixés. Ce domaine s'accompagne d'une réflexion approfondie sur la notion de confiance.

Les grandes évolutions technologiques (*big data, cloud, cognitive computing,* intelligence artificielle, etc.) modifient profondément les organisations y compris opérationnelles. La donnée est désormais une ressource stratégique majeure, car elle structure les organisations.

La formation doit offrir les clés de compréhension des ruptures technologiques et susciter l'éveil sur leurs multiples applications. Par ailleurs, l'officier doit pouvoir utiliser les outils numériques les plus modernes[5] et en comprendre les limites et opportunités. En particulier il doit être sensibilisé aux transformations qu'impliquent les ruptures technologiques, notamment du domaine digital. Le leader du 21ème siècle doit impérativement apprécier la donnée comme une ressource stratégique et en comprendre la portée dans toutes ses dimensions, techniques, éthiques ou politiques. La formation au domaine cyber doit être consubstantielle de cet apprentissage et considérée comme un élément essentiel de la sécurité. Le leader doit pouvoir comprendre les systèmes autonomes et l'intelligence artificielle. Mais il doit aussi savoir associer les systèmes les plus modernes à ceux les plus rustiques.

Même avec un quotidien très exigeant, les efforts doivent porter à la fois sur la conduite des opérations courantes et sur la préparation de l'avenir.

L'innovation et l'investissement sur le futur doivent guider les organisations de façon à rester synchrone avec les évolutions du monde. Innovation et anticipation sont le fruit d'une vraie culture d'entreprise qu'il faut développer. Malgré les objectifs qu'il doit remplir pour réussir ses différentes formations et qui rythment son quotidien, le jeune officier doit être formé aux méthodes et techniques d'innovation. L'innovation doit être partie prenante de sa formation en l'encourageant, toujours, à proposer des solutions alternatives. Dès sa sortie d'école, le jeune officier doit pouvoir transmettre cette culture aux organisations qu'il rejoindra. L'innovation demande le développement d'une culture spécifique qui doit être développée dans les écoles de formation.

---

[5] L'évolution des technologies est telle qu'il est nécessaire pour les écoles de trouver des voies permettant aux futurs officiers de disposer des systèmes les plus modernes dans leur formation.

Paradoxalement, dans un monde de plus en plus dépendant des automations et des réseaux, l'autre ressource stratégique majeure est le capital humain.

Que ce soit pour attirer et fidéliser les talents, commander, manager ou pour mieux définir les interactions avec des machines autonomes ou auto apprenantes appelées à se multiplier, l'investissement sur le capital humain dans toutes ses dimensions, est crucial. La gestion des ressources humaines n'est pas le fruit de la seule direction des ressources humaines. Elle est au cœur de la culture d'entreprise et chaque maillon d'une organisation en est un acteur majeur. Le futur cadre doit savoir se situer dans cette chaine souvent complexe et apprendre à « *coacher* » le personnel qui lui sera subordonné. Il doit être formé dès le plus jeune âge à devenir un acteur majeur des ressources humaines, condition pour développer une plus grande personnalisation de la gestion du personnel. Il doit comprendre la culture de « *l'entreprise* » qu'il intègre et qu'il devra transmettre tout en ayant l'agilité pour s'adapter à celle des unités qu'il rejoindra. Personnalisation et culture d'entreprise sont deux facteurs clés de la fidélisation du personnel. Pour cela la formation doit rompre avec le cadre « *une formation pour tous* » et privilégier l'individualisation.

La vitesse devient un paramètre clé du changement dans un contexte en perpétuelle rupture.

La formation doit mettre les jeunes officiers en position de stress sur les délais fixés pour réaliser leurs objectifs et démontrer combien ce paramètre est essentiel dans un environnement complexe. Ils doivent apprendre à définir eux-mêmes le bon tempo en fonction des situations, des priorités et des risques qu'il leur faut gérer.

Dans ce contexte, quelle pédagogie pour quelles compétences ?

Ne sont exposés ici que quelques facteurs que l'on pourrait résumer par incertitude et complexité. Dès lors, la formation de l'officier ne doit pas reposer sur une base de compétences déterminées, théoriques et fondées sur l'expérience du passé, mais l'habituer à évoluer dans le doute. Il ne doit pas recevoir une formation, mais en être l'acteur dès son entrée en école.

L'officier doit tout d'abord être capable de se positionner en tant qu'officier dans la Nation, affirmer son identité, comprendre sa place au sein d'une organisation complexe aux acteurs multiples ou d'un réseau, apprendre à définir un périmètre de responsabilité dans un cadre donné et à le faire évoluer selon la situation.

Les compétences requises sont le discernement, le sens des responsabilités, la capacité d'analyse et de synthèse appuyés sur une culture pluridisciplinaire, une formation à l'innovation et une forte réflexion éthique.

Ces compétences ne s'apprennent pas, mais se forment. Elles ne sont pas communes, mais se développent différemment selon les individus.

Il s'agit donc d'une rupture avec la pédagogie « *la même pour tous* ». L'objectif n'est pas l'acquisition de savoirs, mais le développement de la rigueur du raisonnement et de la capacité à s'adapter et à innover. C'est une pédagogie ajustée à l'individu, qui encourage le développement de la personnalité au sein d'un groupe, le pousse à identifier ses forces, ses faiblesses, ses limites et à trouver « *son propre style* », qualité principale du commandement.

Il faut que son parcours, dès l'entrée en école, encourage son sens de l'initiative et le prépare à la versatilité, au travers d'un chemin non fléché, mais très évolutif dont il doit être l'acteur tout au long de sa carrière.

Pour répondre à cet objectif, une différenciation des profils, un large champ d'initiative et une personnalisation des parcours de formation au sein des écoles militaires, comme le font déjà de grandes écoles civiles, doivent être recherchés. L'incitation à innover et à multiplier les voies pour atteindre les objectifs fixés constitue un axe majeur de la pédagogie qui encourage le développement de projets dans une large autonomie.

La qualité de la formation de l'officier ne se mesure donc pas aux compétences acquises, qui n'en seront que le socle, mais bien à la capacité de l'officier à révéler son potentiel. La valorisation de l'excellence personnelle constitue un objectif prioritaire de cette formation, encourageant l'officier à exprimer sa propre personnalité dans un groupe, tirant parti de ses talents personnels et de sa spontanéité à innover et à s'adapter.

Cela repose sur un effort permanent d'adaptation demandé aux cadres.

Le choix et la formation des cadres des écoles et des différents éléments constitutifs de la formation initiale et continue sont alors primordiaux. L'encadrement doit être en perpétuelle remise en cause et savoir démontrer la plus-value d'organisations flexibles et personnalisées, capables de s'adapter en associant les plus jeunes. L'accompagnement par le succès y compris dans l'échec demande une sélection rigoureuse des cadres, une formation spécifique et un accompagnement psychologique propre à réaliser les objectifs pédagogiques ambitieux tels qu'ils ont été décrits. Dans ce type de formation, le cadre et celui qu'il encadre sont intimement liés tout comme leurs succès et échecs respectifs. C'est une mission personnellement très engageante qu'il faut savoir récompenser.

Quelle formation académique pour cet objectif ?

Pour atteindre ces objectifs, la formation initiale doit également développer le jugement de l'officier et sa capacité à écouter, analyser, discerner, comprendre et raisonner.

Les formations universitaires de haut niveau, fondées sur l'enseignement par la recherche, qu'elles soient littéraires ou scientifiques, enseignent, non un raisonnement type, mais donnent des méthodes qui renforcent la rigueur de l'analyse. La formation académique apporte ainsi un socle méthodologique indispensable à la formation au commandement.

La culture générale sur lequel l'officier fondera son raisonnement doit être pluridisciplinaire.

Durant la formation initiale, les sciences humaines et politiques devront accompagner les cursus d'ingénieur, de même qu'une culture scientifique devra complémenter les parcours plus littéraires. La formation devra rendre obligatoire les exercices et les synthèses transverses à plusieurs disciplines et encourager les projets permettant d'associer des partenaires extérieurs.

L'intégration, au sein de promotions, d'une large pluridisciplinarité des cursus et des recrutements doit être recherchée afin d'encourager la variété des approches et des points de vue sur un même problème, base du développement de la curiosité et de l'esprit de synthèse.

La formation académique ne vise donc pas seulement à donner au jeune officier un niveau universitaire et les compétences le préparant aux métiers exercés en deuxième partie de carrière. Elle est totalement consubstantielle de la formation au commandement. Elle ne doit pas rechercher l'excellence dans un domaine précis, mais être généraliste, pluridisciplinaire et privilégier la méthode de raisonnement et d'analyse, la culture générale et la capacité de synthèse. Elle doit permettre la compréhension des ruptures technologiques et leurs conséquences avec une priorité accordée aux deux ressources stratégiques que sont la donnée et le capital humain.

S'il est plus simple de désigner des cadres militaires en accord avec les principes de formation définis dans ce papier, l'adaptation des professeurs de l'enseignement académique est plus complexe, ne serait-ce que par leur longue présence au sein de l'école qui ne permet pas toujours les remises en causes souhaitées. Le leadership du directeur de l'enseignement universitaire prend ici toute sa valeur.

Continuum de formation : une pédagogie cohérente tout au long de la carrière de l'officier

La mise en œuvre d'une formation personnalisée, encourageant le développement personnel ne doit pas être limitée à la formation de début. Au contraire, capitalisant sur les compétences individuelles acquises durant cette phase, la formation continue offre l'occasion de poursuivre la pédagogie engagée en vue de préparer aux emplois de direction de la deuxième partie de carrière. Elle ne doit pas être uniformisée, mais bien différentiée et portée par l'acquisition de compétences personnalisées laissant une large autonomie à l'officier, acteur de son propre parcours. Le point de départ de cette formation est un bilan des compétences acquises en formation initiale dont il est probable qu'aucun des commandants d'unités de premier niveau n'ait idée, lorsqu'il reçoit le jeune officier. La formation initiale telle qu'elle vient d'être décrite est en effet en rupture avec celle pratiquée auparavant et ne prend sa valeur que si elle permet un dialogue personnalisé non seulement au niveau de la direction des ressources humaine, mais surtout au niveau du commandement local qui emploie l'officier. Pour une organisation comme l'armée de l'air, qui compte plusieurs dizaines de milliers de personnes, une gestion individualisée du capital humain demande une implication forte de la chaine hiérarchique qui elle-même doit y être formée. Un dialogue fondé sur le triptyque besoins de l'institution, désir de l'individu (trop peu souvent pris en compte dans nos carrières militaires) et compétences est la condition nécessaire pour fidéliser le personnel et trouver les bons équilibres. Dans ce cadre, la direction des ressources humaines assure la gouvernance, au travers des politiques qu'elle met en place, mais le management incombe au commandement de proximité sur la base de bilans qui trouvent leur origine dans la fin de la formation initiale. Ces bilans établissent un chemin personnalisé pour la formation continue avec des objectifs personnels évolutifs au travers de véritables dialogues de commandement.

Cette période de formation continue, longue, est suivie en parallèle aux emplois de première partie de carrière et doit être adaptée aux engagements opérationnels. Elle doit préparer l'officier à commander et il saura d'autant plus transmettre son expérience aux personnes placées sous sa responsabilité plus tard que le dialogue aura été réussi avec lui. Les chefs militaires doivent être évalués sur cette capacité à mettre en œuvre le dialogue avec leurs subordonnés. La formation continue prépare aussi à évoluer avec aisance dans les cercles de décision de haut niveau, ce qui peut être fait par des chemins très différents selon le triptyque mentionné précédemment.

Formation de l'officier : une ouverture indispensable

Le développement de la curiosité et de la capacité de l'officier à s'intégrer à des environnements complexes impose d'ouvrir sa formation selon quatre dimensions :

- la dimension interarmées, dès la formation initiale, prépare le jeune officier aux réalités des environnements opérationnels et des organisations de défense dans lesquelles il aura à s'intégrer. Le maintien d'une période commune avec les autres armées, courte, mais dense, est essentiel. Cette ouverture ira croissante et s'exprimera pleinement lors du passage à l'école de guerre. La formation continue préparant les officiers à des compétences de plus en plus indifférenciées pour la deuxième partie de leur carrière, il serait intéressant de favoriser de plus larges synergies interarmées, ne serait-ce que pour partager les retours d'expérience. La formation est en effet un domaine où ce partage reste très limité alors que les défis sont communs ;

- la dimension interministérielle doit être prise en compte durant la deuxième partie de carrière. La formation initiale offre également des possibilités de partage de formations, dans certains domaines tels que la maîtrise des risques, tirant parti des opportunités régionales et d'expertises de domaine ;

- la dimension internationale constitue un objectif fort de la formation, afin de préparer les officiers aux engagements en coalition et à tenir des responsabilités dans de grandes organisations multinationales. La maîtrise de l'anglais est indispensable et doit être sélective dès les concours d'entrée. L'ouverture internationale peut s'exercer selon différents axes, privilégiant notamment les échanges, les périodes d'immersion à l'étranger et la recherche d'une véritable « *multiculturalité* ». Si les armées ont érigé les parcours interarmées comme condition indispensable à l'obtention de responsabilités de haut niveau, il n'en est rien de parcours internationaux. C'est une erreur alors que des études très sérieuses ont montré que les personnes qui ont eu des affectations à l'étranger montrent plus d'ouverture, de capacité d'adaptation et d'innovation que les autres, des critères essentiels pour appréhender les environnements complexes. La tentation du maintien des meilleurs officiers au plus près des chefs nationaux doit être fortement combattue ;

- l'ouverture au monde civil, enfin, doit permettre à l'officier de mieux comprendre la place dans la société et d'ouvrir la culture de l'officier aux réalités de la Nation. Il ressort des confrontations entre élèves officiers des grandes écoles militaires et étudiants civils, une grande fierté d'appartenir au monde de la défense et une meilleure appréciation par les élèves officiers de leur potentiel. Ces échanges peuvent prendre différentes formes. La conduite de séminaires conjoints entre écoles civiles et militaires ou le développement de projets communs dès la phase de formation initiale, est le gage du développement d'une confiance durable entre futurs dirigeants de notre pays. Par ailleurs, l'expérience menée par l'armée de l'air sur la réserve inversée qui offre aux officiers en formation continue des périodes en entreprise est très positive. Sa pleine réussite repose sur l'intégration dans des entreprises qui ne relèvent pas de la sphère défense. Les officiers qui ont été choisis pour l'expérimentation avaient tous un potentiel intéressant et ce n'était en aucun cas une porte vers la reconversion comme cela a pu être perçu par certains. Alors que les détracteurs du projet envisageaient que l'armée de l'air allait perdre ces officiers contrairement aux objectifs de fidélisation, c'est bien le contraire qui est arrivé. Les officiers engagés dans le processus ont découvert un potentiel à s'adapter à un environnement inconnu qu'ils ne soupçonnaient pas et les résultats obtenus leur ont donné une fierté renouvelée et une plus grande confiance dans leur engagement au sein l'institution militaire. Il faudrait généraliser cette pratique au plus grand nombre, car elle concoure aussi directement à la création d'écosystèmes en décloisonnant les sphères publiques et privées.

Quel rôle pour les grandes écoles militaires ?

Au-delà de la formation initiale des jeunes officiers, la variété des parcours offerts et la qualité des cursus placent les grandes écoles militaires dans une position particulière. Elles jouissent toutes d'un prestige que l'on sous-estime trop souvent et sont de véritables ambassadrices de la défense, sous réserve qu'elles sachent s'ouvrir et participer aux priorités de la Nation.

Domaine d'excellence des armées, les grandes écoles militaires devront continuer de valoriser les voies de promotion sociale et développer la diversité de leurs recrutements. Elles jouent ainsi un rôle de moteur social important, qui peut servir d'exemple. Cet effort est cohérent de la recherche d'un large vivier de recrutement et du maintien d'un lien armées-Nation fort.

Les grandes écoles militaires doivent mettre en valeur leurs domaines d'excellence. Nombreuses sont les écoles civiles, notamment de management, ou les universités qui recherchent, au sein des écoles militaires, des formations au commandement et à l'éthique, leur reconnaissant ainsi des compétences particulières, considérées comme essentielles dans la formation des futurs managers. Cette reconnaissance valorise l'image de l'officier. Ceci amène à affirmer le rôle moteur des grandes écoles militaires dans la formation au leadership pour faire face à des situations complexes. Mais rien n'est acquis et pour conserver ce rôle les écoles militaires doivent se réformer.

Les parcours de haut niveau se restreignant pour les parcours d'officier, beaucoup effectueront une deuxième partie de carrière dans le monde civil. L'ouverture des parcours et la personnalisation sont des conditions indispensables pour assurer une plus grande agilité de la gestion des ressources humaines pour les cadres. Il faut sortir des sentiers battus et constamment déterminer les objectifs qui doivent guider l'adaptation des formations initiale et continue.

Ambassadrices dans leurs milieux, les grandes écoles militaires peuvent aussi jouer un rôle moteur dans l'essor économique de la Nation en développant des partenariats avec le monde l'industrie. Le manque de synergies entre le monde public et le monde privé a été maintes fois pointé du doigt dans de nombreux rapports. Le développement de partenariats avec l'entreprise contribue à l'ouverture des écoles militaires et à valoriser la qualité de leurs formations, de leurs élèves officiers et de leurs centres de recherche. Ces écoles peuvent par ailleurs, grâce aux liens particuliers qu'elles entretiennent avec les réseaux universitaires, les réseaux institutionnels nationaux ou internationaux et les coopérations internationales qu'elles développent, inciter des ouvertures et participer à l'essor économique de notre pays. Ceci répond à une véritable attente du monde de l'entreprise.

Cependant, là où les écoles d'Etat des autres ministères et les autres grandes écoles du ministère de la Défense ont su adapter leur statut, celui des grandes écoles militaires reste un frein à cette ouverture. L'ouverture vers de véritables statuts d'établissements de l'enseignement supérieur, garantissant cependant une tutelle forte des armées sur leurs objectifs de formation et leur fonctionnement, est aujourd'hui indispensable. Elle contribuerait à éviter le danger de la marginalisation des officiers, formés dans des centres aux structures opaques, sans personnalité juridique ni responsabilité financière et faciliterait les partenariats, en évitant les recours à des solutions hasardeuses dès lors que des perspectives de ressources extrabudgétaires sont en jeu.

Les écoles n'y perdraient pas leur âme, mais la feraient au contraire rayonner.

La formation des officiers et le professeur Aben

Le rôle du professeur Aben avec lequel j'ai eu le plaisir de travailler quand je commandais l'école de l'air a été déterminant.

Avec Jacques Aben, nous avons effectué tous ces constats et nous sommes tout de suite tombé d'accord sur la nécessité d'ouvrir nos formations et de changer le statut de l'école. Jacques a d'ailleurs mené une étude très approfondie sur le sujet mettant à profit sa double culture d'officier de réserve au parcours opérationnel complet et universitaire de haut niveau.

Le dossier n'a pas abouti à ce moment-là en raison de la frilosité du haut commandement sur le sujet. Peut-être avions-nous raison trop tôt. Mais nous avons travaillé sur de nombreux axes des réflexions que j'ai présentées dans cet article et Jacques a continué ensuite avec d'autres commandants de l'école. Le regroupement des différentes écoles d'officiers en une seule était finalement la condition initiale pour conduire le changement de statut qui est maintenant en cours de mise en œuvre.

Le professeur Aben en a été un artisan essentiel et son action au long de ses années en tant que directeur de l'enseignement universitaire et de la recherche a permis d'innover considérablement dans les formations d'officiers.

Cet article a pour but de poursuivre la réflexion, mais aussi et surtout de lui rendre l'hommage qui lui est dû pour son action déterminante.

2018

La laïcité aux armées

Michel MIAILLE

> « *Revêtez-vous de toute l'armure de Dieu, afin que vous puissiez tenir ferme contre les artifices du diable (...) c'est pourquoi prenez toutes les armes de Dieu (...) vos reins ceints de la vérité, revêtus de la cuirasse de la justice, les pieds chaussés du zèle de l'Evangile de la paix ; prenant par-dessus tout, le bouclier de la foi (...) Prenez aussi le casque du salut, et l'épée de l'Esprit qui est la parole de Dieu (...)* »
>
> (Lettre de Paul aux Ephésiens, VI, 10 à 20).

Introduction

Ce texte, bien connu et souvent utilisé, (malheureusement en oubliant son statut de parole symbolique !) n'est qu'une métaphore : mais il met l'accent sur un rapport inédit entre le christianisme et l'armée. Ce n'est pourtant pas le privilège du seul christianisme : le judaïsme comme l'islam tissent également des liens entre la foi et les armes. Dès lors, les rapports entre la religion et la force militaire méritent d'être étudiés avec sérieux.

1 - Bien sûr, on pourrait montrer que les religions, au moins en Occident depuis plus de deux mille ans, ont eu partie liée avec la force armée. Il serait facile de rappeler tous les exemples de guerres religieuses, de croisades et de conversions forcées qui ont traversé toute notre histoire, au point qu'on peut hésiter sur le lien de cause à effet : seraient-ce les religions qui se sont servies de l'armée ? Ou seraient-ce les armées et leurs chefs qui ont utilisé l'argument religieux ? Evidemment les deux situations ont existé et existent encore aujourd'hui.

On pourrait risquer l'hypothèse que pendant un très long temps, armée et religion font cause commune, car, comme l'avait bien noté J.J. Rousseau, la certitude d'obéir au vrai dieu entraîne l'obligation de détruire les faux dieux[6] Si la divinité (ou les dieux) s'impose, elle autorise et même enjoint à ses adorateurs de supprimer toute autre divinité qui ne peut être qu'usurpatrice.

Les croisades ont été justifiées par l'obligation pour les chrétiens occidentaux de retirer des lieux saints toute autorité déclarée impie et usurpatrice. Que dire aussi de la croisade contre les cathares sinon la réitération de cet objectif de purification à l'égard d'une foi hétérodoxe même si le calcul politique n'était pas

[6] J -J Rousseau, *Du contrat social*, lire le dernier chapitre intitulé « *La religion civile* ».

absent de conquérir terres et richesses. Et la persécution des juifs comme des protestants en France a trouvé sa légitimation dans la volonté de purifier le corps social de toute menace hérétique. La colonisation dès le XVIème siècle aux Amériques, mais aussi dans les nouvelles terres américaines, africaines ou asiatiques, a renouvelé cette guerre de «*purification*» au nom de la foi catholique. L'épée et la croix sont allées ensemble pour faire triompher la « *vraie religion* » : et si les « *indigènes* » résistent, on utilisait au sens le plus littéral la parole d'une parabole *« Compelle intrare »* ou Force les d'entrer (dans la vraie foi) ce qui justifiait la contrainte et les buchers ! En même temps, s'accomplissait la soumission à un ordre politique, économique et social considéré comme supérieur et indépassable.

On peut dire qu'il y a eu un long temps où armée et religion allaient de pair. La présence d'ecclésiastiques dans l'armée, le chapelain du seigneur au moins, rappelait que, même dans les combats, la religion était présente.

Les moines ligueurs au XVIème siècle ne seront qu'une expression particulière et terrifiante de cette alliance de la foi et de la force. Et les victoires se célébraient dans les Te Deum où les accents d'adoration voisinaient avec la glorification de la force qui avait vaincu, souvent au milieu des ruines, des destructions et de la désolation des cités vaincues.

Cela ne signifiait pas, comme on le verra plus loin, que l'existence d'aumôniers dans les armées avec un Grand Aumônier au sommet de l'institution ne posait pas, pour le catholicisme, une véritable question de pouvoir : comment un grand aumônier en poste à Versailles auprès du Roi, pouvait-il concurrencer l'autorité des évêques dans les diocèses de cantonnement des troupes ? La question ne sera résolue que très tardivement au XIXème et au XXème siècle ! Mais la fin du XVIIIème siècle et pour les Français, la Révolution, ouvrent une nouvelle histoire.

2 - La longue proximité de l'armée et de la religion cède la place à une vision désormais plus politique et plus nationaliste des conflits.

Il ne s'agit plus de convaincre, mais de vaincre tout court. L'enjeu est désormais ouvertement celui des territoires et de l'autorité politique.

Même si des accents de type religieux peuvent encore s'entendre (ainsi la guerre de 1914 a pu être analysée comme un conflit culturel entre la France catholique et l'Allemagne protestante), il est clair que les armées ne sont plus au service d'une religion, mais d'un pouvoir politique. Les interventions de Bonaparte en Egypte et au Levant ne sont plus des combats contre les infidèles même si l'argument peut quelquefois surgir, mais l'expression d'un conflit entre Français et Anglais sur une terre islamique. D'ailleurs la mode, en architecture comme en mobilier, du style « *retour d'Egypte* » qui marque le consulat et l'Empire montre bien cette appropriation sans connotation religieuse, mais plutôt dans une nostalgie de l'antiquité.

Bien sûr les guerres coloniales, au Maghreb comme en Afrique, ressuscitent l'argument de la religion, mais il sert de paravent à une domination d'abord politique et économique, notamment dans une concurrence violente entre la France et la Grande Bretagne.

Armée et religion semblent donc désormais appartenir à deux univers qui n'ont pas vocation à se confondre. La sécularisation des sociétés européennes s'impose comme un mouvement qui souvent, est alors interprété comme une victoire de la Raison et de la modernité. En France spécialement, la laïcisation de la société et de la République dès les années 1880 jusqu'à la consécration en 1905 d'une séparation des églises et de l'Etat, conclut cette évolution de la modernité et, en même temps, inaugure une nouvelle ère socio-politique[7].

Et, la contradiction n'est qu'apparente, c'est le moment où va être réinstituée, au cœur même de l'armée, une institution religieuse, l'aumônerie. L'instauration de la présence religieuse dans le corps de l'armée est, certes, une exception à la laïcité de la République et de ses institutions, mais, en même temps, elle est l'application logique du principe de liberté religieuse pour tous les Français, garantissant à la fois l'autonomie de la conscience et des manifestations cultuelles.

La création de l'aumônerie dans les armées est ainsi la manifestation paradoxale de la laïcité : celle-ci comporte d'abord une dimension institutionnelle (I), mais également une dimension fonctionnelle (II), assurant les deux faces de toute réalité juridique, sa définition et son évolution.

I – La laïcité aux armées : mise en place d'une institution républicaine.

« *Au commencement* » était l'évidence de la présence religieuse au sein de l'armée, comme elle se donnait à voir dans tous les replis de la vie sociale. Mais pourtant, l'instauration d'une organisation religieuse au sein de l'armée, n'était pas aussi simple qu'il y paraît et la présence des aumôniers pendant un long temps a été problématique, au moins pour la religion dominante, le catholicisme (A). Ce n'est que tardivement que l'idée même de Laïcité trouvera à s'appliquer dans les corps militaires, par symétrie avec la mise en œuvre de ce principe dans la société civile (B).

A. La difficile instauration des aumôneries militaires précède la question de l'égalité des cultes dans l'armée et évidemment l'application du principe de Laïcité :

En cette matière, le texte prévoyant l'aumônerie militaire précède non seulement la loi de 1905, mais aussi les textes civils des débuts de la III° République, de sorte que l'exception précède la règle générale qui sera adoptée bien plus tard.

---

[7] M. Miaille, « *La Laïcité* », Dalloz, 3° édit. 2017.

Une manière de comprendre la tâche des aumôniers militaires est de considérer leur rôle comme un rôle d'intégration par le moyen des rites et de la spiritualité. On comprend que cette fonction, assez banale, est celle qu'a assumée la religion en général dans l'espace européen pendant des siècles avec, il est vrai, des différences non négligeables suivant les confessions.

1 – L'instauration de l'aumônerie avait, au XVIème ou au XVIIème siècle une raison simple

Toutes les activités sociales, quel que soit leur objet, étaient encadrées et justifiées par une dimension religieuse. Tous les corps de métier, depuis les artisans jusqu'aux corps administratifs, étaient placés dans un cadre religieux qui ajoutait à la respectabilité du groupe et garantissait aussi l'intégration des intérêts et des pratiques sociales dans un univers incontestable.

Pourtant en matière militaire, l'histoire a été assez compliquée. Affecter des clercs aux troupes militaires posait immédiatement la question de l'autorité dont ils dépendaient. En cas de guerre, on pouvait comprendre que les religieux suivaient les combattants : mais en temps de paix, il y avait une possible concurrence entre des aumôniers autonomes dans l'armée et les clercs assurant le ministère religieux sous l'autorité de leur supérieur, l'évêque pour les catholiques. La nomination d'un Grand Aumônier, dès François 1er, et la présence d'un prêtre par régiment posait ouvertement la question de l'autorité de l'Evêque sur le territoire duquel se trouvait cantonné le régiment. Si la figure de Saint-Vincent de Paul, aumônier des galères, fait oublier cette querelle, pour autant les conflits d'autorité continuent. Lorsque le confesseur du roi devient Grand Aumônier se pose plus nettement encore la question des rapports entre la Chapelle royale et les Evêques, territorialement compétents. Le Grand Aumônier serait-il un évêque ordinaire ?

Mais alors quel est le pouvoir des évêques qui gardent leur autorité sur les troupes résidant sur le territoire de leur diocèse ? Le conflit demeurera, y compris avec la réorganisation du rôle de Grand Aumônier que Napoléon confie à son oncle le cardinal Fesch, d'autant que les évêques sont réticents à se séparer de prêtres dont le nombre a beaucoup faibli. Ceci explique l'ordonnance de Louis Philippe en 1830 qui confie au clergé local l'encadrement des troupes et, en conséquence, supprime l'aumônerie militaire comme institution juridique permanente.

Cette dispute sur l'autorité supérieure en matière d'aumônerie a des conséquences qui perdureront : faut-il que l'archevêque et souvent cardinal de Paris soit l'aumônier en chef des armées ? Mais certains prélats considéreront que le titre « *d'aumônier général* » n'est pas compatible avec le statut de Cardinal… La question est désormais tranchée, au moins pour les catholiques : l'évêque aux armées qui assure la charge d'aumônier en chef pour les militaires catholiques est à la tête d'une sorte de « *diocèse* » innomé. La situation est différente pour les protestants puisque, s'ils ont un « *aumônier en chef* », cela n'enlève pas que l'aumônier n'exerce sa fonction qu'autant qu'il n'y a pas de paroisse et de pasteur disponible sur le territoire où se trouvent les troupes. Autrement dit la fonction de l'aumônier n'est justifiée que là où une communauté protestante (une paroisse en fait) n'existe pas, ou ne peut exister : ainsi sur les mers ou sur les territoires d'opération. La question est encore différente pour les aumôniers israélites où le souci majeur est d'assurer le respect des règles de la vie quotidienne notamment le respect des interdits alimentaires (régime casher) et du repos sabbatique. La situation n'est pas très différente pour les musulmans où les règles de piété (les prières) et les interdits alimentaires sont l'essentiel de la préoccupation des aumôniers musulmans.

2- L'établissement de l'aumônerie militaire au XIXème et XXème siècle

Le XIXème siècle a été une période de longue transition à partir du Premier Empire, où en fonction des alternances politiques l'église catholique (et en partie les trois autres cultes « *reconnus* » dits concordataires) avait retrouvé son importance qui lui sera ensuite disputée avec l'instauration de la IIIème République.

La chute du Second Empire, avec la capitulation de Sedan et la proclamation de la République le 4 septembre 1870 ouvre à nouveau une période d'incertitude. Pour différentes raisons, la ligne conservatrice l'emporte contre l'héroïque Commune de Paris et avec l' « *Ordre Moral* » réapparaît la conjonction d'une République liée à une église catholique ultra-traditionnaliste. La victoire des Républicains en 1879, contre les partisans du retour à la monarchie, est le point de départ d'une législation ouvertement laïque.

Cette laïcisation concerne, par étape, des « *secteurs* » entiers de la société. Qu'on en juge : dissolution des établissements religieux d'enseignement (Décret du 29 mars 1880), lois multiples sur l'enseignement assuré par la République (Loi du 16 juin 1881 sur la gratuité ; loi du 28 mars 1882 sur l'instruction primaire obligatoire, et la laïcisation des programmes ; loi du 30 octobre 1886 sur le caractère laïque des personnels d'enseignement), loi sur le rétablissement du divorce, enlevant ainsi au mariage le caractère sacré que lui confère le catholicisme (loi du 27 juillet 1884) ; abolition des prières publiques pour l'ouverture des sessions parlementaires (loi constitutionnelle du 14 avril 1884) ; loi sur les funérailles faisant obligation aux maires d'assurer l'ensevelissement de toute personne, indépendamment de sa conviction ou non conviction religieuse (loi du 14 novembre 1882 et loi du 15 novembre 1887, mettant fin aux interdits d'enterrement à l'égard des non catholiques, des hérétiques, des suicidés, des comédiens et des « *femmes de mauvaise vie* » !) ; loi du 1er juillet 1901 sur l'association, mais dont toute la deuxième partie concerne les congrégations en les soumettant à un régime sévère qui se traduira par la fermeture de nombreux établissements et l'expulsion de religieux/ses.

La loi enfin du 9 décembre 1905 vient clôturer en quelque sorte, cette période de plus de vingt ans, avec la séparation des églises et de l'Etat : elle avait été précédée, depuis 1869 (projet du parti Radical) par huit projets assez différents et était le fruit du travail patient du rapporteur A. Briand, soutenu par J. Jaurès[8].

Et les aumôneries dans tout cela ?

Leur sort est réglé par l'article 2, alinéa 2 de la loi de 1905, comme une exception. En effet, dans les lieux publics, mais fermés que sont les prisons, les hôpitaux et les internats scolaires, par exception à l'article 2 alinéa 1 qui dispose que « *La République ne reconnaît, ne salarie et ne subventionne aucun culte* », le texte concède que des aumôneries seront organisées pour apporter le secours de la religion à ceux qui le demanderont, service qui sera pris en charge financièrement par la République. Autrement dit, la valeur de liberté (de conscience et de culte) passe au-dessus de celle de la laïcité de la République.

Pourtant dans ces lieux « *fermés* », l'armée n'est pas citée. C'est que la situation était réglée depuis 1874 pour les cultes alors reconnus (à savoir catholique, protestant et israélite) ; elle le sera beaucoup plus tard, en 2005, pour le culte musulman.

Il est intéressant de remarquer qu'au début du XXème siècle l'aumônerie militaire existe déjà (d'où le silence de la loi de 1905 sur cette institution), mais de manière encore mal assurée.

Certes, depuis la monarchie, la présence religieuse dans les armées est effective, mais, comme on l'a déjà vu, elle est l'objet de contestations, au sein même de l'église catholique !

Du fait d'une concurrence d'autorités, celles spécifiques à l'armée et celles, ordinaires, de l'évêque du lieu du cantonnement[9], cette histoire conflictuelle entre la chapelle du Roi, plus tard l'aumônerie impériale et les évêques, trouve une expression inattendue avec l'Ordonnance de Louis-Philippe du 10 novembre 1830, qui supprime l'aumônerie militaire en donnant au clergé local la fonction d'encadrement spirituel des troupes. Donc, aucune organisation juridique propre n'est mise en place.

Il faudra attendre la loi du 3 juin 1874 pour que soit institué le rattachement des aumôneries aux garnisons, sous la tutelle des évêques des diocèses ; les aumôniers protestants et israélites dépendant des consistoires locaux : le culte israélite est en effet ainsi tardivement reconnu, car jusqu'alors, des rabbins avaient été sollicités, mais sans aucune reconnaissance officielle. Quatre ans plus tard, en 1878, la fonction d'aumônier en chef est supprimée et les effectifs du service religieux de la marine diminués de moitié. Deux ans plus tard, la loi du 8 juillet 1880 abroge la loi de 1874 et dans un dispositif extrêmement simple de cinq

---

[8] J.- M. Ducomte : « Laïcité, laïcités », Edit Privat Toulouse, 2012.

[9] A. Pagès « Les origines de l'aumônerie militaire catholique », thèse Univ Strasbourg (Faculté de théologie catholique).

articles instaure la présence dans les camps, forts et garnisons hors des villes, de ministres des quatre cultes reconnus (catholique, luthérien, calviniste et israélite). Mais encore faut-il que cela concerne une population d'au moins 2000 personnes, éloignées des églises et des temples de plus de trois kilomètres. La loi prévoit en outre qu'en cas de mobilisation, les aumôniers seront rattachés aux armées, corps et divisions militaires, sans qu'ils bénéficient d'une quelconque distinction hiérarchique. C'est cette loi que le Conseil d'Etat considérera comme abrogée par la loi du 9 décembre 1905, car elle faisait une application « *anticipée* » (sic) du principe de la liberté de conscience et de culte !

B – L'aumônerie aux armées, une institution républicaine.

Au fond, l'institutionnalisation de l'aumônerie dans les armées ne peut plus être la présence d'une « *autorité étrangère* » à la République et au commandement militaire ce qu'avaient redouté les générations du XIXème siècle voyant spécialement dans l'aumônerie catholique, le regard et l'autorité du Vatican au sein même d'une institution éminemment régalienne.

Les textes qui viendront encadrer l'aumônerie militaire vont, par étapes, opérer une intégration de plus en plus grande de ce « *service* » au sein du dispositif militaire.

Dans l'entre-deux guerre, le décret du 9 novembre 1935 (et celui de 1936) tient compte de la spécificité de la mission et de l'organisation de chaque armée, depuis l'armée de campagne jusqu'à la Marine. Il sera continué par le décret du 8 juin 1964 qui fixe les règles en la matière : désormais, pour l'aumônerie catholique, une seule direction est organisée avec l'aumônier catholique aux armées, en séparant nettement l'autorité militaire et l'autorité religieuse (l'épineuse question de savoir qui est le « *chef* » de l'aumônerie catholique : l'aumônier, l'évêque de Paris ou le Pape ?) Désormais d'ailleurs est confirmée l'absence de grade et de rang hiérarchique des aumôniers[10]. Ils sont soumis aux obligations militaires, subordonnés aux commandants des formations auxquelles ils sont rattachés, même s'ils gardent toute liberté en matière de culte.

Ce décret a été modifié par celui du 30 décembre 2008 qui tranche le débat de fond : les aumôniers sont des « *militaires servant en vertu d'un contrat* » (art.1er).

Contrairement à une longue histoire et aux idées reçues, ce ne sont plus des civils, ministres du culte attachés aux forces armées. La logique inclusive de l'institution militaire a ainsi triomphé contre l'ancienne tradition de civils-ministres du culte intervenant au sein de l'armée. L'art. 4 de ce décret rappelle qu'il y a bien une double hiérarchie, militaire et cultuelle, mais cette dernière ne saurait faire obstacle à la chaîne du commandement.

Ainsi, l'aumônier en chef (des cultes quasiment « *reconnus* » catholique, protestant, israélite et musulman) se borne à coordonner l'activité des aumôniers de son culte. Cette « *militarisation* » des aumôniers n'entraîne pourtant pas qu'ils

[10] Les aumôniers alors sont des civils dans l'armée. Il n'y a ni uniforme ni galon : le curé vient en soutane et le pasteur en complet veston.

reçoivent des ordres des commandants des formations administratives de leur corps. Cette nouvelle définition des aumôniers-militaires n'exclut pas le recrutement et l'activité d'aumôniers civils qui interviennent à titre complémentaire des effectifs des ministres du culte nommés par le Ministre des Armées.

Pourtant quelles que soient les difficultés internes à l'institution ecclésiastique, il est évident que *« les secours de la religion »* (pour prendre une expression un peu désuète) avaient une fonction intégratrice avouée. Mais cette intégration passait par le canal traditionnel de la religion, canal utilisé depuis des siècles afin de réduire les facteurs de contestation, de critique et de mise en cause de l'autorité.

C'est la raison pour laquelle la fonction essentielle des aumôniers se situe dans le domaine liturgique : respect des interdits, organisation des célébrations, participation aux cérémonies, notamment les anniversaires militaires de victoires ou de hauts faits toujours doublés d'un service religieux. Ce soutien au « *moral des troupes* » est évidemment essentiel en temps de guerre ou sur des théâtres d'opération. Mais, il peut apparaître quelque peu conformiste, en temps de paix. Aussi, les aumôniers utilisent bien des moyens et des occasions pour donner du sens à leur ministère qui ne peut pas se limiter à des cérémonies liturgiques ou des lectures de textes religieux. Ainsi, un aumônier en chef nous cite les rencontres internationales, notamment européennes, chaque année ; les rencontres par petits groupes ou l'organisation de repas informels, mais chaleureux ; quelquefois l'animation d'une chorale qui prépare des fêtes liturgiques, notamment Noël. Les choses sont différentes Outre-Mer où quelques fois, en l'absence de paroisse, des célébrations cultuelles sont organisées par exemple à Tahiti.

Cette assistance de l'aumônier s'exerce aussi par des moyens plus informels : plus que de présider une cérémonie l'aumônier est sollicité pour écouter des récits de vie de la part de soldat ou d'officiers, quelquefois pour recueillir des confidences ou pour donner son avis ou un conseil. C'est très informel et n'entre pas directement dans la mission de l'aumônier strictement entendue. Mais on comprend que la seule fonction rituelle de l'aumônerie n'est pas suffisante aujourd'hui pour remplir les activités de l'aumônier.

De toute manière, peu de militaires se signalent comme appartenant à telle ou telle religion.

Ainsi dans un contexte fortement structuré, hiérarchisé et fondé sur l'autorité, l'aumônier fait un peu exception : militaire, mais sans grade, ne pouvant ni donner ni recevoir d'ordres, où le salut militaire n'est qu'une courtoisie et non une obligation, il apparaît comme une expression d'humanité qui favorise l'intégration même si le ressort théologique n'est plus le médiateur fondamental de cette intégration. Peut-être aussi, faut-il faire l'hypothèse qu'aujourd'hui, c'est sur un autre terrain que l'aumônerie devra se situer.

On mesure ici en quoi l'aumônerie est devenue une institution républicaine, chargée même de diffuser les valeurs de la République, autant que celle du culte qu'elle représente. Cette évolution institutionnelle dit bien que l'aumônerie aux armées remplit des fonctions nouvelles.

II – La laïcité aux armées, l'évolution vers une fonction civique intégratrice ?

L'institution miliaire a connu plusieurs fonctions : certes la plus importante consiste à maîtriser l'usage des armes pour défendre la patrie et pour attaquer un ennemi en cas de nécessité. Mais, au cours des siècles, l'armée a été le seul corps chargé de l'ordre à l'intérieur de l'Etat, l'organisation d'une police civile ayant été très tardive. Au début du XXe s. les grèves des ouvriers dans le Nord ou les manifestations des viticulteurs en 1907, donnent lieu à une répression qui est restée dans les mémoires. Et déjà, avec le geste « *héroïque* » des « *piou-piou du 17*[e] », apparaît la contradiction entre une fonction violente propre à l'armée et le rôle d'une armée républicaine, constituée par des citoyens. Les guerres coloniales et très spécialement celle d'Algérie ont soulevé, à nouveau, le caractère dramatique d'une armée de conscrits obligés de participer à un « *maintien de l'ordre* » qui était une guerre dissimulée.

La transformation la plus notable est bien celle qui a mis fin à la conscription obligatoire et qui a transformé l'armée en corps de métier ouvert à ceux qui se spécialisent dans la fonction militaire et à des engagés volontaires. Pourtant la pré instauration d'une période, certes courte, mais significative de « *l'appel sous les drapeaux* » montre que la fonction intégratrice de l'armée reste d'actualité. Aujourd'hui, l'instauration d'un Service National Universel change complètement la situation : mais nous n'en sommes qu'à l'expérimentation et déjà se pose la question de la Laïcité dans ce type de service nouveau, comme l'Observatoire National de la Laïcité l'a déjà montré en faisant, à droit constant, des remarques sur les règles à observer en la matière. Si l'on reste dans le cadre actuel de l'armée de métier ,l'aumônerie a toute sa part dans cette évolution : car si les aumôniers sont devenus des militaires par leur statut, affectés à une fonction certes spécifique, ils n'en demeurent pas moins des agents utiles, à leur place, pour une fonction d'intégration sociale et culturelle (A).mais on ne peut pas sous-estimer des pratiques considérées comme normales dans les rangs militaires et qui posent ouvertement la question du religieux dans l'intégration des jeunes volontaires (B).

A - La fonction civique comme mode d'intégration nouveau

L'élément récent et particulièrement significatif est, sans contexte, le Décret du 3 mai 2017 relatif aux aumôniers militaires, hospitaliers et pénitentiaires organisant une formation civile et civique. Désormais, les aumôniers devront obligatoirement être titulaires d'un Diplôme de formation civile et sur les valeurs de la République et un délai de deux ans est fixé pour que les aumôniers remplissent cette obligation.

Il est clair que cette exigence est d'une autre nature que celle que fixait le décret du 30 décembre 2008 relatifs aux aumôneries militaires. En effet, ce texte finalement très classique, après avoir défini le statut contractuel des aumôniers (mais on peut penser à un contrat de droit public) ajoute : (art 2) « *les aumôniers assurent le soutien religieux du personnel de défense qui le souhaite* ». On mesure clairement la novation qu'apporte le décret de 2017. Il ne s'agit pas de remettre en cause l'objet central de la mission d'aumônerie, mais de la restituer dans un cadre plus large, celui de la restauration des valeurs de la République et de la citoyenneté[11], qui apparaissent aujourd'hui, particulièrement oubliées ou négligées par les jeunes générations.

L'aumônerie catholique ne s'y est pas trompée, qui par la voix de son organisation et de l'évêque aux armées a tenté, par un recours au Conseil d'Etat, de faire juger que cette nouvelle obligation venait empiéter sur la mission de l'aumônerie, définie traditionnellement comme le « *soutien religieux* ». Le Conseil d'Etat a évidemment rejeté la requête (CE 27 juin 2018, requête n° 412030) en développant l'argument que la formation désormais exigée ne modifiait nullement la mission des aumôniers qui restait inchangée. Mais la dispute juridique témoigne d'une vraie question : l'aumônerie doit-elle participer à l'œuvre de restauration des valeurs de la République, aujourd'hui si mises à mal du fait de la montée d'idéologies extrêmes et de pratiques violentes ? On comprend aisément que si la réponse est positive et on ne voit pas comment il en serait autrement, le modèle d'intégration assuré par l'aumônerie n'est plus seulement religieux et spirituel, mais doit s'entendre de manière plus large comme une contribution à ce grand œuvre de valorisation des principes et des comportements républicains.

Qu'ils soient catholiques ou musulmans, protestants ou israélites, les militaires doivent alors assumer d'être les porteurs aussi des valeurs de la République, dont la laïcité est un principe de mise en œuvre n'ira pas jusqu'à dire que nous assistons à une sorte de « *constitution civile du clergé* » comme aux premiers temps de la Révolution, mais ne peut être sous-estimée cette définition du rôle des aumôniers, certes a priori inchangé (le décret de 2008 est toujours en vigueur), mais désormais enrichi par cette nouvelle formation.

Dans le même temps, le gouvernement met en œuvre un nouveau mode d'intégration des jeunes générations avec le « *nouveau service national universel* » tel que défini par le gouvernement depuis 2018.

Les dernières précisions montrent qu'il s'agit bien en deux temps, d'intégrer les jeunes de toute origine et des deux sexes, à une préparation civile et civique conséquente. Et la laïcité s'y trouve convoquée.

A preuve, la saisine de l'Observatoire National de la Laïcité qui vient de rendre, le 28 décembre 2018, son avis sur les implications que le principe de laïcité aura lors de cette formation. Le rapport liste toutes les questions que pose cette nouvelle « *conscription* » : assurée au nom d'une mission de service public, par des personnels qui, de statut public ou privé, assurent dès lors un service public qui entraîne la neutralité idéologique et religieuse ; que faire des revendications liées à des convictions religieuses formulées par des participants, lorsqu'ils sont

[11] M. Miaille : « Les mots clés de la citoyenneté », Edit Dalloz 2018.

dans des établissements fermés durant cette formation ? Jusqu'où le repos découlant d'un interdit religieux ou l'exigence de nourriture conforme aux prescriptions religieuses peut-il être respecté ? Autant de questions que se posent depuis longtemps les aumôniers, dans les casernes et même sur les théâtres d'opération : rations de nourriture ou évitement d'exercices ou de combats, justifiés par des interdits religieux.

Or, depuis le XXème siècle au moins, les aumôniers ont pris acte de leur place particulière : il n'est pas question pour eux de discuter la politique militaire du gouvernement, ni de juger le contenu des missions auxquelles ils seront amenés à participer. L'aumônier est un militaire et, plus encore, un citoyen qui accompagne les troupes et ne se prononce pas sur les opérations qui sont décidées. Seules, quelques fois, l'exigence éthique peut s'élever contre certaines pratiques : ainsi en a-t-il été de la pratique de la torture pendant la guerre d'Algérie. Une position nettement critique de ces pratiques a été déposée par un aumônier protestant auprès du ministère des Armées. Il n'y a pas eu de sanction ; mais le déplacement de ce pasteur dans une autre unité, nous confie l'ancien aumônier en chef protestant, le pasteur Gounelle. En revanche lorsqu'en 1968 un questionnaire a été distribué sur le moral des armées, l'aumônerie protestante a refusé de répondre tout autant que pour la décision de créer un « *BMC* » ou lieu de prostitution à destination des militaires !

Ainsi la fonction religieuse et spirituelle des aumôniers se conjugue depuis longtemps avec la citoyenneté et notamment le respect du principe de laïcité : en réalité la liberté de conscience et de culte, l'indépendance des choix métaphysiques et de leur expression sociale qui est le cœur de la laïcité, sont au nombre des préoccupations et des comportements des aumôniers. Mais ce qui était implicite devient aujourd'hui explicite : la formation civique et civile devient une des composantes de la mission de l'aumônerie, toutes religions réunies.

Il est instructif à cet égard, que le remarquable livret édité en novembre 2017[12] intitulé : « *Expliquer la laïcité française* » : une pédagogie par l'exemple de la « *laïcité militaire* » comporte sur 38 pages, 25 pages sur la laïcité « *à la française* » avant d'aborder les aumôneries militaires « *une expression de la laïcité au sein de l'institution de défense* » (sic !).

Cette publication qui semble faire le grand écart entre le principe de laïcité et l'aumônerie, réalise pratiquement leur rencontre pour montrer comment l'aumônerie se trouve au service d'un principe républicain, celui de la liberté de conscience et de culte, dans les limites des prescriptions de la loi et des nécessités des opérations militaires.

Par une sorte de ruse de l'histoire, l'aumônerie devient paradoxalement, un des instruments de la laïcité dans l'armée non comme idéologie, mais comme

---

[12] Livret édité par la direction générale des relations internationales et de la stratégie (DGRIS) avec le concours d'une chercheuse associée au Groupe Sociétés, Religions, Laïcités du CNRS, Ecole Pratique des Hautes Etudes, contact : eric.germain@intradef.gouv.fr

engagement au service de la Nation. Cela prouve, s'il en était besoin, que la laïcité n'est pas une idéologie parmi d'autres (au sens de certains militaires réputés : « *laïcards* »), mais le principe d'organisation de la République, permettant à chacun et même aux ministres du culte de vivre conformément à ses croyances, tout en respectant celles des autres et en n'adoptant jamais de comportements prosélytes agressifs ou contraires à l'ordre public. La laïcité aux armées devient la laïcité par l'armée !

B - Laïcité et fonctionnement réel de la religion dans les armées : la question de la laïcité encore posée.

Il faut revenir sur le recours déposé par l'évêque aux armées et tranché en 2018 par le Conseil d'Etat : comment l'adjonction d'une mission laïque aux obligations des aumôniers peut-elle révéler une autre manière d'envisager la question de la laïcité ?

La réponse est fournie par une étude scientifique publiée en 2007 et confirmée dans un article en 2010 sous la plume de chercheurs confirmés : Ch. Bertossi et C. Wihtol de Wenden[13].

En effet, le caractère surprenant du recours trouve une explication dans le mode même de fonctionnement de l'armée à la fois à cause d'éléments idéologiques, mais aussi d'un substrat sociologique tout à fait particulier, de sorte que la « *résistance* » que représente ce recours peut s'expliquer. Et l'explication ne laisse pas de poser problème.

A la suite d'une enquête précise, menée sur 23 sites pendant près de deux ans, (2003 à 2005) auprès de jeunes volontaires engagés selon le système en cours, (jeunes dont les caractéristiques ont été précisées par les auteurs et qui ont été sélectionnés par le commandement), les auteurs ont découvert une contradiction surprenante, qui s'inscrit dans un contexte nouveau où l'armée n'est plus comme du temps de la conscription, une armée « *à l'image de la Nation* », mais une armée de professionnels « *au service de la Nation* » .

Si l'armée continue évidemment de véhiculer les valeurs républicaines, de privilégier le mérite dans la carrière sur les origines, et respecte les différences, il s'en faut qu'elle soit un modèle du respect des identités. A preuve de nombreux exemples tirés des entretiens avec les militaires engagés, où l'on découvre un « *racisme ordinaire* » fait d'attitudes et de « *blagues* » dans les rangs inférieurs de la hiérarchie. Pour des raisons facilement explicables, qui tiennent aux guerres coloniales pour une large part, mais aussi à la fonction aujourd'hui assumée de « *rattrapage* » social des recrues d'origine souvent maghrébine et musulmane, l'armée se trouve confrontée directement aux questions difficiles d'organiser en son sein une intégration qui n'a pas eu lieu dans la société civile. Les gradés de rang inférieur réagissent comme les civils de même statut social, avec leurs

---

[13] Ch. Bertossi et C. Wihtol de Wenden, « *Les couleurs du drapeau* », Edit Laffont 2007 ; C. Wihtol de Wenden, « L'armée française face à la diversité : une réflexion sur la citoyenneté », *Rev. Migrations et Société*, 2010, n° 131.

appréhensions, leurs idéologies sur les catégories sociales de la France contemporaine où la distinction entre les origines sert de modèle de compréhension et d'explication des difficultés actuelles. Dès lors, le principe de Laicité, conçu comme principe de liberté et de respect des cultures quelles qu'elles soient, se trouve contradictoire avec le monde « *imaginé* » par des personnes qui veulent marquer leur différence et leur autorité. Vieille question que les sociologues connaissent depuis longtemps, où les acteurs de certaines cultures de groupes se préservent, en inventant des barrières ou en les exploitant pour mieux se rassurer. Evidemment alors, l'incompréhension résulte de cette situation, où la suspicion nourrit sans cesse la mise en place de « *barrières* » symboliques.

Si l'on peut expliquer et comprendre (sans les justifier) les résistances des encadrants immédiats, liés souvent à une culture nationale étroitement entendue, on ne peut que se poser la question du rôle que tiennent les gradés de haut niveau.

D'après l'enquête citée, ils n'ignorent rien de cette situation et peuvent même la regretter ; mais ils participent d'un « *entre soi* » à la fois social et culturel qui n'est pas favorable à une intervention et mieux à une réorientation des pratiques. La lecture sociologique des gradés de haut rang explique leur retrait par rapport à cette situation : souvent fils de militaire, élevés dans une éthique de l'ordre et de l'obéissance, ancien élève d'Ecoles d'Officiers prestigieuses, très souvent catholiques convaincus et pratiquants, les officiers ne mesurent pas réellement ce que peuvent vivre les recrues, comme pratiques sociales « *étrangères* » à leur origine. Ainsi, les nombreuses célébrations religieuses (toujours catholiques) ,ponctuent le rythme de la vie de caserne avec les diverses messes en l'honneur d'un « *saint patron* » ou en commémoration d'une bataille et sont considérées comme « *obligatoires* » : participer même à un concours de crèches de Noël apparaît comme une évidence, même pour des soldats musulmans, au motif que cela permet « *l'intégration* », ou même boire « *comme tout le monde* » (c'est a dire de l'alcool) ou manger « *de tout* » (c'est-à-dire du porc) pour consolider le lien commun, sans penser un instant que cela peut « *blesser l'identité et les croyances* ». Les auteurs de ce travail montrent même que l'on peut aller jusqu'aux limites du déni de Laïcité dans ce corps de la République qui, peut-être plus que tout autre, est confronté à la question de la discrimination.

Ainsi concluent les auteurs de cette enquête : « [L'institution militaire] *est confrontée aux préjugés de l'encadrement militaire et à l'entre soi des catégories qui se protègent en entretenant des frontières symboliques* ».

On ne saurait mieux dire le caractère paradoxal de la situation militaire en matière de Laïcité et l'on comprend alors mieux le recours de 2018 sur la fonction éducatrice en matière de Laïcité imposée désormais aux aumôniers. C'est qu'en effet, la Laïcité n'est plus simplement un principe permettant à chacun de vivre selon ses exigences éthiques et religieuses, mais devient un principe « *actif* » de cohésion sociale par la mise en valeur du respect de la culture de chacun, pour autant qu'elle ne trouble pas l'ordre public. Projet toujours difficile à mettre en œuvre, dans des situations où les habitudes, les traditions et la rigidité de l'ordre social se trouvent directement confrontés à l'application d'une règle de Liberté.

Pour conclure, il n'est pas difficile d'observer que le principe de laïcité appliqué à l'armée se comprend dans l'optique républicaine qui, depuis la fin du XIXème siècle, structure les institutions de l'Etat pour assurer la paix sociale. Mais toute l'histoire de l'aumônerie aux armées rappelle un autre temps où la religion, jusque dans les rangs militaires, venait confirmer l'autorité. La situation actuelle inaugure une nouvelle configuration : celle dans laquelle, même les autorités religieuses se trouvent au service d'une tache inattendue : fabriquer du commun à partir des différences, et non comme dans les temps anciens de cultiver les différences que ne saurait engloutir le commun. Rude tâche pour les aumôniers, mais évidemment pour tous ceux qui ont autorité dans la République, militaires ou civils !

2019

Intelligence économique : Valorisation de l'information et construction du savoir

Jean-Louis MOLINO

Résumé

L'importance croissante de l'innovation, l'omniprésence des technologies de l'information et de la communication, la primauté d'une économie de services, ont imposé en quelques années un nouveau moteur déterminant de la croissance : celle de l'immatériel. A côté des richesses concrètes que sont l'industrie manufacturière et le capital matériel, l'économie de l'immatériel, richesse abstraite, est une nouvelle composante d'un monde économique qui a changé. Elle se fonde sur de nouvelles matières premières : le savoir, les connaissances, la créativité, l'imagination et les technologies de l'information. Cette économie du savoir repose sur la créativité, à la fois individuelle et collective, où la matière grise est l'un des principaux déterminants. Ces richesses nécessitent encore plus de maîtriser « *l'information utile* » permettant d'agir dans l'environnement économique, d'assurer la protection du patrimoine et des savoir-faire, afin d'en tirer un avantage concurrentiel. Le défi majeur consiste tout d'abord à extraire les « *connaissances utiles* » de la masse d'informations disponibles. C'est dans ce cadre que s'inscrit l'intelligence économique (IE) comme un domaine important, en forte croissance, où des avancées théoriques importantes ont été réalisées. Elle devient de plus en plus utile dès que l'entreprise possède un grand nombre d'informations stockées sous forme de bases de données. La présente recherche tentera de mettre en évidence la pertinence de l'utilisation de l'intelligence économique dans le processus de développement des connaissances.

Mots Clés : Intelligence économique, information, connaissances, innovation, savoir, économie de l'immatériel.

Abstract

The growing importance of innovation, the pervasiveness of information and communication technology, the primacy of a service economy has become in a few years a new key engine of growth: the intangible. Besides the concrete riches heat are manufacturing and physical capital, the immaterial economy, an abstract wealth is a new component of an economic world which has changed. It is based on new raw materials: the knowledge, skills, creativity, imagination and information technology. Knowledge economy is based on creativity, both individual and collective, where brain matters is a major determinant. These riches need more control of the relevant information to act in its business environment, the protection of heritage and know-how in order to derive a competitive advantage. The major challenge is firstl to extract useful knowledge from the amount of information available. It is in this context that the competitive intelligence becomes an important growing field, where important theoretical advances have been made. It becomes more useful when the company has a lot of information stored in the form of databases. So, this research aims at debating the merits of competitive intelligence into the developing knowledge process of the enterprise.

Key Words: Competitive intelligence, Information, Knowledge, Innovation, Know, immaterial economy.

Code JEL: C80, C81, D83, D81, O31, M21.

Introduction

Les technologies de l'information et de la communication (TIC) et l'avènement de l'Internet ont fait exploser le flux d'informations (Big data[14] ou Méga données). Le monde est devenu numérique et les avancées technologiques ont démultiplié les circuits d'accès aux données. Leur enrichissement, leur diffusion et leur réutilisation, peut-être générer des innovations. Mais, selon Jakobiack (1992) « *pour innover il faut savoir ce que font les autres* ».

Un processus d'innovation (Décrit d'après Rogers, 2003 : « *Innovation Decision Process* ») est l'ensemble des actions nécessaires pour transformer une nouvelle idée en une réalisation effective. Il s'agit d'un processus informationnel dans lequel les connaissances sont acquises, interprétées et exploitées. L'intelligence économique constitue un réservoir du processus

[14] L'expression Big data représente en elle-même un marché. Gilles Grapinet, directeur général adjoint d'Atos souligne que : « *avec le Big data, les données d'une organisation deviennent stratégiques, c'est la découverte d'une mine d'or gigantesque dont les ressources étaient jusque-là insoupçonnées* ».

d'innovation, dans le sens où ce dernier est nourri par les produits de l'IE : « *information et connaissance* ».

Sur le plan stratégique, la gestion de l'information et de la connaissance est un immense défi pour la création de valeur, le maintien et le développement d'un avantage compétitif soutenable. De ce fait, l'entreprise doit être à l'écoute de son environnement et se doter d'une lecture rationnelle des évènements liés à ses activités. Elle doit développer une certaine habilité en matière de maîtrise de l'information et ce, afin de la transformer en connaissances pour l'entreprise. Ces connaissances permettront « *les bonnes stratégies* » et anticiper les mutations.

Un autre élément devenu important ces dernières années : le temps. Cet élément temporel implique une notion de vitesse de circulation de l'information. Ce qui appelle à repenser la stratégie des entreprises, au-delà des difficultés posées par le traitement des grands volumes de données. Qui peut maitriser ou tente de maitriser l'information peut avoir une avance importante dans notre monde de concurrence. Il faut avoir également la capacité de comprendre très rapidement son environnement. Ce dernier est caractérisé par une forte évolution : tant sur le plan technologique que sur le plan réglementaire, une accélération des flux d'informations, une obligation d'anticipation, d'innovation, de prendre une décision rapide et de réactivité.

Dans ce contexte, la maîtrise de l'information stratégique et sa transformation en savoir et savoir-faire constituent un impératif majeur pour l'entreprise (Julien, 2003). Ce qui rend incontournable le fait, pour les entreprises et les états, de disposer d'un mécanisme de détection des tendances et enjeux de leur environnement (Jacob, 2000). L'information constitue la matière première indispensable à l'activité de notre siècle : l'intelligence des données (data intelligence) qui est à la base de l'intelligence économique.

La nécessité de comprendre les évolutions technologiques, sociétales, juridiques, financières ou concurrentielles et d'identifier des cibles potentielles, confère à l'IE une place centrale dans la stratégie des entreprises. En raison de son utilisation croissante, l'IE s'impose de plus en plus dans l'environnement de l'entreprise. Ce qui permet d'être à la fois réactif (s'adapter aux changements) et proactif (avoir une attitude anticipatrice) pour mieux comprendre la dynamique de l'environnement. En effet, l'utilisation des pratiques de l'IE permet de capitaliser les connaissances interne et externe de l'entreprise, et d'optimiser leurs processus d'innovation, de recherche et développement.

Le numérique a déferlé sur nos sociétés avec ; PC, tablette, Smartphone, Wifi, Bluetooth, 4G, cloud,... Ces technologies, atteignent aujourd'hui une certaine maturité. Les données sont accessibles à tous et le besoin de connaissance se fait sentir partout. Il faut renseigner, former, informer, en masse. Nous sommes entrés dans la société de la connaissance. L'essor des technologies connexes, comme l'avènement de l'Internet, des réseaux sociaux, des « *cloud computing* », (usines numériques), a accru les volumes disponibles de données (Data). Il faut ajouter à ce déferlement, le phénomène de « *l'open data* ». Ce flux de données continu et ouvert va opérer des transformations importantes qui toucheront tous les secteurs économiques. Autrement dit, les entreprises sont contraintes d'acquérir les informations « *pertinentes* » pour développer leurs stratégies à haute valeur ajoutée, et ce pour tenter maîtriser les changements incessants de notre environnement.

La création de valeur basée sur la connaissance est l'une des clés de réussite. Ce qui nécessite d'accroître les opportunités dont disposent les entreprises, et d'accorder une plus grande attention à la croissance durable et à l'innovation comme moteur de croissance. Cela apparaît comme une stratégie cruciale de l'Union Européenne, puisqu'en 2000 le conseil de l'UE de Lisbonne a adopté une stratégie visant à faire de l'Union Européenne « *l'économie de la connaissance la plus compétitive et une des plus dynamique du monde* ». En France, par exemple, et suite à cette stratégie, deux rapports sont parus en 2006 :

- Le rapport de la Cour des comptes sur la mise en œuvre de la finance LOLF, qui met en évidence l'importance des actifs immatériels ;
- Le rapport Lévy-Jouyet sur l'économie de l'immatériel.

Ces deux rapports ont conduit le gouvernement français à créer en 2007 « *l'Agence du Patrimoine Immatériel de l'État* » (A.P.I.E) pour recenser, gérer et valoriser ses actifs immatériels.

Notre travail s'inscrit dans une thématique reliée à la montée en puissance de l'économie de l'immatériel mobilisant les connaissances et les savoirs. Elle met en évidence l'importance de l'information, de la connaissance et le rôle de la veille dans le processus d'intelligence économique[15], afin de produire de nouveaux savoirs et créer de l'innovation. L'apport original de notre travail, se distingue à deux niveaux :

- Proposer une vision synthétique du processus d'IE pour mieux maîtriser l'information et créer des connaissances.
- Présenter un cheminement basé sur la construction du savoir à travers une dynamique axée sur le processus de l'IE.

Dans ce cadre, il est important de décrire le modèle hiérarchique « *Données, Information, Connaissance* » pour comprendre le passage de la base (données) à un niveau supérieur (connaissance). Ce modèle n'est pas nouveau, il a été proposé par S.T Eliot (1934) et souvent exploité dans la

---

[15] Commission européenne « *Livre vert sur l'innovation* » 1995 et le livre vert « *Quand les défis deviennent des chances : vers un cadre stratégique commun pour le financement de la recherche et de l'innovation dans l'UE* » 2011

littérature relative à la gestion des informations et des connaissances, mais nous en proposant une extension en intégrant de nouveaux concepts, comme le Big Data, le Data Scientist, etc. Le travail que nous proposons est le résultat de plusieurs études empiriques que nous avons menées entre 2005 et 2013 pour des Start-ups de la région Languedoc-Roussillon dans le cadre de transferts de technologie.[16]

1. L'information et l'intelligence économique

1.1. Données, information et connaissance

L'explosion d'une quantité phénoménale de données, le besoin de les analyser et de les visualiser, remet en avant le modèle hiérarchique bien connu : « *Données, Information et Connaissance* ». Il est relativement ancien[17], mais nous l'utiliserons comme point de départ de notre article. En effet, ce modèle hiérarchique met en évidence trois mots, qui, ensemble, peuvent qualifier la démarche d'Intelligence Economique. Non seulement il met « *l'Information au cœur* » de l'IE, mais il accentue le fait que pour accéder à la « *Connaissance* » les « *Données* » sont indispensables.

Pour Michael Porter l'Intelligence économique peut être donnée par une phrase très souvent cité : « *Donner la bonne information à la bonne personne au bon moment pour prendre la bonne décision* » qu'il s'agisse de connaissances des marchés, d'informations juridiques, technologiques, normatives ou autres.

L'information est un message d'un niveau de signification plus important. Elle est aussi un élément susceptible de traitements très divers à travers de multiples supports. Il s'agit d'une donnée brute que le sujet transforme ensuite en connaissance, par une opération cognitive ou intellectuelle. Tandis que, la connaissance est l'extension de l'information à laquelle on ajoute de la valeur, car elle repose sur l'intention. C'est un phénomène spécifiquement humain qui concerne la pensée dans ses cadres relationnels actifs et contextuels.

---

16 Des Start-ups comme : e-prospect, Autour.com, Spotter etc.

17 Il a été proposé par Eliot (1934) et repris par plusieurs chercheurs durant cette dernière décennie.

Figure 01 : Le modèle hiérarchique : Donnée, Information et Connaissance

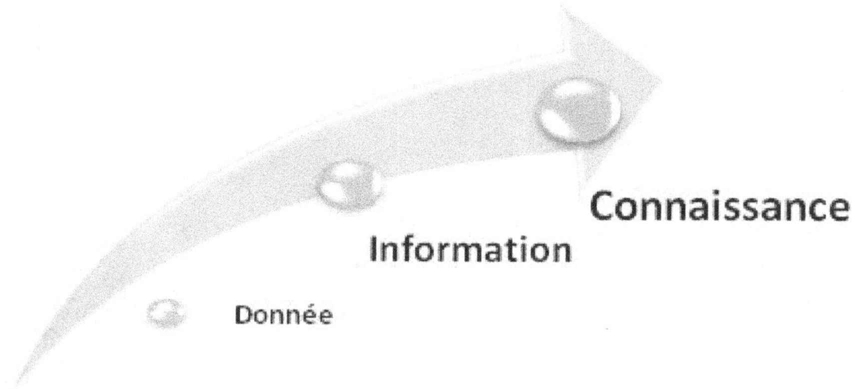

Source : J.L Monino, G. Lucato (2005)

Mais la question qui se pose c'est comment rendre l'information utile[18]? Selon Taylor, la valeur de l'information commence par une donnée qui acquiert de la valeur tout au long de son évolution pour atteindre l'objectif qui est la prise de décision. Elle est considérée comme un flux de données interprétées, alors que la connaissance est créée et organisée à partir de ce flux d'information. Cette exploitation donne encore plus de valeur à l'information.

L'information correspond à des données qui ont été consignées, classées, organisées, raccordées et interprétées dans le cadre d'une étude spécifique. Ce processus de traitement des données fournit l'information accessible dans la prise de décision. En général, on distingue plusieurs sortes d'informations comme le mentionne la figure suivante :

[18] Il faut distinguer entre : **Information blanche** : information aisément et licitement accessible (médias, manifestations commerciales). **Information grise** : information licitement accessible, mais caractérisée par des difficultés dans la connaissance de son existence ou de son accès (base de données, interviews d'experts, marchés extranationaux, etc.). **Information noire** : information à diffusion restreinte et dont l'accès ou l'usage est explicitement protégé ; elle nécessite de fait une autorisation (partenariats, syndications) pour être obtenue légalement.

Figure 02 : Les différentes natures de l'information

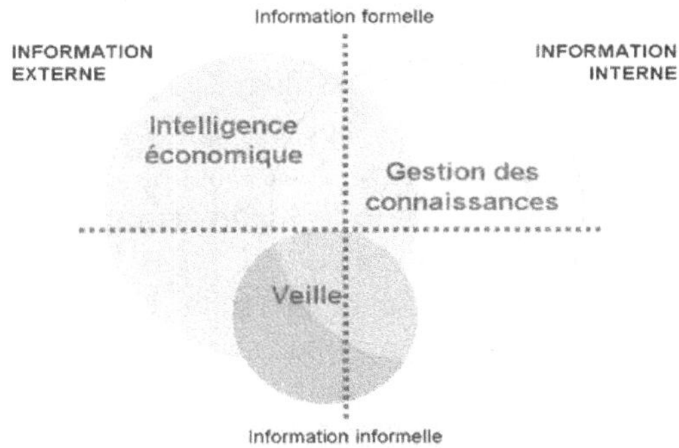

Source : J.L Monino, (2005)

1.2. L'intelligence économique : Historique et définition

L'intelligence économique n'est pas une pratique novatrice[19] née du développement de la technologie et de l'essor de la société de l'information. Chaque pays en fonction de son histoire, de sa situation géographique et de ses richesses, a conduit une démarche qu'il est possible de qualifier d'intelligence économique.

Mais cette notion d'IE trouve ses origines durant la deuxième guerre mondiale où les renseignements sur les mouvements de l'ennemi étaient primordiaux. Le commandement militaire a en effet compris que pour vaincre, il était nécessaire de connaitre toutes les composantes du champ de bataille. Au lendemain de la guerre, les USA sont les premiers a développé ce concept en raison de leur avance technologique, avec la création du War Room[20], à la fin des années 50 chez General Electric aux USA. Il s'agissait d'une intrusion de l'IE du domaine militaire à celui des affaires, ce qui veut dire que c'est au niveau des marchés que se déploie aujourd'hui la bataille concurrentielle. L'IE ou « *Competitive Intelligence* » s'est vraiment étendue et fait l'objet de divers débats. Luhn[21] est le premier à proposer un système automatique de collecte, de traitement, de stockage et de diffusion de l'information pour les organisations, qu'il nomme « *Business Intelligence System* ».

[19] De remarquables témoins de leur temps, tel Sun Tzu qui a énoncé déjà : « *Qui connaît son ennemi comme il se connaît, en cent combats ne sera point défait. Qui se connaît mais ne connaît pas l'ennemi sera victorieux une fois sur deux. Que dire de ceux qui ne se connaissent pas plus que leurs ennemis ?* ».
[20] War room, créer par J. Howard Westing de l'université du Wisconsin, est un lieu où des personnes, bénéficiant d'un soutien matériel et logiciel, se basent sur une méthodologie commune afin de définir puis de mettre en œuvre une stratégie.
[21] Chercheur informaticien chez IBM.

Le Japon fut l'un des premiers Etats à consacrer du temps et du budget à l'intelligence économique. Il déploie depuis très longtemps[22] une véritable stratégie qui consiste notamment à emprunter les connaissances et technologies disponibles à l'étranger. Les premières traces se retrouvent dans les années 1950 avec le développement d'un système d'IE entre le « *Ministry of International Trade and Industry* » et le « *Japan External Trade Organisation* ». Aujourd'hui, le Japon est en train de passer de l'imitation à l'innovation par l'intégration de l'IE dans le dispositif de R&D et dans la conquête de parts de marché à l'extérieur. Le système d'IE japonais a accordé une grande importance à l'information comme ressource stratégique.

Ce processus se retrouve en 1967 dans la définition de Harold Wilensky sous le nom d'intelligence organisationnelle dans son ouvrage : « *Organisational intelligence : knowledge and policy in government and industry* ». Il définit l'IE comme l'activité de production de connaissance servant le but économique et stratégique d'une organisation, recueilli et produit dans un contexte légal à partir de sources ouvertes. En 1980, l'IE s'est développé sous l'influence de Michael Porter, professeur à l'université du Harvard, avec son ouvrage « *Competitive Strategy* », dont il soutient, notamment, la nécessité d'un système de renseignement sur la concurrence et propose une grille d'analyse des signaux du marché où il indique un des principes de l'utilisation de l'information pour agir sur la concurrence. Ces premiers pas furent suivis par une série d'avancées théoriques sous l'impulsion de la Society of Competitive Intelligence Professionals (S.C.I.P) créé en 1986.

Cette association réunissait alors des universitaires, des praticiens et des consultants en IE. John E. Prescott en 1999, numéro un de la recherche en IE dans le monde académique, définit l'IE comme : *« le savoir dérivé de l'analyse et de l'interprétation de certaines informations économiques nécessaires à la prise de décisions d'organisation, stratégiques ou tactiques utiles à toutes les fonctions de l'entreprise »*. Il impliquait que cette nouvelle fonction soit dotée d'un système organisé de collecte, de production et de diffusion de l'intelligence aux unités opérationnelles de l'entreprise. Et depuis l'an 2000, de nouvelles définitions de l'IE ont émergé à travers un ensemble de fonctions comme gestion des connaissances, innovation, management stratégique de l'information…etc.

En France, de nombreuses personnalités politiques se sont intéressées à l'IE, Edith Cresson[23]est une des premières personnalités à prendre conscience de l'importance de ce concept, alors qu'elle était ministre du commerce. En

---

[22] « *Nous ne cesserons de rechercher l'information dans le monde entier pour enrichir l'empire* » (5ème serment de la constitution japonaise de 1868). Le Japon est sans conteste un des hauts lieux, sinon le berceau de l'intelligence économique.

[23] En 1998, elle a publié « *Innover ou subir* », un ouvrage où la commissaire européenne chargée de la Recherche et de la Technologie appelle la France à innover à tout prix et dans tous les domaines.

1979[24], elle a mis en place les groupes d'études et de mobilisation, pour faire émerger la réalité des entreprises, secteur par secteur, et développer des réseaux autour d'un ministère de l'Economie. Elle a participé en 1991 à la constitution du groupe de travail du Commissariat Général du Plan qui aboutira trois ans plus tard à la parution du rapport Martre.

L'Intelligence Economique a du mal à s'implanter en France. Neuf ans après le Rapport Martre, le gouvernement demande au député Bernard Carayon une nouvelle étude. Cinq ans après ce dernier rapport, on retrouve dans le livre blanc de la Défense, en 2008, une attention particulière pour l'intelligence économique dans le cadre de la protection de secteurs industriels fragiles dont les compétences révèlent un caractère sensible. Enfin, dans le rapport d'étapes du 5 janvier 2010, les états généraux de l'industrie soulignent la nécessité pour l'industrie française, de mieux connaître son environnement concurrentiel, ses marchés potentiels et les opportunités que peuvent offrir de nouvelles technologies. Ce dernier rapport insiste sur le soutien à l'export en passant par « *une meilleure adéquation des productions avec la demande mondiale par l'intelligence économique et une promotion soutenue du made in France* »[25].

Selon le rapport (Martre, 1994) l'intelligence économique peut être définie comme l'ensemble des actions coordonnées de recherche, de traitement et de distribution, en vue de l'exploitation de l'information utile aux acteurs économiques. Ces diverses actions sont menées légalement avec toutes les garanties de protection nécessaires à la préservation du patrimoine de l'entreprise, dans les meilleures conditions de délais et de coûts. L'information utile est celle dont ont besoin les différents niveaux de décision de l'entreprise ou de la collectivité, pour élaborer et mettre en œuvre de façon cohérente la stratégie et les tactiques nécessaires à l'atteinte des objectifs définis par l'entreprise dans le but d'améliorer sa position dans son environnement concurrentiel. Ces actions au sein de l'entreprise s'ordonnent autour d'un cycle ininterrompu, générateur d'une vision partagée des objectifs de l'entreprise.

La coordination de ces actions offre en particulier à l'entreprise une visibilité sur ses différentes relations avec son environnement par une observation permanente des comportements de leurs concurrents et des réalités des marchés. Le concept d'IE est aujourd'hui sorti de sa phase d'émergence, néanmoins il est encore nécessaire de produire un cadre référentiel s'appuyant sur une réflexion pluridisciplinaire (Favier, 1998).

---

[24] Par Créquy. P (2010), Mémo sur l'histoire de l'intelligence économique, Figaro Blog, disponible sur : http://blog.lefigaro.fr/crequy/2010/12/memo-sur-lhistoire-de-lintelligence-economique.html.

[25] Il y maintenant un guide de l'IE en France

2. L'innovation : Moteur de croissance

2.1. Innovation et économie de l'immatériel

L'innovation a fait l'objet d'une attention accrue de la part des théoriciens qui la considèrent comme un facteur déterminant de la réussite d'une entreprise sur son marché. L'innovation est un concept relativement ancien, formalisé pour la première fois par Schumpeter (1935). Ses travaux sont principalement connus pour la théorie du développement qu'il a conçue. C'est d'ailleurs dans ce cadre que l'auteur a présenté une véritable théorie de l'innovation. Schumpeter considère que les innovations sont conçues au cours des périodes de crise, avant d'alimenter elles-mêmes la croissance. Il définit l'innovation comme « *l'introduction réussie sur le marché d'un produit nouveau, d'un nouveau processus de fabrication ou encore d'une nouvelle forme organisationnelle de l'entreprise* ». Cette vision renvoie implicitement aux conséquences destructives/créatives des formes nouvelles de production ou d'organisation, à un niveau microéconomique, dont les effets peuvent être visibles sur le plan macroéconomique (croissance). En effet, pour lui, l'innovation devient le résultat de travaux de R&D routiniers réalisés dans de grands laboratoires de recherche industrielle. Il considère que ce sont des équipes disposant de compétences très pointues et réalisant une action très routinière, qui se trouvent à l'origine de l'innovation.

Les définitions de l'innovation varient en fonction du contexte dans lequel il est utilisé. Ainsi, Bayerre (1980) propose de considérer trois contextes dans lesquels le terme innovation est utilisé :

- Le processus global de création ;
- L'adoption d'une nouveauté par une société ;
- La nouveauté elle-même.

A chacune de ces approches convient une définition de l'innovation puisqu'elles se situent sur des plans différents. La première évoque la création de l'innovation, la seconde son utilisation et la dernière l'innovation en tant que résultat d'une maturation sans que l'on ne se préoccupe pas de sa mise en œuvre. L'innovation, dans ce sens, n'est plus l'exception, elle devient la règle et s'inscrit de façon permanente dans la vie des entreprises (Rothwell et Dodgson, 1994 et Cohen, 1995). C'est un processus interactif qui met en jeu de nombreux acteurs dans les entreprises et dans leur environnement.

Selon l'OCDE, « *le critère minimum pour qu'un changement apporté aux produits ou aux fonctions d'une firme soit considéré comme une innovation, est qu'il doit être « nouveau pour la firme » (ou entraîner une nette amélioration)* ». Cette notion englobe les produits, les procédés et les méthodes que les firmes sont les premières à mettre au point, et ceux qu'elles ont importés d'autres firmes ou organisations.

Avec l'apparition de la société d'information, à partir des années 80, on assiste au passage de l'économie matérielle à une économie immatérielle. La montée de l'immatériel a été directement liée aux progrès des connaissances scientifiques et techniques. Cette évolution réduit l'importance de la force physique et des matières premières, et conduit à des produits de plus en plus immatériels. Cette nouvelle économie, qualifiée de « *postindustrielle* », est fondée sur l'intelligence, les savoirs et l'innovation. Elle se concrétise, en grande partie, par le développement des services.

L'émergence de l'immatériel s'est traduite dans l'entreprise par le développement :

- Des activités de recherche par la pratique de l'innovation ;
- Des circuits d'information plus rapide et plus fiable ;
- Des compétences du personnel (une bonne formation et motivation de son personnel pour mieux servir le client).

Cette transformation progressive de la société organisée autour de la production, de la circulation et de l'échange de savoir, affecte tout à la fois les modes de production et de consommation, les sources de la croissance et de la compétitivité, les modes d'organisation et de management des entreprises, le processus de construction de compétences et d'acquisition de qualifications nouvelles pour le capital humain. Drucker (1993) a identifié les savoirs comme la base nouvelle de compétitivité dans la société post-capitaliste. Cela confirme que la connaissance est une ressource déterminante de l'entreprise. Il présente l'entreprise comme : un système dynamique, évolutif et quasi autonome de production et d'application de connaissance.

En 2006, Maurice Lévy et Jean-Pierre Jouyet, dans leur rapport sur la situation de la France face aux opportunités de l'économie de l'immatériel, qualifient l'immatériel comme un des facteurs clé de la croissance. Le texte publié par la Commission, balaye un vaste champ allant de l'analyse de l'évolution macroéconomique à la formulation de 68 propositions, à la fois concrètes et disparates. Une large place est accordée aux lacunes ou défaillances de l'action de l'État.

Le rapport s'articule en trois parties :

- la première s'appuie sur la connaissance pour doter la France d'un meilleur cadre, afin de faire émerger les talents que ce soit à l'école, à l'université, dans les centres de recherche, dans le domaine culturel et dans les entreprises ;
- la deuxième dénonce la régulation pour mettre en place des règles de fonctionnement des marchés ;

- la troisième énonce des propositions préconisant une triple stratégie de changement, de réflexes et d'échelle, en privilégiant la dimension européenne pour adapter l'économie française au nouveau modèle basé sur une économie de l'immatériel.

2.2. Economie de l'immatériel et économie immatérielle

L'économie traditionnelle a progressivement laissé la place à « *une économie des mots* » soutenue par un maillage de réseaux et de flux d'informations. Olivier Bomsel confirme dans sa thèse, que la guerre économique est aussi une guerre des mots[26]. Désormais, « *les mots, plus que les marchandises sont les clés de la richesse* ». La « *circulation mondiale de l'écriture* » grâce à Internet, est en train de bouleverser les règles de la concurrence.

La réflexion de l'auteur tient à la notion d'expérience, dans la nouvelle économie immatérielle. Il montre que les choses sont moins importantes que leur expérience consommée[27]. La dématérialisation de l'économie, selon l'auteur a une représentation croissante des marchandises, non plus sous forme d'objets, mais en termes d'utilité associée à une expérience.

Cette économie dématérialisée valorise particulièrement les biens signifiants (les marques, les symboles) tout en développant les marchés de recherche (transports, etc.) et d'expériences (vins, etc.), favorisant un consumérisme concurrentiel, compétitif, créant de nouvelles incitations, de nouveaux besoins et inévitablement de nouveaux risques. Les questions portant sur la valeur de la connaissance, de l'innovation, de la propriété intellectuelle, des droits d'auteurs, des brevets, le secret d'affaires, sont au cœur de cette institution de l'immatériel

Harbulot quant à lui, considère que les opérations de guerre de l'information se répartissent dans le domaine économique en 3 catégories :

- la tromperie, la désinformation, la manipulation, le discrédit ;
- la contre-information, l'identification des points faibles de l'adversaire, l'exploitation de ses contradictions, frapper ses talons d'Achille, utiliser l'information vérifiable.
- la résonance, créer des réseaux d'influence, animer des forums de discussion,...

---

[26] Quand on parle de la guerre des mots on peut également parler de la coloration de l'information. La guerre de l'information (en anglais "infowar") qui va de même avec la guerre économique, recouvre toutes les méthodes visant à infliger un dommage à un rival (ou conçurent) pour se garantir une supériorité par l'acquisition d'information (données ou connaissances), par la dégradation de celle de l'adversaire ou par la propagation de messages favorables à ses desseins stratégiques.

[27] O. Bomsel estime qu'une mutation profonde est en cours est porteuse d'innovations sociales, il s'interroge sur la façon dont l'Europe peut-il valoriser sa culture - son « *stock imaginaire* », dans la novlangue de l'économie immatérielle.

Les données collectées puis analysées sont transformées en information qui est destinées à la production de connaissance. « *La donnée* » est devenue un facteur d'avantage concurrentiel. Une véritable matière première de ce que l'on appelle « *la nouvelle économie* ». Cette démarche a été initiée au début des années 1990, elle marqua l'émergence du concept moderne de « *guerre de l'information* ». L'avantage informationnel dépend du facteur temps. Ainsi, le poids croissant des sources ouvertes implique une réflexion sur les développements opérationnels de l'intelligence économique.

2.3. La connaissance : facteur clé de l'innovation

Chaque connaissance s'inscrit dans un processus dans lequel d'autres connaissances sont déjà présentes. Elle tire son origine du cerveau des individus et se construit à partir de l'information, qui est transformée et enrichie par l'expérience personnelle. La connaissance occupe une place importante dans le processus d'innovation, les relations entre connaissance et innovation sont reconnues depuis longtemps, et quand on aborde ces relations, on constate que ces deux concepts sont liés.

L'innovation n'étant autre chose que la création et la mise en application de nouvelles connaissances pour les rendre productives (Drucker, 1993). Par conséquence, la tendance actuelle, dans la lignée des travaux évolutionnistes, est de considérer l'innovation comme un phénomène de création de connaissances et de compétences et donc d'apprentissage[28]. Cet apprentissage peut être favorisé par le développement des technologies de l'information et de la communication (TIC), qui sont des outils permettent aux entreprises de s'adapter plus rapidement. En même temps, elles peuvent représenter des contraintes forçant ces mêmes entreprises à évoluer encore plus rapidement.

Lundvall défend l'idée de l'existence d'une économie de la connaissance, et affirme que « *la connaissance est la ressource fondamentale au sein de notre économie contemporaine et l'apprentissage le processus le plus important* » (Lundvall et Johnson 1994). Cette approche par les connaissances impose aux entreprises de développer leurs compétences, pour apprendre plus facilement et plus rapidement, afin d'être capables de répondre aux changements rapides et complexes de leur environnement.

L'émergence d'un nouveau contexte économique qui prend la forme d'une économie de l'innovation fondée sur la connaissance, se traduit par un régime d'innovation intensive où le positionnement concurrentiel de l'entreprise est assuré fondamentalement par l'innovation (Baumol, 2004). Selon Pinte (2006), la richesse n'est plus que matérielle, elle est aussi fondée également sur l'immatériel et conduite par le savoir (Pinte, 2006).

En outre, la connaissance représente une source de compétitivité pour les

[28] L'apprentissage est l'acquisition de savoir-faire, c'est-à-dire le processus d'acquisition de pratiques, de connaissances, compétences, d'attitudes ou de valeurs culturelles, par l'observation, l'imitation, l'essai, la répétition et la présentation.

entreprises qui ont un besoin accru d'avoir accès à ces connaissances, et d'être capables de les mettre à profit pour leurs propres objectifs. Cela demande des investissements[29] qui proviennent elles-mêmes de la connaissance avec un double effet :

- Direct : élargir leur propre base de connaissance pour augmenter leur compétitivité ;
- Indirect : accroître leurs capacités à aller chercher dans les connaissances produites ailleurs les savoirs potentiellement utiles.

Dans ce contexte, l'entreprise doit faire appel à des connaissances externes qu'elle ne contrôle pas directement, et les articuler avec sa propre base de connaissance. Le travail d'Abramovitz et David (1996) illustre bien l'accroissement des investissements dans la connaissance. Drucker en 1968 fut l'un des premiers à déceler l'avènement de la société de l'information, retraçant cet engouement pour la connaissance. Il devient désormais le principal facteur de production. Amidon (2001), Nonaka et Takeuchi (1997), Leonard-Barton (1995), entre autres, proposent un cadre d'analyse approfondi des connaissances, mais aussi de leur dynamique, dans le processus d'innovation.

Foray (2000), considère que les économies fondées sur la connaissance se constituent à partir d'un double phénomène :

- Une tendance longue, relative à l'augmentation des ressources consacrées à la production et à la transmission des connaissances (éducation, formation, R&D, coordination économique) ;
- Un événement technologique majeur, avec l'avènement des nouvelles technologies de l'information et de la communication.

Ce n'est pas seulement la quantité de connaissances et leur vitesse de circulation qui évoluent et s'intensifient, mais également les modes de production et de circulation des connaissances qui changent. Mettant ainsi en avant le rôle des relations entre les entreprises dans la dynamique de création, d'exploitation et de diffusion des connaissances.

Les entreprises sont de plus en plus conscientes de l'importance des connaissances et des compétences des individus. Plus important encore est la façon de les « *gérer* », de les enrichir, d'en tirer profits (OCDE, 2005 ; Prax, 2003).

---

[29] Le nouveau mode de fonctionnement économique se caractérise par la baisse des coûts de codification, de transmission et d'acquisition des connaissances et une augmentation des externalités de connaissance.

3. L'intelligence économique et construction des savoirs

3.1. Le processus d'IE et le passage de l'information à la connaissance

L'entreprise intervient dans un environnement où l'information circule rapidement et en grande quantité. La recherche, le traitement et l'utilisation de l'information ont toujours été au cœur du développement de l'entreprise. L'ère de l'internet et les progrès de la révolution numérique, met l'entreprise devant une double contrainte : elle doit rechercher l'information et la diffuser. Elle représente au même temps un input et un output et forme ainsi un processus qui selon Lesca (1986) constitue « *le processus par lequel l'entreprise s'informe sur elle-même et sur son environnement, et par lequel elle informe son environnement au sujet d'elle-même* ».

L'information utile est celle dont ont besoin les différents niveaux de décision de l'entreprise pour mettre en œuvre de façon cohérente la stratégie nécessaire à l'atteinte des objectifs définis. Dans le but d'améliorer sa position dans son environnement concurrentiel. L'information décrit une réalité intermédiaire entre les données et les connaissances. Les données sont constituées par les faits, les observations, les éléments bruts. L'information correspond à des données qui ont été consignées, classées, organisées, raccordées et interprétées. Les connaissances appartiennent aux niveaux supérieurs et représentent une extension de l'information à laquelle on ajoute de la valeur.

L'exploitation des données collectées nécessite le tri, la vérification, le traitement, l'analyse et la synthèse. C'est par ce processus que les données brutes recueillies pendant la recherche, seront transformées en informations stratégiques. L'interprétation de l'information collectée par son traitement, son analyse et sa synthèse représente le levier du succès du processus d'intelligence économique. Dans ses recherches en 2008, Lesca aborde la problématique de l'interprétation des données pour les transformer en information stratégique, ou en connaissance. Les systèmes d'interprétation, cœur du processus d'IE, sont définis comme l'ensemble des « *systèmes d'attribution de sens* » aux informations que l'entreprise reçoit, manipule et préserve (Baumard & Benvenuti, 1998).

L'information collectée et exploitée permet à l'entreprise d'alimenter sa réactivité et d'amorcer les changements. Elle devient un enjeu stratégique et un pouvoir pour la partie qui la détient, mais elle doit être considérée comme un élément de performance dans l'entreprise. Elle représente un produit de valeurs générées par le partage et l'échange (Intelligence Collective). La diffusion et le partage de l'information permet aux décideurs d'avoir accès aux informations dont ils ont besoin. Ce qui peut conduire à l'émergence d'un système de coproduction au sein d'une entreprise.

Cela implique que dans le cycle de l'information, les données collectées soient optimisées pour que les besoins soient repérés instantanément et traitées dans les meilleurs délais, mettant en avant l'interaction entre une multitude d'acteurs (décideurs, analystes, conseillers, techniciens, etc.) dans le cadre d'une dynamique de groupe. Permettant la complémentarité des connaissances, pour une meilleure compréhension, et une meilleure analyse des situations, et de production des informations nécessaires à l'action. En effet, « *La qualité de la production de connaissances à vocation opérationnelle dépend des compétences d'interprétation et d'analyse du facteur humain en situation de résolution collective de problème* » (Bulinge 2006 ; 2007).

Le passage de l'information à la connaissance se trouve dans le résultat d'un processus collectif, centré sur la réussite commune de résolution de problème. Ce principe renvoie à la notion d'intelligence collective (Dupuis, 2004). La notion de connaissance fait appel à des processus collectifs, communautaires, appréhendés au niveau organisationnel et managérial, et en lien avec la stratégie de l'entreprise. Selon Moinet (2009), « *la connaissance est un processus cumulatif si on a la capacité de l'exploiter* ». De même, Fayard (2008) propose la notion de « communautés stratégiques de connaissances » orientées vers l'action. Ainsi, l'IE est une démarche inhérente à l'activité globale de l'entreprise.

Ce qui est important dans l'IE est qu'elle ne se réduit pas à l'accumulation et la recherche de l'information stratégique. Il s'agit de produire de la connaissance qui permet aux entreprises de se combattre et se défendre dans leur environnement concurrentiel.

En d'autres termes, il semble nécessaire de piloter les pratiques managériales et organisationnelles par l'IE, afin de développer une organisation apprenante, reposant sur la création et l'utilisation de connaissances. L'intelligence économique est alors plus que la simple maîtrise de l'information stratégique. Elle représente un processus qui contribue, à modifier les représentations que les acteurs de l'entreprise ont de leur environnement. Dans ce sens, la dimension stratégique et collective de l'IE réside dans le triptyque : l'appropriation, l'interprétation et l'action (Saïd, 2004 ; Moinet, 2009). En effet, l'IE va permettre d'anticiper de nouveaux leviers et opportunités de croissance pour l'entreprise, qui va s'en saisir en modifiant ses activités.

L'innovation est facilitée ici par une vision anticipatrice sur l'environnement de l'entreprise et une analyse des marges de manœuvres disponibles. Pour rendre l'entreprise plus innovante on doit adapter la stratégie grâce à la maîtrise des informations décisives. L'IE analyse l'information et permet d'anticiper des évolutions et de prendre des décisions en conformité.

Elle permet également à l'entreprise une perception de son environnement, l'identification des évolutions du marché et l'adaptation stratégique. C'est enfin, la sécurité de l'information, la protection des données, l'anticipation des risques, et donc le contrôle de son système d'information qui inclut, aujourd'hui, le rayonnement de celui-ci dans et au-delà de ses réseaux. Pratiquement, l'intelligence économique participe à tous les stades du processus d'innovation.

3.2. Gérer l'entrepôt de données pour extraire la connaissance et le savoir

La « *vague d'informatisation* » qui a déferlé sur nos sociétés atteint aujourd'hui une forme de maturité, en se retournant vers ce flux on ne peut qu'être saisi par l'étendue des transformations qui auront touché tous les secteurs de l'information, de la création et du savoir. Cette vague si massive s'est développée très rapidement et a apporté de nouveaux usages. Les TIC ont participé à cette évolution par l'accumulation de grand volume d'information et de donnée (Big Data) à partir duquel la connaissance est générée. Les enjeux du Big Data sont liés aux : volume des données, à leurs variétés, à leur vitesse de traitement et à leurs valeurs. Il existe essentiellement trois types de défis autour du Big data :

- Le stockage et la gestion des données massives, de l'ordre de la centaine de téraoctets ou du pétaoctet, qui dépassent les limites courantes des bases de données relationnelles classiques du point de vue du stockage et de la gestion des données.
- La gestion des données non-structurées (qui constituent souvent l'essentiel des données dans les scénarios Big data), c'est-à-dire comment organiser du texte, des vidéos, des images, etc…
- L'analyse de ces données massives, à la fois pour le reporting et la modélisation prédictive avancée, mais également pour le déploiement.

Dans ce contexte, le processus d'intelligence économique avec ses différentes étapes, est conditionné par une fluidité de la circulation des flux d'informations, une culture de travail en groupe, de partage d'informations et d'échange de connaissances.

Mais, la question qui se pose c'est *comment extraire la connaissance et le savoir à partir des grands volumes d'information qui est au cœur de l'IE ?* La réponse à cette question nécessite encore plus de maîtriser l'information utile permettant d'agir dans l'environnement économique, d'assurer la protection du patrimoine et du savoir-faire, afin d'en tirer un avantage concurrentiel.

Selon Mark Breyer, co-auteur de l'étude « *Information Management in the 21st Century* » de Gartner, « *d'ici 2015, les organisations qui auront construit un système moderne de gestion de l'information surpasseront financièrement leurs concurrents de 20 %* ». Le traitement de ces masses de données jouera un rôle primordial dans la société de demain, car il permettra des applications dans des domaines aussi variés que les sciences, le marketing, les services client, le développement durable, les transports, la santé, ou encore l'éducation.

Le monde est devenu numérique et les avancées technologiques ont démultiplié les circuits d'accès aux données, leur traitement leur diffusion. Actuellement, chaque individu crée, consomme, utilise de l'information numérique. Des milliards de mails sont envoyés à travers le monde et des milliards de contenus sont partagés sur Facebook. Ce qui donne de nouvelles propriétés aux données, puisqu'elles sont métas tagués de façon disparate, produites en temps réel, arrivent en flots continus et proviennent de plusieurs sources.

Au niveau des entreprises, cette masse de données est difficile à gérer, et l'interprétation de ce large volume constitue principalement un défi, du fait que l'information peut être à la base d'une connaissance nouvelle. A titre d'exemple, l'accès aux données permet d'enrichir les analyses quantitatives. On peut analyser les contacts clients avec le call center (E-prospect) en explorant le contenu des emails, des appels vocaux, et mixer ces informations avec la navigation sur le site internet, ou encore, l'étude des messages échangés sur les réseaux sociaux (facebook, twitter, linkedin,...) pour identifier les nouveautés intéressantes ou savoir de quels produits parle-t-on le plus ? ...

Récemment, nous avons assisté à l'émergence d'un intérêt certain pour le développement de nouvelles techniques analytiques destinées à traiter des questions du data mining et texte mining30. Le data mining est un procédé de production de connaissance, car il permet de décrire et de comprendre les données pour mieux modéliser le phénomène. Il offre une variété de techniques avancées de traitement de données qui peuvent être avantageusement appliquées à des fins décisionnelles.

L'intelligence économique est sensée assurer une information exploitable et utile. Dans la mesure où cette information est textuelle (notes, lettres, rapports techniques, articles scientifiques, brevets, etc.), l'intérêt que le text mining peut représenter pour l'intelligence économique vis-à-vis du simple data mining est alors évident.

En raison de son utilisation croissante, le champ de l'IE s'impose de plus en plus comme un domaine important, en forte croissance où des avancées théoriques importantes ont été réalisées. Elle devient de plus en plus utile dès qu'on est face à un grand nombre d'informations stockées sous forme de bases de données. L'information en tant que ressource cruciale de l'innovation permet la veille concurrentielle qui représente le résultat de l'utilisation intelligente des technologies de l'information et de la communication.

Les TIC apportent des contraintes auxquelles les entreprises doivent s'adapter, un flot d'informations continu, une circulation beaucoup plus rapide

---

[30] Par exemple, Arbres de Décision (Classification), Modèles d'Arbres de Classification et de Régression, Modèles CHAID, MARSplines (Multivariate Adaptive Regression Splines).

de l'information, des techniques de plus en plus complexes. Le risque est d'être submergé par cette information, de ne plus pouvoir distinguer l'essentiel du négligeable. En fait, avec l'avènement de la nouvelle économie dominée par le marché, la problématique industrielle de l'entreprise s'est complexifiée.

Dans cette perspective, l'intelligence économique ne se réduit pas à la gestion des flux d'informations, mais s'intéresse fondamentalement à son interprétation, à son utilisation pour créer de la connaissance. Le phénomène du Big data rend la maitrise et gestion de l'information, qui peut conduire à l'extraction des connaissances, plus difficile. Par contre, les pratiques de l'IE facilitent aux entreprises la mesure, la gestion et l'augmentation de la valeur de l'information. Elle oriente l'action du processus décisionnel pour obtenir les meilleurs résultats par le partage transversal et global des connaissances.

Ce qui nous oblige à repenser les concepts de valeur de l'information dans un monde en mouvement vers l'interopérabilité numérique, le partage et la collaboration. La transparence, la participation et la collaboration sont les principaux enjeux de l'intégration des différents acteurs économiques dans le paradigme d'Open data. Aujourd'hui, avec la puissance de l'analyse et le calcul des données massives, il est possible de rendre l'information numérique ouverte et partageable pour tous, ce que l'on appelle « *Open data* ». L'Open data ou l'ouverture des données à partir de sources à la fois publiques et privées, ajoute une nouvelle dimension aux analyses des entrepôts de données, et représente une nouvelle opportunité d'innovation.

En effet, les innovations générées par cette ouverture peuvent être issues de croisements des données. Par exemple, les données concernant les parkings pour camping-cars dans le département des Bouches-du-Rhône[31] ont pu être croisées avec les données touristiques pour faciliter les voyages des camping-caristes. Ou encore, à Rennes, il a été possible de construire une application permettant de faciliter les déplacements des personnes à mobilité réduite[32] dont le fonctionnement a été repris pour la ville de Montpellier.

L'ouverture des données rejoint le terme d'Open knowledge (par l'Open Knowledge Foundation) qui le définit comme étant une connaissance. C'est-à-dire une œuvre : notamment musicale, cinématographique, ou des données telles qu'un article scientifique, une donnée géographique, gouvernementale ou administrative (Wikipédia). Le terme ouvert est défini comme la liberté d'utiliser, de réutiliser, de redistribuer librement l'œuvre originale.

4. L'innovation et démarche d'IE : Discussion et modèle élaboré

---

[31] http://opendata.regionpaca.fr/donnees/detail/parkings-camping-cars-des-bouchesdu-rhone.html

[32] http://www.handimap.org/

Les trois éléments ci-dessous constituent l'essentiel d'un capital immatériel d'une entreprise :

- La maîtrise et la préservation de l'information ;
- La connaissance ;
- Les compétences,

« *L'information utile* » à l'environnement de l'entreprise est devenue une nécessité pour aider à la prise de décision, elle doit être « *maîtrisée* » pour être source de valeur ajoutée. Elle doit être considérée comme le support des connaissances, et représente la matière centrale de l'IE. Elle permet également de procurer des éléments de connaissances pour orienter le décideur dans sa prise de décision. Elle remplit la fonction de production de l'information à partir des données, ensuite elle favorise un processus capable de générer de nouvelles connaissances contribuant au développement des compétences.

« *La connaissance* » représente une acquisition de l'information qui se traduit par le facteur humain et qui nécessite un travail d'analyse et de synthèse pour assimiler, intégrer, critiquer et admettre de nouvelles connaissances. Elle repose évidemment sur l'implication et l'interaction de l'entreprise avec son environnement. Mais dans le monde professionnel, il est nécessaire d'associer deux concepts : « *connaissance et compétence* ». Le facteur humain doit faire savoir son savoir-faire. C'est-à-dire la façon dont il doit transmettre, diffuser et partager son savoir, pour développer ces connaissances et générer des idées innovantes. Le savoir de chacun et la manière de le transmettre est très important pour maximiser l'utilité de ces connaissances pour l'entreprise. On constater que les entreprises ont un besoin, plus ou moins exprimé, d'être accompagnées pour construire leur trajectoire de développement à partir de démarches d'IE, qui conduit à une boucle de construction continue des connaissances et du savoir.

En résumé, on a pu mettre en évidence le rôle de l'IE dans le processus de création et d'extraction de connaissances innovantes à travers le cheminement ci-dessous :

- La conduite des stratégies industrielles repose largement sur la capacité des entreprises à accéder aux informations stratégiques pour mieux anticiper les marchés à venir et les stratégies des concurrents ;
- Les TIC apportent des contraintes auxquelles les entreprises doivent s'adapter, un flot de données continu, une circulation beaucoup plus rapide de l'information, des techniques de plus en plus complexes ;
- Le risque encouru est d'être submergé par ces données, de ne plus pouvoir distinguer l'essentiel du négligeable ;

- Avec la révolution numérique, les données prennent par ailleurs une place centrale dans l'économie. La valeur d'une donnée augmente au cours du temps et dépend des multiples utilisations qui en sont faites. Elle ne se résume pas à la valeur ajoutée issue de sa première utilisation. Sa valeur peut aussi se déprécier au cours du temps et dépend grandement de la fiabilité de l'information, parfois difficile à évaluer ;
- Pour lever le défi de cette masse de données ou Big data, des mesures devraient être prises incluant tous les outils permettant le traitement des données de façon plus restrictive, ainsi que tous les acteurs qui analysent ces données. Cela, n'est possible que par une prise de conscience des gains offerts par la valorisation des données. La formation des « data Scientist » est plus que nécessaire pour pouvoir identifier les démarches utiles d'ouverture ou d'exploitation interne des données et quantifier les bénéfices en termes d'innovation et de compétitivité, par ce que le Big data n'est qu'un élément d'un nouvel ensemble d'outils et de techniques appelé data science[33]. Dans ce cadre, les entreprises doivent disposer d'une capacité d'absorption de l'ensemble des données disponibles, leurs permettant d'assimiler et de reproduire les connaissances. Cette capacité suppose l'existence de compétences spécifiques permettant l'utilisation de ces savoirs.

Le data Scientist[34]a pour mission d'extraire de la connaissance à partir des données de l'entreprise. Il sera appelé à exercer des fonctions stratégiques au sein des entreprises. Pour cela, il doit maîtriser les outils nécessaires. Il doit aussi bien faire preuve de plus de pédagogie et accroitre encore sa maîtrise du Data Mining, car le volume de données exige l'augmentation de panel de techniques à maîtriser.

Le décideur exprime son besoin en informations, il détermine l'orientation ou les besoins décisionnels (définition du problème décisionnel) et le veilleur traduit ce problème par la recherche d'information. Par contre, l'analyste ou le Scientist (qui peut être aussi le veilleur ou le décideur) fait appel aux différentes techniques disponibles pour interpréter l'ensemble des informations par rapport au contexte décisionnel.

---

[33] La data science permet d'effectuer une analyse fine de l'information qui permettrait d'être plus efficace dans les processus (conception, marketing, relation client), d'identifier les données disponibles et de distinguer les données utiles.

[34] La data science permet d'effectuer une analyse fine de l'information qui permettrait d'être plus efficace dans les processus (conception, marketing, relation client), d'identifier les données disponibles et de distinguer les données utiles.

Les données des bases organisées, réorganisées, traitées par les méthodes statistiques, notamment économétriques, deviennent des connaissances. Le processus de l'IE est considéré ici comme un support de la découverte de connaissances dans les bases de données (KDD ou Knowledge Discovery in Databases).

L'IE ne se limite pas à la fonction de veille, mais inclut également la capacité d'agir pour maîtriser l'information. Elle permet également d'apporter une solution dans de la protection du patrimoine immatériel de l'entreprise, notamment les connaissances stratégiques détenues par l'entreprise. Pour cela, nous considérons (voir le schéma) que la création de nouvelles connaissances se situe au croisement de l'IE et des interactions qui se produisent entre les différents acteurs de l'entreprises (décideurs, analystes...), et entre l'entreprise elle-même et son environnement. La connaissance est créée à partir des informations que les différents acteurs de l'entreprise ont à leur disposition, mais également à partir des interactions qu'ils ont les uns avec les autres au sein de l'entreprise et avec leur environnement (intelligence collective). Ce qui nécessite de définir qui fait quoi et comment ?

L'ensemble des champs qui complètent l'intelligence économique, comme, la gestion des connaissances, la protection des informations, le lobbying, peuvent être regroupés dans le concept global d'intelligence stratégique. Un des modèles hiérarchiques les plus connu est celui décrit par T.S. Eliot, The Rock, Faber & Faber (1934). Ce modèle hiérarchique, repose sur une succession de phases décrites précédemment pour atteindre la phase finale, la sagesse.

Pour rendre l'entreprise plus innovante on doit adapter la stratégie grâce à la maîtrise des informations décisives. L'intelligence économique stratégique est un mode de gouvernance dont l'objet est la maîtrise et la protection de l'information stratégique et pertinente pour tout acteur économique.

L'objectif de notre article est de montrer la place de l'IE comme une nouvelle voie pour une lecture plus pertinente de la relation entre l'entreprise et son environnement. Dès lors, ce modèle (présenté sous forme hiérarchique) montre comment cette pratique permet l'acquisition des informations stratégiques, la production et la communication en temps réel des connaissances et des savoirs vers les niveaux décisionnels supérieurs « *top management* ». Le modèle proposé permet de mieux expliquer le rôle de la veille et de l'IE dans la valorisation de l'information et la création de connaissances.

La participation des différents acteurs et les différentes pratiques de l'IE, allant de la veille à la prise de décision, constituent un ensemble de facteur très important dans le processus d'innovation. On suggère que lorsque ces différents mécanismes interagissent dans un système ouvert, la valeur économique et sociale est générée. Cette interaction peut être stimulée par la collaboration qui facilite le partage, non seulement des données, mais aussi des informations et de la connaissance. Dans ce cadre, l'innovation peut se produire lorsque la valeur est étendue aux participants dans le processus d'innovation. Ce qui veut dire qu'il faut tout un ensemble de mécanismes pour générer cette connaissance. Nous pensons que les catalyseurs clés résident dans le processus de l'IE, la procédure d'analyse des données ainsi que l'inter connectivité entre les différents acteurs.

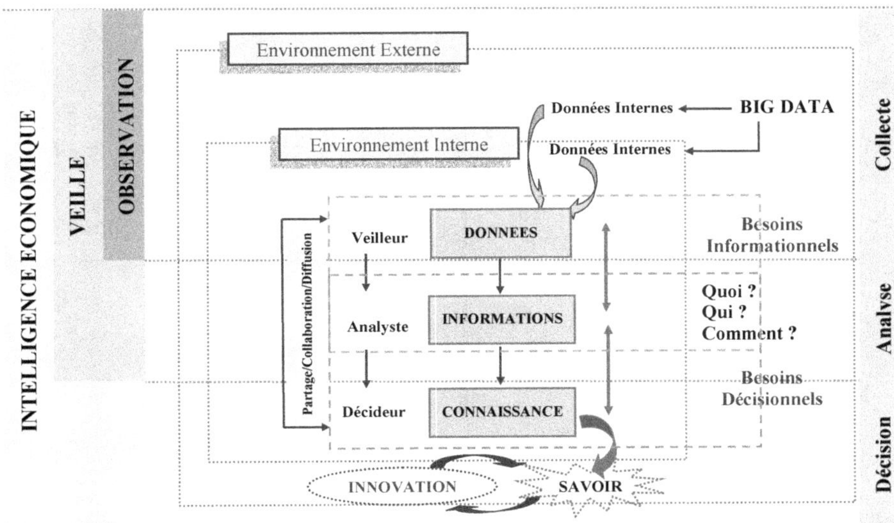

5. Conclusion

L'information est de nos jours disponible rapidement et à la portée de tous. Elle devient un patrimoine économique et représente un produit de valeurs générées par le partage et l'échange. L'information est au cœur de l'Intelligence économique et sa gestion stratégique est devenue l'un des moteurs essentiels de la performance globale des entreprises. Nous considérons que la stratégie soutenue par l'IE représente une pratique qui ne se limite pas à définir des idées, mais surtout à les concrétiser pour assurer une meilleure production de connaissances qui génèrent des innovations. Le processus de l'IE qui permet la collecte, le traitement et l'interprétation de l'information, structure ainsi la création de la connaissance dans l'entreprise, tout en favorisant une culture de partage d'informations et du savoir-faire. L'IE produit une « *InfoAction* », permettant une proactivité et une interactivité (Bulinge). Ce principe d'usage dynamique de l'information s'opère au sein d'une structure cohérente et repose sur un phénomène d'intelligence collective.

Notre travail ambitionne la conceptualisation d'un modèle de veille et d'intelligence économique, analysant le déclenchement d'un processus de production de connaissances. Nous pourrions situer l'importance au préalable de l'intelligence économique comme capacité collaborative, d'adaptation collective et de dynamique constructive. Elle est sans doute un maillon manquant dans la réflexion sur le management de l'information et de la veille. L'apport en informations est supposé permettre de générer des connaissances utiles à la prise de décision, dans le cadre des différentes activités propres au développement des activités de l'entreprise. Notre étude demeure une contribution théorique, elle constitue ainsi une piste à des travaux de recherches plus approfondis en la matière.

2019

Bibliographie

- Abramovitz M., David P. (1996)., « Technological Change and the Rise of Intangible Investments: The US Economy's Growth-path in the Twentieth Century Employment and Growth », in the Knowledge-based Economy, Paris: OCDE.
- Achard P., (2005) « La dimension humaine de l'intelligence économique », Editeur(s): Hermes - Lavoisier, 1ere Edition, Mai, 2005, p256.
- Agre P.E., (1997), « Surveillance et saisie : Deux modèles de l'information personnelle », pp. 243-266, in CONEIN Bernard, THEVENOT Laurent (ed), Cognition et information en société, EHESS (Raisons pratiques 8), p251.
- Amabile T.M., (2002), « Motiver la créativité dans les organisations : faites ce que vous aimez et aimez ce que vous faites », in Créativité Organisationnelle, Regards sur l'Individu, l'Entreprise et l'Economie, GETZ Isaac, Collection Entreprendre, Vital Roux, Éditions Vuibert, Paris, pp.11-31.
- Andrieux M.A., (2011), « Economie de l'immatériel : quels enjeux de compétitivité et de croissance durable ? », à paraître revue SFAF Analyse Financière.
- Andrieux M.A., (2010) Economie de l'innovation et de l'immatériel : vers quelle gouvernance ?, La Lettre de l'AFGE n°25, octobre 2010.
- Ballay J.F., Capitaliser et transmettre les savoir-faire dans l'entreprise, Eyrolles, 1997.
- Baumard P., (1999) : « La guerre du savoir a commencé », L'expansion Management Review, Mars, pp. 60-69.
- Baumar P. &Benvenuti J.A, (1998), « compétitivité et Systems d'information, de l'outil d'analyse au management stratégique, InterEditions, Paris.
- Baumard P., &Harbulot C., (1997), « Perspective historique de l'intelligence économique », Revue d'intelligence économique, n°1, Mars 1997, pp.50-64.
- Bayerre P.Y. (1980), Typologie des innovations, Revue française de gestion, janvier/Février, pp. 9-15.
- Bulinge F. (2006). Le cycle du renseignement : analyse critique d'un modèle empirique. Revue internationale des sciences sociales Marketing & Communication, 3 (3).
- Bulinge F. (2007). Un modèle d'analyse collective en situation : la war-room. Marketing &Communication, 7 (4), 50-69.
- Carayon B. (2003), Rapport « Intelligence Economique, Compétitivité et Cohésion Sociale » au Premier Ministre Jean Raffarin, Paris : La documentation française, pp. 170-178.

- Cohen W., (1995), « Empirical studies of innovation activity. Handbook of Innovation and Technological Change», ed. par STONEMAN P., Oxford: Blackwell, pp.182-264.
- Drucker P.F. (1993), « Au-delà du capitalisme : La métamorphose de cette fin de siècle », Dunod, Paris.
- Drucker P. F. (1993), « Postcapitalist Society », New York: HerperCollins Publishers.
- Drucker P. F. (1999), « Knowledge-worker productivity: the biggest challenge », California Management Review, Vol. 41 No. 2, pp. 79-94.
- Dupuis A. (2004)., « Gouvernance, ajustement mutuel, communautés humaines et intelligence collective », Cahier de recherche du CERGO.
- Favier L., (1998), recherche et application d'une méthodologie d'analyse de l'information pour l'intelligence économique application à un centre technique du secteur de la plasturgie. Thèse de doctorat de l'université Lumière Lyon II, France.
- Fayard P., &Bernat J. (2008) « Voyage dans l'archipel de la connaissance communautaire. Dans J. Bernat, L'intelligence économique : co-construction et émergence d'une discipline via un réseau humain », Paris: Hermès Sciences Lavoisier, pp. 193-217.
- Foray D., (2000), « L'économie de la connaissance », Paris, La Découverte, p124.
- Harbulot C. (1992), « la Machine de guerre économique, Etats-Unis, Japon, Europe », Paris : Economica, p 163.
- Jacob R. &Turcot S. (2000), « La PME apprennante, information, connaissance, interaction, intelligence », Rapport de veille présenté à Développement Economique Canada.
- Juillet A. (2008), « Les 10 commandements de l'intelligence économique », http://www.intelligence-economique.gouv.fr
- Julien P. A., Vaghely I. & Carrier C. (2003), « PME et contrôle de l'information : le rôle du troisième homme », Colloque d'Agadir.
- Lesca H. (2008), « Gouvernance d'une organisation : prévoir ou anticiper ? », La Revue des sciences de gestion Direction et Gestion, pp.11-17.
- Lesca H., (1986), « Système d'information pour le management stratégique de l'entreprise », Paris, McGraw-Hill, p146.
- Lévy M &Jouyet J.P (2006), « L'économie de l'immatériel La croissance de demain, Rapport de la commission sur l'économie de l'immatériel », Paris, mars 2006.
- Martre H. (1994), « Intelligence économique et stratégie des entreprises », Paris : La documentation française.
- Moinet, N., (2009), « Mythes et réalités de l'intelligence économique. Analyse d'une dynamique à la recherche de ses concepts opératoires & perspectives de recherche en communication », Mémoire d'Habilitation à Diriger des Recherches.

- Monino. J.L, (2013), « L'information au cœur de l'intelligence économique stratégique », L'intelligence économique : entreprises et territoires. N°18, Editionl'Harmattan, Paris, Juin 2013.
- Monino. J.L &Sedkaoui. S., (2013), « Les TIC un outil indispensable pour une démarche d'intelligence économique », L'intelligence économique : entreprises et territoires. N°18, Editionl'Harmattan, Paris, Juin 2013.
- Monino. J.L ET Lucato. G, (2006), « Manager l'information : comment faire aujourd'hui ? », les matins de la cité, La CCI de Montpellier.
- Nonaka I., Umemoto K., &Senoo D. (1996), « From information processing to knowledge creation: a paradigm shift in business management », Technology in Society, 18 (2), pp.203-218.
- Pinte, J.P (2006), La veille informationnelle en éducation pour répondre au défi de la société de la connaissance au XXIème siècle : Application à la conception d'une plateforme de veille et de partage de connaissance en éducation, http://hal.archives-ouvertes.fr/tel-00143990/
- Rothwell R. and Dodgson, M., (1994), « Innovation and Size of Firm », in The Handbook of Industrial Innovation, Editors M. Dodgson and R. Rothwell, Aldershot Hants: Edward Elgar, pp310-324.
- Saïd, A. (2004), « Rôle de l'intelligence économique dans la stratégie de l'entreprise », Thèse de Doctorat, Mention Sciences de Gestion.
- Taylor; Information and productivity: on defining information output (1), In Social Science Information Studies, Vol: 2, n° 3, Jul 1982, p: 131-138.
- Verna G., &Drust N., (1998), « Intelligence économique : de la gesticulation à la déception », Document de travail n°98, Faculté des Sciences de l'Administration, Université Laval, Québec.
- Wernerfelt B., (1984), « A resource-based view of the firm », Strategic Management Journal, vol.5, n°1, pp.171-180.
- Winter S., (1987), « Knowledge and competence as strategic assets », in D. Teece, The competitive: strategies for industrial innovation and renewal, Harper and Row, New York, pp.159-184.

Analyse statistique des reports des reports de vote entre les deux tours de l'élection présidentielle de 2017[35]

Benoît MULKAY

Résumé

Dans cet article, une méthode alternative d'estimation des reports de vote entre les deux tours de l'élection présidentielle 2017. Contrairement à la méthode traditionnelle basée sur des sondages à la sortie des urnes, cette méthode est basée sur une analyse statistique des résultats dans 68 260 bureaux de vote.

On estime une matrice de report de vote, incluant l'abstention et le vote blanc et nul entre les deux tours de l'élection présidentielles de 2017. Les résultats présentés confirment qu'une grande partie de l'électorat des candidats éliminés au premier tour, a voté Macron au second tour, sauf pour Dupont-Aignan. Les reports vers Macron sont d'autant plus importants que la commune est dans une grande aire urbaine, ou qu'elle a une richesse importante. On peut noter que les consignes de vote de Mélenchon et de Hamon ont été largement suivies par leurs électeurs, alors que 10 % de l'électorat de Fillon s'est reporté vers Le Pen. D'autre part, l'alliance entre Le Pen et Dupont-Aignan a eu pour résultats qu'un peu plus de la moitié de ses électeurs (53 %) ont suivi cette consigne de vote.

Cette contribution montre qu'une analyse statistique de sciences politiques sur la base de données très nombreuses récoltées à un niveau très fin dans les collectivités territoriales.

L'élection présidentielle en France est organisée selon un scrutin uninominal majoritaire à deux tours. En 2017, il y avait 11 candidats au premier tour, le 23 avril 2017. Seuls les deux candidats ayant récoltés le plus de vote sont qualifiés pour le deuxième tour qui a eu lieu le 7 mai 2017. Les analystes politiques s'intéressent beaucoup au comportement de report de vote d'un candidat vers un autre entre les deux tours de l'élection. Notamment on peut étudier si les consignes de vote données par les candidats éliminés sont respectées par l'électeur et dans quelle proportion. La plupart des études publiées dans la presse, sont basées sur des sondages (IFOP-FIDUCIAL[36],

[35] Je remercie Julien Malizard pour sa lecture attentive d'une première version de cette contribution. De même, cette analyse provient de nombreuses discussions avec Amaury Barra qui ont inspirés ce travail.

[36] IFOP-Fiducial : « Le profil des électeurs et les clefs du second tour de l'élection présidentielle », 7 mai 2017, web : www.ifop.com/publication/le-profil-des-electeurs-et-les-clefs-du-second-tour-de-lelection-presidentielle/

BVA[37], IPSOS-Sopra-Steria[38] ou OpinionWay[39]). Ceux-ci sont effectués le soir du second tour, par enquêtes sur Internet (*Computer Assisted Web Interview*) par différents instituts avec des échantillons d'une taille allant de 2 000 à 8 000 électeurs. De plus, ils concernent l'ensemble du territoire. Ainsi on ne peut pas étudier le comportement de report de vote par régions ou par catégories de communes du fait de la faible taille des échantillons.

Dans cet article, nous proposons d'utiliser une méthode alternative pour estimer le report de vote entre les deux tours de l'élection présidentielle basée sur une analyse statistique. Etant organisée au niveau national, on peut disposer des résultats par bureau de vote ou par communes. Cette information est mise à disposition par le Ministère de l'Intérieur[40] qui organise les élections. Cela donne un échantillon de presque 70 000 bureaux de vote et permet ainsi une estimation statistique très précise de la matrice de report de vote entre les deux tours de l'élection. On pourra ici considérer si les reports de vote sont différents selon la région, le type, la taille ou encore la richesse de la commune. Cependant les reports estimés doivent être considérés comme des comportements moyens des électeurs d'un bureau, et non des comportements individuels. En effet, ils n'indiquent pas des comportements individuels, tels qu'ils sont déclarés dans les enquêtes des instituts de sondage, mais ils montrent les comportements moyens des électeurs au sein des bureaux de vote.

On peut également s'intéresser au comportement d'abstention ou le vote « *Blanc ou Nul* » qui représente deux alternatives supplémentaires pour les électeurs au-delà des candidats qui se présentent. Ainsi on peut estimer la part des électeurs de chaque candidat éliminé au premier tour qui se sont tournés vers l'abstention ou le vote « *blanc ou nul* ». De même, on peut calculer la part des abstentionnistes du premier tour qui sont allés voter au deuxième tour.

Dans un premier temps, on présentera la méthodologie statistique utilisée. Elle sera tout d'abord appliquée à l'estimation des reports de vote pour la France entière. On effectuera ensuite une distinction selon le type de commune

---

[37] BVA : « Présidentielle 2017 – 2nd tour : Décrypter le vote des Français », 7 mai 2017, web : www.bva-group.com/sondages/presidentielle-2017-2nd-tour-decrypter-le-vote-des-francais/

[38] IPSOS-Sopra-Steria : « 2nd tour – Sociologie des électorats et profil des abstentionnistes », 7 mai 2017, web : www.ipsos.com/fr-fr/2nd-tour-presidentielle-2017-sociologie-des-electorats-et-profil-des-abstentionnistes.

[39] OpinionWay : « Sondage jour du vote Second tour de l'élection présidentielle 2017 », mai 2017, web :opinionlab.opinion-way.com/dokumenty/OpinionWay-SondageJourduVote-Tour2Presidentielle20177Mai2017.pdf

[40] Site web gouvernemental : www.data.gouv.fr

classée en aires urbaines ou en zone rurale. Enfin, on s'intéressera aux différences provenant de la richesse des communes.

I.-. La méthodologie statistique

L'étude porte sur les bureaux de vote de la métropole et des départements d'outre-mer. Le niveau « *bureau de vote* » a été choisi parce que nous avons davantage d'observations, mais aussi qu'ils sont plus homogènes que les communes en termes de taille : aucun bureau de vote ne dépasse 5 000 inscrits, ce qui est très différents de l'amplitude de taille des communes par exemple). Nous n'avons pas retenu les bureaux de vote des Français de l'étranger, ni des collectivités d'outre-mer. De même, quelques communes ou quelques bureaux de vote[41] ont été éliminées du fait de données aberrantes entre les deux tours. Finalement l'échantillon est composé de 68 260 observations (bureaux de vote) répartis dans 35 375 communes, ce qui représente 96,2% des électeurs inscrits pour cette élection[42].

Le modèle de report de vote est le suivant : soit X_i le vecteur des votes au premier tour incluant les abstentions et les votes « Blancs ou Nuls »[43] (BNL) dans un bureau de vote i, et Y_i le vecteur des votes au deuxième tour dans ce bureau de vote. X_i est de dimension 13 x 1 (abstention, Blanc ou Nul, et les 11 candidats[44]), alors que Y_i est de dimension 4 x 1 : Abstention, Blanc ou Nul, Macron et Le Pen. La matrice de passage B entre les votes du premier et du deuxième tour est de dimension 4 x 13 et respecte l'équation :

$$Y_i = BX_i + E_i, \quad i = 1,2,\dots,N = 68\,260.$$

avec E_i : un vecteur 4 x 1 d'erreurs, non corrélés avec les votes du premier tour X_i. La matrice B est composée de paramètres $\beta_{k,l}$ $(k = 1,2,\dots,4 \text{ et } l = 1,2,\dots,13)$ à estimer qui indiquent la part du vote du candidat l qui se reporte sur le candidat k au second tour. Par définition, ces parts sont bornées entre 0 et 1 : $0 \leq \beta_{k,l} \leq 1$ pour tout k et l. Une transformation logistique est utilisée

---

[41] Par exemple, les bureaux où le vote a été annulé par le Conseil Constitutionnel du fait d'une irrégularité. Dans ceux-ci, tous les votes sont considérés comme nuls, et aucun des candidats n'a de voix.

[42] La perte principale provient de l'absence des Français de l'étranger et des Collectivités d'Outre-Mer qui ne sont pas retenues dans cette étude.

[43] Ceux-ci ont été agrégés du fait de la difficulté à faire une différence entre ces deux types de comportement, et que les effectifs sont relativement faibles.

[44] Les 11 candidats sont pris dans l'ordre de leur score au premier tour : Macron, Le Pen, Fillon, Mélenchon, Hamon, Dupont-Aignan, Lassalle, Poutou, Asselineau, Arthaud, Cheminade.

pour estimer des paramètres non-contraints $\gamma_{k,l}$ sur l'intervalle $[-\infty,+\infty]$ qui sont reliés aux $\beta_{k,l}$ par la relation :

$$\beta_{k,l} = \frac{1}{1+\exp(-\gamma_{k,l})}$$

Ainsi une estimation de $\gamma_{k,l}$ inférieure à –10 indique que quasiment aucun électeur d'un candidat du premier tour ne s'est reporté sur le candidat au second tour $(\beta_{k,l} \cong 0)$. Inversement un paramètre $\gamma_{k,l}$ supérieur –10 indique que quasiment tous les électeurs du candidat l reportent leur vote sur le candidat k au second tour $(\beta_{k,l} \cong 1)$.

De plus, il faut que la somme de chaque colonne de la matrice B soit égale à 1, parce que tous les électeurs du candidat l au premier tour doivent être aloués dans un vote au second tour, y compris l'abstention ou le vote « *blanc ou nul* ». En conséquence dans notre modèle, on aura 13 paramètres contraints :

$$\beta_{k,1} + \beta_{k,2} + \beta_{k,3} + \beta_{k,4} = 1, \quad \text{pour tout } k = 1,2,\ldots,13.$$

Ce qui implique pour tout $k = 1,2,\ldots,13$:

$$\frac{1}{1+\exp(-\gamma_{k,4})} = 1 - \frac{1}{1+\exp(-\gamma_{k,1})} - \frac{1}{1+\exp(-\gamma_{k,2})} - \frac{1}{1+\exp(-\gamma_{k,3})}.$$

Ce modèle est non-linéaire dans les paramètres. Il comporte alors $39\ (= 4 \times 3 - 13)$ paramètres à estimer. On utilise la procédure d'estimation NLSUR[45] de Stata qui effectue une estimation par moindres carrés quasi-généralisés non-linéaires d'un système d'équation apparemment indépendante parce que les 4 équations de report de vote sont reliées par les corrélations sur leurs termes d'erreur. De plus, comme le total des choix pour les différentes modalités du second tour est égale aux électeurs inscrits, une des 4 équation est redondante parce qu'elle peut être retrouvée à partir des 3 autres. Les estimations convergent en quelques itérations[46]. Afin de tenir compte de l'importance de chaque bureau de vote, les observations ont été

[45] Nonlinear Seemingly Unrelated Regression Equation. Voir l'article initial de Arnold Zellner (1962): "An efficient method of estimating seemingly unrelated regressions and tests for aggregation bias", Journal of the American Statistical Association Vol. 57, p. 348–368.

[46] L'estimation sur l'ensemble de l'échantillon prend une vingtaine de minutes pour une douzaine d'itérations sur un ordinateur avec un processeur I7 tournant à 4.2 Ghz, avec 16 Go de mémoire.

pondérées par le nombre d'inscrits dans le bureau de vote. Le graphique 1 donne l'histogramme des électeurs inscrits dans les bureaux de vote. La distribution est très clairement bimodale du fait qu'au-delà d'un certain seuil d'électeurs dans un bureau de vote, celui-ci est dédoublé.

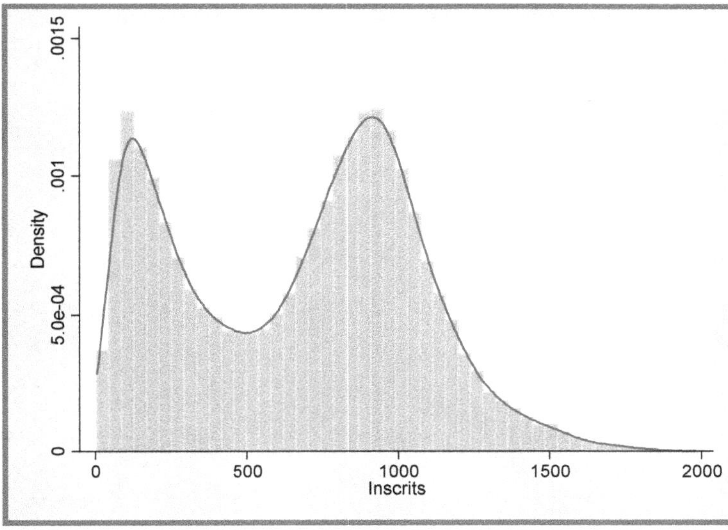

Graphique 1 : Nombre d'électeurs par bureaux de vote.

II.-. Estimation générale pour la France

Les résultats sont indiqués dans le tableau 1 pour l'ensemble des 68 260 bureaux de vote que l'on considère comme la France entière. Par soucis de clarté, la matrice estimée de report de vote $\hat{B}$ est présentée de manière transposée.

Les résultats se lisent de la manière suivante : pour une ligne correspondant à un des candidats du premier tour, on aura les proportions des électeurs de ce candidat qui se reportent sur les 4 modalités du deuxième tour. Par exemple, pour le candidat « Fillon », il y a en moyenne 14,8% de ses électeurs qui en moyenne se sont abstenus au deuxième tour, 12,5% qui ont voté « Blancs ou Nuls », 10,0% qui ont voté Le Pen et 62,6% qui ont voté pour Macron au second tour. Dans le tableau, les paramètres surlignés correspondent aux paramètres contraints qui sont calculés à partir des 3 autres paramètres de la ligne.

Le modèle très simple (parce qu'il ne fait intervenir que les résultats des candidats au premier tour) est assez bon du fait que les régressions ont des coefficients de détermination supérieurs à 96%, sauf pour le vote « *Blanc ou Nul* » qui a un R^2 de 76%. Les reports de vote estimés sont très précis : tous les écarts-type estimés sont tous inférieurs au millième, soit 0.1%.

	2ème tour			
1er tour	**ABSTENTION**	**BLANCS /NULS**	**MACRON**	**LE PEN**
ABSTENTION	0.844	0.000	0.093	0.062
BLANCS / NULS	0.000	0.685	0.026	0.290
MACRON	0.000	0.000	1.000	0.000
LE PEN	0.000	0.000	0.000	1.000
FILLON	0.148	0.125	0.626	0.100
MELENCHON	0.265	0.166	0.570	0.000
HAMON	0.000	0.000	1.000	0.000
DUPONT-AIGNAN	0.005	0.466	0.000	0.529
LASSALLE	0.000	0.602	0.070	0.328
POUTOU	0.000	0.710	0.157	0.134
ASSELINEAU	0.569	0.000	0.431	0.000
ARTHAUD	0.000	0.000	0.000	1.000
CHEMINADE	0.000	0.498	0.249	0.253
R^2	0.970	0.759	0.977	0.963
s	18.319	14.506	29.580	19.562

68 260 bureaux de vote, 45 771 789 inscrits.
Estimation NLSUR pondérée par le nombre d'inscrits dans le bureau de vote

Tableau 1 : Estimation des reports de vote – France entière

Environ un abstentionniste du premier tour sur 6 s'est déplacé pour voter au second tour. Sur ces nouveaux votants, environ 60% ont choisi Macron au second tour, contre environ 40% pour Le Pen. 31.6% des électeurs qui avaient voté « *Blancs ou Nuls* » au premier tour, se sont reportés sur un des deux candidats au second tour avec seulement 2,6% pour Macron et 29,0% pour le Pen !

En moyenne, tous les électeurs de Macron ou de Le Pen au premier tour ont confirmé leur choix au second tour. De même Macron bénéficie de tous les électeurs de Hamon, ce qui correspond à la consigne de vote donné par ce dernier au soir de son élimination au premier tour. Cependant, de manière surprenante, Le Pen bénéficie de l'entièreté de l'électorat de Arthaud au premier tour. Il faut mentionner que les reports de vote des « *petits* » candidats du premier tour (Poutou, Asselineau, Arthaud et Cheminade) ne sont pas bien pris en compte par le modèle qui privilégie les grands effectifs de votants.

L'électorat de Fillon et de Mélenchon s'est largement reporté sur Macron au second tour, mais dans une proportion légèrement moindre pour ce dernier : 57,0% au lieu de 62,6% pour Fillon. Alors que leur électorat s'est reporté quasiment dans la même proportion vers le vote « *Blanc ou Nul* » (12,5% et 16,6%) avec davantage de vote « *Blanc ou Nul* » dans l'électorat de Mélenchon. La différence s'est faite dans l'abstention : l'électorat de Mélenchon s'y est davantage réfugié (26,5%) que l'électorat de Fillon (14,8%). On peut noter que, suivant les consignes de vote de Mélenchon, aucun de ses électeurs ne s'est reporté sur Le Pen, contrairement à 10,0% de l'électorat de Fillon.

Entre les deux tours, Dupont-Aignan a fait alliance avec Le Pen. Un peu plus de la moitié de ses électeurs (52,9%) ont suivi cette consigne de vote. L'autre partie de ses électeurs ont voté « Blanc ou Nul » (46,6%), alors qu'à peine 0,5% se sont abstenus, et aucun n'a voté en moyenne pour Macron. Les autres reports de vote concernant les 5 candidats ayant obtenu le moins de voix sont très volatiles : ils concernent de petits effectifs d'électeurs. Notons seulement que 32,8% des électeurs de Lassalle et 25,3% des électeurs de Cheminade ont voté Le Pen au deuxième tour. Comme on l'a mentionné ci-dessus, on estime que tous les électeurs de Arthaud se sont reportés sur Le Pen au second tour, mais seulement 15,4% des électeurs de Poutou. Macron reçoit le vote 43,1% des électeurs d'Asselineau, de 24,9% des électeurs de Cheminade et de 15,7% des électeurs de Poutou. Mais la plupart des électeurs de ces candidats (hormis Arthaud) se sont soit abstenus, soit ont voté « Blancs ou Nuls ».

On a effectué une comparaison avec l'enquête de l'Institut BVA[47]. Celle-ci a été réalisée par sondage sur Internet au soir du vote du deuxième tour auprès de 2 877 inscrits. Du fait de l'échantillon relativement réduit, les résultats des reports de vote pour les « petits » candidats ne sont pas publiés. Néanmoins cette étude nous semble la plus complète, même si elle omet les reports de vote provenant des abstentionnistes et des électeurs qui ont voté Blanc ou Nul au premier tour. Le Tableau 2 donne la comparaison pour les principaux candidats des reports de vote. L'enquête de BVA qui donne le comportement des abstentionnistes et des électeurs avec un vote Blanc ou Nul a été retravaillée pour donner des informations comparables à celles des estimations ci-dessus.

---

[47] BVA : « Présidentielle 2017 – 2nd tour : Décrypter le vote des Français », 7 mai 2017, web : www.bva-group.com/sondages/presidentielle-2017-2nd-tour-decrypter-le-vote-des-francais/

Enquête BVA

1er tour	2ème tour			
	Abstention	Blanc / Nul	Macron	Le Pen
Macron	5%	1%	93%	1%
Le Pen	9%	2%	3%	86%
Fillon	26%	12%	45%	17%
Mélenchon	33%	14%	44%	9%
Hamon	18%	7%	71%	3%
Dupont-Aignan	21%	12%	29%	38%

Estimation NLSUR

1er tour	2ème tour			
	Abstention	Blanc / Nul	Macron	Le Pen
Macron	0%	0%	100%	0%
Le Pen	0%	0%	0%	100%
Fillon	15%	13%	63%	10%
Mélenchon	26%	17%	57%	0%
Hamon	0%	0%	100%	0%
Dupont-Aignan	1%	47%	0%	53%

Tableau 2 : Comparaison de l'estimation NLSUR avec l'enquête de BVA

Dans l'enquête BVA, on n'a en revanche aucune information sur le comportement au second tour des abstentionnistes et des électeurs avec un vote Blanc ou Nul au premier tour. Cependant on a proposé aux électeurs d'un candidat du premier tour, ces modalités de choix lors du second tour. On remarque que les votes sont plus dispersés au second tour dans l'enquête BVA, que dans nos estimations. Par exemple, l'enquête indique que 93% des électeurs de Macron confirme leur choix au second tour. Mais seulement 86% des électeurs de Le Pen continuent à voter pour elle au second tour. Nos estimations montrent en revanche que la totalité des électeurs de ces deux candidats se reportent sur le même candidat au second tour.

On obtient aussi dans l'estimation des reports de vote plus important pour Macron : 63% au lieu de 45% dans l'enquête pour l'électorat de Fillon, 57% contre 44% pour l'électorat de Mélenchon, et 100% contre 71% pour l'électorat de Hamon. Cela au détriment de l'abstention et du vote Le Pen qui sont plus importants dans l'enquête BVA. En revanche, l'enquête donne un report de vote de 29% de l'électorat de Dupont-Aignan vers Macron, alors qu'on l'estime nul ; et un report de 38% vers Le Pen, alors qu'il est de 53% dans l'estimation.

En général les résultats des estimations sont plus tranchés que ceux de l'enquête BVA. Néanmoins, cette dernière n'assure pas une cohérence entre les résultats agrégés des deux tours, ce qui est une des caractéristiques de notre estimation. En effet, par construction de la méthode d'estimation, si on applique la matrice de report de vote aux résultats du premier tour, on obtient les résultats du second tour, ce qui n'est pas le cas dans l'enquête BVA, même si on impute les transferts de vote des autres candidats.

III.-. Estimation par catégorie de communes

Cette analyse concerne l'ensemble des communes de France (excepté les collectivités d'outre-mer ou les Français de l'étranger). Avec la grande taille de l'échantillon, on peut étudier les reports de vote selon quelques stratifications des communes. On a prolongé l'analyse en considérant une première stratification en utilisant le découpage territorial en zones urbaine effectués en 2010 par l'INSEE[48]. En effet, beaucoup d'observateurs de l'élection présidentielle de 2017 ont soulignés la différence entre les villes et les zones rurales où les habitants ont l'impression d'être moins bien considérés. On a réparti les observations sur les bureaux de vote selon 4 catégories de communes : les villes centres (grands pôles urbains - GPU), la banlieue (ou espace péri-urbain et communes multipolarisées - EPU), les communes isolées (ISO) ; et les pôles ruraux (PRU) comportant les autres communes. On donne ci-dessous les caractéristiques de ces 4 sous-échantillons :

AIRES URBAINES 2010		Communes		Bureaux de Vote		Inscrits	
		Nombre	Pourcent	Nombre	Pourcent	Nombre	Pourcent
GAU	Grandes aires urbaines	3 231	9.1%	26 580	38.9%	25 224 349	55.1%
EPU	Espace péri-urbain	15 698	44.4%	20 899	30.6%	11 942 170	26.1%
PRU	Pôle ruraux	9 347	26.4%	12 716	18.6%	6 234 820	13.6%
ISO	Communes isolées	7 096	20.1%	8 065	11.8%	2 370 450	5.2%

Tableau 3 : Répartition en aires urbaines

Plus de la moitié de la population considérée ici vit dans une grande aire urbaine, alors qu'un quart de la population se trouve dans un espace périurbain. Le dernier quart se réparti dans des pôles ruraux et des communes isolées qui représentent quasiment la moitié des communes et 30% des bureaux de vote. Les résultats électoraux dans ces 4 catégories de communes sont donnés dans le tableau 4.

Macron, et dans une moindre mesure Mélenchon et Hamon, ont un électorat plus urbain que les autres candidats, ce qui est confirmé pour Macron au second tour où il obtient 10 points de plus dans les grandes aires urbaines, par rapport aux autres catégories de communes. En contrepartie, Le Pen a davantage d'électeurs dans les communes rurales ou isolées. Fillon a un profil électoral moins marqué avec une proportion d'électeurs moins importantes dans les grandes aires urbaines, mais plus fortes dans les communes isolées, alors qu'il a un déficit d'électeurs dans l'espace péri-urbain. On note aussi que le profil des abstentionnistes est identique pour les deux tours, même s'il est légèrement plus élevé au second tour qu'au premier. Le vote Blanc et Nul

[48] Voir par exemple : Chantal Brutel : « Le nouveau zonage en aires urbaines de 2010 », INSEE Première N°1374, 18 octobre 2011.

augmente très fortement au second tour, d'autant plus que la commune est rurale ou isolée. Cela peut provenir de la disparition des « *petits* » candidats au second tour, alors qu'ils avaient davantage d'électeurs dans ces communes.

1er tour					
	GAU	EPU	PRU	ISO	TOTAL
Abstentions	22.9%	17.4%	20.1%	19.6%	20.9%
Blanc ou Nul	2.4%	2.6%	2.9%	3.0%	2.6%
MACRON	25.6%	22.1%	21.4%	20.8%	23.8%
LE PEN	18.2%	25.8%	24.9%	23.8%	21.5%
FILLON	20.1%	18.9%	20.1%	21.5%	19.8%
MELENCHON	21.4%	17.8%	17.8%	17.5%	19.7%
HAMON	7.1%	5.5%	5.7%	5.4%	6.3%
DUPONT-AIGNAN	4.1%	5.8%	5.3%	5.3%	4.8%
AUTRES CANDIDATS	3.6%	4.2%	4.9%	5.7%	4.1%

2ème tour					
	GAU	EPU	PRU	ISO	TOTAL
Abstentions	26.7%	20.9%	22.8%	22.0%	24.4%
Blanc ou Nul	10.8%	12.3%	12.7%	13.5%	11.6%
MACRON	70.7%	59.6%	60.3%	60.7%	65.7%
LE PEN	29.3%	40.4%	39.7%	39.3%	34.3%

68 260 bureaux de vote de la France Métropolitaine et des Départements d'Outre-Mer.
45 771 789 inscrits.
Les pourcentages pour les candidats se rapportent au nombre de votes exprimés.

Tableau 4 : Vote par catégorie de communes

Les reports de vote dans ces 4 catégories de communes sont donnés en détail dans l'Annexe 1. On se concentre ici uniquement sur les reports de vote de Fillon et de Mélenchon entre le premier et le second tour de l'élection présidentielle de 2017. Les autres reports de vote étant très proche de ceux de la France entière, ou trop instables du fait des faibles effectifs des électeurs de certains candidats.

Les reports de vote de Fillon vers Macron s'améliorent fortement lorsque la commune appartient à une Aire Urbaine quelle que soit sa taille, par rapport à une commune isolée. Même dans l'espace péri-urbain ou dans les pôles ruraux, environ 64 % des électeurs de Fillon se reportent vers Macron au deuxième tour. Il n'y a une chute des reports de voix que dans les communes isolées. Dans les zones rurales (pôles ruraux ou communes isolées, le report vers Le Pen augmente légèrement, de même que les reports vers le vote Blanc et Nul. Les abstentions ou les votes blancs et nuls représentent partout de 20% à 30,7% des votes pour Fillon.

Les écarts entre catégories de communes sont plus importants pour les électeurs de Mélenchon au premier tour. En effet, si 61,6% de ses électeurs se reportent vers Macron dans les Grandes Aires Urbaines, ce pourcentage tombe à 38,8% dans les pôles ruraux et 40,2% dans les communes isolées, soit une différence de plus de 20 points. Dans les pôles ruraux, on estime à 16,5% les électeurs de Mélenchon qui votent Le Pen au deuxième tour. Ils sont 8,6% dans les communes isolées, mais aucun électeur de Mélenchon ne se reportent sur Le Pen au deuxième tour dans les Grandes Aires Urbaines, et à peine 2,6% dans l'espace péri-urbain. En revanche il y a une forte poussée des abstentionnistes au second tour dans l'électorat de Mélenchon, sauf dans les pôles ruraux, où il y a beaucoup plus de vote Blanc ou Nul.

		ABST.	B / N	MACRON	LE PEN
FILLON	GAU	15.5%	11.3%	64.0%	9.2%
	EPU	12.1%	13.4%	63.7%	10.8%
	PRU	0.0%	20.0%	64.2%	15.8%
	ISO	15.7%	15.0%	56.8%	12.5%

		ABST.	B / N	MACRON	LE PEN
MELENCHON	GAU	27.6%	10.8%	61.6%	0.0%
	EPU	21.8%	26.9%	48.7%	2.6%
	PRU	0.0%	44.7%	38.8%	16.5%
	ISO	19.0%	32.2%	40.2%	8.6%

Tableau 5 : Reports des votes de Fillon et de Mélenchon par catégorie de communes

Comme mentionné par de nombreux commentateurs, le vote pour Macron semble ainsi beaucoup plus important dans les Grandes Aires Urbaines, mais aussi les reports de vote des deux autres grands candidats (Fillon et Mélenchon). A l'inverse le report de vote vers Le Pen est légèrement plus important en zone rurale, mais ces reports sont amoindris par un recours plus important soit à l'abstention, soit au vote blanc ou nul.

IV.-. Estimation selon la richesse des communes

Enfin nous avons distingué les communes selon leur richesse en se basant sur le revenu net moyen par foyer fiscal de la commune en 2011[49]. Celui-ci est défini comme le revenu net déclaré en moyenne par foyer fiscal. Ce revenu net moyen est attribué à tous les bureaux de vote de la commune[50] parce qu'on ne peut pas disposer de cette information au niveau des découpages infra-communaux des bureaux de vote. La moyenne est de 24 352 €, alors que la médiane est de 22 788 € indiquant une asymétrie vers la droite de la distribution de ces revenus.

Sur cette base, on distingue les communes pauvres avec un revenu net moyen inférieur à 20 000 € (ce qui correspond environ au premier quartile : 19 963 € ; les communes riches où ce revenu net moyen est supérieur à 27 000 € (ce qui correspond environ au troisième quartile : 26 975 €) ; et les communes moyennes entre ces deux bornes qui concernent en moyenne la moitié des bureaux de vote. Le Tableau 6 donne la répartition des communes, des bureaux de vote et des inscrits pour ces 3 classes de communes.

Revenu net moyen	Communes		Bureaux de Vote		Inscrits	
	Nombre	Pourcent	Nombre	Pourcent	Nombre	Pourcent
Inférieur à 22 000 €	7 128	21.7%	17 028	25.3%	9 355 340	20.5%
22 000 € à 27 000 €	16 679	50.7%	33 538	49.8%	22 927 440	50.1%
Supérieur à 27 000 €	9 073	27.6%	16 744	24.9%	13 441 903	29.4%

Tableau 6 : Répartition par revenu net moyen

Des commentateurs ont souligné les différences dans les votes entre les communes pauvres et les communes riches. Le Tableau 7 présente les résultats obtenus par les différents candidats au premier et au second tour dans nos données.

[49] Les données proviennent de la source FiLoSoFi 2011 (Dispositif sur les revenus fiscaux et sociaux localisés) de l'INSEE sur la base d'informations provenant de la Direction Générales des Finances Publiques.

[50] Le revenu net moyen ne peut être calculé dans 930 communes de l'échantillon du fait du secret statistique qui empêche de communiquer le revenu net déclaré dans les très petites communes. Les bureaux de vote de ces communes ont été exclus de l'analyse.

Revenu net moyen	Inférieur à 22 000 €	De 22 000 € à 27 000 €	Supérieur à 27 000 €	TOTAL
Premier tour				
Abstentions	27.0%	20.7%	17.1%	20.9%
Blanc et Nul	3.3%	2.6%	2.1%	2.6%
MACRON	20.2%	22.9%	27.4%	23.8%
LE PEN	25.7%	22.7%	16.9%	21.5%
FILLON	16.2%	18.5%	24.2%	19.8%
MELENCHON	22.3%	20.4%	17.0%	19.7%
HAMON	6.2%	6.4%	6.4%	6.3%
DUPONT-AIGNAN	4.4%	4.9%	4.8%	4.8%
AUTRES CANDIDATS	5.0%	4.2%	3.3%	4.1%
Second tour				
Abstentions	28.8%	24.3%	21.4%	24.4%
Blanc et Nul	12.3%	11.8%	10.8%	11.6%
MACRON	59.7%	64.1%	72.1%	65.7%
LE PEN	40.3%	35.9%	27.9%	34.2%

67 310 bureaux de vote de la France Métropolitaine et des Départements d'Outre-Mer.
45 724 683 inscrits.
Les pourcentages pour les candidats se rapportent au nombre de vote exprimés.

Tableau 7 : Vote selon le revenu net moyen de la commune

Ces résultats confirment que les électeurs de Macron et Fillon sont davantage présents dans les communes « *riches* » alors qu'en contrepartie les électorats de Le Pen et de Mélenchon se retrouve plus dans les communes « *pauvres* ». En conséquence, Macron obtient un score supérieur de 12,4 % dans les communes « riches » par rapport aux communes « *pauvres* », et inversement pour Le Pen. Les votes pour Hamon et pour Dupont-Aignan sont en revanche plus homogènes entre les types de communes. Les abstentionnistes et les votes blancs et nuls sont aussi plus nombreux dans les communes « pauvres », même si l'écart se réduit au deuxième tour.

Afin de confirmer l'effet du revenu net moyen de la commune sr les résultats électoraux, on a effectué une régression[51] du score obtenu par chaque candidat, sur une fonction quadratique du revenu net moyen, en tenant compte de nombreuses variables de contrôle : structure par âge et par sexe de la

[51] Cette régression est effectuée par moindres carrés ordinaires sur les 37 710 communes de l'échantillon. Il n'y a aucun gain a effectué un modèle à équation apparemment indépendantes (SURE) du fait que les variables explicatives sont identiques dans toutes les équations.

population, catégories socio-professionnelles, niveau d'éducation, type de famille, type de logement, proportion d'étrangers et d'immigrés, taille de la commune et taille de l'aire urbaine,...). L'effet du revenu net moyen est indiqué dans le graphique 2 où celui-ci est par construction nul au niveau de la médiane de ce revenu net moyen. Celui-ci est considéré entre le premier décile des observations (environ 17 000 €) et le neuvième décile (environ 33 000 €).

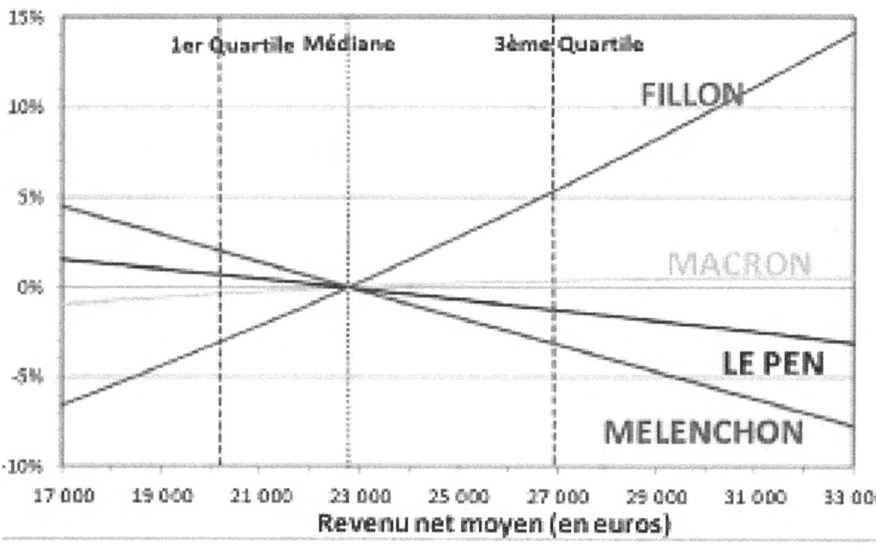

Graphique 2 : Effet du Revenu net moyen sur le vote du premier tour

Les effets quadratiques, bien que significatifs, sont très peu marqués dans ces courbes où il semble davantage y avoir des effets linéaires du revenu net moyen sur le score de chaque « grand » candidat. L'effet est le plus important pour Fillon qui perd 3,3% au niveau du premier quartile, alors qu'il en gagne 5,4% au niveau du troisième quartile. Au neuvième décile, Fillon gagne même 14,1 % des voix. Le vote Macron est très stable quelle que soit le revenu net moyen de la commune, avec seulement une perte de 0,4 % au premier quartile, contre un gain de 0,4 % au troisième quartile. En revanche l'effet du revenu net moyen est négatif pour le vote Le Pen et encore plus pour le vote Mélenchon. Au premier quartile, Le Pen et Mélenchon aurait respectivement un gain de 0,8% et de 2,1 %, alors qu'il perdrait respectivement 1,2 % et 3,2 % au troisième quartile. Dans les 10% des communes les plus « riches », Mélenchon perdrait ainsi plus de 7,7% des voix, et Le Pen plus de 3,1 % des voix. En conclusion, même en contrôlant pour de nombreux effet, le revenu net moyen a un effet très négatif sur l 'électorat de Mélenchon, et un peu moins sur l'électorat de Le Pen. En revanche son effet est largement positif pour Fillon. Il est à noter qu'avec ces variables de contrôle, la richesse de la commune n'influence que très peu le vote pour Macron au premier tour, contrairement au Tableau 7, où on ne prenait pas en compte les effets des covariables.

Les reports de vote selon le niveau de richesse de la commune sont donnés en détail dans l'Annexe 2. On reprend ici encore, le tableau des reports de vote pour les deux « *grands* » candidats éliminés au premier tour : Fillon et Mélenchon. Pour ces deux candidats, le report de vote pour Macron augmente avec le revenu net moyen de la commune. Le report de vote de Fillon vers Macron passe de 55,2% dans une commune « *pauvre* » à 66 % dans une commune « *riche* », alors que le report de Mélenchon vers macron est encore plus faible dans les communes « *pauvres* » (47,3 %), mais il augmente très fortement, au-delà de celui de Fillon, dans les communes « *riches* » (72,7 %), soit une augmentation de 25 points !

	REVENU	ABST.	B / N	MACRON	LE PEN
FILLON	Inférieur à 22 000 €	16.5%	17.3%	55.2%	11.0%
	de 22 000 € à 27 000 €	14.1%	14.0%	60.1%	11.8%
	Supérieur à 27 000 €	13.3%	11.0%	66.0%	9.7%
	ENSEMBLE	15.3%	11.5%	63.9%	9.3%

	REVENU	ABST.	B / N	MACRON	LE PEN
MELENCHON	Inférieur à 22 000 €	34.4%	15.5%	47.3%	2.8%
	de 22 000 € à 27 000 €	23.1%	14.1%	62.8%	0.0%
	Supérieur à 27 000 €	17.9%	9.4%	72.7%	0.0%
	ENSEMBLE	26.6%	13.4%	60.0%	0.0%

Tableau 8 : Reports des votes de Fillon et de Mélenchon selon le revenu net moyen de la commune

En contrepartie, le report de vote vers Le Pen est pratiquement stable autour de 10% de la part de l'électorat de Fillon, même si on constate une légère baisse en fonction de du revenu net moyen de la commune. On constate le même affaiblissement du report de Fillon vers l'abstention ou le vote blanc et nul lorsque le revenu net moyen de la commune augmente. En revanche, ces reports vers l'abstention ou le vote blanc et nul de la part de l'électorat de Mélenchon se réduit très fortement avec le niveau de revenu net moyen de la commune. Ainsi le report vers l'abstention qui était de 34,4% dans une commune « pauvre » passe à 17,9 % dans une commune « riche ». De même, le report vers le vote blanc et nul se réduit de 15,5 % dans une commune pauvre vers 9,4 % dans une commune « riche ». Cet effet positif du revenu net moyen sur le report de vote semble ici une marque importante du scrutin présidentiel de 2017, au-delà du type et des motivations respectives des électorats de ces deux candidats.

Conclusions

La méthode d'estimation statistique des reports de vote présentée ici permet d'analyser ces reports en fonction de différentes catégorisations de la commune ou du bureau de vote. Cette méthode est basée sur l'analyse d'un grand nombre de données sur les bureaux de vote, plutôt que sur les réponses d'un échantillon d'individus après le vote. Les résultats sont parfois différents parce que la méthodologie utilisée n'est pas identique. Dans une enquête, on s'intéresse au comportement individuel avec les biais classiques dus aux sondages et à la révélation des votes des individus. D'autant plus que les questions ne sont généralement pas complètes en ce sens qu'elles ne prennent pas souvent en compte les abstentions ou les votes blancs et nuls.

La méthode statistique utilisée ici repose sur l'analyse du comportement moyen des électeurs dans un bureau de vote. On utilise ici un critère des moindres carrés pour déterminer le comportement moyen en forçant les reports à être compris entre 0 % et 100 % avec une transformation logistique et à être complet pour un candidat donné. Ces contraintes impliquent d'estimer un modèle non linéaire. Une alternative pourrait être d'estimer un modèle linéaire, mais avec des contraintes d'inégalités sur les paramètres, ce qui impliquerait d'utiliser des techniques spéciales basée sur la programmation quadratique.

D'autre part, la méthode présentée ici estime les reports de vote inconditionnels quelles que soient les caractéristiques de l'électorat des bureaux de vote. On a présenté ici deux stratifications des bureaux de vote selon un zonage en aires urbaines d'une part, et sur la base du revenu net moyen d'autre part. On pourrait aller plus loin, mais au prix d'une lourdeur technique supplémentaire, en conditionnant les reports de vote selon quelques caractéristiques du bureau de vote ou de la commune : par exemple, la taille de la commune, la répartition par âge ou par sexe, etc. Cependant elle ne peut pas prendre en compte les informations, les comportements ou la campagne électorale entre les deux tours des élections qui viendraient à modifier le comportement de vote ou de report de vote.

Les résultats présentés confirment qu'une grande partie de l'électorat des candidats éliminés au premier tour a voté Macron au second tour, sauf pour Dupont-Aignan. Les reports vers Macron sont d'autant plus importants que la commune est dans une grande aire urbaine, ou qu'elle a une richesse importante.

Avec la méthodologie développée ici, on pourrait croiser les résultats du vote et les reports de vote avec d'autres variables ou des élections nationales antérieures permettant de mieux classer les comportements. Par exemple, il semble qu'au-delà de certaines caractéristiques des communes, l'attitude envers la construction européenne puisse être un acteur influençant les reports de vote pour un candidat pro-européen par rapport à une candidate plutôt opposée à la construction européenne.

ANNEXE 1 : Estimation des Reports de vote par catégories de communes

GAU : Grandes Aires Urbaines

	Abstentions	Blanc ou Nul	MACRON	LE PEN
Abstentions	83.6%	0.0%	9.3%	7.0%
Blanc ou Nul	0.0%	83.6%	0.0%	16.4%
MACRON	0.0%	0.0%	100.0%	0.0%
LE PEN	0.0%	0.0%	0.0%	100.0%
FILLON	15.5%	11.3%	64.0%	9.2%
MELENCHON	27.6%	10.8%	61.6%	0.0%
HAMON	0.0%	0.0%	100.0%	0.0%
DUPONT-AIGNAN	4.9%	46.9%	0.0%	48.3%
LASSALLE	0.0%	79.7%	0.0%	20.3%
POUTOU	0.0%	80.0%	0.0%	20.0%
ASSELINEAU	68.4%	0.0%	31.6%	0.0%
ARTHAUD	0.0%	42.3%	0.0%	57.7%
CHEMINADE	34.1%	44.5%	0.0%	21.4%

PRU : Pôles Ruraux

	Abstentions	Blanc ou Nul	MACRON	LE PEN
Abstentions	61.4%	14.9%	2.2%	21.6%
Blanc ou Nul	0.0%	27.5%	72.5%	0.0%
MACRON	0.0%	0.0%	100.0%	0.0%
LE PEN	0.0%	43.3%	0.0%	56.7%
FILLON	0.0%	20.0%	64.2%	15.8%
MELENCHON	0.0%	44.7%	38.8%	16.5%
HAMON	0.0%	0.0%	100.0%	0.0%
DUPONT-AIGNAN	0.0%	53.1%	0.0%	46.9%
LASSALLE	0.0%	48.2%	32.2%	19.6%
POUTOU	0.0%	0.0%	100.0%	0.0%
ASSELINEAU	0.0%	42.4%	0.0%	57.6%
ARTHAUD	0.0%	100.0%	0.0%	0.0%
CHEMINADE	0.0%	0.0%	100.0%	0.0%

EPU : Espace Péri-Urbain

	Abstentions	Blanc ou Nul	MACRON	LE PEN
Abstentions	86.1%	0.0%	1.8%	12.1%
Blanc ou Nul	0.0%	60.2%	39.7%	0.1%
MACRON	0.0%	0.0%	100.0%	0.0%
LE PEN	0.0%	0.0%	0.0%	100.0%
FILLON	12.1%	13.4%	63.7%	10.8%
MELENCHON	21.8%	26.9%	48.7%	2.6%
HAMON	0.0%	0.0%	100.0%	0.0%
DUPONT-AIGNAN	17.9%	29.8%	9.8%	42.5%
LASSALLE	0.0%	44.7%	15.0%	40.4%
POUTOU	0.0%	29.1%	70.9%	0.0%
ASSELINEAU	62.0%	0.0%	14.5%	23.5%
ARTHAUD	0.0%	31.0%	15.2%	53.7%
CHEMINADE	0.0%	27.0%	67.1%	5.9%

ISO : Communes Isolées

	Abstentions	Blanc ou Nul	MACRON	LE PEN
Abstentions	83.0%	0.0%	8.0%	9.0%
Blanc ou Nul	0.0%	66.1%	22.0%	11.9%
MACRON	0.0%	0.0%	100.0%	0.0%
LE PEN	0.0%	0.0%	0.0%	100.0%
FILLON	15.7%	15.0%	56.8%	12.5%
MELENCHON	19.0%	32.2%	40.2%	8.6%
HAMON	0.0%	0.0%	100.0%	0.0%
DUPONT-AIGNAN	10.5%	20.2%	29.9%	39.4%
LASSALLE	8.2%	32.8%	43.8%	15.2%
POUTOU	19.9%	0.0%	80.1%	0.0%
ASSELINEAU	27.1%	22.0%	0.0%	50.8%
ARTHAUD	0.0%	0.0%	100.0%	0.0%
CHEMINADE	29.7%	30.0%	20.7%	19.5%

2018

ANNEXE 2 : Estimation des reports de vote selon le revenu net moyen de la commune

Revenu net moyen

inférieur à 22 000 €

	Abstentions	Blanc ou Nul	MACRON	LE PEN
Abstentions	79.9%	0.0%	15.0%	5.1%
Blank or Null	0.0%	57.8%	14.4%	27.8%
MACRON	0.0%	0.0%	100.0%	0.0%
LE_PEN	0.0%	0.0%	0.0%	100.0%
FILLON	16.5%	17.3%	55.2%	11.0%
MELENCHON	34.4%	15.5%	47.3%	2.8%
HAMON	0.0%	0.0%	100.0%	0.0%
DUPONT-AIGNAN	0.0%	42.6%	0.0%	57.4%
LASSALLE	0.0%	69.8%	0.0%	30.2%
POUTOU	0.0%	72.9%	0.0%	27.1%
ASSELINEAU	34.9%	0.0%	65.1%	0.0%
ARTHAUD	0.0%	0.0%	0.0%	100.0%
CHEMINADE	0.0%	0.0%	100.0%	0.0%

de 22 000 € à 27 000 €

	Abstentions	Blanc ou Nul	MACRON	LE PEN
Abstentions	89.7%	0.0%	4.9%	5.4%
Blank or Null	0.0%	74.6%	0.0%	25.4%
MACRON	0.0%	0.0%	100.0%	0.0%
LE_PEN	0.0%	0.0%	0.0%	100.0%
FILLON	14.1%	14.0%	60.1%	11.8%
MELENCHON	23.1%	14.1%	62.8%	0.0%
HAMON	0.0%	0.0%	100.0%	0.0%
DUPONT-AIGNAN	0.0%	42.8%	0.0%	57.2%
LASSALLE	0.0%	63.1%	0.0%	36.9%
POUTOU	0.0%	58.2%	41.8%	0.0%
ASSELINEAU	40.5%	0.0%	59.5%	0.0%
ARTHAUD	0.0%	50.3%	0.0%	49.7%
CHEMINADE	0.0%	46.9%	0.0%	53.1%

supérieur à 27 000 €

	Abstentions	Blanc ou Nul	MACRON	LE PEN
Abstentions	93.3%	0.0%	2.2%	4.5%
Blank or Null	0.0%	80.6%	0.0%	19.4%
MACRON	0.0%	0.0%	100.0%	0.0%
LE_PEN	0.0%	0.0%	0.0%	100.0%
FILLON	13.3%	11.0%	66.0%	9.7%
MELENCHON	17.9%	9.4%	72.7%	0.0%
HAMON	0.0%	0.0%	100.0%	0.0%
DUPONT-AIGNAN	0.0%	44.0%	0.0%	56.0%
LASSALLE	0.0%	68.1%	0.0%	31.9%
POUTOU	0.0%	100.0%	0.0%	0.0%
ASSELINEAU	79.3%	0.0%	0.0%	20.7%
ARTHAUD	0.0%	100.0%	0.0%	0.0%
CHEMINADE	0.0%	100.0%	0.0%	0.0%

Un secteur de cybersécurité indépendant et fiable pour l'Union européenne ?

Zsolt PATAKI

J'ai choisi ce thème pour écrire un article court en l'honneur du Professeur Aben, car j'avais estimé qu'il serait profondément intéressé pas les problèmes y traités brièvement : la cybersécurité et l'Europe. J'ai rédigé cet article en me basant sur deux études récentes, réalisées à la demande de l'unité de la prospective scientifique de la direction générale des services de recherche parlementaire du Parlement européen, où je travaille actuellement. La première s'intitule « Achieving a sovereign and trustworthy ICT industry in the EU » et elle a été réalisée par la société Iclaves SL (Espagne) et publiée en décembre 2017, alors que la deuxième a comme titre « Cybersecurity in the EU Common Security and Defence Policy (CSDP) - Challenges and risks for the EU » et a été réalisée par l'Agence européenne chargée de la sécurité des réseaux et de l'information (ENISA), et publiée en mai 2017. Les deux études ont été supervisée par moi-même et peuvent être consultées sur le site web suivant : http://www.europarl.europa.eu/stoa/.

De nos jours, on ne cesse pas d'entendre qu'il est essentiel de lutter efficacement contre la cybercriminalité et de veiller à la protection de la vie privée. Mais comment garantir la confiance des citoyens dans un environnement numérique où les cybermenaces deviennent de plus en plus nombreuses et complexes ? Aussi, il est connu que l'Union européenne se heurte à un certain nombre d'obstacles dans la mise en place d'un marché unique numérique fiable et cyber-résilient, à savoir: 1) un manque de fonds pour que les entreprises européennes spécialisées dans la cybersécurité puissent se développer ; 2) la fragmentation du secteur européen de la cybersécurité ; 3) une forte dépendance à l'égard de fournisseurs de pays tiers ; 4) un décalage entre les programmes publics de recherche et développement (R & D) et les besoins du marché ; 5) la fragmentation de la réglementation; et 6°) l'absence d'harmonisation des exigences en matière de normalisation et de passation de marchés publics entre les États membres.

En ce qui concerne la protection de la vie privée et des données, bien que le cadre réglementaire européen régissant ces questions soit l'un des plus avancés au monde, des difficultés subsistent en vue de garantir que les citoyens européens jouissent du plus haut degré de protection de leurs données à caractère personnel. À l'échelle mondiale, les défenseurs du numérique non européens transfèrent des données à caractère personnel par l'internet vers des pays tiers soumis à une réglementation beaucoup plus laxiste en matière de protection des données.

La directive sur la sécurité des réseaux et des systèmes d'information [directive (UE) 2016/1148 du Parlement européen et du Conseil du 6 juillet 2016 concernant des mesures destinées à assurer un niveau élevé commun de sécurité des réseaux et des systèmes d'information dans l'Union, communément appelée directive SRI], le récent train de mesures sur la cybersécurité et le nouveau cadre réglementaire sur la protection des données tentent d'apporter une solution à ces problèmes, bien que d'importantes difficultés persistent.

Dans ce contexte, l'établissement de mesures destinées à renforcer la cyber-résilience de l'Union est indispensable à la construction d'une économie et d'une société numériques fiables. Les options politiques proposées cherchent à fournir un cadre institutionnel qui permette aux organismes publics européens et nationaux d'améliorer la coopération et la coordination dans la lutte contre les cybermenaces. Elles visent également à faciliter le développement d'un secteur de la cybersécurité sain et compétitif en Europe, de façon à réduire la dépendance excessive envers les fournisseurs non européens spécialisés dans la cybersécurité. Les options politiques ciblent également les utilisateurs finaux des services numériques, qui constituent un important maillon de la chaîne de sécurité.

Les recommandations politiques ou mesures concrètes émanant des récentes études apporofondies peuvent être divisées selon leurs champs d'action envisagée : institutionnelles, commerciales, industrielles et celles orientées vers la demande. Les politiques institutionnelles visent à améliorer non seulement les mesures réglementaires correctrices pour combattre la cybercriminalité, mais également la coordination entre les différentes administrations publiques. Les politiques commerciales cherchent à instaurer des conditions de concurrence équitables entre les États membres, de manière à faciliter le commerce transfrontalier des produits et services de cybersécurité. Les politiques industrielles visent à établir les conditions qui permettent au secteur européen de la cybersécurité de soutenir la concurrence des fournisseurs de pays tiers. Enfin, les politiques orientées vers la demande cherchent à renforcer la participation des utilisateurs finaux [des particuliers et des entreprises, principalement des petites et moyennes entreprises (PME)] au processus de cybersécurité ainsi que leur connaissance de celui-ci.

Politiques institutionnelles

1. Renforcer le rôle des organismes européens et nationaux dans le domaine des questions liées à la cybersécurité

En raison de leur nature transnationale, il est difficile de s'attaquer aux cybermenaces au niveau national. Cependant, la cybersécurité relève de la compétence des États membres, tandis que le rôle des organismes de l'Union [principalement l'Agence de l'Union européenne chargée de la sécurité des réseaux et de l'information (ENISA)] se limite à conseiller ces derniers et à sensibiliser les citoyens. Le règlement SRI et la proposition de règlement sur l'ENISA (COM(2017) 477) attribuent de nouvelles responsabilités à l'Agence, bien que ses compétences restent encore limitées à la fourniture de services de conseil et d'assistance. Il serait judicieux, comme le suggère la proposition de nouveau règlement relatif à l'Agence, de renforcer le rôle de l'ENISA en tant qu'agence indépendante et permanente, non subordonnée aux intérêts nationaux.

2. Harmoniser la législation en matière de lutte contre la cybercriminalité

La cybercriminalité n'est pas poursuivie de façon uniforme dans l'Union, ce qui permet aux cybercriminels de bénéficier de législations plus laxistes. En outre, la nature transnationale des cyberattaques et le principe de territorialité, sur lequel repose le droit international, entravent le bon déroulement des enquêtes et poursuites pénales, ce qui favorise l'impunité des cybercriminels.

Le réseau judiciaire européen en matière de cybercriminalité a été créé à la fin de l'année 2016 en vue de renforcer l'échange de savoir-faire et de bonnes pratiques entre les autorités judiciaires des pays de l'Union. Ce n'est pas suffisant. Une définition harmonisée de ce qui constitue un cybercrime, une description des procédures employées pour l'obtention de preuves numériques dans le cadre des poursuites pénales ainsi qu'une détermination des peines qui seront appliquées aux coupables dans les États membres pourraient certainement contribuer à améliorer la lutte contre la cybercriminalité.

Politiques commerciales

1. Harmoniser les exigences en matière de passation de marchés publics dans le domaine des solutions de cybersécurité

Les marchés publics jouent un rôle clé pour stimuler le secteur de la cybersécurité. Cependant, la diversité des exigences en matière de passation de marchés publics dans le domaine des solutions de cybersécurité, principalement les systèmes de certification et les normes, appliquées par les pays de l'Union et les organismes publics au sein des pays, représente un obstacle au développement des entreprises paneuropéennes spécialisées dans la cybersécurité. Cette hétérogénéité favorise la fragmentation du marché en Europe et freine le développement des entreprises européennes.

La création d'un ensemble commun d'exigences applicables aux organismes de l'Union et des États membres faciliterait le développement de solutions de cybersécurité européennes. La création d'un label de confiance pour les produits de cybersécurité européens renforcera davantage l'efficacité des politiques en devenant une exigence commune qui pourrait bénéficier aux fournisseurs établis en Europe.

2. Créer des labels de confiance pour les produits de cybersécurité européens

La création de labels de confiance européens pour les produits de cybersécurité pourrait profiter à l'ensemble de l'écosystème. Les consommateurs pourraient facilement identifier les fournisseurs fiables lors de l'achat de solutions de cybersécurité, et les produits de cybersécurité porteurs d'un label de confiance pourraient être vendus dans toute l'Union sans que d'autres adaptations ne soient nécessaires pour satisfaire aux exigences nationales particulières. Les labels de confiance peuvent également offrir d'autres avantages commerciaux en devenant un moyen utile d'indication de la qualité et de la fiabilité des produits de cybersécurité européens.

Le succès des labels de confiance repose sur : 1) le développement de processus de certification transparents ; 2) des charges administratives qui ne soient pas excessives; et 3) l'accès de toutes les entreprises aux labels indépendamment de leur taille et de l'endroit où elles sont établies.

3. les procédures de normalisation et de certification des produits de cybersécurité

Actuellement, la normalisation des produits de cybersécurité est une activité en plein essor, plusieurs organisations essayant de fixer des spécifications de sécurité pour plusieurs TIC émergentes. L'Union devrait montrer la voie et harmoniser les nombreuses normes de cybersécurité déjà en place, ainsi que définir un cadre de certification cohérent au niveau européen.

La communication conjointe de la Commission européenne intitulée « *Résilience, dissuasion et défense : doter l'UE d'une cybersécurité solide* » peut constituer un pas dans la bonne direction en chargeant l'ENISA d'instaurer un cadre européen de certification de cybersécurité, qui spécifiera la procédure de création de systèmes de certification de cybersécurité. Bien que ces systèmes de certification soient volontaires, il s'agit d'une première étape importante.

Politiques industrielles

1. Favoriser le développement de produits de cybersécurité libres

Les produits de cybersécurité peuvent être développés comme des logiciels propriétaires ou des logiciels libres. Les premiers consistent généralement en des solutions dites de la « *boîte noire* », qui ne permettent pas aux utilisateurs de contrôler comment elles fonctionnent réellement. En revanche, les seconds permettent aux chercheurs d'examiner le code afin de détecter les éventuelles erreurs et vulnérabilités, et d'améliorer ainsi en permanence la fiabilité et la crédibilité des produits de cybersécurité. Ils ne garantissent toutefois pas entièrement l'impossibilité de cyberattaques et peuvent ne pas être appropriés lorsqu'un certain niveau de confidentialité est requis (détection et prévention des attaques, renseignements sur les menaces, etc.). Étant donné que le code peut être analysé et modifié par tout un chacun, il pourrait aussi être exploité par des cybercriminels pour créer de nouvelles vulnérabilités.

Les organismes de l'Union peuvent encourager le développement de produits de cybersécurité libres: 1) en appliquant des exigences de «code source ouvert» aux marchés publics portant sur le développement de solutions informatiques et de cybersécurité ; 2) en collaborant, au sein de communautés de développement de logiciels libres, à la mise au point de solutions innovantes libres ; 3) en clarifiant les aspects juridiques liés aux questions de propriété intellectuelle ; et 4) en encourageant la recherche fondée sur des technologies libres.

Bien que les solutions libres constituent une option très intéressante, elles doivent faire l'objet d'une sélection très minutieuse de manière à éviter une concurrence directe dans les domaines techniques dans lesquels l'Union possède de solides solutions propriétaires. Si les solutions libres peuvent améliorer la cyber-résilience des produits et services des TIC, elles n'offrent pas toujours un avantage concurrentiel aux fournisseurs de l'Union.

2. Élaborer une politique industrielle de cybersécurité

Les politiques industrielles actuelles de l'Union ne tiennent pas suffisamment compte de la cybersécurité. Ni la politique industrielle européenne en matière de sécurité ni la communication de la Commission intitulée « *Vers une renaissance industrielle européenne* » ne mentionnent ce thème parmi les domaines stratégiques qui devraient bénéficier d'un soutien.

Il conviendrait de structurer toutes les mesures axées sur le renforcement du secteur européen de la cybersécurité dans un plan d'action global, assorti d'objectifs clairs et d'une feuille de route détaillée. La priorité devrait être accordée aux domaines dans lesquels l'Union est bien positionnée pour être un chef de file mondial (à savoir, la sécurité industrielle et la cybersécurité dans les secteurs aéronautique, ferroviaire et automobile) ainsi qu'aux domaines dans lesquels l'Union doit être autonome (à savoir, la défense et la cryptographie).

La politique industrielle devrait viser la création, dans toute l'Europe, de centres de compétence susceptibles d'allier la théorie à l'innovation, où des opinions et des idées pourraient être échangées et évoluer de manière coordonnée, aboutissant à une réussite commerciale. Pour autant qu'il soit correctement mis en place, le réseau de centres de compétence en matière de cybersécurité envisagé dans la dernière stratégie de cybersécurité de la Commission peut constituer un pas dans la bonne direction. Le plan devrait également prévoir un soutien de l'Union à la promotion des exportations de solutions et de services de cybersécurité européens en dehors de l'Union (en particulier vers les États-Unis, l'Asie et la région EMEA[52]).

3. Soutenir la création d'instruments d'investissement axés sur le secteur de la cybersécurité

Les entreprises européennes spécialisées dans la cybersécurité bénéficient d'un soutien financier préalable à leur création (capital d'amorçage), avant de le voir pratiquement disparaître lorsqu'elles cherchent à consolider et à développer leurs activités. Ce manque de fonds entrave deux processus opérationnels cruciaux pour les entreprises : 1) les activités de marketing destinées à améliorer leur visibilité ; et 2) l'adaptation de leurs produits et services pour conquérir de nouveaux marchés. Il est donc nécessaire de mettre au point et de financer des instruments financiers couvrant toutes les étapes de la vie d'une entreprise, en particulier dans un secteur à l'égard duquel les partenaires financiers traditionnels (les banques) peuvent se montrer réticents.

L'Union dispose de plusieurs instruments financiers qui pourraient être orientés vers le secteur de la cybersécurité. Par exemple, le Fonds européen pour les investissements stratégiques (EFSI), une initiative conjointe du Groupe BEI[53] et de la Commission européenne, pourrait allouer des fonds non seulement au secteur numérique en général, mais également au secteur de la cybersécurité. L'accès au financement pourrait être facilité par la création d'une plateforme d'investissement en matière de cybersécurité, qui financerait ensuite les projets de cybersécurité dans toute l'Union. Cette plateforme se chargerait non seulement de la gestion des fonds alloués par l'EFSI, mais également de la collecte et de la gestion des fonds provenant d'autres sources (à savoir, les fonds publics des organismes nationaux et les fonds privés), afin de configurer plusieurs instruments de financement conformément aux besoins des entreprises spécialisées dans la cybersécurité.

[52] Europe, Moyen-Orient et Afrique.
[53] Banque européenne d'investissement

Les fonds privés devraient aussi contribuer à la croissance du secteur, mais ils requièrent toutefois un environnement stable et prévisible dans lequel investir. Les organismes européens pourraient encourager indirectement les investissements privés dans le secteur en harmonisant et en unifiant des questions cruciales, telles que la normalisation ou l'étiquetage, ainsi qu'en co-investissant dans des initiatives de financement mixtes et en exploitant la capacité d'investissement d'institutions comme la BEI.

4. Encourager les activités de recherche orientées vers le marché

Plusieurs éléments indiquent l'existence d'un décalage entre les besoins du marché et les travaux de recherche menés dans l'Union dans le domaine de la cybersécurité. La longue durée des programmes de l'Union (de trois à cinq ans entre la conception et la finalisation d'un projet) explique en partie ce problème. Le secteur européen de la cybersécurité a tendance à adopter une démarche progressive, en mettant l'accent sur le renforcement des capacités opérationnelles plutôt que sur la poursuite d'une planification stratégique à long terme. Les travaux de recherche sont actuellement motivés par l'envie de faire progresser la science plutôt que par la demande du marché. En conséquence, les résultats des recherches scientifiques de l'Union finissent par être des solutions développées par des entreprises de pays tiers. Il semble également que les fonds disponibles en Europe pour les activités de R & D ne permettent guère d'exercer une incidence significative sur le secteur.

La lutte contre le nombre croissant de cyberattaques nécessiterait une meilleure coordination entre les organismes publics chargés de définir les thèmes de recherche et les fournisseurs de solutions de cybersécurité qui connaissent par expérience les difficultés rencontrées par leurs clients. Il convient en outre d'augmenter les fonds alloués aux activités de R & D et de surveiller de près les contributions des partenaires privés prévues par le nouvel accord sur les partenariats contractuels public-privé dans le cadre du programme Horizon 2020.

5. Augmenter la main-d'œuvre dans le domaine de la cybersécurité

L'Europe manque de professionnels dans le domaine de la cybersécurité. C'est généralement le cas dans de nombreux domaines de l'économie numérique, mais ça l'est particulièrement dans les secteurs qui, comme celui de la cybersécurité, évoluent et innovent davantage.

Plusieurs mesures peuvent être prises pour résoudre ce problème: 1) analyser, en collaboration avec les établissements de recherche et les entreprises, les besoins actuels de l'éducation formelle et non formelle dans le domaine de la cybersécurité; 2) promouvoir, au sein des entreprises et des centres de formation, des programmes d'apprentissage tout au long de la vie pour les professionnels actuels, dans le but de les aider à établir des plans de carrière; 3) sensibiliser les étudiants aux possibilités de carrière dans le secteur de la cybersécurité et les encourager à opter pour des études dans ce domaine; 4) promouvoir les études en cybersécurité dans les universités et les instituts de formation professionnelle; 5) définir un solide programme d'études à l'échelle européenne ainsi qu'un ensemble de domaines techniques communs en mobilisant chacune des parties prenantes (le secteur industriel, les gouvernements et le secteur de la défense); 6) renforcer la coopération entre les secteurs de l'éducation, du renseignement et de la défense afin de partager les compétences générales et spécialisées importantes; et 7) dégager des fonds pour que les candidats qualifiés de l'Union puissent suivre des études en vue d'obtenir une maîtrise ou un doctorat dans les universités en Europe ou ailleurs.

Politiques orientées vers la demande

Sensibiliser les utilisateurs finaux (particuliers et PME) aux cybermenaces

La cybersécurité ne concerne pas uniquement les technologies, mais également les personnes. La façon dont les personnes utilisent les services numériques a une incidence sur les cyberattaques dont elles pourraient être victimes. Les utilisateurs non formés ou peu sensibilisés aux cybermenaces deviennent des maillons vulnérables dans le processus de sécurité.

La formation des jeunes dans les écoles et le lancement de campagnes de sensibilisation à la cybersécurité, ainsi que l'organisation de cyber-exercices adaptés à différents publics cibles (mineurs, adolescents, parents, formateurs, professionnels, chercheurs, cadres dirigeants, etc.) favoriseraient des échanges en ligne sûrs et sécurisés pour tous les citoyens, indépendamment de leur niveau d'instruction ou de formation.

Cette problématique touche particulièrement les particuliers et les employés des PME qui, outre leur faible connaissance des questions liées à cybersécurité, démontrent un manque général d'informations en la matière. Pour compliquer les choses, il existe de fortes différences en fonction des caractéristiques socio-démographiques des personnes, ainsi que du secteur et de la taille des entreprises. Il convient dès lors de définir différentes politiques à l'aune de ces facteurs. Pour mettre en œuvre ces politiques, la Commission européenne devrait définir leur base et débloquer les fonds nécessaires, tandis que les gouvernements nationaux et régionaux ainsi que les associations sectorielles pourraient se charger d'adapter les politiques en fonction des spécificités locales de la population en général et des employés. Cette tâche pourrait être accompagnée d'un suivi rigoureux de la part d'autres organismes européens. L'Union pourrait également diriger la mise en place d'un portail unique rassemblant tous les outils de cybersécurité européens (un « *guichet unique* »), qui pourrait également offrir des conseils aux utilisateurs pour sécuriser leurs systèmes, leurs réseaux et leurs données. D'autres actions de sensibilisation, telles que le « Mois européen de la cybersécurité », pourraient être renforcées grâce, par exemple, à l'augmentation de leurs budgets publicitaires, de façon à informer un plus grand nombre de citoyens.

Les aspects de la cyberdéfense et son importance pour l'UE

Il est fortement recommandé que les actions du cadre stratégique de cyberdéfense de l'Union puissent s'appuyer sur des ressources suffisantes. Le succès de leur mise en œuvre est essentiel à l'amélioration de la cybersécurité dans la PSDC[54]. Les auteurs de la deuxième étude mentionnée proposent également d'utiliser un modèle de maturité des capacités afin de contrôler le renforcement des capacités de cybersécurité dans le cadre de la PSDC et, avance des options supplémentaires fondées sur les cinq objectifs de haut niveau suivants :

Objectif 1: Maintien de politiques et de stratégies cohérentes au sein de l'Union européenne concernant l'informatique

La cohérence est un défi majeur pour les politiques de l'Union relatives à la cybersécurité. La cohérence des politiques et des stratégies devrait être garantie non seulement au sein de l'administration de la PSDC, mais également dans tous les organes et institutions de l'Union. Les considérations relatives à la PSDC devraient également être prises en compte par les acteurs de l'informatique au niveau de l'Union (institutions, agences et autres organes) en vue de la coordination et de la planification de leurs capacités numériques actuelles et à venir.

Améliorer la réponse aux cyber incidents pour la PSDC

- Développer des mécanismes pour améliorer la coopération en matière d'échange d'informations et de bonnes pratiques entre les centres de réponse aux incidents de sécurité informatique (CSIRT) militaires et civils des États membres de l'Union.
- Piloter la création d'une équipe d'intervention rapide en matière de cybersécurité pour les missions de la PSDC.
- Planifier le développement d'un centre de réponse aux incidents de sécurité informatique pour les réseaux classifiés et non classifiés de la PSDC.
- Développer des modes opératoires normalisés en matière informatique garantissant la compatibilité entre les réponses civiles et militaires aux incidents.

[54] Politique de sécurité et de défense commune (UE).

Protéger les infrastructures critiques utilisées par les structures de la PSDC

- Développer des politiques pour l'évaluation des risques informatiques des infrastructures critiques pour les quartiers généraux (QG) et les missions de la PSDC.
- Prévoir les instruments nécessaires pour aider les États membres et les pays hôtes de missions de la PSDC à protéger les infrastructures critiques utilisées par la PSDC contre les cyberattaques.

Améliorer les procédures de gestion de crise de l'Union

- Promouvoir le développement d'un système pan-européen de gestion des crises informatiques fondé sur le réseau des CSIRT mis en place par la directive concernant des mesures destinées à assurer un niveau élevé commun de sécurité des réseaux et des systèmes d'information (directive SRI).
- Développer des politiques de coordination des efforts entre les structures civiles et militaires lors de crises dans le domaine de la cybersécurité.

Améliorer la cyberdéfense dans le cadre de la PSDC

- Considérer la cyberdéfense comme une tâche opérationnelle pour les missions de la PSDC et inclure les considérations de cyberdéfense dans les processus de planification opérationnelle de la PSDC.
- Allouer des ressources suffisantes au développement des capacités de cyberdéfense de la PSDC.
- Promouvoir les synergies avec des programmes de recherche et développement civils pour le développement des capacités.
- Renforcer la coopération entre les QG opérationnels de la PSDC, les autres acteurs de l'Union en matière d'informatique (par exemple, ENISA, le centre européen de lutte contre la cybercriminalité) et les alliés stratégiques (à savoir, l'OTAN) au niveau opérationnel.

Améliorer la cyber-résilience des systèmes et des processus de la PSDC

- Promouvoir l'interopérabilité des capacités des systèmes et services informatiques de l'Union et des États membres utilisés lors de missions de la PSDC (par exemple, la cryptographie).
- Convenir d'un ensemble commun de mesures de sécurité en faveur de la cyber-résilience des systèmes informatiques de l'Union et des États membres utilisés lors de missions de la PSDC.

- Définir et approuver des niveaux spécifiques de services pour tous les systèmes informatiques de l'Union et des États membres utilisés dans la PSDC.

Objectif 2 : Promotion de la culture informatique

La création de nouvelles capacités techniques prend souvent le pas sur le facteur humain et l'importance d'une attitude responsable en matière d'informatique. Il est néanmoins vrai que le succès d'une grande partie des cyberattaques est dû à des erreurs humaines. En outre, les communautés aux niveaux national, européen et international devraient investir pour instaurer un climat de confiance dans les mécanismes de lutte contre les cybermenaces et dans les technologies émergentes telles que les médias sociaux et l'internet des objets. Il convient d'accorder une priorité accrue à la promotion d'une cyberculture responsable dans le cadre des efforts de l'Europe visant à créer un cyberespace plus sûr, y compris en ce qui concerne la PSDC.

Promouvoir un état d'esprit tourné vers la cybersécurité dans la PSDC

- Mettre au point des campagnes de sensibilisation à la cybersécurité pour les structures de commandement de la PSDC.
- Mettre sur pied un réseau de partage d'informations entre les agences, les organes et les institutions de l'Union.

Renforcer la confiance

- Établir un niveau minimal de confiance requis dans le contexte de la PSDC entre :
  - Les organes, les institutions et les États membres de l'Union.
  - L'Union européenne et les organisations internationales, par exemple l'OTAN, l'Organisation pour la sécurité et la coopération en Europe (OSCE) et les Nations unies (ONU).
  - L'Union européenne et les pays tiers accueillant des missions de la PSDC.
- Promouvoir des mesures visant à instaurer la confiance entre:
  - Les organes, les institutions et les États membres de l'Union.
  - L'Union européenne et les organisations internationales (par exemple, l'OTAN, l'OSCE, l'ONU).
  - L'Union européenne et les pays tiers accueillant des missions de la PSDC.

Protéger l'identité et la vie privée du personnel de la PSDC

- Élaborer des mesures pour préserver la vie privée du personnel de la PSDC conformément au règlement général sur la protection des données.
- Élaborer des mesures visant à protéger l'identité du personnel de la PSDC lors de missions.
- Mener des campagnes de sensibilisation à la protection de la vie privée, des données et de l'identité pour le personnel de la PSDC.

Envisager des utilisations avancées des médias sociaux pour la PSDC

- Élaborer des politiques relatives à l'utilisation des médias sociaux par le personnel de la PSDC.
- Tirer parti des médias sociaux au bénéfice de missions de la PSDC (renforcement de la confiance, promotion, rétroaction sociale).
- Faire meilleur usage des renseignements de source ouverte provenant des médias sociaux lors de missions de la PSDC.

Objectif 3 : Développement des compétences informatiques grâce à l'éducation et à la formation

Le développement des compétences informatiques devrait être un processus continu. L'évolution continue des cybermenaces exige une mise à niveau des compétences du personnel pour gérer les capacités informatiques sophistiquées actuelles. Dans le contexte de la PSDC, l'éducation et la formation devraient être considérées non seulement sous l'angle du développement de compétences informatiques, mais également d'un autre aspect de la formation opérationnelle.

Développer plus avant les compétences informatiques

- Envisager le développement d'un cadre d'éducation et de formation à la cyberdéfense à l'échelle de l'Union, allant de pair avec des normes de formation, des parcours professionnels et des exigences en matière de certification pour l'affectation aux services informatiques aux niveaux opérationnel, technique et tactique des structures de la PSDC.
- Mettre en place des parcours et des exigences de formation à la cybersécurité pour le service informatique aux QG de la PSDC.
- Faire usage des possibilités de formation technique proposées par les agences et les institutions de l'Union.
- Étudier les possibilités d'éducation et de formation à la cyberdéfense de l'OTAN et les synergies pour les planificateurs des opérations de la PSDC.

Introduire l'informatique dans les exercices et les opérations

- Intégrer l'informatique dans les exercices opérationnels (planification, exécution, évaluation, enseignements tirés).
- Envisager la participation de QG opérationnels de la PSDC à de futurs exercices pan-européens de sécurité (tels que Cyber Europe).

Objectif politique 4 : Renforcement des cadres juridique et réglementaire

Améliorer la législation relative à la cybersécurité

- Prendre en compte les considérations relatives à la PSDC dans les futures révisions de la directive SRI.
- Apporter aux commandants et directeurs opérationnels une assistance juridique pour les options de cyberdéfense lors des missions de la PSDC.

Coordonner l'application des réglementations en matière de cybercriminalité

- Renforcer la collaboration entre l'administration de la PSDC et les autorités en charge de la cybercriminalité au sein et en dehors de l'Union pour les questions d'application des réglementations dans le contexte de la PSDC, les informations relatives à l'attribution et les incidents liés à la cybercriminalité.
- Sensibiliser le personnel de la PSDC aux menaces liées à la cybercriminalité en général ainsi que dans le contexte des missions de la PSDC.

Élaborer des normes informatiques et des mesures visant à instaurer la confiance

- Alimenter les discussions et initiatives à l'échelle de l'Union sur le développement de normes informatiques par des contributions de la PSDC.
- Promouvoir les mesures visant à instaurer la confiance en vue du partage de cyber-renseignements entre les acteurs concernés de l'Union.

Promouvoir la coopération internationale sur les questions juridiques

- Prendre part à une discussion avec des organisations internationales sur l'attribution et sur l'échange d'informations en matière de cyber-renseignement, et définir un ensemble d'exigences minimales.

- Promouvoir le dialogue entre les organes et institutions de l'Union et les organisations internationales sur les enjeux juridiques liés aux cyberconflits.
- Étudier les aspects juridiques en vue de l'inclusion de considérations informatiques dans les accords entre l'Union et les pays tiers accueillant des missions de la PSDC.

Promouvoir la coopération entre les secteurs privé et public

- Renforcer le cadre réglementaire de coopération entre le secteur privé et les QG de la PSDC pour la fourniture de services de cybersécurité.

Objectif 5 : Développement de normes, d'organisations et de capacités

Cette option est liée au développement des capacités techniques et des mécanismes de soutien nécessaires au renforcement de la cybersécurité. Les normes et les capacités concernent principalement le niveau opérationnel et technique, tandis que les mesures organisationnelles concernent l'ensemble de l'administration de la PSDC.

Développer et adopter des normes communes

- Élaborer ou adopter des normes communes de cybersécurité au sein de l'Union pour les réseaux classifiés et non classifiés.
- Adopter une taxonomie de l'informatique commune pour la PSDC.
- Créer et adopter des normes ou exigences de cybersécurité spécifiques pour les systèmes militaires (C4ISR) utilisés lors des missions de la PSDC.
- Inclure des considérations relatives à la PSDC dans les processus de normalisation des TIC de l'Union.

Améliorer l'organisation de la cyberdéfense dans la PSDC

- Contrôler régulièrement le renforcement des capacités en matière de cybersécurité dans le contexte de la PSDC au moyen d'un modèle de maturité des capacités, tel que le *Cybersecurity Capability Maturity Model* (CMM).
- Développer une structure organisationnelle permanente pour la cyberdéfense au sein de la PSDC.

Renforcer les capacités de cyberdéfense pour la PSDC

- Mettre en place une capacité d'évaluation des cybermenaces.
- Mettre en place une capacité d'évaluation de la cyber-résilience pour les QG de la CSDP.

- Développer une capacité technique de cyber-renseignement.
- Intégrer les cybermenaces dans le cadre opérationnel commun des missions de la PSDC.
- Développer des périmètres de cyberdéfense bien définis pour les réseaux classifiés et non classifiés (gérés, contrôlés et protégés de manière centrale).
- Développer une capacité de coopération entre les CSIRT militaires et le réseau des CSIRT.

Conclusions

Les travaux de l'Union qui découlent des actions du cadre stratégique de cyberdéfense de l'Union devraient être encouragés et façonnés grâce à des ressources suffisantes. La réussite de leur mise en œuvre est essentielle à l'amélioration de la cybersécurité dans l'Union européenne. L'évaluation de leur état d'avancement et de leur maturité est essentielle pour allouer efficacement les ressources.

La cohérence est un enjeu majeur pour les politiques de l'Union en matière de cybersécurité. La **cohérence des politiques et des stratégies** devrait être garantie non seulement au sein de l'administration de la PSDC de l'Union, mais également dans tous les organes et institutions de l'Union.

Le succès d'une grande partie des cyberattaques est dû à des erreurs humaines plutôt qu'à des problèmes techniques. Il convient d'accorder une priorité accrue à la **promotion d'une cyberculture responsable** dans le cadre des efforts de l'Europe visant à créer un cyberespace plus sûr, y compris dans la PSDC, et le **développement des compétences informatiques.**

L'armée de l'air dans la cuture stratégique russe

Jean-Christophe ROMER

Les opérations aériennes menées en Syrie par la Russie ont fortement impressionné les observateurs occidentaux et notamment quant à sa capacité de maîtrise du champ de bataille (A2/AD). Est-ce à dire que l'aviation serait devenue un outil prioritaire d'une puissance militaire russe retrouvée. Certes, la campagne en Syrie a commencé avec le tir de missiles de croisière depuis un bâtiment navigant sur les eaux de la mer Caspienne et s'est poursuivie par des campagnes de bombardements sur des objectifs - relativement - bien ciblés. Mais ceci peut n'être qu'une illusion sur le changement de statut de l'aviation dans la hiérarchie des armées russes et, hier, soviétiques. Une hiérarchie particulière qui a conduit le renseignement de la plupart des pays occidentaux à de graves erreurs d'appréciation depuis la fin de la seconde guerre mondiale. Des erreurs dues au refus de la prise en compte de la spécificité de la culture stratégique de l'Autre. Ceci avait d'ailleurs déjà été dénoncé, dès 1951, par Hans Morgenthau qui avait alors avancé le concept de « *néo-isolationnisme* »[55], exprimant l'incapacité des Etats-Unis à concevoir qu'un Autre puisse penser différemment d'eux. Or, il apparaît que, non seulement, les Etats Unis ne se sont jamais départis de ce « *néo-isolationnisme* », mais qu'ils ont, au moins partiellement, transmis ce phénomène à leurs alliés, notamment européens.

Il faut, par ailleurs, remarquer que ce sont plus les medias et observateurs occidentaux qui insistent sur les capacités aériennes nouvelles de la Russie que les Russes eux-mêmes. Certes, ces derniers ne manquent jamais d'insister sur les progrès techniques obtenus par l'industrie aéronautique - notamment dans *Krasnaja Zvezda* (l'Etoile rouge) le quotidien de l'armée - ou sur les stratégies comparées des Russes et des Américains. Mais dans le discours politique officiel, y compris chez Vladimir Poutine, comme dans les divers documents programmatiques, il n'est guère question de triomphalisme aérien. Pour comprendre ce phénomène voire cette apparente contradiction, il convient de revenir aux fondamentaux de la culture stratégique russe (soviétique). Il apparaît dès lors que l'aviation, pas plus que la marine, ne constituent des outils privilégiés susceptibles de permettre l'obtention de la victoire dans la guerre. Forces d'appoint nécessaires sur le champ de bataille, elles ne sauraient jouer un quelconque rôle stratégique. Celui-ci revient d'abord et exclusivement aux forces terrestres dont les missiles sont une

[55] Hans MORGENTHAU, In the Defence of National Interest, New York, Knopf, 1951, 283 p.

émanation. De ce point de vue, on ne peut considérer que, sur ce point, il y ait un avant et un après URSS : la culture stratégique s'inscrit dans une logique de continuité.

L'époque soviétique : au service de la tactique et de l'art opératif

De même que l'Angleterre a été considérée comme la puissance navale par excellence - avant d'être supplantée par les Etats-Unis - la Russie est légitimement perçue comme le parangon de la puissance continentale. De ces faits découlent naturellement des cultures stratégiques fortement déterminées par la géographie. Le rôle et l'importance respective des armées de terre, de la marine puis de l'aviation dans l'obtention des buts de guerre s'en trouvent ainsi largement diversifiés.

L'aviation impériale joue un rôle certain dans la première guerre mondiale, certes moindre que celui des autres belligérants, mais bien réel[56]. Ceci se conçoit par le fait que, puissance continentale pensant en priorité le champ de bataille terrestre, l'objectif principal des forces russes consiste à porter le feu les plus loin possible des lignes amies, sur la profondeur des forces adverses. En 1917, l'Armée rouge reprend immédiatement à son compte cette arme nouvelle qui en devient une composante importante. Ce fait s'est amplifié avec le développement d'une pensée stratégique originale en introduisant dans les catégories de l'art de la guerre le concept d'« *art opératif* », intermédiaire entre stratégie et tactique et qui sera longtemps l'exclusivité de l'URSS. Depuis la fin des années 1920, l'opération en profondeur constitue la manœuvre privilégiée de l'art opératif, caractérisée par une action simultanée des chars, de l'aviation et des troupes aéroportées sur la profondeur des arrières de l'adversaire[57]. Toutefois, quand bien même l'aviation représente un élément constitutif de cette opération combinée, elle reste quelque peu négligée par les théoriciens soviétiques. Ainsi, Alexandre Svetchin, l'auteur du premier ouvrage conceptuel consacré à la stratégie en URSS[58] ne mentionne-t-il guère l'aviation, sinon pour manifester, déjà, quelques doutes sur le bien-fondé des idées de Douhet : « *La flotte aérienne est capable d'effectuer des bombardements de plus en plus énergiques sur des points géographiques de plus en plus éloignés du front terrestre. Son action systématique peut conduire à réduire l'efficacité des communications et de paralyser partiellement la production de centres industriels assez éloignés. Le bombardement est un*

[56] *Sovetskaja Voennaja Enciklopedija* (Encyclopédie militaire soviétique), entrée « aviation », Moscou, Voenizdat, T1, 1990, p. 33-40.

[57] Dans le même temps, l'Angleterre (Liddell Hart, Fuller), la France (de Gaulle) et l'Allemagne (Guderian) développent des idées similaires sans pour autant développer le concept d'art opératif. Il faut attendre la fin de la décennie 1970 pour que les Etats-Unis le reprennent à leur compte.

[58] A. SVETCHIN, *Strategjja* (Stratégie), Moscou, Voennij Vestnik, 1927, 263 p.

moyen d'agacement (sredstvo razrajaiuchtchee), mais il n'est pas toujours décisif »[59].

Il n'en demeure pas moins que l'opération en profondeur contribuera à la plupart des victoires soviétiques dans la seconde guerre mondiale : clandestinement d'abord à Khalkhin Gol contre le Japon en août 1939 puis, très officiellement, à partir de la bataille de Koursk en 1943. Quant au matériel, comme souvent, les Soviétiques ont su faire dans la simplicité comme facteur d'efficacité sans exclure pour autant des recherches sur les armes du futur. Ainsi, dans la même période de l'entre-deux-guerres et sous l'impulsion du (futur) maréchal Toukhatchevski, vice commissaire du peuple aux affaires militaires, en charge de l'armement, la recherche aéronautique portait essentiellement sur le principe de la propulsion à réaction et sur les vols stratosphériques[60]. Toutefois si l'aviation est bien une priorité de Toukhatchevski, elle ne peut être dissociée de la recherche dans le domaine de la balistique avec la création d'une équipe de recherche dirigée par Sergei Korolev, considéré, après un passage au Goulag, comme le père des missiles soviétiques, c'est-à-dire des armes capables de porter la puissance de feu le plus loin possible sur la profondeur des arrières de l'adversaire.

L'articulation missile-avion constituera d'ailleurs l'une des plus grandes incompréhensions entre les deux futurs camps opposés de l'ordre bipolaire. Certes, les travaux sur la propulsion à réaction pour les avions suivront le même cours que dans les pays occidentaux, mais ils ne sont pas la priorité. Au niveau stratégique c'est bien la question du transport de la bombe atomique qui devient la priorité des deux futurs Grands. A l'instar des Etats-Unis, Staline va donc pousser ses instituts de recherches à mettre au point un bombardier à très long rayon d'action. Fort heureusement pour son constructeur, Vladimir Myasitchchev, celui-ci présente son modèle (M 4-Bison) peu après la mort de Staline, car les performances de l'appareil sont notoirement insuffisantes pour ses missions stratégiques, à savoir porter la bombe aux Etats-Unis et en revenir[61].

Mais, simultanément et, surtout entouré du plus grand secret, l'URSS relance la recherche balistique. Celle-ci est interrompue par la grande purge de l'armée en 1937 et sera reprise dès la découverte, en 1945, de sites de construction des fusées V2 au gré de l'avancée de l'Armée rouge dans les territoires occupés par l'Allemagne. Car pour les Soviétiques c'est bien le missile qui est perçu, dès l'origine, comme le vecteur privilégié de l'arme atomique et ce missile est – et a toujours été – conçu comme une extension de

---

[59] Ibid. p. 98-99.

[60] J. KLEIN, Th de MONTBRIAL, *Dictionnaire de stratégie*, Paris, PUF, 2000, (entrée « Toukhatchevski »)

[61] A. COCKBURN, *La menace*, Paris, Plon, 1983, p. 228. D'autres constructeurs proposeront dans ces années 1953 et 1954 leurs appareils certes de qualité –ils sont toujours en service - mais au rayon d'action également insuffisant, notamment le Tupolev Tu 20 ou Tu 95 (Bear). Le Tupolev est un appareil à hélice alors que le M-4 est doté de moteurs à réaction,

l'artillerie et non de l'aviation. D'où l'énorme malentendu aux Etats-Unis, marqués par leur traditionnel « *néo-isolationnisme* ». Rassurés par les médiocres résultats de l'armée de l'air, les Etats Unis ne pouvaient concevoir que les Soviétiques pussent penser différemment d'eux et ne se sont donc pas préoccupés du travail effectué par les artilleurs à qui sont confiés les recherches balistiques. D'où la surprise désagréable de 1957 qui les place, pour la première fois de leur histoire, dans une situation de vulnérabilité à l'égard d'un adversaire crédible et capable de porter la guerre sur leur propre territoire[62].

Dans la vision soviétique de la future guerre, le poids de l'armée de l'air reste ambivalent. Convaincus, à juste titre, jusqu'à la fin des années cinquante, que les Etats-Unis envisagent de porter la guerre contre l'URSS et l'arme atomique par la voie aérienne, les Soviétiques ont cherché à s'en protéger. D'où l'importance de la défense anti-aérienne (PVO) qui acquiert ainsi le statut d'armée à part entière en 1954. A l'inverse, pour les Soviétiques, l'aviation comme arme à vocation stratégique n'est qu'un pis-aller jusqu'en 1957, c'est-à-dire jusqu'à l'expérimentation des premiers missiles à capacité intercontinentale. Ceci a d'ailleurs été clairement exprimé, dès cette année 1957, peu après que le premier lancement du SS 6 a été rendu public et avec un triomphalisme caractéristique des années khrouchtchéviennes : « *L'URSS peut désormais lancer des missiles dans n'importe quelle partie du globe. La résolution du problème de la construction de fusées balistiques intercontinentales permet d'atteindre des régions éloignées sans recourir à l'aviation stratégique qui, à l'heure actuelle, est vulnérable à une défense anti-aérienne moderne* »[63].

Toutefois, même si les missiles sont bien une extension de l'artillerie, la question de leur place dans l'organisation des forces armées se pose dès 1959. Faut-il les répartir entre les armés de terre, de mer et de l'air ? Ou bien entre la marine et l'aviation ? Ou encore leur accorder le statut d'une armée à part entière ? C'est cette dernière option qui est retenue en décembre 1959[64] et cette nouvelle armée sera commandée, le plus souvent, par des artilleurs. Dès lors, la hiérarchie des armées soviétiques est la suivante : armée de terre, force des missiles stratégiques (RVSN), défense anti-aérienne (PVO), armée de l'air et marine.

Dotée désormais de ce nouvel arsenal et de cette nouvelle organisation, l'URSS cherchera logiquement à inscrire cette nouvelle situation dans le cadre d'un concept stratégique. Celui-ci est ébauché dans ses grandes lignes par le pouvoir politique lors du plenum du Soviet suprême (parlement) qui se tient

---

[62] Tout au moins en théorie, car le missile R7 (SS 6) n'a qu'une portée de 6000km et est très vulnérable. Il faut attendre la génération suivante de missiles à partir de 1961 avec les SS 7 et les modèles suivants, pour que cette menace soit effective.

[63] *Krasnaja Zvezda*, 28 août 1957.

[64] J. C. ROMER, *La guerre nucléaire de Staline à Khrouchtchev*, Paris, Publications de l Sorbonne, 1991, p. 183.

les 14 et 15 janvier 1960. Cette commande politique débouchera deux ans plus tard sur la publication du premier manuel de stratégie soviétique à l'âge nucléaire. L'ouvrage est préparé sous la direction de l'ancien chef d'état-major général, le maréchal Vasili Sokolovski[65]. Premier indice du poids de l'aviation dans la pensée stratégique soviétique, le comité de rédaction de l'ouvrage ne comprend aucun aviateur, pas plus d'ailleurs que de marin. Il s'ensuit que la place de l'aviation – et de la marine - dans le manuel se trouve limitée à la portion congrue puisqu'il n'est attribué à ces deux armées que des missions d'ordre tactique voire opératif et qu'elles n'ont donc par leur place dans un ouvrage qui traite de stratégie[66].

A cet état de fait, il convient d'ajouter que, durant les décennies 1960 et 1970, l'armée de l'air soviétique n'a pas eu « *son* » amiral Gorchkov, ce commandant en chef de la marine qui a réussi à convaincre le pouvoir politique que la flotte exerçait aussi une fonction stratégique en temps de guerre et diplomatique en temps de paix. Il est vrai que ce changement du rôle accordé à la marine est le produit de deux ans de débats intenses entre 1972 et 1974 au cours desquels « *terriens* » et marins s'affrontent. A la surprise générale, mais avec une logique certaine, le pouvoir politique donne raison à ces derniers au détriment des premiers[67]. Cela correspondait, en effet, à un moment où Leonid Brejnev mondialisait la politique extérieure de l'URSS et où il avait donc besoin de moyens de projection de force tant politiques que militaires.

Rien de tel pour l'aviation et même, sans doute pire, aucun bombardier à long rayon d'action ne sera produit entre 1954 et 1974, entre le Tu-95 (*Bear*) et le Tu-22M (*Backfire*). Quant à la composante aérienne de la triade stratégique, elle ne semble présente que pour mémoire puisqu'elle ne représentait que 13 % des vecteurs de l'arme nucléaire à la veille de la disparition de l'URSS contre 37% pour les Etats-Unis. Il n'en va pas de même pour l'aviation de chasse, mais ceci est une autre histoire, car sa fonction n'est pas immédiatement stratégique.

Tout ceci signifie que l'URSS met bien en place l'arsenal de la puissance continentale qui pense la guerre et les opérations militaires comme devant se dérouler dans sa continuité territoriale. Ainsi, si l'aviation joue bien un rôle incontestable sur le champ de bataille, c'est bien le missile – et notamment sa composante terrestre - qui se substitue à elle pour mener à bien les opérations

---

65 V.D. SOKOLOVSKI, *Voennaja Stratégija* (stratégie militaire), Moscou, Voenizdat, 1962, suivi de deux éditions en 1963 et en 1968. Traduit en français sous le titre *Stratégie militaire soviétique*, ed. de l'Herne1984

66 Ibid. p. 247 (édition 1963).

67 S. GORCHKOV, *Morskaja mochtch' gosudarstva* (la puissance navale de l'Etat), Moscou, Voenizdat, 1976. Cet ouvrage, qui peut être considéré comme le premier manuel de stratégie navale soviétique, reprend l'essentiel de l'argumentaire développé par les marins au cours des années 1972-74

sur la profondeur du front adverse. Il s'agit pour Moscou de faire face à cette hypothèse conflictuelle - fort heureusement jamais vérifiée - selon laquelle si une guerre majeure devait éclater entre les deux systèmes, elle devrait se dérouler sur le théâtre européen - ou asiatique - c'est-à-dire dans la continuité territoriale de l'URSS et préserver les deux super puissances sanctuarisées. Cette hypothèse paraît se vérifier tout au long des années d'« *équilibre de la terreur* », c'est-à-dire à partir du début des années 1960.

Enfin, ce qui caractérise la vision de l'URSS au regard de l'armée de l'air, aucun aviateur n'a jamais été ni ministre de la défense, ni chef d'état-major général des armées. Une exception toutefois, celle du maréchal d'aviation Evgeni Chapochnikov qui fut le dernier ministre soviétique de la défense, en 1991. Celui-ci, alors commandant en chef de l'armée de l'air, a refusé de suivre les putschistes d'août 1991, contribuant à leur pitoyable échec[68]. En remerciement, il est donc nommé ministre par M. Gorbatchev en août 1991 et il le restera jusqu'à la disparition de l'URSS en décembre de la même année. Avec la Fédération de Russie, les choses n'ont guère changé tout au moins en termes de représentativité des aviateurs dans les instances politico-militaires.

La Fédération de Russie : le changement dans la continuité

La fin de l'URSS a-t-elle modifié la place et les fonctions de l'armée de l'air dans les représentations stratégiques russes ? Oui et non, tel pourrait être le constat que l'on peut tirer quelque trente ans après. Non, car les permanences de la culture stratégique russe sont, par essence, inchangées. Quand bien même la Fédération de Russie a perdu quelque cinq millions de Km2 par rapport à l'URSS, elle reste le plus vaste pays du monde et la puissance continentale par excellence. Ses visions stratégiques restent par conséquent identiques, quand bien même elles se sont adaptées à un contexte international nettement plus incertain et à la place de la Russie dans une architecture de sécurité en mutation.

A l'inverse - même si certains tentent d'en relancer l'idée - la perspective d'un conflit majeur entre les deux adversaires d'hier s'est fortement dissipée. Certains des grands principes stratégiques de l'URSS d'hier n'ont donc plus cours, tout au moins celles qui répondaient à l'hypothèse conflictuelle d'un conflit majeur en centre-Europe. Mais, depuis les années 1990, de nouvelles formes de conflit sont apparues qui ont conduit à attribuer aux forces aériennes un rôle croissant, tout au moins pour ce qui concerne la Russie. Toutefois il convient de ne pas se leurrer sur le sens à attribuer à ces fonctions nouvelles. On ne saurait en effet considérer que la Russie se serait ralliée aux thèses

---

[68] Voir notamment ses mémoires sur les années 1991-93 : E. CHAPOCHNIKOV, *Le chaos et la raison*, Paris, Edition n°1, 1994. Le grade de maréchal d'aviation correspond à celui de général d'armée. L'équivalent, pour les aviateurs, du grade de maréchal dans l'armée de terre est celui de « *maréchal principal d'aviation* ». Il n'a par ailleurs aucun lien de parenté avec le maréchal (terre) Boris Chapochnikov (1882-1945).

douhetiennes, en vigueur notamment aux Etats-Unis, car Moscou, ne paraît toujours pas considérer que l'aviation puisse jouer un rôle déterminant dans l'obtention d'un but de guerre. Ni le discours stratégique, ni le discours politique ne laissent paraître une telle mutation dans l'usage certes croissant qui est fait des forces aériennes dans les différents conflits dans lesquels la Russie est engagée. Par contre, l'importance accordée aux diverses campagnes de bombardement - que l'on abordera plus loin - semble plutôt s'inscrire dans une logique, et même une obsession, russe remontant à la fin du XIXe siècle et qui deviendra même un dogme au lendemain de la seconde guerre mondiale : « *rattraper et dépasser les Etats-Unis* ».

Cette hypothèse se vérifie clairement en 1999 en Tchétchénie, tout au moins dans les discours présentant cette nouvelle campagne contre la république sécessionniste, mais aussi en 2015-2018 en Syrie. Outre ces deux exemples d'emploi de la force, la situation de l'armée de l'air dans la hiérarchie des forces armées a également été modifiée sous l'effet, d'abord, d'un facteur extérieur, mais avec un résultat insignifiant ; puis par décision du pouvoir politique de mener à bien une réforme militaire annoncée depuis le début de la décennie 1990.

Une tentative de modifier la culture stratégique russe : START 2 (1993)

Une première tentative de modifier les équilibres stratégiques internes de la Fédération de Russie a été envisagée en 1992-93, lors des négociations - particulièrement brèves - en vue de la signature d'un nouvel accord START[69]. Les Etats-Unis ont alors tenté d'imposer leur propre logique à une Russie très affaiblie. Le 3 janvier 1993, quelques jours avant la fin de son mandat, le président Georges H.W. Bush obtient en effet de son homologue russe, Boris Eltsine, peu au fait des questions militaires, la signature du traité START 2. Par le jeu des plafonds instaurés sur les différentes catégories d'armes stratégiques destinées à être réduites des deux tiers, Washington réussit à imposer à Moscou un alignement sur son propre modèle de triade stratégique : la composante terrestre, point fort de l'arsenal russe, serait ainsi réduite à 23 % des ogives contre de 60% en 1991, à la veille de la signature du premier accord START. Ceci au profit de la composante navale passerait de 25 % en 1991 à 49 % et, dans une moindre mesure de la composante aérienne qui passerait de 13 à 27 % de la triade[70]. En d'autres termes, il s'agirait d'une véritable révolution culturelle pour la Russie alors que les rapports entre les diverses composantes seraient restés inchangés pour les Etats-Unis. Ceci explique, parmi d'autres facteurs, pourquoi Moscou a attendu plus de sept ans

[69] Le premier accord START a été signé entre les présidents Gorbatchev et George H.W. Bush le 31 juillet 1991, soit trois semaines avant le putsch d'août 1991.

[70] Voir notamment *Arms Control Association*, Fact Sheet, décembre 1992 et *Izvestia*, 4 janvier 1993.

et un nouveau président pour ratifier cet accord, le 14 avril 2000. Geste de bonne volonté de la part d'un président élu trois semaines plus tôt (26 mars). En réalité, les réserves à l'égard de ce traité tant en Russie qu'aux Etats-Unis conduiront à ne jamais le voir appliqué. Il sera d'abord remplacé, par le traité SORT (24 mai 2002) - sans doute le plus court traité de maîtrise des armements : il tient sur une page ! - puis par le traité de Prague, également désigné sous le nom de START 3 (ou nouveau START) signé entre Vladimir Poutine et Barack Obama le 8 avril 2010. Chacun de ces traités des années 2000 laissera une plus grande souplesse dans la composition de l'arsenal des signataires, mais l'alerte fut rude pour la Russie.

Il est vrai que durant toute la décennie 1990, c'est-à-dire pendant les années Eltsine, la Russie n'a guère été en mesure de modifier fondamentalement son arsenal, préoccupée qu'elle était d'engager avec un succès pour le moins modeste, la reconstruction de son économie en ruine. Quant aux questions de défense, elles étaient marquées par un discours revenant comme un leitmotiv sur la « *réforme militaire* » ; une réforme qui s'apparentait plus à des effets d'annonce qu'à une réalité tangible. Il est vrai que l'armée russe avait encore de « *beaux restes* ».

La deuxième campagne en Tchétchénie

La Russie saura toutefois faire illusion à la toute fin de la décennie 1990 avec la deuxième campagne en Tchétchénie. Illusion, car derrière les discours officiels se dissimulent des réalités moins glorieuses. Mais pour comprendre cette illusion, il convient de se replacer dans le contexte de la situation internationale de l'année en 1999. Le 24 mars, l'Otan engage une campagne de bombardement aérien contre la Serbie afin de faire cesser les exactions commises au Kosovo. Elle durera six semaines. La Serbie fut alors contrainte d'accepter le plan en sept points proposé par le G8 et la commission Tchernomyrdine-Ahtisaari, mais Slobodan Milosevic est toujours au pouvoir. Le résultat politique de l'opération militaire est donc inférieur à ce qu'avait escompté l'Otan.

Trois mois après la fin de cette opération, le Président russe et son nouveau Premier ministre, Vladimir Poutine, ripostent à une tentative d'instauration de la chariah au Daghestan, république voisine de la Tchétchénie, par un commando indépendantiste-terroriste soutenu par le mouvement wahhabite commandé par le tchétchène Chamil Bassaev, et par un chef de guerre saoudien, le « *commandant* » Khattab. Le Kremlin annonce que cette nouvelle campagne en Tchétchénie serait exclusivement aérienne. Cette annonce a plusieurs fonctions. La première est de rassurer une population russe encore échaudée par la première campagne militaire (1994-1996) qui avait provoqué de lourdes pertes dans les rangs de l'armée russe. Celles-ci ont en effet été, proportionnellement et selon les chiffres officiels, quelque cinq fois supérieures aux pertes russes durant la guerre en Afghanistan. L'annonce qu'il n'y aurait pas - ou peu - de troupes au sol est ainsi destinée à garantir que les pertes russes devraient être limitées, ce qui bien sûr ne fut pas le cas.

Mais cette annonce avait aussi une autre motivation à effet à la fois interne et externe : montrer que les forces armées russes étaient à même de remplir des missions identiques à celles de l'Otan et donc, implicitement, que la Russie avait, dans ce domaine au moins, « rattrapé » les Etats-Unis. Les Russes n'ont donc plus à avoir honte de leur armée. Mais le message s'adresse aussi au monde occidental qui avait osé critiquer la Russie pour sa première campagne tchétchène. De telles critiques de la part de l'occident en général et de l'Otan en particulier, seraient malvenues en 1999 dès lors que la Russie annonce ne rien faire d'autre en Tchétchénie que ce que l'Otan a fait contre la Serbie et, de surcroît, sans l'aval de l'ONU.

La réalité est évidemment tout autre. Le conflit va durer, des troupes au sol seront envoyées, et les pertes russes seront au moins aussi importantes que lors de la précédente campagne. Cette campagne, symbolisée par un relatif succès politique à l'intérieur - contribuant notamment à une hausse vertigineuse de la popularité du jeune inconnu qu'était alors Vladimir Poutine et de son parti aux législatives de décembre 1999 puis à la présidentielle de mars 2000 - autant que par un relatif échec militaire sur le terrain. Ces « *succès* » en demi-teinte contribueront sans doute à pousser le nouveau pouvoir à accélérer le renouvellement de l'arsenal classique russe et notamment ses forces aériennes. Puis, la modernisation étant lancée, de repenser l'organisation des forces armées.

La restructuration des forces armées

L'armée soviétique avait, on l'a vu, cette spécificité de comprendre cinq armées à part entière : l'armée de terre, les missiles stratégiques (RVSN), la défense anti-aérienne (PVO) l'armée de l'air et la marine. Cette structure n'a jamais été remise en question par l'URSS, tout au moins depuis la création des RVSN en 1959. La transformation du pouvoir politique, mais aussi les mutations de la guerre ou plutôt des opérations armées vont modifier les choses, notamment après l'accession au pouvoir de Vladimir Poutine qui cherchera à redonner à l'armée la place qui était la sienne sous le régime soviétique et à « *redorer son blason* ». La disparition de l'hypothèse conflictuelle privilégiée d'un affrontement direct entre les deux blocs que le principe de la dissuasion nucléaire doit prévenir va, comme à l'ouest, conduire à de nouvelles réflexions à la fois doctrinales et organisationnelles. Si la réforme militaire annoncée sous Boris Eltsine est apparue plus comme un slogan souvent vide de sens et sans grands effets tangibles - ce qu'il convient toutefois de relativiser en matière de modernisations de certains types d'armes - les principales transformations interviennent à partir de 2001, c'est-à-dire dès le début de la présidence Poutine.

Si, en 1997, les RVSN s'étaient vues adjoindre les forces spatiales (*kosmitcheskie vojska*), ces dernières en seront détachées le 1er juin 2001 et, surtout les RVSN verront leur statut hiérarchique diminué : d'armée à part entière (*Vid voorujennyh sil*), elles passent au statut d'arme (*roda vojsk*), fût-elle « *autonome* », c'est-à-dire non soumise à une quelconque armée au même titre d'ailleurs que les forces spatiales qui lui avaient été retirées[71]. Mais si le changement s'arrête en 2001 pour les forces des missiles stratégiques, il n'en est pas de même pour les forces spatiales qui connaîtront encore deux modifications en 2011 et en 2015. Et c'est en ces occasions que l'on retrouvera l'armée de l'air. Les forces spatiales qui avant été détachées des RVSN et placées au même niveau hiérarchique que ces dernières sont désormais intégrées dans une « *défense aérienne et spatiale* » (*Vozduchno-kosmitcheskaja oborona*, VKO) qui intègre la défense anti-aérienne (PVO) et la défense anti-missile (PRO). Ces « *va-et-vient* » structurels semblent trouver leur aboutissement lorsque, par *ukaz* du président Poutine du 1er août 2015, sont constituées les « *forces aériennes et spatiales* » (*Vozduchno-kosmitcheskie sily* VKS) qui deviennent alors une armée à part entière constituée de trois composantes : l'armée de l'air, les forces spatiales et la VKO. [72] A titre de comparaison, on peut renvoyer au projet lancé par le président Trump le 18 juin 2018 visant à la création d'une nouvelle armée : la *space force.* L'accueil ne fut, semble-t-il, guère enthousiaste ni de la part des medias et encore moins du Pentagone[73]. Si l'on rappelle ce projet c'est que, encore une fois, la Russie semble avoir une certaine avance conceptuelle sur les Etats-Unis, à défaut d'avance technique. Mais il est aussi clair que le fossé culturel russo-étatsunien subsiste. La différence réside en effet dans le fait les Russes sont généralement conscients de ce fossé ; il n'est pas sûr qu'il en soit de même à Washington, a fortiori à la Maison blanche.

De ces quelque quinze ans de changement structurels dans l'armée russe, l'on peut tirer une conclusion majeure : en 2015, l'armée de l'air a cessé d'exister en tant qu'armée à part entière pour n'être plus qu'un élément d'un ensemble réunissant tout ce qui touche aux espaces aérien et extra-atmosphérique.

S'agissant de la modernisation de leur arsenal aérien, une incontestable accélération se produit également sous la présidence Poutine. Certes, celle-ci s'inscrit bien dans une continuité entre l'URSS, la Russie de Eltsine et celle

---

[71] Site du ministère russe de la défense : http://www.structure.mil.ru (article RVSN). Voir également l'interview de Vladimir Poutine aux *Izvestia*, 23 mars 2001 qui annonce le changement

[72] https://function.mil.ru/news_page/country/more.htm?id=12047184@egNews (Discours du ministre russe de la défense, Sergeï Chojgu, le 3 août 2015) Pour l'organiationo des armées et armes autonomes, voir aussi https://structure.mil.ru/structure.forcess et structure.rv

[73] Voir notamment https://www.bloomberg.com/view/articles/2018-06-21/trump-s-space-force-is-no-joke et http://time.com/5316007/space-force-trump/ (19 juin 2018). *L'air space force command* instaurée sous Ronald Reagan n'était qu'une composante de l'US Air force

de Poutine, mais c'est bien sous cette dernière que se produit la plus forte accélération depuis la fin des années 1970. Un certain nombre d'appareils, notamment les chasseurs, ont été modernisés (Su 25M, Su 30, Su35SM) de même qu'est apparue une « cinquième génération » de chasseurs (Su 57) et d'appareils multifonctions (MiG 35). La plupart de ces appareils se retrouveront dans les opérations menées par la Russie en Syrie à partir de 2015 leur offrant ainsi un terrain d'exercice fort opportun.

L'aviation en Syrie : action et doctrine

On retrouve en effet avec les opérations, essentiellement aériennes, en Syrie les mêmes fantasmes que du temps de l'affrontement bipolaire : une tendance à l'exagération et au triomphalisme d'un côté et, de l'autre, une tendance à minimiser l'efficacité des opérations voire à taire des succès. Mais, dans un cas comme dans l'autre, on est confronté à ce vieux constat, aux nombreux précédents entre 1945 et 1989, selon lequel la désinformation de l'un sert la désinformation de l'autre. Il ne s'agira pas ici de proposer une nouvelle analyse de la crise syrienne, mais seulement de s'intéresser à la question de l'usage de l'outil aérien et les représentations politico-médiatiques qui en ont résulté.

Alors que la crise avait éclaté quelque quatre ans plus tôt, en mars 2011, la Russie effectue une spectaculaire entrée en scène sur le théâtre syrien en octobre 2015 avec le tir d'une série de vingt-six missiles de croisière « *Kalibr* » depuis un bâtiment navigant dans les eaux de la mer Caspienne[74]. Démonstration technique de la modernité des forces russes rénovées à cette nuance près que la lecture occidentale a vu un exploit de l'aviation alors que ces missiles rassortissaient à la marine et non à la toute nouvelle armée des forces aériennes et spatiales (VKS). Par contre, en dehors de ce « *signal* » qu'a représenté ce tir de missiles de croisière aux effets militaires relativement satisfaisants, c'est bien de fait l'aviation qui prend le relai et qui exécute l'essentiel des missions comme le soulignaient les médias russes les plus officiels[75]. Ont été ms en exergue plus particulièrement par ces médias russes les Tu-160 (*Blackjack*) et Tu-95MS (*Bear*) pour les opérations de bombardement ainsi que les Su- 25 SM et Su-30 SM pour les appareils de chasse. Il est par ailleurs intéressant de noter que le site russe *Sputniknews* ne mentionne pas la présence des tout nouveaux chasseurs de cinquième génération Su-57 dont quatre exemplaires avaient été déployés en Syrie[76]. Les résultats auraient-ils été en deçà des espérances ? Il ne semble pas, selon des

[74] Voir notamment *Le Monde*, 8 octobre 2015.
[75] Voir par exemple www.sputniknews.ru le 24 février 2018.
[76] *Nezavisimaja Gazeta*, 27 février 2018.

sources relativement indépendantes du pouvoir. Sans doute est-ce parce que la production en série de ces appareils venait à peine d'être lancée[77]

Entre inquiétudes occidentales - réelles ou feintes - devant les capacités aériennes notamment celles du contrôle du champ de bataille (A2/AD) et triomphalisme - certes relatif - de la Russie, est-ce à dire que la façon de concevoir la guerre par les stratégistes russes aurait changé ? Il convient là de relativiser les choses, car, si les Russes sont légitimement fiers des progrès techniques en matière aéronautique, la classe politique, mais aussi les militaires semblent rester plus modestes… ou discrets. La Russie ne s'est pas ralliée aux conceptions étatsuniennes de conduite de la guerre quand bien même elle en emploierait certains des moyens. Plusieurs signes confirment cette hypothèse. Et si la propension à « *rattraper et dépasser les Etats-Unis* » subsiste, elle ne saurait prévaloir sur une culture stratégique qui reste profondément ancrée.

Ainsi, lors de sa grande conférence de presse annuelle du 17 décembre 2015, c'est-à-dire celle qui a suivi le début des opérations en Syrie, Vladimir Poutine peut affirmer que la Russie pourrait très bien se passer de la « base » aérienne de Lattaquié (Hmeimim) : « *certains en Europe et aux Etats-Unis nous répètent que nos intérêts [en Syrie] seront respectés et que notre base pourra être conservée… Certains pensent, y compris en Russie, que nous devons avoir une base là-bas. Je n'en sus pas sûr* »[78]. Certes, on l'a vu, et V. Poutine l'a rappelé en cette occasion, la Russie a démontré l'efficacité de ses missiles de croisière *Kalibr*, mais il est surtout intéressant qu'il n'ait pas abordé la question du rôle majeur rempli par l'aviation lors de cette opération. Par ailleurs, si le président russe affirme que Moscou pourrait se passer de Lattaquié, il ne dit rien de ses facilités de mouillage à Tartous ! Ces doutes sur l'utilité de Lattaquié semblent avoir été abandonnés deux ans et demi plus tard par le même Vladimir Poutine dans son émission *Prjamaja linia* (En direct) : « *concernant la présence de nos forces il ne s'agit pas seulement d'un contingent, mais il s'agit de deux points d'appui, l'un dans le port de Tartous l'autre, aérien, à Hmeimim et cela en vertu du traité signé avec le gouvernement syrien en parfaite conformité avec le droit international. Nos forces se trouvent là pour garantir les intérêts de la Russie dans cette région d'intérêt vital, proche de nous ; elles y resteront aussi longtemps que cela sera utile à la Russie et pour y remplir nos obligations internationales* »[79]. Par contre, le président n'a pas abordé explicitement les opérations aériennes en Syrie.

---

[77] *Nezavisimoe voennoe obozrenie*, 5 juillet 2018 et *Nezavisimaja Gazeta*, 2 juillet 2018..

[78] *Grande conférence de presse annuelle de Vladimir Poutine*, Moscou, 17 décembre 2015, http://http://kremlin.ru/events/president/news/57692
www.kremlin.ru/events/president/news/50971

[79] http://kremlin.ru/events/president/news/57692

Cette relativisation du rôle de l'aviation en Syrie se retrouve dans le discours annuel du président, le 1er mars 2018, au cours duquel il aborde la modernisation des forces armée russes. Il estime ainsi que « *Les opérations en Syrie ont démontré les capacités croissantes des forces armées russes* », mais il ne mentionne à ce sujet que l'armée (de terre) et la marine, puis aborde la question des composantes terrestres et navales des armes nucléaires stratégiques, c'est-à-dire autant de types d'armes qui ne sauraient être concernées par les opérations en Syrie. Il ajoute toutefois que « *En Russie comme dans le monde, tous connaissent désormais le nom de nos avions, de nos sous-marins et armes anti-aériennes les plus récents* ». Puis, pour la partie de son discours concernant la défense, il aborde essentiellement les conséquences du retrait des Etats-Unis du traité SALT1-ABM en 2001[80]. Curieux hommage aux aviateurs russes qui ont combattu en Syrie !

Même s'il a pu être fait référence aux conceptions de Douhet, sa mise en œuvre par la Russie n'a jamais dépassé le niveau du conflit local. En d'autres termes, l'aviation reste d'un usage limité au niveau tactique et ne saurait être envisagé pour gagner une guerre, a fortiori à grande échelle[81].

De tout cela il ressort que, dans la culture stratégique russe, l'armée de l'air occupe une place radicalement différente de celle qui est la sienne aux Etats-Unis et par là même dans l'ensemble du monde occidental. Les premiers ayant réussi avec plus ou moins de succès, à imposer leur conception à leurs alliés. Mais il ne faudrait pas que ces derniers sombrent dans le néo-isolationnisme caractéristique des visions étatsuniennes en ce qu'il est porteur d'erreurs d'appréciation qui peuvent être fatales.

---

80 Discours annuel de Vladimir Poutine, Kremlin, 1er mars 2018 http://www.kremlin.ru/events/president/news/56957

81 Voir notamment : « L'aviation stratégique a démontré son universalité pour remplir des missions de combat dans un conflit local » *Nezavisimoe Voennoe Obozrenie*, 23 mars 2018 ; ou encore « Le Kremlin a employé, pour défendre Bachar Al Assad, la doctrine de Douhet », *Nezavisimaja Gazeta*, 27février 2018

The evolution of the arms industry

Ron SMITH

I was delighted to be asked to prepare a paper in honour of Jacques Aben. I first got to know him in the early 1980s, when we were both working on a British-French collaborative study, financed by CNRS & ESRC, comparing the defence efforts in France and the UK. We co-authored a paper comparing the effects of military spending on employment in France and the UK, Aben & Smith (1985, 1987). Not only was that project a rare example of a successful British-French collaboration in the defence sphere, it was particularly productive, because the same article could be published both in French, the 1985 version, and in English, the 1987 version. I returned to comparing the British and French defence efforts in Smith (2013a) written in honour of another French collaborator on that project, Jacques Fontanel.

The papers I wrote with Jacques Aben were concerned both with a substantive issue, to contrast the employment impacts of defence expenditure in the two countries within a comparable framework, and a methodological issue, to investigate the limits to comparison posed by the treatment of exchange rates and the differences between the two countries in measurement procedures, definitions and military structures, such as the role in France of conscription and the Gendarmerie, then part of the defence budget. These methodological issues remain a constraint on comparison : how to compare effects within quite different systems.

In this contribution in honour of Jacques Aben, I would like to consider another area examined by the project, and closely related to the employment issues that Jacques Aben and I considered: the evolution of the arms industry. As we noted in our paper, the arguments for military expenditure and the arms industry often rely on claims about their ability to generate jobs. My discussion of the arms industry draws on some earlier work : Smith (2009, 2013b) and Dunne & Smith (2016, 2018) and the data in SIPRI (2018).

Industries are usually defined either in terms of the nature of their product or their production process. This is not true of the arms industry which has very heterogeneous products and very heterogeneous production processes. What defines the arms industry is how the products are used: for killing people. This gives it a dual existence as both an economic and a symbolic entity. As an economic entity the arms industry can be analysed in terms of standard models of how its structure, conduct and performance adjust to variations in demand and supply conditions. As a symbolic entity the arms industry is a controversial part of national patrimony being seen both as an essential source of sovereignty and employment and as a fearful merchant of death, profiting from conflict. This is not merely a left-wing concern. In his 1961 Farewell Address before ceasing to serve as US President, General Eisenhower had warned against the dangers of whet he labelled "The Military Industrial Complex".

Demand for the industry output is inherently political, since the government is the primary customer, finances research and development, R&D, regulates exports and in some cases owns the firms and arsenals. Regulation of arms exports has a long history. In the 8th century Charlemagne declared the death penalty for Frankish merchants selling swords to Vikings. While governments had long organised arms production in naval dockyards and royal arsenals, the modern arms industry dates from the mid-19th century and from the beginning it was global. Nobel's dynamite and cordite, both dual use systems, were produced in subsidiaries around the world. Technological developments in metals production in the second half of the 19th century were rapidly applied to arms by Krupp in Germany and Armstrong and Vickers in Britain, all of whom relied heavily on foreign sales. Sir Hiram Maxim, an American operating in Europe, sold his guns all over the world. By the beginning of the 20th century there was a dense multinational network of interlinked arms firms and specialised arms merchants, who emulated Krupp, Armstrong, Vickers and Maxim. George Bernard Shaw's play of 1905, *Major Barbara*, addresses the issues of international arms manufacture as perceived in the early 20th century.

Before the First World War, the thriving international arms trade was largely unregulated, but subsequently many blamed these 'merchants of death' for the war itself. In the inter-war period, there were a series of intergovernmental initiatives to restrain the arms trade and individual countries began to pass laws regulating arms exports. These were of limited effectiveness. During World War II there were vast arms transfers particularly from the US to the UK, initially under lend-lease, and from the US to the Soviet Union. After World War II, the arms trade was shaped by the Cold War, in three dimensions.

- Each side tried to prevent military technology flowing to the other. In the West this was organised by COCOM (the coordinating committee for multilateral export controls) which tried to restrict the transfer of arms and dual-use technologies to communist countries.
- Each side wanted to ensure that its allies were well armed, because this improved the quality of defence.
- Each side hoped that by providing arms to non-aligned countries they could be aligned a little more closely.

The driving forces at this stage of the development of the market were largely political and transfers were often heavily subsidised.

In the later twentieth century, commercial factors became more important. Selling nations hoped to use arms exports to maintain their defence industrial base in the face of fluctuating domestic demand and spread the large fixed R&D costs of developing major weapons systems over more units. This was particularly a feature of French policy, where systems were designed with export markets in mind, rather than the needs of the domestic armed forces. Countries importing arms also hoped to acquire technology. Agreements by the exporter to offset the arms sale by purchases from the importer were a common feature of contracts.

Currently it is not a very large industry. SIPRI (2018) provide sales figures for the top 100 arms producers, excluding Chinese firms because of lack of data. In billions of constant 2017 US dollars the total arms sales for these firms rose from $277bn in 2002, peaking at $442 in 2010, dropping to $380bn in 2014, rising again to $398bn in 2017. Of the top 10 companies in 2017, 5 were US (Lockheed Martin, Boeing, Raytheon, Northrop Grumman, General Dynamics), 4 were European (BAE at number 4; Airbus 7; Thales 8; and Leonardo 9). One was Russian, Almaz-Antey a producer of air defence systems, at number 10. The 2002 top 10 list was very similar. It included two other US firms, United Technologies and Honeywell, excluded Almaz-Antey and Leonardo, which was at number 11 under its old name, Finmeccanica. Lower down the list there were many more changes. The shares of the main countries had not changed very much either. The US had fallen from 64% to 57%, In both years France and the UK were in the 6-8% range, trans-europe (Airbus/EADS and MBDA) about 4%, and Italy, Germany, Israel around 2%.

Governments have various sources of supply for weapons. They can be acquired by importing systems produced abroad, by licensed production of systems developed abroad, by collaborative development and production or by domestic development and production. In general importing is the cheapest and domestic development and production the most expensive. However, imports may not be customised to national requirements and the seller may "black-box" software to stop it being changed by the buyer. There are potential problems with security of future supply and the supplier may raise the cost of components and replacement parts once the buyer is locked in. Collaboration has problems with inefficient work-sharing arrangements : "juste retour". Domestic development has the danger of the creation of a local monopolist.

Weapons acquisition involves long time horizons, the B52 designed in 1955 is still in operation and the C130 Hercules has been in production for over 60 years ; though both have updated avionics. Average procurement time is about 7 years from specifying the requirement to in-service date. This is an average ; it can take a much longer time for big systems or it can take a much shorter time for systems that are required immediately in combat. What are called Urgent Operational Requirements, UORs, in the UK, can be procured in under a year. This long typical military procurement cycle creates a mis-match between military and civilian technologies ; the electronics in military systems is often not only obsolete by the in-service date but also no longer in production. The long procurement cycle means that there is large uncertainty about the future requirement, threat and available technology. As the uncertainty is removed and the threat and technology materialise there is inevitably pressure for changes in the specifications as the programme matures, adding to costs. Major weapons systems are usually delivered late, over budget and underperforming relative to the capabilities initially promised.

Weapons can be acquired under many different forms of contractual relationship. Close partnerships between the procurement agency and the firm, with payment made on a cost-plus profit formula are very flexible and can easily adjust to changing requirements. The Ministry of Defence can pool risks over many projects and cost-plus provides insurance to risk-averse contractors. Partnerships build up a close relationships and trust, though this trust may be exploited. Partnerships also tend to create monopolies and may inhibit innovation and the entry of new firms. There is a moral hazard problem, since cost-plus gives the firm no incentive to minimise costs. Cost-plus can also distort the make-or-buy decision since the firm can earn more profit on what it makes. There are disputes about what the appropriate profit formula should be.

The alternative is for firms to compete to win the contract, with the winner committing to produce the system for a fixed price, which may be linked to some price index if the contract runs over many years. Contracts are inevitably incomplete and this system can be inflexible and expensive if the requirement changes, leaving the procurement agency is in a weak bargaining position. There is a danger of adverse selection (the winners curse), where the firm that bid low was the one that did not appreciate all the difficulties involved. This would just be a transfer from firm to government but the cost could bankrupt the firm and the government then needs to bail out the firm to obtain the equipment. Risk-aversion means that firms fearing the large technological uncertainty have to build a big risk premium into the price they bid.

Since neither partnership with cost-plus pricing nor competition with fixed prices are ideal the US and UK have tended to oscillate between the two over long cycles. The relationship between the state and the arms industry differs between Britain and France, partly reflecting their different industrial traditions: French dirigisme, British laissez-faire. In France a tight symbiotic relationship exists between the procurement agency, the Direction Générale de l'Armement (DGA) and what were originally largely nationalised arms firms. There has been some privatisation, but the state still retains a considerable shareholding in many arms companies. Ownership does not imply control and state ownership can mean that the arms industry controls the state rather than the state controls the arms industry.

In 1979 much of the British arms industry was state owned, but Mrs Thatcher privatised all the arms firms and introduced competition under Peter Levene, the head of defence procurement during the 1980s. This commitment to competition was given credibility by occasional purchases of foreign weapons. This reliance on competition and markets meant that the UK has had little that constituted an explicit defence industrial strategy and has been relaxed about foreign acquisition of UK firms, including by French firms such as Thales. The UK has also used Government Owned Contractor Operator facilities like the Atomic Weapons Establishments.

As noted above, arms are a very heterogeneous category of products ranging from fairly simple small arms and vehicles to complex major weapons systems. It is the latter that tend to be the focus of policy concern. Major weapons systems have high fixed R&D costs and steep learning curves, with costs falling sharply with each further unit produced, so there are economies of scale and minimum efficient scale is large relative to the size of the market. As a result, there are few producers of major weapons systems though many more than in civilian markets. There are only two manufacturers of large civil airliners, Boeing and Airbus, but many manufacturers of fast military fighter aircraft.

This poses a dilemma for governments. On the one hand, they are concerned that constraints on military expenditures would drive firms below their minimum efficient scale, but on the other hand competition helps keep down prices and stimulates innovation by firms. How to balance the tension between the benefits of scale and the benefits of competition has been a central defence industrial policy issue for the last 50 years. Many countries hoped that the dilemma could be resolved by exports, but export markets are very competitive and very uncertain as the tribulations over the sale of Rafale fighters to India has shown. Rafale was originally chosen in 2012, 110 were to be sold, manufactured in India. In 2016 this was reduced to 36, manufactured in France, and even these have been mired in controversy. Because the US has the largest military R&D budget, its weapons tend to be the most technologically advanced and because it has a large budget it can gain economies of scale making its products cheaper. The large number produced, such as over 4,500 F16s, gives them a cost advantage over systems like the Eurofighter where production is only about 550.

The central dynamic driving the evolution of the arms industry has been the tension between the international economic forces tending to increase concentration and globalization and the national political forces trying to maintain a domestic arms industry. Governments often believe that military industry is necessary for technological development. In Smith & Aben (1987, p385) we noted that a senior DGA official had asked whether the great French technological innovations since the war (Concorde and Ariane) would have taken place in the absence of military R&D spurred on by the arms race. We also commented "British observers might be skeptical about whether Concorde was either wholly French or a wholly successful technological innovation."

The reduction in military expenditures at the end of the Cold War led to a significant increase in concentration. SIPRI provides data on the top 100 companies in the arms industry. The market share of the top-5 firms in the world, C5, was only 22% in 1990. It then rose to a peak of 45% in 2002. The top 5 are mainly American and a major stimulus to concentration came in 1993 when Pentagon Deputy Secretary Perry at the "last supper" told a dinner of defence industry executives that there were too many companies. The wave ended in 1997 when the Pentagon decided it had gone far enough and blocked the merger of Lockheed Martin with Northrop Grumman. With the 9/11 attacks in the US and a new regime in Russia, military spending started to rise and concentration, as measured by the share of the top 5 fell from the peak in 2002 to a low of 33% in 2014, rising to 36% in 2015 and 2016, falling slightly to 35% in 2017.

As of early 2019 there is no indication that the US Department of Defense would support major mergers. The issues are somewhat easier in the US because increases in concentration involve mergers of national firms. In Europe it means mergers of firms between countries to form transnational companies. In Europe the merger process was later and more complicated, but produced four large groups BAE, Airbus (EADS), Thales and Leonardo (Finmeccanica) and many joint ventures. For instance, BAE and Airbus collaborate on the production of the Eurofighter-Typhoon. There are two pan-European defence companies, Airbus and MBDA, the missile company formed in 2001 and jointly owned by Airbus, BAE and Leonardo. Tom Enders, whose 2012 attempt to merge Airbus (then EADS) and BAE was killed by German Chancellor Angela Merkel, proposed in July 2018 to combine military aircraft divisions of Airbus, BAE, Leonardo, Dassault and Saab to create a jointly owned consortium like MBDA, but it is unlikely to happen. Even a much simpler joint venture between France's state-owned Naval group and Italy's Fincantieri, which took over the French shipyard STX have run into political difficulties.

The earlier consolidation process had involved Daimler Aerospace, DASA, in talks to merge with with BAe during 1998, but when BAe instead acquired the defence divisions of GEC to form BAE Systems in 1999, Daimler merged DASA with Aerospatiale-Matra and CASA to form the transnational EADS. BAE was a shareholder in EADS by virtue of its 20% stake in Airbus, but disposed of this holding in 2006 to concentrate on defence. Daimler was subsequently a reluctant shareholder in EADS. The multinational Thales was formed in 2000 when the French Thompson CSF company acquired Racal's UK defence operations. In early 2019 the French State held 27% of Thales. In 2009, the largest private shareholder in Thales, Alcatel-Lucent, sold its stake to Dassault who now holds 26% of the shares. Leonardo (Finmeccanica) completely acquired the helicopter manufacturer Agusta-Westland in 2004.

The increase in concentration in the US during the 1990s provides a natural experiment. As a result of the mergers the share of federal defence contract spending awarded to the five largest private firms rose from 21.7% to 31.3%. Carril and Duggan (2018) show that this increase in concentration caused the procurement process to become less competitive. More spending was awarded without competition, or via single-bid solicitations and there was also a shift from fixed-price to cost-plus contracts. However, comparing products with different degrees of concentration they did not find any evidence that increased concentration led to increased acquisition costs of large weapon systems, nor to higher spending at the product market level. They suggest that given the government was a monopsonist, the sole customer for weapons, its buyer power constrained the market power of firms even in the absence of competition.

Forecasting the future of the arms industry is fraught with dangers. Although the structure at the top of the industry has remained remarkably stable for 20 years, there are many tensions : between pressures for globalisation and desire to maintain national champions; between emerging producers in Russia and China and the traditional US and European producers; between the legacy platforms that still dominate the armed services and the new disruptive technologies like drones. Whether these tensions will chane the structure, only time will tell.

January 2019

References

Aben J. and R.P. Smith (1985) Defence et emploi au Royaume-Uni et en France. Une etude comparative des resultats disponibles pp 145-170 of Fontanel J. and R.P. Smith editors, (1985) *L'effort economique de defense: France et Royaume-Uni:* Special issue of Ares: Defense et Securite 1985, pp 233, CEDSI Grenoble 1985.

Aben J. and R.P. Smith (1987) Defence and Employment in the UK and France: a Comparative Study of the Existing Results, p384-398; both in *Peace Defence and Economic Analysis* edited by F Blackaby & C Schmidt, London: Macmillan, 1987.

Dunne J.P. and R. P. Smith, (2016) The evolution of concentration in the arms market. *The Economics of Peace and Security Journal*, 11(1) pp12-17.

Dunne, J.P. and R.P. Smith (2018) Issues in the quantitative analysis of the SIPRI arms industry database, (with J. Paul Dunne) *The Economics of Peace and Security Journal*, 13(2), 11-18.

SIPRI (2018) The SIPRI Top 100 arms-producing and military services companies in the world, 2002-17, Stockholm International Peace

Research Institute, Arms Industry Database, retrieved December 2018.
Smith, R.P. (2009) *Military Economics : the interaction of power and money.* Palgrave.
Smith, R. P. (2013a) The Economics of Defence in France and the UK in *Liber Amicorum: Hommage en l'honneur du Professeur Jacques Fontanel*, L'Harmattan, Paris 2013, revised version published as Birkbeck Working Papers in Economics and Finance 1304.
Smith, R. P. (2013b) The defense industry in an age of austerity, *The Economics of Peace and Security Journal*, 8(1) 18-22, 2013.
Carril, R and M Duggan (2018) The Impact of Industry Consolidation on Government Procurement: Evidence from Department of Defense Contracting, NBER Working Paper No. 25160.

Aspects économiques de la Défense dans un petit pays pour Jacques, sans [aɔksɑ̃ɲ][82]

Wally STRUYS

Un petit pays, *qu'es aquò* ?

S'agissant de parler de la taille d'un pays, il conviendrait effectivement de pouvoir juger en connaissance de cause ; Auguste Blanqui affirmait que « *Définir, c'est savoir* »...

Certes, mais ne nous contentons pas de définitions neutres, banalisées ou peu marquées, au risque de fermer la porte aux nuances, aux interprétations particulières propres à une approche plus congruente aux différents aspects de la vie réelle !

Mettons donc l'[aɔksɑ̃ɲ] sur le fait que la classification des pays ne peut que se baser sur des critères assurément subjectifs ; cette faiblesse peut - et doit - toutefois être palliée par un recours à une analyse multicritère.

Il est évident que la Belgique, membre fondateur de l'OTAN et de l'Union européenne, ne fait pas partie des "grands" pays. Est-ce à dire qu'il s'agit d'un petit pays ? Jugeons-en : si l'on tient compte de trois critères fondamentaux portant sur la taille du pays (la population), l'activité économique (le produit intérieur brut) et le niveau de vie (le produit intérieur brut), mon pays occupe, à l'OTAN, respectivement les treizième, douzièmes et huitièmes rangs sur vingt-neuf membres. À l'UE (première zone économique mondiale tout de même), elle se situe respectivement aux neuvième, neuvièmes et huitièmes rangs sur vingt-huit ; sans le Royaume-Uni, elle serait huitième partout.

Dans une publication commune avec Jacques – et deux autres collègues - nous avions, déjà en 1993 (J. ABEN *et alia*, 1993), mis l'[aɔksɑ̃ɲ] sur les ressemblances et les différences entre deux pays fort différents, un grand (la France) et un petit (la Belgique) lorsqu'il s'agissait de prendre des décisions sur la transaction « *beurre- canons* ». Nous y constations que, malgré le fossé existant entre les chiffres en valeur absolue, « *il est... remarquable de constater une presque parfaite coïncidence des périodes de « réarmement » pour les deux pays* ».

[82] Jacques me présenta un jour, lors d'un congrès, à deux collègues parisiens en leur disant : « Voici Wally, un collègue économiste de défense. Il est Belge, vous l'entendrez à son [aɔksɑ̃ɲ] » ...

Oserais-je donc avancer une conclusion intérimaire en estimant que la Belgique émarge au groupe des PMP (petits et moyens pays) ?

Les petits ruisseaux financiers pour la défense font… des petites rivières

Si nous faisons entrer en ligne de compte les dépenses militaires en valeur absolue, il n'y aurait que deux véritables « *grands* » pays au monde ! En effet, sur base des données du SIPRI pour 2017, les pays présentant des pourcentages de dépenses militaires mondiales à deux chiffres sont les États-Unis (35 %) et la Chine (13 %). L'Arabie saoudite, troisième, n'est déjà plus responsable que de 4 % ![83]

En fonction de ce critère, excessif sans doute, le monde serait donc constitué de 191 « *petits pays* » !

Un autre critère basé sur des chiffres relatifs peut toutefois entrer en ligne de compte : l'effort financier pour la défense exprimée par un agrégat défini en commun dans un groupe important de pays. Au sein de l'OTAN, c'est le cas des dépenses de défense exprimées en pourcentage du PIB.

Ce rapport constitue le critère de comparaison internationale par excellence, puisqu'il compare sans distorsion un aspect important du fardeau économique de l'effort de défense des différents pays membres de l'Alliance ; il ne recourt qu'à des nombres sans dimension. Il est également efficace, pour les besoins d'une comparaison objective et opérationnelle, de procéder à un classement afin de faire apparaître plus clairement la performance relative de chaque pays.

L'analyse dans le temps des statistiques des dépenses de défense par rapport au PIB permet de faire quelques constatations intéressantes. Outre le fait que certains pays ont vu leur position relative se modifier de façon plus ou moins importante suite à des décisions de politique intérieure, étrangère ou de défense, le pays qui consacre la part la plus importante de sa capacité économique nationale à la défense n'a pas toujours été les États-Unis, comme on pourrait le croire ! En effet, les États-Unis ont été dépassés à plusieurs reprises par la Grèce ou par la Turquie ! Ces deux pays ont en effet ajouté à leur reflexe de « *solidarité atlantique* », celui d'une méfiance politique réciproque et se sont donc également organisés militairement en considérant leur voisin comme un risque de sécurité potentiel…

Si l'on vérifie, en fonction de ce critère, le classement des pays de l'OTAN, on se rend compte en outre que nombre de pays « *petits* » et « *pauvres* » se situent devant les pays « *grands*" » et « *riches* ». Le Tableau 1 nous montre en effet que sur 28 membres[84], des pays comme la Grèce, , l'Estonie et la Lettonie

[83] SIPRI (Stockholm International Peace Research Institute), Fact Sheet May 2018: *Trends in world military expenditure 2017*, 2 May 2018, p. 2.

[84] L'OTAN compte 29 membres, mais comme l'Islande n'a pas de forces armées, elle n'a pas de dépenses de défense.

se trouvent dans les cinq premiers et la Lituanie est septième. Le pays le plus "riche" est... dernier avec 0,55 %, alors que la moyenne européenne est de 1,50 % et celle de l'OTAN dans l'ensemble de 2,40 % !

Quant à la Belgique, elle est avant-dernière, avec moins de 1 % de son potentiel économique consacré à la défense...

1	États-Unis	3,50	18	Canada	1,23
2	Grèce	2,27	19	Danemark	1,21
3	Estonie	2,14	20	Slovaquie	1,20
4	Royaume-Uni	2,10	21	Albanie	1,19
5	Lettonie	2,00	22	Italie	1,15
6	Pologne	1,98	23	République tchèque	1,11
7	Lituanie	1,96	24	Hongrie	1,08
8	Roumanie	1,93	25	Slovénie	1,01
9	France	1,81	26	Espagne	0,93
10	Turquie	1,68	27	Belgique	0,93
11	Norvège	1,61	28	Luxembourg	0,55
12	Monténégro	1,58			
13	Bulgarie	1,56			
14	Portugal	1,36			
15	Pays-Bas	1,35		OTAN Europe	1,50
16	Croatie	1,30		Total OTAN	2,40
17	Allemagne	1,24			

Tableau 1. Dépenses de défense en pourcentage du PIB (chiffres provisoires pour 2018)

Sans entrer davantage dans les détails, soulignons qu'une comparaison « *horizontale* » (de tous les pays, pour une seule et même année) ne peut se baser sur un seul critère, fût-il le plus représentatif. D'autres peuvent aussi entrer en ligne de compte, comme

- un plancher budgétaire pour la Défense,
- le rapport des dépenses de défense sur le PIB,
- la prise en compte de la croissance annuelle du PIB,
- les achats d'équipements militaires,
- ainsi que la prise en compte des missions internationales auxquelles les pays participent.

Cela permettrait de relativiser le classement des pays dans le Tableau 1 et de mettre également l'[aɔksɑ̃ɲ] sur la façon dont les budgets militaires sont dépensés.

Le syndrome des industries de défense dans les PMP

Les BTID des PMP sont pour une part importante composées de firmes fabriquant des produits militaires mineurs et de firmes fortement impliquées dans la production ou l'assemblage de parts, de composants ou de sous-systèmes dans des biens militaires finals. En effet, on ne peut y financer une industrie de défense capable de produire une gamme complète d'armement, ce qui s'avèrerait trop dispendieux et particulièrement risqué.

Si certains PMP abritent de grandes entreprises de défense, la plupart d'entre eux possèdent des PME. La majorité réussit à participer à des projets de coopération internationale en devenant des sous-contractants des grandes BTID. Il s'ensuit que leur succès ne dépend pas seulement de l'efficacité de leur R&D et de leur production, mais également de facteurs comme les droits de propriété intellectuelle sur les sous-systèmes ou les composants qu'elles produisent, les droits de licence, leur position monopolistique ou oligopolistique sur le marché et leur compétitivité.

En fait, un PMP souffre d'un véritable syndrome de sa *Base technologique industrielle et de défense* (BTID) réduite : généralement parlant, elle souffre des mêmes désagréments que ses homologues des grands pays, mais il présente en outre un marché de défense fragmenté et des bases nationales souffrant de handicaps dus à son budget de défense modeste. Son marché domestique est trop modeste, sa R&D et ses coûts de production se révèlent souvent prohibitifs. Sa survie dépend de ses possibilités à l'exportation.

Les BTID de petite taille sont sujettes à des faiblesses fondamentales évidentes comme la production en série limitée, les déséconomies d'échelle et un manque de flexibilité sociale. D'autre part, l'existence de coopérations limitées sur une base *ad hoc* (positionnement comme sous-contractants pour la production des parts ou de sous-systèmes dans le cadre d'un seul contrat) a également contribué aux faiblesses de l'industrie de défense.

En outre, les BTID des PMP semblent particulièrement vulnérables. Il y a trente ans déjà, je mettais en évidence la nécessité pour ces PMP d'intégrer un système de production d'armement harmonisé *à l'échelle européenne*, sous peine de perdre leur industrie d'armement, ce qui constituerait une perte non seulement en termes de sécurité et d'indépendance, mais aussi au niveau du potentiel scientifique et technologique européen.

Les BTID des PMP souffrent d'un grand nombre de fluctuations cycliques importantes alors qu'elles ont dû en outre s'adapter à la réduction de leurs marchés captifs respectifs (leur unique client national, à savoir le Ministère de la Défense), provoquant une diminution spectaculaire de leurs dépenses de défense en capital (équipement et investissement) parce que les budgets de défense présentent des élasticités plutôt différentes. Puisque les dépenses de personnel et de fonctionnement sont plutôt inélastiques, il était logique de répercuter la réduction des dépenses publiques et des budgets de défense sur les dépenses en capital.

Alors que dans la plupart des PMP, des politiques industrielles de défense à long terme étaient implémentées, dans certaines toutefois, la restructuration de leurs BTID n'a été autre qu'un processus spontané, le marché s'ajustant lui-même dans l'absence justement d'une politique *ad hoc*.

En même temps, alors que les entreprises européennes ont subi une concurrence exacerbée de la part des grandes firmes américaines, les petites BTID européennes enduraient le même sort par rapport aux grandes entreprises européennes.

Les entreprises de défense des PMP ont essayé de résoudre leurs problèmes économiques de trois façons :

1) Les producteurs de petites armes, de munitions et d'équipements militaires spécifiques essayèrent de diversifier leurs activités en appliquant leurs technologies à des activités civiles, mais ces efforts ne furent pas souvent couronnés de succès, parce que la demande civile était relativement inélastique et la compétition très dure.
2) En Europe occidentale, soutenues par un réseau de relations privilégiées grâce aux compensations économiques, quelques firmes spécialisées dans certains secteurs, comme l'aérospatial, parvinrent à survivre en diversifiant leurs activités et en réduisant leur dépendance des contrats militaires. C'est surtout dans ces secteurs que les compensations économiques et industrielles furent utilisées comme outil protectionniste.
3) Au sein du secteur de la haute technologie et de la production duale (comme l'électronique, par exemple), des produits durcis furent développés, ce qui améliora leurs chances de conversion.

Dans tous les cas cependant, un certain nombre de firmes disparurent aussi bien du marché militaire que du marché civil.

Il est vrai que les industries de défense des PMP peuvent présenter des différences notables. Malheureusement, leur rôle a fait très peu l'objet d'analyses sérieuses et il existe peu d'études sur leur situation particulière et leur avenir.

Il y a toutefois eu le travail doctoral d'Adrien CARALP sur *l'Économie de la défense et industries des petits États européens*, soutenue en 2017 à l'EHESS à Paris (Caralp, 2017).

Sa thèse porte principalement sur le cas des « *petits États* » que sont la Suisse, la Finlande, les Pays-Bas et la Suède. Il y confirme la maîtrise des grandes puissances dans la conception d'armements sophistiqués, ainsi que la subordination afférente des PMP au travers de l'étude des secteurs terrestre, naval et aéronautique militaire des quatre pays précités. Il y constate à la fois des similitudes et des différences, nées en partie d'un héritage du passé, mais également apparues suite à l'implémentation de nouvelles stratégies.

L'avènement des *Intérêts Essentiels de Sécurité*

Dans le passé, les gouvernements belges ont basé leurs choix des systèmes d'arme à acheter sur deux paramètres principaux : le prix d'acquisition et les compensations économiques, sous réserve que le système d'arme satisfasse bien au besoin militaire. Pendant des décennies, les décideurs ont considéré ces compensations comme un véritable dogme politico-économique préalable à toute commande de matériel militaire, alors que les acquisitions et les activités industrielles pour la défense auraient pu jouer un rôle important dans l'intégration européenne de la BTID.

Malheureusement, il apparaissait déjà clairement en 1977[85] que « ... *au contraire, loin de constituer un incitant ou un catalyseur de la coopération, les compensations économiques sont plutôt de nature à handicaper le processus d'intégration* ». Elles étaient en tout cas incompatibles avec l'esprit de l'intégration économique européenne.

Leur légalité était cependant assurée dès le début par l'article 223 du Traité de Rome, devenu aujourd'hui l'article 346 du TFUE (Traité de Fonctionnement de l'Union Européenne) :

> *"1. Les dispositions du présent traité ne font pas obstacle aux règles ci-après :*
>
> > *(a) aucun État membre n'est tenu de fournir des renseignements dont il estimerait la divulgation contraire aux intérêts essentiels de sa sécurité ;*
> >
> > *(b) tout État membre peut prendre les mesures qu'il estime nécessaires à la protection des intérêts essentiels de sa sécurité et qui se rapportent à la production ou au commerce d'armes, de munitions et de matériel de guerre ; ces mesures ne doivent pas altérer les conditions de la concurrence dans le marché commun en ce qui concerne les produits non destinés à des fins spécifiquement militaires.*
>
> *2. Le Conseil, statuant à l'unanimité sur proposition de la Commission, peut apporter des modifications à la liste, qu'il a fixée le 15 avril 1958,*

[85] Wally STRUYS, "*Aspects économiques de la production de systèmes d'arme dans l'Europe des Neuf*", dissertation présentée en vue de l'obtention du grade de Docteur en Sciences Économiques, Université Libre de Bruxelles, Bruxelles, 1977, p. 297.

des produits auxquels les dispositions du paragraphe 1, point b), s'appliquent."

Jusqu'à la fin du siècle précédent, les instances européennes ont toujours pris prétexte de cet article pour refuser d'assumer quelque responsabilité que ce soit en matière d'armements, même pour ce qui est de l'intégration de ses aspects économiques, comble pour une *organisation commune* créée afin de réaliser une intégration économique entre ses membres !

Certes, au départ, l'application de cet article fut fort logiquement exigée pour des raisons de sécurité dans un environnement subissant encore les appréhensions consécutives aux affres de la deuxième guerre mondiale. Mais au fil du temps et des progrès de l'intégration européenne, une souveraineté politique étriquée, et davantage encore la protection de la production nationale d'équipements pour la défense contre la concurrence intra- et extra-communautaire ont été les *leitmotiv* habituels - mais souvent dissimulés - pour mettre l'[aɔksɑ̃ɲ] sur cet article. Ce comportement protectionniste a dès lors empêché le secteur de l'économie de défense de suivre l'évolution générale vers l'intégration européenne.

Certes, les compensations ont procuré des atouts indéniables pour certains secteurs de l'industrie belge et on ne peut nier qu'elles aient effectivement offert de nombreux avantages aux économies des PMP. Ce fut cependant essentiellement à court terme ; à long terme les effets pervers ont prédominé, puisqu'elles ont contribué au maintien, voire à la création d'activités inefficaces et de doubles emplois ; elles étaient également responsables d'une attitude relativement passive au plan de la politique économique à long terme tant dans le chef de certains industriels que des politiques.

Cette pratique correspondait donc à une politique à durée limitée, les problèmes socio-économiques (emploi, investissements, amortissements, plans de charge, capacités de recherche et de production, etc.) étant déplacés d'un court terme à l'autre. Les véritables avantages économiques prenaient fin au moment de la livraison du matériel commandé.

En outre, le souci de certains responsables politiques des PMP de protéger envers et contre toute logique économique des entreprises de défense a ainsi provoqué plusieurs effets pervers : la « *politique* » industrielle y a parfois pris le pas sur les considérations opérationnelles et sur les besoins de la Défense.

Au fil du temps, les responsables et décideurs politiques de plusieurs pays et de l'UE ont de plus en plus reconnu les effets pernicieux d'un recours dogmatique à toute forme de compensation, et la raison économique a heureusement fini par triompher : l'ère des compensations économiques est aujourd'hui révolue à la faveur une Directive européenne du 13 juillet 2009[86].

---

[86] Directive 2009/81/CE du Parlement européen et du Conseil du 13 juillet 2009, *relative à la coordination des procédures de passation de certains marchés de travaux, de fournitures et de services par des pouvoirs adjudicateurs ou entités adjudicatrices dans les domaines de la défense et de la sécurité.*

Cette Directive a eu un effet considérable sur les mentalités des décideurs politiques, puisque la législation européenne interdit maintenant explicitement de réclamer automatiquement des retours économiques lors des marchés publics.

Cela ne signifie toutefois pas que les États membres en sont réduits à effectuer des achats à l'étalage ; ils peuvent encore obtenir des « *retombées économiques, industrielles et sociétales* » en invoquant l'exception de l'article 346 du TFUE (*Traité de Fonctionnement de l'Union Européenne*) s'ils estiment nécessaire de mettre l'[aɔksɑ̃ɲ] sur leurs *Intérêts Essentiels de Sécurité* (IES) et de les protéger. Les IES doivent permettre, au plan industriel, de renforcer les niches technologiques d'importance stratégique, et au plan politique, de positionner la Belgique comme partenaire crédible des coopérations internationales.

La BTID européenne : plus est en vous !

Relevons d'abord qu'il n'existe pas vraiment de *Base technologique industrielle et de défense européenne* (BTIDE), mais plutôt une juxtaposition d'une vingtaines industries nationales de défense à l'intérieur des frontières de l'UE. Si l'on sait que même les « *grands pays* » n'y sont plus en mesure de maintenir de façon indépendante toutes leurs capacités, il est logique que la BTIDE soit soumise à des politiques de production de défense non rentables.

Par rapport à son homologue américaine, elle présente toujours les faiblesses bien connues : un marché fragmenté, un emploi élevé tenant compte de la productivité, des coûts de production moyens plus élevés et le protectionnisme interne.

Alors que dans le passé, les grandes BTID européennes avaient peur d'une hégémonie américaine dans le domaine de la production de défense, les PMP européens étaient encore davantage inquiets pour leur part devant le risque d'une domination similaire du noyau dur des grandes industries nationales en Europe. Il existe en effet un fossé croissant entre les grandes BTID européennes d'une part et les plus petites qui pourrait ne plus avoir de BTID valant la peine d'être soutenues, protégées ou converties. Les premières sont en effet responsables pour plus de 80% de la production d'armement et pour 95% des dépenses de R&D militaire dans l'UE.

Pendant longtemps, les grands pays concevaient l'avenir de la BTIDE comme le résultat d'actions conduites par eux-mêmes.

Les petites BTID ont pu paraître condamnées à la disparition ou, au mieux, à l'aliénation, puisque dans de nombreux cas, elles ont vécu l'expérience du déménagement de leurs centres de décision à l'étranger. Le sauvetage d'une firme par le biais d'un rachat par un groupe étranger peut néanmoins être avantageux si la maison mère apprécie l'expertise et le potentiel industriel rachetés au point de les valoriser. Il convient également de mettre l'[aɔksɑ̃ɲ] sur le fait que dans la plupart des cas, une maison mère étrangère s'attend à bénéficier du même soutien de la part du gouvernement de l'entreprise rachetée que de la part de son propre gouvernement.

Un rachat peut également mettre l'[aɔksɑ̃ɲ] sur d'importants inconvénients ; l'activité de la firme ne dépend alors pas entièrement de l'offre et de la demande sur les marchés internationaux, mais également de la politique menée par le groupe racheteur. Ces politiques peuvent conduire à des réductions ou à des déménagements des capacités de production, voire à des fermetures. Les entreprises des PMP peuvent ne plus être considérées comme des centres de profit autonomes pour devenir des sous-contractants industriels et sociaux de deuxième ou de troisième ligne par rapport à un autre pays, auquel cas des licenciements importants seraient inévitables.

Cela signifie-t-il que les petites BTID sont condamnées et que toute analyse de leur capacité industrielle de défense à consolider, à convertir ou tout simplement à rester en vie coïncide avec une vision apocalyptique et aboutit à une « *Chronique d'une mort annoncée* »... ou peut-on encore espérer un avenir pour les PMP ?

Ces derniers ne sont assurément pas maîtres de leur destin, loin s'en faut ! Il convient de prendre en compte la nouvelle dimension européenne à vingt-cinq : l'avenir des petites BTID y dépendra essentiellement de la création d'une véritable BTIDE, organisée en harmonie avec une véritable politique industrielle de défense européenne. En effet, la production d'équipements militaires sophistiqués ne devient possible que si les pays coopèrent. L'ère des BTID nationales autarciques appartient au passé ; l'Europe sera désormais le domaine de référence pour les futurs outils industriels capables de tenir compte des contraintes et de satisfaire les nouveaux besoins d'une manière interdépendante. Cela s'applique aussi bien pour les membres actuels que futurs de l'UE.

Il est vrai qu'il ne sera pas facile de répartir les activités de production industrielle parmi les participants. Les questions demeurent donc. Y aura-t-il encore une place pour les petites BTID en Europe ? L'intégration de la défense passe-t-elle par un processus concurrentiel ou protectionniste ? Le regroupement souhaité des ressources industrielles correspondra-t-il avec la disparition des petites BTID ? Les privilégiés peuvent croire que cette disparition s'assimilerait à un sacrifice sur l'autel de l'efficacité et de l'efficience européennes. Il est toutefois raisonnable de supposer que la disparition des petites BTID entamerait la sécurité collective et finirait par se retourner contre l'Europe. Il serait en effet difficile d'expliquer aux PMP qu'ils doivent débourser des budgets importants pour la sécurité collective, faire preuve de solidarité avec les grands dans les matières politiques et militaires de la défense et participer, par exemple, à la mise sur pied d'unités militaires et d'organismes de défense et à des missions à l'étranger, mais qu'ils ne peuvent pas bénéficier d'une solidarité analogue de la part des grands dans la construction d'une BTIDE !

Le principe à la base d'une coopération avancée en matière d'acquisition et de production d'armements est aujourd'hui largement acceptée : au plan politique, elle reflète l'engagement des États membres à une défense collective ; au plan militaire, elle permet de mieux poursuivre les objectifs de la standardisation et de l'interopérabilité ; au plan économique, elle cherche à optimiser l'affectation des budgets disponibles pour l'équipement de la défense.

Arès et Hermès sont-ils encore compatibles dans les PMP ?

Arès, le dieu de la guerre et Hermès, le dieu du commerce et de l'économie sont-ils encore compatibles dans les petites BTID ? En d'autres termes, les PMP devraient-ils abdiquer et renoncer à toute ambition dans le domaine des activités économiques et industrielles liées à la défense ? Il est en effet vrai que de véritables problèmes existentiels continueront de s'y poser :

1. Y aura-t-il encore de la place pour les petites BTID en Europe, ou la rationalisation des ressources industrielles pour la défense sonnera-t-elle le glas pour elles ?
2. Même si les PMP parvenaient à maintenir des activités industrielles liées à la défense, les grands pays accepteront-ils de coopérer avec eux ?
3. La BTIDE fera-t-elle davantage appel à des producteurs en niche ?

Les réponses à ces questions ne sont pas évidentes dans le contexte géopolitique, militaire, économique et industriel actuel : une petite BTID formée de sous-traitants d'entreprises étrangères continuera toujours de souffrir d'un handicap fondamental. Elle n'atteindra jamais une taille critique pour être raisonnablement concurrentielle.

Cédant au découragement, les décideurs politiques dans les PMP pourraient évidemment considérer que leurs producteurs pour la défense ne valent plus la peine d'être soutenus ni protégés. Tout abandonner, se convertir et quitter froidement le secteur de la défense ne constitue toutefois pas une option satisfaisante. Par ailleurs, l'éventualité d'être entièrement rachetées et aliénées aux grands producteurs étrangers ne constitue toutefois pas une alternative inéluctable.

En effet, si un PMP comme la Belgique, par exemple, n'a d'autre choix que d'abandonner toute ambition au niveau de la production de systèmes complets, ses producteurs ne sont pas amenés à disparaître à condition de réaliser que s'ils veulent faire partie de la dynamique de restructuration, de regroupement et de conversion de la BTIDE, ils n'ont d'autre choix que de mettre encore davantage l'[aɔksɑ̃ɲ] sur les compétences reconnues de leurs spécialisations en niches bien ciblées et le développement de leurs pôles d'excellence. Ils offrent en effet dès à présent des capacités qualitatives et quantitatives intéressantes dans un marché de défense de haute technologie, avec une main-d'œuvre hautement qualifiée.

Ils seront capables de continuer à se positionner sur la fabrication de composants et de sous-systèmes et offrir des compétences et des capacités spécifiques que les grands maîtres-d'œuvre de la BTIDE ne pourront ignorer. Ces derniers pourront alors autoriser les entreprises des PMP à s'insérer dans les chaînes de production et logistiques des grands constructeurs et, du fait de l'interdépendance qui en résulte.

Par ailleurs, du côté de la demande, les petits marchés nationaux des PMP présentent malgré tout quelque intérêt pour les grandes économies de défense, parce que les avantages marginaux pouvant être réalisés dans les premiers peuvent signifier la différence entre le succès et l'échec ou entre les profits et les pertes pour les derniers. Je n'en veux pour preuve que la concurrence effrénée des grands pays pour vendre des systèmes d'arme majeurs, comme un avion de combat, alors que la quantité en apparaît très marginale[87].

Certes, d'autres PMP, comme la Suisse, la Finlande, les Pays-Bas et la Suède ont pu, grâce à leur héritage du passé, préserver une certaine maîtrise dans les secteurs terrestre, naval et aéronautique militaire (Caralp, 2017). Leur relative subordination aux grandes puissances en matière de fournitures de nouvelles technologies ne pourra sans doute que s'affirmer.

Les PMP et la production pour la défense : stop ou encore ?

Dans nos économies modernes, la coopération est devenue une tautologie, même s'il est vrai que jadis, les secteurs de l'armement de certains pays tentèrent d'éluder la nécessité de trouver des synergies avec d'autres pays pour des raisons politiques, stratégiques, tactiques ou... commerciales. L'industrie de l'armement a néanmoins fini par être acculée à s'ouvrir progressivement aux accords transnationaux. L'une des raisons en était bien entendue l'absence d'un marché européen et donc d'une demande et d'une offre européennes de systèmes d'arme.

C'est en septembre 2010 que les ministres de la Défense de l'Union européenne, réunis à Gand, ont lancé une initiative majeure de mutualisation et de partage capacitaire. L'AED (*Agence Européenne de Défense*) a été chargée de développer le concept de *Mutualisation et Partage* (P&S – *Pooling and Sharing*) et de faire avancer des projets pertinents.

Le P&S est supposé mener l'Europe à une véritable intégration économique de la Défense sur le terrain par le biais de la coordination, le

87 Par exemple, les États-Unis viennent de remporter le marché du remplacement des F-16 en Belgique, qui achètera 34 exemplaires du F-35 Lightning II, alors que les ventes globales de cet appareil sur le marché mondial sont estimées à 3.170 !

développement, l'acquisition et la maintenance de nouveaux équipements militaires.

Ce concept désigne diverses formes de coopération pour la défense :

- *Mutualisation* : les capacités nationales sont mises à la disposition d'autres pays. Une structure multinationale spéciale est mise en place afin de mettre en commun ces contributions et de coordonner leur déploiement[88].
- *Partage* : Un ou plusieurs pays fournissent à leurs partenaires une capacité ou des équipements (tel que le transport aérien) ou exécutent une tâche pour un autre pays. Si ceci se produit sur une base permanente, les partenaires peuvent répartir cette capacité et faire des économies[89].

Le P&S devrait entraîner une meilleure coordination de la planification de la défense, y compris l'harmonisation des besoins militaires, la mise en commun et le partage de certaines fonctions et moyens, une coopération améliorée dans la recherche et la technologie, la collaboration et la consolidation industrielles, l'optimisation du processus de passation des marchés et la suppression des entraves au marché.

Au niveau des principaux pays prodromiques, d'autres initiatives récentes semblent indiquer que les États membres et les institutions de l'UE s'engagent dans la bonne voie, sous l'impulsion de la France et de l'Allemagne. C'est ainsi que le 25 avril 2018, les ministres française et allemande de la Défense (Florence Parly et Ursula von der Leyen) ont montré leur détermination à agir en faveur de l'Europe de la défense autour de projets concrets et essentiels.

Elles ont notamment couvert politiquement une initiative industrielle des deux avionneurs rivaux, Airbus et Dassault Aviation, qui ont annoncé le 27 avril 2018 avoir regroupé leurs forces pour le développement et la production du *SCAF* (*Système de combat aérien du futur)* européen à l'horizon 2040. Ils ont mis au point une feuille de route commune avec des propositions pour le développement de « *démonstrateurs* » à partir de 2025.

De son coté, le Benelux, faisant office de PMP, s'implique également de plus en plus dans des efforts de P&S de leurs savoir-faire.

Depuis 1996, les Pays-Bas et la Belgique ont pratiquement fusionné leurs Marines en instaurant un commandement unique, à tour de rôle assumé par un

---

[88] L'EATC (*European Air Transport Command - Commandement européen de transport aérien*) en est un exemple. Inauguré le 1er septembre 2010, basé à Eindhoven, il permet aux pays participants de partager leurs moyens de transport aériens. Le fonctionnement peut en être comparé à un covoiturage.

[89] C'est ainsi que l'Allemagne est chargée de la surveillance maritime en Mer du Nord, soulageant ainsi les Pays-Bas de cette tâche. Les pays de l'OTAN se relaient par ailleurs pour surveiller l'espace aérien balte, afin que les pays baltes ne soient obligés de mettre sur pied eux-mêmes des forces aériennes.

amiral néerlandais et belge. Ils ont ainsi créé un partenariat en matière de formation, d'entraînement, de logistique et de maintenance.

En 2001, la Belgique, le Grand-Duché de Luxembourg et cinq autres pays ont signé un contrat avec Airbus pour le développement et l'acquisition des nouveaux avions de transport Airbus A400M. Les sept appareils belges et l'avion luxembourgeois seront livrés entre 2020 et 2023 et exploités en commun par le 15e Wing de Transport Aérien à Melsbroek (près de Bruxelles).

Depuis janvier 2017, la police du ciel pour l'ensemble du Benelux est mutualisée entre les Pays-Bas, la Belgique et le Luxembourg ; dans la pratique, la Composante air belge et la Force aérienne néerlandaise se relaient tous les quatre mois.

En 2018, les deux pays ont lancé une demande d'offre conjointe pour le renouvellement de deux frégates et de six chasseurs de mines par pays. Les Pays-Bas assument la direction du premier achat et la Belgique celle du second.

Par ailleurs, les ministres de la Défense de 25 pays européens[90] ont réveillé une « belle au bois dormant » de la Défense européenne en adoptant, le 11 décembre 2017, une feuille de route pour la mise en œuvre du mécanisme des CSP (*Coopérations structurées permanentes*), mieux connues sous l'acronyme anglo-saxon PESCO (*Permanent Structured Cooperations*). Réveillé, car cette possibilité avait été introduite par le traité de Lisbonne en décembre 2007 déjà, sans être activée.

Destiné à combler des lacunes touchant les armées européennes, ce mécanisme prévoit le recours à des coopérations en matière de défense entre un nombre restreint d'États membres, qui peuvent avoir ni les mêmes capacités, ni les mêmes ambitions. Cette coopération est ouverte à tous, mais chacun doit s'engager à atteindre certains objectifs (par exemple en matière de budget, d'équipements, de capacités opérationnelles). Au sein des PESCO, les décisions sont prises non pas à l'unanimité des États membres comme le voulait l'usage, mais à la majorité qualifiée, permettant ainsi davantage de flexibilité.

Vingt-cinq pays avaient formellement lancé, en décembre 2017, une première vague de 17 projets PESCO. Ils furent adoptés par le Conseil le 6 mars 2018. Un deuxième lot de 17 projets supplémentaires vient d'être adopté par le Conseil le 19 novembre 2018.

Les 34 projets PESCO se situent dans divers domaines comme l'Entraînement, les Systèmes terrestres, les Systèmes maritimes, les Systèmes aériens, les Applications intégrées, la Cybernétique et le C^4ISR.

La Belgique participe aux dix programmes ci-dessous et a pris la direction d'un programme, celui du développement de drones sous-marins détecteurs et

[90] Le Royaume-Uni, le Danemark et Malte n'y participent pas.

destructeurs de mines de prochaine génération, qui constitue une véritable niche opérationnelle et technique pour elle.

1. EU TMCC *(European Union Training Mission Competence Centre* - Centre d'excellence pour les missions de formation de l'UE),
2. UGS (*Integrated Unmanned Ground Systems* – Systèmes terrestres intégrés inhabités),
3. EU BLOS (*Beyond Line Of Sight Land Battlefield Missile Systems* – Systèmes de missiles terrestres au-delà de la ligne de visée),
4. MAS MCM (*Maritime (semi-)Autonomous Systems for Mine Countermeasures* - Drones sous-marins détecteurs et destructeurs de mines),
5. Réseau de Hubs logistiques et soutien aux opérations,
6. Mobilité militaire,
7. EOF (*Energy Operational Function* - Fonction énergie en opération.),
8. Partage des bases et des points d'appui,
9. ESSOR (*European Secure Software defined Radio* - Logiciel de sécurisation des radiofréquences),
10. EURAS (*EU Radio Navigation Solution*).

De bonnes initiatives se manifestent donc enfin sur le terrain ; il convient cependant de se garder d'un optimisme exagéré : la coopération et l'intégration, même appelées de tous leurs vœux par tous les protagonistes, ne se réalisent aucunement par un coup de baguette magique.

Le succès de la coopération européenne est seulement possible si l'on met l'[aɔksɑ̃ɲ] sur de véritables politiques communes. L'abandon des réflexes protectionnistes du passé nous permettra, même dans un environnement financier inhospitalier, d'assurer une production de défense efficace à un coût social acceptable, prenant en compte l'environnement des nouvelles réalités géopolitiques.

Conclusion…

Alors que la Sécurité et la Défense sont l'un des rares domaines dans lesquels une grande majorité de citoyens européens souhaitent que l'UE mette davantage l'[aɔksɑ̃ɲ], l'on constate encore une grande frilosité des pays membres lorsqu'il s'agit de lancer des opérations extérieures. Or, c'est justement dans le domaine de la Défense que la marge de progression de l'intégration européenne est la plus élevée !

Au fur et à mesure de l'implémentation des mesures de synchronisation, il faudra évoluer vers une véritable politique économique et industrielle européenne. En tout état de cause, les autorités nationales finiront par perdre tôt ou tard le contrôle de la plupart des décisions dans ce domaine. Tout comme l'intégration économique a requis une convergence économique des pays membres, la coordination des politiques de défense requiert une convergence accrue des politiques économiques et industrielles liées à la défense. Il s'agit d'une part d'évaluer et de répartir les contributions financières et logistiques des membres ; d'autre part, d'avoir une politique globale et cohérente pour les industries de défense. Cette tâche n'est certes guère évidente à accomplir, tant au niveau national qu'international.

La Défense reste subordonnée à la politique extérieure commune de l'Union, qui… brille par son absence ! Il n'est donc pas étonnant que les velléités protectionnistes et souverainistes nationales dans ce domaine n'en finissent pas de resurgir à toute occasion.

Devant le regain de ces nationalismes et des populismes à tout crin, au détriment de cette matière régalienne qu'est la Défense, j'en arrive à me demander si l'avenir ne se situe pas dans des initiatives d'un noyau de pays volontaires, qui iraient de l'avant, provoquant ainsi une Europe de la Défense à deux, voire plusieurs vitesses…

Nonobstant, c'est peut-être non pas « *par le haut* » (les décisions politiques au plus haut niveau), mais « *par le bas* » (les coopérations sur le terrain) que nous pourrons aller de l'avant.

C'est ainsi que de nombreux pays répondent présents lorsque l'UE lance des opérations civiles ou militaires, notamment en Afrique. Les missions anti-piraterie Atalanta ou de formation de l'armée malienne EUTM-Mali ont ainsi recueilli un large consensus.

Au plan de la BTIDE, le mécanisme des *Coopérations structurées permanentes,* le permet également ; faisons-en donc usage, mais de façon plus large encore que les trente-quatre projets PESCO qui, malgré leur rôle de pionniers, manquent sans doute d'ambition. En effet, si ces 34 programmes ont bien défriché le terrain, on peut se demander si les efforts de coopération n'y sont pas trop dispersés et s'ils ne sont pas trop modestes. Dans la liste, on ne retrouve aucun projet stratégique, comme un avion de combat, des satellites ou un avion de transport stratégique…

Enfin, à un niveau plus global, puisque la production sur une base purement nationale d'un éventail complet de systèmes d'arme n'est plus viable, y compris pour les plus grands États, on ne peut que fonder des espoirs sur la possible création d'un authentique marché *européen* de la défense, avec donc une offre et une demande européennes, et d'une *véritable* agence européenne de l'armement qui, sous réserve d'une convergence des capacités et des doctrines de défense des États européens, seraient bénéfiques à tous (accès des principaux producteurs aux marchés des petits États, intégration des industries des petits États auprès des grands maîtres d'œuvre européens).

Dans tous les cas, les industries de défense des PMP ont besoin d'un cadre politique commun, incluant une politique de R&D appropriée. Ces industries doivent s'intégrer dans des chaînes d'approvisionnement des grandes firmes d'équipements afin de pouvoir développer et produire des sous-systèmes ou des composants pour lesquels elles occupent des positions en niche et en pôle d'excellence.

Dans un contexte international où la concurrence devient de plus en plus impitoyable et le nombre de fournisseurs potentiels décroît, la plupart de programmes de systèmes d'arme ne peuvent être réalisés que dans le contexte européen, et même cela devient parfois difficile. C'est la raison pour laquelle l'Europe ne peut se permettre de laisser les BTID disparaître du paysage industriel ; alors que les intérêts économiques des PMP sont en péril, les intérêts politiques continentaux sont en jeu…

Mutualisation, partage et solidarité, voilà où il convient de mettre l'[aɔksɑ̃ɲ] !

Novembre 2018

Bibliographie

Traité sur le fonctionnement de l'Union européenne, Journal officiel N° C 326 du 26/10/2012.

Adrien CARALP, « *Economie de la défense et industries des petits États européens - Diversité et recomposition des capacités industrielles nationales au niveau de la construction de plateformes dans un secteur en mutation* », thèse de doctorat, Ecole des Hautes Etudes en Sciences Sociales, Paris, 2017.

Stefan MARKOWSKI, Peter HALL et Robert WYLIE, "*Defence Procurement and Industry Policy. A Small Country Perspective*", Londres, Routledge, 2010.

Wally STRUYS, « *Y a-t-il encore un rôle pour les petits et moyens pays dans le cadre de la construction de l'Europe de l'armement ?* », in Arès, N° 53, Vol. XXI, Fascicule 1, juillet 2004.

Wally STRUYS, « *L'industrie de défense en Belgique : de l'État à la région et de Charybde en Scyll*a », in « *Défense et aménagement du territoire* », textes réunis du Colloque, pp. 353-365, Montpellier, 2001.

Wally STRUYS, "*The Future of the Defence Firm in Small and Medium Countries*", in "Defence and Peace Economics", Vol. 15(2), April 2004, pp. 551-564, 2004.

Wally STRUYS, "D*efence Economies in Small and Medium-Sized Countries: Are Ares and Hermes Still Compatible?*", Editorial in Journal of Defense Studies & Resource Management, June 2012, 1:1.

La Convention européenne des droits de l'homme ne s'arrête pas aux portes des casernes

Frédéric SUDRE

1. Pas plus que « *la justice ne saurait s'arrêter à la porte des prisons* », comme l'affirme la Cour européenne des droits de l'homme dans son arrêt *Campbell et Fell c/ Royaume-Uni* du 28 juin 1984 (n°7819/77 et 7878/77, § 69), elle ne saurait s'arrêter à la porte des casernes. Le juge européen l'avait clairement fait savoir dans son arrêt de principe *Engel et autres c/Pays-Bas*, du 8 juin 1976 (n°5100/71)[91], jugeant, à propos de sanctions disciplinaires contre des soldats néerlandais accomplissant leur service militaire, que les garanties du procès équitable trouvaient à s'appliquer, sous certaines conditions, aux poursuites disciplinaires militaires.

2. Plus largement, c'est toute la Convention européenne des droits de l'homme qui ne s'arrête pas à la porte des casernes. L'arrêt Engel est à cet égard fort net : « *il est bien établi que la Convention vaut en principe pour les membres des forces armées et non pas uniquement pour les civils* » (§ 54). Ainsi, dans une affaire *Grigoriades c/Grèce*[92], relative à la condamnation d'un officier de réserve à une peine de 3 mois de prison pour avoir adressé à son commandant d'unité une lettre critique qui n'a été ni diffusée à des tiers, ni publiée, la Cour européenne énonce expressément que « *l'article 10 ne s'arrête pas aux portes des casernes* » et précise que les autorités nationales ne peuvent restreindre la libre expression d'opinions, même « *dirigées contre l'armée en tant qu'institution* », que s'il existe une « *menace réelle* » pour la discipline militaire. En l'espèce, elle juge la sanction disproportionnée et conclut à la violation de l'article 10 de la Convention.

3. Le Lieutenant Jacques Aben, professeur-appelé du contingent, en compagnie de qui nous avons effectué notre service national en 1975-76 à l'Ecole militaire d'administration, aurait pu invoquer la Convention européenne des droits de l'homme en ses article 10 (liberté d'expression) et 11 (liberté de manifestation) lorsqu'il s'est fait réprimander par le commandant de cette même Ecole pour avoir participé en civil dans les rues de Montpellier à une manifestation, qui eût les honneurs malencontreux d'une photo en pleine page du journal local... En effet, si la France a assorti sa

---

[91] In F. Sudre (dir.) et a., Les Grands arrêts de la Cour européenne des droits de l'homme, PUF, coll « Thémis », 8° éd, 2017, n°4 (cité GACEDH).
CEDH, 25 nov. 1997, n°24348/94, Grigoriades c/ Grèce

[92] CEDH, 25 nov. 1997, n°24348/94, *Grigoriades c/ Grèce*

ratification de la Convention européenne des droits de l'homme, le 3 mai 1974, d'une réserve écartant les articles 5 (droit à la liberté et à la sûreté) et 6 (droit à un procès équitable) au profit des dispositions nationales relatives au régime disciplinaire dans les forces armées, la Convention y est applicable dans toutes ses autres dispositions aux membres des forces armées -et, a fortiori, aux appelés du contingent.

4. Selon la forte formule de la Cour européenne des droits de l'homme, énoncée dans son arrêt de Grande chambre du 22 mars 2012, *Konstantin Markin c/Russie* (n°30078/06), « *la Convention ne s'arrête pas aux portes des casernes* » (§ 136). En conséquence, comme le souligne la Cour, « *les militaires, comme toutes les autres personnes relevant de la juridiction d'un Etat contractant, ont le droit de bénéficier de la protection de la Convention. Les autorités nationales ne peuvent donc invoquer le statut particulier des forces armées afin de priver les militaires de leurs droits* » (ibid, § 136). C'est dire que les restrictions aux droits que la Convention garantit aux militaires sont soumises au droit commun conventionnel et que leur compatibilité à la Convention est subordonnée à la triple condition de légalité, de légitimité et de nécessité dans une société démocratique énoncée dans la clause d'ordre public qui figure au paragraphe 2 des articles 8 à 11 de la Convention.

5. Sans prétendre à l'exhaustivité, les quelques lignes de cette contribution, offerte en amical hommage au Professeur Jacques Aben, s'efforceront de montrer que la Cour européenne des droits de l'homme s'est effectivement attachée à consacrer la règle que « *la Convention ne s'arrête pas aux portes des casernes* »[93]. L'examen de la jurisprudence européenne la plus significative depuis l'entrée en vigueur du Protocole 11 révisant la Convention (1 novembre 1998) nous invite à distinguer selon que les bénéficiaires des droits garantis sont des appelés du contingent ou des militaires de carrière.

I - Les droits des appelés

6. C'est principalement sur le terrain du droit au respect de la vie (art. 2) et du droit au respect de l'intégrité physique (art.3), et très indirectement sur celui du droit à la non-discrimination (art.14), que le juge européen a eu à connaître de la situation des appelés.

1°- La protection du droit à la vie des appelés.

7. Selon la jurisprudence européenne, l'Etat partie a l'obligation positive, au titre de l'article 2 de la Convention, de mettre en place un cadre législatif et administratif propre à assurer la protection de la vie des personnes placées sous sa juridiction contre le fait d'autrui ou, le cas échéant, contre elles-

---

[93] Nous exclurons de notre propos le droit à la liberté et à la sûreté et le droit à un procès équitable, objets de la réserve française précitée.

mêmes. Il en va ainsi particulièrement des personnes en situation de vulnérabilité, placées sous l'autorité de l'Etat. Il s'agit, notamment de prévenir le suicide des détenus en prison[94] ou encore celui des appelés au service militaire. Dans l'affaire *Kilinç et a. c/ Turquie*, un appelé, souffrant de désordres psychiatriques connus des autorités militaires, a néanmoins été chargé d'une garde au cours de laquelle il s'est suicidé avec son fusil. La Cour considère, dans son arrêt du 7 juin 2005 (n° 40145/98), que, du fait de la défaillance de la réglementation relative à l'encadrement des appelés souffrant d'une maladie mentale, les autorités militaires, confrontées au risque certain et immédiat du suicide de l'intéressé, dont elles avaient connaissance, n'ont pas pris les mesures que l'on pouvait raisonnablement attendre d'elles pour protéger M. Kilinç contre lui-même et elle conclut à la violation de l'article 2 « *sous son volet matériel* » (§ 56). L'arrêt *Mosendz c/Ukraine*, du 17 janvier 2013 (n°52013/08), relatif au suicide d'un appelé supposé consécutif à des pratiques de bizutage dans l'armée, s'inscrit dans la même ligne. La volonté du juge européen d'assurer la protection effective des appelés est manifeste. Cette protection effective suppose notamment d'assurer l'aptitude professionnelle du personnel d'encadrement. Ainsi, dans l'arrêt *Abdullah Yilmaz c/Turquie*, du 17 juin 2008 (n° 21899/02), où est en cause à nouveau le suicide d'un appelé, la Cour conclut à une violation de l'article 2, jugeant que « *La réglementation régissant les sergents spécialisés s'est avérée défaillante concernant l'encadrement et l'aptitude professionnelle du sergent A ainsi que ses devoirs et responsabilités face à des situations délicates telles que celles en cause* » (§ 57).

8. L'obligation qui pèse sur l'Etat est également une obligation procédurale. Selon la jurisprudence de la Cour, la protection procédurale du droit à la vie implique l'obligation pour les autorités nationales de mener une enquête effective, ce qui suppose qu'elle soit adéquate - c'est-à-dire apte à conduire à l'identification et à la punition des responsables - et indépendante[95], et que les proches de la victime soient « *associés à la procédure dans la mesure nécessaire à la sauvegarde de leurs intérêts légitimes* »[96]. Est en cause dans l'affaire *Mustafa Tunç et Fecire Tunç c/Turquie* l'indépendance de l'enquête menée par un tribunal militaire sur les circonstances du décès par balle d'un appelé durant son service militaire dans la gendarmerie. L'apport de l'arrêt de Grande chambre du 14 avril 2015 (n°24014/05) est de signifier que l'exigence d'indépendance des autorités d'enquête posée par l'article 2 ne s'apprécie pas de manière identique à celle du tribunal de l'article 6 § 1 de la Convention. Et cela, pour deux raisons essentielles. D'une part, l'exigence de l'article 2 suppose « *un examen concret de l'indépendance de l'enquête dans son ensemble et non pas une évaluation abstraite* » (§ 222). D'autre part,

---

[94] CEDH, 16 nov. 2000, n° 21422/93, *Tanribilir c/Turquie*.
[95] CEDH, GC, 15 mai 2007, n° 52391/99, *Ramsahai et al. c/ Pays-Bas*, § 324.
[96] CEDH, 27 sept. 1998, n°21593/93, *Gülec c/Turquie*, § 82.

l'indépendance requise des personnes et organes chargées de l'enquête n'est pas une indépendance absolue (qui se vérifierait notamment sur la base de critères statutaires), mais doit être seulement « *suffisante* », au regard de l'ensemble des circonstances particulières de l'espèce (§ 223). Plus précisément, l'indépendance de l'enquête s'apprécie au regard des autres paramètres de l'exigence procédurale d'enquêter, à savoir « *l'adéquation des mesures d'investigation, la promptitude de l'enquête, la participation des proches du défunt à celle-ci* », qui « *pris conjointement* », permettent d'apprécier le degré d'effectivité de l'enquête. L'exigence d'indépendance de l'enquête est donc relative et doit en conséquence être appréciée « *à l'aune de cet objectif d'effectivité de l'enquête* » (§ 225). En l'espèce, bien que l'indépendance statutaire du tribunal militaire qui était en charge du contrôle ultime de l'enquête ne soit pas garantie, la Cour juge, à la différence de la Chambre (25 juin 2013), que « *l'enquête a été suffisamment indépendante au sens de l'article 2 de la Convention* », « *compte tenu, d'une part, de l'absence de liens directs, de nature hiérarchique, institutionnelle ou autre entre ces dernières et le principal suspect potentiel et, d'autre part, du comportement concret desdites entités qui ne dénote aucun manque d'indépendance et d'impartialité dans la conduite de l'instruction* » (§ 254). On l'aura compris, l'indépendance, au sens de l'article 2, est, dans le cadre militaire, une indépendance « de second rang ».

2°- La protection du droit à l'intégrité physique et morale des appelés

9. L'État partie à la Convention a l'obligation, tirée de la combinaison de l'article 3 et de l'article 1 de la Convention, de protéger l'intégrité physique et morale des personnes en situation de vulnérabilité, telles les personnes privées de liberté, qu'elles soient placées en garde à vue[97], en rétention administrative[98], en zone de transit[99] ou détenues en prison[100]. La Cour européenne considère que la même obligation pèse sur l'Etat à l'égard des conscrits[101]. L'arrêt *Tastan et a. c/Turquie*, du 4 mars 2008 (n°63748/00), en fournit une illustration qui emprunte à la fois à Kafka et à Ubu. Le requérant a été contraint à l'âge de 71 ans d'effectuer son service militaire et a dû, notamment, participer aux exercices physiques au même titre que les jeunes appelés ! La Cour considère que l'intéressé a subi « *une épreuve particulièrement douloureuse* » qui a « *porté atteinte à sa dignité* », constitutif d'un traitement dégradant contraire à l'article 3 (§ 31), confirmant ainsi que

[97] CEDH, GC, 28 juillet 1999, n°25803/94, *Selmouni c/France*, GACEDH n°14.
[98] CEDH, 27 juill. 2004, n°57671/00, *Slimani c/ France*.
[99] CEDH, 24 janv. 2008, n°29787/03, *Riad et Idiab c/ Belgique*.
[100] CEDH, GC, 6 avr. 2000, n°26772/95, *Labita c/Italie*.
[101] CEDH, 21 janv. 2014, n°48754/11, *Placi c/Italie*.

l'article 3 constitue le vecteur principal de la protection du droit au respect de la dignité dans le champ de la CEDH.

3°- Le droit à la non-discrimination et l'inaptitude au service militaire

10. Une déclaration d'inaptitude au service militaire a été l'occasion pour la Cour de faire progresser le droit à la non-discrimination au bénéfice des handicapés, par son arrêt *Glor c/ Suisse*, du 30 avril 2009 (n°13444/04). En l'espèce, le requérant a été déclaré inapte au service militaire et a dû acquitter la taxe d'exemption du service militaire, dont seuls sont exonérés ceux qui souffrent d'un handicap « *majeur* » (ce qui n'était pas son cas) et ceux qui effectuent un service civil de remplacement (réservé aux objecteurs de conscience). Il allègue d'une discrimination. En jugeant qu'une taxe trouvant son origine dans l'incapacité de service à l'armée du fait de la maladie « *tombe sans aucun doute sous l'empire de l'article 8* » (droit au respect de la vie privée), la Cour se contente d'un lien de rattachement artificiel de l'article 14 avec un droit substantiel et, de fait, confirme l'autonomie du droit à la non-discrimination. Une distinction fondée sur le handicap relevant à l'évidence du champ de l'article 14 (§ 80), la Cour examine s'il existe « *un rapport raisonnable de proportionnalité* » entre le but visé par le législateur suisse de rétablir une certaine égalité entre ceux qui effectuent un service militaire ou un service civil et ceux qui en sont exemptés et les moyens employés. Procédant à une pesée des intérêts en jeu et prenant en compte les circonstances de l'espèce (le montant et la fonction de la taxe, l'absence de service de remplacement adapté, la volonté du requérant de faire son service), la Cour juge que la distinction opérée entre les personnes inaptes au service selon qu'elles doivent ou non payer la taxe d'exemption n'obéit pas à une justification objective et raisonnable et qu'un « *juste équilibre* » n'a pas été ménagé entre la sauvegarde des intérêts de la communauté et le respect des droits du requérant. La Cour sanctionne ainsi une discrimination fondée sur le handicap entre personnes handicapées elles-mêmes.

11. Au bout du compte, il apparaît, s'agissant des droits des appelés, que la Cour européenne n'a pas fait une place particulière aux contraintes spécifiques à l'obligation militaire et a étendu aux appelés sa jurisprudence de droit commun concernant le droit au respect de la vie et le droit à l'intégrité physique et morale. On s'en félicite.

II – Les droits des militaires de carrière

12. Bien que la Cour européenne déclare se montrer « *attentive aux particularités de la condition militaire et aux conséquences de celle-ci sur la situation des membres des forces armées* »[102], sa jurisprudence tend à démentir

[102] CEDH, 24 févr. 1998, n°23372/94, *Larissis et a. c/ Grèce*, § 50.

cette affirmation dans trois domaines particuliers –le droit au respect de la vie privée, le droit à la non-discrimination dans l'exercice du droit au respect de la vie familiale, et le droit à la liberté syndicale[103]

1° - Le droit des militaires de carrière à la liberté de la vie sexuelle

13. Selon une jurisprudence constante, le droit au respect de la vie privée suppose « *le droit d'établir et d'entretenir des relations avec d'autres êtres humains, notamment dans le domaine affectif pour le développement et l'accomplissement de sa propre personnalité* »[104] et inclut en conséquence la vie sexuelle. La Cour européenne affirme clairement que le droit au respect de la vie privée implique le droit de chacun de mener la vie sexuelle de son choix en conformité avec son identité profonde[105].

14. Deux arrêts britanniques, du 27 septembre 1999, *Smith et Grady c/Royaume-Uni et Lustig-Prean* (n° 33985/96) et *Beckett c/Royaume-Uni* (n°33986/96), en apportent la confirmation[106]. En l'espèce quatre militaires, dont une femme, ont été révoqués de l'armée, après qu'une enquête ait été menée sur leur compte, en raison de leur homosexualité et en application de la politique d'interdiction absolue des homosexuels dans l'armée britannique suivie par le ministère de la Défense. L'enquête menée par la police militaire sur l'homosexualité des requérants comme la mesure de révocation sont analysées classiquement par la Cour comme une ingérence dans le droit au respect de la vie privée. De jurisprudence constante, la Cour européenne ne reconnaît aux Etats qu'une marge d'appréciation réduite lorsque l'ingérence touche à un droit relevant de la sphère d'intimité de l'individu. L'Etat partie n'ayant pas étayé par des exemples concrets l'existence d'un risque pour l'efficacité opérationnelle des armées causé par la présence de militaires homosexuels, on ne sera pas surpris que la Cour, après avoir relevé que la révocation des requérants était fondée sur leur seule orientation sexuelle alors même que leurs états de service et leur conduite étaient irréprochables, estime, en l'absence de « *raisons sérieuses et convaincantes* » justifiant les ingérences, que les investigations menées sur les préférences sexuelles des requérants et la révocation de ces derniers constituent une violation de l'article 8. En exécution de ces arrêts, un nouveau règlement interne aux armées lève l'interdiction faite aux homosexuels de servir dans les armées, mais bannit néanmoins « *tout signe d'affection en public* ».

---

[103] Pour la liberté de pensée, de conscience et de religion, voir M. Levinet, « Article 9 de la Convention européenne des droits de l'homme et spécificité de la fonction militaire », *Droit et défense. Revue générale du droit de la sécurité et de la défense*, 2002/4, pp.41-46.

[104] Commission européenne des droits de l'homme, déc. rec.., 13 mai 1976, *X c/ Islande*, *Dec. et Rapp.*, 5, p. 86.

[105] CEDH, 22 oct. 1981, n°7525/76, *Dudgeon c/Royaume-Uni, GACEDH*, n°43.

[106] Voir aussi, du même jour, CEDH, 22 oct 2002, n°31417/96, *Perkins et R c/Royaume-Uni*, et CEDH, 22 oct. 2002, n°32377/96, *Beck, Copp et Bazeley c/Royaume-Uni*.

15. L'importance de cette jurisprudence doit être soulignée puisque, au-delà du particularisme de la condition militaire, la Cour condamne toute politique visant de manière générale et absolue à l'exclusion d'une catégorie de personnes sur le seul fondement de son orientation sexuelle.

2° - Le droit des militaires de carrière à la non-discrimination dans l'exercice de leur droit au respect de la vie familiale

16. L'arrêt de Grande chambre, du 22 mars 2012, *Konstantin Markin c/Russie* (n°30078/06), est un arrêt fondamental en ce qu'il vient garantir le droit au congé parental des militaires de sexe masculin. La Cour, en formation solennelle, juge en effet que l'exclusion, par la législation russe, du congé parental des militaires de sexe masculin, constitue une discrimination fondée sur le sexe dans le droit au respect de la vie familiale. Pour ce faire, la Cour - confirmant la solution de la Chambre (7 oct. 2010) - procède à un revirement de jurisprudence, annoncé par sa décision *Weller c/Hongrie* du 31 mars 2009 (n°44399/05)[107], puisqu'elle jugeait antérieurement que la décision de réserver aux seules mères de famille l'attribution d'une allocation de congé parental relevait de la marge nationale d'appréciation en raison de l'absence d'un « *dénominateur commun* » aux droits internes des Etats parties[108].

17. Se plaçant sous l'égide de la formule « *choc* », précitée - « *la Convention ne s'arrête pas aux portes des casernes* » - la Cour met l'accent sur le fait que les Etats parties ne peuvent « *invoquer le statut particulier des forces armées afin de priver les militaires de leurs droits* » (§ 136). Notant à juste titre que, aux fins de congé parental, les militaires de sexe masculin sont dans une situation analogue aux militaires de sexe féminin (§ 133), la Cour se prévaut d'une interprétation à la fois évolutive et consensuelle, relevant que l'évolution depuis 1998 de l'état du droit au congé parental montre que la société a évolué en faveur d'un partage des responsabilités entre hommes et femmes en matière d'éducation des enfants et d'une meilleure reconnaissance du rôle des hommes et qu'une majorité de législations nationales prévoit que ce congé peut être pris aussi bien par la mère que par le père. De plus, la Cour considère que les Etats ne peuvent invoquer les traditions qui prévalent dans une société donnée pour justifier une différence de traitement fondée sur le sexe et que les « *stéréotypes liés au sexe* » - telle la répartition traditionnelle des rôles entre les sexes dans la société - ne peuvent justifier l'exclusion des hommes du congé parental, pas plus que ne le pourraient « *des stéréotypes du même ordre fondés sur la race, l'origine, la couleur ou l'orientation sexuelle* » (§ 143). En conséquence, la Cour juge qu'« *une telle restriction générale et automatique, appliquée à un groupe de personnes en fonction de leur sexe, doit donc être considérée comme sortant du cadre d'une marge d'appréciation acceptable, aussi large soit-elle, et comme incompatible avec*

---

[107] Voir, *JCP G* 2009, doctr. 143, chron. F. Sudre

[108] CEDH, 27 mars 1998, n°20458/92, *Petrovic c/Autriche.*

l'article 14 » (§ 148). Elle précise de surcroît, alors que le gouvernement russe faisait curieusement valoir que le requérant, en s'engageant dans l'armée, avait renoncé à son droit à ne pas faire l'objet de discrimination, que « *eu égard à l'importance fondamentale que revêt la prohibition de la discrimination fondée sur le sexe, l'on ne saurait admettre la possibilité de renoncer au droit à ne pas faire l'objet d'une telle discrimination, car pareille renonciation se heurterait à un intérêt public important* » (§ 150). En conséquence, la Russie « *ne peut invoquer l'absence d'un standard commun entre les Etats contractants* » pour justifier une telle différence de traitement entre le personnel militaire de sexe masculin et de sexe féminin (§ 49), qui, de surcroît, ne peut trouver de justification dans un quelconque souci de préserver l'efficacité opérationnelle des forces armées (§ 51).

18. L'apport de l'arrêt *Konstantin Markin*, outre qu'il prohibe les discriminations dans l'armée fondées sur le sexe, est de singulariser certains motifs de distinction en énonçant que les États ne peuvent invoquer les traditions qui prévalent dans une société donnée pour justifier une différence de traitement fondée sur des « *stéréotypes* » liés au sexe - telle la répartition traditionnelle des rôles entre les sexes dans la société. *In fine*, la Cour établit une hiérarchie entre les motifs de différences de traitement, distinguant ceux qu'elle juge « *inacceptables par principe* » - tels que la race ou l'origine ethnique[109] -, ceux qui sont « *inacceptables en l'absence de considérations très fortes* » - tels le sexe, l'orientation sexuelle, la nationalité - et... les autres.

3° - Le droit des militaires de carrière à la liberté syndicale

19. La Convention européenne des droits de l'homme comporte, en son article 11 § 2, une clause spéciale de restriction à la liberté syndicale des membres des forces armées, de la police et de l'administration de l'État. Néanmoins, le juge européen a affirmé fortement que « *les membres de l'administration de l'État* » ne sauraient être soustraits du champ de l'article 11[110]. Il a ainsi limité étroitement la portée de la clause spéciale[111], considérant que, d'une part, l'article 11 s'impose à l' « *État employeur* » et lui fait obligation de respecter la liberté d'association - et, partant, la liberté syndicale - des fonctionnaires et agents du secteur public, et que, d'autre part, seules des raisons « *convaincantes et impératives* » peuvent justifier des restrictions à l'exercice des droits syndicaux dans la fonction publique, les autorités nationales ne disposant en la matière que d'une marge d'appréciation réduite. S'agissant plus précisément de la liberté syndicale dans l'armée et la police, la Cour estime que les restrictions, prévues par l'article 11 § 2, ne sauraient

[109] CEDH, 13 déc. 2005, n°55762/00, *Timishev c/ Russie* ; CEDH, GC, 13 nov. 2007, n°57325/00, *D.H. et a. c/ Rép. Tchèque*, § 204.
[110] CEDH, GC, 12 nov. 2008, n°34503/97, *Demir et Baykara c/Turquie*, § 107.
[111] CEDH, 21 févr. 2006, n°28602/95, *Tüm Haber Sen et Cinar c/ Turquie* : dissolution d'un syndicat d'agents du secteur public).

porter atteinte à la substance la liberté syndicale en affectant les éléments essentiels de celle-ci, comme le droit de former un syndicat et de s'y affilier.

20. Les dispositions du Code de la défense français se sont avérées incompatibles avec l'article 11 § 2 tel qu'interprété par la Cour européenne. Les arrêts du 2 octobre 2014, *Matelly c/France* (n°10609/10) et *Adefdromil c/France* (n°32191/09)[112], le signifient sans ambages. Sont en cause dans ces deux affaires les articles L. 4121-3 du Code de la défense, qui « *interdit aux militaires en activité de service d'adhérer à des groupements ou associations à caractère politique* » et L. 4121-4 interdisant l'existence de groupements professionnels militaires à caractère syndical, selon l'interprétation qu'en donnait le Conseil d'Etat[113]. Sur le fondement de ces dispositions, M. Matelly, officier de gendarmerie, a été contraint par sa hiérarchie, sous la menace de sanctions disciplinaires, de démissionner de l'association « *Forum gendarmes et citoyens* » qu'il avait créée afin de permettre l'expression et l'échange entre les gendarmes et les citoyens, et l'association Adefdromil, dont l'objet principal était la défense de la situation matérielle et morale des militaires, n'a pu agir en justice à cette fin. Identiques, les deux arrêts présentent un double intérêt.

21. Sur le fond, d'abord, la Cour confirme que les « *restrictions légitimes* », prévues par l'article 11 § 2, à l'exercice de la liberté syndicale par « *les membres des forces armées, de la police ou de l'administration de l'Etat* » ne sauraient vider de sa substance la liberté syndicale en affectant les éléments essentiels de celle-ci, dont font partie le droit de former un syndicat et de s'y affilier (*Matelly* §§ 56-58). La Cour ne peut que constater que les dispositions du Code de la défense « *interdisent purement et simplement la constitution et l'adhésion des militaires à tout groupement de nature syndicale* » (§ 68 ; *Aefdromil*, § 52). Dès lors l'« *interdiction absolue pour les militaires d'adhérer à un groupement professionnel constitué pour la défense de leurs intérêts professionnels et moraux* » (*Matelly*, § 75) comme « *l'interdiction pure et simple pour une association professionnelle d'exercer toute action en lien avec son objet social* » (*Adefdromil,* § 60) portent atteinte à l'essence même, respectivement, de la liberté syndicale et de la liberté d'association et, partant, constituent une ingérence disproportionnée dans le droit garanti par l'article 11. Tirant les conséquences de ces arrêts de condamnation, l'article 10 de la loi n°2015-917 du 28 juillet 2015 actualisant la programmation militaire pour les années 2015 à 2019 et portant diverses dispositions concernant la défense modifie l'article L. 4121-4 du Code de la défense qui, désormais, dispose en son alinéa 3 que « *Les militaires peuvent*

[112] *JCP G* 2014, act. 1083, G. Gonzalez ; *JCP G* 2014, note 1228, JP-Marguénaud et J. Mouly ; *RTDH* 2015-103, 719, note M. Guimezanes.

[113] CE, 26 sept. 2007, n°263747, Remy ; CE, 11 déc. 2008, n° 307405, Association de défense des droits des militaire.

librement créer une association professionnelle nationale de militaires régie par le chapitre VI du présent titre, y adhérer et y exercer des responsabilités ».

22. Sur le plan méthodologique, ensuite, alors que le gouvernement se prévalait de la Charte sociale européenne telle qu'interprétée par le Comité européen des droits sociaux, qui estime que la Charte autorise « la suppression intégrale de la liberté syndicale des membres des forces armées »[114], la Cour vient limiter le recours aux « *dénominateurs communs des normes de droit international ou des droits nationaux des États européens » pour interpréter une disposition de la Convention à l'hypothèse où les « moyens d'interprétation classiques* » se seraient révélés insuffisants, cantonnant les sources extérieures à un rôle supplétif (*Matelly*, § 74). Or, en la matière, la jurisprudence antérieure de la Cour était claire. En bref, le jeu de la globalisation des sources ne saurait avoir un effet régressif. Comme quoi, la technique de « *l'effet cliquet* » n'est pas inconnue du juge européen…

23. On aurait pu raisonnablement penser que la jurisprudence européenne relative aux droits des militaires naviguerait sous le pavillon du principe de subsidiarité et ferait un large usage de la marge nationale d'appréciation reconnue aux autorités nationales. Le rapide survol de cette jurisprudence auquel nous avons procédé tend au contraire à conforter l'idée que les militaires sont des hommes – et des femmes - comme les autres, bénéficiant des droits garantis par la Convention sans que les autorités nationales puissent leur opposer le statut particulier des forces armées.

18 juin 2018

---

[114] CEDS, n° 2/1999, déc. 4 déc. 2000, *Fédération européenne du personnel des services publics c/ France* ; dans le même sens, n° 3/1999 (Grèce), no 4/1999 (Italie) et n° 5/1999 (Portugal), même jour.

Prisonniers de guerre et renseignement : entre pratiques opérationnelles et droit international humanitaire

Bertrand WARUSFEL

Les prisonniers de guerre ne sont pas seulement une conséquence inévitable de tout conflit armé. Ils sont aussi depuis le tout début de l'histoire militaire un moyen efficace d'information du commandement adverse et donc une source permanente du renseignement, et particulièrement du renseignement militaire.

On sait que le renseignement, en tant que fonction traditionnelle inhérente à la conduite d'une puissance, ne s'est réellement institutionnalisé qu'à partir du XIXème siècle et dans le contexte de l'essor des États-nations[115]. Il s'est également professionnalisé de telle sorte que les personnels et les techniques ont été spécialisés en différentes branches : renseignement militaire, renseignement politico-diplomatique, renseignement économique, contre-espionnage en particulier.

L'interrogatoire et l'exploitation des prisonniers de guerre à des fins d'information sur l'adversaire est donc devenu une pratique caractéristique du renseignement militaire et de sa professionnalisation, en particulier à partir du premier conflit mondial.

En effet, il est évident qu'un prisonnier fait sur le champ de bataille est toujours porteur, y compris à son insu, d'informations qui sont susceptibles d'être utile au camp adverse. Il constitue donc une irremplaçable « *source humaine* », au sens que les praticiens du renseignement donnent à ce terme[116].

Au moment où il se retrouve aux mains de celui qui l'a capturé, le prisonnier peut en effet fournir des indications récentes et en provenance directe du dispositif adverse. Ces informations portent au minimum sur l'unité à laquelle il appartient, sur les opérations auxquelles il a participé, sur les objectifs qui lui avaient été fixés par sa hiérarchie et sur les ordres reçus.

Tout cela informe nécessairement le commandement sur la compréhension des opérations en cours, l'importance et le niveau des moyens engagés ainsi

---

115 Sur cette institutionnalisation, v. notamment Sébastien Laurent, Politiques de l'ombre - Etat, renseignement et surveillance en France, Fayard, 2009 ; également Alain Dewerpe, Espion. Une anthropologie historique du secret d'État contemporain, Gallimard, 1994.

116 On distingue classiquement la source humaine (qui désigne une personne porteuse d'informations) des sources plus objectives que sont les observations de terrain et les « *sources techniques* » (en particulier, aujourd'hui, les interceptions de communications ou l'imagerie aérienne ou spatiale).

que sur les axes d'effort que l'adversaire a choisi. Et comme ces éléments peuvent être compilés et recoupés en fonction du nombre de prisonniers effectués et interrogés, voici une source majeure de renseignement tactique qui va compléter les autres éléments collectés par les unités de renseignement (comme les sources techniques et les observations de terrain).

De plus, les dires des prisonniers sont généralement de bons reflets de ce que l'on appelle communément le « moral des troupes », lequel est un facteur subjectif, mais assez déterminant qui conditionne souvent la combativité et l'efficacité des unités adverses engagées. Enfin, si le prisonnier possède un grade ou une fonction importante, il peut détenir dans sa mémoire ou dans les effets personnels saisis sur lui (cartes, messages, documents, et désormais équipements numériques) des indications précieuses sur les intentions à court ou moyen terme de l'adversaire.

Il est donc de pratique ancienne et systématique de procéder au plus tôt après leur capture à l'interrogatoire de tout prisonnier qui s'est rendu à une unité opérationnelle. Nous verrons que les procédures en la matière se sont progressivement formalisées (de manière à pouvoir être appliquées dans toutes les unités de la même façon) jusqu'à nos jours.

Mais nous allons également constater que des pratiques extensives se sont développées autour du simple interrogatoire des prisonniers, qu'il s'agisse de monter des opérations (reconnaissances en profondeur, actions commandos,...) destinées à « *faire des prisonniers* », d'intoxiquer ou de « *retourner* » des prisonniers de manière à ce que ces captifs de guerre puissent jouer - volontairement ou non - un rôle au profit de la stratégie du camp qui les détient. Et tout ceci a pu et peut encore se développer dans un contexte éthique et juridique très discutable.

En partant de la relative professionnalisation qu'ont connu les techniques d'interrogatoire de prisonniers à partir de la première guerre mondiale, on constatera que ce mouvement s'est heurté parallèlement à la mise en place du droit international humanitaire et que des pratiques de contournement, voire de débordement, des cadres du droit international n'ont pas cessé de se développer jusqu'à aujourd'hui.

Ces pratiques aussi anciennes que l'art de la guerre sont donc encore d'une grande et parfois douloureuse actualité[1].

1/ La professionnalisation du recours aux prisonniers de guerre durant les deux conflits mondiaux

A la veille de la première guerre mondiale, l'interrogatoire des prisonniers est déjà bien identifié comme l'une des sources naturelles du renseignement

[1] Le présent texte trouve son origine dans une conférence prononcée le 22 mai 2012 à l'occasion l'occasion du séminaire *La captivité de guerre - Des guerres puniques à l'Afghanistan* (IRSEM/France Culture).

militaire. Si l'on prend l'opuscule rédigé en 1908 par le lieutenant-colonel Nicolas Rollin[1], celui dénombre huit techniques spécifiques du renseignement militaire, parmi lesquelles il mentionne « *l'interrogatoires des prisonniers, déserteurs et des habitants* »[2]. De même le premier manuel doctrinal de l'armée britannique (le Field Service Regulations) rédigé en 1909 mentionnait également, l'interrogatoire des populations locales, des prisonniers et des déserteurs[3]. Mais l'ampleur et le caractère de « *guerre totale* » du premier conflit mondial va imposer une réévaluation de l'importance des prisonniers comme source de renseignement.

L'importance des prisonniers comme source humaine lors de la Grande guerre

Deux facteurs semblent avoir contribué à faire du renseignement sur les prisonniers une source importante pour les forces en présence. D'un côté, cette guerre longue et causant de lourdes pertes va engendrer des volumes de prisonniers encore jamais atteints[4]. De l'autre, la guerre de position rend difficile les reconnaissances en avant alors qu'elle engendre une relative stabilité des fronts, ce qui va accroître l'efficacité des sources humaines comme les prisonniers[5]. Dans l'un de ses ouvrages, David Kahn estime d'ailleurs que la 1ère guerre mondiale a constitué un tournant majeur dans l'histoire des techniques de renseignement, en ce qu'elle a vu pour la première fois ce qu'il appelle le « *renseignement verbal* » (auquel se rattache en particulier, l'interrogation des prisonniers) prendre le dessus sur le « *renseignement physique* » (c'est-à-dire par l'observation des choses et du terrain)[6].

Ainsi, comme l'indique J. Beach dans son article précité, les premières années du conflit ont abouti - côté britannique - à « *l'abandon du modèle de reconnaissance* » au profit de « *l'intégration de multiples sources*

---

1 Lieutenant-colonel Rollin, *Le service des renseignements militaires en temps de paix, en temps de guerre*, Nouvelle librairie nationale, 1908. Le colonel Rollin avait le dernier patron de la Section de statistiques avant sa dissolution en 1899 suite à l'Affaire Dreyfus.

2 Idem, p. 114.

3 War Office, Field Service Regulations, Part I : Operations, Londres, HMSO, 1909, cité in Jim Beach, « De l'art de la reconnaissance au livre jaune : le renseignement militaire britannique, 1902-1915 », *Guerres mondiales et conflits contemporains* , 2008/4 n° 232, p. 114 (qui mentionne cependant que le recours aux prisonniers et aux déserteurs ne figure qu'en dernière position dans l'énumération, ce qui pourrait laisser penser qu'il n'était considéré que comme une source « *secondaire* » par rapport à d'autres comme les reconnaissances sur le terrain).

4 V. sur l'ensemble de cette problématique, **Fabien Théofilakis**, « Les prisonniers de guerre français et allemands, acteurs de la dynamique européenne d'une guerre mondiale à l'autre ? », *Siècles* [En ligne], 41/2015.

5 V. Jean-Pierre Alem, *Histoire de l'espionnage*, Lavauzelle, 1987, p. 375.

6 David Kahn, *Hitler spies: German military intelligence in World War II*, Da Capo Press, 1978, pp. 39-41.

d'information » dans un renseignement militaire opérationnel plus organisé[1]. On peut sans doute dire la même chose du point de vue français.

Ainsi, dès le début des hostilités, le général Bonneau, commandant le 7ème Corps d'armée à Belfort rédige une note de service concernant les prisonniers de guerre dans laquelle, il précise que :

> « *il y a intérêt à interroger les prisonniers de guerre aussitôt que possible après leur prise. Le résumé des interrogatoires, établi en principe dans les corps, doit faire connaître le lieu et l'heure de la prise, le lieu et l'heure où ils ont été interrogés, le degré de confiance que semblent devoir mériter leurs allégations. Ces rapports, accompagnés des documents saisis, doivent être transmis sans retard à l'E.M. du Corps d'armée, après avoir été complétés s'il y a lieu par les E.M. de Division* »[2].

Pour encadrer ces interrogatoires et en harmoniser la pratique sur les différents fronts, les premiers documents de référence seront élaborés et diffusés durant le conflit[3]. Le savoir-faire ainsi élaboré ne sera d'ailleurs pas perdu, puisque la gendarmerie exploitera certaines des techniques d'interrogation mises en œuvre durant la guerre pour accroître l'efficacité des enquêtes judiciaires de ses brigades[4].

Plus spécifiquement, un dispositif centralisé d'interrogatoire et de manipulation des prisonniers de guerre sera également créé durant la guerre, le « *Centre d'Interrogatoire Spécial des prisonniers de guerre (C.I.S.)* ». Ce centre aura notamment la charge de monter des opérations d'infiltration des prisonniers retenus en France en introduisant des agents français parlant parfaitement l'allemand dans des hôpitaux ou des camps qui se font passer pour des prisonniers allemands afin de gagner leur confiance et d'obtenir des informations de leur part[5].

Pour accroître l'efficacité de ces dispositifs, le commandement encouragea même la réalisation d'opérations destinées uniquement à faire de nouveaux

1 J. Beach précité, pp. 122-123.

2 Note de service n° 12, 2ème bureau, 7ème Corps d'armée, 5 août 1914, SHD n° 22N389.

3 Voir notamment le *Guide pour les interrogatoires des prisonniers allemands*, en date du 1er février 1918, diffusé par le 2ème bureau du Grand quartier général des armées du Nord et du Nord-est (Bibliothèque militaire de Lyon, cote : 355.19.GQG/121806)

4 V. Louis Panel, *Gendarmerie et contre-espionnage (1914-1918)*, Service historique de la gendarmerie nationale, 2004, pp. 103-105.

5 Pour le témoignage de l'un de ces germanophones du CIS, ancien déserteur alsacien engagé dans l'armée française, v. Pierre Schlund, *Souvenirs d'un Alsacien, 1914-18 – 1939-45*, Montréal, Mille-et-une-vies, 2011, pp. 70, 74 et 75. Dans le jargon de l'époque, les « *interrogatoires spéciaux* » sont ces conversations recueillies par des « *moutons* » introduits dans les centres de rassemblement de prisonniers (v. Gal L. de Cointet, "Le service des renseignements du GQG français du 15 juin au 15 juillet 1918", *Revue historique des armées*, 1968, n° 4, p. 29).

prisonniers à des fins de renseignement, car comme le relève le Grand quartier général dans une note en date du 18 janvier 1918 :

> « *les prisonniers constituent la meilleure source de renseignement. Il appartient à tous les échelons de commandement de stimuler, d'une façon particulière, l'initiative des chefs de corps ou de bataillon, pour qu'ils organisent des coups de main aussi nombreux que possible* ».

C'est ainsi que la nuit du 14 au 15 juillet 1918, un coup de main audacieux réalisé par un groupe de 200 hommes du 366ème régiment d'infanterie permis de faire 27 prisonniers afin de préciser les détails de l'offensive que les Allemands s'apprêtaient à lancer de manière imminente dans la région de Reims[1]. L'opération fournit suffisamment de détails pour que des tirs d'artillerie français déclenchés à point nommé viennent clouer au sol la dernière offensive allemande de la première guerre mondiale. Les derniers mois précédant l'armistice, durant lesquels les Allemands commencèrent à se rendre en masse, l'effort d'interrogation des nouveaux prisonniers ne cessa donc pas, mais fut au contraire intensifié afin notamment de produire des rapports très complets sur la situation politique et le moral en Allemagne[2].

Les Britanniques ont également souvent recouru à l'interrogation des prisonniers, y compris dans leur domaine de prédilection de la guerre navale, ce qui leur a permis d'obtenir parfois des résultats assez intéressants. Ainsi, une note de renseignement établie par le 1er bureau de l'État-major en octobre 1918 nous renseigne sur les renseignements techniques très précis que les Britanniques ont obtenu après l'interrogatoire d'un rescapé du torpillage du sous-marin allemand UB 110[3]. En l'espèce, ce prisonnier allemand a livré des données sur les télémètres en usage sur les bâtiments de la marine allemande et sur leur utilisation (réglages, calculs des distances, gradations portées sur les équipements, contenu des cours de télémétrie,...) [4].

Et cette importance accrue des prisonniers de guerre comme sources de renseignement a été également perçue du côté allemand, à tel point que pour le renseignement militaire allemand, « *l'interrogatoire des prisonniers et des déserteurs fournissait la majeure partie de la masse quotidienne d'informations. Les prisonniers de guerre étaient interrogés sur les intentions ennemies, l'ordre de bataille, les innovations techniques, les changements de doctrine, le moral de la troupe et même leur opinion personnelle sur les*

---

1 V. Cointet, précité, p. 39 ; pour plus de détail sur l'opération, v. Michel Goya, « Les corsaires des tranchées -7 Un coup de main historique », 4 mai 2012, accessible sur le site http://lavoiedelepee.blogspot.fr.

2 V. *Revue historique des armées*, 1968, n° 4, p. 147.

3 L'UB 110 fut coulé le 19 juillet 1918 par le destroyer britannique Garry.

4 A cette note de renseignement sont annexés un croquis du télémètre stéréoscopique Zeiss ainsi qu'un plan de l'intérieur du sous-marin UB 110 (Archives personnelles de l'auteur).

hommes politiques et la guerre »[1]. De même, les Allemands n'ont pas hésité à recruter parmi leurs prisonniers, des hommes chargés de réaliser des attentats ou des actions subversives dans leur pays d'origine[2].

Pour autant, les différents belligérants ont également cherché à se protéger en instruisant à l'avance leurs troupes (et notamment leurs cadres, officiers et sous-officiers) du comportement qu'ils devraient suivre en cas de capture par l'ennemi. La consigne était de s'en tenir aux seules informations que l'article 9 du règlement de la Haye de 1907 prescrit :

> « *Chaque prisonnier de guerre est tenu de déclarer, s'il est interrogé à ce sujet, ses véritables noms et grade et, dans le cas où il enfreindrait cette règle, il s'exposerait à une restriction des avantages accordés aux prisonniers de guerre de sa catégorie* »[3].

Cette consigne aurait d'ailleurs rendu plus difficile la collecte d'informations auprès des prisonniers français, anglais ou allemands vers la fin du conflit (à la différence des soldats russes qui seraient restés assez bavards) ce qui aurait conduit notamment les Allemands et les Autrichiens à installer dans certains camps des microphones afin de surprendre les conservations des prisonniers à leur insu[4]. La pratique allait resurgir et se développer plus tard durant la Seconde guerre mondiale, comme nous allons le voir.

La Seconde guerre mondiale et le recours aux prisonniers comme source de renseignement stratégique

La seconde guerre mondiale va accroître la professionnalisation de ces pratiques de renseignement autour des prisonniers de guerre et notamment en faire une source de renseignement de niveau stratégique. Par renseignement stratégique, on entend la collecte d'informations non plus seulement sur les

---

1 Markus Pöhlmann, « Le renseignement allemand en guerre : structures et opérations », *Guerres mondiales et conflits contemporains*, 2008/4 n° 232, p. 13.

2 M. Pöhlmann cite notamment le cas d'une « brigade irlandaise » constituée de prisonniers irlandais renvoyés clandestinement en Irlande pour soutenir la rébellion irlandaise contre les Britanniques ainsi que celui d'un officier russe qui devait tuer le Grand-Duc (M. Pöhlmann, précité, pp. 21-22).

3 Règlement concernant les lois et coutumes de la guerre sur terre, signé à La Haye le 18 octobre 1907.

4 V. J-P Alem, précité, p. 375. La guerre de 14/18 est en effet l'occasion pour les belligérants d'expérimenter les nouvelles possibilités du renseignement technique : écoutes radio, décryptement, écoutes téléphoniques (sur les écoutes des câbles téléphoniques effectuées par les Français, v. "Les sections spéciales d'écoute téléphonique durant la guerre de 14/18", *Revue historique des armées*, 1968, n° 4, pp. 142-147). Ces écoutes pouvaient d'ailleurs être utiles pour alimenter les questions à poser aux prisonniers allemands et les démoraliser en leur montrant que le détail de leur vie quotidienne était déjà connu (v. en ce sens, un cas cité in Pascal Krop, *Les secrets de l'espionnage française*, 2ème édition, Payot, 1995, p. 158).

opérations en cours (renseignement tactique à court terme), mais plutôt sur les grands déterminant de la politique et de la stratégie de l'adversaire.

L'historien militaire et officier américain Stansbury F. Haydon définissait par exemple en 1946 le renseignement stratégique comme l'ensemble des sujets portant sur la capacité de l'ennemi à conduire la guerre, ce qui incluse « *les sujets techniques et scientifiques, les questions touchant l'économie de guerre, le développement industriel, le moral des populations, l'organisation du haut-commandement, les questions d'espionnage et de contre-espionnage ainsi que l'organisation des réseaux ferrés pour le transport militaire* »[1].

C'est à l'organisation systématique à grande échelle de dispositifs de renseignement stratégique sur les prisonniers de guerre que les Britanniques puis les Américains se consacrèrent dès leurs entrées en guerre respectives.

Au Royaume-Uni, dès la déclaration de guerre de 1939, a été créé à Londres le « Combined Services Detailed Interrogation Centre » (C.S.D.I.C.) chargé de gérer des centres d'interrogatoire des prisonniers de guerre qui seront capturés par les troupes britanniques. Le 12 décembre 1939, un premier camp est créé à Trent Park, près de Barnet dans le Hertfordshire (where known as 'Cockfosters Camp'). Parallèlement, s'est constitué le 23 décembre 1939 une branche spécifiquement dédiée aux prisonniers de guerre au sein du renseignement militaire, dénommée MI9. Dès avril 1940, le MI9 prendra donc la responsabilité de ces premiers centres d'internement et d'interrogation[2].

Mais l'évolution de la guerre en France en 1940 modifia le travail du MI9 qui dut se consacrer de plus en plus à l'évasion des soldats et pilotes britanniques capturés dans l'Europe occupée et au debriefing des prisonniers évadés. La tâche du recueil de renseignement auprès des prisonniers allemands fut donc confié en décembre 1940 à une sous-section spécialisée dénommée MI9a, qui deviendra en décembre 1941 une organisation indépendante, le MI9 ayant l'exclusivité du « *recueil de renseignement auprès des membres capturés des forces de l'Axe* », mais qui conservera cependant des liens étroits avec le MI9[3].

En effet, l'action du MI9 en direction des prisonniers alliés va de plus en plus comporter elle aussi un volet renseignement, qu'il s'agisse de la

---

1 Stansbury F. Haydon, *A History of the Military Intelligence Division, 7 December 1941–2 September 1945*, Report n° 725, U.S. Army Center of Military History, 1946, p. 102 (cité in Steven M. Kleinman, *The History of MIS-Y: U.S. Strategic Interrogation During World War II*, Joint Military Intelligence College, Washington, 2002, p. 85).

2 Sur le développement du système britannique à partir de 1939, v. plus particulièrement Kent Fedorowich, "Axis prisoners of war as sources for British military intelligence", *Intelligence and National Security,* Volume 14, Issue 2, 1999, 1939–42, pp. 156-178.

3 Les deux branches vont prendre en charge des aspects complémentaires : la section MI9b devient le MI9 désormais consacré au "British Prisoners of War Intelligence" tandis que l'ancienne section MI9a devient le MI19 consacré au "Enemy Prisoners of War Intelligence" (v. MI9 Historical Record, TNA WO 208/3242, accessible sur le site www.arcre.com ; v. également M. R. D. Foot & J. M. Langley, MI9 : Escape And Evasion 1939-1945, Bodley Head, 1979, p. 165).

constitution de réseaux d'évasion en Europe occupée[1] ou de l'interrogation des évadés à leur retour en Angleterre, voire même les échanges radio ou chiffrés que le MI9 réussira à renouer avec certains prisonniers retenus dans des camps en Allemagne[2]. C'est en effet une nouvelle dimension qui va se développer durant la Seconde guerre mondiale : devant la quasi-impossibilité de disposer d'agents de renseignement derrière les lignes ennemies au cœur de l'Allemagne ou du Japon, les prisonniers internés par l'adversaire sur son propre territoire vont devenir des sources précieuses pour connaître la situation intérieure dans ces pays[3].

S'agissant des interrogatoires de prisonniers ennemis menés par le MI19, leur volume fut très important. On estime notamment que dans les trois centres qui ont été ouverts an Grande-Bretagne, sont passés entre 1939 et 1945, 10.191 allemands et 563 italiens[4]. Mais il faut également ajouter à ces prisonniers de guerre au sens strict, le cas des agents travaillant pour les services allemands (l'Abwehr plus particulièrement) qui furent appréhendés ou amenés en Grande-Bretagne. Ces prisonniers sans uniformes (et dont la détention n'était pas régie par les dispositions des conventions de Genève, comme nous le verrons plus loin) ne furent pas incarcérés dans les centres du MI19, mais dans un centre spécial géré par le service de contre-espionnage britannique MI5, le camp 020 situé à Latchmere House au sud de Londres [5].

Les États-Unis vont suivre la même voie lors de leur entrée en guerre. Influencés par le modèle britannique qu'avait été étudier pendant 6 mois en 1941 une délégation de l'ONI [6], ils reçurent en mars 1942 la visite du Vice

---

1 Pour n'évoquer que le cas des réseaux du MI9 actifs en France occupée, on citera en particulier les réseaux Comète et Shelburn (respectivement en charge de l'exfiltration des pilotes tombés en Europe via l'Espagne ou via la Bretagne). Sur les évasions en Bretagne et le réseau Shelburn, v. notamment Roger Huguen, *Par les nuits les plus longues*, Ed. Ouest France, 1986.

2 Ces interrogatoires d'évadés ainsi que la préparation des codes et des équipements destinés à la communication avec les prisonniers en Allemagne seront plus particulièrement de la responsabilité de l'« Intelligence School 9 » (IS9) qui fut créée en janvier 1942 au sein du MI9 (v. Historical Record of IS9, accessible sur le site www.arcre.com).

3 V. notamment la thèse de S. M. Kleinman, précitée, p. 27.

4 Sönke Neitzel & Harald Welzer, *Soldats – Combattre, tuer, mourir : Procès-verbaux de récits de soldats allemands*, 2011, traduction française : Gallimard, 2013, p. 507.

5 V. l'histoire officielle de ce centre, à partir de documents déclassifiés par les archives britanniques : Hoare, Oliver, *Camp 020: MI5 and the Nazi Spies – The Official History of MI5's Wartime Interrogation Centre,* Public Record Office, 2000. Ce centre dédié au "retournement" des agents allemands joua un grand rôle dans les opérations d'intoxication que menèrent les Britanniques durant toute la guerre ("Double Cross System"). Près de 500 agents de 44 nationalités auraient séjourné au camp 020. Les renseignements obtenus par ce centre auraient également été utilisés pour faciliter le décryptement des communications allemandes à Bletchley Park (sur les décryptements britanniques et leur coopération avec les USA, v. Bertrand Warusfel, "UKUSA : le développement du renseignement technique anglo-saxon à partir de la Seconde Guerre mondiale", in *Le renseignement : Guerre, technique et politique (XIXe-XXe siècles)*, Lavauzelle, 2007 pp. 253-277).

6 S. M. Kleinman, précité, p. 33.

Maréchal de l'air Charles Medhurst qui leur explicita la mise en oeuvre du MI9 et de ses missions. Le « *Captured Personnel and Materials Branch* » (CPMB) fut alors constitué pour couvrir les deux aspects complémentaires des activités de renseignement touchant les prisonniers de guerre : d'un côté organiser l'évasion et la recherche du renseignement auprès des prisonniers américains (volet qui sera désigné sous l'acronyme « *MIS-X* ») et de l'autre, un vaste programme d'interrogations des prisonniers adverses (dénommé « *MIS-Y* »)[1].

Parallèlement, un premier site d'interrogation de prisonniers (connu sous son nom de code de « *P.0. Box 1142* ») fut construit à Fort Hunt en Virginie et entra en service durant l'été 1942. Il fut complété en 1943 par la création d'un camp Pine Grove Furnace Internment Camp situé à proximité et destiné à recevoir les prisonniers avant qu'ils ne soient envoyés à Fort Hunt pour y être interrogés[2]. Ensuite, le camp Tracy dédié à l'interrogation des prisonniers japonais fut ouvert en décembre 1942 à Hot Spring en Californie sous le code « P.O. Box 651 »[3].

Après quelques frictions inter-administratives, il fut convenu que ces centres placés sous la responsabilité du Military Intelligence Service (MIS) de l'Armée de terre américaine, serait également ouvert aux officiers de renseignement de l'Office of Naval Intelligence (ONI), ce qui était d'autant plus logique que beaucoup des prisonniers allemands interrogés à Fort Hunt furent d'abord des sous-mariniers dont les vaisseaux avaient été coulés à proximité des côtes américaines[4].

Fut également mis en place - à l'image de l'IS9 britannique - un programme de formation des officiers de renseignement en charge des interrogatoires au Camp Bullis (près de San Antonio au Texas). Ce programme comprenait notamment un cours spécialisé délivré par Sanford Griffith, un ancien officier de renseignement de la 1ère guerre mondiale (qu'il avait commencé dans l'armée française avant de rejoindre l'US Army en 1917) qui fut ensuite journaliste en poste en Allemagne, Italie puis Grande-Bretagne durant l'entre-deux guerres avant de diriger une société de marketing

---

1 Idem, p. 36.
2 Idem, pp. 38-45.
3 Sur ce camp, v. Alexander D. Corbin, *The History of Camp Tracy: Japanese WWII POWs and the Future of Strategic Interrogation*, Ziedon Press, Virginia, 2009. D'après Corbin, seuls 5.431 japonais furent envoyés aux Etat-Unis et 3.500 furent interrogés à Fort Tracy sur un total de 38.000 prisonniers. Le lieu de rétention et de sélection fut installé au Camp Stoneman au Nord-Est de San Francisco (A.D. Corbin, précité, p. 60).
4 L'un de ces officiers sous-mariniers, le lieutenant Werner Henke fait prisonnier en avril 1944 fut abattu en juin 1944 alors qu'il tentait de s'enfuir de Fort Hunt après avoir fait l'objet de pressions psychologiques de la part de ses interrogateurs (qui menaçaient faussement de le livrer aux Britanniques pour y être jugé comme criminel de guerre).

et de sondage[1]. De même, des procédures strictes de sélection et de formation des interrogateurs furent également mises en place à Fort Tracy[2].

Griffith n'hésitait pas à professer en 1942 qu'au moins 90% des renseignements sur l'ennemi devraient provenir de l'interrogation des prisonniers et de l'analyse systématiques des documents récupérés sur le champ de bataille[3] ! Au-delà de l'éventuelle exagération que pouvait recéler un tel discours volontariste à destination des futurs interrogateurs, cela situe néanmoins l'importance donnée durant le second conflit mondial à cette nouvelle source de renseignement[4]. Et si on se place non plus au niveau du renseignement stratégique, mais de celui du renseignement tactique de théâtre, on trouve aussi mention de statistiques assez élogieuses : ainsi, le rapport de fin d'opération du 12ème Groupe d'armée (commandée par le Général Bradley) évaluait que les prisonniers avaient fourni entre 33% et 50% du renseignement utile au niveau du corps d'armée, tandis que certaines unités estimaient y avoir puisé plus de 90% des informations utiles à leurs opérations[5].

Les Alliés anglo-saxons choisirent d'ailleurs de prolonger le succès de leurs dispositifs d'interrogation des prisonniers en confiant à certains de leurs centres le soin de « *traiter* » après la fin du conflit d'anciens dignitaires ennemis[6]. C'est ainsi qu'avant même la capitulation de mai 1945, les

---

1 Sur son enseignement, v. Kleinman, précité, pp. 49-69 ; sur le parcours atypique de S. Griffith (qui fut également employé entre 1940 et 1942 par l'agent britannique William Stephenson, chef du British Security Coordination installé au Canada, pour faire du lobbying contre les tendances neutralistes américaines), v. sa biographie sur le site www.spartacus.schoolnet.co.uk.

2 V. A. Corbin, précité, pp. 51-56 (la formation comportait notamment chaque jour des temps de perfectionnement linguistique ainsi que des conférences en soirée). Il cite également le point de vue de l'ONI selon lequel la sélection stricte des officiers en charge des interrogatoires est le "plus important facteur dans le succès d'une section d'interrogation" (Corbin, p. 78).

3 S. M. Kleinman précité, p. 50. Griffith comparait cette évaluation à une estimation d'environ 80% qu'il considérait avoir déjà été le résultat des interrogatoires durant la 1ère guerre mondiale.

4 On peut en trouver la preuve sur les efforts matériels importants que les Alliés firent parfois pour acheminer certains prisonniers susceptibles de fournir des informations importantes. Ainsi un rapport américain sur les opérations navales pendant le débarquement de Provence indique que trois prisonniers allemands capturés (sans doute à la suite de l'arraisonnement d'un sous-marin allemand) furent immédiatement envoyés par avion en Angleterre pour y être interrogés (Rapport de la Task Force 86 pour la période septembre 1944 au 5 octobre 1944, NARA RG38 E 370 box 98 Navy, cité dans la thèse de Pierre-Emmanuel Klingbeil, *Le front oublié des Alpes-Maritimes (15 août 1944 - 2 mai 1945)*, Serre Editeur, 2005).

5 Cité par un ancien officier du G2 du 12ème groupe d'armée, Lyman B. Kirkpatrick, "Combat Intelligence : A comparative Evaluation", *Studies in Intelligence*, 1961, n° 4, p. 45.

6 L'idée de mettre à part les prisonniers occupant des positions hiérarchiques élevée, afin d'en tirer un profit particulier tant sur le plan du renseignement que de l'influence politique est plus ancienne : ainsi pendant la guerre du Rif entre les français et la rébellion d'Abd el-Krim, les notables prisonniers étaient enfermés *« dans un local spécial dépendant du service de renseignements »* (cité par Rémy Porte, "Les prisonniers de guerre dans les conflits asymétriques : La guerre du Rif" in *Des prisonniers de guerre aux personnes capturées*, SHD, 2009).

Britanniques hébergèrent à Trent Park au nord de Londres un certain nombre de généraux nazis (dont le dernier général commandant à Paris, Dietrich Von Choltitz[1]) puis que le MI19 établit en juin 1945 un nouveau centre sur le territoire de l'Allemagne occupée à Bad Nenndorf (en zone d'occupation anglaise en dessous d'Hanovre) qui fut confié à l'ancien directeur du centre 020 du MI5, le Lieutenant-Colonel Robin Stephens[2].

Quant aux Américains, ils ont reconverti en 1945 un camp allemand près de Francfort pour en faire également un centre d'interrogatoire de certains hauts dirigeants nazis (dont le SS Otto Skorzeny, mais aussi plusieurs futurs accusés au procès de Nuremberg) puis de filtrage de personnes quittant la zone d'occupation soviétique. En effet, à partir de 1946, les missions de contre-espionnage destinés à connaître les services de sécurité soviétiques ou des pays satellites et à en détecter les agents de pénétration éventuels, devint la tâche unique. C'est également dans ce « *7707th European Command Intelligence Center* », communément dénommé Camp King que le général de l'Abwehr Gehlen arriva au milieu 1946 à son retour des Etats-Unis[3].

Ils ont également mené (en collaboration avec les Britanniques et les Canadiens) un programme dénommé « *Hill Project* » de regroupement au Camp Ritchie (dans le Maryland, où se déroulait les premières étapes de la formation des interrogateurs du MIS-Y) près de 200 prisonniers de guerre allemands afin d'établir un rapport très détaillé de plusieurs milliers de pages sur le système militaire allemand durant la Seconde guerre mondiale[4].

Mais avec ces camps spéciaux destinés à « *retourner* » et à faire coopérer certains prisonniers sélectionnés (pour leur grade ou leur fonction, ou du fait de leur appartenance aux services de renseignement adverses), l'on basculait déjà dans des pratiques qui vont bien au-delà du simple interrogatoire de prisonniers, et qui vont s'écarter notamment du cadre fixé par le droit international humanitaire.

C'est en effet l'un des paradoxes du XXème siècle d'avoir vu à la fois se développer un corpus juridique fourni régissant en particulier le statut juridique et la protection des prisonniers et des populations civiles durant les conflits et, parallèlement, différentes pratiques qui ont cherché à contourner, voire parfois à rendre inopérantes, ces exigences du droit international.

---

1 Le contenu de certaines des conversations de certains de ces généraux a été révélé au public britannique dans le cadre d'un documentaire programmé sur le canal 4 de la BBC « Spying on Hitler's Army : The Secret Recordings », mai 2013.

2 Ce centre connu officiellement sous la référence n°74 Combined Services Detailed Interrogation Centre Western European Area (CSDIC WEA) a notamment hébergé certains proches d'Hitler ainsi que des membres des services de renseignement nazis.

3 V. l'article de l'un de ses anciens interrogateurs : Arnold *Silver, "Questions, questions, questions : Memories of Oberursel", Intelligence and National Security, 1993 n°8, pp. 199–213.*

4 Sur ce Hill Project, v. notamment D.R. Mallett, "Western allied intelligence and the German military document section, 1945-6" (2011) *Journal of Contemporary History*, 46 (2), pp. 383-406.

2/ Un cadre juridique contraignant qui suscite de plus en plus de contournements

Le durcissement des Conventions de Genève concernant le traitement des prisonniers

Le premier règlement de la Haye du 18 octobre 1907 a fixé les règles essentielles du droit humanitaire touchant au traitement des prisonniers de guerre et des civils en situation de guerre.

Ce texte déterminait les informations que tout prisonnier ne pouvait refuser de livrer à la puissance détentrice (comme nous l'avons avec son article 9), mais n'était ni très précis ni très contraignant en ce qui concernait les manières dont la puissance détentrice pouvait se comporter à leur égard pour obtenir de leur part du renseignement.

Tout au plus, son article 4 disposait de manière assez générale que les prisonniers « *doivent être traités avec humanité. Tout ce qui leur appartient personnellement, excepté les armes, les chevaux et les papiers militaires, reste leur propriété* » tandis que son article 44 concernant les civils des zones occupées interdisait « *à un belligérant de forcer la population d'un territoire occupé à donner des renseignements sur l'armée de l'autre belligérant ou sur ses moyens de défense* ».

Les leçons tirées des deux conflits mondiaux ont conduit à un durcissement des dispositions protectrices dans les conventions du 12 août 1949 (3ème convention concernant les prisonniers et 4ème convention concernant les civils). L'interdiction d'exercer la contrainte qui n'était explicitement posée que s'agissant des civils en 1907 (et reprise à l'article 31 de la 4ème convention de 1949) a été étendue aux prisonniers par l'article 17 de la 3ème convention (toujours en vigueur) qui dispose désormais que :

> « *Aucune torture physique ou morale ni aucune contrainte ne pourra être exercée sur les prisonniers de guerre pour obtenir d'eux des renseignements de quelque sorte que ce soit. Les prisonniers qui refuseront de répondre ne pourront être ni menacés, ni insultés, ni exposés à des désagréments ou désavantages de quelque nature que ce soit* »

Même si un autre article de la 3ème convention reconnaît à la puissance détentrice la possibilité d'exercer une censure sur les correspondances des prisonniers, on constate que les possibilités légales de recueil de renseignement auprès des prisonniers (et des civils) ont été beaucoup réduites par les conventions de 1949. A tel point que le Comité international de la Croix-Rouge (CICR) – organisme qui joue un rôle majeur dans la protection internationale des prisonniers et des personnes déplacées - a pu écrire dans son commentaire de la 3ème convention :

> « *La Puissance détentrice sera tout naturellement tentée d'obtenir du prisonnier des renseignements plus étendus, tant sur sa propre personne que sur les circonstances qui ont précédé la capture, car elle y a un intérêt militaire évident. Le prisonnier a non seulement le droit, mais le devoir de s'abstenir de donner à la Puissance détentrice des renseignements d'ordre militaire ; il doit donc être protégé contre toute procédure inquisitoire de la part de cette Puissance* »

Cet encadrement limitatif des possibilités pour la puissance détentrice d'obtenir des renseignements de la part des prisonniers dont elle a la charge, a conduit les États à rechercher différents moyens de contournement de ces contraintes[1].

Des pratiques de contournement dès la Seconde guerre mondiale

L'évolution des pratiques concernant les prisonniers de guerre et leur utilisation comme sources d'information afin d'échapper aux contraintes fixées par le droit international a débuté pendant le second conflit mondial. Ainsi les Britanniques ont constaté dès 1942 que, vu les pratiques répressives japonaises, il était illusoire et dangereux de se contenter d'enseigner à leurs troupes la règle issue de l'article 9 du règlement de 1907 (règle connue sous la dénomination « *Name, Rank and Number only* ») pour élaborer des consignes plus détaillées afin de permettre au futur prisonnier d'éviter les représailles en répondant aux interrogateurs japonais sans pour autant livrer d'informations trop sensibles[2].

Mais parallèlement, les mêmes Britanniques ainsi que leurs alliés Américains ont développé dans le plus grand secret un vaste programme d'enregistrement clandestin des conversations des prisonniers de guerre adverses dans leurs camps déjà cités (en particulier, les camps de Fort Hunt et Tracy aux États-Unis et les trois camps britanniques gérés par le MI9).

---

1 Ajoutons que le statut de la Cour pénale internationale a donné compétence à cette nouvelle juridiction internationale pour poursuivre comme crimes de guerre les cas d'infractions graves aux Conventions de Genève du 12 août 1949, parmi lesquels on retrouve certaines violences faites aux prisonniers de guerre (v. article 8.2.a du statut de Rome, 17 juillet 1998).

2 Ces nouvelles règles ont fait l'objet par le M.I.9(d) de la réécriture d'une version particulière à l'Extrême-Orient du document « Precautions to be taken by British personnel in the event of Capture 1942 » (v. MI9 historical record, *TNA WO 208/3242*, précité).

Ces dispositifs d'écoute ont été prévus dès l'origine et leur installation a eu lieu lors des travaux de construction ou d'aménagement des futurs locaux de détention et d'interrogation des prisonniers[1].

A partir de ces systèmes, les Alliés recueillirent un important volume d'informations : le CSDIC britannique aurait ainsi rédigé 16.960 comptes-rendus d'écoute de prisonniers allemands et 1943 de prisonniers italiens pour un total de 48.000 pages[2]. Leurs écoutes auraient concerné environ 4000 Allemands et représenteraient près de 100.000 heures d'enregistrement. En aux États-Unis, 3298 prisonniers allemands auraient été écoutés à Fort Hunt et auraient donné lieu à environ 40.000 pages de transcription[3]

Ces écoutes clandestines avaient plusieurs objectifs : détecter éventuellement au travers des conversations des prisonniers entre eux si certains étaient impliqués dans des activités de renseignement ou évoquaient des sujets susceptibles d'intéresser les services de renseignement[4], vérifier la véracité des réponses que le prisonnier faisait par ailleurs lors de son interrogatoire [5], ainsi que dans certains cas, conserver une trace détaillée du contenu des interrogatoires afin d'en faciliter l'exploitation[6].

---

1 Concernant les constructions à Fort Hunt, v. Kleinman, précité, p. 39 ; s'agissant de Fort Tracy, v. A. D. Corbin, précité, p. 42 (qui donne les chiffres de 25 systèmes d'enregistrement Memovox et de 100 micros et qui publie une photographie d'une de ces machines d'écoute). Concernant les centres anglais, v. S. Neitzel & H. Welzer, précité, p. 505. Silver indique également que le camp King était doté de systèmes d'enregistrement très performant (A. M. Silver, précité).

2 S. Neitzel & H. Welzer, précité, p. 507.

3 Idem, p. 508. On peut apprécier l'effet volumétrique induit par ces écoutes, en comparant ces 40.000 pages de conversations recueillies auprès de prisonniers à Fort Hunt aux 6.500 pages des seuls procès-verbaux d'interrogatoire réalisés à Fort Tracy sur un volume quasi-équivalent (3.500) de prisonniers japonais (A. D. Corbin, précité, p. 50).

4 Sur la pratique à Fort Tracy, v. A. D. Corbin, précité, p. 63. Un exemple de l'exploitation stratégique d'un renseignement obtenu par de telles écoutes est donné dans le documentaire de la BBC précité où l'on y apprend notamment que certains propos du général Ritter Von Thoma (fait prisonnier en 1942 en Afrique du Nord) avec le général Cruwell auraient permis de connaître l'importance du centre secret de Peenemünde pour la mise au point et la production des fusées V2, ce qui aurait été à l'origine de son bombardement le 17 août 1943 (voir la transcription du programme sur le site www.pbs.org/wnet/secrets/transcripts/bugging-hitler's-soldiers-program-transcript/950/).

5 En particulier, étaient écoutées les conversations du prisonnier au retour de son interrogatoire avec son compagnon de cellule, ce qui permettait d'entendre son compte-rendu de la séance, et parfois les informations qu'il avait cachées ou sur lesquelles il avait menti (v. A. D. Corbin, précité, p. 69). De même, la première conversation entre prisonniers qui se rencontrent (à l'occasion d'une rotation) était considérée comme instructive, puisqu'ils se présentaient et évoquaient leurs origines et leurs expériences (idem).

6 C'était le cas à Fort Hunt (v. S. M. Kleinman précité, p. 75, qui comporte en annexe la copie de l'une de ces transcriptions du 26 février 1943 dans laquelle un officier allemand précédemment sur le front de l'Est est interrogé sur les performances comparées des chars allemands et russes et où il apprend de l'interrogateur la chute de Stalingrad (annexe D, pp. 130-

Mais comme ces pratiques étaient très secrètes et faisaient partie des nouvelles techniques de renseignement stratégiques que les Alliés anglo-saxons avaient systématisé durant la Seconde guerre mondiale, ceux-ci ne souhaitèrent pas les rendre publiques, se réservant la possibilité de réutiliser plus tard (ce qui fut d'ailleurs le cas rapidement dans le cadre de la lutte contre l'URSS)[1]. Ils n'en firent pas état et n'utilisèrent aucune de leurs productions durant les grands procès contre les criminels de guerre allemands ou japonais[2].

Loin de s'interrompre avec la fin de la Seconde guerre mondiale, ces techniques non-conventionnelles de traitement des prisonniers à des fins de renseignement et de manipulation vont au contraire se développer jusqu'à nos jours et s'étendre à de nouvelles catégories de personnes sous contrainte échappant aux règles strictes prévues par les Conventions de Genève.

Extensions et dérives des pratiques de renseignement sous contrainte

Le déclenchement de la guerre froide justifia en effet la réutilisation des techniques utilisées à l'encontre des prisonniers allemands ou japonais. L'un des exemples les plus frappants fut la réaffectation rapide à partir de mi-1946 du camp britannique de Bad Nenndorf en Allemagne déjà cité en lieu d'accueil de personnes suspectées de se livrer à l'espionnage pour le compte de l'URSS. Dès 1947, l'interrogatoire de ces sources aurait permis aux Britanniques de reconstituer l'ordre de bataille complet de l'Armée soviétique et d'identifier des opérations d'espionnage soviétiques au sein de la zone d'occupation britannique[3].

Mais à la même période, commencèrent à circuler certaines révélations concernant les mauvais traitements qu'auraient subi à Bad Nenndorf certains prisonniers (dont plusieurs d'entre eux décédèrent [4]), ce qui entraîna d'une part des procès en Grande-Bretagne en 1948 (qui aboutirent notamment à la

---

137). A Fort Tracy, en revanche, il semble que les interrogatoires des prisonniers allemands étaient tous enregistrés et transcrits intégralement.

1 De façon tout à fait parallèle, les opérations d'intoxication menées par les services britannique contre l'Allemagne (notamment en vue du débarquement) ainsi que les décryptements des communications allemandes et japonaises demeurèrent très longtemps des secrets qui ne furent que partiellement levés que plus d'une trentaine d'années après 1945 (v. notamment sur les liens unissant les programmes de décryptement contre l'Axe avec celui contre l'URSS, B. Warusfel, précité).

2 S. Neitzel & H. Welzer, précité, p. 512.

3 Sur sa création, v. la présentation officielle qui en est faite sur le site du MI5 : https://www.mi5.gov.uk/output/bad-nenndorf.html.

4 Selon une enquête du Guardian – basée sur des témoignages et des documents déclassifiés – des tortures auraient été infligées et deux prisonniers allemands ainsi qu'au moins deux personnes suspectées de travailler pour l'URSS seraient décédées de mauvais traitements, et notamment de privation de nourriture ("The interrogation camp that turned prisoners into living skeletons", The Guardian, 17 décembre 2005 ; « The postwar photographs that British authorities tried to keep hidden », The Guardian, 3 avril 2006).

condamnation pour négligence du responsable médical du centre, mais non des officiers de renseignement qui furent finalement acquittés ainsi que leur chef le colonel Stephens [1]) et conduisit à la fermeture prématuré de ce centre contesté[2].

Côté français, le déclenchement de la guerre d'Algérie, combinée à la volonté des militaires récemment revenus d'Indochine d'adapter leurs pratiques à la « *guerre subversive* »[3], conduisit au développement à grande échelle de l'internement administratif des prisonniers du FLN puis à la pratique de la torture comme moyen d'interrogatoire à finalité anti-terroriste (plus particulièrement durant la période entre 1957 - date de la « bataille d'Alger » - et 1960[4]).

Immédiatement en effet après la promulgation de la loi d'urgence en Algérie, le décret du 7 juillet 1955 créée en Algérie, des « *centres aménagés en vue d'assurer l'hébergement et la nourriture des personnes faisant l'objet des mesures prises en ce qui concerne la loi du 3 avril 1955* ». Les autorités de l'époque ne reconnaissent pas qu'il s'agit de camps d'internement et les dénomme plus discrètement « *camps d'hébergement* » qu'il place sous la responsabilité de la police. Mais en 1957, l'Armée se voit confier la direction du renseignement sur l'ensemble de l'Algérie (ainsi que le maintien de l'ordre et la répression du terrorisme à Alger et sa région) et créé en complément des centres de tri et de transit (CTT) sous sa responsabilité[5]. Ces CCT ont pour charge de permettre une sélection entre les personnes à relâcher, celles qui feront l'objet d'interrogatoires spécifiques et celles qui seront envoyées dans les centres d'hébergement[6]. On reconnaît là la spécialisation des sites que l'on a déjà vu se mettre en place durant la Seconde guerre mondiale.

---

1 Stephens affirma lors de son procès qu'il avait interdit toute violence physique, étant persuadé que celle-ci n'aboutissait pas au recueil de renseignement de qualité, mais avait en revanche autorisé l'utilisation de toute sorte de « *pression mentale* » utile pour "briser" la résistance des personnes internées (v. site MI5 précité).

2 Cette fermeture ne signifia pas cependant le renoncement britannique à ce type de dispositif puisque trois plus tard était installé toujours en Allemagne un nouveau site secret près de la base de Gütersloh, dont les cellules pouvaient 30 hommes et 10 femmes suspectés de travailler pour l'URSS (The Guardian, 2005, précité).

3 Sur l'impact qu'a exercé l'expérience des camps d'internement vietminh sur les techniques de guerre psychologique et l'internement en Algérie, v. notamment Marie-Catherine Villatoux, "Traitement psychologique, endoctrinement, contre-endoctrinement en guerre d'Algérie : le cas des camps de détention", *Guerres mondiales et conflits contemporains*, 2002/4 n° 208, pp. 48-51.

4 V. l'ouvrage de Raphaëlle Branche, *La torture et l'armée pendant la guerre d'Algérie (1954-1962)*, Gallimard, 2001.

5 V. Maurice Faivre, *Le renseignement dans la guerre d'Algérie*, Lavauzelle, 2006, pp. 19-24.

6 Pour un témoignage d'un appelé du contingent qui assura la responsabilité administrative du CTT de Colbert près de Sétif en 1959, v. *Paul-Albert Février, Un historien dans l'Algérie en guerre. Un engagement chrétien, 1959-1962*. Edité par Jean-Marie Guillon, Editions du Cerf, 2006, notamment p. 57 et s..

Mais jusqu'en 1961, le gouvernement refusa de considérer ces différents camps comme des camps de prisonniers de guerre et donc d'y appliquer les dispositions protectrices des Conventions de Genève. Profitant donc de cette liberté de manœuvre, le commandement y autorisa notamment des pratiques de guerre psychologiques qui ont été normalisées dans une notice d'août 1957[1] rédigée par le lieutenant-colonel Bruge, ancien prisonnier en Indochine et patron du Centre d'instruction à la pacification et à la contre-guérilla (CIPCG) d'Arzew (dépendant du SDECE).

Il s'agissait d'organiser une pression psychologique permanente et sur une durée assez longue (entre six mois et deux ans) sur les personnes retenues de manière à regagner à la cause française celles d'entre elles qui apparaissaient comme les plus « *récupérables* »[2]. S'agissant des techniques d'interrogatoire de prisonniers, elles s'appuyaient également sur des principes classiques issus de l'expérience des conflits antérieurs et de la guerre d'Indochine.

Ainsi, l'instruction spécialisée de contre-guérilla du général Salan en 1958 prescrit de : « *les interroger le plus tôt possible pour profiter du désarroi causé chez eux par leur capture* », de « *réunir les documents dont ils sont porteurs* » et de « *séparer les gradés, officiers et agents politiques, des hommes* »[3]. Par ailleurs - et conformément au droit humanitaire – elle prescrit de « *n'exercer sur eux aucun sévices, ni vaine représailles* » (et ajoute « *ils peuvent être nos collaborateurs de demain* », dévoilant un potentiel objectif de retournement).

Mais ce même texte porte aussi les marques d'une extension des pratiques de renseignement au-delà des interrogatoires classiques des combattants prisonniers, puisque d'une part, il y est recommandé de procéder au tri des personnes à interroger « *sans négliger les femmes et les enfants (agents de transmission d'un PC et dispositif politico-militaire)* » et d'autre part il y est prescrit : « *si un prisonnier se montre arrogant et récalcitrant, le confier au service de protection (DOP) qui conduira l'interrogatoire suivant ses procédés techniques particuliers* ».

Ces DOP étaient les « *dispositifs opérationnels de protection* » recréés en Algérie lors du commandement du général Salan sous l'égide du Centre de coordination interarmées (CCI) et inspirés d'exemple préexistants durant le conflit indochinois[4]. C'est également Salan, alors général en chef en Algérie qui prescrivit « *l'enlèvement provisoire et par surprise, par action héliportée,*

---

1 Notice sur l'action psychologique dans les camps d'hébergement, août 1957, pp. 205-206.

2 L'objectif de retournement psychologique de la personne capturée est clairement reconnu dans cette étude de la CIA de la même époque (1958) qui indiquait que "l'interrogatoire produit ses meilleurs renseignements lorsque la personne interrogée devient vraiment un allié qui coopère activement avec l'interrogateur pour fournir l'information recherchée" (Don Compos, "The Interrogation of Suspects Under Arrest", *Studies in Intelligence*, vol. 2, n°3, 1958 déclassifiée).

3 Instruction spécialisée de contre-guérilla, Commandement supérieur interarmées, 10ème Région militaire, État-major, 3ème bureau, 2e édition, novembre 1958.

4 Sur la réorganisation des structures de renseignement durant la guerre d'Algérie, v. M. Faivre, précité ; également Bertrand Warusfel, *Contre-espionnage et protection du secret – Histoire, droit et organisation de la sécurité nationale en France*, Lavauzelle, 2000, pp. 60-65.

de quelques habitants pris au hasard ou repérés comme suspects en vue d'un interrogatoire sur l'organisation rebelle implantée dans le douar »[1] et des « *interrogatoires poussés à fond et immédiatement exploités (...) aussi serré[s] que possible* »[2].

On sait parfaitement aujourd'hui que ces DOP pratiquaient essentiellement la torture comme mode d'acquisition du renseignement sur les membres du FLN et les suspects de soutien à ceux-ci[3]. Ces organismes furent officiellement supprimés en mai 1960, mais survécurent jusqu'en août 1961 de manière plus décentralisée sous une autre appellation, les UOR (unités opérationnelles de recherches)[4].

On peut donc affirmer que la guerre d'Algérie et son contexte particulier politique particulier (qui conduisit longtemps les gouvernements successifs à ne pas reconnaître l'existence d'un véritable conflit armé, mais uniquement des troubles internes nécessitant le rétablissement du « *maintien de l'ordre* ») ont conduit l'armée et l'ensemble de l'appareil sécuritaire français à généraliser des pratiques de renseignement sous contrainte à l'encontre tout à la fois de combattants armés et de populations civiles soupçonnées de complicité ou de non-dénonciation des activités du FLN. Et cette dérive à grande échelle qui dura au moins jusqu'en 1960 a marqué pour longtemps la société française et sa doctrine de renseignement militaire.

Le cas particulier du traitement des agents de renseignement adverses

Une des dérives extrêmes auxquelles la guerre froide a abouti en matière de renseignement humain est sans doute le traitement brutal et contraire aux droits fondamentaux réservé à certains agents de renseignement adverse ou à certains « *transfuges* ».

Mais là encore, les pratiques expérimentées dans l'urgence en 1940 et 1945 ont sans doute ouvert la voie à ce qui se passa parfois durant la guerre froide. En effet, l'une des préoccupations majeures des services de contre-espionnage alliés fut d'éviter la pénétration de leurs réseaux par des taupes ennemis qui se seraient notamment présentés comme des résistants arrivant à Londres ou à Alger pour proposer leurs services. C'est ainsi que les Britanniques mirent

---

1 Directive générale n°3 du 19 janvier 1957, citée in Raphaëlle Blanche, "Torture of terrorists? Use of torture in a war against terrorism': justifications, methods and effects. The case of France in Algeria, 1954- 1962", *International Review of the Red Cross,* Vol. 89, n° 867, septembre 2007, p. 551.

2 Note de service du général Salan du 11 mars 1957, citée par R. Blanche, *IRRC* précité.

3 V. l'ouvrage précité de R. Blanche, 2001. Bien que jamais officiellement assumée à l'époque, l'usage de la torture par les DOP est aujourd'hui admise, y compris par un ancien responsable du renseignement à Matignon sous Michel Debré, qui affirme (même de façon quelque peu restrictive) que "la torture était proscrite pour l'armée, admise au sein des DOP" (Constantin Melnik, *Un espion dans le siècle, Tome I : la diagonale du fou,* Plon, 1994, p. 394).

4 V. Jacques Isnard, "Les DOP étaient chargés des interrogatoires musclés", *Le Monde,* 1er décembre 2000.

en place rapidement un centre d'interrogation et de triage des réfugiés d'Europe occupée rejoignant l'Angleterre qui s'installa dans le bâtiment généralement connu comme la « *Royal Victoria Patriotic School* » qui abritait en réalité le « *London Reception Centre* » (LRC) géré par le MI5. D'après les statistiques officielles britanniques, 33.000 étrangers passèrent par ce centre pendant le conflit, où travaillaient en collaboration avec le MI5 des policiers de la Special Branch et des officiers d'autres services comme le BCRA[1]. Bien que cela ait été assez occulté à l'époque, il est reconnu officiellement aujourd'hui que certains suspects pouvaient resté un certain temps administrativement détenus au sein même du LRC.

Les Français libres développèrent en parallèle leurs propres techniques d'interrogation et de filtrage des candidats à l'incorporation dans les rangs de la Résistance[2]. Ce fut en particulier le travail du lieutenant Warin devenu sous le pseudonyme de « *Wybot* » le chef de la section de contre-espionnage du BCRA durant l'année 1942. Et bien qu'il ne s'agisse pas de prisonniers adverses, Wybot et ses hommes n'hésitèrent pas à pratiquer des séances d'interrogatoire très lourdes, y compris à leurs agents les plus importants[3]. Plus encore, ils ont eu parfois recours à l'internement temporaire des éventuels suspects, ce qui finit par provoquer une polémique importante après qu'un Français libre incarcéré pour usurpation de grade et soupçonné par Wybot d'être un agent d'infiltration anglais se soit plaint des brutalités du BCRA et engagé un procès à Londres contre le général de Gaulle lui-même et plusieurs de ses officiers[4].

Après la guerre, outre les pratiques condamnables qui furent appliquées au camp de Bad Nenndorf (comme on l'a vu) à certaines personnes soupçonnées de travailler pour l'URSS, c'est sans doute le cas de Youri Nosenko qui illustra le mieux les risques de dérive dans l'interrogation et le traitement des transfuges issus de l'Est.

---

1 V. notamment le témoignage du colonel néerlandais Oreste Pinto qui a travaillé à la Patriotic School (Oreste Pinto, *Espions ou amis*, Correa, Paris, 1954). Par ailleurs, beaucoup d'ouvrages d'anciens résistants comportent une mention plus ou moins détaillée de leurs passages au LRC en arrivant de France occupée.

2 V. notamment André Manuel, "Le BCRA de 1940 à 1944" *in Les armées françaises pendant la Seconde guerre mondiale 1939/1945*, colloque international FEDN / Institut d'histoire des conflits contemporains, 7/10 mai 1985, Actes du colloque, 1986, p. 200.

3 Mentionnons par exemple le cas du colonel Rémy qui dut subir un interrogatoire serré à son retour à Londres en juin 1942 (v. notamment les "mémoires" de Wybot : Philippe Bernert, *Roger Wybot et la bataille pour la DST*, Presses de la Cité, 1975, pp. 59- 60 ; également ce qu'en dit l'intéressé in Rémy, *Mémoires d'un agent secret de la France Libre*, Volume 2, France-Empire, 1960, pp. 14-15. Wybot cite effectivement le cas d'un radio de la France Libre nommé Laroche dont il parvint à détecter la trahison et qui fut maltraité par ses interrogateurs (Bernert, précité, pp. 62-64).

4 V. notamment sur cette affaire, Sébastien Albertelli, Les services secrets du général de Gaulle – Le BCRA 1940-1944, pp. 307-310) ; également Bernert, précité, pp. 71-73.

Ce colonel du KGB sous couverture diplomatique à l'ONU fit défection le 4 février 1964 à New York et demanda l'asile aux États-Unis. Il fut placé sous un régime juridique particulier qui l'autorisait à séjourner aux États-Unis à la seule discrétion de la CIA[1]. Mais ayant fourni des informations innocentant le KGB de toute implication dans l'assassinat du Président Kennedy et contredit certaines affirmations de Golytsine, un précédent transfuge, Nosenko fut fortement soupçonné par le chef du contre-espionnage de la CIA, James Angleton, d'être un faux transfuge envoyé pour intoxiquer les Américains[2]. Dès lors pour en avoir la confirmation, Nosenko fut interné pendant 1277 jours, soit plus de trois années dans différents sites de la CIA et soumis à un régime extrêmement sévère (isolement total - dont quelque temps dans une sorte de coffre-fort métallique, privations sensorielles, 292 jours d'interrogatoires, utilisation du détecteur de mensonges, voire - selon l'intéressé - de réels actes de torture[3]). Cet emprisonnement illégal prit fin en 1967 sans que Nosenko n'ait rien avoué, ce qui obligea la CIA à le dédommager et à lui allouer un salaire et une nouvelle identité (jusqu'à sa mort en 2008)[4].

Toujours sur le front de la guerre froide, mais cette fois-ci s'agissant d'un agent fait prisonnier dans une zone de conflit (bien qu'il ne s'agisse pas d'un prisonnier de guerre), la CIA connut un autre échec dans la tentative de faire parler coûte que coûte un agent de renseignement nord-vietnamien pendant plus de trois années. Nguyen Tai fait prisonnier par les Sud-vietnamiens en décembre 1970 était un très important agent de renseignement vietcong et avait été le responsable d'attentats meurtriers à Saïgon. Considéré comme l'agent de renseignement vietcong capturé le plus important pendant la guerre du Vietnam, « *les officiers américains et sud-vietnamiens... employèrent*

1 Ce statut particulier négocié entre la CIA et le département de la Justice était dénommé *"exclusion and parole"* (c'est-à-dire exclusion du territoire américain mais avec une exception laissée à la discrétion de la CIA, comme l'expliqua Richard Helms, ancien directeur de la CIA, dans son témoignage devant le House Select Committee on Assassinations en 1978 : HSCA, 9/22/78, pp. 21-22).

2 V. notamment David Robarge, "Moles, Defectors and Deceptions : James Angleton and the CIA Counterintelligence", *Journal of Intelligence History,* 2003, Vol 3, n° 2, pp. 36-39.

3 Sur les détails de ces tortures, v. Michael Otterman, *American Torture: From the Cold War to Abu Ghraib and Beyond,* Melbourne University, 2007 pp. 57-58. L'auteur estime que Nosenko a notamment servi de cobaye pour la mise en pratique des méthodes de torture psychologique établies dans le manuel KUBARK Counterintelligence interrogation établi par la CIA en 1963 (et notamment celles relatives aux "Coercitive Counterintelligence Interrogation of Resistant Sources") à partir des techniques de lavage de cerveau utilisées par les communistes pendant la guerre de Corée et conceptualisées sous la dénomination DDD "Debility, dependency and dread" (v. l'article fondateur de cette théorie : Farber, Harlow, Harry, West, "Brainwashing, conditioning, and DDD (debility, dependency, and dread)", *Sociometry,* Vol. 20, 1957, pp .271-285).

4 Sur le cas Nosenko et sur le contexte plus général des excès du contre-espionnage de la CIA sous l'égide de J. J. Angleton, v. David Wise, *La stratégie du soupçon - Enquête sur la paranoïa de la C.I.A.,* Plon, 1994, pp. 161-175.

toutes les techniques d'interrogation issues de l'arsenal de deux pays pour tenter de lui arracher ses secrets »[1].

Après une première série d'interrogatoires par des officiers de la CIA, il fut remis aux Sud-vietnamiens qui le torturèrent physiquement très durement pendant près de deux ans (jusqu'à ce qu'il accepte de livrer sa vraie identité et que les Nord-vietnamiens fassent passer un message proposant son échange contre un prisonnier américain). Rendu ensuite aux Américains, il fut détenu par la CIA pendant encore trois années (jusqu'en 1975, même s'il cessa d'être interrogé à partir de la signature des accords de Paris en janvier 1973) à l'isolement complet dans une cellule close entièrement peinte en blanc et fortement éclairée jour et nuit[2].

De leur côté, les Américains eurent à connaître un terrible cas d'"interrogatoire hostile" de l'un de leurs importants officiers de renseignement, lorsque le chef de leur station à Beyrouth, William Bukley fut enlevé le 16 mars 1984 par un commando proche du Hezbollah. On sait en effet aujourd'hui qu'il fut interrogé et torturé afin d'obtenir des informations détaillées sur le dispositif de renseignement américain dans la région, avant de décéder au bout de quinze mois des suites des mauvais traitements qu'il avait subis[3].

Conclusion

Ce rapide survol des pratiques d'utilisation des prisonniers comme sources de renseignement tout au long du dernier siècle, nous montre l'importance et la sensibilité du sujet.

Souvent occultées par les progrès spectaculaires du renseignement technique durant les mêmes périodes, les techniques de renseignement humain (HUMINT) montrent par là qu'elles ont elles aussi connu une professionnalisation importante, notamment du fait des deux guerres mondiales, en même temps que le droit international humanitaire tentait d'en encadrer l'application aux prisonniers de guerre. La réalité contemporaine s'inscrit donc au croisement de ces deux évolutions contradictoires : d'un côté les États (ou tout au moins, les États démocratiques) s'efforcent de réformer leurs pratiques pour se préserver face à la « judiciarisation » des opérations

---

1 Propos d'un ancien officier de la CIA alors présent à Saïgon : Merle L. Pribbenow, "Limits to Interrogation : The Man in the Snow White Cell", *Studies in Intelligence*, Vol. 48, n°1, p. 59.

2 L'un des officiers de la CIA qui interrogea Nguyen Tai évoqua son cas dans son livre non autorisé en 1977 : Franck Snepp, *Decent Interval: An Insider's Account of Saigon's Indecent End Told by the Cia's Chief Strategy Analyst in Vietnam*, Random House, 1977. De son côté, Nguyen Tai a publié un ouvrage sur sa détention sous le titre *Doi Mat Voi CIA* (Mon face-à-face avec la CIA) Hanoi, 1999 (cité par M. L. Pribbenow, précité).

3 La DGSE a pour sa part connu l'enlèvement en 2009 puis l'assassinat en 2013 de l'un de ses sous-officiers, connu sous le nom de Denis Allex, qui a sans doute fait l'objet d'interrogatoires durant sa longue détention.

militaires et de sécurité[1] ; de l'autre, leurs services spécialisés et les exigences des nouvelles formes de conflit les poussent à inventer de nouvelles manières de traiter les sources humaines, y compris sur le champ de bataille.

Aujourd'hui, toutes les nations développées ont donc établi des règlements et créé des structures spécialisées pour gérer avec la plus grande efficacité possible le traitement du renseignement humain recueilli auprès des prisonniers[2]. Mais par ailleurs les caractéristiques propres de la guerre froide (et notamment sa dimension de conflit idéologique) loin de calmer le jeu, ont exacerbé les pratiques de part et d'autre. Comme on l'a déjà remarqué, la découverte des méthodes totalitaires utilisées par les guérillas communistes, notamment en Asie du Sud-Est (Corée, Indochine) a durablement marqué les militaires et les services de renseignement occidentaux et les a incités à la fois à préparer leurs personnels à résister à de telles pressions[3] et à développer à leur tour des techniques de manipulation et d'interrogation poussées (parfois dénommées en anglais « *hostile interrogation* » ou « *enhanced interrogation* »).

Plus récemment et sur le plan interne, la France a créé (en 2003) puis fortement renforcé (en 2015) un service de renseignement de sécurité pénitentiaire qui est désormais doté des moyens juridiques et techniques pour mener notamment des opérations de surveillance techniques clandestines en milieu carcéral[4]. Là encore (mais dans un autre contexte juridique) la confusion des genres possibles entre les surveillants de prison et les agences

1 Sur cette tendance actuelle, v. notamment Christophe Barthelemy, *La judiciarisation des opérations militaires*, L'Harmattan, 2012 (et notamment son analyse de la réforme de 2005 créant l'article L.4123-12 du code de la défense, pp. 87-130).

2 Dans le cas de la France, les règles à suivre en cas de prise de prisonniers rappellent *"le strict respect des principes du droit international et de la convention relative au traitement des prisonniers de guerre du 12 août 1949 signée à Genève"* et prescrivent d'isoler le nouveau prisonnier et de l'acheminer *"vers l'officier de renseignement de corps de troupe"* (Armée de terre, TTA 150, titre IV renseignement, 2001, n° 221, p. 16). Le recours à des personnels spécialisés sont censés garantir le professionnalisme des interrogatoires et le respect des cadres fixés par le droit international. C'est pourquoi, l'Armée de terre dispose d'une unité spécialisée intégrée à la Brigade de renseignement, anciennement dénommée le "GRI" (groupe de recueil d'information) et qui constitue désormais les 7èmes et 8èmes escadrons du 2ème régiment de hussards, l'OTAN pour sa part dispose depuis 2001 d'un recueil de procédures AJP 2.5 concernant la capture de personnel, d'équipement et de documents.

3 La CIA a ainsi déclassifié un intéressant document qui décrivait en détail les techniques d'interrogatoire utilisées par les communistes et les recommandations pour y faire face : Michael L. Mineur, "Defense Against Communist Interrogation Organizations", *Studies in Intelligence*, Volume 13, n° 4, 1969 (déclassifié).

4 La loi du 28 février 2017 a notamment créé un article L. 855-1 CSI qui renforce ses moyens juridiques en lui permettant de mettre en œuvre l'essentiel des techniques de renseignement que le code de la sécurité intérieure accorde aux services spécialisés de renseignement depuis la loi du 24 juillet 2015.

de renseignement, justifiée au nom de la détection précoce des détenus radicalisés, est parfois critiquée[1].

Toute cette évolution, ainsi que les dérives qu'elle peut comporter ont joué un rôle important depuis que, suite aux attentats du 11 septembre 2001, les Américains – puis leurs alliés - se sont lancés dans la « *guerre au terrorisme* » (War on terror). Ce nouveau contexte stratégique a engagé le XXIème siècle naissant dans des directions nouvelles : les conflits militaires conventionnels (tels ceux d'Irak, d'Afghanistan ou du Mali) mettent en œuvre des armes technologiques à haute capacité destructive qui font beaucoup de victimes et moins de prisonniers tandis que les combattants « *irréguliers* » capturés sur le terrain ou lors d'opérations spéciales préventives ne se voient pas toujours appliquer les dispositions des Conventions de Genève et font souvent l'objet de ce que l'on appelle parfois la « *détention de sécurité* »[2].

L'exemple le plus flagrant en est le centre de détention ouvert depuis 2001 à Guantanamo. Sur cette base américaine située à Cuba, on sait qu'ont été incarcérées sans jugement conforme au droit commun, jusqu'à près de 800 personnes capturées durant les différentes opérations militaires ou clandestines menées par les forces américaines contre les pays ou les organisations supposés soutenir le terrorisme islamiste. Ces prisonniers n'ont pas été considérés par les autorités américaines comme des prisonniers de guerre, mais comme des « *combattants illégaux* » (unlawful combatant), catégorie non reconnue par le droit international, bien qu'évoquée la première fois en 1942 par la Cour suprême américaine pour justifier le renvoi d'espions allemands capturés sur les côtes américaines devant une juridiction militaire (à une date où les États-Unis n'avaient pas encore ratifié les Conventions de Genève)[3].

Mais le traitement infligé à ces détenus de Guantanamo en vertu des dispositions du Patriot Act de 2001 a été bien au-delà du simple renvoi devant des juges militaires, puisque ces personnes ont pu être interrogées hors de la présence d'un juge ou d'un avocat par les seuls officiers de renseignement,[4]

---

1 V. notamment "L'administration pénitentiaire dérive vers l'Intérieur", note de l'Observatoire international des prisons - section française, 24 avril 2017 (accessible en ligne : http://oip.org/analyse/4608/); également, Jean-Marie Delarue, "Le renseignement pénitentiaire", *Après-Demain*, 2018/1, pp. 7-8, et nos remarques Bertrand Warusfel, "Justice et renseignement dans la lutte contre la radicalisation violente", *AJ Pénal*, mars 2018, n° 3, p. 119.

2 Ce néologisme désigne les mesures d'internement prise contre des personnes hors de toute poursuite judiciaire à l'occasion de conflits armés (dont l'équivalent hors les périodes de conflit est la "détention administrative") v. notamment Tyler Davidson & Kathleen Gibson, "Experts Meeting On Security Detention Report", *Case Western Reserve Journal of International Law*, Vol. 40, p. 323 et s.

3 *Ex parte Quirin*, 317 US, 31 juillet 1942. Pour un commentaire de cette notion, v. Julien Cantegreil, "La doctrine du combattant ennemi illégal", *Revue de science criminelle*, 2010, p. 81.

4 Cette absence de garanties procédurales a été critiquée lors du jugement de plusieurs anciens détenus français de Guantanamo rendus à la France et dont la condamnation fut réformée par

mais, plus encore, ont pu rester détenues très longtemps sans aucun jugement, et - enfin - ont été soumises de manière massive à des techniques d'interrogatoire renforcées [1], voire à de véritables tortures dans ces centres de détention étrangers échappant à la juridiction américaine[2]. Si l'on ajoute à cela qu'au moins dans le cas de la prison d'Abu Ghraib en Irak (où des dérives graves ont fait publiquement scandale), le Pentagone avait externalisé à une firme privée l'interrogatoire des prisonniers, on prend la mesure du degré de liberté que les autorités américaines se sont autorisées en matière d'acquisition de renseignement humain au détriment de l'application stricte des dispositions du droit humanitaire.

Une telle remise en cause des normes internationales est à la fois extrêmement préoccupante du point de vue juridique,[3] mais elle est aussi très discutable d'un point de vue opérationnel. Il est ainsi assez significatif que plusieurs officiers spécialisés ayant effectué des études sur les techniques d'interrogatoire et leur histoire ont pris position contre l'utilisation de la coercition physique poussée et de torture comme moyen d'obtention du renseignement[4].

---

la Cour d'appel de Paris au motif qu'ils avaient été interrogés sur place par la DST (CA Paris, 24 février 2009). La Cour de cassation a finalement cet arrêt d'appel mais sans nier le caractère « *déloyal* » de ces interrogatoires tenus dans le cadre d'une mission de pur renseignement et hors les règles de procédure pénale (Chambre criminelle, arrêt n°10-83-674 du 15 décembre 2010).

1 V. le rapport (très partiellement déclassifié) de l'inspecteur général de la CIA sur les activités d'interrogatoire et de détention antiterroriste, n° 2003-7123-IG, 7 mai 2004. Egalement, la note déclassifiée du directeur juridique du Département de la Défense du 12 novembre 2002 soumise à l'approbation de D. Rumsfeld et évoquant les trois catégories de techniques d'interrogation (Haynes to Rumsfeld, "Counter-Resistance Techniques", 27 Novembre 2002 et ses annexes, accessibles sur le site http://papers.rumsfeld.com/).

2 Sur ce scandale, v. notamment le récent rapport de l'Open Society Justice Initiative : *Globalizing Torture : CIA Secret Detention and Extraordinary Rendition*, février 2013 (qui évoque notamment les "enhanced interrogation techniques" dont l'usage fut autorisé à la CIA, v. pp. 15-19). La publication par le site Wikileaks des dossiers des détenus de Guantanamo a révélé notamment que Abu Zubaydah, un important membre supposé d'AlQuaïda arrêté au Pakistan en 2002 aurait été détenu quatre ans et demi dans des prisons secrètes de la CIA et aurait subi 83 fois le "waterboarding". Le rapport de la Chambre des représentants de 2009 donne également un état détaillé des dérives en matière de détention et d'interrogatoire (*Reining in the Imperial Presidency – Lessons and Recommendations Relating to the Presidency of George W. Bush,* Chambre des représentants, 13 janvier 2009, pp. 72-137).

3 Voir notamment la réflexion critique de M. Delmas-Marty, "Libertés et sûreté. les mutations de l'état de droit", *Revue de synthèse,* Tome 130, 6ème série, n° 3, 2009, pp. 465-491.

4 C'est le propos central des conclusions de A. D. Corbin, dans son ouvrage précité où il compare les résultats obtenus avec les officiers japonais fanatisés et dans le cas des militants islamistes contemporains. Mais c'est également dans ce sens que s'est exprimé le colonel Kleinman dans son article : "The Promise of Interrogation v. the Problem of Torture", *Valparaiso University Law Review*, Vol. 43, 2009, n° 4, pp. 1577-1589 (estimant notamment que "les objectifs opérationnels ne peuvent jamais être complètement séparés des considérations légales et morales"). Le rapport de de l'Open Society Justice Initiative cite

Pour autant, l'histoire du XXème siècle nous montre que ces dérives étaient déjà en germe dans les efforts conséquents qu'ont déployés presque tous les belligérants des conflits du précédent siècle pour accroître la quantité et la qualité des renseignements obtenus de la part des prisonniers adverses, que ce soit par la contrainte ou par la persuasion.

Face à cette évolution lourde, il faut sans doute souhaiter qu'une nouvelle génération de normes internationales vienne prendre en compte l'existence de catégories de combattants d'un nouveau type (notamment dans le cadre de ce que les stratèges appellent les « *conflits asymétriques* »), mais aussi l'intensité des techniques d'acquisition du renseignement humain (et notamment du renseignement dit « *conversationnel* »[1]) vis-à-vis de toutes les personnes capturées ou venant au contact des forces. Si l'on retient l'idée émise par F. Lafouasse de la reconnaissance progressive en droit international d'un droit à espionner[2], la contrepartie en serait sans doute d'établir des règles fixant un nouvel équilibre entre les exigences de la protection des personnes et les nécessités légitimes de renseignement d'un État face à des menaces directes ou indirectes affectant la sécurité nationale ou internationale[3].

également le témoignage dans le même sens d'un interrogateur expérimenté du FBI, Ali Soufan (rapport précité, p. 18).

1 Terminologie en usage dans les réglementations militaires françaises pour désigner la partie du renseignement humain (ROHUM) qui concerne l'échange direct avec un individu (à la différence du ROHUM fondé sur la seule observation.

2 Fabien Lafouasse, "**L'espionnage par consentement mutuel entre États**", ***Défense nationale*****, n° 755, décembre 2012 ; également son ouvrage :** *L'espionnage dans le droit international*, Nouveau monde, 2012.

3 Dans le sens d'une extension des règles protectrices des prisonniers de guerre aux combattants irréguliers, v. Chef de bataillon Becker, "La redéfinition juridique du prisonnier : une nécessité éthique et opérationnelle", *La Tribune du Collège interarmées de défense*, juin 2007).

TABLE DES MATIERES

Structures éditoriales du groupe L'Harmattan

L'Harmattan Italie
Via degli Artisti, 15
10124 Torino
harmattan.italia@gmail.com

L'Harmattan Hongrie
Kossuth l. u. 14-16.
1053 Budapest
harmattan@harmattan.hu

L'Harmattan Sénégal
10 VDN en face Mermoz
BP 45034 Dakar-Fann
senharmattan@gmail.com

L'Harmattan Cameroun
TSINGA/FECAFOOT
BP 11486 Yaoundé
inkoukam@gmail.com

L'Harmattan Burkina Faso
Achille Somé – tengnule@hotmail.fr

L'Harmattan Guinée
Almamya, rue KA 028 OKB Agency
BP 3470 Conakry
harmattanguinee@yahoo.fr

L'Harmattan RDC
185, avenue Nyangwe
Commune de Lingwala – Kinshasa
matangilamusadila@yahoo.fr

L'Harmattan Congo
67, boulevard Denis-Sassou-N'Guesso
BP 2874 Brazzaville
harmattan.congo@yahoo.fr

L'Harmattan Mali
ACI 2000 - Immeuble Mgr Jean Marie Cisse
Bureau 10
BP 145 Bamako-Mali
mali@harmattan.fr

L'Harmattan Togo
Djidjole – Lomé
Maison Amela
face EPP BATOME
ddamela@aol.com

L'Harmattan Côte d'Ivoire
Résidence Karl – Cité des Arts
Abidjan-Cocody
03 BP 1588 Abidjan
espace_harmattan.ci@hotmail.fr

Nos librairies en France

Librairie internationale
16, rue des Écoles
75005 Paris
librairie.internationale@harmattan.fr
01 40 46 79 11
www.librairieharmattan.com

Librairie des savoirs
21, rue des Écoles
75005 Paris
librairie.sh@harmattan.fr
01 46 34 13 71
www.librairieharmattansh.com

Librairie Le Lucernaire
53, rue Notre-Dame-des-Champs
75006 Paris
librairie@lucernaire.fr
01 42 22 67 13

www.ingramcontent.com/pod-product-compliance
Lightning Source LLC
LaVergne TN
LVHW021134061026
849535LV00002B/239